Umverteilung in
der Sozialversicherung

Europäische Hochschulschriften

Publications Universitaires Européennes
European University Studies

Reihe V

Volks- und Betriebswirtschaft

Série V Series V

Sciences économiques, gestion d'entreprise

Economics and Management

Bd./Vol. 2714

PETER LANG

Frankfurt am Main · Berlin · Bern · Bruxelles · New York · Oxford · Wien

Silvia Simon

Umverteilung in der Sozialversicherung

Begründung, Analyse und Bewertung in gegenwarts- und zukunftsorientierter Perspektive

PETER LANG
Europäischer Verlag der Wissenschaften

Die Deutsche Bibliothek - CIP-Einheitsaufnahme

Simon, Silvia:

Umverteilung in der Sozialversicherung : Begründung, Analyse und Bewertung in gegenwarts- und zukunftsorientierter Perspektive / Silvia Simon. - Frankfurt am Main ; Berlin ; Bern ; Bruxelles ; New York ; Oxford ; Wien : Lang, 2001
(Europäische Hochschulschriften : Reihe 5, Volks- und Betriebswirtschaft ; Bd. 2714)
Zugl.: Erlangen, Nürnberg, Univ., Diss., 2000
ISBN 3-631-37455-0

D 29 (n 2)
ISSN 0531-7339
ISBN 3-631-37455-0

Vorwort

Die vorliegende Studie entstand während meiner Zeit als wissenschaftliche Mitarbeiterin am Lehrstuhl für Volkswirtschaftslehre, insbesondere Finanzwissenschaft, der Friedrich-Alexander-Unversität Erlangen-Nürnberg.

Die Arbeit analysiert die Umverteilung in der Sozialversicherung der Bundesrepublik Deutschland in theoretischer sowie empirischer Perspektive, untersucht die Legitimation der parafiskalischen Zwangsversicherung und analysiert deren Zukunftschancen unter veränderten Rahmenbedingungen.

An dieser Stelle möchte ich zahlreichen Personen in meinem Umfeld danken, die mit ihrer fachlichen und moralischen Unterstützung maßgeblich zum Gelingen dieser Arbeit beigetragen haben. Mein Dank gilt insbesondere Professor Dr. Karl-Dieter Grüske, dessen wertvolle Anregungen und fachliche Ratschläge die Durchführung dieser Studie erst ermöglicht haben. Darüber hinaus danke ich allen Mitarbeitern seines Lehrstuhls, die mich in vielen Diskussionen unterstützt und mir über zahlreiche Durststrecken hinweggeholfen haben. Mein Dank für kritische Anmerkungen und wichtige Hinweise auf Schwächen in meinen Ausarbeitungen gilt insbesondere Dr. Udo Raab, Dr. Norbert Schiele und Dr. Thomas Hart. Ebenso danke ich Frau Karin Sendner für die regelmäßige Versorgung mit Schokolade, die mir in arbeitsreichen Stunden die nötigen Glückshormone beschert hat. Weiterhin danke ich Professor Dr. Ernst Dürr für die Übernahme des Korreferats. Ebenso bin ich der Universität Erlangen-Nürnberg zu Dank verpflichtet, daß sie durch die Gewährung eines Stipendiums mein Promotionsvorhaben finanziell unterstützt hat.

Des weiteren möchte ich mich bei all meinen FreundInnen bedanken, die diese Arbeit mit Verständnis, aufmunternden Worten und vielfältiger Unterstützung begleitet haben. Ein besonders herzlicher Dank geht vor allem an meinen Freund Harry Scharnweber, der mir stets liebevoll zur Seite gestanden ist. Schließlich möchte ich insbesondere meinen Eltern danken, die meinen Werdegang erst möglich gemacht haben. Ohne ihre fürsorgliche Unterstützung hätte diese Arbeit niemals entstehen können. Ihnen widme ich dieses Buch.

Lauf, im Oktober 2000 Silvia Simon

Inhaltsverzeichnis

ABBILDUNGSVERZEICHNIS

TABELLENVERZEICHNIS

ABKÜRZUNGSVERZEICHNIS

A	geldwerte Aufwendungen
ÄQP	Äquivalenzprinzip
AF	Arbeitsförderung
AFG	Arbeitsförderungsgesetz
AG	Arbeitgeber
ALV	Arbeitslosenversicherung
AN	Arbeitnehmer
AnV	Rentenversicherung der Angestellten
AOK	Allgemeine Ortskrankenkasse
ArV	Rentenversicherung der Arbeiter
BA	Bundesanstalt für Arbeit
BAföG	Bundesausbildungsförderungsgesetz
BBG	Beitragsbemessungsgrenze
BemGL	Bemessungsgrundlage
BGBl.	Bundesgesetzblatt
BIP	Bruttoinlandsprodukt
BMA	Bundesministerium für Arbeit und Sozialordnung
BPA	Presse- und Informationsamt der Bundesregierung
BSGE	Bundessozialgerichtsentscheidung
BSHG	Bundessozialhilfegesetz
BVerfG	Bundesverfassungsgericht
BVerfGE	Bundesverfassungsgerichtsentscheidung
BVerwGE	Bundesverwaltungsgerichtsentscheidung
BWV	Berufsbildungswerk der Deutschen Versicherungswirtschaft
BZ	Bundeszuschuß
D	Deutschland
DIW	Deutsches Institut für Wirtschaftsforschung
DSWR	Datenverarbeitung-Steuern-Wirtschaft-Recht
E	Gesamteinnahmen
EAG	Empirisches Allgemeines Gleichgewicht
EFTA	European Free Trade Association
EK	Einkommen

EKV	Einkommensverhältnis
EKVT	Einkommensverteilung
EU	Europäische Union
EVS	Einkommens- und Verbrauchsstichprobe
FA	mitversicherte(r) Familienangehörige(r)
FLA	Familienlastenausgleich
GATT	General Agreement on Tariffs and Trade
GG	Grundgesetz
GKV	gesetzliche Krankenversicherung
GPV	gesetzliche Pflegeversicherung
GRV	gesetzliche Rentenversicherung
GUV	gesetzliche Unfallversicherung
GWB	Gesetz gegen Wettbewerbsbeschränkungen
HDWW	Handwörterbuch der Wirtschaftswissenschaften
HH	Haushalt
HNE	Haushaltsnettoeinkommen
HWWA	Hamburgisches Welt-Wirtschafts-Archiv
IAB	Institut für Arbeitsmarkt- und Berufsforschung
IV	Individualversicherung
J.	Lebensjahr(e)
KDV	Kapitaldeckungsverfahren
KnRV	Knappschaftliche Rentenversicherung
LBR	Leistungs-Beitrags-Relation
LFP	Leistungsfähigkeitsprinzip
MG	Versicherungsmitglied
MittAB	Mitteilungen aus der Arbeitsmarkt- und Berufsforschung
MuSchG	Mutterschutzgesetz
MV	Modellvariante
NAFTA	North American Free Trade Agreement
NPÖ	Neue Politische Ökonomie
NRD	Nettoredistribution
NSP zu MP	Nettosozialprodukt zu Marktpreisen
NV	Nichtversicherung
O-D	Ost-Deutschland

ö.D.	öffentlicher Dienst
PflegeVG	Pflegeversicherungsgesetz
PKV	private Krankenversicherung
PPPV	private Pflege-Pflichtversicherung
R	Rente
RSA	Risikostrukturausgleich
SGB	Sozialgesetzbuch
SOEP	Sozioökonomisches Panel
SPV	soziale Pflegeversicherung
Statist. BA	Statistisches Bundesamt
Statist. RA	Statistisches Reichsamt
SV	Sozialversicherung
UV	Umlageverfahren
V	Variante
VAG	Versicherungsaufsichtsgesetz
VDR	Verband Deutscher Rentenversicherungsträger
VGR	Volkswirtschaftliche Gesamtrechnung
W-D	West-Deutschland
WTO	World Trade Organization
ZVersWiss	Zeitschrift für die gesamte Versicherungswissenschaft

Symbolverzeichnis

ÄG	Änderungsgrad
b	Beitragssatz
B_i	individueller Sozialversicherungsbeitrag
B_{mon}	monetäre Beitragsleistung
B_{real}	reale Beitragsleistung
BLNT	bisheriger Lebensnettotransfersaldo
C	Schadenhöhe
d	Gewichtungsfaktor
$E(C_b)$	betriebsspezifischer Erwartungsschaden
$E(C_{FA})$	Erwartungsschaden je mitversichertem Familienangehörigen
$E(C_i)$	Einzelerwartungsschaden
E(U)	Erwartungsnutzen
E(Z)	Gesamterwartungsschaden
EE	Einkommenseffekt
EKK_b	betriebsspezifische Einkommenskomponente
F	Freizeit
g	Generation
GE	Gesamteffekt
GEP	Grenzerlösprodukt
GGK_g	gewerbezweigspezifische Gefahrengrößenkomponente
GHK_g	gewerbezweigspezifische Gefahrenhäufigkeitskomponente
Gini	Gini-Koeffizient
$Gini_F$	Gini-Koeffizient der Finaleinkommensverteilung
$Gini_P$	Gini-Koeffizient der Primäreinkommensverteilung
GK	Grenzkosten
GN	Grenznutzen
1+i	interne Rendite
k	Kostenzuschlag
K	Kosten
K_{zus}	zusätzliche administrative Kosten
L	Versicherungsleistung
LNT	Lebensnettotransfersaldo

NU	Nettonutzen
p	Schadenwahrscheinlichkeit
p_v	Verlustwahrscheinlichkeit
P_{ba}	risikoäquivalente Prämie für beitragsabhängige Leistungen
P_{bu}	risikoäquivalente Prämie für beitragsunabhängige Leistungen
P^{FA}	risikoäquivalente Prämie für die Anzahl an mitversicherten Familienangehörigen
P_i	individuelle Nettorisikoprämie
r	Marktzins
Red^i_{SV}	personenbezogene Umverteilung in der Sozialversicherung
RLNT	Restlebensnettotransfersaldo
SE	Substitutionseffekt
t	Zeitpunkt
T	Gesamtzeitbudget
Tr_{fam}	interfamiliäre Transferleistung
U	Nutzen
V	Verteilungssituation
w	individuelles Wohlfahrtsniveau
W	gesellschaftliche Wohlfahrt
w	Reallohnsatz
W	Wirkungsgrad
Y	Einkommen
Y_{Ex}	Einkommen in Höhe des Existenzminimums
Y_{ges}	Gesamteinkommen
Y_{verf}	verfügbares Einkommen
Y_{zus}	zusätzliches Einkommen
z	Diskontsatz
ZL	Zusatzlast
β	Übertragung von Beiträgen in implizites Sozialversicherungsvermögen
ε	Arbeitsangebotselastizität
ς	Arbeitsnachfrageelastizität
η	Gewinnzuschlag
π	Sicherheitszuschlag
ρ	Verzinsungsfaktor für Sozialversicherungsvermögen

τ	Alter
Γ	maximales Lebensalter
Δ	Dreiecksfläche

„...Wir [haben] Unsere Überzeugung aussprechen lassen, daß die Heilung der sozialen Schäden nicht ausschließlich im Wege der Repression sozialdemokratischer Ausschreitungen, sondern gleichmäßig auf dem der positiven Förderung des Wohles der Arbeiter zu suchen sein werde."

Thronrede Kaiser Wilhelms I. zur Sozialversicherung vom 17. November 1881.[1]

VORBEMERKUNG

A. PROBLEMSTELLUNG

Während das System der Sozialversicherung über mehr als 100 Jahre als soziale Errungenschaft gefeiert wurde, wird es in den beiden letzten Dekaden zunehmend diskutiert. Hierbei stehen die Kritik an dem derzeitigen System sowie die Frage nach der künftigen Entwicklung der Sozialversicherung in unmittelbarem Bezug zur Frage nach ihren Umverteilungswirkungen, da sich die abzeichnenden Probleme der Sozialversicherung bei genauerer Betrachtung vornehmlich als Verteilungsprobleme – in erster Linie zwischen unterschiedlichen Generationen – entpuppen. Gleichzeitig bestimmen letztendlich auch alle Einflüsse, die von der künftigen (ökonomischen, demographischen oder gesellschaftlichen) Entwicklung auf die Funktionsfähigkeit der Sozialversicherung ausgehen, ihre redistributiven Möglichkeiten.

Die folgenden Zitate weisen einerseits auf die zentrale Bedeutung der Umverteilung innerhalb des Systems der Sozialversicherung hin. Andererseits bringen sie aber auch eine gewisse Skepsis gegenüber der Redistributionskomponente zum Ausdruck und spiegeln eine kritische Stellung zur Zukunft der Sozialversicherung wieder.

- „Wenn auch soziale Sicherung nicht ausschließlich mit Redistribution von Einkommen und Vermögen verbunden ist, so spielt die Distributionszielsetzung doch eine bedeutsame und in der Praxis vielleicht dominierende Rolle." [Petersen (1989), S. 27].
- „Die heutigen sozialen Sicherungssysteme [...] sind gekennzeichnet durch eine zu starke Vermischung der beiden sozialpolitischen Funktionen. Praktisch alle Sozialversicherungen beinhalten ein Element der Umverteilung zugunsten wirtschaftlich schwächerer Bevölkerungsgruppen. [...] Dabei ist diese Intransparenz nicht notwendig! Sozialpolitische Maßnahmen lassen sich sehr wohl in Umverteilungs- und Versicherungsinstrumente teilen. Notwendig dazu wäre eine klare Entkopplung der Versicherungssysteme von der Aufgabe der Umverteilung." [Straubhaar (1995), S. 86].
- „Werden Ausgaben zum Zwecke interpersoneller Einkommensumverteilung als allgemeine Staatsaufgaben nicht aus allgemeinen Haushaltsmitteln, sondern durch am Arbeitsverhältnis und am Lohn anknüpfende Beiträge finanziert, so sind damit negativ zu bewertende ökonomische Folgen verbunden." [Schmähl (1997a), S. 136].

---

1 Zitat abgedruckt in Blankart (1998), S. 361.

- „Alles in allem erscheint die bestehende Regelung zur Anrechnung von Kindererziehungszeiten in der Gesetzlichen Rentenversicherung als unbefriedigend – weniger weil sie noch nicht weit genug getrieben wäre, sondern vor allem wegen ihrer starken konzeptionellen Mängel. Keinesfalls stellt sie einen sinnvollen Reformschritt im Hinblick auf die anzustrebende Vervollständigung des einer umlagefinanzierten Alterssicherung zugrunde liegenden Generationenvertrages dar". [Werding (1998), S. 433].
- „Angesichts anhaltender Massenarbeitslosigkeit [...] sowie angesichts der absehbaren Verschiebung im Altersaufbau der Bevölkerung, die in den nächsten Jahren verstärkt einsetzt, muß im Bereich der sozialen Sicherung vieles geändert werden, will man nicht hinnehmen, daß sie selbst zu einem Risiko für die weitere wirtschaftliche Entwicklung, für den sozialen Frieden und die politische Stabilität wird." [Scherl (1997), S. 124].

In Anbetracht der Fülle an kritischen Stimmen kann gefolgert werden, daß heute - trotz seiner langen Tradition[2] - das Sozialversicherungssystem im allgemeinen und seine Umverteilungskomponente im besonderen umstritten sind. Dies zeigt sich nicht zuletzt auch in den aktuellen politischen Diskussionen und Reformvorschlägen.

Um Anhaltspunkte für die Stichhaltigkeit der Kritik an der parafiskalischen Redistribution liefern zu können, ist eine Auseinandersetzung mit den umverteilungsrelevanten Aspekten der Sozialversicherung unerläßlich. Diese sollte allerdings jedem Versicherungszweig gleichermaßen Rechnung tragen und darüber hinaus alle zeitlichen Dimensionen der Umverteilung[3] sowohl in gegenwarts- als auch in zukunftsorientierter Perspektive berücksichtigen.

B. ZIELSETZUNG

Die zentrale **Zielsetzung** dieser Arbeit besteht demnach darin, die Umverteilungseffekte des Sozialversicherungssystems differenziert zu analysieren und zu bewerten.

Die Redistributionsanalyse basiert auf einer theoretisch (und empirisch) fundierten Grundlage, aus der sich ein logischer Untersuchungsablauf ergibt, der in vielerlei Hinsicht von der »üblichen« Vorgehensweise abweicht.

In einem ersten Schritt stellt sich die Frage nach dem normativen Überbau, dem das System der Sozialversicherung verpflichtet ist. Im Schrifttum stößt man sehr schnell auf die unterschiedlich geführte Gerechtigkeitsdiskussion, die zu mehr oder minder eindeutigen Zielvorgaben für die einzelnen Sozialversicherungszweige – fast ausschließlich jedoch für den Bereich der Krankenversicherung – führt. Ausgangspunkt der vorliegenden Untersuchung ist dagegen die Einordnung der Sozialversicherungspolitik[4] in das Gefüge zwischen Finanz- und Sozialpolitik, die den Rahmen für die Ableitung der relevanten Zielsetzungen absteckt.

---

2 Für einen Überblick über die Entstehungsgeschichte des Sozialversicherungssystems siehe exemplarisch Lampert (1998), S. 64ff.

3 Zu den zeitlichen Dimensionen der Umverteilung siehe grundlegend Schmähl (1983), S. 7.

4 Zu einer Definition siehe die Ausführungen in Kapitel I. Mit Sozialversicherungspolitik ist an dieser Stelle der gesamte Politikbereich gemeint, der sich unmittelbar auf das System der Sozialversicherung bezieht.

Eine Auseinandersetzung mit der Institution der Sozialversicherung kann nicht ohne Bezugnahme auf alternative Sicherungsformen vonstatten gehen. Dennoch sind zahlreiche Arbeiten dadurch gekennzeichnet, daß sie entweder die Privatversicherung nicht berücksichtigen oder aber die alternativen Vorsorgeformen der Sozial- und Individualversicherung als Gegenpole betrachten. Im Gegensatz dazu verfolgt die vorliegende Untersuchung das Ziel, anhand materieller und formaler Kriterien sowohl Gemeinsamkeiten als auch Unterschiede zwischen beiden Versicherungsinstitutionen herauszuarbeiten und den Wesenskern der Sozialversicherung übersichtlich darzustellen.

Die Gegenüberstellung von Sozial- und Individualversicherung führt automatisch zu der Frage nach der Existenzberechtigung einer parafiskalischen Zwangsversicherung, von deren Antwort es abhängt, inwiefern es sinnvoll ist, die Sozialversicherung weiter aufrechtzuerhalten. Im Schrifttum existieren zwar vereinzelt »Marktversagensanalysen« für den privaten Versicherungsmarkt. Diese beziehen sich aber entweder nur auf einzelne Versicherungszweige und / oder überprüfen nur einzelne versicherungstypische Versagensgründe und / oder beschränken sich dabei ausschließlich auf allokative Argumente. Dagegen steht in der vorliegenden Arbeit das Ziel im Vordergrund, zu untersuchen, ob die Sozialversicherung neben allokationstheoretischen Argumenten auch mit distributionsspezifischen Aspekten gerechtfertigt werden kann. Zudem wird der Frage nachgegangen, ob die Sozialversicherung der Marktlösung überlegen ist.

Ist eine ökonomische Rechtfertigung der Sozialversicherung – insbesondere in distributionstheoretischer Hinsicht – möglich, stellt sich die Frage nach den Umverteilungswirkungen des Sozialversicherungssystems. Es existieren bereits zahlreiche Arbeiten, die sich mit den relevanten Redistributionseffekten sowohl in theoretischer als auch empirischer Hinsicht auseinandersetzen. Während allerdings den meisten Untersuchungen ein rein formalinzidenztheoretischer Ansatz zugrundeliegt,[5] werden in dieser Arbeit auch zusätzliche umverteilungsrelevante Wirkungsverläufe berücksichtigt, die in erster Linie aus den Verhaltensreaktionen der Betroffenen resultieren. Bei der Analyse der Umverteilungseffekte steht die vorliegende Untersuchung vor der Herausforderung einer einheitlichen Systematisierung der Redistributionswirkungen in inter- und intragenerativer Hinsicht, auf deren Basis die einzelnen Versicherungszweige analysiert werden können. Des weiteren werden die theoretischen Erkenntnisse um empirische Ergebnisse ergänzt. Da es in der Literatur bisher an einer konsistenten Klassifizierung vorhandener empirischer Umverteilungsstudien mangelt, wird diese Lücke geschlossen, bevor die Studien in ergebnisorientierter Perspektive ausgewertet werden.

Wie sind diese Ergebnisse zu den theoretisch und empirisch ermittelten Umverteilungseffekten zu bewerten? Das weitere Ziel ist, diese Beurteilung auf Basis eines theoretisch fundierten Bewertungskonzeptes vorzunehmen und hierdurch zu eindeutigen Aussagen über die »Güte« der Umverteilungskomponente zu gelangen. Diese Bewertung erlangt vor allem auch im Hinblick auf die Rechtfertigung der Sozialversicherung mit distributiven Argumenten besondere Relevanz.

---

5 Vgl. auch die gleichlautende Kritik von Zimmermann, Henke (1994), S. 230.

Es stellt sich nun zwangsläufig die Frage, welche Auswirkungen von der zukünftigen Entwicklung auf die Redistributionspolitik der Sozialversicherung ausgehen. Ist es sinnvoll und möglich, die redistributive Komponente weiterhin aufrecht zu erhalten? Während in zukunftsorientierten Betrachtungen die demographischen Einflußfaktoren eine wichtige Rolle spielen, werden die Effekte, die von einer zunehmenden Globalisierung ausgehen, weitestgehend vernachlässigt. Aus diesem Grund werden die Auswirkungen der Globalisierung auf die Umverteilungskomponente der Sozialversicherung eingehend analysiert.

Abschließend bleibt die Frage zu klären, welche Schlußfolgerungen sich aus den Einzelergebnissen für die Sozialversicherungspraxis ableiten lassen.

Aus diesen Vorbemerkungen ergibt sich die Vorgehensweise für die nachfolgende Untersuchung. Zu klären sind die bereits angesprochenen **Fragestellungen**, die sich im wesentlichen wie folgt zusammenfassen lassen:

- **1.** Welchen normativen Zielsetzungen ist die Sozialversicherungspolitik verpflichtet und wie lassen sich diese näher konkretisieren?
- **2.** Welche alternativen Vorsorgeformen existieren neben der Institution der Sozialversicherung und wodurch sind diese gekennzeichnet? Worin unterscheidet sich die Sozialversicherung von diesen Sicherungsformen? Welcher Stellenwert kommt der Sozialversicherung im Gesamtsystem der sozialen Sicherung zu?
- **3.** Existiert überhaupt eine ökonomisch fundierte Rechtfertigung für das Nebeneinander von Privat- und Sozialversicherung? Mit welchen Argumenten läßt sich die parafiskalische Zwangsversicherung begründen?
- **4.** Welche Redistributionseffekte gehen vom System der Sozialversicherung aus?
- **5.** Wie sind die Umverteilungseffekte zu bewerten? Ergibt sich eine Übereinstimmung mit den Zielsetzungen oder widersprechen die Umverteilungsergebnisse den normativen Vorgaben?
- **6.** Welche Auswirkungen sind von der zunehmenden Globalisierung zu erwarten und was bedeutet dies für die redistributive Ausgestaltung der Sozialversicherung?
- **7.** Welche Schlußfolgerungen ergeben sich aus der Analyse und in welcher Form lassen sich die Ergebnisse für die Sozialversicherungspraxis nutzbar machen?

Um diese Fragen abschließend zu beantworten, ist es nötig, die Methoden der Finanzwissenschaft, Sozialpolitik und Versicherungsbetriebslehre auf den untersuchungsrelevanten Problembereich zu übertragen.

Wenngleich bereits eine große Anzahl an Veröffentlichungen über die Institution der Sozialversicherung sowie ihrer Redistributionseffekte vorliegt, verspricht die hier verfolgte Herangehensweise einen deutlichen Erkenntniszuwachs.

C. AUFBAU DER ARBEIT

Die beschriebene Zielsetzung der Untersuchung und die damit verbundenen Fragestellungen determinieren den **Aufbau** dieser Arbeit.

Abbildung 1 gibt einen Überblick über den Aufbau der Arbeit. Die Pfeile verdeutlichen, inwiefern die Ergebnisse vorstehender Kapitel wesentliche Grundlage für die nachstehenden Kapitel sind.

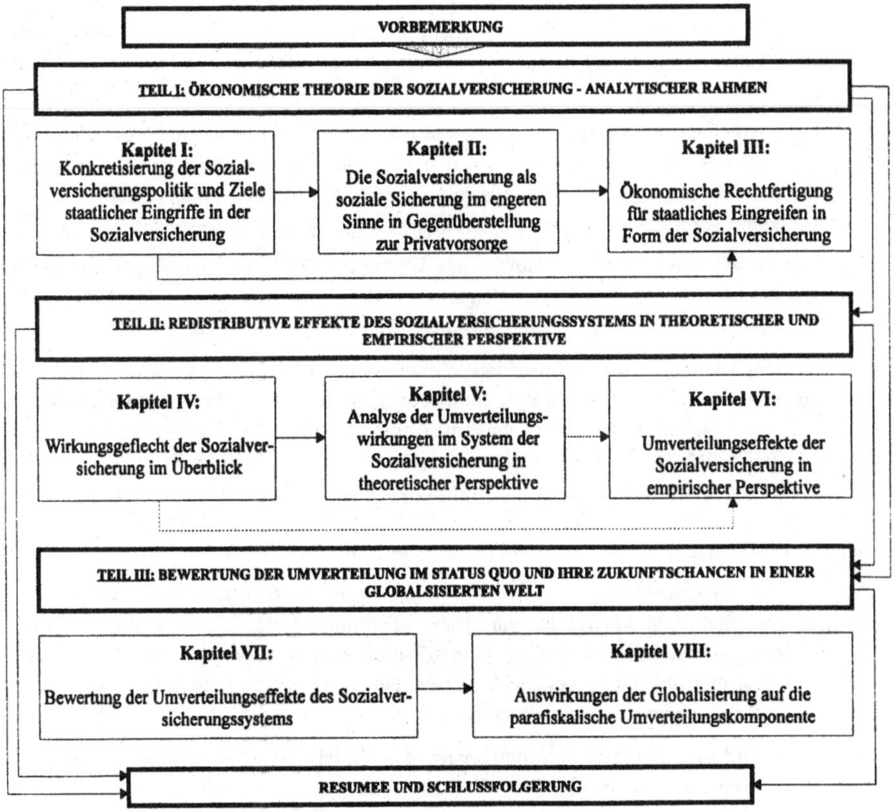

Abbildung 1: Aufbau der Arbeit

Quelle: Eigene Darstellung

Die Analyse gliedert sich in drei übergeordnete Teile. **Teil I** setzt sich mit den ersten drei Fragenkomplexen auseinander und steckt den analytischen Rahmen der Untersuchung ab.

Um eine Antwort auf die Frage nach den normativen Leitlinien der Sozialversicherung geben zu können, wird in ***Kapitel I*** die Sozialversicherungspolitik themenorientiert konkretisiert.

Aufbauend auf ihrer Einordnung in das Gefüge zwischen Sozial- und Finanzpolitik werden ihre zentralen Zielsetzungen abgeleitet und spezifiziert.

In ***Kapitel II*** wird das Untersuchungsobjekt »Sozialversicherungssystem« in Gegenüberstellung zu den alternativen Vorsorgestrategien »individuelle Rücklagenbildung« und »kollektive Absicherung durch private Versicherungsgemeinschaften« analysiert.

Kapitel III gibt schließlich eine Antwort auf den dritten Fragenkomplex, indem potentielle Versagensgründe des privaten Versicherungsmarktes sowohl in allokations- als auch in distributionstheoretischer Hinsicht analysiert werden. Zu diesem Zweck wird im Rahmen der distributiven Marktversagensanalyse auf die in Kapitel I abgeleiteten normativen Zielsetzungen zurückgegriffen.

Teil II der Arbeit nimmt speziell auf die vierte Frage Bezug. In ihm werden die Umverteilungswirkungen des Sozialversicherungssystems analysiert. Aufgrund der bereits kritisierten formalinzidenztheoretischen Betrachtungsweise, die in den meisten Umverteilungsanalysen zur Anwendung kommt, wird an dieser Stelle eine breitere Vorgehensweise verfolgt.

In ***Kapitel IV*** wird vorgelagert das umfassende Wirkungsgeflecht des Sozialversicherungssystems dargestellt. Im Mittelpunkt der Betrachtung stehen dabei die in personaler Hinsicht verteilungsrelevanten Wirkungsverläufe der Leistungs- und Abgabenseite.

Vor dem Hintergrund dieser umfassenden Wirkungsanalyse, auf die an späterer Stelle zurückgegriffen wird, ist es gerechtfertigt, die theoretische Redistributionsanalyse in ***Kapitel V*** auf Basis vereinfachender Verhaltensannahmen durchzuführen. In Zusammenhang mit der Systematisierung der Umverteilungseffekte in inter- und intragenerativer Perspektive kommt dem Aspekt der sogenannten »versicherungsfremden« Leistungen zentrale Bedeutung zu. Da in der Literatur bisher eine einheitliche Definition für diese Leistungskategorie fehlt, erweist sich deren Abgrenzung als eine wesentliche Aufgabe in Kapitel V.

Um zu einem umfassenden Erkenntnisgewinn zu gelangen, werden den theoretischen Ergebnissen aus Kapitel V in ***Kapitel VI*** empirische Erkenntnisse zur Seite gestellt. Zu diesem Zweck wird in einem ersten Schritt ein Klassifikationsschema entwickelt, auf dessen Basis zentrale Redistributionsstudien systematisiert werden. In einem zweiten Schritt werden die empirischen Studien ergebnisorientiert analysiert.

In **Teil III** wird die Umverteilungskomponente des Sozialversicherungssystems einer kritischen Bewertung unterzogen und auf ihre Zukunftschancen hin überprüft.

Kapitel VII gibt eine Antwort auf den fünften Fragenkomplex, indem ein geeignetes Bewertungskonzept erarbeitet wird, auf dessen Basis die in Teil II ermittelten Umverteilungseffekte im Hinblick auf ihre Effektivität beurteilt werden.

Um eine Antwort auf den sechsten Fragenbereich zu erhalten, wird in ***Kapitel VIII*** eine zukunftsorientierte Betrachtung verfolgt. Hierbei wird die Zukunftsfähigkeit der redistributiven Komponente unter dem Einfluß einer zunehmenden Globalisierung untersucht.

Im Hinblick auf die bis dato erzielten Ergebnisse werden schließlichlich Schlußfolgerungen für die zukünftige Ausgestaltung beziehungsweise »Ausgestaltbarkeit« der Sozialversicherung abgeleitet.

TEIL I: ÖKONOMISCHE THEORIE DER SOZIALVERSICHERUNG – ANALYTISCHER RAHMEN

Teil I der Arbeit steckt den analytischen Rahmen ab, innerhalb dessen sich die Untersuchung bewegt. Die in diesem Teil erarbeitete ökonomische Theorie der Sozialversicherung bildet die Grundlage sowohl für die Analyse der Umverteilungseffekte in Teil II als auch für deren Bewertung im Status quo und Status quo post in Teil III der Arbeit.

In **Kapitel I** erfolgt als Basis für die weiteren Ausführungen eine themenorientierte Konkretisierung der Sozialversicherungspolitik. Entsprechend dieser Einordnung werden die zentralen Zielsetzungen abgeleitet, denen die Sozialversicherungspolitik verpflichtet ist, und vor dem Hintergrund des spezifischen Untersuchungsgegenstandes dieser Arbeit definiert. Die Auseinandersetzung mit den elementaren Zielsetzungen stellt das Sozialversicherungssystem auf eine normative Grundlage, auf die an späterer Stelle zurückgegriffen werden kann.

Kapitel II dient der näheren Bestimmung des Untersuchungsobjektes. Zu diesem Zweck wird die Sozialversicherung alternativen Vorsorgeformen gegenübergestellt und anhand materieller und formaler Kriterien von der Privatversicherung abgegrenzt.

Aufbauend auf den Ergebnissen aus den Kapiteln I und II wird in **Kapitel III** eine ökonomische Rechtfertigung für die bestehende Form der parafiskalischen Zwangsversicherung gesucht, indem potentielle Versagensgründe des privaten Versicherungsmarktes analysiert und auf ihre Stichhaltigkeit für ein staatliches Eingreifen in Form der Sozialversicherung überprüft werden. Dabei werden auch die Mängel des derzeitigen parafiskalischen Versicherungssystems in die Analyse einbezogen. Der in Kapitel III durchgeführten Marktversagensanalyse kommt eine zentrale Bedeutung zu, da erst bei einer grundsätzlichen Existenzberechtigung des Sozialversicherungssystems in distributiver Perspektive die Frage nach deren Redistributionseffekten Bedeutung erlangt.

Kapitel I:
KONKRETISIERUNG DER SOZIALVERSICHERUNGSPOLITIK UND ZIELE STAATLICHER EINGRIFFE IN DIE SOZIALVERSICHERUNG

A. VORBEMERKUNG

Dieses Kapitel verfolgt zwei elementare Ziele. Zum einen soll die Sozialversicherungspolitik als Grundlegung für die weiteren Ausführungen in themenorientierter Perspektive konkretisiert werden. Zum anderen sollen übergeordnete Zielsetzungen für die Sozialversicherungspraxis abgeleitet werden. Da in dieser Arbeit der redistributiven Komponente eine zentrale Bedeutung zukommt, stehen die Ziele der parafiskalischen Umverteilungspolitik im Mittelpunkt.

Die Umverteilungspolitik wird im allgemeinen dem Bereich der Finanzpolitik zugeordnet,[1] während das System der Sozialversicherung als elementarer Bestandteil der staatlichen Sozialpolitik verstanden wird.[2] Um eine zweckmäßige Einordnung des zentralen Untersuchungsgegenstandes »Redistributionseffekte der Sozialversicherung« zu gewährleisten, werden die beiden Politikbereiche Sozial- und Finanzpolitik in Abschnitt B.I definiert und voneinander abgegrenzt und die Sozialversicherungspolitik in dieses Beziehungsgeflecht eingegliedert.

Die übergeordneten Ziele, der die Sozialversicherungspraxis verpflichtet ist, werden unter Rückgriff auf die in Abschnitt B.I erfolgte Einordnung hergeleitet. Zu diesem Zweck werden in Abschnitt B.II die Zielsetzungen des übergeordneten finanzpolitischen Zielsystems auf die Sozialversicherungspolitik übertragen und modifiziert. In Abschnitt C werden die Ziele »Gerechtigkeit« und »Sicherheit« als primäre Motive staatlicher Sozialversicherungspolitik abgeleitet und in den Abschnitten D und E konkretisiert.

Die Bestimmung eines normativen Überbaus zentraler Zielsetzungen erleichtert dabei sowohl die Interpretation der Sozialversicherung und ihre Abgrenzung von der Individualversicherung in Kapitel II als auch die Rechtfertigung parafiskalischer Zwangsversicherungen im Rahmen der Marktversagensanalyse in Kapitel III. Des weiteren kann auch die Bewertung ihrer Redistributionseffekte in Kapitel VII nur auf Basis spezifischer Beurteilungskriterien erfolgen.

B. BESTIMMUNG DER SOZIALVERSICHERUNGSPOLITIK

I. Abgrenzung und Einordnung

Der redistributive Ansatz der Sozialversicherung stellt die **Sozialversicherungspolitik** in das Spannungsfeld zwischen **Finanz-** und **Sozialpolitik**. Für eine Einordnung der Umverteilungsfunktion der Sozialversicherung werden diese beiden Politikdisziplinen im folgenden näher bestimmt.

---

1 Vgl. exemplarisch Bohnet (1999), S. 1.

2 Vgl. beispielsweise Lampert (1998), S. 159.

- **Finanzpolitik**

„Finanzpolitik befaßt sich mit der Aufgabe, wie man durch Einsatz der ö[ffentlichen] Einnahmen, Ausgaben und Vermögen die gesamtw[irtschaftlichen] Grundziele [...] sinnvoll verwirklichen kann."[3] Die Finanzpolitik schließt somit alle staatlichen Maßnahmen ein, die sich unmittelbar als Veränderungen der öffentlichen Einnahmen und / oder Ausgaben in den öffentlichen Haushalten niederschlagen. Die öffentlichen Haushalte umfassen nicht nur den allgemeinen öffentlichen Haushalt sondern auch die Fiski der Sozialversicherungsträger.

- **Sozialpolitik**

Die Sozialpolitik setzt sich in nationaler Perspektive aus einer betrieblichen sowie einer staatlichen Komponente zusammen.[4] An dieser Stelle interessiert allerdings nur der Bereich der staatlichen Sozialpolitik. Da keine einheitliche Definition von staatlicher Sozialpolitik existiert,[5] wird dieser Arbeit folgende Begriffsbestimmung zugrundegelegt:
Die staatliche Sozialpolitik umfaßt alle öffentlichen Maßnahmen, die darauf abzielen, die wirtschaftliche und/oder soziale Position von wirtschaftlich und / oder sozial absolut oder relativ schwachen beziehungsweise benachteiligten Personen(-gruppen) zu verbessern sowie alles politische Handeln, das darauf ausgerichtet ist, den Eintritt wirtschaftlicher und / oder sozialer Schwäche in Verbindung mit dem Auftreten sozialer Risiken zu verhindern.[6]

Aus den Definitionen von Sozialpolitik einerseits und Finanzpolitik andererseits wird deutlich, daß sich die beiden Politikdisziplinen nicht klar voneinander trennen lassen.[7] Es existieren zahlreiche Überschneidungen. Teilbereiche der Finanzpolitik gehören ebenso der Sozialpolitik an wie umgekehrt auch Bereiche der Sozialpolitik in das Aktionsfeld der Finanzpolitik fallen.

Alle sozialpolitischen Maßnahmen mit direkter Auswirkung auf das öffentliche Budget sind zugleich Elemente der Finanzpolitik. Andererseits sind diejenigen finanzpolitischen Maßnahmen, welche die sozioökonomische Stellung von wirtschaftlich und / oder sozial Schwachen und Benachteiligten verbessern beziehungsweise den risikobedingten Eintritt wirtschaftlicher und / oder sozialer Schwäche vermeiden, zugleich Komponenten der Sozialpolitik.

- **Sozialversicherungspolitik**

Die Sozialversicherungspolitik vollzieht sich über den Haushalt der Sozialfiski und verfolgt das primäre Ziel, die wirtschaftliche und soziale Existenz bestimmter sozialer Personen (-gruppen) gegen allgemeine soziale Risiken zu sichern.[8]

---

3 Recktenwald (1983), S. 160.

4 Erweitert man den Betrachtungshorizont, so wird die nationale Sozialpolitik durch die internationale und supranationale Sozialpolitik ergänzt. Siehe Lampert (1998), S. 159.

5 Für einen Überblick über unterschiedliche Begriffsinterpretationen zur staatlichen Sozialpolitik siehe Zerche, Gründger (1996), S. 6ff.

6 Vgl. auch Lampert (1998), S. 4.

7 So ist auch Rothschild zu verstehen, der die Interdisziplinarität zwischen Sozialpolitik und Wirtschaftspolitik einfordert. Rothschild (1995), S. 22. Anderer Ansicht aber Zerche, Gründger (1996), S. 5.

8 Siehe Lampert (1995), S. 262.

An dieser Stelle werden all jene Risiken, die durch die Sozialversicherung abgedeckt werden – also insbesondere Krankheit, Alter[9], Erwerbsunfähigkeit, Mortalität, Arbeitslosigkeit, Unfall und Pflegebedürftigkeit – als »soziale Risiken« bezeichnet.[10]

Die Sozialversicherungspolitik ist damit in der **Schnittmenge von Sozial- und Finanzpolitik** angesiedelt und entsprechend den Zielen der Finanzpolitik verpflichtet. Abbildung I-1 verdeutlicht die Stellung der Sozialversicherungspolitik im Gefüge zwischen Finanz- und Sozialpolitik.

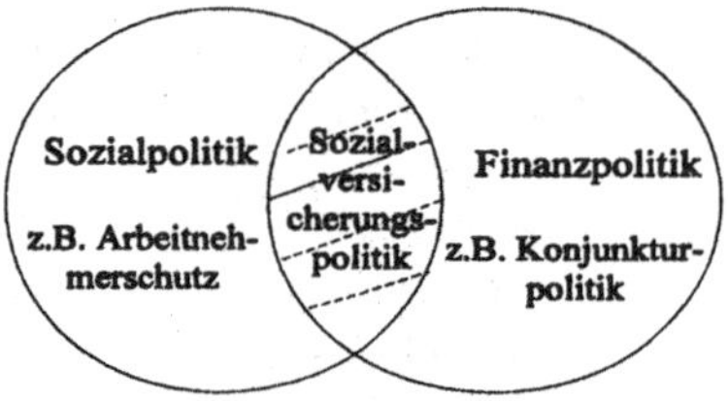

Abbildung I-1: Einordnung der Sozialversicherungspolitik

Quelle: Eigene Darstellung

II. Allgemeine Ziele der Sozialversicherungspolitik

Es besteht seit längerer Zeit ein strukturiertes Zielsystem, an dem die Wirtschaftspolitik in ihrer Gesamtheit ausgerichtet ist.[11] Diese Ziele können als der Finanzpolitik vorgegebene Ziele interpretiert werden.[12] Die einzelnen Ziele sind gewöhnlich nur Zwischenziele und besitzen somit Mittelcharakter, um höherrangigere Ziele zu erreichen. Auf Grundlage dieser Erkenntnis läßt sich der Zielkatalog in Abbildung I-2 in Form eines Organigramms darstellen,[13] bei dem die jeweiligen Einzelziele aus den Oberzielen abgeleitet werden. Reinen Zielcharakter besitzt ein Ziel nur dann, wenn es seinerseits nicht wieder als Mittel für höherrangigere Ziele eingesetzt wird.

---

9 Im allgemeinen stellt Alter kein Risiko im eigentlichen Sinne dar, da es sich um einen automatischen Prozeß handelt. Bezogen auf die Altersabsicherung im Rahmen der GRV, erscheint es aber dennoch vertretbar das Altern im Sinne einer unsicheren Lebensdauer als Risiko zu bezeichnen.

10 Zur näheren Bestimmung sozialer Risiken siehe Abschnitt E.

11 Ziele lassen sich in einem staatlichen Gebilde als Vorstellungen über die politische und soziale Lage interpretieren, die für alle Ordnungsbereiche dieses Gemeinwesens uneingeschränkt Gültigkeit besitzen.

12 Vgl. Zimmemann, Henke (1994), S. 2.

13 Vgl. Berg, Cassel (1995), S. 199.

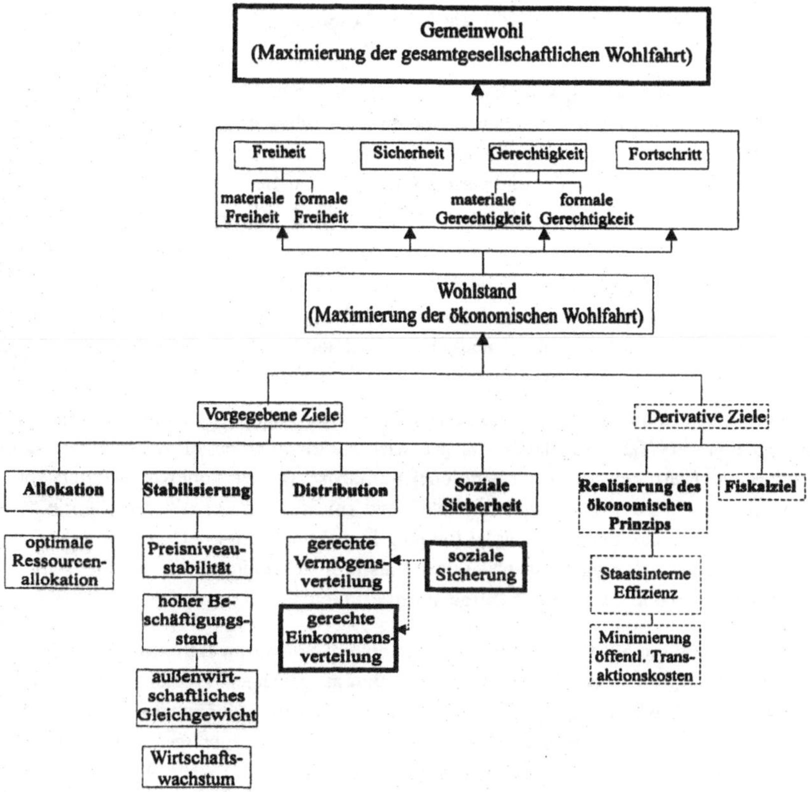

Abbildung I-2: Zielorganigramm

Quelle: Eigene Darstellung in Anlehnung an Berg, Cassel (1995), S. 199 sowie Raab (1995), S. 57.

Das einzige Ziel, dem ausschließlich Zielcharakter beigemessen wird, ist die *Maximierung der gesellschaftlichen Wohlfahrt* als Oberziel allen staatlichen Handelns. Ihm untergeordnet und gleichzeitig den wirtschaftspolitischen Zielen übergeordnet, sind die allgemeinen gesellschaftspolitischen Grundwerte Freiheit, Gerechtigkeit, Sicherheit und Fortschritt.[14]

---

[14] In der Literatur besteht indes keine Einigung über die Abgrenzung der gesellschaftlichen Leitziele. Als gesellschaftliche Grundmotive unumstritten sind lediglich die beiden Ziele der Freiheit und Gerechtigkeit. Es wird vereinzelt auch die Gleichheit als gesellschaftlicher Grundwert genannt. So beispielsweise bei Lampert (1982), S. 32. Es erscheint jedoch nicht angemessen, die Gleichheit ohne nähere Konkretisierung zu einer gesellschaftlichen Wertgrundlage zu erheben, da sie in spezifischen Ausprägungsformen elementaren Prinzipien der Wirtschafts- und Gesellschaftsordnung widerspricht. Zur Interpretation der gesellschaftspolitischen Grundwerte siehe exemplarisch Berg, Cassel (1995), S. 195ff. sowie Tuchtfeldt (1985), S. 15ff. Ebenso Streit (1991), S. 206ff.

In bezug auf die Sozialversicherungspolitik spielen insbesondere die Grundwerte »Gerechtigkeit« und »Sicherheit« eine zentrale Rolle.

Hierbei kann **Sicherheit** sowohl gesellschaftlich als auch individuell interpretiert werden, darf aber nie als absolute Sicherheit mißverstanden werden. Aus individueller Perspektive bedeutet Sicherheit einen angemessenen Schutz aller Gesellschaftsmitglieder vor existentiellen Risiken.[15] Der Übergang zwischen den Grundwerten Sicherheit und Gerechtigkeit ist fließend, da jede Verwirklichung des einen Zieles nicht ohne Auswirkung auf den Erreichungsgrad des anderen Zieles bleibt.

Im Rahmen des **Gerechtigkeits**begriffes muß zwischen formaler und materialer Perspektive unterschieden werden. Während die formale Gerechtigkeit als Gleichheit des rechtlichen Status[16] unumstritten ist, existieren unterschiedlichste Auslegungen des materialen Gerechtigkeitsbegriffes.

Die finanzpolitischen Ziele werden aus den gesellschaftlichen Grundwerten und ihrem Beitrag zur ökonomischen Wohlfahrt abgeleitet. Da das wirtschaftliche Oberziel *Maximierung der ökonomischen Wohlfahrt* per se kaum operationalisierbar ist, werden konkrete Teilziele formuliert. Sie beruhen in ihrer Systematik weitestgehend auf *Musgraves* multipler Theorie des öffentlichen Budgets[17] und haben als solche Eingang in die finanzwissenschaftliche Literatur gefunden.[18] *Musgraves* imaginäres Staatswesen hat als drei wesentliche Bereiche die *Stabilisierungs-*, *Allokations-* und ***Distribution***aufgaben zu erfüllen.[19]

Im Zuge der Bestimmung einer effizienten Ressourcenverwendung im Rahmen des Allokationszieles wird von einer gegebenen Verteilungssituation ausgegangen. Es stellt sich aber die Frage, wann die gegebene Verteilung als »gerecht« anzusehen ist. Die **Distributions**funktion besteht darin, den »richtigen« Stand der Verteilung - insbesondere eine »gerechte« Einkommens- und Vermögensverteilung - zu bestimmen und zu realisieren. Da die Antwort auf die Frage nach einer »gerechten« Verteilung sozialphilosophische Überlegungen impliziert und Werturteile einschließt, stellt das Verteilungsproblem die diffizilste Komponente bei der Bestimmung der Finanzpolitik dar.[20] Nach Festlegung des »gerechten« Verteilungszustandes

---

15 Vgl. Berg, Cassel (1995), S. 197.

16 Vgl. Tuchtfeldt (1985), S. 22.

17 Musgraves Theorie des öffentlichen Budgets ist ein Element der Haushaltslehre, in der das öffentliche Budget als Instrument zur Realisierung der gesellschaftspolitischen Ziele betrachtet wird. Siehe grundlegend Musgrave (1966), S. 5ff.

18 Siehe beispielsweise Zimmermann, Henke (1994), S. 2ff.; ebenso Andel (1992), S. 14ff. Musgraves multiple Theorie des öffentlichen Budgets sah sich jedoch auch wissenschaftlicher Kritik ausgesetzt. So wird ihr die strenge Trennung der Budgetabteilungen, die Unvollständigkeit ihres Zielkatalogs sowie die unklare Bestimmung einer sozialen Wohlfahrtsfunktion vorgeworfen. Siehe exemplarisch Recktenwald (1983), S. 388.

19 In Anlehnung an Musgrave ist die Differenzierung nach Allokations-, Verteilungs-, Wachstums- und Konjunkturziel verbreitet. Vgl. beispielsweise Zimmermann, Henke (1994), S. 3. Konjunktur- und Wachstumsziel bilden hier das Stabilitätsziel.

20 Vgl. Musgrave, Musgrave, Kullmer (1994), S. 10.

resultieren die staatlichen Korrekturen aus einem Vergleich zwischen normativem Soll- und vorgefundenem Ist-Zustand.

Auf Basis der definitorischen Gegenüberstellung von Finanz- und Sozialpolitik wird die Dreiteilung von *Musgrave* im folgenden um das Ziel der **sozialen Sicherheit** erweitert. Auch aufgrund des allgemeinen gesellschaftlichen Konsenses über die Notwendigkeit einer Absicherung vor den Wechselfällen des Lebens ist es angemessen, der sozialen Sicherheit einen eigenständigen Zielcharakter zuzuweisen.[21] Das Attribut »sozial« bringt zum Ausdruck, daß es sich um die Absicherung von Lebenslagerisiken handelt, die als allgemein angesehen werden.[22]

Das Ziel »soziale Sicherheit« manifestiert sich im öffentlichen Sektor im System der sozialen Sicherung[23] und ist damit in personenbezogener Perspektive als Sicherung einzelner Personen oder Personengruppen zu verstehen. Mit der Formulierung des Zieles »soziale Sicherheit« ist jedoch keine normative Vorgabe bezüglich der konkreten Ausgestaltung des Sicherungssystems verbunden. Aus dem Sicherungsziel ist lediglich die Pflicht des Staates abzuleiten, für die Sicherheit der Gesellschaftsmitglieder Sorge zu tragen. Die Entscheidung, wie und in welchem Umfang der Staat seiner Sicherungsfunktion im einzelnen nachkommt, bleibt hiervon unberührt. So ist es generell auch denkbar, daß der Staat alle Bürger dazu verpflichtet, sich gegen die Wechselfälle des Lebens abzusichern, und die Risikovorsorge ausschließlich über private Institutionen organisiert wird.

Obwohl das Ziel der sozialen Sicherheit nicht auf konkrete »gerechte« Verteilungszustände ausgerichtet ist, sind die Übergänge zwischen den Zielbereichen »soziale Sicherheit« und »Distribution« dennoch fließend.[24]

Diesen vorgegebenen Zielen sind die abgeleiteten Ziele der Finanzpolitik an die Seite zu stellen. Derivatives Ziel ist neben dem fiskalischen Ziel[25] der Grundsatz der Verfolgung des ökonomischen Prinzips. Das ökonomische Prinzip mahnt zur staatsinternen Effizienz sowie zur Minimierung der öffentlichen Transaktionskosten.[26]

---

21 Dies ergibt sich nicht zuletzt aus der Interpretation des Sozialstaatsprinzips. Vgl. hierzu Abschnitt D.II.1.

22 Vgl. Straubhaar (1995), S. 87. Siehe auch die nähere Konkretisierung in Abschnitt E.

23 Vgl. Lampert (1998), S. 415.

24 Auch wenn Allokations-, Stabilisierungs- und Distributionsaktivitäten des Staates zahlreiche Interdependenzen aufweisen, sind die Wechselwirkungen zwischen Maßnahmen der Bereiche Distribution und soziale Sicherung ungleich stärker. So auch Schulin (1993), S. 3, der darauf hinweist, daß die beiden Ziele »soziale Sicherheit« und »Gerechtigkeit« nicht voneinander zu trennen sind, sondern in einem „funktionalen Abhängigkeitsverhältnis" zueinander stehen.

25 Das fiskalische Ziel meint die Aufgabe, „[...] für die von den Einzelressorts angemeldeten Ausgaben die notwendigen Einnahmen bereitzustellen." Zimmermann, Henke (1994), S. 5f.

26 Zum Ziel der effizienten Organisation der öffentlichen Finanzwirtschaft siehe Zimmermann, Henke (1994), S. 6. Die Vorgabe »Minimierung der öffentlichen Transaktionskosten« zielt auf eine Verminderung von Substitutionsverlusten, Zusatzlasten, Folge- und Erhebungskosten sowie Opportunitätskosten falscher Politik. Vgl. hierzu Raab (1995), S. 56f.

Um der Finanzpolitik möglichst genaue Zielvorgaben zu machen, sind die vorgegebenen und abgeleiteten Ziele weiter zu operationalisieren.[27] Im Prozeß der finanzpolitischen Willensbildung[28] wird das Zielsystem konkretisiert, und der Finanzpolitik werden praktische Ziele vorgegeben.[29] Die Verfolgung der praktischen Ziele ist letztlich allerdings wiederum nur ein Mittel zur Realisierung der gesellschaftlichen Grundwerte und des gesamtgesellschaftlichen Oberziels der Gemeinwohlmaximierung.

C. »Soziale Sicherheit« und »Gerechtigkeit« als primäre Motive staatlicher Sozialversicherungspolitik

Indem die Sozialversicherungspolitik einen Teilbereich der Finanzpolitik bildet, ist sie allen finanzpolitischen Zielen gleichermaßen verpflichtet. Da es allerdings kaum gelingt, durch ein- und dasselbe Instrumentarium alle Ziele mit gleicher Intensität zu verfolgen,[30] ist eine »instrumentenorientierte« Aufgabengewichtung vorzunehmen.

Die Sozialversicherungspolitik wurde als Mittel zur Sicherung der wirtschaftlichen und sozialen Existenz gegen allgemeine Lebenslagerisiken definiert.[31] Ihre Hauptaufgabe besteht in der Absicherung der Gesellschaftsmitglieder gegenüber Risikofällen des Lebens. Somit ist die Politik der Sozialversicherung primär dem Ziel der sozialen Sicherheit verpflichtet.

Bei der Sozialversicherung handelt es sich aber nicht um eine reine Versicherungsinstitution. Stattdessen ist der Versicherungsfunktion die soziale Ausgleichsfunktion gleichberechtigt an die Seite gestellt.[32] Die Sozialversicherung hat zusätzlich zur Risikoabsicherung die Aufgabe, einen sozialen Ausgleich - im Sinne einer Veränderung individueller Verteilungspositionen - herbeizuführen. Die Sozialversicherungspolitik ist damit neben dem **Sicherheitsziel** auch dem **Distributionsziel** verpflichtet. Das Versicherungsverhältnis knüpft in der Regel unmittelbar an das Arbeitsverhältnis an. Da der Leistungsanspruch vorrangig nach Ausfall des Arbeitseinkommens existent wird, bezieht sich die Veränderung der individuellen Verteilungspositionen in erster Linie auf die Einkommensverteilung, so daß in Anlehnung an Abbildung I-2 der Aspekt der gerechten Einkommensverteilung im Mittelpunkt des sozialen Ausgleichs steht.

Die Zweiteilung des Aufgabenfelds manifestiert sich auch in § 1 Abs.1 S.1 SGB I, in dem die Verwirklichung sozialer Gerechtigkeit und sozialer Sicherheit als grundlegende Ziele formuliert werden:

„Das Recht des Sozialgesetzbuchs soll zur Verwirklichung sozialer Gerechtigkeit und sozialer Sicherheit Sozialleistungen einschließlich sozialer und erzieherischer Hilfen gestalten."

---

27 Zur Operationalisierungsproblematik, die sich bei der Formulierung konkreter Zielvorgaben einstellt, siehe Streit (1991), S. 40ff. Zur Erläuterung möglicher Zielbeziehungen siehe ders. (1991), S. 237ff.

28 Einen Überblick über die Entscheidungsfindung im politischen Prozeß liefert die Darstellung bei Recktenwald (1983), S. 497.

29 Vgl. Berg; Cassel (1995), S.199. Wittmann (1977), S. 23f. stellt einen umfassenden Katalog von praktischen Zielen der Finanzpolitik vor.

30 Siehe Streit (1991), S. 237.

31 Siehe Abschnitt B.I.

32 Siehe grundlegend BVerfGE 40, 121 (136); 48, 346 (358); 57, 335 (345); 67, 231 (237).

Die Aufspaltung der Sozialversicherungspolitik in die staatliche Bereitstellung der Güter »**Sicherheit**« und »**Gerechtigkeit**«, darf jedoch nicht zu streng interpretiert werden.[33]

Aufgrund der Komplexität des Sicherheitszieles und der Unklarheit des Gerechtigkeitszieles, werden diese Hauptmotive staatlicher Sozialversicherungspolitik in den nächsten beiden Abschnitten analysiert und auf den Untersuchungsgegenstand hin konkretisiert.[34]

D. KONKRETISIERUNG DES GERECHTIGKEITSZIELES

I. Allgemeine Anmerkungen

Die Akzeptanz und Stabilität einer Gesellschaft und ihrer politischen Systeme hängt entscheidend von einer tolerablen Einkommens- und Vermögensverteilung ab, so daß die Diskussion um Verteilungsgerechtigkeit auch in Zeiten relativen Wohlstands und sozialer Absicherung niemals an Brisanz verliert. Eine kritische Auseinandersetzung mit dem Verteilungsziel ist insbesondere auch in bezug auf die praktische Sozialversicherungspolitik angebracht, die nicht nur eine entscheidende Komponente im staatlichen Umverteilungsprozeß darstellt,[35] sondern derzeit auch einem hohen Veränderungsdruck unterliegt.[36]

In den Programmen der deutschen Volksparteien findet sich gleichermaßen die Forderung nach einer »gerechten Verteilung« im allgemeinen und einer »gerechten Ausgestaltung des Sozialversicherungssystems« im besonderen.[37] Auf eine eingehende Begründung und Konkretisierung wird aber weitgehend verzichtet. Ohne nähere Bestimmung handelt es sich beim Gerechtigkeitsziel jedoch um eine „Leerformel",[38] die sich hervorragend als Rechtfertigungsgrund für alle Umverteilungsmaßnahmen eignet, mit denen die Interessen bestimmter Wählergruppen bedient werden.[39] Es besteht eine offenkundige Diskrepanz zwischen der politischen Diskussion, die von sozialen Aspekten geprägt ist, und der ökonomischen Theorie, die distributive Fragen - mit Hinweis auf das Postulat der Werturteilsfreiheit von *Max Weber*[40] - ver-

---

33 So existiert nach dem Urteil von Sinn (1996), S. 6 kein Verteilungs- sondern lediglich ein Allokationsziel.

34 Es werden generelle Ziele, die für alle Zweige der Sozialversicherungspolitik – allerdings in unterschiedlichem Ausmaß – Gültigkeit besitzen, abgeleitet.

35 Vgl. Grüske (1978), S. 300ff. und dessen Erkenntnisse auf Basis der Einbeziehung der Sozialversicherung in die Budgetinzidenzanalyse für das Jahr 1969. Ders. (1978), S. 302f.

36 Eine Konfrontation mit den unterschiedlichen nationalen Leit- und damit Gerechtigkeitsvorstellungen ergibt sich nicht zuletzt aus dem Prozeß der europäischen Integration. Siehe hierzu die Ausführungen in Kapitel VIII.

37 Vgl. exemplarisch BPA (1998), S. 24f. sowie BMA (1998c), S. 28.

38 Petersen (1996), S. 2.

39 Vgl. Scherl (1999), S. 68. Nach Berthold (1990), S. 180 folgt die Umverteilungspolitik in demokratischen Gesellschaften nicht in erster Linie Gerechtigkeitserwägungen, sondern Machterhaltungskalkülen.

40 Siehe grundlegend Max Weber (1991). Hierzu äußern sich kritisch Musgrave, Musgrave, Kullmer (1994), S. 110: „Ökonomen haben [...] zunehmend die Anschauung vertreten, eine Theorie der richtigen oder gerechten Verteilung gehöre nicht in den Bereich der Ökonomie, sondern solle Philosophen, Dichtern und Politikern überlassen bleiben."

nachlässigt.[41] Der Verweis auf die Wertneutralität ist jedoch nicht überzeugend, da das Gerechtigkeitsziel einer theoretischen Fundierung und Konkretisierung bedarf, um keine Leerformel zu bleiben.

Um eindeutige Handlungsanweisungen ableiten zu können, muß die Frage, was »gerecht« ist, stets kontextbezogen beantwortet werden. Entsprechend der Differenzierung des Gerechtigkeitszieles in Abschnitt B.II in eine formale und eine materiale Komponente wird im folgenden vorrangig das **materiale** Gerechtigkeitsziel auf seinen Bedeutungsinhalt für die Frage der gerechten Verteilung in bezug auf die Sozialversicherungspolitik analysiert. Unter dieser Zielsetzung muß die Analyse nicht nur ein Sozialversicherungssystem als exogen gegeben voraussetzen, sondern insbesondere auch die faktischen Entscheidungen und die darin implizit in Anspruch genommenen Normen berücksichtigen, die sich gemäß § 1 Abs. 1 S. 1 SGB I auf die verpflichtenden Ziele »soziale Sicherheit« und »soziale Gerechtigkeit« reduzieren Die Gerechtigkeitskonzeptionen, die für Sozialversicherungspolitiker handlungsleitend sein sollen, dürfen diesen grundlegenden Zielsetzungen nicht widersprechen; sie müssen allerdings bewußt unscharf bleiben, damit sie auch bei exogenen - insbesondere ökonomischen, sozialen aber auch demographischen - Veränderungen hinreichende Flexibilität erlauben. Zu beachten ist weiterhin, daß wesentliche Handlungselemente auf einem Konsens der Entscheidungsträger beruhen und damit einem politisch determinierten Wandel unterworfen sind.

Während das **Sicherheitsziel** vorrangig den Aspekt des intertemporalen Ausgleichs im Sinne einer intrapersonellen intertemporalen Einkommensumschichtung impliziert,[42] bezieht sich das Gerechtigkeitsziel auf den sozialen Ausgleich zwischen verschiedenen Personen (-gruppen). Die kollektive Absicherung »in Reinform« kann als Beitrag zur personenbezogenen intertemporalen Gerechtigkeit gesehen werden,[43] bei der sich - abgesehen von einem Risikoausgleich - keine interpersonelle Umverteilung vollzieht.

Dagegen stehen bei **Gerechtigkeitsentscheidungen** die (relativen) Verteilungspositionen der Wirtschaftssubjekte zur Disposition. Die intrapersonelle Perspektive wandelt sich zu einer interpersonellen Betrachtungsweise. Um normativen Gerechtigkeitsaspekten Rechnung zu tragen, muß das ökonomische Marktergebnis gegebenenfalls korrigiert werden.[44] Es ergibt sich das Problem, den »richtigen« Stand der Verteilung zu bestimmen und mit Hilfe sozialversicherungspolitischer Einnahmen- und Ausgabenströme den vorgefundenen Ist-Zustand an diesen Soll-Zustand anzupassen. Der »richtige« Verteilungsstand kann mit Hilfe von Gerech-

---

41 Die Ökonomie beschränkt sich oftmals darauf, Bedingungen für eine effiziente Ressourcenallokation abzuleiten und dabei die Verteilung, die zu einer paretooptimalen Situation führt, auszuweisen - jedoch ohne die Verteilung unter Gerechtigkeitsgesichtspunkten zu problematisieren. Da allerdings der Allokationsaspekt niemals losgelöst von Gerechtigkeitsfragen zu sehen ist, wird die selbstauferlegte Zurückhaltung bezüglich verteilungspolitischer Fragestellungen immer häufiger kritisiert. Vgl. exemplarisch Petersen (1993), S. 95 sowie Streb (1994), S. 4.

42 Vgl. Abschnitt E.

43 In diesem Sinne gelingt es einem Individuum bei einem insgesamt zwar geringeren, aber über alle Perioden annähernd gleichmäßig verteilten Einkommen, seinen Lebensstandard auch in Phasen des Einkommensausfalls aufrecht zu erhalten.

44 Siehe Straubhaar (1995), S. 85.

tigkeitskriterien ermittelt werden, die angeben, was als »gerecht« oder »ungerecht« zu betrachten ist. Aus der unüberschaubaren Vielzahl distributiver Prinzipien[45] wird an dieser Stelle eine kontextbezogene Auswahl getroffen. Nach einer kurzen Erläuterung verfassungsrechtlicher Vorgaben[46] wird neben der Hauptströmung des **Utilitarismus** sowie der ***Rawls*****schen Gerechtigkeitsvorstellung** insbesondere die aristotelische Dichotomie der **justitia distributiva**[47] und **justitia commutativa**, unter die sich die meisten Gerechtigkeitsnormen einordnen lassen, auf ihre Anwendbarkeit für die Sozialversicherungspolitik untersucht.[48]

Die Sozialversicherungspolitik weist zur allgemeinen staatlichen Umverteilungspolitik im Rahmen des Steuer-Transfersystems wichtige Unterschiede auf, die für die Abgrenzung der Gerechtigkeitskriterien Relevanz besitzen. Einmal zeichnet sich die Sozialversicherungspolitik - im Gegensatz zur allgemeinen Redistributionspolitik, die in erster Linie zeitpunktbezogen zu verstehen ist - durch ihre Langfristigkeit aus.[49] Diesem intertemporalen Zusammenhang trägt der Sicherheitsaspekt in intrapersoneller Weise Rechnung. Auf die Ableitung eigenständiger intertemporaler interpersoneller Gerechtigkeitskriterien wird verzichtet.[50] In Abschnitt D.II werden stattdessen übergreifend alternative Gerechtigkeitsprinzipien diskutiert, die primär für die zeitpunktbezogene interpersonelle Umverteilung Relevanz besitzen, sich aber auch auf zeitraumbezogene interpersonelle Redistributionen übertragen lassen.

Daneben wird durch die spezifische Ausgestaltungsform der Sozialversicherung eine Verknüpfung zwischen den Generationen hergestellt. Auf Basis des Umlageverfahrens kommt es in einzelnen Versicherungszweigen durch den »Generationenlink« zu einer Umverteilung zwischen den Generationen als Ganzes.[51] Dieser zusätzlichen Dimension wird durch die Ableitung **intergenerativer Gerechtigkeitskriterien** in Abschnitt D.III Rechnung getragen, die einen - in intergenerativer Weise - anzustrebenden Verteilungsstand bestimmen.

---

45 Pen nennt 21 Verteilungsnormen. Pen (1971), S. 291ff. Eine umfassende Klassifizierung der Verteilungsnormen anhand der Kriterien Verteilungssubjekt, -objekt, -prozeß und -ziel gelingt Streb (1994), S. 20ff.

46 Die verfassungsrechtlichen Grundnormen können als eine mögliche Konkretisierung der grundlegenden Entscheidung zur sozialen Marktwirtschaft interpretiert werden. Zu den Grundlagen der sozialen Marktwirtschaft siehe beispielhaft Dürr (1978), S. 533ff.

47 Zur justitia distributiva werden insbesondere auch die alternativen Ausprägungen der Chancengleichheit im Sinne eines Ausgleichs unterschiedlicher Start- beziehungsweise Prozeßchancen gerechnet. Siehe hierzu die Ausführungen in Abschnitt D.II.4.b) dieses Kapitels.

48 Zu weiteren Gerechtigkeitskonzepten, als die in dieser Arbeit genannten, siehe beispielsweise Petersen (1996).

49 Dies wird in der Interpretation des Versicherungsproduktes als zeitraumbezogenes Dauerschutzversprechen deutlich. Siehe hierzu die Ausführungen in Kapitel II.

50 Während die intertemporale intrapersonelle Perspektive die Einkommensumschichtung über die Zeit für ein- und dieselbe Person betrachtet, bezieht sich die intertemporale interpersonelle Perspektive auf die systematische Umverteilung zwischen verschiedenen Personen. Bei beiden Umverteilungsformen handelt es sich um intragenerative Beziehungen, die sich innerhalb derselben Generation abspielen. Zur ausführlichen Definition siehe Abschnitt D.I in Kapitel V.

51 Siehe hierzu die Ausführungen in Kapitel V.

II. Interpretation alternativer Gerechtigkeitskonzepte in intragenerativer Perspektive und Analyse ihrer Relevanz für die Sozialversicherung

1. Verfassungsrechtliche Vorgaben

In einem ersten Schritt wird der Wesenskern der Sozialversicherung im Hinblick auf das Ziel der materialen Gerechtigkeit unter vertragstheoretischen Gesichtspunkten konkretisiert. In Anlehnung an die vertragstheoretische Konzeption wird die Legitimation im Sinne des gesellschaftlichen Konsenses in den Mittelpunkt gestellt.[52] Dementsprechend ist alles, was gesellschaftlich oder politisch legitimiert wurde, auch erwünscht und kann damit als Maßstab zur Beurteilung des Ist-Zustandes dienen. Dahingehend wird das Grundgesetz als Gesellschaftsvertrag und somit als Niederschrift der herrschenden Vorstellungen über die anzustrebenden Ziele verstanden, so daß die Frage der sozialen Gerechtigkeit in erster Linie auf Basis der grundgesetzlichen Bestimmungen zu beantworten ist. Da jedoch eine ausführliche Diskussion aller »sozialer« Grundgesetz-Normen[53] am Untersuchungsziel der Arbeit vorbeiführt, wird lediglich auf das zentrale Strukturprinzip des **Art. 20 Abs. 1 GG** zurückgegriffen.

Art. 20 Abs. 1 GG formuliert das »Sozialstaatsprinzip«[54], dessen Inhaltsbestimmung unter der Weite und mangelnden Klarheit des Kriteriums »sozial« leidet.[55] In historisch-politischer Betrachtungsweise bezeichnet »sozial« in Verbindung mit »Sozialstaat« eine Einstellung gegenüber der Gesellschaft, die unter anderem von der Mißbilligung zu großer Wohlstandsdifferenzen, dem Postulat der Hilfe für ärmere Schichten sowie einer Absicherung gegenüber den Wechselfällen des Lebens geprägt ist.[56]

Die Sozialstaatsklausel ist an den Prinzipien der sozialen Sicherheit und Gerechtigkeit - einschließlich einer gerechten Einkommens- und Vermögensverteilung - ausgerichtet.[57] Sie ermächtigt und verpflichtet den Staat zu eingreifender und leistender Tätigkeit, um soziale Sicherheit und einen sozialen Ausgleich zu gewährleisten. Durch den sozialen Ausgleich sollen primär die wirtschaftlich und sozial schwachen Bevölkerungsschichten, „[...] die der Wechselfälle des Lebens selbst nicht mehr Herr zu werden vermögen“[58], geschützt werden. In diesem Sinne verpflichtet Art. 20 Abs. 1 GG zwar den Staat, eine bedarfsgerechte Mindestversorgung

---

[52] Es wird im folgenden von einem pragmatischen Verständnis von Vertragstheorie ausgegangen, indem gesellschaftlicher Konsens solange vorausgesetzt wird, wie eine Mehrheitsentscheidung unter repräsentativen Vertretern gefallen ist und keine Revision der gesetzlichen Grundlage existiert. Zur ökonomischen Theorie der Verfassung siehe Hart (1997), S. 142ff. Vgl. auch exemplarisch Buchanan (1988), S. 135ff. sowie umfassend Bund (1984).

[53] Das Grundgesetz enthält eine Reihe von Vorschriften, die dem Staat »soziales« Handeln gebieten. Sie lassen sich in die zwei Kategorien »allgemeines Sozialstaatsprinzip« und »soziale Grundwerte«, die vor allem in Form der Grundrechte festgelegt sind, unterscheiden.

[54] Schachtschneider (1974), S. 17 und S. 31ff. zieht den Begriff »Sozialprinzip« dem restriktiven Ausdruck »Sozialstaatsprinzip« vor, um seiner Bedeutung für das gesamte Gemeinwesen - Staat und Gesellschaft - besser gerecht zu werden.

[55] Vgl. Zacher (1987), S. 1058.

[56] Vgl. Zacher (1987), S. 1060.

[57] Siehe Altendorf (1971), S. 205.

[58] BverfGE 18, 257 (270).

für schutzbedürftige Personengruppen sicherzustellen, ohne aber konkrete Vorgaben über das Prozedere der Zielerreichung zu machen. Eine darüber hinausgehende Umverteilung kann mit dem Sozialstaatsprinzip nur insofern begründet werden, als es grundsätzlich den Abbau sozialer Ungleichheiten befürwortet.[59] Es läßt allerdings offen, welche Einkommensdifferenzen einer Korrektur bedürfen und welches Maß an interpersonellem Ausgleich anzustreben ist. In bezug auf die gleichzeitige Betonung der individuellen Freiheitsrechte im Rahmen der Grundrechtsordnung[60] sind der zwangsweisen Redistributionspolitik des Staates und der damit verbundenen Eingriffe in die Freiheitsrechte der Versicherten jedoch Grenzen gesetzt.[61]

➔ **Schlußfolgerung**: Aus dem Sozialstaatsprinzip des **Art. 20 Abs. 1 GG** läßt sich das Ziel einer bedarfsgerechten Mindestversorgung ableiten. Darüber hinaus fordert es den Abbau sozialer Ungleichheiten im Rahmen einer staatlichen Redistributionspolitik, die aber durch die Freiheitsgrundsätze beschränkt ist. Konkrete Handlungsanweisungen für die tatsächliche Ausgestaltung der parafiskalischen Sozialversicherungspolitik können nicht aus dem Sozialstaatsprinzip abgeleitet werden. Zur näheren Konkretisierung muß auf **alternative Gerechtigkeitsgrundsätze** zurückgegriffen werden.

2. *Utilitaristische Gerechtigkeitskonzeption*

Utilitaristischer Wertmaßstab zur Beurteilung alternativer Verteilungen ist der gesamtgesellschaftliche Nutzen,[62] so daß die Sozialversicherungspolitik auf Basis utilitaristischer Vorstellungen an der gesellschaftlichen Wohlfahrt auszurichten ist. Die gesellschaftliche Wohlfahrt W ist als Funktion $f(.)$ der voneinander unabhängigen Individualnutzen u_i ihrer n Gesellschaftsmitglieder abbildbar:

(I-1) $W=f(u_1,...,u_n)$.

Es wird hierbei meist eine additive soziale Wohlfahrtsfunktion des Typs $W=u_1+...+u_n$ unterstellt.[63] Der klassische Utilitarismus basiert auf dem Ziel der **gesamtgesellschaftlichen Wohlfahrtsmaximierung** und präferiert immer diejenige Verteilungssituation V mit dem höchsten sozialen Nutzenniveau, so daß gilt:

(I-2) $V \succ V' \Leftrightarrow \sum_{i=1}^{n} u_i^V > \sum_{i=1}^{n} u_i^{V'}$.

---

[59] Vgl. BVerfGE 5, 86 (198). Anderer Ansicht ist dagegen Wenzel (1999), S. 53.

[60] Vgl. insbesondere Art. 1 Abs. 1 GG sowie Art. 2 GG.

[61] Im Sinne der freiheitlichen Ausrichtung des Grundgesetzes ist jegliche staatliche Umverteilungspolitik rechtsstaatlichen Grenzen unterworfen, um die Freiheit und Eigenständigkeit des Bürgers zu bewahren. Das Sozialstaatsprinzip ist deshalb immer am Freiheitsprinzip ausgerichtet und zielt auf die Selbständigkeit aller Bürger ab. Diese Eigenständigkeit wird aber durch den Wohlfahrtsstaat oftmals untergraben. Vgl. Schachtschneider (1994), S. 438f.

[62] Zu unterschiedlichen Definitionen des sozialen Nutzens siehe Ehlers (1993), S. 2f.

[63] Vgl. Rosen, Windisch (1992), S. 281.

Da im Rahmen dieser Betrachtung eine Nutzensteigerung allein aus der Erhöhung von n resultieren kann, orientieren sich neuere utilitaristische Theorien nicht mehr an der Nutzensumme, sondern am durchschnittlichen Pro-Kopf-Nutzen,[64] so daß gilt:

$$\text{(I-3)} \quad V \succ V' \Leftrightarrow \frac{1}{n}\sum_{i=1}^{n} u_i^{V} > \frac{1}{n}\sum_{i=1}^{n} u_i^{V'}.$$

Dementsprechend ist eine Verteilungssituation V einer alternativen Verteilung V' vorzuziehen, wenn der durchschnittliche Nutzen eines Gesellschaftsmitgliedes in V höher als in V' ist.

Zur Ableitung einer faktischen Handlungsanweisung an die **Sozialversicherungspolitik** ist eine Konkretisierung der unterstellten Nutzenfunktion nötig. Geht man von identischen Nutzenfunktionen mit abnehmendem Grenznutzenverlauf aus, in die lediglich die Höhe des eigenen Einkommens als relevante Größe eingeht, und unterstellt zusätzlich ein fixes Gesamteinkommen, das durch Umverteilungsvorgänge nicht verändert wird, so verlangt die utilitaristische Maximierungsvorschrift nach einer Gleichverteilung der Einkommen.[65] Eine egalitäre Einkommensverteilung ist aber weder konsensfähig,[66] noch liegen ihr überzeugende Prämissen zugrunde.[67] Gibt man die Annahme identischer degressiver Nutzenfunktionen auf, so ergibt sich aus dem Maximierungsprinzip eine Umverteilung in Abhängigkeit von der Lage der individuellen Grenznutzenkurven.[68] Akzeptiert man zusätzlich, daß Redistribution nicht ohne Auswirkungen auf das Sozialprodukt bleibt, stellt sich bei jeder Form staatlicher Umverteilung unweigerlich ein trade-off zwischen Redistribution und Effizienz ein, der auch bei nicht-utilitaristischer Ausrichtung der gerechtigkeitsorientierten Umverteilung nicht vermieden wird.[69]

Gegen die praktische Anwendbarkeit des utilitaristischen Kriteriums im Rahmen der Sozialversicherungspolitik spricht - neben grundsätzlichen methodischen Schwächen[70] - insbesondere die Vernachlässigung der Einzelnutzenverteilung.

Bei Verwendung des utilitaristischen Prinzips resultiert zwar eine Erhöhung des durchschnittlichen beziehungsweise des gesamten Nutzens einer Gesellschaft - möglicherweise allerdings

---

64 Vgl. Streb (1994), S. 38.

65 Vgl. die Darstellung bei Rosen, Windisch (1992), S. 283.

66 Siehe beispielsweise Bohnet (1999), S. 12. Vgl. hierzu auch die Kritikpunkte am eigenständigen Ziel der Einkommensegalisierung in Abschnitt D.II.4(2).

67 Zur generellen Kritik der zugrundeliegenden Annahmen siehe Rosen, Windisch (1992), S. 284f.

68 Vgl. die graphische Darstellung für den Zwei-Personen-Fall bei Musgrave, Musgrave, Kullmer (1994), S. 117.

69 Vgl. hierzu die Analyse bei Grüske (1985), S. 195ff. Grüske (1985), S. 365 kommt zu dem Ergebnis, „[...] daß jedem Argument, das auf »distributive Marktschwächen« hinweist und damit redistributive Maßnahmen signalisiert, entsprechende »analoge« Schwächen im öffentlichen Sektor mit jeweils negativen Effekten als Pendant zuzuordnen sind." Siehe insbesondere auch Hagel (1993), S. 263ff. Vgl. grundlegend auch Petersen (1996).

70 Hauptkritikpunkt an dem utilitaristischen Konzept ist die Voraussetzung einer kardinalen und interpersonell vergleichbaren Nutzenmessung sowie die Schwierigkeit der Präferenzaggregation. Vgl. Streb (1994), S. 42. Vgl. auch exemplarisch die kritische Würdigung bei Rescher (1982), S. 9ff.

bei zunehmender wirtschaftlicher Ungleichheit.[71] Da die Nach- und Vorteile verschiedener Individuen aufgerechnet werden,[72] erlaubt es die utilitaristische Maximierungsvorschrift, den Nutzen relativ schlechtergestellter Individuen durch Umverteilung noch weiter zu senken, solange deren Nutzenverluste durch die Nutzengewinne auf Seiten der bessergestellten Individuen übertroffen werden. Ein derartiges Vorgehen läßt sich allerdings nicht mehr als sozialpolitische Maßnahme begreifen, deren vorrangige Aufgabe es ist, die wirtschaftliche und/oder soziale Position absolut oder relativ schwacher beziehungsweise benachteiligter Personen (-gruppen) zu verbessern.[73] Im Extremfall erlangen einzelne Personen kein zum Überleben notwendiges Nutzenniveau.

In dieselbe Richtung weist die Verwendung der »Rosser-Matrix« im Gesundheitsbereich, die auf utilitaristischen Gerechtigkeitsvorstellungen basiert.[74] Bei Anwendung dieses Bewertungsmaßstabes ist die Sozialversicherungspolitik nicht mehr vorbehaltlos darauf ausgerichtet, jedem Individuum eine medizinische Mindestversorgung zukommen zu lassen.

Um derartige Verteilungsergebnisse zu vermeiden, können personenspezifische Gerechtigkeitsvorstellungen in das utilitaristische Konzept integriert werden. Um vorrangig die Interessen benachteiligter Individuen zu fördern, gehen deren individuelle Nutzen mit stärkerer Gewichtung d_i ein.[75]
Die additive soziale Nutzenfunktion nimmt folgende Form an:

(I-4) $W = d_1 u_1 + \ldots + d_n u_n$.

Hierbei gilt: $d_i (i = 1,\ldots,n) > 0$.[76]

In diesem Fall wird das utilitaristische Konzept vor das zusätzliche Problem gestellt, adäquate Kriterien zu bestimmen, anhand derer die Gewichtungen vorzunehmen sind.

Während andernfalls keine konkreten Handlungsoptionen für die Sozialversicherungspolitik abgeleitet werden können, ist die Definition und Integration »sozialer« Kriterien bislang nur sehr vereinzelt und uneinheitlich erfolgt,[77] so daß für die praktische Sozialversicherungspolitik keine neuen Erkenntnisse zu gewinnen sind.

---

71 Vgl. Streb (1994), S. 39.

72 Volkert (1998), S. 30 spricht von einer »antiindividualistischen« Komponente des Utilitarismus, der vorgibt die individuellen Interessen im Auge zu haben.

73 Vgl. hierzu die Definition staatlicher Sozialpolitik in Kapitel I sowie die übergeordneten verfassungsrechtlichen Vorgaben gemäß Abschnitt D.II.1 in diesem Kapitel.

74 Sie dient dazu, den Nutzen einer Operation im Sinne der dadurch gewonnenen Lebensqualität anhand der Kriterien Krankheits- oder Behinderungs- sowie Schmerzgrad zu bewerten, indem der zusätzliche Gesamtnutzen einer Operation einer anderweitigen Mittelverwendung gegenübergestellt wird. Siehe Volkert (1998), S. 28.

75 Eine weitere Möglichkeit besteht darin, von interdependenten individuellen Nutzenfunktionen auszugehen, wobei unterstellt wird, daß Schlechtergestellte Neid gegenüber Bessergestellten und Bessergestellte Mitleid gegenüber Schlechtergestellten empfinden. Vgl. zum utilitaristischen Prinzip bei interdependenten Nutzenfunktionen Streb (1994), S. 39f. Vgl. auch Petersen (1993), S. 148ff.

76 Vgl. Rosen, Windisch (1992), S. 286.

77 Vgl. zu sozialen utilitaristischen Prinzipien Streb (1994), S. 40ff.

➔ **Schlußfolgerung:** Es ist bislang nicht gelungen, spezifische soziale Gerechtigkeitskriterien in den utilitaristischen Ansatz einzubauen. Das traditionelle Utilitarismuskonzept dagegen ist nicht mit dem Grundverständnis einer sozialen Sicherungspolitik zu vereinbaren und bringt zudem erhebliche methodische Probleme mit sich. Somit wird das **utilitaristische Verteilungspostulat** für den Bereich der Sozialversicherungspolitik als unbrauchbar **verworfen.**

3. *Rawlssches Differenzprinzip*

Rawls entwickelte seine »theory of justice« als kritische Reaktion auf den Utilitarismus.[78] Zur Bestimmung von Gerechtigkeitsprinzipien geht *Rawls* von einem hypothetischen Urzustand aus.[79] In dieser fiktiven Situation einigen sich rationale Individuen hinter einem »Schleier des Nichtwissens« einstimmig und unparteiisch auf zwei zentrale Gerechtigkeitsgrundsätze zur Regelung ihres späteren Zusammenlebens, die zueinander in lexikalischer Ordnung stehen.[80] Während das erste Prinzip die überragende Bedeutung des Freiheitsanspruches betont (*»Prinzip der gleichen Grundfreiheiten«*), wird im zweiten Grundsatz eine soziale und ökonomische Ungleichheit insofern gerechtfertigt, wie sie die am wenigsten Begünstigten am besten stellt (*»Differenzprinzip«*)[81] und sie mit Postitionen und Ämtern verbunden ist, die jedem offenstehen (*»Prinzip der fairen Chancengleichheit«*).[82] Das **Differenzprinzip** regelt im Gefüge der *Rawls*schen Maximen die gesellschaftliche Verteilung von Einkommen und Vermögen[83] und stellt damit das im Kontext dieses Abschnittes maßgebliche Gerechtigkeitskriterium dar.

Auf Basis des **Differenzprinzips** wird eine Verteilung V immer dann präferiert, wenn das Wohlfahrtsniveau w des am schlechtesten gestellten Individuums in V höher als in V' ist. Es gilt somit:

(I-5) $V \succ V' \Leftrightarrow \min w_i^V > \min w_i^{V'}$.

---

78 Zur Gegenüberstellung von Utilitarismus und Rawlsianismus siehe Engin-Deniz (1991) sowie Gaertner (1985) S. 113.

79 Vgl. Rawls (1990), S. 140ff. Zusammenfassend siehe Hart (1997), S. 145ff. Explizit zur Prämisse des »veil of ignorance« siehe Rawls (1990), S. 159ff. Zur kritischen Überprüfung der Annahmen zum Urzustand siehe ausführlich Streb (1993), S. 15ff.

80 Vgl. Rawls (1990), S. 82.

81 Im Gegensatz zu einigen Autoren wird im folgenden der Formulierung bei Rawls (1990), S. 104 gefolgt, der ausdrücklich zwischen Differenzprinzip und Maximin-Kriterium unterscheidet. Anders dagegen beispielsweise Rosen, Windisch (1992), S. 288.

82 Siehe Rawls (1990), S. 81. Zur abschließenden Formulierung siehe ders. (1990), S. 336.

83 Vgl. Rawls (1990), S. 82. Individuen kennen hinter dem »Schleier des Nichtwissens« zwar sämtliche allgemeinen Gesetzmäßigkeiten und Theorien, aber weder ihre persönlichen noch die jeweiligen gesellschaftlichen Besonderheiten, mit denen sie später konfrontiert werden. Vgl. Rawls (1990), S. 160. In dieser Situation werden sie sich nicht für eine mit negativen Leistungsanreizen verbundene Gleichverteilung aussprechen, sondern eine Ungleichverteilung akzeptieren, solange sie insbesondere den Benachteiligten zugute kommt. Vgl. zur dynamischen Sichtweise Rawls (1990), S. 85. Eine graphische Gegenüberstellung von egalitärer Verteilung, pareto-optimaler Verteilung und der Verteilung nach dem Differenzprinzip liefern Frey, Kirchgässner (1994), S. 269.

Dies entspricht in nutzentheoretischer Betrachtung dem Extremfall einer sozial gewichteten Wohlfahrtsfunktion vom Typ:

(I-6) $W = d(\min w_i)$.

Entscheidendes Kriterium für die Beurteilung einer Verteilungssituation ist die Wohlfahrtsposition der am wenigsten begünstigten Individuen.[84]

Der fiktive Urzustand, in dem sich zeit- und personenabhängig immer wieder alle Individuen auf dieselben Gerechtigkeitsgrundsätze einigen, kann als hypothetische Entscheidungssituation bei vollständiger Ungewißheit modelliert werden.[85] In diesem Zustand völliger Ungewißheit stellt die Maximin-Regel eine mögliche Entscheidungsregel dar.[86] Zentrale Annahme, die der Maximin-Regel zugrunde liegt, ist die extreme Risikoaversion des Akteurs, der jeweils nur die »schlechtesten« unter den möglichen Ergebnissen bei seiner Entscheidung berücksichtigt.[87] Diese Annahme ist aber kaum plausibel, da auch bei Risikoaversion davon ausgegangen werden muß, daß die meisten Menschen eine kleine Wahrscheinlichkeit, sich in der schlechtesten Position zu befinden, in Kauf nehmen für eine gute Chance, eine bessere Position zu erreichen.[88] Das gilt zumindest dann, wenn für niemanden das Risiko besteht, unter das Existenzminimum abzusinken. Diese Bedingung kann vorausgesetzt werden, da kein Grundsatz die Zustimmung rationaler Individuen bei Unkenntnis ihrer späteren Position finden würde, der nicht ein Mindesteinkommen für alle garantiert.

Neben zahlreichen grundsätzlichen Kritikpunkten[89] am *Rawls*schen Differenzprinzip bestehen speziell bezüglich seiner Anwendbarkeit auf die **Sozialversicherungspolitik** Bedenken. Als wesentlich erweist sich die Tatsache, daß in *Rawls*' Theorie der Gerechtigkeit keinerlei Bedarfsgesichtspunkte berücksichtigt werden. Dies ergibt sich einerseits aus der unscharfen Definition der Gruppe der besonders Benachteiligten[90] und andererseits aus der expliziten Eingrenzung dieser Gruppe auf den »normalen« Bereich.[91] Verläßt man dagegen diesen »norma-

---

84 Vgl. Rawls (1990), S. 336. Entsprechend rechnet Streb (1994), S. 43 das Differenzprinzip den lexikographischen Prinzipien zu, die „[...] vorrangig die Interessen der benachteiligten Gruppen in einer Gesellschaft fördern." Er unterscheidet hierbei zwischen einkommensorientiertem und nutzenorientiertem Maximin-Prinzip.

85 Vgl. Schmidt (1991), S. 171.

86 Zur Maximin-Regel vgl. Rawls (1990), S. 177f. „Der Ausdruck »Maximin« bedeutet »maximum minimorum«, also Maximum der Minima." Ders. (1990), S. 178. Vgl. auch Schmidt (1991), S. 200ff.

87 Rawls versucht die Rationalität des Maximin-Kalküls ausführlich zu begründen und darzulegen, daß diese Argumentation auf den Urzustand übertragbar ist. Vgl. Rawls (1990), S. 179ff. Allerdings kann das Differenzprinzip auch nur unter der Prämisse einer extremen Risikoscheu aus der Rationalität des Maximin-Kriteriums hergeleitet werden. Siehe Schmidt (1991), S. 231. Anderer Ansicht dagegen Volkert (1998), S. 41.

88 Vgl. Rosen, Windisch (1992), S. 289. Vgl. auch Hinsch (1998), S. 36.

89 Siehe exemplarisch Harsanyi (1975), S. 594ff. Streb (1993); Barry (1989), S. 213ff. sowie Cullen (1992), S. 22ff.

90 Siehe Rawls (1990), S. 118.

91 „[...] daß jeder körperliche Bedürfnisse und psychische Fähigkeiten innerhalb des normalen Bereichs hat". Rawls (1990), S. 118.

len« Rahmen, so ergibt sich, daß bestimmte Personen(-gruppen) - beispielsweise Kranke oder Pflegebedürftige - einen besonderen Bedarf an spezifischen (Gesundheits-)leistungen haben, für die in der *Rawls*schen Theorie kein Platz ist. Diese Restriktion verbietet es, die *Rawls*sche Gerechtigkeitstheorie auf die Sozialversicherungspolitik zu übertragen, deren Aufgabe es ist, die Gesellschaftsmitglieder gegenüber sozialen Risiken abzusichern. Jegliche Sicherungspolitik geht eben gerade nicht vom »normalen« Bereich, sondern von der möglichen Realisation besonderer Bedarfslagen aus, die sich im Falle sozialer Risiken einstellen können. Die Sozialversicherungspolitik stößt damit in eine Lücke der *Rawls*schen Gerechtigkeitstheorie vor. Deshalb hält - im Umkehrschluß - das Differenzprinzip keine Antwort für die konkrete Ausgestaltung der Sozialversicherungspolitik bereit und besitzt für diesen Zweig keine primäre Relevanz.[92]

Ferner bezieht sich das Differenzprinzip nur auf das am schlechtesten gestellte Wirtschaftssubjekt. Vorgaben für die Verteilungsbeziehungen zwischen den übrigen Versicherten können nicht aus dem Differenzprinzip abgeleitet werden, da die Gerechtigkeit der Einkommensverteilung nur über die Verteilungsposition der einkommensschwächsten Mitglieder ermittelt wird.[93]

➔ **Schlußfolgerung:** Das *Rawls*sche **Differenzprinzip** erweist sich als **ungeeigneter Gerechtigkeitsmaßstab** für die Sozialversicherungspolitik, da es einerseits keine spezifischen Bedarfsgesichtspunkte berücksichtigt und andererseits nur an der Verteilungsposition derjenigen Personen mit minimalen Einkommen ausgerichtet ist.

4. Justitia commutativa und justitia distributiva

Grundlage der Gerechtigkeitsprinzipien ist der Gleichheitsgrundsatz.[94] Durch unterschiedliche Interpretation des Gleichheitsgedankens werden alternative Gerechtigkeitskriterien abgeleitet, die sich im wesentlichen unter die aristotelische Dichotomie der **justitia commutativa** und **justitia distributiva** subsumieren lassen.

a) Kommutative Gerechtigkeit

Unter den Begriff der kommutativen Gerechtigkeit (justitia commutativa) wird sowohl die *Preis-* als auch die *Leistungsgerechtigkeit* subsumiert. Da sich allerdings lediglich aus dem Prinzip der **Leistungsgerechtigkeit** relevante Schlußfolgerungen für die Sozialversicherungspolitik ableiten lassen, beziehen sich die Ausführungen hier nur auf diesen speziellen Teilbereich der kommutativen Gerechtigkeitskonzeption.[95]

---

92 Selbst wenn man die grundlegenden Einwände am Differenzprinzip ignoriert, kann das Unterschiedsprinzip nur nachrangig - nach angemessener Berücksichtigung aller Bedarfsgesichtspunkte - als Maxime für einen normativen Verteilungszustand herangezogen werden. Vgl. die Herleitung eines nachgeordneten Differenzprinzips bei Hinsch (1998), S. 55ff.

93 Zu diesem Kritikpunkt siehe auch Wenzel (1999), S. 67.

94 Siehe Wenzel (1999), S. 55.

95 Zur Preisgerechtigkeit und ihrer Relevanz bezüglich distributiver Fragestellungen siehe Grüske (1985), S. 113.

- **Leistungsgerechtigkeit**

Die Leistungsgerechtigkeit ist ein Prinzip relativer Gleichheit und am Bezugsstandard »Leistung« orientiert. An dieser Stelle wird die Leistung und damit auch der Begriff der Leistungsgerechtigkeit outputorientiert verstanden.[96] Bei einer Orientierung am positiven Ergebnis einer Leistung ist eine Entlohnung leistungsgerecht, wenn jeder Faktor nach seinem Beitrag zum Sozialprodukt entlohnt wird.[97]

Unabhängig von zahlreichen grundsätzlichen Kritikpunkten an einer Marktverteilung im Sinne einer Leistungsentlohnung[98] stellt sich die Frage, welche Konsequenzen sich bei Anwendung des Konzeptes der Leistungsgerechtigkeit für die **Sozialversicherungspolitik** ergeben. Bei **strenger Auslegung** erweist sich jeder staatliche Eingriff in die Primäreinkommensverteilung als ungerechtfertigt, solange die zugrundeliegenden Optimalitätsbedingungen erfüllt sind. Dies gilt unabhängig davon, daß leistungsunfähige Personen sich nicht am Markt anbieten können und dementsprechend unentlohnt bleiben. Jegliche nicht-allokativ begründeten staatlichen Eingriffe verbieten sich dieser Sichtweise entsprechend von selbst. Auf Basis dieser engen Auslegung verliert jegliche staatliche Sicherungspolitik, die nicht ausschließlich der Korrektur allokativer Marktunzulänglichkeiten dient,[99] ihre Existenzberechtigung.

In **weiterer Auslegung** sind staatliche Eingriffe in die Primäreinkommensverteilung grundsätzlich nur dann gerechtfertigt, wenn sich in intertemporaler Perspektive Primär- und Sekundärverteilung entsprechen.[100] Dies ist dann der Fall, wenn die staatliche »Eingriffsinstitution« - hier die Sozialversicherung - selbst dem Prinzip der Leistungsgerechtigkeit verpflichtet ist. Bei strenger Ausrichtung am Prinzip der Leistungsgerechtigkeit erweist sich das Sozialversicherungssystem in intragenerationaler Hinsicht als fair.[101]

- **Äquivalenzprinzip**

Entsprechend dieser weiten Interpretation von Leistungsgerechtigkeit leitet sich das Äquivalenzprinzip aus dem Leistungsprinzip ab. Das Äquivalenzprinzip fordert die Übereinstimmung zwischen Leistung und Gegenleistung.[102] Es ist dann erfüllt, wenn jeder Versicherte Leistungen in dem Umfang erhält, wie er zur Finanzierung beigetragen hat beziehungsweise jeder Versicherte in dem Ausmaß zur Leistungsfinanzierung herangezogen wird, wie er Versi-

---

96 Zur inputorientierten Leistungsgerechtigkeit, die als Bewertungsmaßstab den individuellen Einsatz im Sinne von Arbeitseinsatz und -mühen heranzieht, und die damit verbundenen Schwierigkeiten siehe beispielsweise Bohnet (1999), S. 11.

97 Unter der Voraussetzung vollkommener Konkurrenz liegt eine leistungsgerechte Clark'sche Verteilung dann vor, wenn die Produktionsfaktoren mit ihrem Grenzerlösprodukt bewertet werden. Zur formalen Herleitung siehe Brümmerhoff (1996), S. 38ff. Zur feineren Ausdifferenzierung des Konzeptes der Leistungsgerechtigkeit siehe Musgrave, Musgrave, Kullmer (1994), S. 115.

98 Vgl. zum Beispiel Grüske (1985), S. 114f.

99 Vgl. zu allokativen Versagensgründen am privaten Versicherungsmarkt Kapitel III.

100 Döring (1998), S. 222 verweist auf das »Neutralitätspostulat« der Sozialversicherung.

101 Zur intragenerationalen Fairneß siehe Kapitel V. Vgl. auch Löschel (1998), S. 13.

102 Grundlegend zum Äquivalenzprinzip siehe Zimmermann, Henke (1994), S. 99ff.

cherungsleistungen zu erwarten hat.[103] In erster Linie stellt sich die risikoäquivalente Beitragsdifferenzierung, wie sie im Rahmen der privaten Versicherungswirtschaft praktiziert wird,[104] als mustergültige Ausprägung des Äquivalenzprinzips dar. Des weiteren ist auch eine ausschließliche Bemessung der Versicherungsleistungen an den individuell erbrachten Vorleistungen - insbesondere der entgeltbezogenen Beitragszahlungen - grundsätzlich mit dem Äquivalenzprinzip vereinbar.[105]

Die »soziale« Anspruchslosigkeit des reinen Versicherungsprinzips schließt allerdings jegliche systematische Umverteilung per definitionem aus.[106] Eine ausschließliche Orientierung der Sozialversicherungspolitik am Äquivalenzprinzip führt somit dazu, daß möglicherweise Personen mit hohem Leistungsbedarf und geringem Einkommen die äquivalenten Zahlungen nicht aufbringen können und entsprechend ohne Versicherungsschutz bleiben. Für diese Personen ist eine Mindestversorgung nicht gewährleistet.

➔ **Schlußfolgerung:** Der Grundsatz der **Leistungsgerechtigkeit in enger Auslegung** kommt **nicht als Vorgabe** für die Sozialversicherungspolitik in Frage, da er der parafiskalischen Sozialversicherung nur im Falle allokativer Marktmängel eine Existenzberechtigung zugesteht. In **weiterer Auslegung** stellt das Prinzip der Leistungsgerechtigkeit sowie das hieraus abgeleitete Äquivalenzprinzip einen Maßstab für die gerechte Mittelaufbringung dar. Da allerdings bei ausschließlicher Orientierung am Äquivalenzprinzip die soziale Ausgleichsfunktion vollständig vernachlässigt wird und eine Mindestversorgung nicht mehr gewährleistet ist, kann es **nicht für das gesamte Abgaben- und Leistungsspektrum Gültigkeit** besitzen.

b) Distributive Gerechtigkeit

Das Konzept der distributiven Gerechtigkeit (justitia distributiva) umfaßt in erster Linie die Kriterien **Egalität**, **Chancengleichheit** sowie **Bedarfsgerechtigkeit**.[107] Diesen zentralen distributiven Kriterien wird das Prinzip der **horizontalen Ausgleichsgerechtigkeit** sowie das Prinzip der individuellen Leistungsfähigkeit als **Leistungsfähigkeitsgerechtigkeit** an die Seite gestellt. Dieser Kriterienkatalog wird schließlich unter Rückgriff auf die allgemeine verfassungsrechtliche Vorgabe des Art. 20 Abs. 1 GG um das Ziel der **vertikalen Ausgleichsgerechtigkeit** ergänzt.

---

103 In bezug auf unterschiedliche Einkommensgruppen wäre ein Abgabentarif dann ableitbar, wenn ein gesicherter Zusammenhang zwischen Inanspruchnahme und Einkommensposition besteht.

104 Vgl. hierzu Kapitel II. Kritisch Rüb (1998), S. 326.

105 Scherl (1999), S. 67 weist in diesem Zusammenhang auf das Abgrenzungsproblem hinsichtlich der anzuerkennenden Vorleistungen hin.

106 Siehe auch Rüb (1998), S. 314.

107 Vgl. exemplarisch Grüske (1985), S. 116. Das Kriterium der Gleichbehandlung wird an dieser Stelle nicht berücksichtigt, da es ein formales Gerechtigkeitskriterium darstellt. Die justitia distributiva geht a priori von einer unangemessenen Marktverteilung aus und fordert eine zentrale übermarktliche Instanz, die ein Verteilungsziel autonom und losgelöst von der marktlichen Leistungs-Gegenleistungsbeziehung festlegt, wodurch ein Effizienz-Konflikt vorprogrammiert ist. Vgl. Grüske (1985), S. 195ff.

- **Egalitätsprinzip**

Das Egalitätskonzept mit dem Ziel »Gleichverteilung der Einkommen«[108] wird angesichts seiner fragwürdigen ökonomischen, politischen und sozialen Implikationen a priori für die Finanzpolitik im allgemeinen - und damit auch für die Sozialversicherungspolitik im speziellen - **abgelehnt.**[109]

- **Chancengleichheit**

Chancengleichheit im Sinne von Startgerechtigkeit fordert gleiche Ausgangsbedingungen für alle Individuen durch einen **Ausgleich unterschiedlicher Startpositionen.**[110] Der Begriff der Chancengleichheit bleibt solange leer, wie keine Aussagen darüber getroffen werden, welche Ausgangskategorien anzugleichen sind. Bezogen auf die Sozialversicherungspolitik können spezifische soziale Risikotatbestände - wie individueller Gesundheitszustand - als wesentliche Voraussetzungen für die Chancengleichheit der Gesellschaftsmitglieder betrachtet werden.

Nach dieser Interpretation von Chancengleichheit verbietet es sich, von Natur gegebene ungünstige Startchancen durch eine risikoabhängige Prämienpolitik zusätzlich zu diskriminieren. Stattdessen kommt der Sozialversicherung die Aufgabe zu, allen Individuen die gleichen Chancen im Umgang mit sozialen Risikotatbeständen einzuräumen und auf diesem Wege einen Ausgleich unterschiedlicher Startpositionen herbeizuführen.

Chancengleichheit ist auch dann gewährleistet, wenn sie jedem Wirtschaftssubjekt den **gleichen Zugang** zur Versorgung mit den hierfür benötigten Leistungen gewährt.[111] Das Prinzip der Chancengleichheit regelt vorrangig die formalen Zugangsvoraussetzungen für die Institution Sozialversicherung, ohne aber konkrete Aussagen über die tatsächliche Ausgestaltung der Leistungs- und Finanzierungsseite zu machen. Aus diesem Grund können keine konkreten Umverteilungsziele abgeleitet werden. Das Prinzip kann lediglich als ergänzende Zielvorgabe für die institutionelle Organisation der Sozialversicherung herangezogen werden.

Des weiteren ergibt sich im Sinne der **Prozeßchancengleichheit** die Forderung nach einem **Ausgleich unterschiedlicher Prozeßchancen.**[112]

---

108 Zu einem so verstandenen Egaltitätsprinzip und möglichen abgemilderten Versionen siehe Döring (1998), S. 215ff. Siehe zum einkommensorientierten Egalitätsprinzip auch Streb (1994), S. 30.

109 „So ist verständlich, daß Gleichverteilung der Einkommen im Rahmen ernsthafter Wirtschaftspolitik nicht angestrebt wird." Bohnet (1999), S. 12.

110 Vgl. die Unterscheidung zwischen formaler und materialer Startgerechtigkeit bei Lampert (1990), S. 77. Zur ungenügenden Umsetzung der Chancengleichheit am privaten Markt siehe Grüske (1985), S. 118.

111 Allerdings muß berücksichtigt werden, daß der grundsätzlich formale Zugang zu Versicherungsleistungen noch keine Gewähr für eine faktisch gleiche Inanspruchnahme darstellt. Klammer (1998), S. 278ff. differenziert entsprechend zwischen »access for equal need« und »utilisation for equal need«. Die unterschiedliche Inanspruchnahme von Leistungen bewirkt selbst bei faktisch gleichen Versorgungsmöglichkeiten tatsächliche Unterschiede in den Chancen.

112 Grundlegend zur Prozeßchancengleichheit siehe Gutachten zum Familienlasten- und Familienleistungsausgleichs des Wissenschaftlichen Beirats für Familienfragen, Kapitel 7.

Unterschiedliche Prozeßchancen resultieren beispielsweise aus der Entscheidung zugunsten von Kindern. Dieser Entschluß führt einerseits zu einer materiellen Schlechterstellung[113] und andererseits zu einer Verringerung der Chancen eines Elternteils im Arbeitsprozeß, da mit dem Wechsel von marktlich entlohnter Erwerbstätigkeit in Kindererziehung oftmals irreversible Nachteile bei den Verdienst- und Karrierechancen einhergehen. Vorrangige Zielsetzung der Prozeßchancengleichheit ist es somit, die Chancen des erziehenden Elternteils auf eine Reintegration in den Arbeitsprozeß und die damit verbundene soziale Sicherung zu erhöhen und damit letztlich die Fähigkeit der Eltern zur Selbstverantwortung für ihre Kinder zu stärken. Implikationen für die Sozialversicherung – insbesondere für den Zweig der *ALV* – ergeben sich insofern, als durch spezielle (arbeitsmarktpolitische) Instrumente die Wiedereingliederung von Personen mit Kindern in das Berufsleben forciert werden muß.

- **Bedarfsgerechtigkeit**

Die Forderung nach einer bedarfsgerechten Verteilung zielt vorrangig auf die **Leistungsseite** ab. Sie stellt Kriterien für die Leistungsgewährung auf, die unabhängig von der Mittelaufbringung gelten. Im Rahmen der Bedarfsgerechtigkeit ist die Umverteilung entweder an den individuellen Bedürfnissen oder an einem politisch zugebilligten Bedarf ausgerichtet. Für die Sozialversicherungspolitik besitzt jedoch lediglich ein objektiv feststellbarer Bedarf als Zuteilungskriterium Relevanz.[114] Bei diesem objektiv feststellbaren Bedarf kann es sich sowohl um einen spezifischen Bedarf als auch um einen Mindestbedarf handeln. Der individuelle Bedarf beziehungsweise die Möglichkeit zur Bedarfsdeckung wird durch die Existenz sozialer Risiken wesentlich beeinflußt, da im Schadenfall das Leistungseinkommen ausfällt und/oder ein zusätzlicher Bedarf entsteht.

Die Bedarfsgerechtigkeit fordert nun, die Versicherungsleistungen nach dem jeweiligen anzuerkennenden (objektivierten) Bedarf der Individuen - unabhängig von deren erbrachten Vorleistungen - zuzuteilen. Interpretiert man die Bedarfsgerechtigkeit nicht ausschließlich im Sinne einer minimalen Versorgung, so sollen über die bedarfsgerechte Mindestabsicherung hinaus Personen mit höherem Bedarf entsprechend mehr Leistungen als weniger unterstützungsbedürftige Individuen erhalten.[115] Dementsprechend würde eine Verteilungssituation V einer Verteilungssituation V' immer dann vorgezogen, wenn nur in V jedem Individuum das zugebilligte Ausmaß an Bedarfsdeckung garantiert ist.

Das Bedarfsprinzip ist grundsätzlich mit den übergeordneten Maximen der Sozialversicherungspolitik »Sicherheit« und »Gerechtigkeit« im Sinne eines sozialen Ausgleichs **verein-**

---

113 Diese resultiert aus der Tatsache, daß während der Zeit der Familiengründung sowohl ein erhöhter Einkommensbedarf nötig ist, als auch eventuell die bisherige Einkommensquelle entfällt.

114 Der erste Bedarfsbegriff scheitert schon allein an der mangelnden Meß- und Vergleichbarkeit der individuellen Bedürfnisse. Zur kritischen Auseinandersetzung mit den Konzepten der Bedarfsgerechtigkeit siehe Lampert (1990), S. 77f. Ebenso Bohnet (1999), S. 12.

115 Vgl. auch Oggier (1996), S.51f. „Danach würden der Kranke wegen des überdurchschnittlichen Bedarfs an Arztleistungen oder der Bergbauarbeiter wegen seines hohen Kalorienbedarfs höhere Einkommen als solche Personen erhalten, für die ein solcher Extrabedarf nicht festgestellt wird." Bohnet (1999), S. 12.

bar.[116] Da es jedoch die Finanzierungsseite weitestgehend vernachlässigt, kann es nur isoliert auf die Ausgestaltung der Leistungsseite bezogen werden. Als handlungsleitendes Prinzip für das integrierte Gesamtsystem von Finanzierungs- und Leistungsseite findet das Prinzip der Bedarfsgerechtigkeit demzufolge keine Anwendung.

- **Horizontale Ausgleichsgerechtigkeit**

Das Prinzip der horizontalen Ausgleichsgerechtigkeit beinhaltet wesentliche Elemente des Bedarfsprinzips, da es ebenfalls Bedarfsgesichtspunkte in die Bewertung einbezieht. Unter das Prinzip der horizontalen Ausgleichsgerechtigkeit werden an dieser Stelle alle Gerechtigkeitsvorstellungen subsumiert, die einen Einkommensausgleich zwischen verschiedenen Personen mit unterschiedlichen Lebensumständen vorsehen.[117]

Unterschiedliche Lebensumstände können bei identischen Einkommensverhältnissen aus der spezifischen Haushalts- oder Familiengröße und der damit verbundenen divergierenden Ausgabenbelastung resultieren. Im Sinne der horizontalen Ausgleichsgerechtigkeit müssen somit Alleinstehende und Personen mit Familie aufgrund ihrer unterschiedlichen familiären Situation unterschiedlich behandelt werden. Dieser Gerechtigkeitsgrundsatz manifestiert sich vorrangig in der Forderung nach einer rein **familienspezifischen Umverteilung**. Unter besonderer Berücksichtigung der Finanzierungsseite kann der sozialen Ausgleichsgerechtigkeit grundsätzlich durch die Form der beitragsfreien Familienversicherung Rechnung getragen werden.[118]

Verschiedenartige Lebensumstände können andererseits aber auch als unterschiedliche individuelle Risikolagen interpretiert werden. Dem entspricht die Forderung nach einer systematischen Redistribution von »guten« zu »schlechten« Risiken, die im Sinne einer **risikospezifischen Umverteilung** über einen rein versicherungsimmanenten Ausgleich bei risikoäquivalenter Prämienkalkulation hinausgeht.

Da das Prinzip der horizontalen Ausgleichsgerechtigkeit eine adäquate Ergänzung zu den oben genannten distributiven Gerechtigkeitsprinzipien darstellt und in seiner Interpretation als risikospezifische Umverteilung das zentrale Aufgabenfeld einer Versicherungsinstitution konkretisiert, wird es als weiteres Gerechtigkeitskriterium für den Sozialversicherungsbereich **akzeptiert**.

- **Leistungsfähigkeitsgerechtigkeit**

Das Leistungsfähigkeitsprinzip[119] bezieht sich – im Gegensatz zum Prinzip der Leistungsgerechtigkeit - ausschließlich auf die **Finanzierungsseite** und gibt Anhaltspunkte für eine gerechte Mittelaufbringung. Überträgt man das steuerrechtliche Konzept der Leistungsfähigkeit auf den Bereich der Sozialversicherung, so läßt sich die grundlegende Forderung ableiten, daß

---

116 Zur Relevanz der Bedarfsgerechtigkeit in der Sozialversicherungspraxis siehe Scherl (1999), S. 66.

117 Vgl. Sievering (1996), S. 217.

118 Zum Verhältnis zwischen Familien und kinderlosen Ehepaaren bzw. Singles siehe insbesondere Kapitel II sowie Kapitel V. Vgl. jedoch auch die Kritik an der Familienversicherung in den Kapiteln V, VI und VII.

119 Zur grundlegenden Erörterung des Leistungsfähigkeitsprinzips siehe Musgrave, Musgrave, Kullmer (1993), S. 19ff. Ebenso Zimmermann, Henke (1994), S. 106ff.

jeder Versicherte gemäß seiner individuellen Leistungsfähigkeit an der Mittelaufbringung zu beteiligen ist. So sollen Versicherte mit identischer Leistungsfähigkeit den gleichen Finanzierungsbeitrag (horizontale Gerechtigkeit) und Versicherte mit unterschiedlicher Leistungsfähigkeit einen verschiedenen Finanzierungsbeitrag (vertikale Gerechtigkeit) leisten.[120]

Ohne auf weitere Kritikpunkte in Zusammenhang mit dem Leistungsfähigkeitsprinzip und den damit verbundenen Opferkonzepten einzugehen,[121] stellt sich das grundlegende Problem, daß aus ihm kein eindeutiger Belastungsverlauf abgeleitet werden kann. Verzichtet man auf einen Rückgriff auf nutzentheoretische Überlegungen und folgt dem allgemeinen Konsens, daß eine leistungsfähigkeitsorientierte Mittelerhebung zumindest nicht regressiv zum (Gesamt-)Einkommen erfolgen soll,[122] steht das Leistungsfähigkeitsprinzip einem sozialen Ausgleich in der Sozialversicherung zumindest nicht entgegen. Entsprechend dieser Auslegung wird das Leistungsfähigkeitsprinzip im im Sinne einer rein proportionalen beziehungsweise progressiven Beitragserhebung zum Gesamteinkommen interpretiert.[123] Aufgrund seiner einseitigen Orientierung an der Mittelaufbringung wird jedoch die Leistungsseite nicht berücksichtigt. Demzufolge kann das Leistungsfähigkeitsprinzip auch nicht als übergeordnetes Gerechtigkeitskriterium für das integrierte Gesamtsystem der Umverteilung herangezogen werden, sondern nur **isoliert auf die Finanzierungsseite** bezogen werden.

- **Vertikale Ausgleichsgerechtigkeit**

In Anlehnung an die Interpretation des Sozialstaatsgebotes in Abschnitt D.II.1 wird die vertikale Ausgleichsgerechtigkeit als sozialpolitisch motivierter **Ausgleich zwischen verschiedenen Einkommensgruppen** verstanden. Dieser kann innerhalb einer Sozialversicherungsinstitution unter Einbeziehung der Finanzierungs- und Leistungsseite durch eine systematische Umverteilung von Versicherten mit einem höheren zu Versicherten mit einem niedrigeren Einkommen vollzogen werden. Er trägt damit dem sozialen Ausgleichsgedanken angemessen Rechnung.[124]

In diesem Sinne entspricht die vertikale Ausgleichsgerechtigkeit der übergeordneten Zielsetzung des Sozialstaatsprinzips und ist mit dem grundlegenden Gerechtigkeitsgedanken des § 1 Abs. 1 SGB I vereinbar. Demzufolge wird das Kriterium der vertikalen Ausgleichsgerechtigkeit als weitere handlungsleitende Maxime der Sozialversicherungspolitik **anerkannt**.

➔ **Schlußfolgerung:** Unter den distributiven Gerechtigkeitsvorstellungen werden als normative Leitbilder der Sozialversicherungspolitik insbesondere die Kriterien der **Bedarfsgerechtigkeit**, der **horizontalen** und **vertikalen Ausgleichsgerechtigkeit** sowie der **Lei-**

---

[120] Zur horizontalen und vertikalen Gerechtigkeit vgl. Musgrave, Musgrave, Kullmer (1993), S. 19f.

[121] Vgl. hierzu insbesondere Zimmermann, Henke (1994), S. 116f.

[122] Vgl. hierzu auch Zimmermann, Henke (1994), S. 113. Siehe auch Wenzel (1999), S.68. Zur Abgrenzung des Indikators Einkommen siehe Zimmermann, Henke (1994), S. 108f. Daß diese Forderung in der Sozialversicherungspraxis allerdings nicht erfüllt ist, machen die Ausführungen an späterer Stelle (insbesondere Kapitel VII) deutlich.

[123] Zur Konkretisierung siehe Kapitel VII.

[124] Vgl. auch Ott (1981), S. 183.

stungsfähigkeitsgerechtigkeit - letzteres ausschließlich als Norm für die gerechte Mittelaufbringung - anerkannt. Darüber hinaus wird das Prinzip der **Chancengleichheit** als normatives Kriterium für den Zugang zur Sozialversicherung und dem Ausgleich unterschiedlicher Start- und Prozeßchancen akzeptiert.

III. Ableitung eines Gerechtigkeitskonzeptes in intergenerativer Perspektive

Aufgrund der besonderen Ausgestaltung der Sozialversicherung stellt sich die Forderung nach einer gerechten Verteilung zwischen den Generationen.[125] Der intergenerative Gerechtigkeitsaspekt[126] erweist sich für die Systeme der gesetzlichen Renten- und Kranken- sowie der sozialen Pflegeversicherung auf lange Sicht nicht nur in verteilungspolitischer Hinsicht als relevant. Er ist darüber hinaus die zentrale Prämisse des Generationenvertrages und damit eine wesentliche Bedingung für die Existenzfähigkeit der umlagefinanzierten Versicherungssysteme selbst.[127]

Im folgenden werden mögliche intergenerative Zielfunktionen diskutiert, die für alle Versicherungszweige mit »Generationenlink« gleichermaßen Gültigkeit besitzen.[128] Um dieser Allgemeingültigkeit Rechnung zu tragen und ein hohes Maß an Anschaulichkeit zu erreichen, sind Vereinfachungen unabdingbar. Entsprechend wird von folgenden **Annahmen** ausgegangen:

- Wechselwirkungen zwischen Sozialversicherungssystemen und weiteren ökonomischen Größen bleiben unberücksichtigt. Es werden ausschließlich die Effekte der Sicherungssysteme auf die intergenerative Verteilung betrachtet, die sich unmittelbar aus der Beitrags- und Leistungsgestaltung ergeben.
- Es werden alle Generationen hinsichtlich ihrer Generationenstärke gleich stark gewichtet, so daß jeder Generation – unabhängig von ihrem Umfang – gleiche Bedeutung beigemessen wird.
- Ferner werden in jeder Generation identische, eigennutzorientierte Individuen unterstellt. Des weiteren wird von interpersonellen Umverteilungsvorgängen innerhalb der einzelnen Generationen abstrahiert. Damit kann für jede Generation g, mit $g = 1,2,...n$, der zum Zeitpunkt t Geborenen ein repräsentatives Indidividuum betrachtet werden, dessen intergenerative Verteilungsposition durch seinen Lebensnettotransfersaldo $LNT(t,g)$ ausgedrückt wird.

---

125 Da hier die Generationen als Ganzes betrachtet werden, sind an dieser Stelle Differenzierungen zwischen Kinderlosen beziehungsweise Personen mit Kindern nicht notwendig.

126 Zur Frage der intergenerativen Gerechtigkeit siehe grundlegend Keyfitz (1984).

127 Zur intergenerativen Umverteilung in GRV, GKV und SPV siehe Kapitel V und VI. Zu den Auswirkungen bei Verstoß gegen intergenerative Gerechtigkeitsvorstellungen durch Umverteilung zwischen den Generationen siehe die Ausführungen in Kapitel VIII.

128 Zur Formulierung eines fundierten intergenerativen Gerechtigkeitskonzeptes speziell für Alterssicherungssysteme siehe insbesondere Speckbacher (1994). „Die grundlegende Idee dieses Vorschlags besteht in der Auffassung, daß keine Generation durch das Alterssicherungssystem *auf Kosten anderer Generationen* bereichert werden soll. Hinsichtlich der zugrundeliegenden Gerechtigkeitsprinzipien könnte der Lösungsvorschlag vereinfachend als Kompromiß zwischen Leistungs- und Gleichheitsprinzipien unter Berücksichtigung der speziellen Dynamik intergenerationaler Verteilungsprobleme charakterisiert werden." Speckbacher (1994), S. 3 [Hervorhebungen im Original].

- Damit der Lebensnettotransfer als ein von den individuellen Präferenzen unabhängiges Maß für den Nach- beziehungsweise Vorteil einer Generation dienen kann, wird ein vollständiger Kapitalmarkt mit konstantem Zins unterstellt.

Unter diesen Annahmen ergibt sich der **generationenspezifische Lebensnettotransfer** aus der Differenz zwischen dem Barwert der lebenslangen Ein- und Auszahlungen eines repräsentativen Individuums der Generation *g*.[129] Im intergenerativen Vergleich ist derjenige Geburtsjahrgang *g* am schlechtesten gestellt, der den höchsten positiven Lebensnettotransfersaldo aufweist.

Es werden nun auf Basis des Lebensnettotransferkonzeptes alternative intergenerative Gerechtigkeitskriterien hinsichtlich ihrer Anwendbarkeit für die Sozialversicherungspolitik analysiert.[130]

- **Utilitaristisches Kriterium**

Aufgrund der schwerwiegenden methodischen und inhaltlichen Beanstandung utilitaristischer Gerechtigkeitsvorstellungen wird deren Anwendung auf intergenerative Verteilungsprobleme - im Sinne einer **intergenerativen Nutzenmaximierung** - a priori **abgelehnt**.[131]

- **Minimax-Kriterium**

Auf Basis der *Rawls*schen Gerechtigkeitstheorie ergibt sich in intergenerativer Perspektive die Forderung, den am schlechtesten gestellten Geburtsjahrgang *g* mit dem höchsten positiven Lebensnettotransfersaldo am besten zu stellen, indem dessen Lebensnettotransfersaldo minimiert wird, so daß gilt:

(I-7) $\min[\max LNT(t,g)]$, mit $t \in [0;+\infty[$ sowie $g = 1,\ldots n$.[132]

Das Maximin-Kriterium wandelt sich aufgrund umgekehrter Vorzeichen in intergenerativer Perspektive in ein Minimax-Kriterium und fordert die Minimierung des maximalen Lebensnettotransfers.

Das Differenzprinzip unterliegt unter den gegebenen Annahmen nicht der *Rawls*schen Restriktion, derzufolge dieses Prinzip nicht auf die Frage der intergenerativen Gerechtigkeit anwendbar ist, da diese nur durch einen gerechten Spargrundsatz zu lösen sei. Eine Übertragung des Differenzprinzips auf intergenerative Verteilungsprobleme ist unter den getroffenen Annahmen möglich.

---

129 Siehe Schulenburg (1990), S. 283. Zur Operationalisierung der intergenerativen Verteilungsposition mit Hilfe eines generationenspezifischen Lebensnettotransfersaldos siehe die Ausführungen in Kapitel V und VI. Kritisch hierzu Speckbacher (1994), S. 56ff.

130 Zu alternativen Gerechtigkeitsvorstellungen in intergenerativer Perspektive siehe grundlegend Keyfitz (1984).

131 Zur Übertragung des utilitaristischen Konzeptes auf intergenerative Verteilungsprobleme siehe Peters (1991), S. 155ff. Zur Kritik am utilitaristischen Konzept in intergenerativer Perspektive siehe Speckbacher (1994), S. 17ff.

132 Vgl. Schulenburg (1989b), S. 210. Dabei empfiehlt es sich - um der Heterogenität verschiedener Generationen Rechnung zu tragen - generationenspezifische Gewichtungen zur Berücksichtigung relevanter Differenzierungsmerkmale vorzunehmen.

➔ **Bewertung des Minimax-Kriteriums:** Da im Rahmen des Maximin-Kriteriums wiederum lediglich die Position der am schlechtesten gestellten Generation in die Betrachtung eingeht, erscheinen Kriterien geeigneter, die explizit die Lebensnettotransfers aller Generationen einbeziehen. Diese Forderung erfüllen die folgenden Gerechtigkeitsmaximen. Entsprechend wird das **Minimax-Prinzip** als intergeneratives Gerechtigkeitskriterium **abgelehnt**.

- **Gleichheitskriterium**

In enger Auslegung der intergenerativen Gerechtigkeit kann im Rahmen eines Gleichheitskriteriums gefordert werden, daß alle generationenspezifischen Lebensnettotransfersalden identisch sein müssen - also letztlich eine **Gleichverteilung** zwischen den Generationen angestrebt wird, so daß gilt:

(I-8) $LNT(t,1) = LNT(t,2) = ... = LNT(t,n) = 0, \text{ mit } t \in]0,\infty]$.

- **Transmin-Kriterium**

Das Transmin-Kriterium[133] fordert in weiter Auslegung, daß lediglich die **Streuung** der jeweiligen Lebensnettotransfers **minimiert** werden soll. Demgemäß muß die Summe der absoluten Werte der einzelnen Lebensnettotransfers minimal sein. Es gilt dann:

(I-9) $\min \sum_{t>0}^{\infty} \left| LNT(t,g) \right|$, mit $g=1,2,...,n$..

➔ **Bewertung des Gleichheits- und des Transmin-Kriteriums:** Sowohl beim Gleichheitskriterium als auch beim Transmin-Kriterium werden generationenspezifische Abweichungen – ohne Berücksichtigung ihrer Wirkungsrichtung - gleichermaßen verurteilt. Während das **Gleichheitskriterium** - unabhängig von seinen fragwürdigen Implikationen - allein aus Praktikabilitätsgesichtspunkten **verworfen** werden muß, da es eine Integration bisheriger Generationen unmöglich macht, sind auch Bedenken gegenüber dem Transmin-Kriterium angebracht. Sein wesentlicher Nachteil besteht darin, daß möglicherweise große Ausreißer zugelassen werden, solange nur die Streuung insgesamt minimiert wird[134] und somit eine extrem starke Belastung einzelner Generationen durchaus wünschenswert sein kann. Da unter dieser Bedingung der Fortbestand des Generationenvertrages ernsthaft gefährdet ist, wird das **Transmin-Kriterium** ebenfalls als normativer Grundsatz **abgelehnt**.

- **Minimal-Kriterium**

Stattdessen wird an dieser Stelle ein eigenständiges intergeneratives Gerechtigkeitskriterium für den Bereich der Sozialversicherung formuliert, das obigen Kritikpunkten nicht unterliegt und als »**Minimal-Kriterium**« bezeichnet wird. Das Minimal-Kriterium fordert, daß die Lebensnettotransfersalden jeder Generation **minimal** sein sollen.

---

133 Vgl. zum Transmin-Kriterium für den Bereich der Alterssicherung Schulenburg (1989b), S. 209.

134 Vgl. Schulenburg (1990), S. 290.

Somit gilt für das Minimal-Kriterium:

(I-10) $\sum_{t=0}^{\infty} \min|LNT(t,g)|$, mit $g=1,2,...n$..

Zur näheren Konkretisierung wird für jeden generationenspezifischen Lebensnettotransfersaldo die Forderung erhoben, daß er sich dem Wert 0 annähert. Es gilt somit für jede beliebige Generation g:

(I-11) $LNT(t,g) \rightarrow 0$, mit $g=1,2,...n$..

Entsprechend unterliegt damit allerdings auch das Minimal-Kriterium der Restriktion, daß es sowohl positive als auch negative Abweichungen vom Referenzwert 0 gleichermaßen verurteilt.[135]

➔ **Schlußfolgerung:** Aufgrund zahlreicher inhaltlicher Probleme werden sowohl das **Minimax-Kriterium** wie auch das **Gleichheitskriterium** und das **Transmin-Kriterium** als Maßstäbe für die intergenerative Gerechtigkeit **abgelehnt**. Stattdessen wird das **Minimal-Kriterium** als intergeneratives Gerechtigkeitskriterium **eingeführt**. Es weist den Vorteil auf, daß es alle Generationen gleichberechtigt berücksichtigt und für jeden einzelnen generationenspezifischen Lebensnettotransfersaldo eine Vorgabe macht, die in bezug auf alle Generationen die intergenerative Ungleichverteilung reduziert.

E. KONKRETISIERUNG DES ZIELES SICHERHEIT

Für eine Charakterisierung des Zieles »Sicherheit« ist es erforderlich, den Terminus Sicherheit in themenorientierter Perspektive näher zu beschreiben und das soziale Risiko - als wesentlichen Absicherungsgegenstand im Bereich der Sozialversicherung - zu definieren.

Sicherheit ist ein umfassendes Phänomen, dem der Charakter eines gesellschaftlichen Grundwertes beigemessen wird.[136] Eingeordnet in die *Maslow*sche Bedürfnispyramide befindet sich das Sicherheitsziel auf der zweiten Hierarchieebene - unmittelbar nach den physiologischen Bedürfnissen - und macht damit dessen hohen Stellenwert deutlich.[137]

Die vielfältigen Ausprägungen des Sicherheitsbegriffes[138] werden im folgenden vernachlässigt und nur der sozialökonomisch relevante Aspekt von Sicherheit betrachtet. Dieser wurde als soziale Sicherheit den wirtschaftspolitischen Zielen der Distribution, Allokation und Stabilisierung im Staatssektor gleichrangig an die Seite gestellt.[139] Die Bereitstellung des ökonomi-

---

135 Zu den Konsequenzen in bezug auf die Beurteilung der intergenerativen Gerechtigkeit siehe Kapitel VII.

136 Vgl. hierzu die Einordnung des Zieles Sicherheit in das wirtschafts- und finanzpolitische Zielorganigramm in Abschnitt B.II.

137 Maslow (1954), S. 80ff. Mossgraber (1996), S. 25 bezeichnet die wirtschaftliche Sicherheit als wesentliches Ziel privater Haushalte.

138 Es sei hier nur an den Wunsch nach innerer und äußerer Sicherheit einerseits und nach emotionaler Sicherheit andererseits erinnert. Trotz der unterschiedlichen Vorstellungen, die sich mit dem Begriff der Sicherheit verbinden, wird schnell deutlich, daß sich alle Kategorien wechselseitig beeinflussen und voneinander abhängen.

139 Vgl. Abschnitt B.II.

schen Gutes Sicherheit ist somit eine wesentliche Aufgabe des Staates. Dieser Aufgabe kommt er in erster Linie durch seine Institutionen der sozialen Sicherung nach, zu denen auch die Sozialversicherung zu rechnen ist.[140] Entsprechend der Zielsetzung dieses Kapitels wird der Sicherheitsbegriff im folgenden nur in bezug auf die Institution der Sozialversicherung interpretiert. Durch das System der Sozialversicherung werden spezifische soziale Risikotatbestände abgesichert, so daß Sicherheit in diesem Zusammenhang allgemein als Sicherheit gegenüber sozialen Risiken gedeutet werden kann.

Entsprechend der Definition in Abschnitt B.I werden all jene Risiken, die durch die Sozialversicherung abgedeckt werden – also insbesondere Krankheit, Alter, Erwerbsunfähigkeit, Mortalität, Arbeitslosigkeit, Unfall und Pflegebedürftigkeit – als »**soziale Risiken**« bezeichnet. Es handelt sich somit um Lebensrisiken, die als allgemein angesehen werden.[141] Sie sind dadurch gekennzeichnet, daß sie einen Großteil der Bevölkerung mit einer merklichen Wahrscheinlichkeit bedrohen.[142] Gegenstandsbereich der Sozialversicherung sind somit keine sicheren Ereignisse, die mit einer Wahrscheinlichkeit von 1 eintreten, sondern Risiken, für die keine sicheren Erwartungen hinsichtlich ihrer Realisierung existieren. Stattdessen liegen lediglich Wahrscheinlichkeitsverteilungen möglicher Ergebnisausprägungen vor. Im Falle sozialer Risiken umfaßt das Risiko stets sich negativ auswirkende Ereignisse, so daß sich das Risiko als Wahrscheinlichkeitsverteilung dieser negativen Ergebnisse - mithin der Schäden - ausdrückt.[143] Da im Falle sozialer Risiken bei Abstraktion verhaltensbedingter Momente von vorliegenden objektiven Wahrscheinlichkeiten ausgegangen werden kann und sich zudem alle Unsicherheitssituationen stets auf den reinen Risikofall reduzieren lassen,[144] ist die gängige Unterscheidung[145] zwischen Risiko und Unsicherheit obsolet.

Für eine Spezifizierung der sozialen Risiken ist die Unterscheidung zwischen »pure risks« und »speculative risks« zweckmäßig.[146] „In the first case there is a possibility of a loss with no chance of gain; in the second situation there are opportunities for gain as well as loss".[147] Die sozialen Risiken werden in erster Linie den »pure risks« zugerechnet, obwohl sie in unterschiedlichem Ausmaße auch spekulative Elemente enthalten.[148] In diesem Sinne können ins-

140 Vgl. hierzu die Ausführungen in Kapitel II.

141 So auch Straubhaar (1995), S. 87.

142 Vgl. Sievering (1996), S. 25f.

143 Siehe beispielsweise Farny (1995b), S. 21. Während der Begriff »Risiko« auch im allgemeinen Sprachgebrauch meist im negativen Sinne für den möglichen Eintritt eines ungünstigen Ereignisses verwendet wird, bezeichnet »Chance« die Eintrittsmöglichkeit eines günstigen Ereignisses. Zu einem breiteren Bedeutungsgehalt von Risiko siehe Mossgraber (1996), S. 6ff. Müller-Reichart (1996), S. 486f. gibt einen knappen Überblick über den Begriff des Risikos aus interdisziplinärer Perspektive.

144 Vgl. Sinn (1980), S. 11ff. Während Risiken objektive Wahrscheinlichkeitswerte zugrundeliegen, basieren Unsicherheiten auf subjektiven Wahrscheinlichkeiten.

145 Siehe hierzu Dimmer (1986), S. 1 und die dort angegebene Literatur.

146 Vgl. Schmid, Reissert, Bruche (1992), S. 59. Adäquat erscheint auch die Differenzierung zwischen objektiven und subjektiven Risiken bei Koch (1998b), S. 25.

147 Schmid, Reissert, Bruche (1992), S. 59.

148 So ist beispielsweise das Arbeitslosigkeitsrisiko - allein durch die Wahl des Ausbildungsweges, des Berufs oder der Firma - stark von spekulativen Risikoaspekten durchsetzt.

besondere durch moral hazard[149] bedingte, übermäßige Leistungserzielungen als spekulative Gewinne bezeichnet werden.

Soziale Risiken erstrecken sich immer auf Personen und schlagen sich entweder in der Person selbst oder in einer Veränderung ihrer wirtschaftlichen Situation nieder. Der Risikoeintritt führt bei den Betroffenen zu materiellen Schäden. Die Betroffenen erleiden durch den Verlust von Einkommensquellen oder der Entstehung zusätzlicher ungeplanter Aufwendungen wirtschaftliche Einbußen.[150]

Diese Situation wird in Abbildung I-3 auf Basis eines Risikoprofils veranschaulicht. Es werden die möglichen Lebenslagezustände in Form des verfügbaren Einkommens *Y* auf der Ordinate und die Eintrittswahrscheinlichkeiten *p* der zustandsrelevanten Ereignisse auf der Abszisse abgetragen.

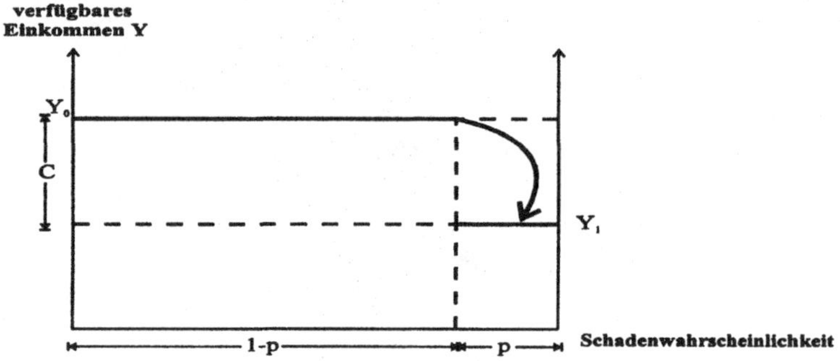

Abbildung I-3: Risikoprofildarstellung

Quelle: Darstellung nach Scherl (1993), S. 7.

Diesem Grundmodell liegen folgende **vereinfachende Annahmen** zugrunde:

- Es werden voneinander unabhängige und einander ausschließende Ereignisse betrachtet, deren Eintrittswahrscheinlichkeiten sich zu 1 summieren. Es existieren nur die Ausprägungen »Schadenfall« im Sinne eines Totalschadens oder »kein Schadenfall«. Hierbei kann das Individuum den Schadeneintritt nicht beeinflussen.
- Es werden bei Eintritt des Schadenfalles Eventualausgaben in Höhe des gesamten Schadens von *C* unterstellt.
- Das Individuum verfügt bis zum Eintritt des Schadenfalles über ein konstantes Einkommen Y_0.
- Der Zinssatz beträgt Null.

---

149 Zu moral hazard siehe die Ausführungen in Kapitel III.

150 In diesem Sinne kann auch zwischen Bedarfs- und Einkommensunsicherheiten unterschieden werden. Neben den materiellen Schäden kommt es auch zu immateriellen Schäden - wie die Schmerzen bei einer Krankheit -, die sich nicht unmittelbar auf die wirtschaftliche Situation auswirken und damit an dieser Stelle vernachlässigt werden. Vgl. zu dieser Differenzierung BWV (1992), S. 3.

- Es existieren keine sonstigen Einkünfte oder Vermögensbestände, und es besteht keine Möglichkeit zur Kreditaufnahme.

Unterstellt man für das soziale Risiko eine Ereigniswahrscheinlichkeit von p, so würde über der Schadenwahrscheinlichkeit von p das verfügbare Einkommen Y_0 um C auf Y_1 reduziert, sofern keine Vorsorge gegen das Schadenrisiko getroffen wurde.

Aus der Perspektive des einzelnen liegt Sicherheit vor, wenn er trotz der grundsätzlichen Existenz sozialer Risiken sein Leben in ökonomischer und sozialer Hinsicht angemessen gestalten kann. Dieser Zustand wird erreicht, wenn die Risiken entweder vermieden oder vermindert[151] werden können oder nach Risikoeintritt die negativen Folgewirkungen kompensiert werden. Im Falle sozialer Risiken ist davon auszugehen, daß eine Risikovermeidung niemals vollständig gelingt und somit stets ein gewisses Restrisiko verbleibt, das in anderer Form abgesichert werden muß. Entsprechend wird die Prävention im folgenden als eigenständige Sicherungsstrategie vernachlässigt und lediglich der **Vorsorgeaspekt** von Sicherheit berücksichtigt.

Demzufolge kann Sicherheit als Schutz gegen die (negativen) Folgewirkungen sozialer Risiken interpretiert werden. Diese Schutzfunktion kann dahingehend konkretisiert werden, daß den Wirtschaftssubjekten ein **Versicherungsschutz** im Sinne eines Risikotransfers[152] angeboten wird. Auf Basis dieses Risikotransfers werden bei Realisation der sozialen Risikosituation die wirtschaftlichen Einbußen, die sich durch einen besonderen Aufwendungsbedarf oder den Verlust von Einkommensquellen ergeben, ausgeglichen.[153] Sicherheit wird damit nicht als gänzliche Risikobefreiung, sondern nur als Schutz vor den Folgewirkungen verstanden.[154] Entsprechend dieser Interpretation umfaßt das Sicherheitsziel für sich genommen einen rein **intertemporalen intrapersonellen Einkommensausgleich**. Dieser vollzieht sich in erster Linie durch eine Verstetigung des säkularen Einkommensstroms.[155] Es wird an dieser Stelle jedoch der einhelligen Meinung im Schrifttum,[156] daß das reine Versicherungsprinzip dem Sicherheitsziel angemessen Rechnung trägt, nicht uneingeschränkt zugestimmt. Abstrahiert man nämlich von alternativen (Mindest-)sicherungsformen, so wird bei einer Orientierung am reinen Versicherungsprinzip zumindest das Ziel einer Sicherheit für *alle* Personen nicht gewährleistet, da insbesondere ärmere und / oder risikobehaftete Personengruppen nicht in der

---

151 Zur Unterscheidung zwischen Risikovermeidung und -verminderung siehe Koch (1998b), S. 26. Vgl. auch BWV (1992), S. 9. Eine Prävention ist jedoch in Abhängigkeit von der Risikoart nur bedingt möglich. So ist beispielsweise gegen das Risiko »Alter« eine Prävention weder möglich noch wünschenswert.

152 Vgl. hierzu die Ausführungen in Kapitel II.

153 Dies verhindert in Abbildung I-3 ein Absinken des Einkommens auf Y_1.

154 Es wird an dieser Stelle somit der gebräuchlichen Beschreibung von »Sicherheit« als Zustand der Gefahrlosigkeit widersprochen, da die Risiken selbst - etwa die Gefahr von Krankheit oder Arbeitslosigkeit - beim einzelnen verbleiben. Allerdings werden durch Sicherungseinrichtungen die negativen Folgewirkungen kompensiert.

155 Es wird jedoch keine Aussage darüber gemacht, in welchem Grade das Sozialversicherungssystem das Einkommen absichert.

156 Siehe exemplarisch Straubhaar (1995), S. 87 sowie Rüb (1998), S. 314.

Lage sind einen risikodeckenden Versicherungskontrakt abzuschließen, dem der intertemporale intrapersonelle Ausgleichsgedanke zugrunde liegt.[157]

Allerdings kann unter gerechtigkeitsorientierten Gesichtspunkten von einem rein intertemporalen intrapersonellen Ausgleich jederzeit mehr oder weniger stark abgewichen werden, ohne daß damit automatisch die grundlegende Sicherungsfunktion gefährdet ist.

➔ **Schlußfolgerung:** Das **Sicherheitsziel** der Sozialversicherung wird als **Gewährung von Versicherungsschutz für den Fall sozialer Risiken** interpretiert und konkretisiert sich in einer **rein intertemporalen intrapersonellen Einkommensumschichtung**.

F. ZUSAMMENFASSUNG DER ERGEBNISSE

Dieses Kapitel verfolgte die Ziele, die Sozialversicherungspolitik zu charakterisieren und in das Beziehungsgefüge zwischen Sozial- und Finanzpolitik einzuordnen und in einem zweiten Schritt ihre primären Zielvorgaben zu bestimmen.

Die Sozialversicherung wurde als Politikbereich definiert, der in der Schnittmenge zwischen Finanz- und Sozialpolitik anzusiedeln ist, da sie die wirtschaftliche und soziale Existenz aller Pflicht- und freiwillig Versicherten gegen allgemeine soziale Risiken über den parafiskalischen Haushalt absichert. Auf Basis dieser Einordnung konnte das der Finanzpolitik vorgegebene Zielsystem auf die Sozialversicherungspolitik übertragen und auf den spezifischen Untersuchungsgegenstand hin modifiziert werden.

In einem nächsten Schritt wurden die Ziele »**Gerechtigkeit**« und »**Sicherheit**« als primäre handlungsleitende Maximen der Sozialversicherungspolitik in themenorientierter Perspektive identifiziert. Angesichts ihrer unklaren Begriffsbestimmung war es nötig, die beiden Zielsetzungen zu konkretisieren und in Hinblick auf ihre Anwendbarkeit für die Sozialversicherungspolitik zu überprüfen. Dieses Problem konnte in den Abschnitten D und E gelöst werden.

Zuerst wurden neben verfassungsrechtlichen Vorgaben ausgewählte Gerechtigkeitsprinzipien hinsichtlich ihrer Übertragbarkeit auf die Sozialversicherungspolitik in **intragenerativer** Perspektive[158] diskutiert.

---

[157] Eine Abweichung ergibt sich allerdings durch das Umlageverfahren. Erkennt man die reale Beitragsverpflichtung als unverzichtbaren Leistungsbestandteil des Versicherten an, so stellt sich die Risikoabsicherung für gegenleistungsberechtigte Kinderlose sowohl als intertemporale intrapersonelle Einkommensumschichtung in bezug auf ihren monetären Beitragsanteil als auch als interpersonelle Umverteilung hinsichtlich ihres fehlenden Realbeitrags dar. Siehe zu diesem Aspekt insbesondere Kapitel V.

[158] Siehe zur Abgrenzung auch FN 50.

Als normative Zielvorgaben wurden folgende **Gerechtigkeitskriterien** entweder für das gesamte Sozialversicherungssystem oder zumindest für Teilbereiche anerkannt, die jedoch nicht alle gleichzeitig erfüllt werden können:

- Leistungsgerechtigkeit in weiter Auslegung
- Äquivalenzprinzip
- Bedarfsgerechtigkeit
- Leistungsfähigkeitsgerechtigkeit
- Horizontale Ausgleichsgerechtigkeit
- Vertikale Ausgleichsgerechtigkeit i.V.m. Art. 20 Abs. 1 GG
- Chancengleichheit beziehungsweise -gerechtigkeit

Da die Sozialversicherung aufgrund ihrer spezifischen Ausgestaltungsform eine monetäre Verbindung zwischen verschiedenen Generationen herstellt, muß auch dem spezifischen Aspekt der **intergenerativen** Gerechtigkeit Rechnung getragen werden. Entsprechend wurde das **Minimal-Kriterium** als Gerechtigkeitskriterium in intergenerativer Perspektive eingeführt.

Schließlich wurde das **Sicherheitsziel** als Gewährung von **Versicherungsschutz** bestimmt. Dem Versicherungsschutz als Zusage einer Leistung im Risikofall liegt in erster Linie das Ziel eines **intertemporalen intrapersonellen Einkommensausgleichs** im Sinne einer Verstetigung des Einkommensstroms zugrunde.

Die Ausführungen in diesem Kapitel geben die **weitere Vorgehensweise** der Untersuchung vor.

Unter Berücksichtigung dieses normativen Überbaus der Sozialversicherungspolitik stellt sich nun die Frage nach der tatsächlichen Ausgestaltung des Systems der Sozialversicherung in Abgrenzung zur Individualversicherung, der im folgenden Kapitel nachgegangen wird. Hieraus ergeben sich bereits erste Hinweise auf mögliche Umverteilungseffekte im Sozialversicherungssystem, denen die umfassende Umverteilungsanalyse in Teil II der Arbeit an die Seite gestellt wird. Aufbauend auf diesen Erkenntnissen können unter Rückgriff auf die im Rahmen des vorliegenden Kapitels herausgearbeiteten normativen Leitvorstellungen die ermittelten Redistributionseffekte an späterer Stelle bewertet werden.

Kapitel II: Die Sozialversicherung als soziale Sicherung im engeren Sinne im Vergleich zur Privatvorsorge

A. Vorbemerkung

Das vorliegende Kapitel verfolgt das Ziel, den Untersuchungsgegenstand »Sozialversicherung« zu konkretisieren. Es werden grundlegende Unterschiede zwischen individueller Vorsorgestrategie und über Versicherungskollektive abgewickelte Vorsorge einerseits und andererseits insbesondere zwischen den beiden Grundformen kollektiver Vorsorgeeinrichtungen – Sozialversicherung und Privatversicherung[1] – herausgearbeitet.[2]

Zu diesem Zweck wird nach einem knappen Überblick über das gesamte risikopolitische Instrumentarium in Abschnitt B.I die Versicherung der individuellen Strategie des Vorsorgesparens in Abschnitt B.II gegenübergestellt und die konstitutiven Kennzeichen von Versicherung erläutert.

In einem nächsten Schritt werden in den Abschnitten C und D die charakteristischen Merkmale von Individualversicherung einerseits und Sozialversicherung andererseits herausgearbeitet. Auf Basis dieser Analyse können die wesentlichen Unterschiede und Gemeinsamkeiten ermittelt und die beiden Institutionen in Abschnitt E gegenübergestellt werden. Die eigentliche Abgrenzung erfolgt schließlich anhand materieller und formaler Kriterien.

Auf Basis der getroffenen Unterscheidungsmerkmale ist es nicht möglich, die private Pflege-Pflichtversicherung einem Versicherungstypus eindeutig zuzuordnen. Um ihre »Zwitterstellung« im Geflecht zwischen Sozial- und Privatversicherung zu verdeutlichen, werden ihre wesentlichen Sozial- und Individualversicherungskomponenten gesondert in Abschnitt F aufgezeigt.

Die Analyse der Privatversicherung beschränkt sich auf den Sektor, in dem dieselben Risikotatbestände versichert werden.[3] Entsprechend der Definition in Kapitel I werden in der Sozialversicherung ausschließlich soziale Risiken abgesichert, so daß nur der Teilbereich der Privatversicherung berücksichtigt wird, der einen Versicherungsschutz gegen soziale Risikotatbe-

---

[1] Die Bezeichnungen Privat- und Individualversicherung werden an dieser Stelle synonym verwendet. Die Betitelung Privatversicherung ergibt sich aus der Gegenüberstellung zur Sozialversicherung. Zur rechtlichen Abgrenzung siehe § 1 Abs. 1 VAG: „Der Aufsicht nach diesem Gesetz unterliegen Unternehmen, die den Betrieb von Versicherungsgeschäften zum Gegenstand haben und nicht Träger der Sozialversicherung sind (Versicherungsunternehmen)." Vgl. auch Art. 74 Nr. 11 GG und Art. 74 Nr. 12 GG.

[2] Vgl. zur Abgrenzung zwischen individueller und kollektiver Vorsorgestrategie insbesondere Abbildung II-1. Die individuelle ist im Gegensatz zur kollektiven Vorsorgemethode in erster Linie dadurch gekennzeichnet, daß sie auf den intrapersonellen Ausgleich bei einem einzelnen Individuum beschränkt bleibt, während sich im Rahmen kollektiver Vorsorgestrategien auch ein interpersoneller Ausgleich in Form eines Risikoausgleichs und unter Umständen auch im Sinne eines systematischen sozialen Ausgleichs vollzieht.

[3] Ob sich beide Versicherungsformen gegeneinander ersetzen lassen, ist jedoch von den gesetzlichen Bestimmungen abhängig, die beispielsweise pflichtversicherten Personen keinerlei Wahlfreiheit zugestehen. Daneben besitzt die Individualversicherung aber vor allem Komplementaritätsfunktion, indem sie Risiken absichert, die nicht durch die Sozialversicherung erfaßt werden oder aber Sozialversicherungsleistungen aufstockt. Vgl. BWV (1992), S. 31.

stände anbietet. Dies sind Erstversicherungen, bei denen Personen, die eine Absicherung gegen soziale Risikotatbestände anstreben, den Versicherungsgegenstand darstellen.[4]

Die Erläuterung der Sozialversicherung konzentriert sich - nach einer Einordnung in das Gesamtsystem der sozialen Sicherung in Abschnitt D.I.1 - auf die Darstellung ihrer zentralen Gestaltungs- und Organisationsmerkmale[5] in Abschnitt D.I.2. Diese theoretische Grundlegung ermöglicht nicht nur eine Gegenüberstellung zur Individualversicherung, sondern dient darüber hinaus als Argumentationsgrundlage für die Analyse der Umverteilungseffekte in Teil II der Arbeit. In Abschnitt D.II schließt sich ein knapper Überblick über die quantitative Bedeutung der Sozialversicherung an.

B. METHODEN DER RISIKOBEWÄLTIGUNG DURCH VORSORGE

I. Überblick über das risikopolitische Instrumentarium

Für den Bereich sozialer Risiken folgt aus der Prämisse individueller Risikoaversion[6], daß ein risikoscheues Wirtschaftssubjekt nach Sicherheit strebt und den Grad der Streuung verringern will, mit dem sich mögliche Zielerreichungsgrade hinsichtlich der Schadenrealisation auf bestimmte Eintrittswahrscheinlichkeiten verteilen.[7] Das Individuum setzt sein Sicherheitsstreben in Handeln um, wobei ihm verschiedene Handlungsoptionen offenstehen. Auf Basis der in Kapitel I herausgearbeiteten Aspekte von Sicherheit kann das Wirtschaftssubjekt neben **präventiven Maßnahmen** zu verschiedenen Möglichkeiten der **Vorsorge** greifen.

Als zentrale Vorsorgeformen werden **staatliche** - in Form der parafiskalischen Sozialversicherung - und **private Vorsorgemethoden** unterschieden. Die private Vorsorge vollzieht sich einerseits am Kapitalmarkt auf Basis individueller Selbsthilfe durch Rücklagenbildung und andererseits auf Versicherungsmärkten innerhalb privater Versicherungskollektive.

Der wesentliche Unterschied zwischen Vorsorge und reinen Risikoverhütungsmaßnahmen liegt im Zeitpunkt ihres Eingreifens. Während präventive Maßnahmen[8] noch vor Eintritt des Schadens ansetzen, greifen folgeorientierte Maßnahmen erst ex post. Die Entscheidung[9] über ihren Einsatz erfolgt allerdings in beiden Fällen ex ante.

Abbildung II-1 gibt einen Überblick über Entscheidungsablauf und risikopolitisches Instrumentarium.

---

4 Zu den Einteilungsmöglichkeiten der Individualversicherungszweige siehe Koch (1998b), S. 49ff.

5 Für einen umfassenden Überblick über das Sozialversicherungssystem siehe beispielsweise Jäger (1995) sowie Werner (1997) und BMA (1998c).

6 Die Annahme der Risikoaversion ist allgemein akzeptiert. Vgl. exemplarisch Nell (1990), S. 277 sowie Sievering (1996), S. 40. Vgl. auch den Überblick bei Schlesinger (1994), S. 114ff. Eine Zusammenfassung empirischer Untersuchungen zur Risikoaversion privater Haushalte liefert Beck (1980), S. 568ff.

7 Vgl. Quandt (1992), S. 24.

8 Zu den präventiven Maßnahmen gehören beispielsweise Vorsorgeuntersuchungen.

9 Es wird an dieser Stelle neben einer völligen Entscheidungsmöglichkeit auch eine vollständige Entscheidungsfreiheit für alle Individuen unterstellt, die angesichts staatlicher Zwangsversicherungen in der Realität nicht gegeben ist. Daneben bleibt auch zu beachten, daß oftmals präventive und folgeorientierte Maßnahmen parallel abgewickelt werden.

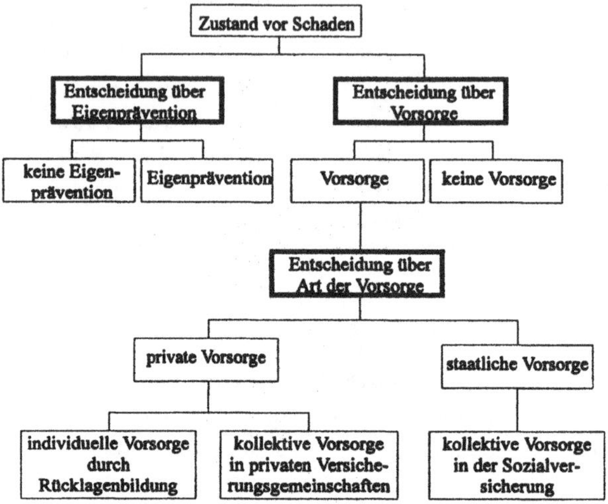

Abbildung II-1: Risikopolitisches Instrumentarium

Quelle: Eigene Darstellung

Bei der Frage nach der zweckmäßigsten Strategie zur Risikobewältigung gilt, daß für »speculative risks« prinzipiell nur individuell vorgesorgt werden kann,[10] während »pure risks«, zu denen die sozialen Risiken gezählt werden,[11] grundsätzlich sowohl individuell als auch kollektiv abgesichert werden können.[12]

II. Versicherung und individuelles Vorsorgesparen als grundlegende Formen der Risikobewältigung durch Vorsorge

Um den elementaren Unterschied zwischen individueller Vorsorgestrategie durch Rücklagenbildung[13] und kollektiver Vorsorge durch Versicherung aufzuzeigen, werden beide Vorsorge-

---

10 „[...] insurance against this type of risk is usually uncalled for and would not even be possible on an actuarial basis." Schmid, Reissert, Bruche (1992), S. 63.

11 Zur Abgrenzung zwischen pure und speculative risks sowie zur Einordnung sozialer Risiken siehe Kapitel I.

12 In Abhängigkeit von Art und Umfang des spezifischen reinen Risikos können sich jedoch kollektive Absicherungen als effektiver erweisen. Vgl. hierzu die Ausführungen in Abschnitt B.II. Hierbei können allerdings »pure risks with speculative elements« - je nach Umfang ihrer spekulativen Elemente private Kollektivlösungen in Frage stellen.

13 Auslöser für den Sparvorgang sind ausschließlich Vorsorgeargumente. Zu weiteren Sparmotiven siehe Keynes (1967), S. 107f.

strategien im folgenden gegenübergestellt.[14] Im Rahmen des Vorsorgesparens wird von einer Rücklagenbildung in Reinform, ohne die Möglichkeit zur Kreditaufnahme, ausgegangen.[15]

1. Vorsorgesparen

Im Falle des Vorsorgesparens wird bei insgesamt geringerem, aber über alle Perioden gleichmäßig verteiltem Lebensstandard durch Konsumverzicht und Rücklagenbildung ein **intertemporaler intrapersoneller Einkommensausgleich** durchgeführt.

Durch Modifikation von Abbildung I-3 wird die Strategie des Vorsorgesparens in Abbildung II-2 dargestellt.

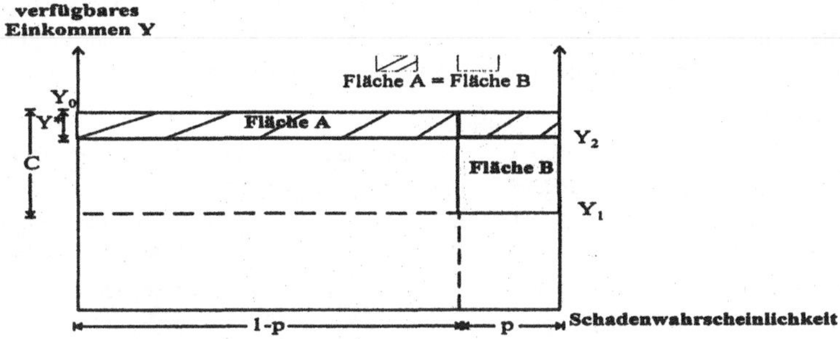

Abbildung II-2: Vorsorgesparen im Rahmen der Risikoprofildarstellung

Quelle: Eigene Darstellung nach Scherl (1993), S. 7.

Um den Bedarf langfristig zu decken, wird pro Periode eine Geldsumme Y^* zurückgelegt (Fläche A), die dem Produkt aus Schadenwahrscheinlichkeit p und Schadenhöhe C entspricht (Fläche B). Das verfügbare Einkommen beträgt aufgrund der intertemporalen Einkommensumschichtung nunmehr in jeder Periode Y_2.

Grundsätzliches Charakteristikum der individuellen Rücklagenbildung ist, daß der Leistungsumfang durch die vom einzelnen angesparten Mittel begrenzt ist. Es existieren zahlreiche **Restriktionen**, die eine Unterdeckung[16] implizieren und die Wirksamkeit des Vorsorgesparens für die individuelle Bereitstellung von Sicherheit einschränken:

---

14 Es wird dabei von der Versicherungspflicht bestimmter Personengruppen in der Sozialversicherung abstrahiert und vorerst nicht zwischen Sozial- und Individualversicherung unterschieden. Zur Klassifikation der Sozialversicherung als »Versicherung« siehe die Ausführungen in Abschnitt D.I.1.

15 Läßt man dagegen die Möglichkeit zur Kreditaufnahme zu, erfolgt am Kapitalmarkt ein interpersoneller Austausch von Deckungsstöcken. Abgesehen von allen anderen Spar- und Verschuldungsmöglichkeiten existiert ein reiner »Vorsorge-Kapitalmarkt«, auf dem diejenigen Kapital anbieten, bei denen sich das soziale Risiko nicht realisiert hat und diejenigen Kapital nachfragen, bei denen der Schaden eingetreten ist. Zur Analyse des Vorsorgesparens in Verbindung mit der Möglichkeit zur Kreditaufnahme siehe Quandt (1992), S. 32f.

16 Daneben besteht auch grundsätzlich die Möglichkeit der Überdeckung, die ebenfalls durch eine nicht optimale Ressourcenallokation gekennzeichnet ist.

- **Unzulänglichkeiten des Kapitalmarktes**
Individuelle Ersparnisse unterliegen zahlreichen Unsicherheiten. Insbesondere schränkt die geringe Bestands- und Ertragsunsicherheit der individuellen Ersparnisse den Erfolg individueller Risikovorsorge stark ein.[17]

- **Fehlende Neigung zum Vorsorgesparen**
Jegliche Art von Vorsorgesparen setzt eine Risikoaversion der potentiell Betroffenen voraus.[18] Erweisen sich die Individuen als risikofreudig, so werden sie nicht für risikobehaftete Ereignisse vorsorgen. Das Sparmotiv sinkt mit abnehmender Schadenwahrscheinlichkeit und wird bei Unterschreiten einer gewissen Mindestwahrscheinlichkeit bedeutungslos.[19] Darüber hinaus ist die Sparneigung von der individuellen Zeitpräferenzrate abhängig. Die Sparneigung ist umso geringer, je weiter der Zeitpunkt des möglichen Schadeneintrittes in der Zukunft liegt und je gegenwartsorientierter das Individuum ist.

- **Mangelnde Fähigkeit zum Vorsorgesparen**
Die Sparfähigkeit ist in erster Linie vom verfügbaren Einkommen abhängig. Je geringer dieses ist, desto weniger Rücklagen können gebildet werden. Im Extremfall kann nicht einmal für einen relativ geringen Eventualschaden vorgesorgt werden. Die Sparfähigkeit stößt dort an ihre Grenzen, wo das Verhältnis von Erwartungsschadenhöhe zu verfügbarem Einkommen sich dem Wert *0* annähert oder untertrifft. Ceteris paribus sinkt die Sparfähigkeit mit zunehmender Erwartungsschadenhöhe.[20]

- **Unkenntnis**
Der Sparprozeß vollzieht sich über mehrere Perioden, wobei Unkenntnis über den Zeitpunkt des erwarteten Schadeneintrittes besteht. Realisiert sich das Risiko schon in der Anfangsphase des Ansparprozesses, reichen die bis dahin gebildeten Rücklagen nicht aus, um den Schaden vollständig auszugleichen. Ferner besteht für den einzelnen die Gefahr der individuellen Unkenntnis bezüglich der objektiven Risikowahrscheinlichkeit und der individuellen Schadenhöhe.[21] Wird der Erwartungsschaden unterschätzt, reicht der zurückgelegte Geldbetrag nicht aus, um den Schaden vollständig abzudecken.

➔ **Schlußfolgerung:** Die vielfältigen Restriktionen zeigen, daß die individuelle Vorsorgestrategie durch Rücklagenbildung mit zahlreichen Mängeln behaftet ist. **Sicherheit** kann auf individueller Basis **nur unzureichend bereitgestellt** werden. Allerdings erfüllt indi-

---

17 Siehe Diamond (1977), S. 279ff.

18 Vgl. auch Toepffer (1997), S. 43ff.

19 Vgl. Schönbäck (1980), S. 17.

20 Da sich der Erwartungsschaden aus Schadenwahrscheinlickeit und –höhe zusammensetzt, ist die Risikoabsicherung von beiden Komponenten abhängig. Eine hohe Schadenwahrscheinlichkeit ergibt sich beispielsweise für »alltägliche« Krankheiten wie Erkältungen, während eine große Schadenhöhe für behandlungs- und kostenintensive sowie chronische Krankheiten zu erwarten ist. Ist der hohe Schadenumfang mit einer geringen Wahrscheinlichkeit behaftet, so sinkt zusätzlich die Sparneigung.

21 Vgl. hierzu die Differenzierung bei Toepffer (1997), S. 30 zwischen individueller und allgemeiner Unsicherheit. Die individuelle Unsicherheit hängt im Gegensatz zur allgemeinen Unsicherheit vom Informationsniveau der jeweiligen Person ab.

viduelles Vorsorgesparen eine wichtige Zusatz- und Ergänzungsfunktion, indem für Risiken vorgesorgt wird, die anders nicht oder nur unzureichend abgedeckt werden können.[22]

2. *Versicherung*

Im Gegensatz zum individuellen Vorsorgesparen ist der Zusammenschluß von Individuen zu Sicherungsgemeinschaften eine **kollektive** Form zur Verminderung von Unsicherheit. Versicherung dient dazu, die Unsicherheit der Individuen bezüglich zukünftiger Ereignisse zu reduzieren, indem ihnen ein Versicherungsschutz gewährt wird, der mit der Zusage verbunden ist, die im Schadenfall aus dem Eintreten eines unerwünschten Ereignisses resultierenden, negativen Wirkungen zu kompensieren.[23]

Für eine zielorientierte Gegenüberstellung von Versicherung und individuellem Vorsorgesparen ist es erforderlich, den Begriff Versicherung abschließend zu definieren und die grundlegenden Charakteristika der kollektiven Vorsorgeinstitution Versicherung darzulegen.

a) Grundlegendes zum Versicherungsbegriff

Der Begriff »Versicherung« wird in der Rechtssprache ohne gesetzliche Definition verwendet, weshalb in Theorie und Praxis zahlreiche verschiedene Deutungen und Definitionsansätze existieren.[24] Da es kaum gelingt, eine allgemeingültige oder das Wesen der Versicherung abschließende Definition zu finden, wird dieser Arbeit der **wirtschaftswissenschaftliche Erklärungsansatz** zugrungegelegt. Hier hat sich die von *Alfred Manes* begründete und leicht modifizierte Definition durchgesetzt: „Versicherung ist die Deckung eines im einzelnen ungewissen, insgesamt aber geschätzten Mittelbedarfs auf der Grundlage eines Risikoausgleichs im Kollektiv und in der Zeit."[25]

Auf Basis dieser Definition werden in Abschnitt B.II.2.b) die wesentlichen Komponenten von Versicherung herausgearbeitet.

---

22 Vgl. BWV (1992), S. 11.

23 Siehe Hanf (1986), S. 68. Das damit verbundene Ziel »Sicherheit des Einkommenstroms« bezieht sich erst einmal nur auf die Gewißheit, daß die sozialen Risiken abgedeckt sind, ohne daß eine Aussage über den Grad der Absicherung gemacht wird. Das konkrete Absicherungsniveau ergibt sich aus den individuellen Vertragsbestimmungen beziehungsweise – im Falle der Sozialversicherung – aus den allgemeingültigen gesetzlichen Regelungen.

24 Vgl. Prölls (1997), Rdnr. 2 zu § 1 VAG. Einen Überblick über die unterschiedlichsten Definitionsansätze liefert Schmidt-Salzer (1994), S. 587ff. Im Rechtssinne bedeutet Versicherung ein Leistungsversprechen für den Fall, daß ein im Versicherungsvertrag vorgesehenes Ereignis eintritt. Nach ständiger Rechtssprechung des Bundesverwaltungsgerichtes betreibt ein Unternehmen Versicherungsgeschäfte, wenn es für den Fall eines ungewissen Ereignisses gegen Entgelt bestimmte Leistungen übernimmt. Dabei wird das übernommene Risiko auf eine Vielzahl durch die gleiche Gefahr bedrohter Personen verteilt und der Risikoübernahme liegt eine auf dem Gesetz der großen Zahl beruhende Kalkulation zugrunde. Vgl. exemplarisch BVerwGE 32, 196 (197).

25 Koch (1998b), S. 42.

b) Charakteristika von Versicherung

(1) Versicherungsschutz als Produkt von Versicherungen

Geht man von einer weiten Definition des Begriffes »Produktion« aus, so kann Versicherung grundsätzlich als Produktionsvorgang aufgefaßt werden. Der Versicherungsschutz ist dann das Produkt, das auf den Versicherungsmärkten[26] angeboten wird. Da das **Versicherungsprodukt** eine (Finanz-)Dienstleistung darstellt,[27] weist die Versicherungsproduktion einige Besonderheiten auf.[28]

Um den unterschiedlichen Auffassungen über die Natur des Versicherungsproduktes Rechnung zu tragen,[29] werden die einzelnen Elemente des Produktes Versicherungsschutz aus den Teilbereichen des Gesamtversicherungsgeschäftes - Risiko-, Spar- und Entspar- sowie reines Dienstleistungsgeschäft - abgeleitet.[30] Da insbesondere der Aspekt des Risikogeschäftes von zentraler Bedeutung für die Gegenüberstellung von Individual- und Sozialversicherung ist, wird in dieser Arbeit auch nur auf den **Versicherungsschutz im engeren Sinne** Bezug genommen, der innerhalb des Risikogeschäftes mittels Risikotransfer »produziert« wird.

Dieser Versicherungsschutz im engeren Sinne ist in erster Linie ein Sicherheitsgut, das die mit den sozialen Risiken verbundenen Gefahren auf den Versicherungsanbieter überträgt.[31] Es umfaßt eine bedingte Versicherungsleistung, die auf eine gegebene Risikosituation hin definiert ist - also »wenn-dann-Charakter« aufweist. Die Risikosituation läßt sich aus Sicht des Versicherungsnehmers als Wahrscheinlichkeitsverteilung von Schäden abbilden. Diese wird gegen eine entsprechende Prämienzahlung vom Versicherungsnachfrager auf den Anbieter transferiert,[32] der bei Eintritt des Versicherungsfalles die vertraglich vereinbarte Versicherungsleistung erbringt.[33] Das versicherte Risiko stellt sich somit aus Sicht des Versicherungsanbieters als Wahrscheinlichkeitsverteilung von Versicherungsleistungen dar.[34] Wesentlicher

---

26 Zu den Spezifika des Marktes für Versicherungsschutz, der zusammen mit dem Geldmarkt i.e.S. und dem Kapitalmarkt dem Geldmarkt i.w.S. zuzurechnen ist, siehe Lukarsch (1993), S. 2ff.

27 Vgl. Karten, (1995), S. 64. Vgl. auch Koch (1998b), S. 45. Wesentliches Kennzeichen für das Wirtschaftsgut »Dienstleistung« ist, daß es nicht lagerfähig ist (uno-actu-Prinzip) und erst zum Zeitpunkt des Bedarfs erbracht wird.

28 Aufgrund der bedeutenden Unterschiede zwischen Versicherungsleistungen und den »üblichen« betrieblichen Leistungen, kann deshalb die allgemeine Produktionstheorie, die überwiegend im Hinblick auf die Sachgüterproduktion entwickelt wurde, nicht unmittelbar auf den Versicherungssektor übertragen werden. Vgl. Farny (1995b), S. 3f. sowie S. 473ff.

29 Vgl. exemplarisch den Abriß bei Riege (1990), S. 403ff. Zur Analyse verschiedener Produktkonzepte und der Entwicklung des Optionsproduktkonzeptes vgl. Maneth (1996), S. 413ff. und S. 419ff. Zu den Dimensionen der Gestaltung des gesamten Versicherungsproduktes siehe Farny (1995a), S. 97ff.

30 Siehe die umfassende Darstellung des Versicherungsgeschäftes bei Farny (1995a), S. 83.

31 Es gilt allerdings zu beachten, daß die unsicheren Schadenereignisse beim Versicherungsnehmer bleiben, so daß lediglich die negativen Auswirkungen der Schadenwahrscheinlichkeitsverteilung auf den Versicherungsanbieter übergehen.

32 Siehe Karten (1995), S. 61f. Zur Risikotransformationstheorie siehe insbesondere Albrecht (1992).

33 Diese Auffassung liegt auch der Gefahrtragungstheorie zugrunde. Vgl. Farny (1995a), S. 81. Siehe auch Mossgraber (1996), S. 11.

34 Vgl. Farny (1995b), S. 22.

Teilbestand des Risikogeschäftes ist der Informationsaspekt - und zwar insbesondere der Informationsfluß vom Versicherungsnehmer zum -anbieter über das zu versichernde Risiko.[35]

Zusammenfassend läßt sich das Risikogeschäft als ein Geflecht von Austauschprozessen zwischen Versicherungsnehmer und -anbieter in Abbildung II-3 beschreiben.

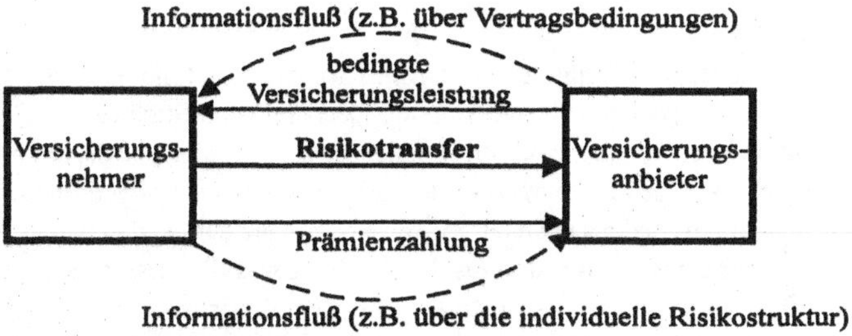

Abbildung II-3: Risikogeschäft

Quelle: Eigene Darstellung

(2) Der kollektive Charakter als spezifisches Kennzeichen von Versicherung

Wie die zugrundegelegte Definition erkennen läßt, erfährt die Versicherung ihren spezifischen Bedeutungsgehalt aus ihrem **kollektiven Charakter**.

Zentrale Aufgabe jeder Versicherung ist es, einen im einzelnen ungewissen,[36] insgesamt aber schätzbaren Mittelbedarf im Kollektiv zu decken, der durch den Eintritt des versicherten Ereignisses ausgelöst wird.

- **Gesetze der großen Zahlen**

Das sicherungstechnische Prinzip basiert darauf, „[...] daß der im Einzelfall nicht vorhersehbare Risikoeintritt und der nicht vorher bestimmbare Bedarf an Mitteln für eine größere Gemeinschaft der von gleichartigen Risiken Betroffenen zu kalkulierbaren Größen werden."[37] Durch den Zusammenschluß einer größeren Anzahl von Personen werden Schadenhäufigkeit und Gesamtschadensumme und damit auch Prämiensumme auf Basis der Gesetze der großen Zahlen zu kalkulierbaren Größen.[38] Gemäß den Gesetzen der großen Zahlen nähern sich die kollektiven Effektivwerte der Schäden durch das Poolen von Risiken stärker den kollektiven Erwartungswerten an, so daß die **Schadenerwartungswerte zuverlässiger ermittelt** werden

---

35 Zum Informationskonzept siehe Müller (1994), S. 363ff. Gibt eine Vertragsseite unvollständige oder falsche Informationen weiter, so kommt es zu einer asymmetrischen Informationsverteilung zwischen Versicherungsnachfrager und -anbieter. Vgl. hierzu Kapitel III.

36 Die Ungewißheit (uncertainty) des Bedarfs setzt die Unsicherheit und Zufälligkeit des mit dem sozialen Risikos verbundenen Ereignisses voraus. Vgl. Koch (1998b), S. 43f.

37 Lampert (1998), S. 225.

38 Vgl. auch Eisen (1988), S. 119. Die Gesetze der großen Zahlen stellen einerseits empirische Erfahrungstatsachen und andererseits mathematische Gesetzmäßigkeiten dar. Zu dieser »Doppelgesichtigkeit« und einer allgemeinen Kritik siehe ders. (1988), S. 119ff.

können.[39] Der Mittelbedarf wird ex ante in Versicherungsprämien umgelegt, damit eine ausreichende Schadendeckung gewährleistet ist. Mit Hilfe von wahrscheinlichkeitstheoretischen Massengesetzen ist es möglich, die Einzelverträge zu **akzeptablen Preisen** für den Versicherungsnehmer anzubieten, so daß der objektive Zweck von Versicherungen auch darin besteht, die wirtschaftliche Vorsorge auf ein »ökonomisches Minimum« zu reduzieren.

- **Risikoausgleich im Kollektiv**

Ein weiteres zentrales Versicherungselement ist der Risikoausgleich im Kollektiv.[40] Auf Basis des kollektiven Risikoausgleichs vollzieht sich die Deckung des Mittelbedarfs. Er beruht auf der Tatsache, daß in jeder Periode zwar alle Versicherten durch soziale Risiken bedroht werden, sich die Gefahr aber nur bei wenigen tatsächlich realisiert. Im Kollektiv heben sich individuelle Über- und Unterschäden entweder teilweise oder ganz auf, so daß daraus ein weitestgehend ausgeglichener Gesamtnettosaldo resultiert.[41] Aufgrund des Risikoausgleichs im Kollektiv stellt die übernommene Schadenverteilung für den Versicherer eine geringere Gefahr dar als für ein einzelnes Wirtschaftssubjekt.[42] Ceteris paribus ist die Risikoaversion beim Versicherer gegenüber einem Einzelrisiko deutlich schwächer ausgeprägt als beim Versicherungsnehmer und der Risikotransfer führt zu einer **Pareto-Verbesserung.**[43]

Aufgrund des kollektiven Charakters von Versicherungen wird der individuell unsichere, insgesamt aber schätzbare Mittelbedarf auf Basis eines Risikoausgleichs abgedeckt.[44] Es findet ein **interpersoneller Ausgleich** zwischen den Versicherten statt, bei denen sich der Schaden realisiert hat, und denjenigen, die schadenfrei geblieben sind. Die Leistungen, die eine Versicherung für den Versicherten erbringt, sind damit nicht durch die von ihm bis dato eingebrachten Mittel begrenzt. Stattdessen besteht ab Abschluß des Versicherungsvertrages sofortiger Versicherungsschutz, so daß die dem Sparen durch Rücklagenbildung immanente **Gefahr der Unterdeckung** – insbesondere für untere Einkommensschichten - **weitestgehend gebannt** ist.[45] Inwiefern allerdings das Problem mangelnder Vorsorgeneigung oder -fähigkeit letztendlich gelöst wird, ist von der konkreten Ausgestaltung der Versicherung abhängig.[46]

---

39 Zu den statistischen Grundlagen des schwachen und starken Gesetzes der großen Zahl siehe Bosch (1993), S. 325ff.

40 Der kollektive Risikoausgleich wird durch den Risikoausgleich in der Zeit – als Abfolge mehrerer einperiodischer Risikoausgleiche im Kollektiv– ergänzt, indem die, nach dem einperiodischen kollektiven Risikoausgleich verbleibenden, Nettosalden in einem mehrperiodischen Ausgleichkollektiv zusammengefaßt werden, um sich langfristig auszugleichen. Vgl. Farny (1995b), S. 38. Dem mehrperiodischen Risikoausgleich kommt in der Praxis aufgrund der schwierigen Durchführung jedoch kaum Bedeutung zu.

41 Vgl. BWV (1992), S. 15.

42 Siehe Farny (1995b), S. 35. Vgl. aber die grundsätzliche Kritik von Albrecht (1992), S. 20.

43 In diesem Sinne stellt eine Situation mit Versicherungsschutz gegenüber einer Situation ohne Versicherung eine Wohlfahrtssteigerung dar. Zu den allokativen Unzulänglichkeiten von Versicherungsschutz siehe Kapitel III.

44 Vgl. exemplarisch Koch (1998b), S. 42.

45 Vgl. BWV (1992), S. 12. Es wird an dieser Stelle von vertraglich vereinbarten Wartezeiten abstrahiert. Eine unvollständige Risikoabdeckung durch Versicherungen erfolgt aber beispielsweise bei vereinbarten Selbstbeteiligungen.

46 So ist jede Form des interpersonellen Einkommensausgleichs, auf dessen Basis erst die Absicherung unterer

Um die Versicherungsvariante im Rahmen der Risikoprofildarstellung abbilden zu können, muß das Ausgangsmodell in Abbildung I-3 zu einer Querschnittbetrachtung interpersoneller Ereignishäufigkeiten während einer Periode umfunktioniert werden.[47]

➔ **Schlußfolgerung:** Die Vorsorgeform der **Versicherung ist individuellen Vorsorgestrategien** aufgrund ihres kollektiven Charakters **überlegen**, indem sie die dem Sparen inhärente Gefahr der Unterdeckung reduzieren kann. Ob allerdings gerade für untere Einkommensschichten und/oder Personen mit hohen Risiken tatsächlich ein ausreichendes Maß an Sicherheit gewährleistet werden kann, ist von der konkreten Ausgestaltung der Versicherung abhängig.

C. KONSTITUTIVE MERKMALE DER INDIVIDUALVERSICHERUNG

I. Versicherungstechnisches Risiko

Das Versicherungsunternehmen[48] befindet sich wie jedes andere Unternehmen bezüglich der Ergebnisse seiner wirtschaftlichen Handlungen in einer Risikosituation. Bei bestimmten Arten und Ausmaßen negativer Zielverfehlungen ist die Existenz des Versicherungsunternehmens gefährdet. Das Gesamtrisiko »Ruin des Versicherungsunternehmens« setzt sich aus mehreren Teilrisiken zusammen, von denen an dieser Stelle nur das aus dem Risikogeschäft resultierende **versicherungstechnische Risiko** betrachtet wird.[49]

Das versicherungstechnische Risiko verbleibt im Sinne eines arteigenen Restrisikos trotz der mit Versicherung verbundenen Größenvorteile beim Versicherungsunternehmen. Es zeigt sich infolge unvollkommener Risikoausgleichseffekte darin, daß der tatsächliche Effektivwert des Gesamtschadens den geschätzten Erwartungswert übertrifft. Verfügt das Versicherungsunternehmen über keine weiteren Deckungsmittel und übersteigt die Gesamtheit der Ausgaben die Summe reiner Nettorisikoprämien,[50] wird der Umfang des versicherungstechnischen Risikos in der Größe dieser »negativen« Abweichung existent.

II. Kriterien der Versicherbarkeit

Wesentliche Voraussetzung für eine Versicherungslösung ist, daß eine Kalkulation auf Basis der Gesetze der großen Zahlen möglich ist. Demgemäß wurden in der Risikotheorie **Kriteri-**

Einkommensschichten möglich wird, nur durch einen Versicherungszwang durchzusetzen. Vgl. hierzu die Marktversagensanalyse für den privaten Versicherungsmarkt in Kapitel III.

47 Vgl. Scherl (1993), S. 8. Die Abszisse gibt nun die Anzahl *n* der Versicherungsmitglieder wieder. Die Schadenfälle werden als Häufigkeiten bezüglich der Anzahl der vom Risiko betroffenen Personen in einer Periode aufgefaßt.

48 Vgl. § 1 Abs.1 VAG. Zu den Unternehmensformen der Individualversicherung siehe § 7 Abs.1 VAG. Vgl. auch die Differenzierung bei BWV (1992), S. 48ff.

49 Zu weiteren existenzgefährenden Risiken siehe Kapitel III. Zum versicherungstechnischen Risiko vgl. Farny (1995b), S. 66ff.

50 Albrecht (1992), S. 20 gibt bei Nettorisikoprämienkalkulation eine Verlustwahrscheinlichkeit von 50% an. „Das Versicherungsunternehmen erleidet unter dieser Voraussetzung somit durchschnittlich alle zwei Jahre rein technisch gesehen einen »Ruin«, ein Faktum, das eher an Russisches Roulette erinnert denn an Versicherung".

enkataloge für die Anwendbarkeit der Gesetze der großen Zahlen entwickelt, deren Erfüllung als zentrale Bedingung für die Versicherbarkeit von Risiken gilt.[51] Wesentliche Elemente sind dabei die Forderung nach Zufälligkeit, räumlicher und zeitlicher Unabhängigkeit, Meßbarkeit, ausreichender Homogenität und großer Anzahl der Risiken bei »angemessener« Einzelschadenhöhe. Diese Kriterien dürfen allerdings nicht als absolute Grenze, sondern lediglich als Indikator der Versicherbarkeit gedeutet werden,[52] da die Versicherer in der Regel über risikopolitische Strategien verfügen, um auch Risiken in die Bestände aufnehmen zu können, die auf den ersten Blick diesen Anforderungen nicht genügen.

III. Prämienkalkulation und Äquivalenzprinzip

Die Prämienkalkulation dient der „[...] Ermittlung des für die Gewährung des Versicherungsschutzes benötigten *Entgelts*".[53] Das Entgelt »Prämie« ist der Preis für das Wirtschaftsgut Versicherungsschutz. Es stellt eine wesentliche Größe im Entscheidungsprozeß von Versicherungsnachfrager und -anbieter über das Zustandekommen einer privatwirtschaftlichen Versicherungslösung auf freiwilliger Basis dar.[54]

Die private Versicherungswirtschaft greift bei der Prämienkalkulation auf das versicherungstechnische Äquivalenzprinzip zurück. Das Äquivalenzprinzip existiert sowohl in kollektiver wie auch in individueller Ausprägung.[55] Während sich das **kollektive Äquivalenzprinzip** (Globaläquivalenzprinzip) auf den gesamten Versicherungsbestand bezieht, knüpft das **individuelle Äquivalenzprinzip** am versicherten Einzelrisiko an.

---

[51] Vgl. Farny (1995b), S. 28ff. Zur kritischen Beurteilung der Kriterienkataloge siehe insbesondere Eisen (1988), S. 119ff. Zum Problembereich nicht-versicherbarer Risiken siehe auch Kapitel III.

[52] Vgl. auch Eisen (1988), S. 121, der anführt, daß streng genommen kein Rückschluß auf die Grenzen der Versicherbarkeit möglich ist.

[53] Koch (1998b), S. 127f. [Hervorhebung im Original.]

[54] Da sich beide Vertragspartner bei ihrer Entscheidung in einer Situation unter Unsicherheit befinden, liegt der Analyse des Zustandekommens einer Versicherungslösung am privaten Markt das entscheidungstheoretische Konzept zugrunde. Zum entscheidungstheoretischen Konzept siehe grundlegend Sinn (1989), S. 1ff. Zu seiner Übertragung auf die Versicherungsentscheidung vgl. beispielsweise Sievering (1996), S. 32ff. Ebenso Sinn (1989), S. 71ff. Unter marktwirtschaftlichen Bedingungen kommt ein Versicherungsvertrag nur zustande, wenn beide Seiten aus dem Geschäft einen nicht negativen Saldo (Nettonutzen) ziehen. Bei gegebener Vertragsleistung liegt der mögliche Prämienbereich zwischen der vom Versicherungsanbieter mindestens zu verlangenden und der vom Versicherungsnehmer maximal akzeptierten Prämie. Vgl. Schönbäck (1988), S. 47 sowie Atkinson (1988), S. 226. Unter modelltheoretischen Bedingungen läßt sich für den kompetitiven Versicherungsmarkt ein Konkurrenzgleichgewicht ableiten. Vgl. Nickel (1995), S. 207ff. Ebenso Sievering (1996), S. 45ff. sowie grundlegend Strassl (1988), S. 22ff. Für einen Überblick über die zentralen nachfrage- und angebotsspezifischen Determinanten der realisierten individuellen Nachfrage nach Versicherungsschutz siehe Toepffer (1997), S. 44.

[55] In der Literatur werden jedoch teilweise unterschiedliche Definitionen sowie divergierende Abgrenzungen verwendet. Vgl. Eisen (1980), S. 539f. Ebenso Nell (1993), S. 46 sowie die kritischen Anmerkungen bei Nickel (1995), S. 209.

- **Kollektives Äquivalenzprinzip**

Um den Systemerhalt der Versicherung zu gewährleisten, muß die kollektive Nettorisikoprämie P_k mindestens den erwarteten Aufwendungen für alle Versicherungsleistungen entsprechen,[56] die sich im Gesamterwartungsschaden *E(Z)* ausdrücken.[57] Damit gilt:

$$(\text{II}-1)\quad P_k = E(Z).$$

Um mögliche negative Abweichungen zwischen kollektivem Schadenerwartungs- und Schadeneffektivwert auszugleichen, ergänzt ein risikoaverser Versicherungsanbieter die Nettorisikoprämie um einen positiven Sicherheitszuschlag π. Zudem schlagen sich die im Versicherungsbetrieb anfallenden Betriebskosten in einem entsprechenden Deckungsbeitrag k nieder.[58] Da die Versicherungsunternehmen nach betriebswirtschaftlichen Kalkülen arbeiten und am Ziel der Gewinnmaximierung orientiert sind, wird zusätzlich ein Gewinnzuschlag η erhoben.[59]

Die Zusammensetzung der **Bruttoprämie** in einem vereinfachten Modell für die private Versicherungswirtschaft wird in Tabelle II-1 dargestellt.

	Risikoprämie	Deckungsbeitrag für den Schadenerwartungswert E(Z)
=	**Nettorisikoprämie**	
+	Sicherheitszuschlag π	Ausgleichsbetrag für die Tragung des versicherungstechnischen Risikos
=	**Bruttorisikoprämie**	
+	Kostenzuschlag k	Deckungsbeitrag für die Betriebskosten
+	Gewinnzuschlag η	Zusätzliche Beitragskomponente zur Gewinnerzielung
=	**Bruttoprämie**	

Tabelle II-1: Einzelkomponenten der kollektiv äquivalenten Bruttoprämie

Quelle: Eigene Darstellung in Anlehnung an Farny (1995b), S. 47f.

- **Individuelles Äquivalenzprinzip**

Bezieht man das versicherungstechnische Äquivalenzprinzip auf jedes Einzelrisiko, so wird der kollektive Erwartungswert der Schäden verursachungsgerecht auf die einzelnen Risiken entsprechend deren individueller Erwartungsschäden aufgeteilt.[60]
Für die **individuelle Nettorisikoprämie** gilt:

$$(\text{II}-2)\quad P_i = E(C_i).$$

Da die individuelle Nettorisikoprämie nur für homogene Risiken direkt aus der Gesamtschadenverteilung ableitbar ist, kann es für heterogene Risiken im strengen Sinne keine individuell

---

56 Es wird unterstellt, daß bei keiner Person Teilschäden, sondern nur entweder ein Totalschaden oder kein Schaden auftritt, und die Versicherung den Schaden in voller Höhe ersetzt.

57 Hierbei gilt: $E(Z) = \sum_{i=1}^{n} E(C_i)$. Dabei stellt $E(C_i)$ den individuellen Erwartungsschaden dar.

58 Zu den verschiedenen Betriebskostenarten siehe die knappe Zusammenfassung bei Koch (1998b), S. 133f.

59 Allerdings läßt sich auf einem kompetitiven Versicherungsmarkt mit freiem Marktzutritt langfristig von keinem Unternehmer ein positiver Gewinnzuschlag durchsetzen, da ihn andere Versicherer mit günstigeren Angeboten vom Markt verdrängen werden. Vgl. hierzu Kapitel III.

60 Vgl. Eisen (1988), S. 122.

äquivalente Prämien geben.[61] Innerhalb eines heterogenen Versicherungsbestandes findet das individuelle Äquivalenzprinzip in der **Bildung von Risikoklassen** seinen Niederschlag, in denen Einzelrisiken mit spezifischen Risikomerkmalen zusammengefaßt werden.[62] Die Prämienkalkulation erfolgt in Abhängigkeit von der jeweiligen Risikoklasse auf Basis klassenspezifischer Erwartungsschäden.[63] Für jedes Risiko *i*, mit *i=1,...,m* der Klasse *g* gilt:

$$\text{(II-3)}\quad P_{g_i} = \frac{E(Z_g)}{m}.$$

Die so berechneten Prämien nähern sich umso eher einer Klassendurchschnittsprämie an, je breiter die Risikoklassen gefaßt sind, und einer allgemeinen Durchschnittsprämie, je ungenauer die Risikodifferenzierung im Versicherungsbestand ist.

Das individuelle versicherungstechnische Äquivalenzprinzip wird üblicherweise unter Berücksichtigung der Betriebskosten und des Sicherheitszuschlags auf die Bruttoprämienkalkulation übertragen, so daß für die **individuell äquivalente Bruttoprämie** gilt:

$$\text{(II-4)}\quad P_i = E(C_i) + \pi + k_i.$$[64]

Schließlich wird der **Langfristigkeit** der Versicherungsproduktion mit Hilfe von Barwertmodellen Rechnung getragen. Aus ihnen leitet sich für den Zeitpunkt des Vertragsabschlusses die Forderung nach Identität zwischen Gegenwartswert der erwarteten zukünftigen Beitragszahlungen und der zu erwartenden Leistungen sowohl in individueller wie auch in kollektiver Hinsicht ab.

D. Die Sozialversicherung als soziale Sicherung im engeren Sinne

I. Der Gestaltungstypus der Sozialversicherung und dessen Einordnung in das Gesamtsystem der sozialen Sicherung

1. Die Stellung der Sozialversicherung im Gesamtsystem der sozialen Sicherung

Soziale Sicherung[65] - hier als Gesamtsystem der sozialen Sicherung verstanden - meint sowohl ein sozialpolitisch motiviertes Handlungsprogramm des Staates, als auch die staatlichen Einrichtungen zur Realisierung dieses Programmes.[66] In der Bundesrepublik wird das Programm

---

61 Siehe Eisen (1988), S. 122f.

62 Risikomerkmale sind spezifische Eigenschaften der versicherten Risiken, die mit der Schadenverteilung korrelieren.

63 Vgl. die Kritik zu dieser Vorgehensweise bei Eisen (1980), S. 540.

64 Auch wenn dies nicht ausdrücklich so formuliert ist, darf man annehmen, daß die Gewinne der Versicherungswirtschaft im Begriff der klassischen Äquivalenz nicht eingeschlossen sind.

65 Der Begriff »soziale Sicherung« etablierte sich in Deutschland nach dem 2. Weltkrieg als Übersetzung der angloamerikanischen Bezeichnung »social security«. Das Programm »social security« wurde 1941 in der Atlantic Charta als Programm der westlichen Alliierten deklariert, später in die Allgemeine Erklärung der Menschenrechte der Vereinten Nationen (Art. 22 und Art. 25) aufgenommen und in die Europäische Sozialcharta integriert. Vgl. hierzu Schulin (1993), S. 3f.

66 Vgl. Scherl (1993), S. 2.

der sozialen Sicherung in erster Linie durch die einschlägigen Rechtsbestimmungen im Grundgesetz manifestiert und in den sozialrechtlichen Gesetzen konkretisiert.[67]

In Anlehnung an die Definition staatlicher Sozialpolitik in Kapitel I wird **soziale Sicherung** umschrieben als »Gesamtheit staatlicher Maßnahmen und Institutionen, deren Anliegen es ist, allgemein die sozioökonomische Position von schwachen oder benachteiligten Personen (-gruppen) zu verbessern und speziell das Abgleiten in wirtschaftliche und / oder soziale Schwäche im Falle der Realisation von sozialen Risiken zu vermeiden.« Die soziale Sicherung steht vorrangig unter der Zielsetzung des Einkommensersatzes, der Entschädigung oder der Deckung eines zusätzlichen, speziellen oder minimalen Bedarfes.[68]

Unter den Kernbereich der sozialen Sicherung können all jene Leistungen subsumiert werden, die der Staat im Schadens- oder Bedarfsfall über allgemeine öffentliche Haushalte oder staatliche Sonderhaushalte - die parafiskalischen Einrichtungen der Sozialversicherung - erbringt und durch Steuern oder Beiträge finanziert.

Als grundlegende **Gestaltungsalternativen** des sozialen Sicherungssystems werden das Fürsorge-, Versorgungs- und Versicherungsprinzip unterschieden.[69] Diese historische Dreiteilung, die als »Dreisäulenprinzip« bezeichnet wird, liegt auch dem Grundgesetz zugrunde, das in Art. 74 GG öffentliche Fürsorge (Nr. 7), Versorgung (Nr. 10) und Sozialversicherung einschließlich Arbeitslosenversicherung (Nr. 12) unterscheidet.

Auf Basis dieser Dreiteilung können die staatlichen Sicherungssysteme entsprechend ihrem jeweiligen Gestaltungstyp differenziert werden. „Alle Systematisierungsvorschläge dürfen freilich stets nur als Orientierungshilfen im Sinne gewisser Leitlinien verstanden werden. Lupenreine Zuordnungen der einzelnen Teilbereiche [...] zu den vorgeschlagenen Systemstrukturen sind in keinem Fall möglich."[70]

Ein starkes Gewicht innerhalb des Gesamtsystems der sozialen Sicherung kommt der **Sozialversicherung** - als sozialer Sicherung im engeren Sinne - zu.[71] Entsprechend der Definition in Kapitel I umfaßt das Sozialversicherungssystem die Gesamtheit aller Einrichtungen, deren Zweck es ist, die wirtschaftliche und soziale Existenz bestimmter Personen(-gruppen) gegen

---

67 Siehe beispielsweise Art. 20 Abs. 1 GG. Zu den sozialrechtlichen Gesetzen gehört insbesondere das Sozialgesetzbuch. Vgl. diesbezüglich auch BVerfGE 59, 231 (263); BVerfGE 65, 128 (193); BVerfGE 75, 348 (359f.); BVerfGE 82, 60 (80). Einen grundlegenden Überblick über das Gesamtsystem der sozialen Sicherung in der Bundesrepublik Deutschland gewähren beispielsweise BMA (1998c); Zöllner (1997) sowie Lampert (1998).

68 Siehe Zöllner (1997), S. 242.

69 Vgl. exemplarisch Lampert (1998), S. 225. Zöllner (1997), S. 19 differenziert feiner zwischen Vorsorge, sozialer Entschädigung, sozialer Hilfe und Förderung. Ebenso Eichenhofer (1997), S. 9.

70 Schulin (1993), S. 18. So finden sich bei zahlreichen Institutionen Elemente verschiedener Ausgestaltungstypen, so daß es sich vielmehr um Mischformen als um »prinzipienreine« Einrichtungen handelt.

71 Lampert (1998), S. 232 setzt das System der sozialen Sicherung vorrangig mit dem Sozialversicherungssystem gleich. Vgl. zum quantitativen Umfang der Sozialversicherung auch die Ausführungen in Abschnitt D.II dieses Kapitels.

soziale Risiken wie Unfall, Krankheit, Invalidität, Alter, Arbeitslosigkeit, Pflegebedürftigkeit und Tod des Ernährers zu sichern.[72]

Eine eindeutige Zuordnung der Sozialversicherung zu der Triade »Versorgung - Versicherung - Fürsorge« ist nicht ohne weiteres möglich, da sie Elemente aller Grundprinzipien in sich vereint. Die Sozialversicherung kann aufgrund ihrer spezifischen Charakteristika als eigenständiger Sicherungstypus aufgefaßt oder aber unter den Oberbegriff »Versicherung« subsumiert werden.[73] Entsprechend der im Rahmen dieser Arbeit verwendeten wirtschaftswissenschaftlichen Definition von Versicherung wird letzterer Interpretation Rechnung getragen und die Sozialversicherung mit dem **Versicherungsbegriff** belegt.[74] Grundgedanke der Versicherung ist die Bereitstellung des Gutes Sicherheit durch die gemeinsame Selbsthilfe auf Basis des Zusammenschlusses gleichartig Gefährdeter in einer Gefahrengemeinschaft und der »Ausgleich« unter den Mitgliedern.[75] Die Frage, ob über den versicherungsimmanenten Risikoausgleich hinaus eine systematische Umverteilung stattfindet, ist nicht ursächlich für die Gestaltungsalternative »Versicherung«.

2. *Organisation und Ausgestaltung der Sozialversicherung*

Zur Konkretisierung des Untersuchungsgegenstandes »Sozialversicherung« werden im folgenden ihre grundlegenden Organisations- und Ausgestaltungsmerkmale dargestellt, die für den weiteren Verlauf der Untersuchung relevant sind.

- **Träger der Sozialversicherung**

Die Institutionen der Sozialversicherung sind **sozialpolitische Parafiski,**[76] die zu den Einrichtungen des Dritten Sektors gehören. Der Dritte Sektor bildet den institutionellen Bereich zwischen privaten beziehungsweise einzelverbandlich-individuellen Kompetenzen und staatlichen beziehungsweise oberverbandlich-kollektiven Kompetenzen.[77] Parafiski sind als Träger hoheitlicher Kompetenzen - wie der Zwangsmitgliedschaft und der Erhebung von Zwangsbeiträgen - finanziell autonom und organisatorisch selbstverwaltet.[78] Entsprechend erfüllen die Träger der Sozialversicherung eigenverantwortlich öffentliche Aufgaben und sind in Form

---

72 Vgl. auch Lampert (1995), S. 262.

73 Siehe zu dieser Streitfrage Forster (1983), S. 71ff.

74 Damit wird allerdings nicht geleugnet, daß die Sozialversicherung neben typischen Versicherungselementen auch fürsorgerische bzw. versorgungsspezifische Elemente enthält. Vgl. hierzu auch exemplarisch BVerfGE 67, 231 (237). Anderer Ansicht dagegen Schmähl (1985b), S. 3, der die Sozialversicherung als eine Mischung aus unterschiedlichen Systemtypen versteht.

75 Vgl. Abschnitt B.II.2.b).

76 Einen grundlegenden Überblick über die Ökonomik der Parafiski bietet Gelbhaar (1998), S. 573. Speziell zur Parafiskalität der Sozialversicherung siehe Lepelmeier (1979).

77 Vgl. Gelbhaar (1998), S. 575. Unter den Dritten Sektor werden die Nonfiski - als Sammelbegriff für hilfs- und gruppenfiskalische Einrichtungen - und die Parafiski zusammengefaßt.

78 Vgl. Gelbhaar (1998), S. 577.

selbständiger Körperschaften des öffentlichen Rechts mit Selbstverwaltung organisiert.[79] Trotz ihrer Eigenständigkeit bleibt aber der Bund Garant für die Leistungsfähigkeit der Sozialversicherung.[80]

- **Sozialversicherungszweige**

Das Sozialversicherungssystem unterteilt sich in folgende Zweige:

↳ **Gesetzliche Unfallversicherung** (*GUV*):
Aufgabe der *GUV* ist es nach § 1 SGB VII, Arbeitsunfälle und Berufskrankheiten sowie arbeitsbedingte Gesundheitsgefahren zu verhüten und die Gesundheit und Leistungsfähigkeit der Versicherten nach Eintritt von Arbeitsunfällen und Berufskrankheiten wiederherzustellen oder sie beziehungsweise deren Hinterbliebenen durch Geldleistungen zu entschädigen.

↳ **Gesetzliche Krankenversicherung** (*GKV*):
Die *GKV* hat gemäß § 1 SGB V die Aufgabe, die Gesundheit der Versicherten zu erhalten, wiederherzustellen oder ihren Gesundheitszustand zu bessern.

↳ **Gesetzliche Rentenversicherung** (*GRV*):
Die *GRV*[81] ist in die Rentenversicherung der Arbeiter, der Angestellten sowie die knappschaftliche Rentenversicherung unterteilt. Ihr vorrangiges Ziel ist einerseits die Absicherung gegen die Risiken »Einkommensausfall bei Erwerbsunfähigkeit« und »Tod des Versicherten« und andererseits die Verstetigung des Einkommenstroms während der altersbedingten Nichterwerbsphase des Versicherten.

↳ **Arbeitslosenversicherung** (*ALV*):
Die ursprünglich als eigenständiger Sicherungsbereich konzipierte *ALV* unterliegt heute der Trägerschaft der BA und ist zu einem Bestandteil des gesamten Bereiches der Arbeitsförderung geworden. Durch die Leistungen der Arbeitsförderung soll gemäß § 1 SGB III vor allem der Ausgleich am Arbeitsmarkt unterstützt werden und dadurch Zeiten der Arbeitslosigkeit sowie des Bezuges von Lohnersatzleistungen vermieden oder verkürzt werden.

↳ **Soziale Pflegeversicherung** (*SPV*):
Die soziale Pflegeversicherung wurde mit Verabschiedung des Pflegeversicherungsgesetzes 1994 als fünfter Sozialversicherungszweig eingeführt.[82] Sie dient vorrangig der Absi-

---

[79] Zur ausführlichen Erörterung und Bewertung der Selbstverwaltung als Organisationsprinzip der deutschen Sozialversicherung siehe beispielsweise Lee (1997). Zur Lösung der Diskrepanz zwischen Ideal- und Realbild der sozialen Selbstverwaltung greift Lee (1997), S. 143 auf *Töns* Konzeption des gestuften Selbstverwaltungssystems zurück. Zur Organisation und Selbstverwaltung der Sozialversicherung siehe auch BMA (1998c), S. 45ff.

[80] Vgl. BSGE 42, 148. So ist beispielsweise für den Bereich der GRV in § 214 SGB VI die Bundesgarantie verankert, die den Bund dazu verpflichtet, den Rentenversicherungsträgern eine Liquiditätshilfe in Höhe der fehlenden Mittel zu gewähren. Ebenso ist der Bund nach § 346f. SGB III angehalten, der BA im Bedarfsfall ein Darlehen oder Zuschüsse zu gewähren.

[81] Allerdings beziehen sich die Ausführungen im Rahmen dieser Arbeit vorrangig auf die Rentenversicherung der Arbeiter und Angestellten.

[82] Siehe BGBl. I, S. 1014. Zum Pflegeversicherungsgesetz siehe auch Straub (1994), S. 610ff. sowie Sievering (1996), S. 249ff.

cherung des sozialen Risikotatbestandes Pflegebedürftigkeit, indem sie den Betroffenen Sach- und Geldleistungen im Rahmen der häuslichen sowie der stationären Pflege gewährt.

- **Kollektiver Charakter und Versicherungsschutz**

In der Sozialversicherung werden gleichartige soziale Risiken zu einem **Kollektiv** zusammengeschlossen. Die Sozialversicherung bietet als Schutz gegen soziale Risiken das Gut **Sicherheit** an, indem sie vorrangig negative Wirkungen auf die wirtschaftliche Situation des Versicherten oder seiner Angehörigen im Falle des Schadeneintrittes ausgleicht.[83] Daneben gewährt die Sozialversicherung aber auch Restitutionsleistungen mit dem primären Ziel, die Arbeitskraft der Versicherten wiederherzustellen[84] und hält zusätzlich ein breites präventionspolitisches Instrumentarium vor, um bereits im Vorfeld einer Risikorealisation vorzubeugen und den Schadenumfang zu begrenzen.[85] Der Sicherheitsaspekt offenbart sich in erster Linie im **Risikogeschäft**. Die Wahrscheinlichkeitsverteilung der Schäden geht mit Beitritt zur Sozialversicherung von dem Versicherungsnehmer auf den Sozialversicherungsträger über. Als Preis für den Risikotransfer zahlt der Versicherte den Sozialversicherungsbeitrag und erwirbt für den Fall des Schadeneintrittes einen Anspruch auf den gesetzlich fixierten Leistungsumfang.

- **Mitgliedschaft in der Sozialversicherung**

Die Mitgliedschaft vollzieht sich in der Sozialversicherung in der Regel nicht durch eine freiwillige Vereinbarung zwischen Versicherungsnehmer und –geber, sondern **kraft Gesetzes.**

Nach § 4 Abs.1 SGB I hat prinzipiell jeder ein Recht auf Zugang zur Sozialversicherung, womit der formale Aspekt der Chancengleichheit erfüllt ist. Dieser Grundsatz wird aber de facto durch einzelgesetzlich geregelte **Zugangsvoraussetzungen** begrenzt. Aufgrund der großen Unterschiede bei der Abgrenzung des Mitgliederkreises werden Versicherungspflicht, -berechtigung, -freiheit und -befreiung in den einzelnen Zweigen separat geregelt.[86] Die geringfügige Beschäftigung[87] nach § 8 SGB IV bildete die Grundlage für die **Versicherungsuntergrenze**. Eine Veränderung ergibt sich auf Grundlage der vom Bundestag 1999 beschlossenen Neuregelung des 630-Mark-Gesetzes.[88] Eine **Versicherungsobergrenze** existiert in der *SPV* und *GKV*. Hier erlischt die Versicherungspflicht nach § 6 Abs. 1 Nr. 1 SGB V, wenn das Arbeitsentgelt die Beitragsbemessungsgrenze übersteigt. Daneben existiert in der *GKV* sowie

---

83 Vgl. Kapitel I.

84 Dementsprechend gilt nach § 26 Abs. 3 SGB VII für die GRV der Grundsatz »Rehabilitation vor Rente«.

85 Vgl. exemplarisch die Leistungen zur Verhütung und Früherkennung von Krankheiten nach § 20 - § 26 SGB V.

86 Vgl. die Unterscheidung zwischen Versicherungspflicht, -berechtigung, -freiheit, und -befreiung bei Eichenhofer (1997), S. 137ff.

87 Siehe hierzu auch BMA (1998c), S. 109f.

88 Für geringfügig Beschäftigte, die bereits in der GKV sind, zahlt der Arbeitgeber einen Pauschalbeitrag von 10% an die GKV. Darüber hinaus zahlt er einen Pauschalbeitrag von 12% an die GRV. Dafür werden dem Beschäftigten Leistungen bei der Altersrente gutgeschrieben. Der Versicherte kann den Pauschalbeitrag auf den vollen Pflichtbeitrag aufstocken und damit Ansprüche auf das gesamte Leistungsspektrum der GRV erwerben. Im Gegenzug zur sozialversicherungsrechtlichen Erfassung der geringfügig Beschäftigten werden die Einnahmen aus geringfügigen Beschäftigungsverhältnissen grundsätzlich steuerfrei gestellt.

der *SPV* die Sonderform der **Familienversicherung** für Kinder und Ehegatten eines Mitgliedes.[89] Die Familienversicherung kann demnach in eine »Kinder-« und eine »Ehegattenkomponente« zerlegt werden. Die Form der beitragsfreien Mitversicherung von Familienangehörigen trägt vordergründig dem Gedanken der horizontalen Ausgleichsgerechtigkeit Rechnung, wobei Familienangehörige allerdings nur dann beitragsfrei mitversichert sind, wenn sie bestimmte persönliche Voraussetzungen erfüllen.[90]

Im Gegensatz zu den Pflichtversicherten[91] kann die Gruppe der Versicherungsberechtigten ihre individuelle Versicherungsform »Privat- oder Sozialversicherung« frei bestimmen. Sie werden sich für eine **freiwillige Versicherung** entscheiden, wenn der Nettonutzen aus der freiwilligen Mitgliedschaft in der Sozialversicherung den Nettonutzen aus der privaten Versicherungslösung übersteigt. Eine Mitgliedschaft in der Sozialversicherung kommt also immer dann zustande, wenn gilt:

(II-5) $NU(SV) > NU(IV)$.

Der Nettonutzen *NU* kann als Differenz verstanden werden zwischen dem Nutzen $U(L_{IV})$ beziehungsweise $U(L_{SV})$, den das Wirtschaftssubjekt aus der Leistungsgewährung zieht, und den Kosten $K(P_{IV})$ beziehungsweise $K(B_{SV})$, die ihm durch die Beitragsentrichtung entstehen. Somit gilt:

(II-6) $NU(SV) = U(L_{SV}) - K(B_{SV})$ sowie

(II-7) $NU(IV) = U(L_{IV}) - K(P_{IV})$.

Wesentliches Entscheidungsmerkmal für eine Mitgliedschaft ist somit neben der absoluten Beitrags- und Leistungshöhe insbesondere die Beziehung zwischen beiden Größen unter Berücksichtigung des eigenen Erwartungsschadens.

- **Finanzierungsgestaltung**

Die Leistungen der Sozialversicherung finanzieren sich im Umlageverfahren, indem die Ausgaben einer Periode aus den Einnahmen derselben Periode bestritten werden. § 21 SGB IV legt fest, daß die Beiträge so zu bemessen sind, daß die Ausgaben der Sozialversicherung inklusive Rücklagen und Betriebsmittel in jeder Periode durch Beiträge und andere Einnahmen – insbesondere steuerfinanzierte Bundeszuschüsse - gedeckt werden.

Während zwar in allen Zweigen der Sozialversicherung mehrere Geburtsjahrgänge durch die Beitrags- und Leistungsströme miteinander verbunden sind, ist der Link zwischen der jungen erwerbstätigen Generation einerseits und der älteren Nicht-Erwerbstätigengeneration andererseits in der *GRV* besonders stark ausgeprägt. Leicht abgemildert und um die Generation der

---

89 Zur Familienversicherung siehe grundlegend Gerlach, Epping (1994).

90 Hierzu gehört beispielsweise, daß der Ehegatte kein eigenes Einkommen bezieht, das oberhalb der Geringfügigkeitsgrenze liegt. Vgl. hierzu auch die Ausführungen in Kapitel V.

91 Aufgrund der traditionellen Ausrichtung der Sozialversicherung auf die Absicherung sozialer Risiken, die in Verbindung mit der Arbeitskraft des Betroffenen stehen, besteht vorrangig für die meisten abhängig Beschäftigten eine Versicherungspflicht. Sie unterliegen in allen Sozialversicherungszweigen der Zwangsmitgliedschaft.

»Noch-nicht-Erwerbstätigen« erweitert, spielt der sogenannte **Generationenvertrag** für die *GKV* sowie die *SPV* ebenfalls eine zentrale Rolle.

Die Beiträge zur Sozialversicherung werden bei den abhängig Beschäftigten - als Hauptgruppe der Versicherungspflichtigen - anteilig durch den versicherten Arbeitnehmer und den Arbeitgeber gezahlt. Lediglich in der *GUV* unterliegt der Arbeitgeber der alleinigen Beitragspflicht. Die **individuelle Beitragshöhe** setzt sich aus der allgemeinen Komponente »**Beitragssatz**« und der persönlichen Komponente »**individuelles Arbeitseinkommen**« zusammen. Bei den abhängig Beschäftigten knüpft die Beitragsberechnung[92] an dem sozialversicherungsrechtlichen Bruttoarbeitsentgelt der Versicherten an.[93] Die Sozialversicherungsbeiträge werden nicht risikoäquivalent, sondern **proportional zum Arbeitsentgelt bis zur Beitragsbemessungsgrenze** erhoben. Die Beitragsberechnung ist damit grundsätzlich am Leistungsfähigkeitsprinzip orientiert, wobei sich allerdings zahlreiche Abweichungen von einem »reinen« Prinzip der Leistungsfähigkeit ergeben.[94]

- **Leistungsgestaltung**

Der Versicherte hat gegen die Sozialversicherung einen Anspruch auf (im-)materielle Versicherungsleistungen. Bei der Leistungsgestaltung kommt dem Aspekt der Bedarfsgerechtigkeit besondere Bedeutung zu.[95] Zahlreiche Leistungen - insbesondere Sachleistungen der *GKV* und *SPV* - werden unabhängig von der individuellen Beitragshöhe nach dem jeweiligen anzuerkennenden, objektivierten **Bedarf** zugeteilt.[96] Ferner werden auch die monetären Pflegeleistungen der *SPV* nach Bedarfskriterien zugeteilt, die sich aus dem Grad der individuellen Pflegebedürftigkeit ergeben. Auf diese Weise wird in der Sozialversicherung regelmäßig vom Prinzip der Äquivalenz zwischen Leistung und Gegenleistung – als Ausdruck einer weit gefaßten Leistungsgerechtigkeit – abgewichen.

- **Verknüpfung von Leistung und Gegenleistung**

Aufgrund der sozialversicherungsrechtlichen Spezifika der Beitrags- und Leistungsgestaltung, die sich aus der sozialen Ausgleichsfunktion ergeben und normativen Gerechtigkeitsprinzipien verpflichtet sind, weicht die Sozialversicherung vom versicherungstechnischen Äquivalenzprinzip ab. Durch die einkommensabhängige Beitragserhebung in Verbindung mit einer mehr oder minder bedarfsorientierten Leistungsgewährung vollzieht sich eine **systematische Umverteilung** zwischen verschiedenen Personen(-gruppen), die über den versicherungsimmanenten Risikoausgleich hinausgeht.[97]

---

92 Eine grundlegend andere Beitragsbemessung liegt allerdings der GUV zugrunde, wo sich die Beiträge neben den Entgelten der versicherten Arbeitnehmer nach der Gefahrenklasse des Unternehmens berechnen.

93 Das sozialversicherungsrechtliche Arbeitsentgelt stimmt allerdings nicht immer mit dem lohnsteuerrechtlichen Arbeitslohn überein. Vgl. zu den wesentlichen Unterschieden BMA (1998c), S. 111.

94 Vgl. hierzu die Ausführungen in Kapitel V.

95 Daß dem Kriterium der Bedarfsgerechtigkeit nur unzureichend Rechnung getragen wird, zeigen die Ausführungen in Kapitel VII.

96 In der GKV existiert als einzige wesentliche Geldleistung nur das Krankengeld, dessen Bedeutungsumfang beständig abnimmt. Vgl. BMA (1998c), S. 233.

97 Siehe hierzu insbesondere die Ausführungen in Kapitel V.

II. Quantitative Bedeutung des Sozialversicherungssystems in der Bundesrepublik Deutschland

Die Leistungs- und Finanzierungsseite des Gesamtsystems der sozialen Sicherung wird im **Sozialbudget** zusammengefaßt. Das Sozialbudget gibt einen Überblick über den funktionalen und institutionellen Aufbau des Sicherungssystems und seiner finanziellen Dimension.

Ein **Problem** bei der Veranschaulichung des quantitativen Umfangs der Sozialversicherung ergibt sich dadurch, daß im Sozialbudget die Arbeitsförderung nur als gesamter Block und nicht getrennt nach Kostenträgern ausgewiesen wird. Die Institution Arbeitsförderung umfaßt neben den Aufwendungen der *BA* die Auftragsleistungen für den Bund und die Länder - insbesondere die Arbeitslosenhilfe - sowie spezifische arbeitsmarktpolitische Hilfen und Sonderprogramme des Bundes zur Beschäftigungsförderung, die jedoch quantitativ kaum ins Gewicht fallen.[98] Die folgenden Ausführungen tragen dieser Darstellung Rechnung, indem in Anlehnung an das Sozialbudget stets die Gesamtleistungen der Arbeitsförderung angegeben werden. Ferner beziehen sich die Angaben zur *GPV* ausschließlich auf die Ausgaben- und Einnahmeposten der *SPV*. Weiterhin umfaßt die *GRV* die Rentenversicherung der Arbeiter und Angestellten sowie die Knappschaftliche Rentenversicherung, die jeweils getrennt ausgewiesen werden.

Die langfristige Entwicklung des Sozialbudgets zeigt, daß der **Umfang der Sozialleistungen** beständig gewachsen ist.[99] Dementsprechend ist auch die **Sozialleistungsquote**[100] von 21,7% im Jahr 1960 auf 34,4% (31,7% für West-Deutschland und 54,5% für Ost-Deutschland) im Jahr 1997 gestiegen.[101]

Die für Deutschland aufgezeigte Entwicklung der Sozialleistungsquote verläuft in den meisten Ländern der Europäischen Union ähnlich. Die Größenordnung der deutschen Sozialleistungsquote entspricht im wesentlichen den Quoten der übrigen west- und nordeuropäischen Länder.[102]

Einen wesentlichen Ausgabenposten im Rahmen des Sozialbudgets stellen die Leistungsausgaben der Sozialversicherungsträger dar.

Die **Sozialversicherungsleistungen** beliefen sich im Jahr 1960 auf 31,86 Mrd. DM, während sie im Jahr 1997 bereits 821,16 Mrd. DM (631,7 Mrd. DM in West-Deutschland und 189,46 Mrd. DM in Ost-Deutschland) betrugen.[103] Betrachtet man die Entwicklung des **Anteils der**

---

98 Vgl. BMA (1998a), S. 229.

99 Während 1960 für Sozialleistungen rund 65,6 Mrd. DM aufgewendet wurden, waren es im Jahr 1997 bereits 1.256,1 Mrd. DM (davon 1.022,0 Mrd. DM in West-Deutschland und 234,1 Mrd. DM in Ost-Deutschland). Vgl. BMA (1997), S. 12f. sowie Institut der deutschen Wirtschaft Köln (1999), Tab. 93.

100 Die Sozialleistungsquote ergibt sich, indem man die absoluten Werte der Sozialleistungen ins Verhältnis zum jeweiligen nominalen BIP setzt. Sie gibt Auskunft über den Anteil der Sozialleistungen an der Wertschöpfung eines Landes.

101 Siehe BMA (1997), S. 12f. sowie Institut der deutschen Wirtschaft Köln (1999), Tab. 93.

102 Vgl. BMA (1998b), Tab. 9.18 und 9.18A.

103 Eigene Berechnungen auf Basis der Daten aus BMA (1998a), S. 286ff.

Sozialversicherungsleistungen am Sozialbudget, so wird der zunehmende Bedeutungsumfang der Sozialversicherung deutlich. Ihr Anteil ist von 48,5% im Jahr 1960 auf 65,4% im Jahr 1997 (63% in West-Deutschland und 80,9% in Ost-Deutschland) gestiegen.[104]

Um den Bedeutungsgehalt der Sozialversicherung im Verhältnis zu den übrigen Sozialleistungen darzustellen, wird an dieser Stelle eine spezifische »**Sozialversicherungsquote**« definiert. Die Sozialversicherungsquote erhält man analog zur Sozialleistungsquote, indem man die absoluten Werte der Sozialversicherungsleistungen auf das jeweilige Bruttoinlandsprodukt bezieht. Sie gibt Auskunft über den Anteil der Sozialversicherungsleistungen an der gesamten Wertschöpfung. Die Sozialversicherungsquote ist von 10,5 % im Jahr 1960 auf 22,5 % im Jahr 1997 gestiegen.

Die Entwicklung der Sozialversicherungsquote für Gesamtdeutschland wird in Abbildung II-4 dargestellt.

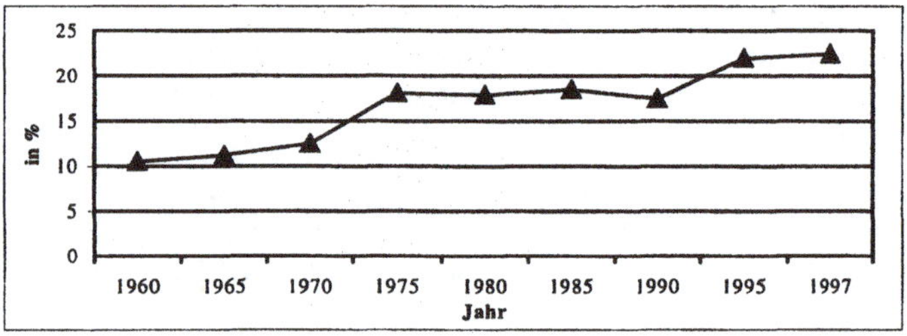

Abbildung II-4: Entwicklung der Sozialversicherungsquote

Quelle: Eigene Darstellung und Berechnung auf Basis der Daten aus BMA (1997), S. 12ff.

Während sich die Sozialversicherungsquote zwischen 1960 und 1997 verdoppelt hat, ist die gesamte Sozialleistungsquote im gleichen Zeitraum um ein Drittel gestiegen.

In langfristiger Entwicklung zeigt sich für die **einzelnen Sozialversicherungszweige** ein Bedeutungswandel.[105] In einem direkten Vergleich zwischen 1960 und 1997 hat sich in West-Deutschland das Leistungsvolumen der *GUV* verzehnfacht, der *GRV* verfünfzehnfacht, der *GKV* mehr als verzwanzigfacht, und der Arbeitsförderung sogar fast verachtzigfacht. Diese Steigerungen sind nur zu einem begrenzten Teil auf Leistungsverbesserungen oder Preissteigerungen und Lohnentwicklungen zurückzuführen. Zum Großteil beruhen sie auf einer gewandelten demographischen Entwicklung und steigender Arbeitslosigkeit.[106]

---

[104] Eigene Berechnungen auf Basis der Daten aus BMA (1997), S. 25ff.

[105] Vgl. die Daten aus BMA (1997), S. 25ff.

[106] So ist die Arbeitslosenquote in West-Deutschland von 1,3% im Jahr 1960 auf 11% im Jahr 1997 beziehungsweise 10,5% im Jahr 1998 gestiegen. Für Gesamtdeutschland betrug die Arbeitslosenquote im Jahr 1997 12,7% und 12,3% im Jahr 1998. Siehe Institut der deutschen Wirtschaft Köln (1999), Tab. 23.

Parallel zur Leistungsexplosion hat sich naturgemäß auch das **Finanzierungsvolumen** der Sozialversicherungszweige erhöht.[107] Da der Leistungskatalog der Sozialversicherung überwiegend aus Beitragseinnahmen finanziert wird,[108] zeigt sich eine spiegelbildliche **Entwicklung der Beitragssätze.**[109]

Schließlich gewährt Abbildung II-5 einen Überblick über die **Finanzierungsstruktur** der Sozialversicherungszweige. Die Darstellung macht den Bedeutungsumfang der Sozialversicherungsbeiträge deutlich, die sich im Jahr 1997 bundesweit auf ein Gesamtvolumen von rund 683 Mrd. DM beliefen.[110]

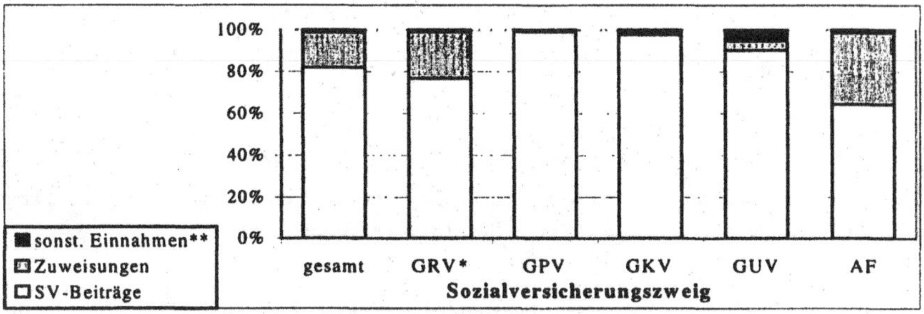

Abbildung II-5: Finanzierungsstruktur der Sozialversicherungszweige

Anmerkungen:
* Die GRV umfaßt die Rentenversicherung der Angestellten und Arbeiter sowie die Knappschaftliche Rentenversicherung
** Zu den sonstigen Einnahmen zählen beispielsweise Kapitalerträge u.ä.

Quelle: Eigene Darstellung auf Basis der Daten aus BMA (1997), S. 95 sowie eigenen Berechnungen.

E. ABSCHLIEßENDE ABGRENZUNG VON INDIVIDUAL- UND SOZIALVERSICHERUNG

Auf Basis der Darstellung von Individual- und Sozialversicherung in den Abschnitten C und D und der grundlegenden Charakteristik von Versicherung in Abschnitt B.II.2 werden nun die beiden Versicherungsbereiche einander abschließend gegenübergestellt und **anhand materieller und formaler Kriterien** voneinander **abgegrenzt.**

Entsprechend der Charakteristik der Sozialversicherung als Versicherung ergeben sich naturgemäß **Gemeinsamkeiten** zwischen Individual- und Sozialversicherung, die in Abschnitt E.I hervorgehoben werden. Die Sozialversicherung weist allerdings sowohl in formaler als auch

---

107 Vgl. hierzu BMA (1997), S. 60ff.

108 Vgl. Abbildung II-5.

109 Vgl. zur Entwicklung der Beitragssätze (Arbeitnehmer- und Arbeitgeberanteil) in % des Bruttoarbeitsentgeltes in West-Deutschland Institut der deutschen Wirtschaft Köln (1999), Tab. 94. Die Beitragssätze in Ost-Deutschland sind grundsätzlich identisch. Kleine Abweichungen ergeben sich lediglich für die Beitragssätze zur GKV.

110 Eigene Berechnung auf Basis der Daten aus BMA (1997), S. 95. Verrechnungen werden nicht berücksichtigt.

insbesondere in materieller Hinsicht zahlreiche Unterschiede zur Individualversicherung auf, die in Abschnitt E.II aufgezeigt werden.

Eine Ausnahme auf dem Gebiet des privatversicherungsrechtlichen Versicherungswesens stellt allerdings die **private Pflege-Pflichtversicherung** dar, die an staatliche Rahmenbedingungen gebunden ist, die von den üblichen Versicherungsbedingungen stark abweichen und die Vertragsfreiheit der Unternehmen massiv einschränken.[111] Aufgrund ihrer »Zwitterstellung« zwischen Privat- und Sozialversicherung wird zunächst von der privaten Pflege-Pflichtversicherung abstrahiert und diese gesondert in Abschnitt F betrachtet.

I. Gemeinsamkeiten zwischen Individual- und Sozialversicherung

Die Sozialversicherung weist in folgenden Punkten Gemeinsamkeiten mit der Individualversicherung auf:

- **Zentrale Aufgabenstellung**
  Sowohl Sozial- als auch Individualversicherung bieten das Gut **Sicherheit** als Schutz gegen soziale Risiken an. Sie gleichen in erster Linie im Falle des Schadeneintrittes die negativen Wirkungen auf die wirtschaftliche Situation des Versicherten aus.
- **Risikogeschäft**
  In beiden Versicherungsarten stellt das Risikogeschäft das Kernprodukt der Versicherung dar. Auch in der Sozialversicherung geht die Wahrscheinlichkeitsverteilung der Schäden von dem Versicherungsnehmer auf den Sozialversicherungsträger über. Als Preis für den Risikotransfer zahlt der Versicherte einen Sozialversicherungsbeitrag[112] und erwirbt durch seinen Versichertenstatus einen Anspruch auf eine Versicherungsleistung für den Fall des Schadeneintrittes. Ferner vollzieht sich zwischen Sozialversicherungsanbieter und –nachfrager ein Informationsaustausch, wobei sich allerdings die Form der Informationsselektion und -verwertung zwischen Sozialversicherung und privater Versicherungspraxis grundlegend unterscheidet.[113]
- **Kollektiver Charakter**
  Beide Sicherungsstrategien sind durch ihren kollektiven Charakter gekennzeichnet, so daß auch bei der Sozialversicherung ein im Einzelfall nicht vorhersehbarer Mittelbedarf im Kollektiv zu einer kalkulierbaren Größe wird. Wenngleich in der Sozialversicherung keine risikoäquivalente Beitragsdifferenzierung erfolgt, findet dennoch ein Risikoausgleich in dem Sinne statt, daß der Versicherungsfall nur bei einigen Personen eintritt, während andere »schadenfrei« bleiben.

---

111 Zur privaten Pflege-Pflichtversicherung siehe BMA (1998c), S. 494ff.

112 Eine Sonderform stellt allerdings die beitragsfreie Mitversicherung von Familienangehörigen in der Sozialversicherung dar, bei der die familienmitversicherten Personen keinen eigenen Beitrag zu entrichten haben, ihre Schadenwahrscheinlichkeitsverteilung aber dennoch auf den Versicherungsträger übergeht.

113 So werden die Versicherten in der Sozialversicherung nicht entsprechend ihrer individuellen Risikomerkmale in Risikoklassen eingeteilt. Dagegen werden aber weitergehende Merkmale - wie beispielsweise der Familienstand - bei der Leistungsgestaltung berücksichtigt.

- **Globaläquivalenzprinzip**
  Für die Individualversicherung stellt sich die Verwirklichung des Globaläquivalenzprinzips als unternehmerische Notwendigkeit dar, da andernfalls der Ruin des Versicherungsunternehmens bevorstünde.[114] Die Sozialversicherung ist als Notwendigkeit des praktizierten Umlageverfahrens nach § 21 SGB IV dazu verpflichtet, eine Entsprechung von Einnahmen und Ausgaben zu gewährleisten. Diese Verpflichtung zum Budgetausgleich bezieht sich allerdings nicht nur auf die Beitrags- sondern auf die gesamte Einnahmenseite, die mit der Ausgabenseite übereinstimmen muß.[115]

II. Unterschiede zwischen Individual- und Sozialversicherung

Auf der anderen Seite unterscheidet sich die Sozialversicherung nicht nur in formaler sondern auch in materieller Hinsicht von den Versicherungen am privaten Markt, da sie trotz ihrer vordergründigen Versicherungsfunktion zahlreiche Elemente einer Politik des interpersonellen Ausgleichs enthält.[116]

Abbildung II-6 nennt die grundsätzlichen Unterschiede zwischen Individual- und Sozialversicherungswesen in materieller sowie formaler Hinsicht, die im folgenden erörtert werden.

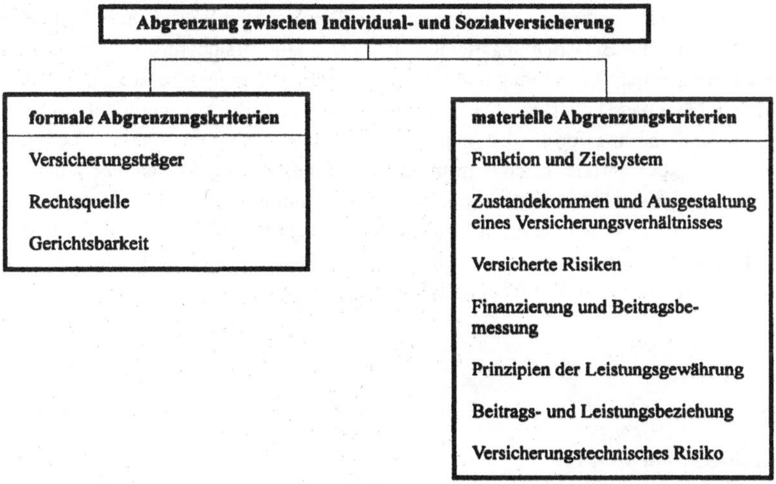

Abbildung II-6: Abgrenzung anhand formaler und materieller Kriterien

Quelle: Eigene Darstellung

---

114 Von versicherungstechnischen Rückstellungen und Rückversicherungen wird an dieser Stelle abgesehen.

115 Wird das Globaläquivalenzprinzip darüber hinaus im Sinne der fiscal equity interpretiert, existieren zahlreiche Abweichungen von einem reinen Äquivalenzprinzip - etwa in Form von staatlichen Zuschüssen als ein Beispiel für Zahlungen von Dritten. Vgl. Wasem (1988), S. 20. Siehe insbesondere auch die Ausführungen in Kapitel V.

116 So auch Schmähl (1985b), S. 4. Zur grundlegenden Abgrenzung zwischen Individual- und Sozialversiche-

1. Differenzierung anhand materieller Abgrenzungskriterien

In materieller Hinsicht werden Individual- und Sozialversicherung insbesondere aufgrund folgender Merkmale voneinander abgegrenzt:[117]

- **Funktion und Zielsystem**
  Die Sozialversicherung ist zwar in erster Linie Versicherung, enthält aber auch Elemente eines Steuer-Transfersystems,[118] indem sie neben der grundlegenden Sicherungsfunktion eine **soziale Ausgleichsfunktion** erfüllt. Sie ist als wesentlicher Zweig des Gesamtsystems der sozialen Sicherung ein Teilbereich der staatlichen Sozial- und Finanzpolitik und damit dem vorgegebenem Normensystem – neben dem Ziel der Sicherheit insbesondere der Gerechtigkeitsmaxime - verpflichtet.[119] Dagegen verfolgen private Versicherungsunternehmen in erster Linie **betriebswirtschaftliche Ziele** und streben nach Gewinnmaximierung.[120]
- **Zustandekommen und Ausgestaltung des Versicherungsverhältnisses**
  Am privaten Versicherungsmarkt wird in der Regel jeder Versicherungsvertrag unter Berücksichtigung des Einzelfalles abgeschlossen. Es gilt der Grundsatz der **Vertragsfreiheit** im Sinne einer Abschluß- und Gestaltungsfreiheit. Dem Versicherungsnehmer steht es grundsätzlich frei, »ob« und »gegen welche Risiken« und »in welchem Umfang« er sich »bei welchem Unternehmen« absichern möchte. Der Versicherungsanbieter verfügt prinzipiell über dieselbe Entscheidungsfreiheit. Bei der Sozialversicherung ist im Rahmen der Versicherungspflicht Entstehung und Umfang des Versicherungsschutzes gesetzlich vorgeschrieben (**Zwangscharakter**). Die Konsumentensouveränität bezüglich der Wahl der optimalen Versicherungsform wird beim Versicherungspflichtigen verletzt. Lediglich für Versicherungsberechtigte besteht grundsätzlich Entscheidungsfreiheit. Letztlich wirken sich die alternativen Regelungen zur Mitgliedschaft unmittelbar auf das Sicherheitsziel aus, indem sie die Vorsorgeneigung insbesondere oberer Einkommensgruppen sowie die Vorsorgefähigkeit unterer Einkommensgruppen beeinflussen. Darüber hinaus entfalten sie auch einen mittelbaren Einfluß auf das Gerechtigkeitsziel.[121]

---

rung siehe § 1 Abs. 1 VAG.

117 Die Differenzierungsmerkmale können jedoch nur als Hilfsindikatoren betrachtet werden, da ihre Ausprägungen in reiner Form praktisch kaum vorkommen. Zudem ist zu berücksichtigen, daß weder zwischen den einzelnen Sozial- noch zwischen den einzelnen Individualversicherungsbereichen Kongruenz besteht, so daß nur grundsätzliche Unterscheidungsmerkmale von Individual- und Sozialversicherung herausgearbeitet werden können.

118 Vgl. Schmähl (1985b), S. 2.

119 Vgl. die Ausführungen in Kapitel I.

120 Dementsprechend wird die Bruttorisikoprämie in der Versicherungspraxis um einen Gewinnzuschlag η ergänzt, für den keinerlei entsprechende Ausgabenposten vorgesehen sind.

121 Letzten Endes ist eine Absicherung unterer Einkommensgruppen zu nicht-risikoäquivalenten Prämien nur durch einen interpersonellen Ausgleich innerhalb der Versichertengemeinschaft zu bewerkstelligen, in die obere Einkommensgruppen und/oder überdurchschnittliche Risiken nur durch eine Zwangsmitgliedschaft integriert werden können.

- **Versicherte Risiken**
  In der Individualversicherung wird im Gegensatz zur Sozialversicherung vom **Ausschlußprinzip** Gebrauch gemacht, indem für bestimmte Risikofälle entweder grundsätzlich kein Versicherungsvertrag angeboten wird oder aber eine Selektion über den Preis stattfindet. Versicherungsunternehmen werden nur versicherbare und unter betriebswirtschaftlichen Standpunkten »rentable« Risiken absichern. In der Sozialversicherung wird der grundsätzlich jedem offenstehende Zugang zwar durch bestimmte Zugangsvoraussetzungen relativiert, die aber nicht an individuelle Risikomerkmale anknüpfen und zudem so weit gefaßt sind, daß der überwiegende Teil der Bevölkerung Zugang zur Sozialversicherung hat.

- **Finanzierung und Beitragsbemessung**
  Die Sozialversicherung finanziert sich - im Gegensatz zur Individualversicherung[122] - im **Umlageverfahren**, indem die Aufwendungen einer Periode aus den Einnahmen derselben Periode bestritten werden. Sie verfügt neben den Beitragzahlungen über weitere – steuerlich finanzierte – Einnahmequellen. Die Sozialversicherungsbeiträge berechnen sich nicht nach dem individuellen Erwartungsschaden, sondern nach der **Leistungsfähigkeit**[123] des Versicherten. Bemessungsgrundlage für die einkommensproportionale Beitragsgestaltung ist in der Regel das sozialversicherungsrechtliche Arbeitsentgelt. Die Individualversicherung finanziert sich demgegenüber hauptsächlich aus den Prämienzahlungen der Versicherten. Bei den Prämien handelt es sich um **Risikoprämien**, die sich am eingebrachten Risiko des einzelnen und der vereinbarten Leistung bemessen.

- **Prinzipien der Leistungsgewährung**
  Die Leistungen der Sozialversicherung bezwecken neben der monetären Kompensation wirtschaftlicher Einbußen vorrangig die Wiederherstellung und den Einsatz der Arbeitskraft durch Maßnahmen der Prävention und Restitution. Ein zentrales Element der Leistungsgewährung ist daher das bedarfsorientierte Sachleistungsprinzip. Die Individualversicherung leistet zum Ausgleich finanzieller Einbußen, die dem Versicherten durch die Risikorealisation entstanden sind, vorwiegend vertraglich vereinbarte Geldzahlungen.

- **Beitrags- und Leistungsbeziehung**
  Im Gegensatz zur Individualversicherung wird in der Sozialversicherung die Äquivalenz zwischen Beiträgen und Leistungen mit dem Ziel des sozialen Ausgleichs in vielfacher Hinsicht durchbrochen. Zum einen erfolgt keine risikoäquivalente Beitragskalkulation, und zum anderen werden die Versicherungsleistungen oftmals nicht entsprechend den erbrachten Vorleistungen, sondern nach Bedarfs- und Ausgleichsgesichtspunkten gewährt. Hieraus resultieren innerhalb der Versichertengemeinschaft zahlreiche **systematische Umverteilungen**, die über den reinen versicherungsimmanenten Risikoausgleich der Privatversicherung hinausgehen.

---

122 Zu den unterschiedlichen Prämienerhebungssystemen der Individualversicherung siehe Farny (1995b), S. 58ff.

123 Zur kritischen Betrachtung siehe die Ausführungen in den Kapiteln V und VII.

- **Versicherungstechnisches Risiko**
  Trotz der Fixierung des Globaläquivalenzprinzips besteht auch in der Sozialversicherung die Gefahr, daß die Gesamtheit der laufenden Einnahmen nicht ausreicht, um die benötigten Ausgaben zu decken. In diesem Fall realisiert sich das versicherungstechnische Risiko als Abweichung des Schadeneffektivwertes vom Schadenerwartungswert. Während diese Diskrepanz am privaten Markt zum Ruin des Versicherungsunternehmens führen kann, sind im Sozialversicherungsrecht zahlreiche Schranken eingebaut, damit die Sozialversicherung weiterhin leistungsfähig bleibt.[124] Das versicherungstechnische Restrisiko verbleibt letztlich **nicht** beim Sozialversicherungsträger. Bei Realisierung des versicherungstechnischen Risikos gilt für die Verlustwahrscheinlichkeit p_v[125]:

  (II-8) $p_v = 0$.

2. *Differenzierung anhand formaler Abgrenzungskriterien*

Individual- und Sozialversicherung lassen sich in formaler Hinsicht anhand folgender Kriterien voneinander abgrenzen:[126]

- **Versicherungsträger**
  Die Individualversicherung wird von Versicherungsunternehmen betrieben. Dagegen wird die Sozialversicherung durch parafiskalische Sozialversicherungsträger als eigenständige öffentlich-rechtliche Körperschaft mit Selbstverwaltung wahrgenommen.
- **Rechtsquellen**
  Rechtsgrundlage der Individualversicherung sind privatrechtliche Gesetze und Allgemeine Versicherungsbedingungen. Das Recht der Sozialversicherung ist in den einzelnen Sozialversicherungsgesetzen des Sozialgesetzbuches kodifiziert.
- **Gerichtsbarkeit**
  Für individualversicherungsrechtliche Streitigkeiten sind die ordentlichen Gerichte zuständig, während Sozialgerichte Rechtsstreitigkeiten der Sozialversicherung entscheiden.

F. Die Sonderform der privaten Pflege-Pflichtversicherung im Geflecht zwischen Individual- und Sozialversicherung

Die private Pflege-Pflichtversicherung (*PPPV*) wurde 1994 auf Basis des Pflegeversicherungsgesetzes neben der sozialen Pflegeversicherung als zweites Element der gesetzlichen

---

124 Hierzu zählt beispielsweise die Garantieverpflichtung des Bundes. Vgl. ebenso den Risikostrukturausgleich zwischen den Krankenkassen nach § 266 SGB V.

125 Die Verlustwahrscheinlichkeit p_v gibt hier die Wahrscheinlichkeit an, daß die gesamten Versicherungsleistungen L inklusive Rücklagen R einer Periode die Summe der Gesamteinnahmen E übersteigen. Sie beträgt demnach: $p_v(L+R>E)$. Zur Operationalisierung der Verlustwahrscheinlichkeit für die Individualversicherung siehe Albrecht (1992), S. 16ff.

126 Vgl. zu den formalen Abgrenzungskriterien auch Koch (1998b), S. 35.

Pflegeversicherung errichtet.[127] Nach § 23 SGB XI müssen sich alle Personen, die nicht in der *SPV* versichert sind, privat pflegeversichern.

Der Gesetzgeber hat für den Bereich der *PPPV* in der Gesetzesbegründung als Kompetenztitel Art. 74 Nr. 11 GG für das privatrechtliche Versicherungswesen genannt.[128] Den Versicherungsunternehmen sind gesetzliche Rahmenbedingungen[129] für die Durchführung der *PPPV* vorgegeben, wodurch die unternehmerische Vertragsfreiheit stark eingeschränkt wird. Die Rahmenbedingungen sollen sicherstellen, daß der Pflichtversicherungsschutz zu „sozialverträglichen Bedingungen"[130] gewährt wird. Da die zwingenden Vorschriften aufgrund ihrer sozialen Ausgleichselemente von den üblichen Versicherungsbedingungen der privaten Versicherungswirtschaft erheblich abweichen, sind die Abgrenzungskriterien zwischen Individual- und Sozialversicherung wesentlich tangiert.[131]

Diskrepanzen gegenüber den typischen Gestaltungskriterien der **Individualversicherung** ergeben sich insbesondere durch:[132]

- **Regelungen zum Abschluß des Versicherungsvertrages**
  Der Pflicht zur privaten Absicherung des Pflegerisikos für privat krankenversicherte Personen steht der Kontrahierungszwang seitens der Privatversicherer gegenüber. Privatversicherungsrechtliche Selektionsmöglichkeiten - speziell der Risikoausschluß - werden beseitigt.

- **Regelungen zur Leistungsgestaltung**
  Die Leistungen der *PPPV* müssen denen der sozialen Pflegeversicherung gleichwertig sein.[133] Aufgrund dieser Vorschrift gelten die leistungsrechtlichen Vorschriften des SGB XI letztendlich auch mittelbar für die *PPPV*.

- **Regelungen zur Tarifierung und Prämienkalkulation**
  Für die *PPPV* ist kein vollständiger Prämientarifverlauf vorgeschrieben. Allerdings wird - neben der Fixierung einer maximalen Prämienhöhe - durch zahlreiche Vorschriften zur Prämienfestlegung erheblich in die Gestaltungsfreiheit der privaten Versicherungsunternehmen eingegriffen.[134] Zudem sind die privaten Versicherungsunternehmen zur beitrags-

---

127 Zur intensiven Diskussion um die Einführung einer gesetzlichen Pflegeversicherung siehe exemplarisch Buttler (1985); Eisen (1992), S. 236ff.; Buchholz, Wiegard (1992), S. 441ff.

128 Vgl. BT-Drucks. 12/5262, S. 102. Zu den Bedenken an diesem Kompetenztitel aus juristischer Sicht siehe exemplarisch Gitter (1996), S. 275f.

129 Siehe hierzu insbesondere die Vorschriften in § 110 SGB XI sowie § 23 SGB XI.

130 BMA (1998c), S. 494.

131 Gitter (1996), S. 276 argumentiert, daß die Privatversicherung im Bereich der PPPV gewissermaßen in das Sozialversicherungssystem einbezogen wurde.

132 Vgl. insbesondere die Bestimmungen des § 110 Abs. 1-2 SGB XI. Für Neugeschäfte gelten die leicht abgemilderten Regelungen nach § 110 Abs. 3 SGB XI.

133 Die »Gleichwertigkeitsregelung« schließt auch ein, daß die privaten Versicherungsunternehmen ebenfalls Beiträge zur Alterssicherung der Pflegepersonen an die GRV zu entrichten haben. Vgl. BMA (1998c), S. 496.

134 So sind nach § 110 Abs. 1 Ziff. 2 SGB XI beispielsweise die gesundheits- und geschlechtsabhängigen Prämienstaffelungen ebenso wie Risikozuschläge verboten.

freien Mitversicherung von Kindern sowie zu Prämienvergünstigungen für nichterwerbstätige Ehegatten verpflichtet. Eine risikoäquivalente Prämienkalkulation ist aufgrund der einschränkenden gesetzlichen Bestimmungen nicht möglich.[135] Während die Prämien zwar grundsätzlich nach dem Kapitaldeckungsverfahren kalkuliert werden, sind andererseits starke Umlageelemente enthalten, die notwendigerweise aus den einschränkenden Regelungen zur Prämiengestaltung resultieren. Versicherungsunternehmen sind zum Ausgleich unterschiedlicher Belastungen in ein Risikoausgleichssystem nach § 111 SGB XI integriert, in dem die Nettobeiträge einheitlich für alle Unternehmen ermittelt werden.[136]

➔ **Schlußfolgerung:** Unter Rückgriff auf die in Abschnitt E. II erarbeiteten Abgrenzungskriterien zwischen Individual- und Sozialversicherung wird deutlich, daß für die *PPPV* lediglich die **formalen Kriterien** weiterhin eine Zuordnung zur Individualversicherung erlauben.[137] Dagegen ergeben sich hinsichtlich der **materiellen Abgrenzungskriterien** in allen Punkten erhebliche Abweichungen, da die *PPPV* durch spezifische Ausgestaltungselemente geprägt ist, die mehr dem Leitbild einer Sozial- als einer Individualversicherung entsprechen. In diesem Sinne ist die *PPPV* auf einem stark regulierten privaten Pflegeversicherungsmarkt lediglich der Organisation nach noch eindeutig Privatversicherung, während sie der Ausgestaltung nach eher dem Typus der Sozialversicherung zuzurechnen ist.[138]

G. ZUSAMMENFASSUNG DER ERGEBNISSE

Das vorliegende Kapitel verfolgte das grundlegende Ziel, die Sozialversicherung als kollektive staatliche Sicherungseinrichtung den alternativen Strategien der Privatvorsorge gegenüberzustellen.

In einer ersten Abgrenzung wurden die Versicherung - als zentrale kollektive Vorsorgeinstitution, zu der auch die Sozialversicherung gerechnet wird - und die individuelle Strategie des Vorsorgesparens miteinander verglichen. Die Ausführungen zeigen, daß das Gut Sicherheit auf dem Wege der individuellen Rücklagenbildung nur unzureichend bereitgestellt werden kann. Stattdessen ist die Versicherung den individuellen Vorsorgestragien aufgrund ihres kollektiven Charakters überlegen, indem sie die dem Sparen inhärente Gefahr der Unterdekkung weitestgehend reduziert.

---

135 Vgl. hierzu die graphische Gegenüberstellung von risikogerechten Jahresnettobeiträgen und fixiertem Höchstbeitrag bei Wasem (1995), S. 271, aus der deutlich hervorgeht, daß jüngere Mitglieder zu einem Großteil über ihre »überhöhten« Beiträge ältere Versicherte mitfinanzieren müssen.

136 Es handelt sich aber trotzdem nicht um wettbewerbswidrige Einheitsprämien, da lediglich einförmige Nettobeiträge existieren, sich jedoch die Bruttoprämien in Abhängigkeit von unterschiedlichen Kosten- und Gewinngrößen unterscheiden.

137 Allerdings sind auch hier Überschneidungen feststellbar, da die sozialgesetzlichen Regelungsvorschriften für die PPPV zwingend sind.

138 Vgl. auch die Feststellung von Gitter (1996), S. 277, daß nunmehr öffentliche Belange die Aufgabenstellung der Privatversicherung beherrschen.

In einem nächsten Schritt wurden die zentralen Gemeinsamkeiten sowie die Unterschiede in materieller und formaler Hinsicht zwischen Individual- und Sozialversicherung herausgearbeitet. Die Abgrenzung bezieht sich im wesentlichen auf die in den Abschnitten C und D dargelegten konstitutiven Merkmale beider Versicherungszweige. Sie gibt erste Hinweise auf die umverteilungsrelevante Komponente, die ein Spezifikum der Sozialversicherung darstellt.

Da sich die private Pflege-Pflichtversicherung aufgrund zahlreicher formaler und materieller Besonderheiten außerhalb dieses merkmaltypischen Abgrenzungsschemas bewegt, wurde ihre Sonderstellung zwischen Individual- und Sozialversicherung gesondert aufgezeigt. Die Ausführungen verdeutlichen, daß die private Pflege-Pflichtversicherung nur der Organisation nach noch als Privatversicherung bezeichnet werden kann, während sie der Ausgestaltung nach eher unter die Sozialversicherung zu subsumieren ist.

Die in den Kapiteln I und II erarbeitete positive und normative Bestimmung der Sozialversicherung und die in Kapitel II erfolgte theoretische Abgrenzung zur Individualversicherung gibt die **weitere Vorgehensweise** der Untersuchung vor.

Es stellt sich nun die Frage, ob die Koexistenz von Individual- und Sozialversicherung mit ökonomischen Argumenten zu rechtfertigen ist oder ob es sich bei der parafiskalischen Sozialversicherung nicht vielmehr um einen unzulässigen Eingriff des Staates in einen voll funktionsfähigen privaten Versicherungsmarkt zur Absicherung sozialer Risiken handelt. Dieser Fragestellung wird unter Rückgriff auf die in den Kapiteln I und II gewonnenen Erkenntnisse in Kapitel III nachgegangen.

Kapitel III:
ÖKONOMISCHE RECHTFERTIGUNG FÜR STAATLICHES EINGREIFEN IN FORM DER SOZIALVERSICHERUNG

A. VORBEMERKUNG

Bevor man sich intensiver mit der Institution Sozialversicherung und den von ihr ausgehenden Umverteilungswirkungen befaßt, muß geklärt werden, ob die gesetzliche Legitimation der Sozialversicherung auch mit ökonomischen Argumenten zu rechtfertigen ist.

Eine Marktversagensanalyse erscheint insbesondere auch deshalb notwendig, da bisher eine integrierte und tiefergehende Diskussion fehlt, die sich mit den Marktmängeln von denjenigen zur Sozialversicherung analogen Privatversicherungszweigen beschäftigt. Aus diesem Grunde werden im folgenden alle hypothetischen[1] oder existierenden privatwirtschaftlichen »Substitute« einer kritischen Prüfung unterzogen. In diesem Teil der Arbeit wird zunächst der Frage nachgegangen, inwieweit sich staatliche Eingriffe in den Markt zur Absicherung sozialer Risiken begründen lassen und ob sich hieraus die Notwendigkeit einer parafiskalischen Sozialversicherung ableiten läßt. Staatliche Eingriffe in den Wirtschaftsprozeß sind zulässig, wenn der Markt nicht in der Lage ist, eine effiziente Ressourcenallokation herbeizuführen oder das Marktergebnis nicht zufriedenstellend ausfällt.

Nachdem in Kapitel II bereits die Mängel individueller privater Vorsorge durch Rücklagenbildung aufgezeigt wurden, wird im folgenden untersucht, inwiefern der private Versicherungsmarkt zu suboptimalen Ergebnissen führt. Die Untersuchung erfolgt dabei unter der Prämisse, daß in der Ausgangssituation keine staatlichen Eingriffe existieren. Zur Bewertung der Funktionsfähigkeit von Versicherungsmärkten in allokativer Hinsicht[2] dient die neoklassische Marktversagensanalyse als theoretischer Bezugsrahmen. Diese basiert auf der paretianischen Wohlfahrtsökonomik,[3] deren Wertmaßstab das Pareto-Kriterium ist.[4] Ausgehend von den Voraussetzungen des vollkommenen Marktes werden in Abschnitt B.I Marktkonstellationen analysiert, die nicht zu einem pareto-optimalen Zustand führen und damit Anzeichen für ein Versagen am Versicherungsmarkt liefern. Auf der anderen Seite ist staatliches Handeln aber möglicherweise ebenfalls mit Ineffizienz verbunden.[5] Für eine letztendliche Entscheidung müssen somit die staatlichen Lösungen vor dem Hintergrund des potentiellen Staatsversagens den unbefriedigenden Marktergebnissen gegenübergestellt werden.

---

[1] Obwohl es - bis auf einzelne Ausnahmen - keinen privaten Markt zur Absicherung des Arbeitslosigkeitsrisikos gibt, wird dennoch geprüft, ob ein solches Marktsegment optimal funktionieren könnte.

[2] Zu einer allgemeinen Diskussion von allokativen Marktunvollkommenheiten siehe beispielsweise Brümmerhoff (1996), S. 47ff.; Sohmen (1992), S. 100ff. und Fritsch, Wein, Ewers (1996), S. 73ff.

[3] Für einen Überblick über die paretianische Wohlfahrtstheorie siehe Bartmann (1993), S. 79ff. Zur wirtschaftspolitischen Bedeutung der Wohlfahrtsökonomik siehe Woll (1992), S. 32ff.

[4] Zur Ableitung der Pareto-Optimalität vgl. Brümmerhoff (1996), S. 38ff. Vgl. auch Petersen (1990), S. 36ff.

[5] So auch Toepffer (1997), S. 77. Ebenso Grüske (1992), S. 1. Zur Beurteilung staatliches Handelns unter Effizienzaspekten siehe auch Grüske (1985), S. 195ff. Zum Staatsversagen vgl. auch Fisch (1996), S. 45ff.

Staatliche Eingriffe in den Wirtschaftsprozeß sind auch dann berechtigt, wenn die Ergebnisse, die der Markt hervorbringt zwar allokativ optimal sind, aber aus gesellschaftlichen Gründen nicht akzeptiert werden.[6] Diese Legitimation knüpft nicht unmittelbar an den Marktprozeß an, sondern bezieht »außermarktliche« Argumente ein.[7] Da das Gerechtigkeitsargument ein wesentliches Motiv der Sozialversicherungspolitik darstellt,[8] wird in Abschnitt B.II untersucht, inwiefern der private Versicherungsmarkt unbefriedigende Verteilungsergebnisse hervorbringt. Wenngleich sich auch allokative und distributive Marktunzulänglichkeiten nicht exakt voneinander trennen lassen, werden die distributiven Marktmängel gesondert hervorgehoben, da hier unmittelbar verteilungsrelevante Fragen angesprochen sind.[9] Zu den »außermarktlichen« Begründungen gehören neben gerechtigkeitsorientierten Argumenten (Abschnitt B.II.3) auch meritorische Aspekte (Abschnitt B.II.2).[10]

Um der besonderen Bedeutung der Versicherung als Sicherheitsgarant gerecht zu werden, werden die distributiven und meritorischen Bestimmungsgründe in Abschnitt B.II.1 um das Kriterium der Bestandsunsicherheit von privaten Versicherungsunternehmen ergänzt.

Da die neoklassische Marktversagensanalyse ausschließlich die Funktionsfähigkeit des Marktprozesses unter Effizienzgesichtspunkten beurteilt, erweist sich dieses Effizienzkonzept für die Ableitung meritorischer sowie distributiver Rechtfertigungsgründe als ungeeigneter Bezugspunkt, so daß im folgenden marktliche und »außermarktliche« Versagensgründe getrennt analysiert werden.

Abbildung III-1 verdeutlicht die Differenzierung zwischen marktlichen und außermarktlichen Bestimmungsgründen für staatliches Eingreifen am Versicherungsmarkt.

---

6 Vgl. Berthold (1988), S. 339. Vgl. auch die distributive Marktkritik bei Grüske (1985), S.103ff.

7 So auch die Abgrenzung bei Martins de Oliveira (1999), S. 35.

8 Vgl. Kapitel I.

9 Sinn (1996), S. 6 urteilt: „Insurance and redistribution are two sides of the same coin. Every insurance contract involves a redistribution from the lucky to the unlucky, and most redistributive measures can be interpreted as insurance when the time span between assessing and taking these measures is sufficiently long. Understanding redistribution as insurance is simply a matter of making the judgement before the veil of ignorance has been lifted."

10 Anders dagegen die Einteilung bei Berthold (1988), S. 341, der zwischen allokativen und distributiven Marktschwächen differenziert und die meritorischen Argumente unter die allokative Marktkritik subsumiert. Meritorische Gesichtspunkte stellen einen zentralen Rechtfertigungsgrund für die parafiskalische Sozialversicherung dar. So Brümmerhoff (1996), S. 94.

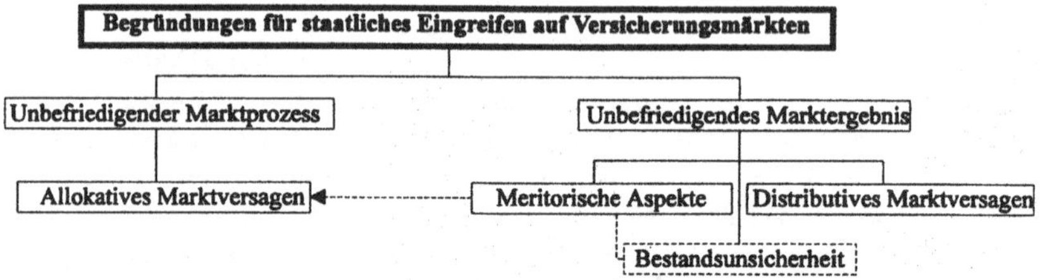

Abbildung III-1: Marktliches und außermarktliches Versagen als Bestimmungsgründe für staatliches Eingreifen auf Versicherungsmärkten

Quelle: Eigene Darstellung

B. BEGRÜNDUNGEN FÜR STAATLICHES EINGREIFEN AUF VERSICHERUNGSMÄRKTEN

I. Unbefriedigender Marktprozeß

1. Die Konzeption der neoklassischen Marktversagensanalyse als Analyserahmen und ihre Beurteilung

Marktversagen „[...] is defined as the failure of market institutions to promote or inhibit trade to some specified optimum."[11] Ausgangspunkt einer auf der Wohlfahrtstheorie aufbauenden Begründung staatlicher Aktivität ist die Frage, welche Bedingungen für die optimale Ressourcenallokation in einem marktwirtschaftlichen System erfüllt sein müssen und ob die real existierende Wirtschaftsordnung diese Effizienznormen tatsächlich verfehlt.[12] Beurteilungskriterium ist das **Pareto-Optimum.**[13] Ein pareto-optimaler Zustand ist dadurch gekennzeichnet, daß niemand besser gestellt werden kann, ohne daß sich die Lage anderer Wirtschaftssubjekte verschlechtert.[14]

Gemäß dem ersten Hauptsatz der Wohlfahrtsökonomik genügt ein Wettbewerbsgleichgewicht unter gewissen Annahmen den Anforderungen an ein Pareto-Optimum.[15] Im Gleichgewicht kann jeder Marktteilnehmer seinen Nutzen maximieren, und die individuellen Wirtschaftspläne sind miteinander vereinbar. Steuert die marktwirtschaftliche Organisation aufgrund von Funktionsmängeln des marktlichen Koordinationsprozesses nicht auf einen pareto-optimalen Gleichgewichtszustand hin oder kommt überhaupt kein Markt zustande, liegt allokatives Marktversagen vor.[16] Das Marktergebnis stellt kein Wohlfahrtsoptimum dar und rechtfertigt somit staatliche Eingriffe.

---

11 Toumanoff (1984), S. 529f.

12 Vgl. Brümmerhoff (1996), S. 37.

13 Zur Kritik am Pareto-Optimum siehe Grüske (1992), S. 2f. Vgl. auch Neumann (1995), S. 171f.

14 Vgl. Neumann (1995), S. 171.

15 Vgl. Rosen, Windisch (1992), S. 103. Vgl. auch die graphische Darstellung bei Fritsch, Wein, Ewers (1996), S. 38ff.

16 Zur Differenzierung zwischen Marktversagen und Marktmängeln siehe Berthold (1988), S. 342.

Die neoklassische Marktversagensanalyse ist jedoch mit zahlreichen **konzeptionellen Problemen** verbunden, die ihren Aussagegehalt einschränken.[17] Auf einige zentrale Schwächen des neoklassischen Ansatzes wird im folgenden hingewiesen.

- Da das Pareto-Kriterium alleiniger Wertmaßstab für die Beurteilung eines Marktes ist, beschränkt sich die paretianische Wohlfahrtsökonomik auf die Frage der effizienten Allokation. Eine Bewertung der marktlichen Verteilungsergebnisse unter **Gerechtigkeitsaspekten** unterbleibt, weil verteilungsrelevante Fragen nicht in das Aufgabenfeld der paretianischen Wohlfahrtsökonomik fallen.[18]
- Problematisch ist weiterhin, daß die neoklassische Analyse das Marktversagen als **Abweichung vom Idealzustand** des Konkurrenzgleichgewichtes mißt, der in der Realität niemals erreicht wird.[19] Leitet man aus dem Vergleich zwischen marktlichem Ist-Zustand und idealem Soll-Zustand die Notwendigkeit staatlicher Aktivitäten ab, muß dieses Vorgehen unweigerlich zu Gunsten des Staates ausgehen.[20] Dagegen verlangt der **»comparative institution approach«**, daß letztendlich diejenige Maßnahme ergriffen wird, die im Vergleich zu alternativen Realvarianten die höchste Effizienz verspricht.[21] Parafiskalische Eingriffe erlangen nur dann eine abschließende Berechtigung, wenn sie dem angestrebten Soll-Zustand zum einen tatsächlich näher kommen als marktliche Lösungen und zum anderen auch anderen staatlichen Lösungen überlegen sind.
- Hinzu kommt, daß die **statische Perspektive** der neoklassischen Gleichgewichtsanalyse die stetige Veränderung des endogenen Systems selbst als auch der exogenen Größen in zeitlicher Hinsicht unberücksichtigt läßt und den Anforderungen an eine dynamische Marktversagensanalyse nicht gerecht wird.[22]

Der Überblick über die zentralen Schwächen hat gezeigt, daß die Ergebnisse auf Basis der neoklassischen Marktversagensanalyse nur eine eingeschränkte Aussagekraft besitzen. Aus dieser Erkenntnis ergeben sich folgende **Implikationen für die weitere Vorgehensweise**:

Da sich auf Basis der paretianischen Wohlfahrtsökonomik wesentliche Ursachen für ein Versagen des privaten Marktes ableiten lassen, dient die **neoklassische Marktversagensanalyse** trotz ihrer offensichtlichen Schwachpunkte für die Untersuchung des Versicherungsmarktes als primärer Analyserahmen, der von Fall zu Fall um versicherungsspezifische Besonderheiten erweitert wird. Die erzielten Ergebnisse sind jedoch nur auf der ersten Stufe einer Rechtferti-

---

17 Zu den Schwächen der neoklassischen Marktversagensanalyse siehe Fritsch, Wein, Ewers (1996), S. 51ff. Siehe auch Toepffer (1997), S. 75. Ebenso Grüske (1992), S. 2f.

18 Siehe Rosen, Windisch (1992), S. 106.

19 Diese Vorgehensweise wird als »nirwana approach« bezeichnet. Vgl. Toepffer (1997), S.76 und die dort angegebenen Quellen.

20 „Tatsächlich sagt er [der Vergleich (Anmerkung der Verfasserin)] aber nichts aus, da man zum einen auf zwei unterschiedlichen Ebenen argumentiert und zum anderen vernachlässigt, daß auch im öffentlichen System erhebliche Mängel auftreten." Grüske (1992), S. 1.

21 Siehe Toepffer (1997), S. 76.

22 Vgl. Grüske (1992), S. 2. Vgl. auch Toepffer (1997), S. 78.

gungskette für parafiskalische Eingriffe angesiedelt. Um dieser konzeptionellen Einschränkung gerecht zu werden, werden **alternative marktliche sowie staatliche Lösungsmöglichkeiten** aufgezeigt. Bei gleichem Zielerreichungsgrad wird der Maßnahme mit der geringsten Eingriffsintensität der Vorzug gegeben. Im Falle staatlicher Lösungen bedeutet diese **Prioritätsregel**, daß grundsätzlich marktfördernde gegenüber marktsubstituierenden Interventionen präferiert werden.[23] Auf eine zeitliche Dynamisierung wird verzichtet, um die Komplexität der Analyse auf ein zweckmäßiges Maß zu begrenzen.

2. *Allokatives Versagen des Versicherungsmarktes*

Die Funktionsfähigkeit des Versicherungsmarktes ist eingeschränkt, wenn die in Abbildung III-2 dargestellten Bedingungen vorliegen.

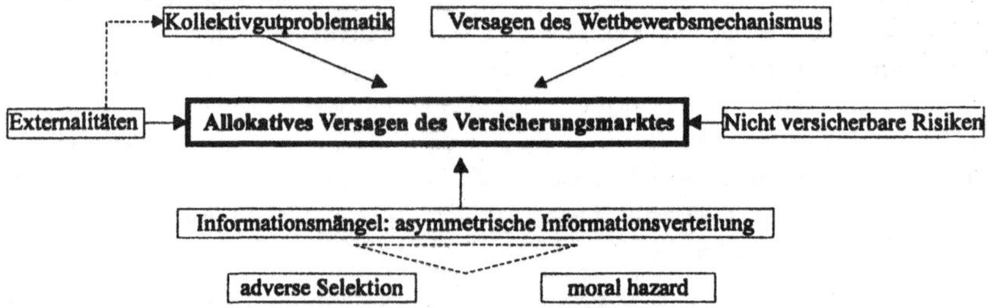

Abbildung III-2: Bestimmungsgründe für allokatives Versagen des Versicherungsmarktes

Quelle: Eigene Darstellung

Diese allokativen Versagensgründe werden im folgenden näher analysiert.

a) *Versagen des Wettbewerbsmechanismus*

Der Wettbewerbsmechanismus versagt, wenn **kein freier Marktzutritt** besteht, **Absprachen** getroffen werden oder langfristig **sinkende Durchschnittskosten** der Produktion vorliegen.[24] Wettbewerbsversagen[25] kann sowohl von der Nachfrager- wie auch von der Anbieterseite ausgelöst werden. Da der erste Fall für die Analyse von Versicherungsmärkten kaum Relevanz besitzt, beschränken sich die Ausführungen auf die Versicherungsanbieter.[26]

---

23 Während marktfördernde Aktivitäten lediglich die Hemmnisse privater Allokation beseitigen und dadurch den privatwirtschaftlichen Handlungsbereich ausweiten, ersetzen marktsubstituierende Interventionen fehlerhafte privatwirtschaftliche Allokation durch staatliche Allokation. Vgl. Petersen (1989), S. 59. Die obligatorische parafiskalische Sozialversicherung ist dabei letzterem Instrumentarium zuzurechnen.

24 Vgl. auch Brümmerhoff (1996), S. 47.

25 Vgl. die Abgrenzung bei Eickhof (1986), S. 16.

26 Speziell zur Auswirkung der Dienstleistungsfreiheit im europäischen Privatkundengeschäft auf die deutsche Versicherungspraxis siehe Wolters (1995), S. 345ff.

Während **Markteintrittsbarrieren** in Form von sunk costs am Versicherungsmarkt keine signifikante Rolle spielen,[27] ist der Aspekt **sinkender Durchschnittskosten** von größerer Bedeutung. In Abweichung von den Modellannahmen der vollständigen Konkurrenz können in der Realität Unteilbarkeiten des Produktionsprozesses vorliegen.[28] Aufgrund von Unteilbarkeiten nehmen die Durchschnittskosten bei der Produktion eines Gutes ab. Sinkende Durchschnittskosten basieren auf Größenvorteilen bei der Bereitstellung dieses Gutes.[29]

Da der versicherungstechnische Risikoausgleich auf dem Gesetz der großen Zahl beruht und sich das arteigene Risiko der Versicherungsanbieter mit zunehmender Zahl von Versicherungsverträgen reduziert, profitiert der Versicherungsbetrieb von stochastischen Größenersparnissen.[30] Economies of scale können im Extremfall zu natürlichen Monopolstellungen am Versicherungsmarkt führen. In diesem Fall wird die Versicherungsnachfrage am kostengünstigsten von einem einzigen Versicherungsunternehmen befriedigt. Da der Alleinanbieter den Monopolpreis und eine ineffiziente Angebotsmenge durchsetzen kann, **verfehlen** natürliche Monopole einen **pareto-optimalen Gleichgewichtszustand**.[31]

Staatliche Eingriffe in den Versicherungsmarkt sind allerdings nur dann gerechtfertigt, wenn zum einen natürliche Monopolstellungen tatsächlich dauerhaft auftreten und zum anderen die staatliche Aktivität eine Wohlfahrtssteigerung verspricht.

Da im Versicherungsbetrieb **weitere Kostenarten**[32] vorkommen, die nicht durch sinkende Durchschnittskostenverläufe gekennzeichnet sind, sind natürliche Monopolstellungen nicht sehr wahrscheinlich. Zudem kann die Bedeutung der economies of scale durch **Rückversicherungen** reduziert werden.[33] Selbst wenn sich kurzfristig natürliche Monopole herausbilden, werden diese in langer Sicht obsolet, wenn die Durchschnittskosten bei zunehmender Menge an Vertragsabschlüssen wieder ansteigen. Dies ist dann der Fall, wenn die unternehmensinternen Transaktionskosten und organisatorischen Ineffizienzen mit steigender Betriebsgröße überproportional zunehmen.[34] In der Versicherungswirtschaft stellen natürliche Monopolstellungen eher die Ausnahme dar.[35] In der Regel bilden sich oligopolistische Markt-

---

27 So geht auch Toepffer (1997), S. 80 für den Krankenversicherungsmarkt aufgrund eines freien Marktzutrittes von einem beliebig ausdehnbaren Angebot an Versicherungen aus.

28 Vgl. grundlegend Neumann (1995), S. 62f.

29 Vgl. exemplarisch Fritsch, Wein, Ewers (1996), S. 143.

30 Vgl. Toepffer (1997), S.81. Zu weiteren Ursachen von economies of scale siehe Fritsch, Wein, Ewers (1996), S. 143f. Vgl. auch die Ausführungen in Kapitel II.

31 Zu den gesellschaftlichen Kosten von Monopolmacht siehe Neumann (1995), S. 221ff. Vgl. auch die graphische Darstellung bei Brümmerhoff (1996), S. 48.

32 Zu den verschiedenen Kostenarten siehe Farny (1995b), S. 514f.

33 Siehe Toepffer (1997), S. 81. Rückversicherung bedeutet, daß das Versicherungsunternehmen Teile der übernommenen individuellen Schadenverteilungen oder der Schadenverteilung des Gesamtversicherungsbestandes gegen Zahlen einer Prämie an den Rückversicherer abgibt. So Farny (1995b), S. 372. Zur Rückversicherung siehe auch Koch (1998b), S. 56ff.

34 Vgl. Fritsch, Wein, Ewers (1996), S. 146.

35 Vgl. exemplarisch Gärtner (1984), S. 491ff. Des weiteren kommt es durch den Grundsatz der Dienstleistungsfreiheit zu einem verschärften Wettbewerb zwischen nationalen Versicherungsanbietern innerhalb der Europäischen Union.

strukturen heraus, die allerdings auch die Gefahr monopolistischer Tendenzen beinhalten, wenn die Anbieter versuchen, den Wettbewerb durch **Absprachen** zu beschränken.

Allokative **Eingriffe des Staates** sind aber auch dann nur gerechtfertigt, wenn die hieraus resultierenden Wohlfahrtsgewinne die mit den staatlichen Maßnahmen verbundenen Transaktionskosten übersteigen. „In der Regel werden [...] die Chancen für eine erfolgreiche Allokationspolitik [...] bei wettbewerbspolitischen Maßnahmen höher als bei finanzpolitischen Maßnahmen eingeschätzt."[36] So kann der Staat die Funktionsfähigkeit des Versicherungsmarktes durch eine gezielte Versicherungspolitik verbessern.[37] Einem unerwünschten Untermaß an Wettbewerb am Versicherungsmarkt aufgrund von faktischen und vertraglichen Wettbewerbsbeschränkungen wird speziell durch das **Wettbewerbsrecht** entgegengewirkt.[38] Eine parafiskalische Zwangsversicherung kann jedoch keinesfalls mit Monopol-Argumenten gerechtfertigt werden, da an die Stelle des privaten Monopols lediglich ein staatliches tritt, das die Tendenz zur Ineffizienz noch verstärkt.[39]

Auf der anderen Seite ist der Funktionsmechanismus des Wettbewerbes auch dann gestört, wenn es am Versicherungsmarkt zu **ruinöser Konkurrenz** kommt.[40] Im Falle ruinöser Konkurrenz liegt ein Wettbewerbsversagen und damit ein effizienzschädlicher Selektionsprozeß erst dann vor, wenn nicht die Effizienz der Unternehmen über ihren Verbleib am Markt entscheidet oder insgesamt langfristig zu viele Kapazitäten abgebaut werden.[41] Mit Hinweis auf das Modell eines wettbewerblichen Versicherungsmarktes von *Rothschild* und *Stiglitz*[42] wird bei Vorliegen von adverser Selektion ruinöse Konkurrenz vermutet.[43]

Es ist allerdings fraglich, ob das durch asymmetrische Informationsverteilung bedingte Ergebnis tatsächlich als ruinöse Konkurrenz interpretiert werden kann. Wie bereits angeführt, liegt ruinöse Konkurrenz nur vor, wenn nicht die unternehmerische Effizienz über den Marktaustritt entscheidet oder mehr Kapazitäten abgebaut werden, als langfristig erforderlich sind. Im Wettbewerbsmodell von *Rothschild* und *Stiglitz* arbeiten jedoch aus der jeweiligen Marktsituation heraus die neu hinzukommenden Versicherungsanbieter im Gegensatz zu den bereits

---

36 Brümmerhoff (1996), S. 51.

37 Die staatliche Versicherungspolitik vollzieht sich in der Bundesrepublik Deutschland auf Basis eines allgemeinen sowie eines besonderen rechtlichen Datenkranzes und dem Instrument der Versicherungsaufsicht. Vgl. die Übersicht bei Farny (1995b), S. 90.

38 Zentrales Gesetz ist das Gesetz gegen Wettbewerbsbeschränkungen (GWB), das eine Mißbrauchskontrolle gegenüber marktbeherrschenden Unternehmen (§ 22 GWB), eine Zusammenschluß- und Fusionskontrolle (§ 23f. GWB) sowie ein Verbot diskriminierender Verhaltensweisen (§ 25 GWB) vorsieht.

39 Im Bereich des Gesundheitssektors wurden durch das Gesundheitsstrukturgesetz vom 21.12.1992 zwar die Wettbewerbsbedingungen zwischen den Krankenkassen verbessert. Vgl. BGBl. I, S. 2266. Da den Kassen allerdings keine neuen Wettbewerbsparameter eröffnet wurden, ist ein echter Leistungswettbewerb auch in diesem Bereich nach wie vor nicht möglich.

40 Siehe Eickhof (1986), S. 18.

41 Vgl. Eickhof (1986), S. 19.

42 Rothschild, Stiglitz (1976), S. 629ff. Vgl. auch Atkinson (1988), S. 230.

43 Siehe exemplarisch Toepffer (1997), S. 81f. Zur adversen Selektion siehe Abschnitt B.I.2 e) (1).

bestehenden effizient, so daß durchaus Effizienzgesichtspunkte den Marktaustritt bedingen.[44] Da in jeder Situation ein Vertrag existiert, der einen Profit abwirft, werden stets neue Anbieter auf den Markt gelockt, so daß auch die Kapazitäten immer wieder neu auf- und abgebaut werden. Im strengen Sinne liegt somit **keine echte Funktionsstörung** des Wettbewerbsprozesses vor. Vor diesem Hintergrund sind staatliche Eingriffe skeptisch zu bewerten, deren wohlfahrtssteigernder Effekt noch dazu fraglich ist.

➔ **Schlußfolgerung:** Wettbewerbsversagen hat für den privaten Versicherungsmarkt nur bedingt Relevanz und **rechtfertigt keine parafiskalische Zwangsversicherung**.

b) Externalitäten

Bei Ableitung der Pareto-Bedingungen wurde davon ausgegangen, daß die einzelnen Wirtschaftssubjekte ihre Entscheidungen unabhängig und unbeeinflußt voneinander treffen. Treten dagegen Externalitäten auf, wird die Nutzenfunktion eines Individuums durch Parameter mitbestimmt, die nicht vollständig von ihm kontrolliert werden können, und eine autarke Entscheidung ist nicht mehr möglich.

Zur Abgrenzung der für ein Marktversagen relevanten Fälle von Externalitäten, lassen sich **technologische Externalitäten** (physische externe Effekte[45]) und **psychische externe Effekte**[46] unterscheiden.[47]

Externe Effekte liegen immer dann vor, wenn die Wirtschaftstätigkeit eines Individuums den Nutzen Dritter positiv oder negativ beeinflußt, ohne daß diese als Empfänger der Vorteile etwas dafür bezahlen oder als Träger der Nachteile dafür entschädigt werden.[48] Wenn ein Individuum nicht für die empfangenen Vorteile oder die von ihm verursachten Kosten belastet wird, führt ein Verhalten auf Basis des individuellen Rationalitätskalküls nicht zu einem gesamtwirtschaftlich optimalen Ergebnis. Da die privaten Kosten und Erträge in Höhe der negativen und positiven Externalitäten von den sozialen Kosten und Erträgen abweichen, geben die Marktpreise diese nur verzerrt wieder.[49] Im Vergleich zu einer pareto-optimalen Lösung

---

44 Zudem ist es durchaus möglich, alternative Gleichgewichtskonzepte zu konstruieren, die ein Wettbewerbsgleichgewicht im definierten Sinne darstellen. Siehe Atkinson (1988), S. 231 und die dort angegebenen Quellen.

45 Als typisches Beispiel einer positiven physischen Externalität im Gesundheitssektor nennt Toepffer (1997), S. 40 die Impfung von Individuum *A*, die bei Individuum *B* aufgrund der geringeren Ansteckungsgefahr zu einer direkten Nutzensteigerung führt.

46 Ein positiver psychischer externer Effekt liegt beispielsweise dann vor, wenn das Wohlbefinden von Individuum *A* den Nutzen von Individuum *B* erhöht.

47 Daneben existieren noch pekuniäre Externalitäten, die aus den Marktbeziehungen resultieren. Pekuniäre externe Effekte sind unter Effizienzgesichtspunkten erwünscht, da sie Veränderungen der Knappheitsrelationen auf den Güter- und Faktormärkten anzeigen und die Ressourcenallokation über den Markt steuern. Dementsprechend werden sie im folgenden nicht weiter betrachtet. Zu den pekuniären Externalitäten siehe Recktenwald (1983), S. 488. Vgl. auch Fritsch, Wein, Ewers (1996), S. 75.

48 Vgl. Neumann (1995), S. 246. Ebenso Brümmerhoff (1996), S. 58 sowie Recktenwald (1983), S. 147.

49 Vgl. Brümmerhoff (1996), S. 62. Vgl. auch Rosen, Windisch (1992), S. 112. Zur graphischen Herleitung positiver und negativer Externalitäten siehe Brümmerhoff (1996), S. 63f.

sind positive [negative] externe Effekte in der Regel am Markt mit einer Unterkonsumption [Überkonsumption] des Gutes verbunden.[50]

Um Fehlallokationen zu verhindern, müssen die externen Effekte in den Preismechanismus integriert werden. Die **Internalisierung externer Effekte** kann grundsätzlich sowohl durch staatliche Intervention als auch durch privatwirtschaftliche Vereinbarungen erfolgen.[51] Bei der Entscheidung über die geeignete Methode zur Internalisierung externer Effekte sind stets die damit verbundenen **Transaktionskosten**[52] zu bedenken. Sind private Arrangements aufgrund zu hoher Transaktionskosten nicht möglich, kann der Marktprozeß nur durch staatliche Aktivitäten korrigiert werden.[53] Dies ist immer dann der Fall, wenn die Grenzkosten der Internalisierung beispielsweise aufgrund einer Vielzahl von Verhandlungspartnern die Grenznutzen der privatwirtschaftlichen Internalisierung übersteigen.

Im Gegensatz zu den **physischen Externalitäten** sind **psychische externe Effekte** dadurch gekennzeichnet, daß das Nutzenniveau eines Individuums durch das Konsum- oder Nutzenniveau eines Dritten beeinflußt wird, ohne daß ein physischer Zusammenhang vorliegt oder eine Marktbeziehung besteht. Während sich negative psychische Externalitäten in erster Linie in einer malevolenten Haltung der Wirtschaftssubjekte manifestieren, schlagen sich positive psychische Externalitäten vorrangig in einer altruistisch-wohlmeinenden Einstellung nieder.[54]

Es lassen sich für zahlreiche Güter – beispielsweise den Impfschutz sowie die medizinische Notfallversorgung im Bereich des Gesundheitswesens[55] – externe Effekte konstatieren, die bei einem Versagen privatwirtschaftlicher Arrangements ein staatliches Angebot rechtfertigen können. Werden derartige Leistungen von privaten Versicherungen finanziert, wird die Versicherung in das Externalitätenproblem involviert. In diesen Fällen ist es bestenfalls möglich, einen indirekten Zusammenhang zwischen dem spezifischen Gut Versicherungsschutz und den leistungsspezifischen Externalitäten herzustellen.[56] Im folgenden wird aber der Frage

---

50 Vgl. Breyer, Zweifel (1997), S. 153.

51 Zu den wirtschaftspolitischen Eingriffsmöglichkeiten des Staates vgl. exemplarisch Fritsch, Wein, Ewers (1996), S. 85ff.

52 Zu einer allgemeinen Definition von Transaktionskosten siehe Recktenwald (1983), S. 641.

53 Brümmerhoff (1996), S. 76 weist allerdings darauf hin, daß ein Versagen privatwirtschaftlicher Internalisierungsstrategien nicht zwangsläufig ein staatliches Eingreifen bedingt. „Wegen der Kosten nichtmarktlicher Lösungen kann es unter Umständen günstiger sein, ineffiziente private Aktivitäten unkorrigiert zu lassen."

54 Vgl. Fritsch, Wein, Ewers (1996), S. 135. Bei Vorliegen psychischer externer Effekte läßt sich möglicherweise die gesamtgesellschaftliche Wohlfahrt durch eine pareto-optimale Umverteilung erhöhen. Siehe hierzu auch Grüske (1985), S. 137ff.

55 Siehe exemplarisch die Analyse externer Effekte von Gesundheitsgütern bei Toepffer (1997), S. 39ff. Vgl. auch Breyer, Zweifel (1997), S.1 53ff. Siehe ebenso die Ausführungen zu der damit verbundenen Kollektivgutproblematik im nächsten Abschnitt.

56 Kommt beispielsweise die private Krankenversicherung für die Kosten der Behandlung einer ansteckenden Krankheit eines Individuums *A* auf und kann sich *A* dieser kostenintensiven Therapie nur aufgrund der Kostenübernahme durch die Versicherung unterziehen, so ist der Versicherungsschutz von *A* indirekt mit einem positiven externen Effekt für Individuum *B* verbunden, dessen Ansteckungsgefahr durch die Heilung von *A* verringert wird.

nachgegangen, inwiefern der **Versicherungsschutz auf direktem Wege positive oder negative externe Effekte hervorruft.**[57]

Unterstellt man, daß das Nutzenniveau eines Individuums *A* positiv in die Nutzenfunktion des Individuums *B* eingeht, so ist ein zusätzlicher nutzensteigernder Konsum von Versicherungsschutz durch Individuum *A* im Hinblick auf Individuum *B* mit einem positiven externen Effekt verbunden.[58] Eine andere Konstellation liegt vor, wenn ein allgemeiner Versicherungsschutz eine Nutzensteigerung bei *B* auslöst, weil Individuum *B* für den Fall vorsorgt, daß es selbst irgendwann seinen Versicherungsschutz nicht mehr äquivalent finanzieren kann und dennoch nicht ohne Absicherung bleibt.[59] In diesen Fällen würde eine freiwillige »Umverteilung« im Sinne der Befürwortung eines allgemeinen Versicherungsschutzes mit redistributiver Finanzierungskomponente eine Wohlfahrtssteigerung bewirken. Es muß allerdings davon ausgegangen werden, daß eine marktliche Internalisierung psychischer externer Effekte oftmals am **Trittbrettfahrerproblem** scheitert.[60] Da in einer wohlhabenden Gesellschaft jeder davon profitiert, daß ein anderes Wirtschaftssubjekt die Benachteiligten unterstützt, wird eine privatwirtschaftliche Lösung nicht zustandekommen. In diesem Fall versagt der private Markt, was entsprechende **staatliche Maßnahmen rechtfertigt.**

Unter der Annahme einer benevolenten oder paternalistischen Einstellung der Bürger und unter Berücksichtigung des Frei-Fahrer-Problems läßt sich somit eine **staatliche Zwangsversicherung** mit redistributiver Ausgestaltungskomponente begründen. Dieses Ergebnis ist aber unter mehreren Aspekten **zweifelhaft**. Zum einen ist es illusorisch, allen Individuen eine wohlmeinende Haltung zu unterstellen und zum anderen ist eine staatlich verfügte Versicherungspflicht in Verbindung mit einer spezifischen Prämiensubventionierung für ärmere Personen eine vergleichsweise weniger intensive Form staatlichen Zwanges mit gleicher Wirkung.

Grundsätzlich bleibt zu bedenken, daß nahezu alle Aktivitäten mit externen Effekten verbunden sind. „Tatsächlich sind isolierte Entscheidungen ohne Wirkungen auf andere bzw. von anderen eher die Ausnahme als die Regel.“[61] Um keinen »Regulierungsstaat« zu erhalten, darf zur Rechtfertigung staatlicher Eingriffe nicht allein die Existenz von Externalitäten, sondern muß auch das Ausmaß ihrer Wirkungen auf die Allokation berücksichtigt werden. Insbesondere müssen die Transaktionskosten, die mit staatlichen Aktivitäten unweigerlich einherge-

---

57 Grundsätzlich spielt die demographische Entwicklung je nach Ausgestaltung des Sicherungssystems eine mehr oder minder große Rolle, so daß die Kindererziehung stets mit gewissen Externalitäten verbunden ist. Diese haben jedoch im Rahmen der umlagefinanzierten Sozialversicherungssysteme eine weitaus größere Bedeutung. Ihre Erläuterung findet sich in Kapitel V.

58 Eine derartige Nutzeninterdependenz muß allerdings nicht zwangsläufig auf reinem Altruismus beruhen, bei dem allgemein das Wohlergehen des *A* in die Nutzenfunktion des *B* eingeht. Im vorliegenden Beispiel »Versicherungsschutz« kann dagegen wohl eher eine paternalistische Haltung von Individuum *B* im Hinblick auf die Absicherung anderer Wirtschaftssubjekte unterstellt werden.

59 Vgl. hierzu auch die Erörterung zu den externen Sekundäreffekten bei Grüske (1985), S. 141ff. In bezug auf eine Mindestabsicherung kann auch das Produktivitätsargument eine Rolle spielen.

60 Zum Trittbrettfahrerproblem vgl. exemplarisch Rosen, Windisch (1992), S. 139f. Vgl. auch Breyer, Zweifel (1997), S. 160f.

61 Brümmerhoff (1996), S. 58.

hen, in die Entscheidung einbezogen werden. Staatliche Eingriffe sind nur dann gerechtfertigt, wenn sie - unter Berücksichtigung der damit verbundenen Transaktionskosten - zu einer Wohlfahrtssteigerung führen.

➔ **Schlußfolgerung:** Die staatliche Internalisierung externer Effekte führt nur bedingt zu Wohlfahrtssteigerungen, so daß die parafiskalische Zwangsversicherung **nicht uneingeschränkt zu rechtfertigen** ist.

c) Kollektivgutproblematik

Ausgangspunkt für die Abgrenzung zwischen öffentlichen und privaten Gütern ist das gutstechnische **Kriterium der Unteilbarkeit**. Aus der technischen Unteilbarkeit lassen sich zwei Kriterien ableiten, die für ein rein öffentliches Gut charakteristisch sind:[62]

- **Nichtrivalität im Konsum**
  Liegt Nichtrivalität vor, können mehrere Personen dasselbe Gut gleichzeitig konsumieren, ohne sich gegenseitig zu beeinträchtigen.
- **Nichtausschließbarkeit**
  Ein individueller Nutzungsausschluß ist entweder unter technischen, ökonomischen oder sozialen Gesichtspunkten nicht möglich oder erwünscht.

Ist das Ausschlußprinzip nicht anwendbar,[63] können alle Personen unabhängig von ihrem Finanzierungsbeitrag das Gut nutzen. Aufgrund des immanenten Freifahrerverhaltens werden diese Güter von privater Seite nicht angeboten und müssen durch den Staat bereitgestellt werden.[64] Rein öffentliche Güter können als Grenzfall privater Güter mit externen Effekten interpretiert werden, bei denen die Individualgutskomponente Null ist, aber immense Externalitäten vorliegen.[65] Die Ausführungen im vorangegangenen Abschnitt haben gezeigt, daß externe Effekte durch privatwirtschaftliche Vereinbarungen nur ungenügend internalisiert werden können. Werden solche Sicherungsleistungen - etwa eine medizinische Mindestversorgung gegen die Risikotatbestände Unfall und Krankheit - allen Personen unabhängig von deren Zahlungsfähigkeit bereitgestellt, zeigt sich auf der Finanzierungsseite die Kollektivgutproblematik.

Besteht für die Absicherung der Risiken Unfall und Krankheit ein privater Versicherungsschutz auf freiwilliger Basis, so teilt sich die Bevölkerung in den Kreis der Versicherten und Nichtversicherten. Diese Zweiteilung ist solange unproblematisch, wie alle Leistungen in diesen Bereichen ausschließlich Versicherten gewährt werden. Können spezifische Mindestleistungen aber auch unentgeltlich von Nicht-Versicherten konsumiert werden, besteht ein Anreiz zum **Frei-Fahrer-Verhalten**. Die Leistungsinanspruchnahme durch Nicht-Versicherte

---

62 Vgl. Bartmann (1993), S. 136. Vgl. insbesondere auch Recktenwald (1983), S. 431. Zur Theorie des öffentlichen Gutes siehe grundlegend Hanusch (1972). Vgl. auch Musgrave, Musgrave, Kullmer (1994), S. 67ff.

63 Bei Anwendbarkeit des Ausschlußprinzips handelt es sich nicht mehr um ein rein öffentliches Gut. Ein derartiges Kollektivgut kann unter gewissen Bedingungen auch privat angeboten werden. Vgl. Recktenwald (1983), S. 431.

64 Vgl. Bartmann (1993), S. 136.

65 Vgl. auch Brümmerhoff (1996), S. 78.

bleibt nicht ohne negative Rückwirkungen auf die Versichertengemeinschaft.[66] Mit zunehmender Anzahl von free-ridern wird der Versichertenstatus immer unattraktiver und der Anreiz zum Freifahren erhöht sich.[67]

Bei Überschreiten der kritischen Schwelle bricht der private Markt für Versicherungsleistungen zusammen, und die Mindestversorgung kann in diesem Bereich aufgrund der fehlenden Finanzierungsbasis ebenfalls nicht länger aufrecht erhalten werden.[68]

Um dem totalen Marktversagen entgegenzuwirken, muß der **Staat** den Anreiz und die Möglichkeit zum Trittbrettfahren verringern, indem er beispielsweise alle Personen verpflichtet, eine Versicherungspolice abzuschließen. Es bedarf somit keiner marktsubstituierender Aktivitäten in Gestalt einer staatlichen Zwangsversicherung, um die Allokation am privaten Versicherungsmarkt zu verbessern.

Ein **zusätzliches Problem** resultiert jedoch aus der Tatsache, daß insbesondere zahlungsschwache Personen einen Anreiz zum Trittbrettfahren haben, da sie im Bedarfsfall aufgrund fehlender Eigenmittel nicht oder nur teilweise für die Kosten der Leistungsinanspruchnahme aufkommen müssen.[69] Nach Abschluß eines privaten Versicherungsvertrages würde ihr verfügbares Einkommen Y_{verf} bei Abstraktion eines staatlichen Fürsorgesystems unter das Existenzminimum Y_{ex} sinken. Besteht Einigkeit darüber, daß in einer entwickelten Gesellschaft Armut nicht hingenommen werden kann, muß der **Staat** zusätzlich eine spezifische Subventionierung bei der Prämienzahlung in Höhe des Differenzbetrages $| Y_{verf} - Y_{ex} |$ betreiben.

➔ **Schlußfolgerung:** Der Staat verfügt über zahlreiche marktkonforme Maßnahmen, um der Kollektivgutproblematik zu begegnen, so daß eine staatliche Zwangsversicherung **nicht gerechtfertigt** ist.

d) Nicht versicherbare Risiken

Der Markt zur Absicherung sozialer Risiken versagt, wenn bestimmte Risiken nicht oder nicht vollständig versicherbar sind. Im folgenden wird der Frage nachgegangen, unter welchen Bedingungen Versicherungsunternehmen nicht oder nur unzureichend zu einer Risikoabdeckung bereit sind. Fehlt für spezifische Risikotatbestände seitens der Versicherer ein entsprechendes Versicherungsangebot, versagt der Versicherungsmarkt, und die Risiken bleiben unversichert.

---

66 Dies ist beispielsweise dann der Fall, wenn der nicht-versicherte Nutznießer nicht über genügend Eigenmittel zur Bezahlung der in Anspruch genommenen Leistungen verfügt. Seine Behandlungskosten werden durch steigende Prämien infolge der erhöhten Gesamtaufwendungen auf die Versicherten umgelegt. Vgl. Martins de Oliveira (1999), S. 29.

67 Vgl. Herder-Dorneich (1992), S. 80ff.

68 Vgl. Herder-Dorneich (1992), S. 82. Einen Überblick zur empirischen Evidenz von Trittbrettfahrerverhalten liefern Rosen, Windisch (1992), S.140f. Sie kommen zu dem Ergebnis, daß Vorstellungen von Fairneß und die Angst vor möglichen Sanktionen ebenso wie der kategorische Imperativ oder die Goldene Regel einer free-rider-Mentalität entgegenwirken. Dies. (1992), S. 141.

69 Dies läßt ex ante den Erwartungsnutzen der Nicht-Versicherungs-Alternative steigen, so daß diese Personen keinen Versicherungsvertrag abschließen werden.

Wie bereits in Kapitel II erörtert, existieren Kriterienkataloge, die Auskunft darüber geben, welche besonderen Eigenschaften Risikotatbestände aufweisen müssen, um die Anwendbarkeit des **Gesetzes der großen Zahl** zu garantieren und damit versicherbar zu sein. Gelingt es gemäß dem Gesetz der großen Zahl nicht, die Wahrscheinlichkeitsdichte der durchschnittlichen Schäden um einen Mittelwert zu konzentrieren,[70] können Schadenhöhe und -wahrscheinlichkeit nicht hinreichend genau kalkuliert werden, so daß für die betreffenden Risiken ein Versicherungsangebot unterbleibt.[71]

Wesentliche Voraussetzung für die Anwendbarkeit des Gesetzes der großen Zahl ist, daß die Risiken nicht voneinander abhängig sind.[72] Massenhaft auftretende, miteinander verbundene Risiken sind dadurch gekennzeichnet, daß die bedingte Wahrscheinlichkeit eines Ereignisses in t_1 davon abhängig ist, wieviele Schadenfälle in t_0 eingetreten sind.[73] Eine kumulative Ansteckung liegt sowohl bei **Krankheitsepidemien** als auch bei **konjunktureller Arbeitslosigkeit**[74] vor. Dagegen besteht im Falle von struktureller und friktioneller Arbeitslosigkeit nicht die Gefahr einer kumulativen Ansteckung. Somit ist das Gesetz der großen Zahl grundsätzlich anwendbar.

Die damit verbundene Forderung nach einer **staatlichen Zwangsversicherung**[75] ist jedoch nur gerechtfertigt, wenn eine Absicherung am privaten Versicherungsmarkt tatsächlich ausgeschlossen ist. Ein totales Marktversagen ist aber für die oben genannten Fälle »Krankheitsepidemie« und »konjunkturelle Arbeitslosigkeit« nicht eindeutig zu erkennen.

Um diese Frage zu beantworten, müssen zum einen die zur Abgrenzung versicherbarer Risiken entwickelten **Kriterienkataloge** ebenso wie das **Gesetz der großen Zahl kritisch beurteilt** werden.[76] Zum anderen müssen die genannten Beispiele einer **Einzelfallprüfung** unterzogen werden.

Wahrscheinlichkeiten, die sich aus relativen Häufigkeiten ergeben, beruhen stets auf Werten der Vergangenheit und unterliegen damit immer der Gefahr, daß die künftige Entwicklung nicht notwendigerweise der Vergangenheit entsprechen muß, so daß die Schadenwahrscheinlichkeit und -höhe nie exakt berechnet werden kann. Je unsicherer mögliche Änderungen sind, desto problematischer ist die Kalkulation. Für die oben genannten Fälle erweist sich das Änderungsrisiko allerdings als nicht außerordentlich hoch, so daß eine Kalkulation durchaus möglich ist. Die Versicherbarkeit von stochastisch voneinander abhängigen Risiken ist vom

---

70 Vgl. Eisen (1988), S. 119.

71 Vgl. Fritsch, Wein, Ewers (1996), S. 235.

72 Vgl. Kapitel II.

73 Vgl. Petersen (1989), S. 57. Ebenso Schönbäck (1980), S. 57.

74 Vgl. exemplarisch Fritsch, Wein, Ewers (1996), S. 235. Ebenso Berthold (1988), S. 365 sowie Rosen, Windisch (1992), S. 459. „Events of unemployment are not (statistically) independent of another but can cause a chain reaction. This is because of the interrelateness of firms; of capital, commodity, and labor markets; of market and state, and the internationalization of markets". Schmid, Reissert, Bruche (1992), S. 67.

75 So beispielsweise Berthold (1988), S. 366.

76 Zu den wesentlichen Kritikpunkten siehe Eisen (1988), S. 119ff. Ders. (1988), S. 121 kommt zu dem Ergebnis, daß ein Rückschluß auf die Grenzen der Versicherbarkeit nicht möglich ist.

Ausmaß der Infektionsgefahr und der entsprechenden Kenntnis des Versicherers abhängig.[77] Der Risikozusammenhang muß für beide Fälle als sehr hoch eingeschätzt werden. In unserer hochentwickelten Gesellschaft ist allerdings die unbedingte Wahrscheinlichkeit in t_0 für schwere und damit **kostenintensive ansteckende Krankheiten** äußerst gering, so daß diese Fälle kaum empirische Relevanz besitzen. Leichte **Infektionskrankheiten**[78] sind dagegen mit einem geringen Kostenaufwand verbunden und somit bedenkenlos abdeckbar. Sofern der Versicherungsanbieter den Risikozusammenhang und die damit verbundenen Folgewirkungen kennt und mittels Prämienerhöhung internalisiert, sind grundsätzlich alle verbundenen Risiken versicherbar.[79] Da sich die Konjunkturzyklen regelmäßig wiederholen, kann den Versicherern eine derartige Kenntnis im Falle **konjunktureller Arbeitslosigkeit** unterstellt werden.

Zudem kann die Anwendbarkeit des **Gesetzes der großen Zahl** nicht als absolute Grenze des Versicherbaren verstanden werden.[80] So zeigt die Versicherungspraxis, daß häufig auch Versicherungsverträge für Risiken angeboten werden, die nach den strengen Voraussetzungen des Gesetzes der großen Zahl nicht versicherbar sind.[81] Die Versicherer verfügen über ein breites risikopolitisches Instrumentarium, um auch solche scheinbar nicht versicherbaren Risiken in den Versicherungsbestand aufzunehmen.[82] Letztlich ist bei einer entsprechend breiten Streuung unterschiedlicher Risiken jedes Risiko versicherbar, so daß die Versicherer nur die vorhandenen Marktrisiken durch einen breiten Versicherungsmarkt diversifizieren müssen.[83] Dieser Aspekt erlangt insbesondere im Zuge der europäischen Integration und der damit verbundenen Verbreiterung des Versicherungsmarktes an Bedeutung.

Allerdings können diejenigen Risiken nicht versichert werden, deren **Schaden nicht monetär bewertbar** ist.[84] Da dem Versicherer jegliche Basis zur Schadenkalkulation fehlt, wird er kein entsprechendes Leistungsangebot unterbreiten. Eine monetäre Bewertung entfällt für die meisten Arten von immateriellen (Neben-)Schäden.[85] Für Risiken mit immateriellen Folgewirkungen kann somit ein Versagen des Versicherungsmarktes konstatiert werden. Dieses Versagen bezieht sich jedoch nicht nur auf den privaten Markt für Versicherung, sondern liegt in gleicher Form auch bei der Sozialversicherung vor, so daß die **parafiskalische Zwangsversicherung** keine Wohlfahrtssteigerung herbeiführen kann. Sie stellt somit keine substantielle Alternative zur privaten Absicherungspraxis dar.

➔ **Schlußfolgerung:** Die Ausführungen haben gezeigt, daß der **Versicherungsmarkt** auch im Falle »allgemein anerkannter« nicht versicherbarer Risiken durchaus **funktionsfähig**

---

77 Vgl. Schönbäck (1980), S. 58. Siehe auch Petersen (1989), S. 57.

78 Zu denken ist hier beispielsweise an eine Grippe-Epidemie oder Erkältungswelle.

79 Vgl. Petersen (1989), S. 57.

80 Vgl. Kapitel II.

81 Vgl. Fritsch, Wein, Ewers (1996), S. 235.

82 Neben der Möglichkeit der Rückversicherung können die Versicherungsunternehmen Deckungskapital ansammeln, um zahlungsfähig zu bleiben.

83 Vgl. Berthold (1990), S. 175 und die dort angegebenen Quellen.

84 Vgl. exemplarisch Schönbäck (1988), S. 49.

85 Hierzu zählen etwa unfallbedingte Schmerzen oder die Trauer nach dem Verlust eines Angehörigen.

sein kann, so daß die Forderung nach einer staatlichen Absicherung dieser Risikotatbestände nicht geteilt wird. Dagegen führt auch eine staatliche Zwangsversicherung im Falle immaterieller Schäden nicht zu einer Wohlfahrtssteigerung.

e) Informationsmängel - Der Fall der asymmetrischen Informationsverteilung

Es können zwei Arten von Informationsmängeln unterschieden werden, nämlich Unkenntnis und Unsicherheit.[86] Unkenntnis ist dadurch gekennzeichnet, daß die Marktakteure nur unzureichend informiert sind.[87] Ist der Informationsstand der Anbieter- oder Nachfragerseite durch Unkenntnis geprägt, wirkt sich dies entscheidend auf den Marktprozeß aus. Als spezifische Ausprägung individueller Unkenntnis[88] erlangt die Form der **asymmetrischen Informationsverteilung** für die Versicherungspraxis besondere Bedeutung.

Dieser Abschnitt gibt einen Überblick über die mit einer asymmetrischen Informationsverteilung verbundenen Aspekte von Unkenntnis und deren Konsequenzen für die Funktionsfähigkeit des privaten Versicherungsmarktes.[89] Hierbei wird in Abhängigkeit von der zeitlichen Relevanz der Informationsmängel zwischen zwei Grundtypen asymmetrischer Informationsverteilung unterschieden. Sind die Informationen zwischen Versicherungsanbieter und -nachfrager vor Vertragsabschluß ungleich verteilt, tritt eine **Risikoselektion** auf. Ist die Situation durch einen Informationsvorsprung des Versicherungsnachfragers gekennzeichnet, äußert sich die Selektion in einer **Negativauslese** von schlechten Risiken (adverse Selektion).[90] Dagegen kommt es im umgekehrten Fall zu einer **Positivauslese** durch den Versicherer. Nach Vertragsabschluß wird die Gefahr der asymmetrischen Informationsverteilung in Form von **moral hazard** existent.

(1) Der Selektionsprozeß in Form einer Negativ- und Positivauslese

- **Adverse Selektion**

Liegt am freien Markt zwischen Anbieter und Nachfrager eine asymmetrische Informationsverteilung über die Qualität des Angebotes oder der Nachfrage vor, wird bessere Qualität vom Markt verdrängt, und die durchschnittliche Marktqualität sinkt.[91] Diesen Vorgang bezeichnet man als adverse Selektion (Negativauslese). Im folgenden wird der Frage nachgegangen, ob

---

86 Zur Unsicherheit siehe Kapitel II.

87 Vgl. Fritsch, Wein, Ewers (1996), S. 211.

88 Hierbei handelt es sich um eine Qualitätsunkenntnis, die vorliegt, wenn die Akteure die Qualität eines Gutes oder anderer transaktionsrelevanter Faktoren schlecht abschätzen können. Vgl. Fritsch, Wein, Ewers (1996), S. 211.

89 Zu weiteren Aspekten von Unsicherheit und Unkenntnis, die für den Versicherungsbereich nur geringe Relevanz besitzen und deshalb an dieser Stelle vernachläsigt werden, siehe die Ausführungen bei Fritsch, Wein, Ewers (1996), S. 211ff.

90 Da allerdings auch der Informationsvorsprung des Versicherungsanbieters bezüglich der Qualität seines Angebotes zu einer Verdrängung guter Qualität führen kann, wird im folgenden auch diese Konstellation als Ausprägung von adverser Selektion angeführt.

91 Diese Quintessenz basiert auf Akerlof (1970).

das Phänomen der adversen Selektion für den privaten Versicherungsmarkt Relevanz besitzt und inwiefern sich damit eine staatliche Zwangsversicherung begründen läßt.[92]

Im Rahmen der adversen Selektion lassen sich zwei Konstellationen unterscheiden. Zum einen kann der **Versicherungsanbieter** einen **Informationsvorteil** im Hinblick auf die Qualität seines Angebotes haben. Zum anderen findet auch bei einer **Informationsasymmetrie zu Gunsten des Versicherungsnachfragers** hinsichtlich seiner transaktionsrelevanten Eigenschaften eine adverse Auslese statt.

➢ **Asymmetrische Informationsverteilung zu Lasten der Versicherungsnachfrager**

Der erste Fall ist dann gegeben, wenn die **Anbieter** gegenüber den Nachfragern von Versicherungsleistungen einen **Informationsvorteil** bezüglich der wahren Qualität des von ihnen angebotenen Gutes Versicherungsschutz haben. Aufgrund seines Informationsdefizites wird sich der Versicherungsnachfrager an der durchschnittlich zu erwartenden Qualität ausrichten und eine für diese Qualität angemessene Prämie akzeptieren. Dies hat zur Folge, daß ein Angebot überdurchschnittlicher Qualität, das mit höheren Kosten verbunden ist, nicht abgesetzt werden kann. Um nicht aus dem Markt auszuscheiden, muß der Anbieter einen Versicherungsschutz minderer Qualität anbieten. Hierdurch sinkt die durchschnittliche Qualität am Versicherungsmarkt, was sich negativ auf die Zahlungsbereitschaft der Nachfrager auswirkt. Der Selektionsprozeß führt schließlich dazu, daß nur noch ein Versicherungsschutz schlechtester Qualität angeboten wird.[93] Das Informationsdefizit auf Seiten der Versicherungsnachfrager hinsichtlich der angebotenen Qualität führt zu einer **suboptimalen Situation.**[94]

Da die Funktionsmängel in der asymmetrischen Informationsverteilung begründet sind, hat die Beseitigung der nachfragespezifischen Unkenntnis - unter Berücksichtigung der maßnahmebedingten Transaktionskosten - eine Wohlfahrtssteigerung zur Folge. Die **Informationsasymmetrie** läßt sich dadurch **abbauen**, daß die relativ schlecht informierte Marktseite versucht, zusätzliche Informationen zu erhalten oder die besser informierte Marktseite Informationen über die von ihr gebotene Qualität bereitstellt. Da die Selbstinformation für den Versicherungsnachfrager mit Informationskosten verbunden ist, wird der Kenntnisstand nur verbessert, solange die Grenznutzen GN_{Info} die Grenzkosten GK_{Info} der Informationsgewinnung übersteigen. Das rationale Maß an Uninfomiertheit ist erreicht, wenn gilt:

(III-1) $GN_{Info} = GK_{Info}$.

---

[92] Auf eine formale Darstellungsweise der adversen Selektions-Problematik wird angesichts bestehender Modelle in der Literatur verzichtet. Vgl. hierfür das Modell bei Breyer, Zweifel (1997), S. 167ff. für den Krankenversicherungsmarkt sowie Sievering (1996), S. 62ff. für den Pflegeversicherungsmarkt. Grundlegend siehe Rothschild, Stiglitz (1976), S. 629ff. sowie Strassl (1988), S. 123ff.

[93] Zur adversen Selektion aufgrund eines Informationsgefälles zu Lasten der Nachfragerseite siehe auch die allgemeinen Erläuterungen für den Gütermarkt bei Fritsch, Wein, Ewers (1996), S. 214ff.

[94] Da Versicherungsprodukte Erfahrungsgüter mit Vertrauensguteigenschaft sind, darf die Markttransparenz seitens der Versicherungsnachfrager als nicht sehr hoch eingeschätzt werden. Das Informationsdefizit resultiert aus der Tatsache, daß sich die Qualitätseigenschaften erst nach Risikoeintritt offenbaren. Insbesondere im Falle der Alters- und Pflegeabsicherung verstreicht zwischen Vertragsabschluß und (eventuellem) Risikoeintritt viel Zeit, so daß in diesen Bereichen das Informationsgefälle besonders stark ausgeprägt ist.

Angesichts der Vielzahl alternativer Versicherungsbedingungen müssen die Informationskosten als sehr hoch eingestuft werden, so daß von Seiten der Versicherungsnachfrager das Informationsproblem nicht gelöst werden kann. Allerdings haben die Versicherungsanbieter die Möglichkeit und auch das Interesse[95], den Kenntnisstand der Nachfrager durch das Bereitstellen kostenloser Informationen sowie durch allgemeine Imageförderung im Rahmen von Marketingstrategien und Öffentlichkeitsarbeit zu erhöhen.[96]

Falls es den Versicherungsanbietern trotzdem nicht gelingt, die Informationsasymmetrien hinreichend zu reduzieren, kann der **Staat** durch eine gezielte Informationspolitik die Funktionsstörungen beseitigen.[97]

➔ **Schlußfolgerung:** Da zahlreiche marktliche sowie marktfördernde staatliche Methoden existieren, die das Informationsproblem zu Lasten des Versicherungsnachfragers hinreichend minimieren können, läßt sich **keine marktsubstituierende Staatsaktivität** begründen.

➢ **Asymmetrische Informationsverteilung zu Lasten der Versicherungsanbieter**

Für den Versicherungsmarkt erweist sich allerdings der Fall adverser Selektion als wesentlich bedeutsamer, bei dem die asymmetrische Informationsverteilung durch einen **Informationsvorsprung der Nachfragerseite** gekennzeichnet ist.

Sind die Versicherungsanbieter vollständig über die transaktionsrelevanten Eigenschaften der Versicherungsnachfrager informiert, werden sie ihren Kunden entsprechend ihrer individuellen Schadenerwartungswerte unterschiedliche Versicherungsverträge anbieten. Unter dieser Vorausssetzung ist eine vollkommene Prämiendifferenzierung und damit eine Aufteilung des Versicherungsmarktes in einen Markt für gute und einen Markt für schlechte Risiken möglich.[98] Das trennende Marktgleichgewicht, in dem im Erwartungsnutzenmaximum beide Risikogruppen mit streng konkaver Nutzenfunktion einen Vollversicherungsschutz wählen,[99] ist first-best-optimal, so daß eine Allokationsverbesserung nicht mehr möglich ist.[100] Dagegen wird im Falle eines angebotsspezifischen Informationsdefizites **kein First-Best-Optimum** erreicht, so daß **staatliche Eingriffe** grundsätzlich gerechtfertigt sind.

---

95 Die Produktdifferenzierung und damit auch das Angebot von Gütern unterschiedlichster Qualität stellt ein wesentliches Mittel für die Versicherungsunternehmen dar, ihre Wettbewerbsposition zu verbessern.

96 Vgl. grundlegend zum Marketing der Versicherungsunternehmen Farny (1995a), S. 84ff. Zu den wesentlichen Formen, Zielen und Methoden einer erfolgreichen Öffentlichkeitsarbeit im Versicherungsunternehmen siehe insbesondere Bittl, Vielreicher (1994), S. 206ff.

97 Zur staatlichen Informationspolitik siehe Abschnitt B.II.2. Ferner wird die Transparenz des Versicherungsmarktes durch die staatliche Versicherungsaufsicht erhöht, die eine gewisse Standardisierung der angebotenen Verträge bewirkt. Vgl. zur Förderung der Markttransparenz durch die Aufsichtsbehörde Farny (1995b), S. 106.

98 Vgl. Strassl (1988), S. 134.

99 Vgl. hierzu das Modell des trennenden Gleichgewichtes bei Breyer, Zweifel (1997), S. 171ff. Vgl. auch Strassl (1988), S. 135. Siehe auch Schlesinger (1994), S. 128.

100 Siehe Strassl (1988), S. 135.

Kennen die Versicherungsanbieter im Gegensatz zu den einzelnen Wirtschaftssubjekten nicht deren individuelle Erwartungsschäden, sondern lediglich den durchschnittlichen Erwartungsschaden aller Personen, wird das Versicherungsunternehmen allen Nachfragern Standardverträge anbieten, mit denen das kollektive Äquivalenzprinzip erfüllt ist.[101]

Die Einheitsprämie stellt die schlechten Risiken relativ besser, da die ihrem individuellen Risiko äquivalente Prämie höher wäre, während die guten Risiken eine relative Schlechterstellung erfahren. Gute Risiken mit geringer Risikoaversion werden aufgrund des für sie ungünstigen Preis-Leistungsverhältnisses keinen Versicherungsvertrag abschließen. Da sich demzufolge im Versicherungsbestand weitaus weniger gute Risiken als ex ante kalkuliert befinden, müssen die Versicherungsunternehmen die Prämien erhöhen. Infolge der Prämiensteigerung werden weitere gute Risiken aus der Versicherung austreten, so daß die Versicherungsprämie wiederum nach oben korrigiert werden muß. Der Selektionsprozeß setzt sich im Extremfall solange fort, bis sich nur noch Angehörige der schlechten Risikogruppe in der Versichertengemeinschaft befinden.[102] Eine mangelnde Diskriminierbarkeit der Wirtschaftssubjekte infolge eines Informationsdefizites auf Seiten der Versicherungsanbieter führt somit zu einem Ausschluß von guten Risiken und zu einer **Selektion schlechter Risiken**. Letzte Konsequenz, wenn alle guten Risiken die Versicherung verlassen haben, ist der Zusammenbruch des Versicherungsmarktes.[103]

Im Falle zweier Risikogruppen mit strikt konkaver Nutzenfunktion und gleichen Präferenzen wird niemals ein vereinendes Versicherungsgleichgewicht erreicht, wenn die Nachfragerseite einen Informationsvorsprung bezüglich ihres persönlichen Risikos besitzt.[104] Der Versicherungsanbieter ist gezwungen, ein Kontraktpaar anzubieten, bei dem der für die guten Risiken bestimmte Vertrag nicht auch von den schlechten Risiken bevorzugt wird.[105] Damit sich die Wirtschaftssubjekte durch die Wahl ihres Versicherungsvertrages als gutes oder schlechtes Risiko zu erkennen geben, muß das Kontraktpaar so gestaltet sein, daß der Erwartungsnutzen des für die schlechten Risiken konzipierten Vertrages mindestens so groß ist wie der Erwartungsnutzen der für die guten Risiken bestimmten Police (»**self-selection-Bedingung**«).[106] Die schlechten Risiken realisieren weiterhin ihre optimale Risikoallokation bei Vollversicherung.

---

101 Vgl. auch Breyer, Zweifel (1997), S. 162.

102 Vgl. hierzu die modelltheoretische Darstellung bei Breyer, Zweifel (1997), S. 174f. Schönbäck (1980), S. 46 weist – unter Berücksichtigung der Kostenkomponente *k* in der Prämienberechnung - darauf hin, daß ein Standardvertrag nicht zwangsläufig alle guten Risiken zu einem Austritt veranlassen muß. Seine Argumentation basiert auf der Annahme, daß sich die guten Risiken durch die Einheitsprämie relativ besser stellen, wenn diese angesichts der Fixkostenaufteilung auf eine größere Versichertengemeinschaft unterhalb ihrer Prämie bei separierter Absicherung liegt. Die Begründung kann aber schon deshalb nicht überzeugen, da der Fixkostenanteil nicht die allein ausschlaggebende Kostengröße darstellt und zudem schlechte Risiken die allgemeinen Verwaltungskosten in die Höhe treiben.

103 Vgl. Berthold (1988), S. 343.

104 Vgl. Breyer, Zweifel (1997), S. 174ff.

105 Vgl. Strassl (1988), S. 138. Grundlegend siehe Rothschild, Stiglitz (1976). Vgl. auch Schlesinger (1994), S. 128.

106 Vgl. Strassl (1988), S. 139. Siehe auch exemplarisch Sievering (1996), S. 74. Grundlegend zur self-selection-Bedingung siehe Salop, Salop (1976), S. 620 und Rothschild, Stiglitz (1976), S. 632.

Dagegen ist für die guten Risiken ein Vollversicherungsvertrag aufgrund der self-selection-Bedingung nicht mehr erreichbar. Ihnen werden Teilversicherungsverträge angeboten, da nur ein ausreichend geringer Deckungsgrad gewährleistet, daß dieser Vertrag mit günstigerem Preis-Leistungs-Verhältnis nicht auch von den schlechten Risiken präferiert wird.[107] Das trennende Nash-Cournot-Gleichgewicht[108] ist allerdings gemäß dem Pareto-Kriterium gegenüber dem trennenden Gleichgewicht ohne Informationsmängel suboptimal, da die schlechten Risiken einen negativen externen Effekt auf die guten Risiken ausüben und diese von ihrem Optimum der Vollversicherung verdrängen.[109]

Es stellt sich nun die Frage, inwiefern am privaten Markt bei der Absicherung spezifischer sozialer Risiken tatsächlich von einer asymmetrischen Informationsverteilung zu Lasten des Versicherungsanbieters ausgegangen werden kann. Diesem Aspekt der Informationsasymmetrie liegt die Annahme zugrunde, daß die Versicherungsnachfrager einen Informationsvorsprung gegenüber den schlechter informierten Versicherungsanbietern aufweisen, so daß zum einen geklärt werden muß, **ob die Versicherungen mangelhafte Informationen besitzen** und zum anderen, **ob die Versicherungsnehmer** das ihnen unterstellte **Informationsniveau** auch tatsächlich **erreichen**.

Den Versicherungsunternehmen wird insbesondere in Zusammenhang mit der Absicherung der Risikotatbestände **Krankheit, Pflegebedürftigkeit** und **Arbeitslosigkeit** ein Informationsmangel hinsichtlich der transaktionsrelevanten Eigenschaften ihrer Kunden unterstellt.

Zunächst muß grundsätzlich berücksichtigt werden, daß das Versicherungsgeschäft nicht statisch ist, sondern einen dynamischen Prozeß darstellt. Die Versicherer erweitern durch die laufende Schadenbeobachtung sukzessive ihr Wissen über bestehende Risikounterschiede am Markt. Darüber hinaus haben sie die Möglichkeit, zentrale Merkmale potentieller Kunden durch gezielte Marktforschungsaktivitäten zu eruieren.[110] Private Kranken- und Pflegeversicherer verfügen über risikotypisierende Indikatoren, die ihnen Anhaltspunkte über die Risikomerkmale ihrer Kunden liefern und eine Einteilung in Risikoklassen erleichtern. Zentrale Kriterien sind Alter, Geschlecht, Einkommen und Berufsstand der Versicherungsnachfrager.[111] Im Falle der Absicherung des Risikotatbestandes Arbeitslosigkeit wird die Ermittlung der individuellen Schadenerwartungswerte dadurch erschwert, daß es das Risiko Arbeitslosigkeit als solches nicht gibt. Stattdessen existieren vielfältige Ausprägungen von Erwerbslosigkeit, die entweder konjunkturell, saisonal, strukturell oder friktional bedingt sind. Allerdings ver-

---

107 Vgl. Breyer, Zweifel (1997), S. 177f. Vgl. auch Strassl (1988), S. 140. Ebenso Schlesinger (1994), S. 130.

108 Hierbei existiert ein trennendes Nash-Cournot-Gleichgewicht umso eher, je geringer die Risikoaversion der guten Risiken ist und je geringer ihr Anteil an der Gesamtheit der Versicherungsnachfrager ist. Vgl. Sievering (1996), S. 77.

109 Vgl. Strassl (1988), S. 141. Die guten Risiken müssen sich also ein günstigeres Verhältnis von Prämie zu Versicherungsleistung durch einen verringerten Deckungsgrad erkaufen. Zu den Konsequenzen einer additiven Teilversicherungsnachfrage schlechter Risiken für die Existenz des Marktgleichgewichtes siehe Strassl (1988), S. 146ff.

110 Allgemein zur Absatzmarktforschung siehe Farny (1995b), S. 580ff.

111 Vgl. Kapitel V. Für den Bereich der Pflegeversicherung erweisen sich insbesondere auch Familienstand und Familiengröße als wichtige Indikatoren, da sie die Heimunterbringung beeinflussen können.

fügt der Versicherer auch hier über zahlreiche übergreifende Indikatoren, die eine Kundeneinteilung in Risikoklassen erlauben.[112] Da Versicherungsunternehmen zudem nur kollektive Prämien für weitgehend homogene Risiken anstelle von individuellen Äquivalenzprämien anbieten, verliert das Problem der Fehleinschätzungen seitens der Versicherer weiter an Gewicht.[113]

Die Theorie der adversen Selektion basiert auf der Annahme, daß die Versicherten im Gegensatz zu den Versicherern ihren **individuellen Erwartungsschaden** hinreichend genau **abschätzen** können. Diese Annahme ist aber umso kritischer zu beurteilen, je weiter der abzusichernde Risikotatbestand in der Zukunft liegt, so daß dem Versicherungsnachfrager insbesondere beim **Pflegerisiko** kein entscheidender Informationsvorsprung unterstellt werden kann.

Aber selbst wenn die Prämisse der asymmetrischen Informationsverteilung bezüglich der persönlichen Kundenmerkmale zutrifft, stellt sich die Frage, ob die Intensität des wettbewerblich bedingten Antiselektionsprozesses tatsächlich einen **staatlichen Eingriff** rechtfertigt. Den Selektionsmodellen liegt die Annahme einer vollkommenen Markttransparenz der Versicherungsnehmer zugrunde. Sie gehen weiter davon aus, daß die Kunden unendlich schnell und elastisch auf Änderungen der entscheidenden Versicherungsparameter reagieren. Wie bereits oben erörtert, ist der Versicherungsmarkt indes nicht vollständig transparent. Den Versicherungsnehmern kann stattdessen eine rationale Unkenntnis bezüglich der Qualitätseigenschaften der Versicherungsangebote unterstellt werden. Entsprechend sind sie nur über eine begrenzte Anzahl von Versicherungsalternativen informiert und beziehen auch nur diese Alternativangebote in ihre Nachfrageentscheidung ein. Da jeder Versicherungsübergang mit zahlreichen Wechselkosten verbunden ist, wird die Wahrscheinlichkeit des Anbieterwechsels weiter reduziert.[114] Hinzu kommt, daß der Versicherungswechsel seitens der Versicherer durch spezielle Vertragsregelungen eingeschränkt wird.[115]

Da das Problem der Informationsasymmetrie jedoch kaum vollständig beseitigt werden kann, wird abschließend noch der Frage nachgegangen, **ob der Wohlfahrtsverlust**, der bei mangelnder Risikodiskriminierung durch die Nicht-Existenz eines First-best-Optimums auftritt, **durch Staatsinterventionen** überhaupt **korrigiert** werden kann.[116]

Es zeigt sich, daß durch die Einführung einer staatlichen Zwangsversicherung als Grundversicherung mit Einheitsprämie eine Pareto-Verbesserung erreicht werden kann, sofern weiterhin die Möglichkeit besteht, eine freiwillige Zusatzversicherung zu äquivalenten Prämien am

---

112 Zu den individuellen Risikofaktoren siehe Kapitel V.

113 Vgl. Berthold (1988), S. 349f.

114 Vgl. Sievering (1996), S. 89. Siehe insbesondere auch Schulenburg (1993), S. 528f. Der Wechsel des Versicherungsunternehmens verursacht sowohl monetäre als auch nicht-monetäre Wanderungskosten wie Anpassungs- und Kündigungskosten.

115 Zu den in der Praxis vorkommenden Typen von Vertragslaufzeiten und den Verlängerungs- sowie Kündigungsmöglichkeiten von Versicherungsverträgen siehe Farny (1995b), S. 339f.

116 Zu den staatlichen Eingriffsmöglichkeiten bei Nicht-Existenz eines Second-best-Marktgleichgewichtes siehe exemplarisch Sievering (1996), S. 78ff. Vgl. auch Strassl (1988), S. 178ff.

Markt nachzufragen.[117] In diesem Fall sind staatliche und private Versicherungen zueinander komplementär. Allerdings erfüllt die derzeitige Form der obligatorischen Sozialversicherung diese Voraussetzungen nicht, da sie zum einen in erster Linie ein Substitut zu privaten Versicherungslösungen ist und zum anderen einen weitgehenden Vollversicherungsschutz zu einkommensabhängigen Prämien anbietet. Eine Wohlfahrtssteigerung wäre weiterhin nur dann möglich, wenn dem Staat zugleich eine Rationierung der Versicherungsnehmer gelingt. Durch ein hoheitliches Verbot von additiven Zusatzversicherungen kann verhindert werden, daß schlechte Risiken über den Abschluß von Mehrfachverträgen am privaten Markt die self-selection-Bedingung unterlaufen.[118]

➔ **Schlußfolgerung:** Die Annahme einer Informationsasymmetrie für die Bereiche der **Kranken-**, **Pflege-** und in eingeschränktem Maße auch für die **Arbeitslosenversicherung** kann nicht aufrecht erhalten werden. Die Versicherungsnachfrager verfügen keinesfalls über einen ausgeprägten Informationsvorprung, und die Versicherungsanbieter besitzen ein weitreichendes Instrumentarium, mit dem sie ihre Informationsdefizite abbauen können. Zum anderen verringern hohe Wechselkosten und eine eingeschränkte Markttransparenz seitens der Versicherungsnachfrager sowie Vertragsvorschriften der Versicherer die Wechselwahrscheinlichkeit. Insgesamt hat das Problem der adversen Selektion auf Basis einer Informationsasymmetrie zu Lasten des Versicherungsanbieters für die gängige Versicherungspraxis keine zentrale Relevanz, so daß auch ohne staatliche Korrekturen **keine destabilisierenden Effekte** zu erwarten sind. Zudem ist die gegenwärtige Sozialversicherung nicht geeignet, eine Wohlfahrtssteigerung herbeizuführen.

- **Positivauslese**

Der Positivauslese liegt die Annahme einer **Informationsasymmetrie zu Gunsten des Versicherungsanbieters** zugrunde, die dazu führt, daß schlechte Risiken nicht in die private Versicherungsgemeinschaft aufgenommen werden.

Die Positivauslese resultiert aus der Konkurrenzsituation am Versicherungsmarkt. Der Wettbewerb konzentriert sich dabei vor allem auf die Prämie als zentralen Wettbewerbsparameter. Der Versicherer ist daran interessiert, gute Risiken anzuwerben, da eine günstige Risikostruktur geringere Versicherungsausgaben induziert, die in Form niedrigerer Tarife an (potentielle) Versicherte weitergegeben werden.[119] Auf diese Weise gelingt es dem Unternehmen, seine Wettbewerbsposition am Versicherungsmarkt auszubauen und neue Mitglieder mit günstigen Prämien anzuwerben. Das strategische Verhalten der Versicherungsanbieter äußert sich

---

[117] Vgl. hierzu die Analyse bei Breyer, Zweifel (1997), S. 178ff. Im Rahmen dieser Komplementär-Lösung profitieren die schlechten Risiken davon, daß für die obligatorische Versicherungskomponente ein Einheitstarif berechnet wird, in dem sie von den guten Risiken subventioniert werden. Gute Risiken bezahlen zwar für den Pflichtversicherungsschutz eine zu hohe Prämie, können aber darüber hinaus zusätzlichen Versicherungsschutz am privaten Versicherungsmarkt erwerben. Bei genügend großer Risikoaversion kann dieser Effekt die Verschlechterung des Gesamtpreises überkompensieren, so daß eine Pareto-Verbesserung möglich ist.

[118] Vgl. auch Sievering (1996), S. 86.

[119] Vgl. Rosen, Windisch (1992), S. 61.

zum einen in einer Attraktion guter Risiken und zum anderen in einer Abwehr schlechter Risiken, die ex ante von einer Versicherung ausgeschlossen werden. Da sich alle Versicherungsunternehmen unter Wettbewerbsbedingungen analog verhalten, können die von der Diskriminierung betroffenen Risikogruppen keinen marktlichen Versicherungsschutz erwerben und bleiben entsprechend ohne Absicherung. Die schlechten Risiken können die allokativen Vorteile des Versicherungsschutzes nicht realisieren, so daß der Markt für die Absicherung schlechter Risikogruppen versagt.

Bevor die Möglichkeiten staatlicher Eingriffe erörtert werden, muß geklärt werden, **ob die Positivauslese** am privaten Versicherungsmarkt **tatsächlich auftritt**.

Wie bereits erläutert, verfügen die Versicherer über zahlreiche Methoden, die spezifischen Risikomerkmale ihrer Kunden abzuschätzen und die Versicherungsnachfrager in entsprechende Risikoklassen einzuordnen. Bei der Absicherung der Risiken **Krankheit**, **Pflegebedürftigkeit** und **Invalidität** liefern die bisherige Krankengeschichte und Gesundheitszeugnisse dem Versicherer zahlreiche Informationen über die individuelle Risikosituation eines Versicherungsnachfragers. Ebenso geben die oben genannten Indikatoren wie Einkommen, Beruf, Alter und Geschlecht wertvolle Hinweise auf die persönliche Risikostruktur. Ein gewisses Maß an Unkenntnis wird allerdings immer bestehen bleiben,[120] so daß eine Positivauslese par excellence nie vollständig gelingt. Weiterhin ist zu berücksichtigen, daß die risikospezifischen Indikatoren Einkommen und Beruf zwar positiv mit der Risikowahrscheinlichkeit korrelieren; auf der anderen Seite aber auch eine negative Korrelation mit der tatsächlichen Inanspruchnahme von Versicherungsleistungen besteht.[121] Beziehen die Versicherer solche Überlegungen in ihr Ausleseverfahren ein, verlieren die genannten Auswahlindikatoren an Gewicht. Im Falle des Risikos **Arbeitslosigkeit** wurde bereits darauf hingewiesen, daß es angesichts der verschiedenen Formen von Erwerbslosigkeit schwieriger ist, allgemeingültige Risikomerkmale zu definieren.[122] Eine Positivauslese erscheint in diesem Bereich damit nur begrenzt möglich.[123]

Selbst wenn man den Versicherern die Möglichkeit zugesteht, die risikospezifischen Merkmale aller Versicherungsnachfrager hinreichend genau zu kennen, muß es nicht zwangsläufig zu einem **gänzlichen Ausschluß** dieser Personengruppe kommen. In der Regel wird nicht einzelnen Personen eine Versicherungsmitgliedschaft verweigert, sondern es werden nur spezifische Risikotatbestände aus dem Versicherungsschutz ausgeklammert. Ein einzelner Risikotatbestand wird erst dann ausgeschlossen, wenn er keine kalkulierbare Größe mehr darstellt. Aus Sicht des Betroffenen ist eine Versicherung, die sein persönliches Hauptrisiko ausklam-

---

120 Zudem kann die Risikowahrscheinlichkeit durch den Versicherungsnachfrager strategisch beeinflußt werden. Vgl. hierzu die Ausführungen zum moral hazard-Verhalten.

121 Vgl. hierzu die Ergebnisse für den Bereich der Gesundheitsversorgung bei Klammer (1998), S. 281f.

122 Zur Alternative einer Absicherung gegen Arbeitslosigkeit auf unternehmensinternen Versicherungsmärkten siehe Azariadis, Stiglitz (1983). Diese Lösung bietet jedoch gerade den unqualifizierten und somit potentiell stärker von Arbeitslosigkeit betroffenen Personen keine Sicherheit, da die Arbeitgeber hauptsächlich höher qualifizierte Arbeitskräfte unternehmensintern absichern werden.

123 Anderer Ansicht dagegen Berthold (1988), S. 364. Ebenso Rosen, Windisch (1992), S. 459.

mert, nicht mehr sinnvoll. Der Ausschluß seines zentralen Risikomerkmales kommt dann einem Ausschluß seiner gesamten Person gleich.[124] Ist das erhöhte Risiko jedoch überschaubar, wird das Versicherungsunternehmen den Risikotatbestand gegen einen Prämienzuschlag in den Versicherungsvertrag einbeziehen.[125] In diesem Fall ist die Diskriminierung für den Versicherungsnachfrager nicht mit einer Sicherungslücke verbunden.

Wird dennoch die Selektionsgefahr in manchen Bereichen als sehr hoch eingestuft, kann der **Staat** den Versicherungen einen **Kontrahierungszwang** auferlegen, der die privaten Versicherer dazu verpflichtet, alle Personen unabhängig von ihrer persönlichen Risikostruktur in die Gefahrengemeinschaft aufzunehmen.[126] Ferner ist zu bedenken, daß eine Diskriminierung schlechter Risiken durch maßlose Prämienzuschläge faktisch einer Nicht-Versicherung gleichkommt, wenn für die Betroffenen die Versicherung damit unbezahlbar wird. In einem solchen Fall kann der Staat mittels Prämiensubventionierung die Absicherung schlechter Risiken gewährleisten. Es besteht somit nicht die Notwendigkeit einer staatlichen Zwangsversicherung.

➔ **Schlußfolgerung:** Die Ausführungen haben gezeigt, daß dem Problem der Positivauslese im Sinne eines Totalausschlusses spezifischer Risikotatbestände **keine zentrale Bedeutung** in der Versicherungspraxis zukommt.

(2) Moral hazard

Liegt **nach Vertragsabschluß** eine asymmetrische Informationsverteilung zwischen Versicherungsanbieter und –nachfrager vor, besteht die Gefahr des moralischen Risikos.[127] Im Rahmen des moral hazard müssen zwei Fälle unterschieden werden, je nachdem ob die **Informationsasymmetrie zu Gunsten des Versicherungsnehmers oder zu seinen Lasten** existent wird.

- **Asymmetrische Informationsverteilung zu Gunsten des Versicherungsnachfragers**

Im ersten Fall bezeichnet moral hazard die (negativen) Konsequenzen, die das Vorliegen eines Versicherungsvertrages auf die Anreizstruktur des Versicherungsnehmers hat, wenn der Ver-

---

124 Vgl. Rosen, Windisch (1992), S. 361. Wird beispielsweise eine chronische Erkrankung nicht in den Versicherungsschutz einbezogen, bleibt die Hauptrisikoquelle des Patienten unversichert, so daß es zu keiner optimalen Risikoallokation kommt.

125 Hat beispielsweise der Krankenversicherer Kenntnis über Vorerkrankungen wie eine Allergie, die darauf hinweisen, daß der Versicherungsnachfrager auch in Zukunft unter dieser Erkrankung leidet, wird er den Risikotatbestand »Allergie« dennoch absichern, wenn er mit kalkulierbaren und begrenzten Kostengrößen verbunden ist.

126 Vgl. hierzu auch die Regelung zum Kontrahierungszwang im Rahmen der privaten Pflegepflichtversicherung. Allerdings muß bedacht werden, daß die Autonomie von Privatversicherern durch einen staatlich verfügten Kontrahierungszwang erheblich beschnitten wird.

127 Im weitesten Sinn kann allerdings auch das vorsätzliche Vortäuschen einer besseren Risikostruktur seitens des Versicherungsnachfragers als moralisches Risiko gewertet werden.

sicherungsanbieter Verhalten und exogenes Risiko nicht getrennt voneinander beobachten kann.[128]

Der Versicherungsschutz entfaltet nur dann eine uneingeschränkt wohlfahrtssteigernde Wirkung, wenn die Schadenverteilung exogen gegeben ist. Kann der Versicherungsnehmer dagegen seine Schadenverteilung beeinflussen, wird er sich mit Versicherungsschutz anders verhalten. Die **versicherungsinduzierte Verhaltensänderung** äußert sich entweder in einer Beeinflussung von Schadenwahrscheinlichkeit sowie Schadenhöhe oder in einer vorsätzlichen Herbeiführung des Versicherungsfalles.[129] Die versicherungsinduzierte Verhaltensänderung birgt allerdings erst dann ein moralisches Risiko und damit allokativ unerwünschte Effekte, wenn der Versicherungsanbieter nicht in der Lage ist, **Verhaltens- und Zufallskomponente isoliert** voneinander **zu beobachten**. Dieses Unvermögen resultiert aus der Informationsasymmetrie zwischen den Vertragspartnern. Dann bewirkt der mit dem Versicherungsvertrag verbundene Risikotransfer, daß das Verhalten des Versicherungsnehmers im Vergleich zu einer Situation, in der Verhaltensänderungen beobachtbar sind, zu einem höheren Erwartungswert der Versicherungsleistungen führt.[130]

Je nach Zeitpunkt der Einflußnahme kann zwischen **ex ante** und **ex post moral hazard** unterschieden werden.[131] Der erste Fall liegt vor, wenn Schadenwahrscheinlichkeit und -umfang vor Eintritt des Versicherungsfalles erhöht werden.[132] Bei Vorliegen von ex post moral hazard wird die Schadenverteilung nach Eintritt des Versicherungsfalles beeinflußt, indem die Schadenhöhe durch eine übermäßige Nachfrage nach Versicherungsleistungen vergrößert wird.[133] Der Erfolg von ex post moral hazard-Verhalten hängt von der Bestimmung der Versicherungsleistungen im Schadenfall ab. Falls die tatsächliche Schadenhöhe weder ex ante noch ex post eindeutig definiert ist, sondern nach den Versicherungsausgaben bemessen wird, hat der Versicherte einen unmittelbaren Einfluß auf die Schadenhöhe. In diesem Fall kann der Versicherte die Schadenverteilung durch seine Nachfrage nach Versicherungsleistungen direkt beeinflussen.[134]

---

128 Vgl. Nell (1993), S. 105. Siehe auch Stiglitz (1983), S. 5. Anders dagegen beispielsweise Toepffer (1997), S. 48 sowie Breyer (1984), S. 289, die lediglich die versicherungsinduzierte Verhaltensänderung in die Definition einbeziehen. Dies ist allerdings irrig, da bei beobachtbaren Verhaltensänderungen nur Substitutions- bzw. Komplementäreffekte zum Tragen kommen, die zu keinem Effizienzproblem führen.

129 Vgl. Toepffer (1997), S. 48. Ebenso Heimer (1985), S. 31f.

130 Vgl. auch Nell (1993), S. 105.

131 Vgl. Breyer (1984), S. 289. Vgl. auch Breyer, Zweifel (1997), S. 186. Ebenso Nell (1993), S. 48f.

132 Anders dagegen Toepffer (1997), S. 48, der nur die Einflußnahme auf die Schadenwahrscheinlichkeit einbezieht. Ebenso Breyer (1984), S. 289. Ex ante moral hazard zeigt sich beispielsweise in einer Verringerung der persönlichen Schadenverhütungsaktivitäten oder einer Veränderung der Lebensweise, indem etwa nach Abschluß einer Kranken- oder Unfallversicherung gefährlicheren Sportarten nachgegangen wird.

133 Vgl. Breyer (1984), S. 289.

134 Während ex post moral hazard zwar vorrangig in der Krankenversicherung aufgrund der dort vorherrschenden Bestimmung von Versicherungsleistungen zu beobachen ist, handelt es sich dennoch nicht um eine Besonderheit des Risikos Krankheit, wie Breyer und Zweifel (1997), S. 186 annehmen.

Berücksichtigt man zusätzlich die Wirkungen, die ein Versicherungsschutz auf die Anreiz- und Handlungsstruktur von Dritten ausübt, kann **externes moralisches Risiko** auftreten. Das externe moralische Risiko geht von den am Versicherungsverhältnis nur mittelbar beteiligten Personen aus.[135] Dritte können die Schadenverteilung direkt beeinflussen, indem sie das schadenrelevante Verhalten des Versicherungsnehmers aktiv steuern. Dieser Fall soll im folgenden als **aktives externes moral hazard** bezeichnet werden. Dagegen liegt ein **passives externes moral hazard** vor, wenn sich die mittelbar am Versicherungsverhältnis Beteiligten lediglich an die versicherungsinduzierten Verhaltensänderungen der Versicherungsnehmer anpassen.[136]

Abbildung III-3 gibt einen Überblick über die verschiedenen Ausprägungen von moral hazard.

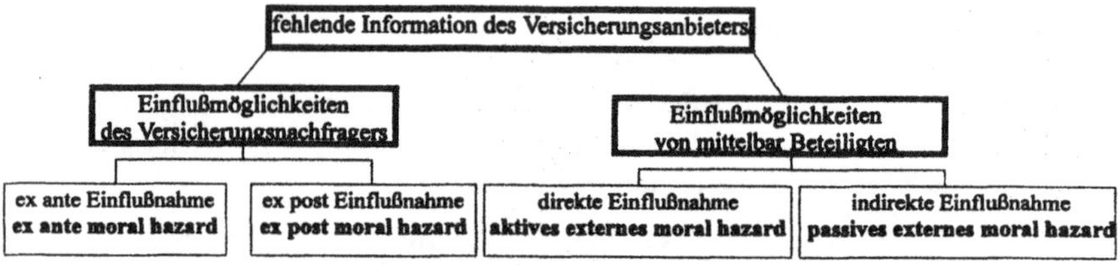

Abbildung III-3: Systematisierung alternativer Ausprägungen von moral hazard

Quelle: Eigene Darstellung

Aus Vereinfachungsgründen wird bei der Informationslage des Versicherungsanbieters nur der Extremfall »fehlende Information« betrachtet. Im anderen Sonderfall der »vollständigen Information« bei getrennter Beobachtbarkeit von Zufallsmechanismen und strategischem Verhalten des Versicherten wird moral hazard nicht existent.[137]

Es stellt sich nun die Frage, **ob die verschiedenen Formen von moral hazard** für den privaten Versicherungsmarkt **tatsächlich Relevanz besitzen.**

➢ **Ex ante moral hazard**

Im Falle des **ex ante moral hazards** kommt es immer dann zu allokativen Fehlentwicklungen, wenn der Versicherer die Einflußnahme des Versicherten auf seine Schadenverteilung nicht beobachten kann. Bei der Absicherung des Risikos **Krankheit** hat der Versicherungsnehmer zahlreiche Möglichkeiten sowohl Schadenwahrscheinlichkeit als auch –höhe zu beeinflussen.[138] In Kapitel II wurde die individuelle Prävention als zentrales risikopolitsches Instrumentarium identifiziert. Es bleibt nun allerdings zu vermuten, daß Versicherungsschutz

---

135 Zu einer ausführlichen Darstellung des externen moralischen Risikos für den Bereich der Krankenversicherung siehe Nell (1993), S. 144ff. Vgl. auch Eisen, Nell (1994), S. 221ff.

136 Vgl. Nell (1993), S. 145.

137 Daneben kann der Versicherer natürlich auch unvollkommene Informationen besitzen. Vgl. hierzu Nell (1993), S. 51.

138 Dagegen ist eine bewußte Herbeiführung des Schadenfalles wohl eher unwahrscheinlich.

und Präventionsmaßnahmen[139] in dem Sinne substitutiv sind, daß mit zunehmendem Versicherungsschutz der Umfang von Schadenverhütungsaktivitäten eingeschränkt wird und sich damit Schadenhöhe und –wahrscheinlichkeit vergrößern.

Kann der Versicherer die Schadenverhütungsaktivitäten des Versicherten beobachten, kommt es im Marktgleichgewicht bei Vollversicherung zu einer optimalen Allokation der Risiken. Der Versicherer kann die versicherungsinduzierte Verhaltensänderung internalisieren, indem er bei verhaltensabhängiger Tarifierung die Prämien entsprechend des Niveaus der Schadenverhütungsmaßnahmen und damit entsprechend der Schadenwahrscheinlichkeit und -höhe anpaßt. In dieser Situation besteht für staatliche Eingriffe keine Notwendigkeit.[140] Hat der Versicherer jedoch keine Informationen über die Schadenverhütungsaktivitäten seiner Kunden, kann er diese nicht unmittelbar in der Tarifierung berücksichtigen. Da das kollektive Äquivalenzprinzip erfüllt sein muß, wirkt sich das Niveau der Schadenverhütungsaktivitäten dennoch auf die Prämienhöhe aus. Allerdings ist die individuelle Prämie nicht von der eigenen Präventionsleistung, sondern nur von der Gesamtheit der Schadenverhütungsaktivitäten aller Versicherten abhängig, auf die der einzelne einen zu vernachlässigenden Einfluß hat.[141] Das moralische Risiko drückt sich in der Differenz zwischen optimalem Schadenverhütungsniveau bei verhaltensabhängiger Tarifierung und optimalem Schadenverhütungsniveau bei verhaltensunabhängiger Tarifierung aus. Dabei ist die Höhe der Differenz unmittelbar vom Deckungsgrad abhängig.[142] Die Bedeutung von moral hazard nimmt mit steigendem Dekkungsgrad zu, da der Grenznutzen zusätzlicher Schadenverhütungsmaßnahmen gegen Null geht und sich analog die individuellen Präventionsaktivitäten reduzieren. Somit kann bei asymmetrischer Informationsverteilung zu Lasten des Versicherungsanbieters im Marktgleichgewicht **kein First-Best-Optimum** mehr erreicht werden.[143] Es offenbart sich an dieser Stelle ein **trade-off** zwischen dem Ziel der optimalen Risikoallokation durch Versicherungsschutz und dem Ziel, das allokativ unerwünschte moral hazard-Verhalten zu reduzieren.[144]

Unter Berücksichtigung dieses Konfliktes haben die privaten Versicherungsanbieter die Möglichkeit, das versicherungsinduzierte moral hazard-Verhalten durch verschiedene Formen von

---

139 Es wird im folgenden davon ausgegangen, daß eine vollständige Schadenvermeidung nicht möglich ist und zudem alle Schadenverhütungsaktivitäten mit Kosten verbunden sind.

140 Vgl. hierzu die analytische sowie graphische Darstellung bei Strassl (1988), S. 43ff. und S. 61ff. Siehe auch Nell (1993), S. 57ff.

141 Der Einfluß des einzelnen ist umso geringer, je größer die Versicherungsgemeinschaft ist. Da sich die Gefahrengemeinschaft in der Regel aus einer Vielzahl von Wirtschaftssubjekten zusammensetzt, geht der individuelle Einfluß auf die Gesamtheit der Schadenverhütungsaktivitäten und damit auf die Prämienhöhe gegen Null.

142 Vgl. hierzu die formale Darstellung bei Nell (1993), S. 110ff. Vgl. auch Strassl (1988), S. 7ff.

143 Vgl. Strassl (1988), S. 50.

144 Vgl. zu diesem Konflikt Stiglitz (1983), S. 6.

Selbstbeteiligung zu verringern.[145] Ferner können die Versicherer die versicherungsinduzierte individuelle Präventionsreduktion durch eine Aufnahme von **Präventionsleistungen** in den Versicherungskatalog kompensieren und damit Schadenverhütungsaktivitäten der Versicherten auch gegen deren Willen erhöhen. Eine andere Möglichkeit besteht darin, bestimmte **Schadenfälle**, die in starkem Maße vom individuellen Verhalten abhängen, aus dem Versicherungsschutz **auszuschließen**.[146]

Im Bereich der privaten Pflegeversicherung zeigt sich das ex ante moralische Risiko in abgeschwächter Form. Im Gegensatz zum Risikotatbestand Krankheit sind die schadenrelevanten Faktoren im Falle des **Pflegerisikos** vom Versicherungsnehmer a priori nicht exakt zu bestimmen, so daß per se kaum Schadenverhütungsaktivitäten möglich sind. Dementsprechend fallen auch versicherungsinduzierte Verhaltensänderungen wenig ins Gewicht. Ferner führt das Pflegerisiko ebenso wie das Invaliditätsrisiko im Gegensatz zu den meisten Krankheitsrisiken zu einem unerwünschten Dauerzustand, so daß **versicherungsinduzierte Verhaltensänderungen weniger wahrscheinlich** sind.[147]

Im Falle des Risikotatbestandes **Arbeitslosigkeit** kann der Versicherungsnehmer die Schadenwahrscheinlichkeit erhöhen, indem er seine **Arbeitsleistung** nach Abschluß einer Arbeitslosenversicherung **einschränkt**, oder den Versicherungsfall durch **Eigenkündigung** bewußt herbeiführt. Im zweiten Fall sind Verhalten und Zufallsmechanismus jedoch getrennt voneinander beobachtbar, so daß die Gefahr des moral hazard nicht existent wird, wenn der Versicherer beispielsweise die Leistungsgewährung für Arbeitnehmerkündigungen vertraglich ausschließt. Dagegen ist eine Verhaltensbeobachtung im ersten Fall kaum möglich oder mit zu hohen Transaktionskosten verbunden. Allerdings ist der Versicherer zumindest in der Lage, das Problem der versicherungsinduzierten Verhaltensänderung durch eine zeitlich befristete Leistungsgewährung zu reduzieren,[148] die nur einen Anteil des vorherigen Arbeitsentgeltes abdeckt.

➢ **Ex post moral hazard**

Zentrale Bedeutung besitzt das **ex post moral hazard** für den **privaten Kranken- und Pflegeversicherungsmarkt**, da der Versicherer in diesen Bereichen nicht alle vertragsrelevanten Umweltzustände ex ante spezifizieren und ex post überprüfen kann. Die Versicherungsleistungen können stattdessen nur auf die Handlungen des Versicherten bezogen werden, woraus

---

145 Grundlegend zur Selbstbeteiligung siehe Schulenburg (1987). Primäres Ziel der Selbstbeteiligung ist, die Versicherten zu einem kostenbewußten Verhalten zu bewegen. Es kann dabei allerdings immer nur ein bestmöglicher Kompromiß angestrebt werden, bei dem der Nutzenzuwachs durch die Verringerung des Deckungsgrades mit dem Nutzenverlust verglichen werden muß, der aus der Reduktion des Versicherungsumfanges resultiert.

146 So wäre es beispielsweise denkbar, die Kostenerstattung für Sportunfälle oder alkoholbedingte Krankheiten zu verweigern.

147 Andererseits ist allerdings zu berücksichtigen, daß gerade die Vermeidung von Gesundheitsrisiken zu einer höheren Lebenserwartung führt und damit das Pflegerisiko steigt. Siehe Sievering (1996), S. 98.

148 So auch die Leistungspraxis in der parafiskalischen Arbeitslosenversicherung. Siehe exemplarisch § 129 SGB III.

sich für den Versicherten ein **diskretionärer Spielraum** ableiten läßt. Er kann mit seinem Nachfrageverhalten die Höhe der Versicherungsleistungen beeinflussen.

Das tatsächliche Verhalten des Versicherten hängt von der konkreten Ausgestaltung des Versicherungsvertrages ab.[149] Bezieht ein Versicherungsnehmer nur die von ihm selbst zu tragenden Kosten in seine Nachfrageentscheidung ein, wird der Mengeneffekt von der Höhe des Versicherungsumfanges determiniert. Bei verhaltensunabhängiger Tarifierung werden die zusätzlichen Kosten nicht unmittelbar dem Konsumenten aufgebürdet, so daß kein individueller Anreiz zur einseitigen Nachfragereduktion besteht. Die Versicherten befinden sich in einem **Gefangengendilemma**, bei dem individuelle Rationalität zu einem kollektiv ineffizienten Ergebnis führt.[150] Bei preiselastischer Nachfragefunktion wird ein versichertes Wirtschaftssubjekt seine Nachfrage über die Menge ausdehnen, die es ohne Versicherungsschutz gewählt hätte.[151] Der nutzenmaximierende Konsument fragt im Leistungsfall umso mehr medizinische Leistungen nach, je geringer der Selbstbeteiligungssatz ist.[152] Bei Vollversicherung sind die Leistungen aus Sicht des Versicherten kostenlos, so daß er seine Nachfrage bis zur Sättigungsmenge ausdehnen wird.[153] Die mit ex post moral hazard verbundenen Wohlfahrtsverluste sind somit umso größer, je geringer die Höhe der Selbstbeteiligung ist.[154]

Es offenbart sich wiederum ein **Zielkonflikt**, da eine optimale Risikoallokation und ein möglichst geringes ex post moral hazard nicht gleichzeitig erreicht werden können.[155] Zudem bleibt zu bedenken, daß die moral hazard-bedingten Wohlfahrtsverluste nur durch eine wirkungsvolle Nachfragerationierung reduziert werden können. Da eine freiwillige Kooperation der Versicherungsunternehmen kaum zustandekommt,[156] sind **hoheitliche Eingriffe** nötig.

---

149 Die Wirkungseffekte werden gewöhnlich mit Hilfe eines einfachen Nachfragemodells analysiert. Moral hazard kann dabei sowohl anhand einer versicherungsinduzierten Verminderung des zu zahlenden Preises als auch anhand einer Drehung der Nachfragefunktionen dargestellt werden, mit der die unterschiedlichen Ausprägungen der Preiselastizität der Nachfrage in Abhängigkeit von der Höhe des Versicherungsschutzes angezeigt werden. Vgl. hierzu exemplarisch Toepffer (1997), S. 51f. und die dort angegebenen Quellen. Für den Bereich der GKV siehe auch Grüske (1992), S. 16.

150 Vgl. Grüske (1992), S. 15. Zur grundlegenden Erläuterung des Gefangenendilemmas siehe Büschges, Abraham, Funk (1995), S. 128ff. Dasselbe Resultat erhält man auch unter Rückgriff auf die Gruppentheorie von Olson (1992).

151 Im Falle vollständiger Konkurrenz gilt: $p = GK$. Das Individuum wird ohne Versicherungsschutz einen Leistungsumfang nachfragen, für den gilt: $GN = p = GK$.

152 Vgl. für die Nachfrage nach Gesundheitsleistungen Breyer, Zweifel (1997), S. 226.

153 Vgl. Grüske (1992), S. 15.

154 Zur Diskussion alternativer Selbstbeteiligungsformen siehe Nell (1993), S. 151ff. Zur Ableitung des optimalen Vertragsmodelles siehe Breyer (1984), S. 300ff. Ebenso Breyer, Zweifel (1997), S. 226ff.

155 Vgl. Nell (1993), S. 137. Ebenso Breyer, Zweifel (1997), S. 230: „Dies ist die Folge der Notwendigkeit, zwischen zwei Übeln abwägen zu müssen: Wählt der Versicherte einen niedrigen Selbstbeteiligungssatz, so veranlaßt er sich selbst zum realtiv reichlichen (und damit kostenträchtigen) Konsum [...], und er begegnet der »Scylla« einer **hohen Versicherungsprämie**. Entscheidet er sich dagegen für einen hohen Selbstbeteiligungssatz, so läuft er der »Charybdis« einer nur **unvollkommenen Risikoabwälzung** in die Arme." [Hervorhebungen im Original].

156 So Strassl (1988), S. 92.

Anstelle einer parafiskalischen Monopolversicherung[157] hat der Staat aber die Möglichkeit, ein **Verbot von Mehrfachverträgen** zu erlassen und gleichzeitig den Versicherungsunternehmen eine **Meldepflicht** über alle abgeschlossenen Verträge aufzuerlegen.

Im Falle der **Arbeitslosenversicherung** äußert sich ex post moral hazard in Form einer versicherungsinduzierten **Verlängerung der Suchdauer.**[158] Allerdings sind die Versicherungen in der Lage, das moral hazard-Problem durch eine **zeitlich befristete** und in der Höhe **abgestufte Leistungsgewährung** einzudämmen. Der Risikotatbestand Arbeitslosigkeit ist somit unter den genannten Bedingungen grundsätzlich auf privaten Märkten versicherbar.[159]

➔ **Schlußfolgerung:** Die Ausführungen haben gezeigt, daß die privaten Versicherungsunternehmen über zahlreiche Instrumente verfügen, mit denen sie die Gefahr von ex ante als auch ex post moral hazard wirkungsvoll verringern können, so daß **Marktlösungen möglich** sind. Diese werden jedoch im Falle asymmetrischer Informationsverteilung stets **suboptimal** sein, da der trade-off zwischen optimaler Risikoallokation und einer wohlfahrtssteigernden Eindämmung von moral hazard immer existent bleibt. Auf der anderen Seite unterliegt jede **staatliche Versicherungsinstitution** demselben Konflikt, so daß auch von staatlichen Lösungen **keine Pareto-Verbesserung** zu erwarten ist. Stattdessen erhöht die gegenwärtige Ausgestaltung der Sozialversicherung sowohl den Anreiz zum ex ante als auch zum ex post moral hazard-Verhalten, da sie überwiegend einen Vollversicherungsschutz bietet.

➢ **Externes moralisches Risiko**

Das **externe moral hazard** ist dadurch gekennzeichnet, daß am Versicherungsverhältnis nicht unmittelbar Beteiligte die Schadenverteilung beeinflussen.

Unterstellt man den Arbeitgebern ein gewisses Maß an Fürsorgedenken gegenüber ihren Beschäftigten, so vergrößert die Existenz einer **Arbeitslosenversicherung** die **»hire-and-fire-Mentalität«**[160] auf Unternehmerseite.[161] Je umfangreicher die Lohnersatzleistungen ausfallen, desto mehr sinkt ihr innerer Widerstand gegen Kündigungen, so daß Entlassungen wahrscheinlicher werden. Darüber hinaus üben aber auch Gewerkschaften und Arbeitgeberverbände als Kollektive einen Einfluß auf die individuelle Schadenverteilung aus. Bei beiden Parteien äußert sich das externe moral hazard in Tarifverhandlungen durch eine versicherungsinduzierte **Geringschätzung des Beschäftigungszieles.** Während das moralische Risikoverhalten der Arbeitnehmervertreter durch eine eingeschränkte Leistungsgewährung vermindert werden kann, gelingt eine Beeinflussung der Unternehmer nur durch eine Internalisierung der durch Arbeitslosigkeit bedingten negativen externen Effekte. Eine derartige Internalisierungsstrategie kann nur erfolgreich sein, wenn die Arbeitgeber als Verursacher der negativen Externali-

---

157 Im Falle der staatlichen Monopolversicherung resultiert die Überlegenheit des Staates allein aus seiner Fähigkeit, die Gesamtnachfrage nach Versicherung wirksam zu rationieren. Siehe Strassl (1988), S. 92.

158 Vgl. hierzu die Ausführungen in Kapitel IV.

159 Vgl. Berthold (1988), S. 362.

160 Vgl. Minuz (1994), S. 7.

161 Vgl. hierzu Berthold, Külp (1987), S. 54. Siehe auch Berthold (1988), S. 362.

täten mit einer entsprechenden Kostenerstattung belangt werden. Der **Staat** hat die Möglichkeit, die Arbeitgeber durch gesetzliche Regelungen zu verpflichten, sich an der Finanzierung der Arbeitslosenversicherung zu beteiligen.[162] Auf Seiten der Versicherungsunternehmen bietet sich eine Staffelung der Arbeitgeberprämien in Abhängigkeit vom individuellen Entlassungsverhalten an. Eine solche Vorgehensweise birgt allerdings die Gefahr eines Konfliktes mit wachstums- und strukturpolitischen Zielsetzungen,[163] so daß diesem trade-off angemessen Rechnung zu tragen ist.

Eine spezifische Form der aktiven Beeinflussung der Schadenverteilung ergibt sich in Zusammenhang mit der angebotsinduzierten Nachfrage nach Versicherungsleistungen (**supplier induced demand**),[164] wie sie insbesondere für die Bereiche der **Pflege- und Krankheitsvorsorge** zu beobachten ist. Die nur mittelbar am Versicherungsverhältnis beteiligten Leistungsanbieter - Ärzte, ambulante Pflegedienste und Träger von Pflegeeinrichtungen - erlangen durch ihren Informationsvorsprung[165] einen Einfluß auf die Höhe und Struktur des Leistungsumfanges. Je stärker die Korrelation zwischen der abgesetzten Leistungshöhe und dem eigenen Einkommen ist, desto größer ist ihr Anreiz zu einer Mengenausweitung. Aus der angebotsinduzierten Nachfrage wird allerdings erst dann ein externes moral hazard, wenn der Versicherungsschutz das Induktionsverhalten »positiv« beeinflußt.

Unterstellt man, daß ein hoher Deckungsgrad die Nachfrageinduzierung erleichtert, so sind Versicherungsschutz und Leistungsanbieter-Patienten-Beziehung interdependent und es kann von einem **aktiven externen moral hazard** gesprochen werden.[166] Darüber hinaus tangiert eine Pflegeversicherung auch das Angebotsverhalten privater Leistungserbringer - in erster Linie Familienangehörige und Freunde (**passives externes moral hazard**). Da ihre privaten Pflegedienste mit gewichtigen Opportunitätskosten verbunden sind, werden sie einen Anreiz haben, pflegebedürftige Personen zu bewegen, Leistungen der Pflegeversicherung in Anspruch zu nehmen.[167] Auf diese Weise ist ihre versicherungsinduzierte Verhaltensänderung ebenfalls mit Rückwirkungen auf die Schadenverteilung verbunden, so daß die Voraussetzungen des externen moral hazard erfüllt sind.

---

162 Vgl. Berthold (1988), S. 363. Die anteilige Prämienfinanzierung kann das externe moral hazard-Verhalten allerdings nur dann wirkungsvoll eindämmen, wenn es den Arbeitgebern nicht gelingt, diese »zusätzlichen« Kosten weiterzugeben. Zu den Überwälzungsmöglichkeiten der Arbeitgeberbeiträge siehe Kapitel IV.

163 So kann möglicherweise ein notwendiger Strukturwandel nur durch Kündigungen vollzogen werden, die bei einer Staffelung der Arbeitgeberbeiträge nach dem individuellen Entlassungsverhalten erschwert werden.

164 Grundlegend zur supplier induced demand bei ambulanten Arztleistungen siehe Breyer, Zweifel (1997), S. 242ff. Vgl. auch Toepffer (1997), S. 60ff. Der angebotsinduzierten Nachfrage liegt die principal-agent-Theorie zugrunde, die auf der Annahme einer asymmetrischen Informationsverteilung zu Gunsten des Leistungsanbieters beruht. Zur principal-agent-Beziehung zwischen Arzt und Patient siehe Breyer, Zweifel (1997), S. 243ff.

165 Fritsch, Wein, Ewers (1996), S. 218 sprechen in diesem Zusammhang von einer »zweifachen Informationsasymmetrie«.

166 Stoddart und Barer (1981), S. 155ff. weisen nach, daß die kombinierte Wirkung von moralischem Risiko des Versicherungsnehmers und externem moral hazard gewichtige Implikationen für die Einschätzung der Wohlfahrtsverluste hat.

167 Vgl. Sievering (1996), S. 125. Vgl. auch die Ausführungen in Kapitel IV.

➔ **Schlußfolgerung:** Das Auftreten von externem moral hazard-Verhalten begründet **keine parafiskalische Zwangsversicherung**, da das wohlfahrtsschädliche Verhalten Dritter mit denselben marktfördernden Instrumenten von privater Versicherungswirtschaft und Staat bekämpft werden kann wie das interne moralische Risiko auch.

- **Asymmetrische Informationsverteilung zu Lasten der Versicherungsnachfrager**

Abschließend soll noch der Fall der asymmetrischen Informationsverteilung zu Gunsten des Versicherungsanbieters untersucht werden.

Aufgrund eines umfangreichen versicherungsspezifisch-technischen Wissens kann ein Informationsvorteil auf Seiten des Versicherungsanbieters unterstellt werden. Da es für den Versicherten unmöglich beziehungsweise mit prohibitiv hohen Transaktionskosten verbunden ist, das Verhalten des Versicherers zu kontrollieren, können Verhaltensänderungen des Versicherungsanbieters nach Vertragsabschluß nicht vermieden werden. Der Versicherungsanbieter kann während der Vertragslaufzeit seine **Versicherungsmodalitäten** zu Ungunsten des Versicherten **verändern**, da Kontraktabschluß und Leistungsgewährung in der Regel zeitlich auseinanderfallen. So kann er die zeitliche Differenzierung ausnutzen, um die Versicherungsleistungen gänzlich zu verweigern oder die Leistungsmodalitäten aus Sicht des Versicherten zu verschlechtern.[168]

Eine **staatliche Zwangsversicherung** erweist sich allerdings nur dann als sinnvoll, wenn die allokativen Unzulänglichkeiten des Marktes nicht durch Maßnahmen mit geringerer Eingriffsintensität zu beseitigen sind. Der Staat hat aber beispielsweise der Möglichkeit der moral hazard-Gefahr mit Hilfe des **Verbraucherschutzes** zu begegnen.[169]

➔ **Schlußfolgerung:** Dem Staat stehen vielfältige marktfördernde Instrumente zur Verfügung, mit denen er das moral hazard-Verhalten wirkungsvoll eindämmen kann, so daß eine **marktsubstituierende Methode nicht erforderlich** ist.

II. Unbefriedigende Marktergebnisse

1. Bestandsunsicherheit einer privaten Versicherung

Versicherungen unterliegen - wie alle anderen Unternehmen am privaten Markt - einem **Existenzrisiko**, das im Extremfall zum Ruin führt. Es ist gerade ein Zeichen vollkommener Konkurrenz, daß im langfristigen Gleichgewichtszustand alle submarginalen Anbieter aus dem Markt ausgeschieden sind.[170] Sofern Effizienzgesichtspunkte über den Marktaustritt entscheiden, liegen keine Störungen des Wettbewerbsmechanismus vor, und der Markt führt ceteris paribus zu einem allokativen Optimum.[171] Scheiden jedoch Versicherungsunternehmen aus

---

168 Vgl. Martins de Oliveira (1999), S. 34. Siehe hierzu auch die Ausführungen zur langfristigen Bestandsunsicherheit von privaten Versicherungen in Abschnitt B.II.1.

169 Zum Verbraucherschutz siehe Farny (1995b), S. 95. So ist der Versicherer beispielsweise nach § 10 a VAG verpflichtet, den Versicherungsnehmer in einer schriftlichen Verbraucherinformation über die für das Versicherungsverhältnis maßgeblichen Tatsachen und Rechte vor und nach Vertragsabschluß zu unterrichten.

170 Vgl. hierzu Neumann (1995), S. 34.

171 Vgl. hierzu auch die Ausführungen zur ruinösen Konkurrenz.

dem Markt aus, gehen die Konsequenzen für die Versicherungsmitglieder über die negativen Folgewirkungen »normaler« Güter- und Dienstleistungskonsumenten hinaus. Im ungünstigsten Falle verlieren sie durch ihre Prämienzahlungen bereits erworbene Sicherheitsansprüche.[172] Vor dem allgemein anerkannten Ziel **»soziale Sicherheit«** besteht ein unmittelbares Interesse, derartige Sicherheitsrisiken zweiter Hand auszuschließen.

Es stellt sich nun die Frage, **ob Versicherungsunternehmen tatsächlich einer langfristigen Bestandsunsicherheit unterliegen**. Kann diese Frage bejaht werden ist weiterhin zu prüfen, ob sich hieraus unmittelbar die Notwendigkeit einer staatlichen Zwangsversicherung ableiten läßt.

Wie bereits in Kapitel II erörtert, setzt sich das unternehmerische Gesamtrisiko »Ruin« aus verschiedenen Einzel- und Teilrisiken zusammen.[173] Spezifisches Risiko eines Versicherungsunternehmens ist das versicherungstechnische Risiko, dem der Versicherer im Sinne eines arteigenen Risikos unterliegt. Die Unsicherheiten, die mit dem Risikogeschäft verbunden sind, lassen sich zwar durch eine Kalkulation auf Basis des Gesetzes der großen Zahlen in Verbindung mit dem kollektiven Risikoausgleich minimieren; jedoch nicht vollständig beseitigen. Neben den Aufwendungen für die Versicherungsleistungen unterliegen aber auch alle anderen Strom- und Bestandsgrößen des Versicherungsunternehmens zahlreichen Risiken.[174] Abbildung III-4 gibt einen Überblick über die zentralen Risikoanknüpfungspunkte im Versicherungsunternehmen.

Auf der anderen Seite verfügen Versicherungsunternehmen jedoch über ein breites Spektrum **sicherheitspolitischer Instrumente**. Gemäß dem Oberziel »Erhaltung des Versicherungsunternehmens« sind die risikopolitischen Maßnahmen darauf ausgerichtet, die Liquidität des Versicherungsunternehmens zu garantieren und einem Verlust des Eigenkapitals entgegenzuwirken.[175] Um dies zu gewährleisten können die Versicherungen neben informationsverbessernden Instrumenten vor allem risikoursachen- sowie risikowirkungsbezogene Maßnahmen einsetzen.[176]

Während die Maßnahmen der Informationsverbesserung – insbesondere Marktforschung sowie Analyse der versichernden Risiken und der zu regulierenden Schäden – den Grad der Ungewißheit in der Versicherungspraxis minimieren, dienen risikoursachenbezogene Maßnahmen der Vermeidung und Begrenzung der versicherungsrelevanten Risiken. Kann das Existenzrisiko durch diese präventiv orientierten Instrumente nicht vollständig vermieden wer-

---

[172] Es wurde bereits gezeigt, daß das Problem der adversen Selektion im Modell eines wettbewerblichen Versicherungsmarktes dazu beitragen kann, daß immer wieder weniger leistungsfähige Versicherungsanbieter aus dem Markt gedrängt werden. Durch den Marktaustritt werden die Ansprüche der Versicherten an das Versicherungsunternehmen vernichtet. Vgl. auch Toepffer (1997), S. 82.

[173] Zur Systematisierung der Einzel- und Teilrisiken siehe Farny (1995b), S. 450f.

[174] Zu den versicherungseigenen Risiken siehe auch Schönbäck (1980), S. 58f.

[175] Vgl. auch Farny (1995b), S. 446.

[176] Für einen Überblick über das risikopolitische Instrumentarium siehe ders. (1995b), S. 452ff. Als primäre Maßnahme zur Abdeckung des versicherungstechnischen Risikos dient die Rückversicherung. Vgl. Koch (1998b), S. 57.

den, verfügt das Versicherungsunternehmen in der Regel über zusätzliche geld(-werte) Mittel, mit denen ein finanzieller Ausgleich im Falle der Risikorealisation ermöglicht wird.

Da es mit Hilfe dieses risikopolitischen Instrumentariums gelingt, das Existenzrisiko zu reduzieren, verliert das Argument der langfristigen Bestandsunsicherheit von privaten Versicherungsunternehmen an Bedeutung. Zusätzlich hat der **Staat** die Möglichkeit, sicherheitsspezifische Vorschriften im Sinne von **Solvabilitätsnormen** zu erlassen.[177]

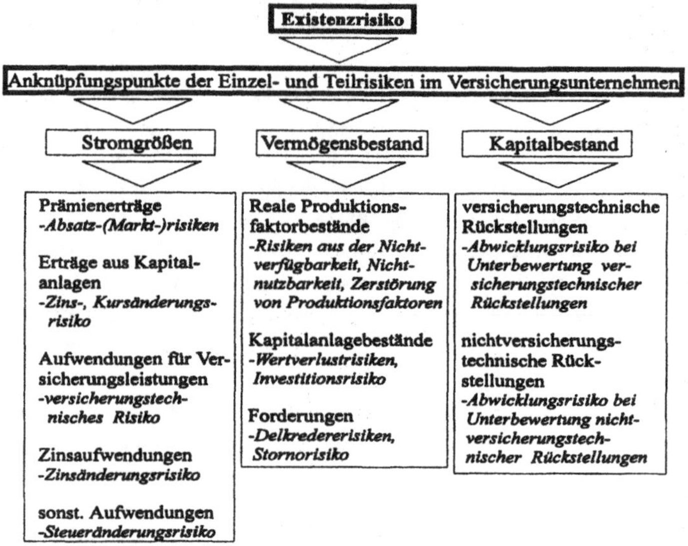

Abbildung III-4: Risikoanknüpfungspunkte im Versicherungsunternehmen

Quelle: Eigene Darstellung in Anlehnung an Farny (1995b), S. 453f.

➔ **Schlußfolgerung:** Private Versicherungsunternehmen sind zwar einer großen Anzahl versicherungsspezifischer sowie allgemeiner Existenzrisiken ausgesetzt. Sie verfügen aber über ein breites risikopolitisches Maßnahmebündel, das von staatlicher Seite durch gesetzliche Vorschriften ergänzt werden kann, um die Bestandsunsicherheit zu reduzieren. Eine staatliche Zwangsversicherung läßt sich mit Hinweis auf das Existenzrisiko privater Versicherungen **nicht hinreichend begründen**.

[177] Derartige Solvabilitätsregeln finden sich im VAG. Der Staat verpflichtet die Versicherungsunternehmen zu einer Mindestausstattung mit Solvabilitätsmitteln. Wird die Mindestausstattung mit Eigenmitteln unterschritten, sind aufsichtsbehördliche Sanktionen die Folge, die nach § 81 b I VAG zur Wiederherstellung gesunder Finanzverhältnisse führen sollen.

2. *Meritorische Argumente für staatliches Eingreifen*

Der Staat kann in bestimmten Fällen, in denen der Markt aus seiner Sicht unerwünschte Ergebnisse hervorbringt, in die individuelle Konsumwahl eingreifen und die Wirtschaftssubjekte auch gegen deren faktisches Interessse mit meritorischen Gütern versorgen.[178] Meritorische Staatseingriffe[179] sind gerechtfertigt, wenn die Wirtschaftssubjekte entweder eine **verzerrte Präferenzstruktur** aufweisen oder extrem **risikoavers** sind.

- **Verzerrte Präferenzstruktur**

Staatliche Eingriffe lassen sich rechtfertigen, wenn das Selbstbestimmungskriterium aufgrund verzerrter Präferenzen nicht hinreichend erfüllt ist und hierdurch die tatsächliche Versicherungsnachfrage unter der politisch gewünschten Nachfrage liegt.[180] Die suboptimale Versicherungsnachfrage liegt darin begründet, daß die Individuen die Kosten einer Versicherung über- und den Nutzen unterschätzen.

Verzerrte Präferenzen resultieren entweder aus einem **individuellen Informationsdefizit**[181] der Versicherungsnachfrager oder lassen sich mit der **Irrationalität der Entscheidung** begründen.[182] Beide Faktoren tragen dazu bei, daß die Wirtschaftssubjekte zukünftige Bedürfnisse systematisch unterschätzen.[183] Dieser Aspekt spielt gerade bei der langfristigen Einkommenssicherung eine zentrale Rolle, wie sie bei den meisten sozialen Risiken - insbesondere der Tatbestände **Alter** und **Pflegebedürftigkeit** - nötig ist. Dagegen ist die intertemporale Umschichtung von Lebenseinkommen bei der Absicherung der Risiken Krankheit, Unfall und Arbeitslosigkeit nicht so stark ausgeprägt. Das Argument der Minderschätzung zukünftiger Bedürfnisse hat für diese Bereiche nur eine sekundäre Bedeutung.

Die **individuelle Unkenntnis** hinsichtlich der Nutzen-Kosten-Abschätzung einer Versicherung liegt insbesondere in der **Unsicherheit bezüglich der eigenen Risikosituation** begründet.[184] Jede Entscheidung über die Absicherung sozialer Risikotatbestände stellt eine Entscheidung unter Unsicherheit dar, so daß ein gewisses Maß an Uninformiertheit unvermeidlich ist. Der **Staat** hat allerdings die Möglichkeit durch eine gezielte Bereitstellung von Infor-

---

178 Diese Sichtweise entspringt der paternalistischen Staatsauffassung. Vgl. Rosen, Windisch (1992), S. 362. Zu deren Kritik siehe die Ausführungen an späterer Stelle.

179 Meritorische Güter sind dadurch gekennzeichnet, daß sie nach Ansicht der politischen Entscheidungsträger in zu geringem Umfang nachgefragt werden, aber allen Individuen unabhängig von deren individuellen Präferenzen zukommen sollen. Der Umfang des meritorischen Güterbedarfes wird im politischen Willensbildungsprozeß bestimmt. Vgl. Recktenwald (1983), S. 380. Siehe auch Sievering (1996), S. 178.

180 Vgl. auch Berthold (1988), S. 341. In der Literatur werden meritorische Argumente als zentrale Begründung für die Sozialversicherung angeführt. Vgl. exemplarisch Krupp (1988), S. 505.

181 Da die Informationsbeschaffung mit zusätzlichen Kosten verbunden ist, kann die individuelle Uninformiertheit durchaus rational sein.

182 Siehe Sievering (1996), S. 179. Vgl. auch Brümmerhoff (1996), S. 94. Berthold (1988), S. 349 gesteht dem Problem unzureichender Information in entwickelten Volkswirtschaften per se keine zentrale Rolle zu.

183 Vgl. Berthold (1988), S. 362.

184 Vgl. zu dieser Frage die Ausführungen in Kapitel II. Dabei ist der Nutzen einer Versicherungslösung umso schwerer abzuschätzen je weiter er in der Zukunft liegt. Vgl. Sievering (1996), S. 179. Da im Falle sozialer Risiken Versicherungsverträge meistens über einen längeren Zeitraum geschlossen werden, müssen Veränderungen der Umweltzustände in die Entscheidung einbezogen werden.

mationen die Unsicherheit auf ein objektiv unabwendbares Maß zu reduzieren. Insbesondere können **informationspolitische Maßnahmen** dazu dienen, den Wissensstand der Individuen über verschiedene Versicherungsformen und -bedingungen zu erhöhen und ein Problembewußtsein für soziale Risikosituationen zu schaffen.[185] Angesichts der in den letzten Jahren kontrovers geführten öffentlichen Diskussion über die Alters-, Gesundheits- und Pflegevorsorge kann der Bevölkerung zwar kaum mangelndes Problembewußtsein bescheinigt werden, wobei allerdings weiterhin eine residuale Informationslücke bestehen bleibt.

Aus Sicht des Staates fehlerhafte Entscheidungen können auch aus der **Rationalitätenfalle** resultieren, der die Entscheidungsträger bei langfristigen Planungen unterliegen.[186] Die Wirtschaftssubjekte schätzen gegenwärtigen höher als zukünftigen Konsum ein und werden deshalb nur ungenügend Vorsorge treffen. Der große Umfang privater Lebensversicherungen[187] widerspricht dieser These allerdings ebenso wie die Anzahl weiterer privater Zusatzversicherungen,[188] die in Verbindung mit den gesetzlichen Versicherungsverträgen den verbreiteten Wunsch nach lückenloser Absicherung wiederspiegeln. Ein weiterer Grund irrationalen Verhaltens besteht in der **falschen Wahrnehmung der Realität**, die dadurch gekennzeichnet ist, daß die Individuen ihre subjektive Risikowahrscheinlichkeit systematisch unterschätzen.[189]

Eine über informationspolitische Maßnahmen hinausgehende **staatliche Aktivität** ist nur dann zu rechtfertigen, wenn die aufgrund verzerrter Präferenzen getroffenen Fehlentscheidungen von **existentieller Bedeutung** und zudem **irreversibel** sind.[190] Mangelnde private Vorsorge wird nur dann zu einer existenzgefährdenden Bedrohung, wenn man von jeglichen Staatsaktivitäten abstrahiert.[191] Während Entscheidungen gegen eine Absicherung der Risikotatbestände Arbeitslosigkeit, Unfall und Krankheit in der Regel zu jedem Zeitpunkt revidiert werden können, ist dies bei der **Alters-** und **Pflegevorsorge** nur in eingeschränktem Maße möglich.[192] Diese Tatsache rechtfertigt jedoch nicht zwangsläufig eine parafiskalische

---

185 Vgl. Sievering (1996), S. 185.

186 Zur Nichtrationalität siehe Fritsch, Wein, Ewers (1996), S. 273ff. Zur Interpretation des Phänomens der Minderschätzung zukünftiger Bedürfnisse als Rationalitätenfalle siehe Herder-Dorneich (1992), S. 85.

187 Im Jahr 1996 gab es in der BRD 85,4 Mio. Lebensversicherungsverträge. Siehe Koch (1998b), S. 249.

188 Zur »Arbeitsteilung« zwischen staatlicher und privater Versicherung in der BRD siehe insbesondere Zweifel (1996), S. 245ff. Ders. (1996), S. 260ff. leitet in diesem Zusammenhang auch interessante Schlußfolgerungen ab, wie der Sicherungseffekt des Gesamtsystems durch eine Umgestaltung der Kooperation zwischen Sozial- und Privatversicherung gesteigert werden kann.

189 Siehe Sievering (1996), S. 181. Er schlägt eine staatliche Subventionierung des Gutes Versicherung vor, bei der sich der Subventionssatz am individuellen Grad der Wahrnehmungsverzerrung bemißt. Ders. (1996), S. 186. Da die subjektive Risikoeinschätzung allerdings nicht oder nur unter hohem Kostenaufwand ermittelt werden kann, erscheint dieser Lösungsansatz wenig hilfreich.

190 Vgl. Berthold (1990), S. 173. Siehe auch Rosen, Windisch (1992), S. 362.

191 Im bundesdeutschen Sozialstaat würde dagegen mangelnde private Vorsorge auch ohne parafiskalische Sozialversicherung nicht zu einer Verarmung der betroffenen Personen führen, da diese nach § 4 BSHG bei Bedürftigkeit einen Anspruch auf Sozialhilfe haben. Diese Form der Absicherung führt allerdings - im Gegensatz zur Sozialversicherungslösung - lediglich zu einer Internalisierung der Nutzen für die anspruchsberechtigten Bedürftigen, während die Kosten weitestgehend externalisiert sind.

192 Je näher der Verrentungszeitpunkt rückt, desto weniger ist die getroffene Entscheidung noch umkehrbar. Vgl. Berthold (1988), S. 356. Dies gilt in abgeschwächter Form auch für den Fall der Pflegevorsorge.

Zwangsversicherung.[193] Stattdessen kann der Staat auch eine **allgemeine Versicherungspflicht** einführen. Die Risikovorsorge kann dann weiterhin auf privaten Märkten durchgeführt werden.[194]

Ferner ist auch **grundsätzliche Kritik am Konzept meritorischer Güter** zu üben.[195] Eine vom individualistischen Ansatz ausgehende Wohlfahrtstheorie verbietet staatliche Eingriffe in die individuellen Präferenzen. Bedenklich sind insbesondere Interventionen, die allein deshalb erfolgen, weil die politischen Entscheidungsträger ihre Präferenzen als überlegen ansehen und allen Bürgern auferlegen wollen.[196] Es erscheint insbesondere unter der Prämisse der Eigennutzenmaximierung fraglich, ob die politischen Willensbildungsträger fähig und geneigt sind, optimale Entscheidungen für die Gesellschaft zu treffen.

- **Mangelnde Risikoaversion**

Abschließend wird noch der Frage nachgegangen, inwiefern es allein aufgrund **mangelnder Risikoaversion** der Wirtschaftssubjekte zu einem unbefriedigenden Marktergebnis kommen kann.[197]

Ein Versicherungsvertrag wird nur abgeschlossen, wenn der Nutzen der Versicherungslösung *U(V)* den Erwartungsnutzen der Nichtversicherung $E[U(NV)]$ übersteigt, so daß gilt:

(III-2) $U(V) \geq E[U(NV)]$.[198]

Bei Annahme von **Risikovorliebe**[199] kommt selbst bei aktuarisch fairen Prämien, die am individuellen Erwartungsschaden orientiert sind, keine Versicherungslösung zustande. Aufgrund empirischer Ergebnisse erweist sich jedoch der Fall großer Risikofreude für die Praxis als unbedeutende Randerscheinung,[200] so daß keine Notwendigkeit für staatliche Eingriffe gegeben ist.

Geht man von **risikoaversem Verhalten** der Wirtschaftssubjekte aus, existieren ebenfalls Fälle, in denen kein Versicherungsvertrag abgeschlossen wird. Sind die Transaktionskosten je Versicherten $k > 0$, so erhöht sich die Risikoprämie um k.[201] Ein Versicherungsvertrag kommt nur dann zustande, wenn die maximal akzeptierte Prämie die angebotene Mindestprämie nicht unterschreitet. Das Ergebnis hängt von der Stärke der Krümmung der konkaven Nutzenfunk-

---

193 So auch Eisen (1984), S. 111. Ebenso Berthold (1990), S. 172.

194 Dieser Weg wurde auch bei der privaten Pflegepflichtversicherung beschritten. Vgl. hierzu die Ausführungen in Kapitel II.

195 Vgl. auch Brümmerhoff (1996), S. 95f. sowie Rosen, Windisch (1992), S. 363.

196 Siehe Brümmerhoff (1996), S. 95.

197 Vgl. auch die Ausführungen in Kapitel II.

198 Vgl. Kapitel II.

199 Risikofreude wird durch eine Nutzenfunktion abgebildet, die über den gesamten Unsicherheitsbereich konvex verläuft. Vgl. Sinn (1989), S. 71f.

200 Vgl. den empirischen Überblick bei Beck (1980), S. 568ff.

201 Vgl. Kapitel II. Es wird an dieser Stelle vollkommene Konkurrenz am Versicherungsmarkt vorausgesetzt, so daß ein Versicherungsvertrag keinen Gewinn abwirft und entsprechend auch keine Gewinnkomponente η berücksichtigt werden muß.

tion ab, die Auskunft über den Grad der individuellen Risikoaversion gibt.[202] Je rascher der Grenznutzen des Einkommens mit zunehmendem Einkommen sinkt, desto größer kann das maximale *k* und damit die Prämie sein, zu der das Individuum gerade noch einen Versicherungsvertrag abschließt. Die Höhe des maximal akzeptierten Differenzbetrages π zwischen tatsächlicher Versicherungsprämie und Nettorisikoprämie ist dabei abhängig vom individuellen Erwartungsschaden, der durch Schadenwahrscheinlichkeit und –höhe bestimmt wird. Es läßt sich bei einer gegebenen konkaven Nutzenfunktion für jeden Wert der Transaktionskosten *k* ein Intervall bestimmen, innerhalb dessen der individuelle Erwartungsschaden liegen muß, damit ein Versicherungsvertrag zustandekommt. Die Versicherungsintervalle sind dabei umso größer, je kleiner die Transaktionskosten sind.[203]

Die Fälle, in denen die Individuen aufgrund einer sehr geringen individuellen Schadenhöhe auf den Abschluß eines Versicherungsvertrags verzichten, erfordern **keinen staatlichen Eingriff**, da davon auszugehen ist, daß »Bagatellschäden« aus eigener Kraft beglichen werden können. Dagegen können **staatliche Aktivitäten gerechtfertigt** werden, wenn die Wirtschaftssubjekte bei äußerst geringer Schadenwahrscheinlichkeit, aber großer relativer Schadenhöhe auf eine private Kollektivvorsorge verzichten, wie dies beispielsweise bei seltenen Arten von behandlungsintensiven Krankheiten vorkommt. Allerdings kann der Gefahr einer existenzbedrohenden Unterversicherung wiederum dadurch begegnet werden, daß anstelle einer parafiskalischen Zwangsversicherung für bestimmte soziale Risikotatbestände eine **allgemeine Versicherungspflicht** eingeführt wird.

➔ **Schlußfolgerung:** Die **Prämissen**, auf die sich meritorische Staatseingriffe gründen, **liegen** bei den meisten Versicherungsentscheidungen **nicht vor**. Vielmehr zeigt die private Versicherungspraxis, daß die Wirtschaftssubjekte durchaus eine Absicherung sozialer Risiken anstreben.[204] Selbst wenn man verzerrte Präferenzen und eine Minderschätzung zukünftiger Bedürfnisse unterstellt, kann diesen entscheidungsrelevanten Bedingungen durch eine systemkonforme Informationspolitik entgegengewirkt werden. Weiterhin besteht die Möglichkeit, alle Bürger zum Abschluß eines privaten Versicherungsvertrages zu zwingen. Mit meritorischen Argumenten läßt sich **ebensowenig** wie mit dem Aspekt mangelnder Risikoaversion eine **staatliche Zwangsversicherung** zur Absicherung der sozialen Risikotatbestände **begründen**.

---

202 Vgl. Schönbäck (1980), S. 33.

203 Vgl. Schönbäck (1980), S. 38f.

204 So belief sich beispielsweise der Anlagebestand der privaten Versicherungswirtschaft in der BRD Ende 1996 auf 1.221 Mrd. DM, von denen drei Viertel der Alters- und Hinterbliebenenversorgung dienten. So Koch (1998b), S. 68. Das Argument einer verzerrten Präferenzstruktur verliert weiter an Bedeutung, wenn man von einer Ausgangssituation ohne jegliche Staatseingriffe abweicht und von bestehenden staatlichen Grundsicherungseinrichtungen ausgeht. Beziehen die Individuen die Sozialhilfegarantie in ihre Entscheidung ein, kann mangelnde Risikovorsorge durchaus individuell rational - wenngleich auch nicht gesellschaftlich erwünscht - sein. Somit kann auch die geringe Anzahl privater Pflegeversicherungsverträge vor Einführung der GPV nicht als Hinweis auf verzerrte Präferenzen gewertet werden, da die Individuen unter gewissen Umständen einen Anspruch auf Hilfe zur Pflege nach § 68f. BSHG hatten. Dementsprechend verliert auch die meritorische Begründung der GPV an Bedeutung.

3. *Distributives Versagen am privaten Versicherungsmarkt*

Am privaten Versicherungsmarkt wird simultan zu jedem Allokationsergebnis auch ein bestimmter Verteilungszustand erreicht. Werden die Marktergebnisse aus verteilungspolitischen Gründen abgelehnt,[205] können staatliche Eingriffe mit dem Argument des distributiven Marktversagens gerechtfertigt werden.[206]

Im folgenden soll daher der Frage nachgegangen werden, ob die versicherungswirtschaftlichen Verteilungsergebnisse aus Gerechtigkeitsmotiven abzulehnen sind. Bevor jedoch eine distributive Marktversagensanalyse durchgeführt werden kann, muß der **normative Wertmaßstab** konkretisiert werden, an dem die realisierten Marktergebnisse gemessen werden. Da das vorliegende Kapitel das Ziel verfolgt, Rechtfertigungsgründe für die parafiskalische Zwangsversicherung herauszuarbeiten, ist es sinnvoll, die mit der Sozialversicherung angestrebten Gerechtigkeitsmaximen als Beurteilungskriterium heranzuziehen. Als wesentliche Gerechtigkeitsprinzipien wurden in Kapitel I die **Leistungs-, Bedarfs-, vertikale** und **horizontale Ausgleichsgerechtigkeit**, sowie die **Leistungsfähigkeitsgerechtigkeit** und die **Chancengleichheit** herausgearbeitet. Staatliche Eingriffe in den privaten Versicherungsmarkt sind nur dann gerechtfertigt, wenn der Markt diesen Prinzipien nicht oder nur unzureichend gerecht wird.

Im Gegensatz zu den anderen Kriterien handelt es sich jedoch beim Prinzip der **Leistungsgerechtigkeit** nicht um ein vorrangig distributiv orientiertes Gerechtigkeitskriterium. Leistungsgerechtigkeit im weitesten Sinne liegt vor, wenn das Sicherungssystem keine systematische interpersonelle Umverteilung bewirkt. Dies ist immer dann der Fall, wenn das Äquivalenzprinzip zur Anwendung kommt. Die Ausführungen in Kapitel II haben gezeigt, daß die Individualversicherung am versicherungstechnischen Äquivalenzprinzip ausgerichtet ist. Eine »Umverteilung« von Einkommen findet lediglich im Rahmen des versicherungstechnischen Risikoausgleiches sowie der intertemporalen Ressourcenallokation statt. Da diese Umschichtungen jedoch keine systematische Redistributionskomponente beinhalten,[207] gehorcht die Individualversicherung weitgehend dem Prinzip der Leistungsgerechtigkeit, so daß staatliche Eingriffe unter dem Aspekt der Leistungsgerechtigkeit per se überflüssig sind.

a) Bedarfsgerechtigkeit

Die Bedarfsgerechtigkeit wird im folgenden nicht auf einen politisch zugebilligten Mindestbedarf bezogen, der in seiner allgemeinen Ausprägung durch das staatliche Fürsorgesystem gewährleistet wird.[208] Interpretiert man aber den Mindestbedarf im Sinne eines Anrechtes zum Beispiel auf bestimmte Gesundheits- und Pflegeleistungen, dementsprechend jedes Wirtschaftssubjekt - unabhängig von seiner individuellen Zahlungsfähigkeit - in den Genuß spezi-

---

205 Grüske (1985), S. 121 weist darauf hin, daß distributive Aspekte für den Markt insofern keine Rolle spielen, „[...] als jede Verteilung, die dem Ziel der höchstmöglichen Effizienz gerecht wird, als in seinem Sinne optimal eingestuft werden kann."

206 Kritisch zu Sinn und Zweck einer distributiven Marktversagensanalyse siehe Grüske (1985), S. 116.

207 Vgl. zur Differenzierung der Umverteilungseffekte insbesondere Kapitel V.

208 Vgl. auch die Abgrenzung in Kapitel I.

fischer Gesundheitsgüter kommen soll,[209] so wird dieser Aspekt durch die Ausführungen zur Chancengleichheit weitestgehend abgedeckt. Wenn man eine Grundversorgung für jedermann sicherstellen will, „[...] ist ein Versagen des Marktes bei der umfassenden Bereitstellung von Versicherung zur Finanzierung dieses Bedarfs in gewissen Grenzen unausweichlich."[210]

Bezieht man das Kriterium der Bedarfsgerechtigkeit dagegen auf einen darüber hinausgehenden, objektivierten Bedarf, so ist damit die Forderung verbunden, Versicherungsleistungen allein nach Bedarfskriterien und unabhängig von den Vorleistungen der Versicherten zuzuteilen.

Da in Versicherungsunternehmen stets das kollektive Äquivalenzprinzip erfüllt sein muß, müssen die übermäßigen Leistungen für schlechte Risiken zwangsläufig von den guten Risikogruppen mitfinanziert werden. Eine bedarfsgerechte Leistungsgewährung läßt sich jedoch am privaten Versicherungsmarkt nicht durchsetzen. Es gibt am Wettbewerbsmarkt immer Versicherungsunternehmen, die ihre Gewinnchancen ausnutzen wollen und guten Risiken attraktivere Angebote mit günstigeren Prämien-Leistungsrelationen unterbreiten werden. Sobald solche Kontrakte angeboten werden, wird der Prozeß der **adversen Selektion** in Gang gesetzt.

Es zeigt sich somit, daß nur eine staatliche **Monopolversicherung mit Zwangscharakter** die Leistungsgewährung langfristig an Bedarfskriterien orientieren kann.

➔ **Schlußfolgerung:** Die Form der **Sozialversicherung** ist im Gegensatz zur Privatversicherung **geeignet**, eine an **Bedarfsgesichtspunkten** orientierte Leistungsgewährung sicherzustellen.

b) Vertikale Ausgleichsgerechtigkeit

Die vertikale Ausgleichsgerechtigkeit manifestiert sich unter Berücksichtigung der Finanzierungs- und Leistungsseite in einer **Umverteilung zwischen unterschiedlichen Einkommensgruppen**, indem Versicherte mit einem überdurchschnittlichen Einkommen zu Gunsten von Versicherten mit einem unterdurchschnittlichen Einkommen nettobelastet werden.[211]

Analog zu den Begründungen im vorangegangenen Abschnitt, kann eine systematische Umverteilung von oberen zu unteren Einkommensgruppen nicht in einem privaten Versicherungssystem durchgeführt werden, das auf dem Grundsatz der freiwilligen Mitgliedschaft beruht. Für die Gruppe der Nettobelasteten – in der Regel Personen mit einem überdurchschnittlichen Einkommen – übersteigt der Erwartungsnutzen der Nichtversicherung den Nutzen der Versicherungslösung, so daß sie keinen Versicherungsvertrag abschließen werden. Am Ende verbleiben nur noch sozial schwächere Personen im Versichertenkollektiv, zu deren Gunsten

---

209 Vgl. hierzu Breyer, Zweifel (1997), S. 163. Toepffer (1997), S. 85 interpretiert Gesundheit gar als Grundrecht der Menschen.

210 Toepffer (1997), S. 86.

211 Zur Abgrenzung der vertikalen Ausgleichsgerechtigkeit siehe die Ausführungen in Kapitel I. Zu den konkreten Ausprägungen der einkommensspezifischen Umverteilung im Sozialversicherungssystem siehe Kapitel V.

mangels Nettozahler kein vertikaler Ausgleich mehr durchgeführt werden kann. Auf der anderen Seite läßt sich eine vertikale Einkommensumverteilung aber auch nicht mit Hilfe einer staatlich verordneten Versicherungspflicht durchsetzen. Die privaten Versicherungsanbieter werden oberen Einkommensgruppen günstigere Versicherungsbedingungen offerieren, so daß sich wiederum kein vertikaler Einkommensausgleich realisieren läßt.

Eine einkommensspezifische Umverteilung läßt sich dauerhaft nur in einer **staatlichen Zwangsversicherung** verwirklichen, die nahezu alle Einkommensschichten umfaßt.[212]

➔ **Schlußfolgerung:** Das System der **parafiskalischen Zwangsversicherung** ist im Gegensatz zu privaten Versicherungsinstitutionen geeignet, eine Umverteilung zwischen oberen und unteren Einkommensgruppen durchzuführen und damit das **Ziel der vertikalen Ausgleichsgerechtigkeit** zu **erfüllen.**

c) Horizontale Ausgleichsgerechtigkeit

Die horizontale Ausgleichsgerechtigkeit sieht einen Ausgleich zwischen Personen mit gleich hohem Einkommen aber unterschiedlicher Ausgabenbelastung vor. Hierzu zählen insbesondere Ausgabendifferenzen, die sich aus der Anzahl der **mitzuversorgenden Familienangehörigen** ergeben. Den Belastungsunterschieden wird dadurch Rechnung getragen, daß die Prämien nach dem Individual- und die Versicherungsleistungen nach dem Haushaltsprinzip bemessen werden.[213]

Die Begünstigung von Personen mit Familienangehörigen bewirkt einen Ausgleich zwischen Alleinstehenden, Familien ohne und mit Kindern, so daß Ledige bei identischen Einkommensverhältnissen einer ungünstigeren Prämien-Leistungsrelation ausgesetzt sind. Ein derartiges Vorgehen kann nur dann gerechtfertigt werden, wenn man den familienabhängigen Ausgleich als »soziale« Notwendigkeit anerkennt.[214] Aus den oben genannten Gründen muß eine privatwirtschaftliche Versicherungslösung zwangsläufig versagen. Die horizontale Ausgleichsgerechtigkeit kann ausschließlich durch eine **staatliche Pflichtversicherung** in Form einer beitragsfreien Mitversicherung von Familienangehörigen verwirklicht werden.

Des weiteren läßt sich auch eine **risikospezifische Umverteilung**, die über den reinen versicherungsimmanenten Risikoausgleich hinausgeht, nur im Rahmen einer obligatorischen Staatsversicherung durchsetzen, da am privaten Versicherungsmarkt automatisch ein **Risikoselektionsprozeß** in Gang gesetzt wird.

➔ **Schlußfolgerung:** Das Ziel der **horizontalen Ausgleichsgerechtigkeit** im Sinne einer risikospezifischen sowie einer familienspezifischen Umverteilung läßt sich dauerhaft nur innerhalb einer obligatorischen **Sozialversicherung** durchsetzen.

---

212 Vgl. auch Ott (1981), S. 188.

213 Vgl. Sievering (1996), S. 217.

214 Daß diese familienspezifische Beitrags- und Leistungskalkulation insbesondere im Hinblick auf die Interpretation der Sozialversicherung als Generationenvertragssystem, gerechtfertigt ist, zeigen die Ausführungen in Kapitel V.

d) Leistungsfähigkeitsgerechtigkeit

Das vertikale Gerechtigkeitsziel der Leistungsfähigkeit erhebt die persönliche Zahlungsfähigkeit zum ausschlaggebenden Finanzierungskriterium und verlangt, daß Personen mit höherem Einkommen einen entsprechend größeren Finanzierungsbeitrag als Personen mit vergleichsweise geringerem Einkommen leisten sollen.[215] Übertragen auf den Versicherungsmarkt bedeutet dies, daß bei gleichen Versicherungsleistungen die Prämien nicht entsprechend des individuellen Erwartungsschadens sondern gemäß der persönlichen Einkommensverhältnisse zu berechnen sind.

Eine derartige Finanzierungsform wird am privaten Versicherungsmarkt nicht zustande kommen, da die Versicherung für gute Risiken mit relativ hohem Einkommen nicht mehr rentabel ist und somit der Prozeß der **adversen Selektion** in Gang gesetzt wird.

Eine Prämienkalkulation auf Grundlage des Leistungsfähigkeitsprinzips kann auf Dauer nur innerhalb einer **staatlichen Monopolversicherung** mit Zwangscharakter durchgesetzt werden, bei der einerseits höhere Einkommensgruppen keine Wechselmöglichkeit haben und ihnen andererseits auch keine attraktiveren Angebote unterbreitet werden. Dies gilt umso mehr für diejenigen Risikotatbestände, für die der individuelle Erwartungsschaden sowohl für die Anbieter- als auch für die Nachfragerseite leicht zu ermitteln ist.

➔ **Schlußfolgerung:** Nur einer staatliche Monopolversicherung mit Zwangscharakter in Form der **Sozialversicherung** gelingt es, eine am Prinzip der **Leistungsfähigkeitsgerechtigkeit** orientierte Beitragskalkulation für das gesamte Leistungsspektrum vorzunehmen, während dieses Ziel am privaten Versicherungsmarkt nicht erreichbar ist. Hier wäre eine leistungsfähigkeitsgerechte Prämienkalkulation nur für spezifische Teilleistungsbereiche denkbar, deren Realisation nicht maßgeblich von individuellen Risikofaktoren abhängt.

e) Chancengleichheit

Entsprechend der Interpretation in Kapitel I wird der **gleiche Zugang** zu Versicherungsleistungen für alle sowie **der Ausgleich unterschiedlicher Start- und Prozeßchancen** als Ausdruck von Chancengleichheit verstanden.

Jeder Versicherte zahlt im Wettbewerbsgleichgewicht am privaten Versicherungsmarkt eine risikoäquivalente Prämie. Die risikoabhängige Prämienkalkulation führt dazu, daß von Natur aus schlechte Risiken einen höheren Finanzierungsbeitrag zu leisten haben als gute Risiken. Die Marktlösung wird als ungerecht empfunden, „[...] da die beschriebene Ungleichheit ohne das Zutun der Beteiligten allein aufgrund der ungleichen Startchancen zustandekommt."[216]

Chancengleichheit wird mit Hilfe einer Prämienkalkulation verwirklicht, die insofern risikounabhängig ist, daß sie keine von Natur aus gegebenen Merkmalsunterschiede einbezieht.[217]

---

215 Siehe die Interpretation der Leistungsfähigkeitsgerechtigkeit in Kapitel I.

216 Breyer, Zweifel (1997), S. 164.

217 Bei der Absicherung der Risikotatbestände Krankheit, Pflegebedürftigkeit oder Invalidität wären dies beispielsweise von Geburt an bestehende Behinderungen.

Werden ausschließlich vom Individuum nicht beeinflußbare »naturgegebene« Faktoren in den Ausgleichsmechanismus integriert, läßt sich das verteilungspolitisch motivierte Ziel der Chancengleichheit auch als Ausdruck einer pareto-optimalen Allokation derjenigen Risiken interpretieren, denen die Ressourcenerstaustattung unterliegt.[218]

Der private Versicherungsmarkt scheitert jedoch beim Ausgleich individueller Startpositionen. Dagegen kann der **Staat** innerhalb einer obligatorischen Monopolversicherung eine an der Chancengleichheit orientierte Prämienpolitik durchsetzen, so daß die parafiskalische Zwangsversicherung grundsätzlich zu befürworten ist.

Ebensowenig können private Versicherungsinstitutionen einen Ausgleich unterschiedlicher Prozeßchancen herbeiführen, wohingegen eine **parafiskalische Zwangsversicherung** durch eine entsprechende Ausweitung ihres Leistungskatalogs bei risikounabhängiger Finanzierung und prozeßchancenorientierter Leistungszuteilung grundsätzlich in der Lage ist, Prozeßchancengleichheit durchzusetzen.

Auf der anderen Seite ist es ebenfalls fraglich, ob der Versicherungsmarkt allen Individuen einen Zugang zu privaten Grundsicherungslösungen gewährt. Dies würde bedeuten, daß es grundsätzlich jedem möglich ist, sich privat gegen soziale Risikotatbestände abzusichern. Die Voraussetzung ist dann nicht erfüllt, wenn schlechte Risiken einer Positivauslese seitens der Versicherer zum Opfer fallen[219] oder wenn Individuen mit hohem Erwartungsschaden und/oder geringem Einkommen nicht in der Lage sind, eine risikoäquivalente Prämie zu entrichten. Da Einkommenshöhe und Risikostruktur negativ korreliert sind, verschärft sich für die Betroffenen die Ausschlußgefahr.[220] Falls das verfügbare Einkommen durch die marktübliche risikoäquivalente Prämie auf ein Niveau unterhalb des Existenzminimums abgesenkt wird, können sich die Betroffenen die Prämienzahlung nicht leisten und bleiben demzufolge ohne Versicherungsschutz.[221] Die Gefahr besteht selbst dann, wenn man eine staatliche Fürsorgelösung unterstellt, die gewährleistet, daß ex ante das verfügbare Einkommen ein definiertes Existenzminimum nicht unterschreitet. Die betroffenen Personen können nur dann versichert werden, wenn sie von Risikogruppen mit höherem Einkommen subventioniert werden.[222] Da Nettozahler allerdings nur in einem Versicherungssystem mit Zwangscharakter zu einer Mitgliedschaft genötigt werden können, erfährt die **Sozialversicherung** in Form einer staatlich organisierten Pflichtversicherung für alle Zweige ihre Berechtigung.

---

218 Vgl. Sinn (1995a), S. 3. Ebenso Strassl (1988), S. 251. Eine lupenreine Abgrenzung zwischen naturgegebenen und individuell beeinflußbaren Faktoren ist aber in praxi kaum möglich, so daß moral hazard-Verhalten nicht gänzlich ausgeschlossen werden kann.

219 Da die Gefahr der Positivauslese, die zu einem kompletten Ausschluß des Betroffenen führt, als nicht sehr hoch eingestuft wurde, wird diese Restriktion nicht weiter verfolgt.

220 Es kann beispielsweise davon ausgegangen werden, daß reichere Personen einen besseren Gesundheitszustand als ärmere Schichten aufweisen. Auf der anderen Seite resultiert ein niedrigeres Arbeitseinkommen meistens aus einer Tätigkeit, die mit einem höheren Arbeitslosigkeitsrisiko verbunden ist.

221 Diese Situation bezeichnet Schönbäck (1988), S. 49 als »relative Armut« in bezug auf die zur Risikodekkung erforderliche Prämie.

222 Siehe Schönbäck (1980), S. 42.

➔ **Schlußfolgerung:** Im Gegensatz zu einer freiwilligen Versicherungslösung am privaten Versicherungsmarkt hat der Staat die Möglichkeit, mit Hilfe der **Sozialversicherung** das Ziel der **Chancengleichheit** durch einen Ausgleich unterschiedlicher Start- und Prozeßchancen sowie einen gleichen Versicherungszugang für alle Individuen zu **verwirklichen**.

C. ABSCHLIEßENDE BEURTEILUNG UND IMPLIKATIONEN FÜR DIE WEITERE VORGEHENSWEISE

Tabelle III-1 gibt einen abschließenden Überblick über die zentralen Ergebnisse der Marktversagensanalyse in allokativer, meritorischer und distributiver Hinsicht.

Mögliche Marktschwächen	Versagen des Versicherungsmarktes	Rechtfertigung für parafiskalische Zwangsversicherung
Wettbewerbsversagen	0	-
Externalitäten	+	0
Kollektivgutproblem	+	-
nicht versicherbare Risiken	-	-
asymmetrische Informationsverteilung		
– adverse Selektion	0	0
– Positivauslese	-	-
– moral hazard	0	-
Bestandsunsicherheit	-	-
meritorische Argumente	0	-
distributives Marktversagen	++	++

Tabelle III-1: Zentrale Ergebnisse der Marktversagensanalyse in allokativer, meritorischer und distributiver Hinsicht

Legende:
++ ist besonders stark gegeben + ist gegeben 0 ist teilweise gegeben - ist nicht gegeben

Quelle: Eigene Darstellung

Die Marktversagensanalyse hat ergeben, daß der **Marktprozeß** am privatwirtschaftlichen Versicherungsmarkt nicht vollkommen funktioniert, sondern einige Unzulänglichkeiten aufweist. In einigen Fällen wird das strenge Kriterium der Pareto-Optimalität nicht per se erfüllt, so daß ein a priori-Argument für staatliche Eingriffe existiert. Allerdings verfügen die Versicherungsunternehmen über zahlreiche Instrumente, mit denen sie die marktlichen Schwächen zwar nicht vollständig beseitigen, aber nachhaltig verringern können. Da die parafiskalische Zwangsversicherung ein Mittel mit hoher Eingriffsintensität darstellt, muß im Sinne eines »comparative institution approach« geprüft werden, ob sie zum einen tatsächlich zu einer Effizienzverbesserung führt und ob es zum anderen nicht ebenso wirkungsvolle marktfördernde Maßnahmen des Staates gibt, die einer marktsubstituierenden Alternative vorgezogen werden. Es hat sich gezeigt, daß die gegenwärtige **staatliche Eingriffsintensität in keiner Hinsicht**

zu rechtfertigen ist, sondern daß für alle allokativen Marktmängel Instrumente mit vergleichbarer Wirkungskraft existieren, die weniger stark in den Marktmechanismus eingreifen. Zudem muß berücksichtigt werden, daß die gegenwärtige Sozialversicherung die Wohlfahrtsverluste sogar noch erhöht, wie dies beispielsweise im Falle des moral hazard geschieht.[223]

Ferner konnte das Argument der **Bestandsunsicherheit** von privaten Versicherungen nicht bestätigt werden, da die Versicherungsunternehmen über zahlreiche Maßnahmen verfügen, ihre Ruinwahrscheinlichkeit zu minimieren. Diese Eigeninitiativen können durch staatliche Rechtsvorschriften erfolgreich forciert und flankiert werden, so daß eine **substitutive staatliche Versicherung nicht erforderlich** ist.

Überprüft man die **meritorischen Argumente** auf ihre Stichhaltigkeit, stellt man fest, daß diese nicht ausreichend fundiert sind.[224] Stattdessen konnten kaum Anhaltspunkte gefunden werden, daß die Prämissen, auf die sich meritorische Staatseingriffe gründen, in praxi tatsächlich Relevanz besitzen. Eine **staatliche Zwangsversicherung läßt sich für keine der sozialen Risikotatbestände hinreichend mit meritorischen Argumenten begründen**.

Da der Markt per se nicht darauf ausgerichtet ist, ein verteilungsgerechtes Ergebnis hervorzubringen und dieses auch nicht gleichsam nebenbei erreicht, läßt sich die obligatorische Form der Sozialversicherung ausschließlich **mit distributiven Argumenten rechtfertigen**. Die Ausführungen zur distributiven Gerechtigkeit haben gezeigt, daß der private Versicherungsmarkt zwangsläufig an zahlreichen distributiven Kriterien scheitert und die Verteilungsnormen auch nicht nebenbei erfüllen kann. Da der Markt Verteilungsprobleme offen läßt, entsteht ein redistributiver Bedarf.[225] Gesteht man einer über den versicherungsimmanenten Ausgleich hinausgehenden Umverteilung einen hohen Stellenwert zu, sind staatliche Eingriffe erforderlich. Die parafiskalische Zwangsversicherung erlangt mit Hinweis auf das distributive Versagen am Versicherungsmarkt, das durch »schwächere« Eingriffsinstrumente des Staates nur unzureichend überwunden werden kann, ihre **Existenzberechtigung**.

Diese Resultate geben die **weitere Vorgehensweise** für die Arbeit vor.

Die Sozialversicherung erlangt ihre Existenzberechtigung vor dem Hintergrund distributiver Marktmängel, so daß eine weitere Auseinandersetzung mit der Institution Sozialversicherung ökonomisch legitimiert ist.

Bei ausschließlicher Begründung der Sozialversicherung mit distributiven Argumenten muß geprüft werden, ob die gegenwärtige parafiskalische Zwangsversicherung überhaupt selbst ein »gerechtes« Ergebnis herbeiführt und auch in Zukunft noch herbeiführen kann.[226] Um eine Antwort auf diese Frage geben zu können, werden in Teil II die zentralen Umverteilungswir-

---

223 Vgl. Grüske (1992), S. 14ff.

224 Anderer Ansicht dagegen Berthold (1988), S. 368.

225 Dieses Ergebnis leitet Grüske (1985), S. 121 auch aus der allgemeinen distributiven Marktkritik ab.

226 Zudem kann eine sozialversicherungsinterne Umverteilung nur dann befürwortet werden, wenn die angestrebten Verteilungsziele nicht extern effektiver und effizienter realisiert werden können. Siehe Berthold (1988), S. 369.

kungen der Sozialversicherungszweige analysiert. Hieran anschließend werden die ermittelten Umverteilungseffekte in Teil III einer kritischen Prüfung unterzogen und auf ihre »Zukunftsfähigkeit« hin überprüft.

TEIL II: REDISTRIBUTIVE EFFEKTE DES SOZIALVERSICHERUNGSSYSTEMS IN THEORETISCHER UND EMPIRISCHER PERSPEKTIVE

Die in Teil I gewonnenen Erkenntnisse geben die Implikationen für die weitere Vorgehensweise vor. Die Sozialversicherungspolitik ist vorrangig an distributiven Leitvorstellungen ausgerichtet (Kapitel I), was sie grundlegend von der Alternative der Individualversicherung am privaten Markt unterscheidet (Kapitel II). Da sich die Rechtfertigung der Sozialversicherung in erster Linie auf Argumente des distributven Versagens am Versicherungsmarkt stützen konnte, verleiht die distributive Orientierung dem parafiskalischen System auch seine Existenzberechtigung (Kapitel III). Im weiteren Verlauf der Arbeit interessieren nun die Umverteilungseffekte des Sozialversicherungssystems. Dieser Frage wird im vorliegenden **Teil II** der Arbeit nachgegangen.

In **Kapitel IV** werden die zentralen ökonomischen Wirkungsverläufe herausgearbeitet und systematisiert. Hierbei stehen die für die personale Verteilung relevanten Wirkungsverläufe der Leistungs- und Abgabenseite im Mittelpunkt der Untersuchung.

Aufbauend auf den hier gewonnenen Erkenntnissen kann im weiteren Verlauf von den vielfältigen Anpassungsreaktionen der Versicherten und anderer Beteiligter abstrahiert werden und im Rahmen der Umverteilungsanalyse in **Kapitel V**, die die Leistungs- und Abgabenseite simultan betrachtet, ein formalinzidenztheoretischer Ansatz verfolgt werden.

Die theoretischen Ergebnissen werden in **Kapitel VI** um empirische Erkenntnisse erweitert, indem zentrale empirische Umverteilungsanalysen aufgabengerecht klassifiziert und in ergebnisorientierter Perspektive analysiert werden.

Durch die Verknüpfung theoretischer Ergebnisse zu den parafiskalischen Redistributionseffekten mit empirischen Wirkungsverläufen kann ein Erkenntnisgewinn hinsichtlich der parafiskalischen Umverteilungseffekte erzielt werden. Da die Untersuchung auf einer tiefgreifenden, theoretischen Analyse basiert (Kapitel V), der ein umfassendes Wirkungsfeld zugrundeliegt (Kapitel IV) und erstmals einen Überblick über die bisherigen empirischen Arbeiten für alle Zweige der Sozialversicherung liefert, gehen ihre Ergebnisse über die bisher in der Literatur erörterten Erkenntnisse hinaus.

Kapitel IV: WIRKUNGSGEFLECHT DER SOZIALVERSICHERUNG IM ÜBERBLICK

A. VORBEMERKUNG

Da im Schrifttum bisher keine umfassende Systematisierung von wohlfahrtsrelevanten Wirkungen der Sozialversicherung vorliegt, wird diese Forschungslücke mit diesem Teil der Arbeit geschlossen.

Das vorliegende Kapitel verfolgt das Ziel, die wesentlichen Wirkungsverläufe von Sozialversicherungsmaßnahmen herauszuarbeiten und zu systematisieren.[1] Nach einer Strukturierung der Wirkungselemente nach ökonomischen sowie »außerökonomischen« Effekten in Abschnitt B stehen die in personaler Hinsicht verteilungsrelevanten ökonomischen Wirkungsverläufe der Leistungs- und Abgabenseite im Mittelpunkt der Untersuchung. Ihrer Analyse in Abschnitt C liegt die Konzeption der »Neuen Analytik von Steuerwirkungen« zugrunde, die dem Untersuchungszweck entsprechend in Abschnitt C.I erweitert und modifiziert wird. Die für die Wirkungsanalyse von Steuern entwickelte Systematik wird umfassend und konsequent auf den Sozialversicherungssektor übertragen. Hierdurch ist es zum ersten Mal möglich, eine vollständige und in sich geschlossene Wirkungsanalyse für Sozialversicherungsmaßnahmen durchzuführen.

Anhand dieser Systematik werden die wesentlichen Wirkungsverläufe erläutert, die von der Einführung beziehungsweise Änderung einer Einnahme- oder Ausgabekomponente ausgehen. Zu diesem Zweck wird die Einnahmen- und Leistungsseite des Sozialversicherungshaushaltes getrennt in den Abschnitten C.II und C.III analysiert, um die zentralen Wirkungsaspekte beider Politikbereiche darzulegen.[2]

Auf der Ausgabenseite spielen neben monetären auch nicht-monetäre Leistungen eine zentrale Rolle, so daß im Rahmen der Analyse der Leistungsseite zwischen Sach- und Geldleistungen differenziert wird. Da im Gegensatz zu den Versicherungsleistungen die reinen Verwaltungsausgaben den Versicherten nicht unmittelbar zugehen, sind für diese Ausgabekategorie keine umverteilungsrelevanten Verhaltensreaktionen der Wirtschaftssubjekte zu erwarten. Aus diesem Grund wird bei der Analyse der mikroökonomischen Wirkungsverläufe von einer Integration der reinen Verwaltungsausgaben abgesehen.[3]

Als wesentliche Einnahmearten existieren die Sozialversicherungsbeiträge - Arbeitgeber- und Arbeitnehmerbeiträge - und sonstige Einnahmen aus steuerlichen Quellen. Die Steuereinnah-

---

[1] Da die Unkenntnis dieser Wirkungen zu einer unzutreffenden Bewertung der Sozialversicherung führt, sind umfassende Wirkungsanalysen für die wissenschaftliche Auseinandersetzung mit der Sozialversicherungspolitik unerläßlich.

[2] Diese Vorgehensweise ist aber mit zahlreichen Mängeln und Schwierigkeiten verbunden. Grüske (1978), S. 29ff. macht deutlich, daß sich gerade Inzidenzfragen nicht nach Einnahmen- und Ausgabenseite des Budgets trennen lassen. Zu einer simultanen Betrachtung der Finanzierungs- und Leistungsseite siehe die Umverteilungsanalyse in Kapitel V.

[3] Dennoch müssen auch die Verwaltungsausgaben im Rahmen einer umfassenden Redistributionsanalyse berücksichtigt werden.

men gehen den Sozialversicherungsträgern in erster Linie in Form des Bundeszuschusses zu. Aufgrund des steuerlichen Non-Affektationsprinzips[4] wird davon ausgegangen, daß alle Steuereinnahmen des Bundes entsprechend ihres prozentualen Anteils zur Finanzierung der Sozialversicherung verwendet werden.[5] Auf eine gesonderte Steuerwirkungsanalyse wird an dieser Stelle verzichtet, da der Steueranteil für das Sozialversicherungssystem von untergeordneter Bedeutung ist und zudem die Steuerwirkungen bereits hinreichend in der Literatur erörtert werden.[6] Für die Sozialversicherungsbeiträge ist charakteristisch, daß sie neben einen Äquivalenzbeitrag auch einen verdeckten Steueranteil enthalten,[7] dessen Höhe vom Zusammenhang zwischen Beitragszahlung und Sozialversicherungsleistung abhängt. Je geringer die Beitrags-Leistungsäquivalenz ausgeprägt ist, desto größer fällt der verdeckte Steueranteil aus und umso mehr werden die Wirtschaftssubjekte die Beiträge als Steuern betrachten.[8] Die Folge sind spezifische Verhaltensänderungen, Widerstände und Wohlfahrtseffekte. Da die Beiträge aller Sozialversicherungszweige einen mehr oder minder großen Steueranteil enthalten, sind derartige Reaktionen und Wohlfahrtsverluste der Beitragszahler für alle Sozialversicherungsbereiche zu erwarten.[9]

Auf lange Sicht kommen durch die Einführung oder Änderung einer Sozialversicherungsmaßnahme auch Fernwirkungen zum Tragen, die sich letztendlich wiederum auf die personale Verteilung auswirken und entsprechend in Abschnitt C.V Berücksichtigung finden.

Schließlich ergänzen die Ausführungen in Abschnitt D zu einigen verteilungsrelevanten außerökonomischen mikro- und makrosoziologischen Effekten die Untersuchung, die im Rahmen von Umverteilungsanalysen regelmäßig vernachlässigt werden.

B. Systematisierung der Hauptwirkungsverläufe

Für eine erste Systematisierung des komplexen Wirkungsgeflechtes der Sozialversicherung wird in Abbildung IV-1 zwischen **ökonomischen** und **»außerökonomischen«** Wirkungen unterschieden. Unter die Kategorie »außerökonomische Effekte« werden die allgemeingesellschaftlichen Wirkungen subsumiert, die sich aus den mikrosoziologischen Effekten ergeben.[10] Diese Differenzierung darf jedoch lediglich als analytische Unterscheidung verstan-

---

4 Zum Non-Affektationsprinzip siehe Brümmerhoff (1996), S. 129.

5 Eine Ausnahme bildet der Bundeszuschuß zur GRV nach § 213 SGB VI, der ausschließlich aus dem zusätzlichen Mehrwertsteueraufkommen finanziert wird.

6 Zur Erläuterung der Steuerwirkungsverläufe siehe exemplarisch Recktenwald (1984), S. 393ff. Vgl. auch Homburg (1997), S. 99ff.

7 Siehe Homburg (1997), S. 4.

8 Im intragenerational fairen System wird dagegen nur der nicht verzinste Anteil an der Beitragszahlung als Steuer betrachtet. Vgl. Löschel (1998), S. 74.

9 Streng genommen müßte in der Analyse zwischen Äquivalenz- und Steuerbeitrag unterschieden werden. Im folgenden wird allerdings auf diese Differenzierung verzichtet, da die Wirtschaftssubjekte nur auf den Gesamtbeitrag reagieren können. Es muß dabei aber bedacht werden, daß Umfang und Ausmaß von Verhaltensänderungen und spezifischen Wohlfahrtsverlusten von der Höhe des versteckten Steueranteils determiniert werden.

10 Vgl. auch die Differenzierung für das Gesamtsystem der Sozialen Sicherung bei Lampert (1998), S. 290 in einzel-, gesamtwirtschaftliche und gesellschaftliche Wirkungen.

den werden, da eine trennscharfe Abgrenzung zwischen beiden Bereichen weder möglich noch sinnvoll ist. Vielmehr bedingen sich ökonomische und »außerökonomische« Effekte gegenseitig und sind in praxi unlösbar miteinander verbunden.

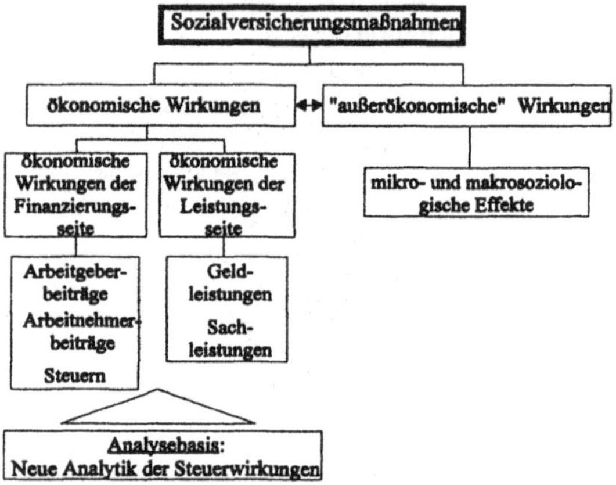

Abbildung IV-1: Systematisierung der Hauptwirkungsverläufe

Quelle: Eigene Darstellung

C. VERTEILUNGSRELEVANTE ÖKONOMISCHE HAUPTWIRKUNGEN

I. Analyserahmen - Darstellung und Erläuterung

Zur Analyse der ökonomischen Wirkungsverläufe wird auf die »**Neue Analytik der Steuerwirkungen**« zurückgegriffen.[11] Dieses Konzept erweitert die traditionelle Analyse[12] um die zusätzlichen Wohlfahrtsverluste, die aus staatlichen Maßnahmen resultieren. Die Integration der zusätzlichen Wohlfahrtsverluste ist nötig, da ihr quantitativer Umfang erheblich ist und ihre Implikationen für Höhe, Struktur und insbesondere auch Verteilung des gesamtwirtschaftlichen Einkommens nicht zu unterschätzen sind.[13] Da von staatlichen Maßnahmen nicht nur negative Wohlfahrtseffekte im Sinne von Wohlfahrtsverlusten sondern auch Wohlfahrtsgewinne ausgehen können, werden diese positiven Wohlfahrtseffekte ebenfalls in die Analyse einbezogen.

An dieser Stelle wird sowohl die **Einnahmen**- als auch die **Ausgabenseite** des Sozialversicherungshaushaltes untersucht. Aus diesem Grund muß die Analysekonzeption modifiziert

---

11 Grundlegend Recktenwald (1984), S. 393ff. Siehe auch Grüske (1991b), S. 44 sowie Raab (1995), S. 60.

12 Siehe Recktenwald (1980), S. 214ff. Ebenso Bohnet (1999), S. 172.

13 Vgl. Recktenwald (1984), S. 393. Bislang mangelt es allerdings an empirischen Untersuchungen der zusätzlichen Wohlfahrtsverluste. Zu einer Berechnung der steuerlichen Erhebungskosten in der staatlichen Verwaltung und der unfreiwilligen Folgekosten von Steuern in Unternehmen und privaten Haushalten, als spezifische Ausprägungen zusätzlicher Wohlfahrtsverluste, siehe Grüske (1991b), S. 43ff. Vgl. auch die empirische Analyse der Folgekosten für den Markt bei Tiebel (1986). Von besonderer Relevanz sind die excess burden. Siehe hierzu auch die Ausführungen an späterer Stelle.

werden, um der Leistungsseite angemessen Rechnung zu tragen. Die grundlegenden mikroökonomischen Substitutions-, Einkommens- und Preiseffekte lassen sich ebenso wie die makroökonomischen Wirkungszusammenhänge sowie die zusätzlichen Wohlfahrtseffekte im wesentlichen auf die Leistungsseite übertragen, wenn auch die Ziele und damit die Reaktionen der betroffenen Wirtschaftssubjekte tendenziell entgegengesetzt gerichtet sind.[14] Da die Leistungen der Sozialversicherung in der Regel jedoch nur Versicherten gewährt werden, besitzen die individuellen Anpassungsstrategien auch nur für diesen Personenkreis Relevanz.

Abbildung IV-2 stellt ein integriertes Gesamtkonzept vor, auf dessen Basis die zentralen Wirkungsverläufe parafiskalischer Einnahme- und Leistungsströme analysiert werden.

Jede Sozialversicherungsmaßnahme ist mit zahlreichen **Wirkungen** sowohl in der Ankündigungs- als auch in der Vollzugphase verbunden. Die Wirkungsverläufe hängen entscheidend davon ab, ob die Individuen auf die Maßnahme reagieren und wenn ja, wie sie sich der veränderten Situation anpassen.[15]

Falls die Wirtschaftssubjekte auf die Maßnahme **nicht reagieren**, verbleibt die Last einer Abgabe[16] oder der Vorteil einer Sozialversicherungsleistung zunächst bei ihnen, so daß zu diesem Zeitpunkt Zahl- und Traglast sowie Empfangs- und Nutzungsvorteil identisch sind. Es resultieren bei den Betroffenen unmittelbare Einkommenswirkungen. **Reagieren** die Wirtschaftssubjekte auf die Maßnahme,[17] ergibt sich die Traglast aus den mikroökonomischen Verhaltensweisen, die bei den Betroffenen wiederum mit Einkommenswirkungen verbunden sind.

Im Rahmen der Inzidenz von Arbeitgeber- und Arbeitnehmerbeiträgen spielt insbesondere die Verhandlungsmacht der Tarifparteien am organisierten Arbeitsmarkt eine zentrale Rolle für die personalen Verteilungswirkungen. Da dieser Aspekt in der Literatur bereits eingehend behandelt wurde, wird im Rahmen dieser Arbeit nicht explizit auf die Überwälzungsdeterminanten am institutionellen Arbeitsmarkt eingegangen.[18] Stattdessen wird die Inzidenz ausschließlich auf Basis des neoklassischen Grundmodells dargestellt.[19]

---

14 Vgl. Raab (1995), S. 59.

15 Auf eine Erläuterung der Effekte nach Ankündigung der Maßnahme wird verzichtet, da sie keine neuen Erkenntnisse liefert. Zu den Ankündigungswirkungen siehe Bohnet (1999), S. 168.

16 Unter Abgabe sind hier sowohl die Sozialversicherungsbeiträge von Arbeitgeber und Arbeitnehmer als auch die zusätzlichen oder erhöhten Steuern zu verstehen, die für den Sozialversicherungshaushalt verwendet werden.

17 Form und Umfang der individuellen Anpassungsmöglichkeiten werden durch zahlreiche Bestimmungsfaktoren determiniert. Die für die Steuerinzidenztheorie relevanten Parameter können im wesentlichen auch auf die Beitrags- und Sozialleistungsinzidenz übertragen werden. Für einen Überblick über die zentralen Bestimmungsfaktoren siehe Zimmermann, Henke (1994), S. 226ff.

18 Vgl. hierzu exemplarisch die Ausführungen bei Loeffelholz (1979), S. 105ff. Ebenso beispielsweise Pfeiffer (1989), S. 62ff.

19 Kritsch hierzu Pfeiffer (1989), S. 62.

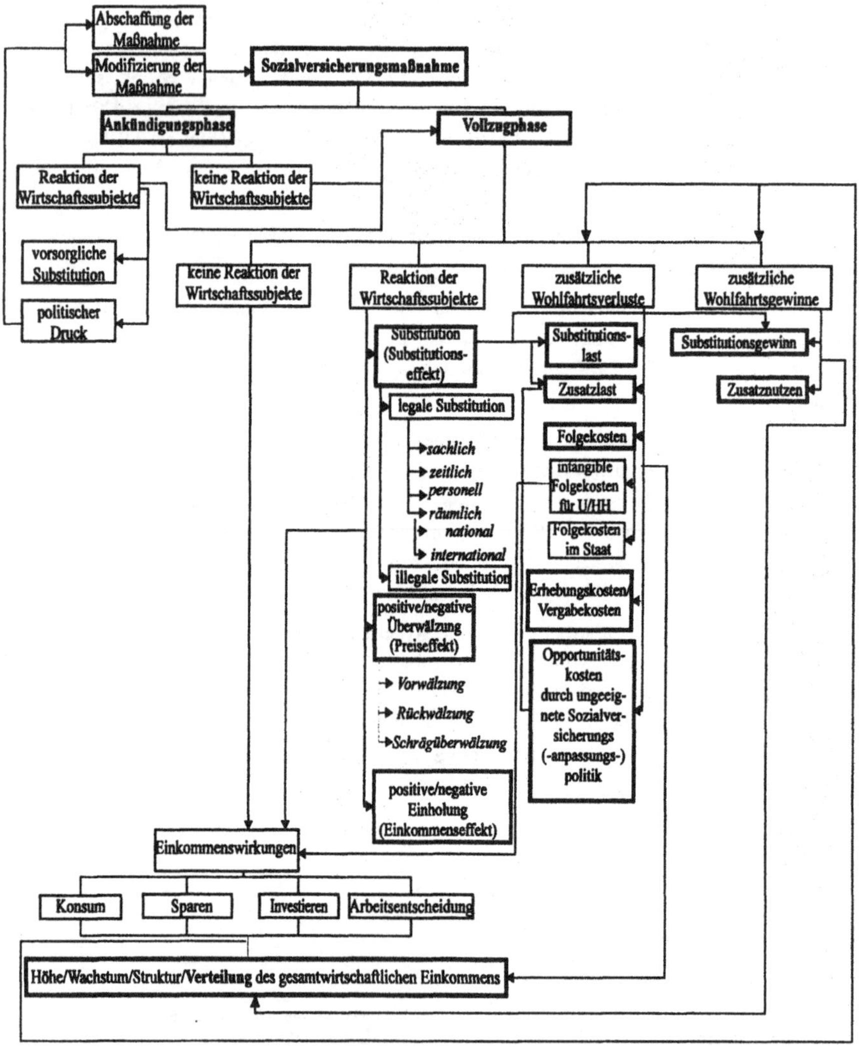

Abbildung IV-2: Analytik der Wirkungen von Sozialversicherungsmaßnahmen

Quelle: Eigene Darstellung als Erweiterung von Recktenwald (1984), S. 395 und Bohnet (1999), S. 172.

Neben den unmittelbaren Verhaltensreaktionen kommen auf lange Sicht auch **Fernwirkungen** zum Tragen. Die Individuen reagieren auf ihre veränderte Einkommensposition langfristig mit einer Neuausrichtung ihres Konsum-, Spar-, Investitions- und Arbeitsverhaltens, was sich auf aggregierte Angebots- und Nachfragefunktionen auf Güter- und Faktormärkten auswirkt. Hieraus ergeben sich neben der effektiven Inzidenz parafiskalischer Ausgaben und Einnahmen auch makroökonomische Effekte auf die der Finanzwissenschaft vorgegebenen Ziele.[20]

Bereits der Aufkommenseffekt durch die Abgabenzahlung sowie der Nutzungseffekt durch die Inanspruchnahme von Transfers bewirkt gegenüber der Situation ohne Abgabe- oder Leistungsrechtsänderung eine unvermeidbare Nutzenänderung. Es kommt aber darüber hinaus zu zusätzlichen **Wohlfahrtseffekten**, die sich sowohl auf das volkswirtschaftliche Leistungsergebnis und dessen Verteilung im Zeitablauf als auch auf die abgeleiteten Ziele der Finanzwissenschaft – insbesondere die Forderung nach Minimierung des Ressourcenverzehrs staatlicher Aktivitäten in Markt und Staat – auswirken.[21] Die zusätzlichen Wohlfahrtseffekte treten dabei nicht nur in der Primärphase staatlicher Eingriffe auf, sondern kommen auch in der Sekundärphase zum Tragen. Um Redundanzen zu vermeiden, werden sie jedoch nur in Anschluß an die primären Verhaltenswirkungen erörtert.

Im folgenden werden nun die unmittelbaren ökonomischen Effekte der Finanzierungs- und Leistungsseite auf Basis der Analysekonzeption in Abbildung IV-2 untersucht und deren Bedeutung für die personale Verteilung herausgestellt.

II. Ökonomische Effekte der Finanzierungsseite

Die Sozialversicherung finanziert sich in erster Linie aus Arbeitgeber- und Arbeitnehmerbeiträgen.

1. Arbeitnehmerbeitrag zur Sozialversicherung

Von einer Erhöhung oder Neueinführung des Arbeitnehmeranteils zur Sozialversicherung gehen zahlreiche Wirkungen aus, die im folgenden analysiert werden.

- **Keine Reaktion des Arbeitnehmers**

Reagiert der Arbeitnehmer nicht auf eine Beitragserhöhung, so hat dies für ihn - bei sonst gleichen Bedingungen - unmittelbare **Nettoeinkommenswirkungen** zur Folge, während sein Bruttolohn unverändert bleibt. Eine derartige Strategie resultiert jedoch nur bei ausgeprägtem Bruttolohndenken der Arbeitnehmer. In den Augen der Versicherten werden in diesem Fall mit den Beiträgen lediglich Konsummöglichkeiten in die Zukunft verschoben, ohne daß sich die Lebenseinkommensposition ändert. Die Versicherten werden ihre Beiträge nur dann als eine Form des Zwangsparens betrachten, wenn das Prinzip der Beitragsäquivalenz Anwendung findet.[22]

---

20 Vgl. Bohnet (1999), S. 171. Zur Analytik der Inzidenz siehe die Übersicht bei Recktenwald (1983), S. 292f.

21 Raab (1995), S. 63 bemerkt zu den Wirkungen auf abgeleitete Ziele: „Während die vorgegebenen Ziele im Idealfall durch Lösen einer bloßen Maximierungsaufgabe unter Nebenbedingungen erfüllt werden, könnten abgeleitete Ziele [...] verletzt werden, sofern sie nicht explizit in der Zielfunktion berücksichtigt sind."

22 Selbst bei Bruttolohndenken mag es aber beispielsweise in konjunkturellen Depressionsphasen dazu kommen, daß die Lohnempfänger sich gegen eine Kürzung des verfügbaren Einkommens wehren. Vgl. Loeffelholz (1979), S. 79.

In diesem Fall stimmen Zahl- und Traglast überein und die Arbeitnehmer werden - bis zur Beitragsbemessungsgrenze - proportional zu ihrem Arbeitseinkommen mit den Beitragszahlungen belastet.[23]

- **Reaktion des Arbeitnehmers**

Da aber in der Sozialversicherungspraxis vom Grundsatz der Äquivalenz zwischen Beitrag und Leistung abgewichen wird, kommt es in der Regel zu einem **»Beitragswiderstand«**.[24] Dieser fällt umso stärker aus, je größer die positive Differenz zwischen Beitrags- und Leistungshöhe ist. Allerdings ist auch im Falle einer negativen Differenz eine Abwehrhaltung möglich, wenn die Nettobegünstigten aufgrund von Unkenntnis[25] ihre Verteilungsposition falsch einschätzen.

➢ **Substitution**

In diesem Fall werden die Individuen versuchen, die Last abzuwehren, indem sie zum einen dem rechtlichen Tatbestand, an den das Gesetz die Beitragspflicht knüpft, ausweichen (Substitutionseffekt). Den abhängig Beschäftigten stehen sowohl illegale als auch legale Substitutionsstrategien zur Verfügung. Im Gegensatz dazu werden die Nettobegünstigten versuchen, dem System weiterhin anzugehören.

Bei **illegaler Substitution** wird der Vorgang der Beitragszahlung und -belastung nicht evident. Die ökonomischen Folgen illegaler Substitution bestehen darin, daß in der offiziellen Wirtschaft zuwenig Ressourcen eingesetzt werden.[26] So können die Wirtschaftssubjekte ihre sozialversicherungsrelevante Beschäftigung entweder ganz oder teilweise durch Schwarzarbeit substituieren, die von der Beitragspflicht nicht erfaßt wird.

Für eine **rechtlich zulässige Beitragsvermeidung oder -verminderung** bieten sich insbesondere die sachliche und räumliche Substitution an. **Räumliche Substitution** findet statt, wenn wirtschaftliche Aktivitäten aufgrund örtlich unterschiedlich verteilter staatlicher Belastungen in Regionen mit geringerer Belastung verlagert werden.[27] Aufgrund des geltenden Beitragsrechts existieren kaum nationale Belastungsunterschiede,[28] so daß lediglich die räumliche Substitution in **internationaler Sicht** Relevanz besitzt. Arbeitnehmer werden ceteris paribus ihre Arbeitskraft in solchen Ländern anbieten, in denen geringere Sozialabgaben an-

---

23 Zur Wirkung der Beitragsbemessungsgrenze siehe die Ausführungen in Kapitel V.

24 Vgl. hierzu Kapitel V. In der wissenschaftlichen Beurteilung der Perzeption von Steuern und Beiträgen besteht nahezu Einigkeit, daß die Beiträge aufgrund der hohen Umverteilungskomponente in der Sozialversicherung eine dem Steuerwiderstand vergleichbare Abwehrhaltung insbesondere bei den Nettobelasteten hervorrufen. Vgl. Sesselmeier (1999), S. 9f.

25 Diese Unkenntnis wird durch das Zusammenspiel unterschiedlicher Umverteilungskomponenten begünstigt.

26 Ein in allokativer Hinsicht positiver Effekt resultiert, wenn in der Schattenwirtschaft Faktoren eingesetzt werden, die in der offiziellen Wirtschaft ohne Verwendung geblieben wären.

27 Siehe Bohnet (1999), S. 171.

28 Die marginalen Beitragssatzunterschiede zwischen West- und Ostdeutschland fallen kaum ins Gewicht. Dagegen existieren zwischen alten und neuen Bundesländern Abweichungen in den Beitragsbemessungsgrenzen, die jedoch aus den unterschiedlichen Entwicklungen der Bruttolohn- und -gehaltssumme je durchschnittlich beschäftigten Arbeitnehmer resultieren. Sie lösen somit keinen Anreiz zur innerdeutschen Substitution aus.

fallen.[29] Da die Mobilitätshemmnisse[30] für hochqualifizierte Arbeitskräfte vergleichsweise gering sind, werden insbesondere solche Arbeitnehmer – in der Regel Angehörige oberer Einkommensklassen – von der Möglichkeit der internationalen Substitution Gebrauch machen. Eine **sachliche Substitution** liegt vor, wenn das Wirtschaftssubjekt den Tatbestand, an den die Beitragspflicht anknüpft, bei der Einkommenserzielung in geringerem Umfang zum Einsatz bringt. Beitragspflichtiger Tatbestand ist in erster Linie die Form der abhängigen Beschäftigung,[31] so daß ein gegen Arbeitsentgelt beschäftigter Arbeitnehmer dieses Beschäftigungsverhältnis durch sozialversicherungsfreie Tätigkeiten substituieren kann. Aufgrund zahlreicher Restriktionen wird diese Substitutionsstrategie in der Praxis jedoch nur begrenzt zur Anwendung kommen.[32] Ein Wechsel von abhängiger zu unabhängiger Beschäftigung bietet sich vorrangig wiederum für höher qualifizierte Arbeitskräfte an, denen aufgrund ihrer umfassenden beruflichen und schulischen Ausbildung ein breiteres Einsatzgebiet offensteht. Die aus den Sozialversicherungsbeiträgen resultierende relative Verteuerung von entgeltlicher Arbeit kann auch dazu führen, daß die Individuen Arbeit durch relativ billiger gewordene Freizeit ersetzen[33] und so der Beitragsbelastung zumindest partiell entgehen. Ein derartiges Verhalten ist insbesondere für höhere Einkommensgruppen wahrscheinlich, für die Arbeit bei einer Erhöhung der »Arbeitskosten« unrentabler erscheint und damit zu einem inferioren Gut wird. Da jedoch der Leistungsanspruch in der Sozialversicherung in der Regel an die vorherige Beitragszahlung geknüpft ist, wird der einzelne neben der Beitragshöhe auch den Umfang der zu erwartenden Versicherungsleistungen in seine Entscheidung einbeziehen.

➢ **Einholung**

Auf der anderen Seite bewirkt die Einführung oder Erhöhung des Arbeitnehmeranteils beim betroffenen Arbeitnehmer eine faktische Einkommensreduktion, der er mit **Mehrarbeit** begegnen kann. Eine solche Reaktion ist insbesondere bei unteren Einkommensgruppen zu erwarten, die sich eine Verminderung ihres Lebensstandardes nicht leisten können. Angesichts dieser Verhaltensreaktion sind untere Einkommensgruppen im Vergleich zu oberen Einkommensschichten relativ stärker durch die Erhöhung des Arbeitnehmerbeitrages betroffen.

➢ **Gesamteffekt**

Ob und wie das Arbeitsangebot letztlich tatsächlich verändert wird [Gesamteffekt ***GE***], hängt sowohl vom Substitutionseffekt [*SE*] als auch vom Einkommenseffekt [*EE*] ab. Diese Zusammenhänge verdeutlicht Abbildung IV-3.

---

29 Die uneingeschränkte internationale Substitution ist allerdings nur bei ausreichend großer Mobilität des Faktors Arbeit möglich. In der Praxis stehen der Arbeitnehmerfreizügigkeit jedoch zahlreiche Mobilitätsschranken entgegen. Vgl. hierzu die Ausführungen in Kapitel VIII.

30 Zu denken wäre beispielsweise an sprachliche oder berufliche Barrieren.

31 Vgl. BMA (1998c), S. 106ff.

32 Angesichts segmentierter Teilarbeitsmärkte wird es dem Einzelnen nicht möglich sein, vollkommen flexibel zwischen abhängiger und selbständiger Beschäftigung oder Beamtenstatus zu wechseln. Nach der Neuregelung der 630-Mark-Jobs besteht für den Arbeitnehmer auch nur noch ein geringer Anreiz einer geringfügigen Beschäftigung nachzugehen.

33 Vgl. das Arbeit-Freizeit-Modell bei Brümmerhoff (1996), S. 270. Die für den Fall der Einführung einer proportionalen Einkommensteuer gewählte Darstellung kann problemlos auf die Situation nach Einführung von Arbeitnehmerbeiträgen übertragen werden.

Da infolge des Arbeitnehmerbeitrags die Opportunitätskosten der Freizeit abnehmen, wird sich das Arbeitsangebot aufgrund des Substitutionseffektes [Bewegung von B'_1 nach B_1] verringern. Auf der anderen Seite bewirkt der Einkommenseffekt [Bewegung von B_0 nach B'_1], daß von Freizeit weniger konsumiert wird, wenn Freizeit kein inferiores Gut ist. Durch die Arbeitnehmerbeiträge sinkt das verfügbare Arbeitseinkommen. Hiervon geht ein Druck aus, mehr zu verdienen, um den gewohnten Lebensstandard aufrechtzuerhalten. Die erfolgte Einkommensminderung führt bei den privaten Haushalten zu einem vermehrten Arbeitseinsatz, um die Situation vor der Belastung ganz oder teilweise wiederherzustellen. Dieser Einkommenseffekt, der Arbeitsanreize setzt, neutralisiert teilweise den Substitutionseffekt, so daß der Gesamteffekt [Bewegung von B_0 nach B_1] sowohl negativ als auch positiv sein kann.[34]

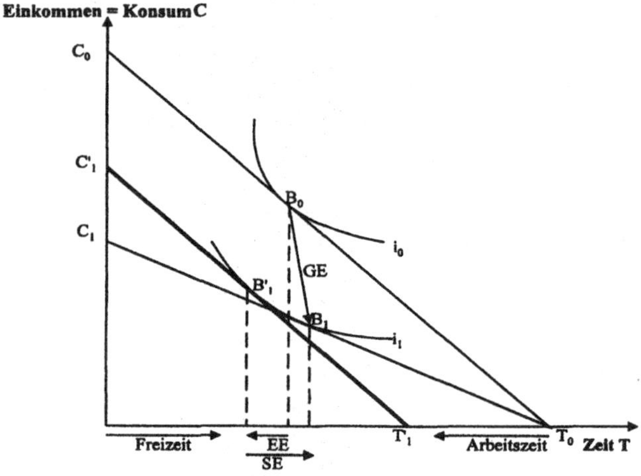

Abbildung IV-3: Einkommens- und Substitutionseffekt eines Arbeitnehmerbeitrages im Rahmen eines Arbeit- Freizeitmodelles

Quelle: Eigene Darstellung nach Neumann (1995), S. 144.

Erläuterung:

Ein Individuum steht vor dem Problem, sein insgesamt verfügbares Zeitbudget T optimal auf Freizeit F und Arbeitszeit aufzuteilen. Zur Vereinfachung sei unterstellt, daß Arbeitsleistungen nur deshalb angeboten werden, um mit dem erzielten Arbeitseinkommen entsprechende Konsumgüter zu kaufen. Damit gilt bei exogen gegebenem Lohnsatz w die Budgetrestriktion:[35] $C = w \cdot T - w \cdot F$. Unter dieser Nebenbedingung ist die Nutzenfunktion $u(C, F)$ zu maximieren.

---

[34] Vgl. die Differenzierung zwischen verschiedenen Einkommensgruppen und deren Verhaltensweisen bei Loeffelholz (1979), S. 65. Vgl. auch Brümmerhoff (1996), S. 271.

[35] Die Budgetrestriktion bringt zum Ausdruck, daß das potentiell mögliche Arbeitseinkommen $w \cdot T$ je Einheit in Anspruch genommener Freizeit um den Faktor w abnimmt. Folglich bezeichnet in diesem Modell der Lohnsatz w die Opportunitätskosten der Freizeit. Dies impliziert gleichzeitig die Annahme, daß w den in Konsumguteinheiten ausgedrückten Reallohn repräsentiert. Der Preis des Konsumgutes wird damit identisch gleich eins gesetzt. Siehe Neumann (1995), S. 144.

Das Optimum ist dort erreicht, wo die Grenzrate der Substitution zwischen Konsum und Freizeit den Opportunitätskosten *w* der Freizeit entspricht. In der Ausgangssituation ohne Abgabenbelastung repräsentiert der Punkt B_0 auf der Indifferenzkurve i_0 die optimale Kombination von Arbeits- und Freizeit. Wird ein nicht äquivalent ausgestalteter Arbeitnehmerbeitrag eingeführt, kann der Beitrag als einseitige Besteuerung des Arbeitseinkommens interpretiert werden. Die Budgetlinie dreht sich um den Punkt T_0 und wird flacher. Das neue Gleichgewicht muß nun auf der Gerade T_0C_1 liegen. Das Nutzenmaximum verschiebt sich von Punkt B_0 zu Punkt B_1. Ob das Arbeitsangebot insgesamt steigt oder sinkt (Gesamteffekt) hängt von der Form der durch die Indifferenzkurven abgebildeten Nutzenfunktionen ab. Für die Analyse der Arbeitsangebotsveränderung werden Einkommens- und Substitutionseffekt getrennt dargestellt. Zur Trennung der beiden Effekte verschiebt man die ursprüngliche Budgetgerade T_0C_0 parallel nach unten bis sie die neue Indifferenzkurve i_1 tangiert.

In praxi wird eine exakte Trennung zwischen Einholung (Einkommenseffekt) und Ausweichung (Substitutionseffekt) nur selten gelingen, da beide Strategien meist parallel ergriffen werden.[36] Die tatsächlichen Auswirkungen von Versicherungsbeiträgen auf das Arbeitsangebotverhalten sind letztlich nur empirisch zu ermitteln.[37] Berücksichtigt man zusätzlich, daß Arbeitszeiten nicht flexibel gestaltbar sind, so treten Arbeit-Freizeit-Entscheidungen vor allem auch in langfristiger Perspektive auf.[38]

➢ **Überwälzung**

Zum anderen werden die Arbeitnehmer versuchen, die Belastung, die ihnen durch die Arbeitnehmerbeiträge entstanden ist, auf andere Wirtschaftssubjekte weiterzugeben (Preiseffekt). In erster Linie werden sie eine **Vorwälzung** auf die Arbeitgeberseite anstreben, indem sie Lohnerhöhungen fordern. Abbildung IV-4 bildet die Vorwälzungsstrategie bei Nettolohndenken der Arbeitnehmer am atomistischen Arbeitsmarkt ab. Es wird ein normaler Verlauf der Angebots- und Nachfragekurve angenommen, wobei für die Arbeitsangebotselastizität ε und die Arbeitsnachfrageelastizität ς gilt: $\varepsilon = 1$ und $\varsigma = 1$.

Die Arbeitnehmer streben einen Marktlohnsatz *w* an, der ihr Nettoeinkommen trotz eingeführter oder erhöhter Arbeitnehmerbeiträge unverändert läßt. Sie werden folglich ihr Arbeitsangebot einschränken, um durch die Mengenanpassung das Arbeitsentgelt indirekt zu beeinflussen.[39]

Dies entspricht in Abbildung IV-4 einer Verschiebung der Arbeitsangebotskurve von *A* auf *A'* um die Höhe des Arbeitnehmerbeitrags $b_{AN}=CG'$, so daß sich ein neuer Gleichgewichtspunkt

---

36 In reiner Form würde die Einholung zu keinerlei Aufkommenseinbußen führen und im Falle von Mehrarbeit sogar ein zusätzliches Aufkommen generieren. Siehe Zimmermann, Henke (1994), S. 226.

37 Brümmerhoff (1996), S. 271 weist allerdings darauf hin, daß auch empirische Untersuchungen für den steuerlichen Bereich keine eindeutigen Schlüsse über die Reaktion des Arbeitsangebotes auf verschiedene Steuerbelastungen zulassen. Bezüglich der Auswirkungen von Sozialversicherungsbeiträgen auf das Arbeitsangebotverhalten fehlt es bislang an aussagekräftigen empirischen Untersuchungen.

38 Vgl. Raab (1995), S. 64, der zwischen einer kurzfristigen (primären) sowie einer langfristigen (sekundären) Reaktionsphase unterscheidet und die Einkommen-Freizeit-Entscheidungen ausschließlich der sekundären Reaktionsphase zuordnet.

39 Vgl. exemplarisch Blankart (1998), S. 323f.

in G' zum Lohnsatz w' und der Arbeitsmenge q' einstellt.[40] Unter den gegebenen Bedingungen ist die Lastverteilung zwischen Arbeitgeber und Arbeitnehmer allein abhängig von den jeweiligen Angebots- und Nachfrageelastizitäten ε und ς.

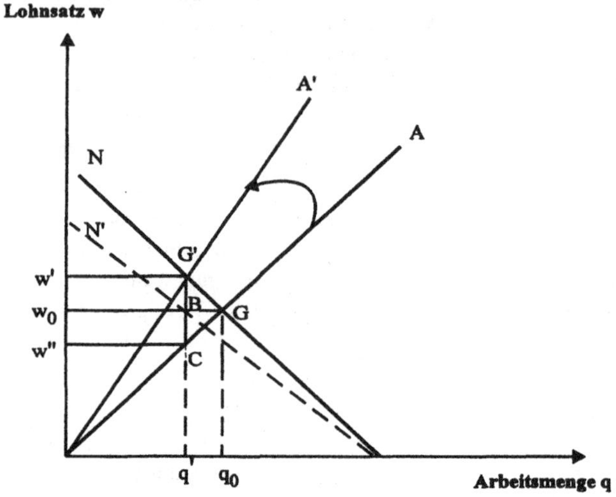

Abbildung IV-4: Inzidenz des Arbeitnehmerbeitrags am atomistischen Arbeitsmarkt

Quelle: Eigene Darstellung in Anlehnung an Loeffelholz (1979), S. 82 sowie Blankart (1998), S. 323.

Die Regel für die Inzidenz der Arbeitnehmerbeiträge lautet: Die Arbeitnehmer können die Arbeitnehmerbeiträge umso besser [schlechter] auf die Arbeitgeber vorwälzen, je kleiner [größer] die Nachfrageelastizität im Verhältnis zur Angebotselastizität ist.[41]

In Abbildung IV-4 betragen beide Elastizitäten 1, so daß sich eine Lastverteilung im Verhältnis 1:1 ergibt - Arbeitnehmer und Arbeitgeber also jeweils zur Hälfte [$w''CBw_0$ sowie $w_0BG'w'$] die Belastung durch den Arbeitnehmerbeitrag tragen.

Geht man allerdings davon aus, daß die Elastizität der Arbeitsnachfragekurven in bezug auf alternative Arbeitnehmergruppen unterschiedlich ausgeprägt ist, so werden Arbeitgeber bei ihrer Nachfrage nach niedrig qualifzierten Arbeitnehmern relativ lohnelastisch reagieren, da

---

40 Ein gestiegener individueller Arbeitslohn muß allerdings nicht zwangsläufig eine Erhöhung der Lohnsumme bedeuten, da diese nicht nur von der Lohnhöhe sondern auch von der Beschäftigungsmenge abhängt. Wird die Lohnerhöhung mit einem überproportionalen Beschäftigungsrückgang erkauft, sinkt die Lohnsumme, was sich im Rahmen der funktionalen Einkommensverteilung zu Lasten des Faktors Arbeit auswirkt.

41 Vgl. auch Loeffelholz (1979), S. 81.

diese Arbeitnehmergruppe leicht zu ersetzen ist.[42] Dementsprechend wird unqualifizierten Arbeitskräften kaum eine Beitragsüberwälzung gelingen.[43]

Die Arbeitnehmer haben zusätzlich die Möglichkeit die Arbeitnehmerbeiträge durch eine indirekte Lohnerhöhung auf die Arbeitgeberseite vorzuwälzen. Dies gelingt ihnen durch eine Verschlechterung ihrer Arbeitsleistung, indem sie den Input in Form von Mühe, Qualität und zeitlichen Aufwand reduzieren (Arbeitszurückhaltung) und damit den Output »Arbeitsergebnis« beeinträchtigen. Da insbesondere unqualifizierte – und damit in der Regel niedrig bezahlte – Arbeitskräfte relativ stärker von Entlassungen bedroht sind und Neueinstellungen aufgrund einer rückläufigen Nachfrage nach unqualifizierten Arbeitskräften[44] gefährdet sind, kann diese Arbeitnehmergruppe nicht mit Arbeitszurückhaltung reagieren, um ihren Arbeitsplatz nicht zu verlieren. Da diese grundlegenden Prämissen für höher qualifizierte Arbeitnehmer weniger Relevanz besitzen, werden sie eher zu einer Strategie der indirekten Lohnerhöhung greifen.

Eine **Rückwälzung** - beispielsweise auf die Güterangebotsseite in Form von Käuferstreiks, die eine Senkung der Konsumgüterpreise bewirken sollen - ist dagegen in praxi eher unwahrscheinlich.

➔ **Zwischenfazit:** Die Ausführungen zu den ökonomischen Effekten von Arbeitnehmerbeiträgen zeigen, daß insbesondere **besser qualifizierte, sozialversicherungspflichtig beschäftigte Arbeitnehmer**, die in der Regel den mittleren und insbesondere höheren Einkommensschichten zuzurechnen sind, bessere Möglichkeiten haben, sich einer Erhöhung oder Neueinführung von Arbeitnehmerbeiträgen am unorganisierten Arbeitsmarkt **anzupassen**. Je stärker allerdings die Lohnabschlüsse durch Verhandlungen der Tarifvertragsparteien bestimmt werden, stellt die Verhandlungsmacht von Gewerkschaften und Arbeitgeberverbänden die entscheidende Größe für die Beitragsinzidenz dar.[45] Im folgenden Abschnitt C.II.2 werden nun analog die ökonomischen Effekte der Arbeitgeberbeiträge analysiert. Da der grundsätzliche Wirkungsmechanismus oftmals identisch ist, wird an diesen Stellen auf eine detaillierte Erörterung verzichtet und stattdessen auf die Ausführungen in diesem Abschnitt verwiesen.

2. Arbeitgeberbeitrag zur Sozialversicherung

Ebenso gehen von einer Erhöhung oder Neueinführung des Arbeitgeberanteils zur Sozialversicherung vielfältige Effekte aus, die im folgenden – analog zu den Wirkungsverläufen der Arbeitnehmerbeiträge – analysiert werden.

---

42 Insbesondere besteht für diese Arbeitnehmergruppe ein Arbeitskräfteüberschuß. Des weiteren sind die betrieblichen Humankapitalinvestitionen aus Sicht der Arbeitgeber minimal.

43 Inwiefern im Falle letztendliche unter Berücksichtigung der tarifsvertragsmäßigen Lohnbestimmung eine Beitragsüberwälzung gelingt, ist von den Machtkonstellationen am organisierten Arbeitsmarkt abhängig.

44 Zu Begründungen für eine sinkende Nachfrage nach gering qualifizierter Arbeit siehe ausführlich Fehn (1997), S. 102ff.

45 Vgl. exemplarisch Loeffelholz (1979), S. 105.

Den folgenden Ausführungen liegt die unternehmerische Gewinnmaximierungshypothese zugrunde. Für den Faktoreinsatz lassen sich die Gewinnmaximierungsbedingungen bei alternativen Marktformen aus der mikroökonomischen Produktionstheorie ableiten.[46]

- **Keine Reaktion des Arbeitgebers**

Der Arbeitgeberbeitrag erhöht am atomistischen Arbeitsmarkt den Preis für den Faktor Arbeit. Würde der Arbeitgeber nicht auf die Preiserhöhung reagieren und unterstellt man, daß das Grenzerlösprodukt nicht infolge des Arbeitgeberbeitrags gestiegen ist, so ist die Gewinnmaximierungsbedingung nicht mehr erfüllt. Eine **Gewinnschmälerung** ist die Folge.

- **Reaktion des Arbeitgebers**

Tatsächlich wird der Arbeitgeber aber gemäß seinem Rationalitätskalkül versuchen, Gewinneinbußen zu umgehen, indem er die Belastung, die ihm aus seinem Beitragsanteil erwächst, reduziert.

➢ **Substitution**

Er hat die Möglichkeit den Tatbestand »sozialversicherungspflichtige Beschäftigung«, an den das Gesetz die Beitragspflicht knüpft, zu vermeiden. Auf **illegal**em Wege wird er reguläre Beschäftigungsverhältnisse durch Schwarzarbeit substituieren. Eine **legale Form** der **sachlichen Substitution** liegt vor, wenn er – insbesondere unqualifizierte - Arbeit gegen relativ billigeres Kapital ersetzt. Die Faktorsubstitution zugunsten des unbelasteten Faktors Kapital ist allerdings nicht uneingeschränkt möglich, sondern hängt entscheidend von den jeweiligen Produktionsverhältnissen ab. Sachliche Substitution liegt auch dann vor, wenn der Unternehmer sozialversicherungspflichtige Beschäftigung durch reguläre nicht sozialversicherungspflichtige Beschäftigung austauscht. Diese Praxis findet insbesondere in den vielfältigen Formen der sogenannten »Scheinselbständigkeit« ihren Niederschlag.[47] Eine grundsätzliche Substitution von deutschen durch ausländische Arbeitskräfte bringt allerdings aufgrund des geltenden Territorialitätsprinzips keinerlei sozialversicherungsrechtliche Vorteile.[48] Von diesem Axiom gibt es jedoch Ausnahmen. So kann er beispielsweise ausländische Werkvertragsarbeitnehmer einstellen, die nicht den inländischen Sozialversicherungsbestimmungen unterliegen oder eine ausländische Firma mit der Erledigung seiner Aufgaben betrauen.

Ferner eröffnet die zunehmende Globalisierung den Unternehmern die Chance einer **räumlichen Substitution über Ländergrenzen hinweg**. Sie werden entweder ihren gesamten Produktionsstandort in Länder verlegen, die mit geringeren sozialversicherungsbedingten Lohnnebenkosten aufwarten oder zumindest einzelne Erzeugungskomponenten »outsourcen«. Die globale Substitution ist jedoch mit weitreichenden Konsequenzen verbunden, so daß die Entscheidungsbedingungen nicht ausschließlich auf die Frage der Lohnnebenkosten reduziert

---

46 Vgl. Neumann (1995), S. 88.

47 Hierbei sind die Grenzen zwischen fingierter Selbständigkeit und rechtlich einwandfreier Selbständigkeit nur schwer zu ziehen. Vgl. hierzu auch Scherl (1997), S. 89.

48 Der Territorialitätsgrundsatz besagt, daß das deutsche Sozialversicherungsrecht für das Territorium der Bundesrepublik Gültigkeit besitzt - unabhängig davon, ob der Betroffene Deutscher oder Ausländer ist. Es kommt für die Anwendbarkeit der Sozialversicherungsnormen nicht auf die Person, sondern auf den Ort an, an dem die Beschäftigung ausgeübt wird. Vgl. BMA (1998c), S. 105.

werden können, da diese in ein weit umfangreicheres Kriterienspektrum eingebettet sind.[49] Dagegen erlangt die **räumliche Substitution innerhalb der Landesgrenzen** aufgrund der nahezu einheitlichen Abgabenbelastung keine Relevanz.[50]

➢ **Einholung**

Auf der anderen Seite wird der Unternehmer versuchen, Gewinneinbußen durch **Produktivitätsfortschritte** und **Kosteneinsparungen** zu kompensieren, um die Situation vor der Beitragsbelastung wiederherzustellen. Diese Kompensationsstrategie kann sich langfristig zu Lasten der abhängig Beschäftigten auswirken, wenn aufgrund von Rationalisierungsmaßnahmen Arbeitsplätze gefährdet werden. In Abhängigkeit von der jeweiligen Berufszugehörigkeit ist das Arbeitslosigkeitsrisiko jedoch ungleich auf die einzelnen Arbeitnehmergruppen verteilt. Durch Rationalisierungsmaßnahmen sind in erster Linie »einfache« Arbeitsplätze gefährdet, so daß die Gruppe der unqualifizierten Beschäftigten ein vergleichsweise hohes Arbeitsplatzrisiko trägt. Produktivitätssteigerungen sind unlösbar mit technischem Fortschritt verbunden. Weist dieser technische Fortschritt einen Bias zu Gunsten von Humankapital und zu Lasten von einfacher Arbeit auf,[51] dann führt diese Form von arbeitssparendem technischen Fortschritt dazu, daß die Arbeitsnachfrage nach gering qualifizierter Arbeit sinkt.[52]

➢ **Überwälzung**

Arbeitgeber werden außerdem die aus der Beitragszahlung resultierende Zahllast auf andere Wirtschaftssubjekte abwälzen.

Eine **Vorwälzung** liegt dann vor, wenn es den Arbeitgebern gelingt, die Beitragslasten über eine direkte Preiserhöhung der angebotenen Güter sowie eine indirekte Preiserhöhung im Sinne einer Qualitätsverschlechterung an die Konsumenten weiterzugeben. Die Verbraucher setzen sich zu einem großen Teil aus den abhängig Beschäftigten zusammen,[53] so daß bei erfolgreicher Vorwälzung hauptsächlich die Gruppe der Arbeitnehmer die Belasteten sind. Eine Vorwälzung auf die Konsumenten ist umso leichter möglich, je geringer die Preiselastizität der Güternachfrage ausgeprägt ist.[54] Bei erfolgreicher Vorwälzung sind allerdings verschiedene Verbrauchergruppen unterschiedlich belastet. Aufgrund ihrer höheren Konsumquote sind untere Einkommensgruppen im Vergleich zu oberen Einkommensgruppen relativ stärker von

---

49 Vgl. hierzu die Ausführungen in Kapitel VIII.

50 Vgl. auch die Anmerkungen in Abschnitt C.II.2.

51 So die These von Fehn (1997), S. 106.

52 Humankapitalintensiver technischer Fortschritt kann formal durch eine CES-Produktionsfunktion mit konstanten Skalenerträgen dargestellt werden. Vgl. Fehn (1997), S. 106. Der technische Fortschritt ist immer dann arbeitssparend, wenn die Grenzproduktivität von Arbeit relativ zu derjenigen von Humankapital im Zeitverlauf sinkt.

53 Der Anteil der Arbeiter und Angestellten an der Gesamtbevölkerung betrug im Jahr 1998 rund 36%. Eigene Berechnung nach Institut der Deutschen Wirtschaft (1999), Tab. 9 und Tab. 18.

54 Die grundlegenden Zusammenhänge für die Vorwälzungsstrategie am Produktmarkt lassen sich aus den mikroökonomischen Partialanalysen für Verbrauchsteuern ableiten. Siehe exemplarisch Bohnet (1999), S. 213ff. Zu den makroökonomischen Bestimmungsfaktoren der Vorwälzung siehe Loeffelholz (1979), S. 145ff.

Preiserhöhungen[55] betroffen.[56] Ferner unterscheiden sich auch Familien mit gleichem Einkommen aber unterschiedlicher Familiengröße hinsichtlich ihrer Konsumquote, so daß Mehr-Personen-Haushalte relativ stärker belastet werden.

Eine **Rückwälzung** gelingt, wenn der Arbeitgeber die Beitragsbelastung auf die nachgelagerte Wirtschaftsstufe zurückgeben kann. Betroffen sind davon in erster Linie Arbeitnehmer sowie Lieferanten, Kreditgeber und Anteilseigner. Eine Rückwälzung auf die Anteilseigner gelingt beispielsweise dann, wenn die Unternehmen geringere Gewinnausschüttungen durchsetzen können. Eine Rückwälzung auf die Lieferanten – beispielsweise in Form eines Preisdruckes – wird zwar einerseits dadurch erschwert, daß die Zulieferunternehmen selbst von steigenden Arbeitgeberbeiträgen betroffen sind und sich entsprechend nicht konzessionsbereit zeigen. Auf der anderen Seite steigt aufgrund der zunehmenden Spezialisierung der Abhängigkeitsgrad,[57] so daß sich die Zulieferanten aufgrund fehlender Ausweichmöglichkeiten nur schwer eines Preisdruckes entziehen können.

Auf die Arbeitnehmer werden die Belastungen durch Lohnreduktionen weitergegeben. Unterstellt man Nettolohndenken auf Arbeitnehmerseite und geht von elastischen Arbeitsangebots- und -nachfragekurven aus, so wird ein rationaler Unternehmer bei vollständiger Konkurrenz am Arbeitsmarkt gemäß der Gewinnmaximierungsbedingung »Faktorpreis = Grenzerlösprodukt« agieren. Durch den Beitragsanteil erhöht sich der Preis für den Faktor Arbeit um den Arbeitgeberbeitrag b_{AG}, so daß gilt:

(IV - 1) $w + b_{AG} = GEP$.

Der gewinnmaximierende Unternehmer tritt bei seiner Rückwälzungsstrategie als Mengenanpasser auf und reduziert aus Sicht der Arbeitnehmer seine Arbeitskräftenachfrage um b_{AG}. Dies entspricht in Abbildung IV-4 einer Verschiebung der Nachfragekurve von N auf N'. Unter den gegebenen Bedingungen ist die Lastverteilung zwischen Arbeitgeber und -nehmer allein von den jeweiligen Elastizitäten abhängig.[58] Unter der Annahme unterschiedlicher Nachfrageelastizitäten in Abhängigkeit von der Qualifikation der Beschäftigten, wird eine Überwälzung insbesondere auf unqualifizierte Arbeitnehmer stattfinden.[59]

Die Regel für die Inzidenz der Arbeitgeberbeiträge lautet: Die Arbeitgeber können die Arbeitgeberbeiträge umso besser [schlechter] auf die Arbeitnehmer rückwälzen, je größer [kleiner] die Nachfrageelastizität im Verhältnis zur Angebotselastizität ist.[60]

---

55 Die Wirkung der Arbeitgeberbeiträge wird mit der Wirkung einer allgemeinen Verbrauchsteuer gleichgesetzt. Wird dagegen davon ausgegangen, daß die Beiträge nur die Preise bestimmter Güter beeinflussen, so ist die Wirkungsrichtung von der betroffenen Güterart abhängig. Während die Vorwälzung auf lebensnotwendige Güter tendenziell regressiv wirkt, hat die Belastung von Luxusgütern einen tendenziell progressiven Effekt. Vgl. Musgrave, Musgrave, Kullmer (1993), S. 305.

56 Vgl. Musgrave, Musgrave, Kullmer (1993), S. 306.

57 Vgl. hierzu auch Pfeiffer, Weiß (1994), S. 88f.

58 Zur formalen Herleitung der Lastverteilung zwischen Arbeitgeber und Arbeitnehmer siehe Loeffelholz (1979), S. 73.

59 Zur Begründung vgl. analog die Ausführungen in Abschnitt C.II.1.

60 Vgl. exemplarisch Blankart (1998), S. 324.

In der Bundesrepublik werden die Sozialversicherungsbeiträge in der Regel je zur Hälfte von Arbeitgeber und Arbeitnehmer aufgebracht. Diese Situation ist in Abbildung IV-5 dargestellt.

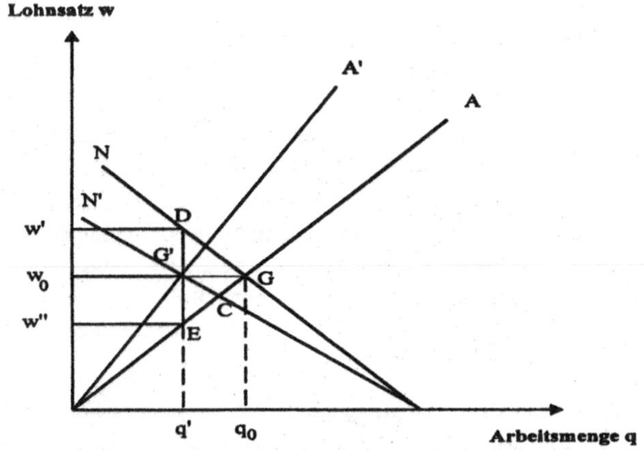

Abbildung IV-5: Inzidenz prozentual gleich hoher Arbeitnehmer- und Arbeitgeberbeiträge am atomistischen Arbeitsmarkt bei einer Nachfrage- und Angebotselastizität von 1

Quelle: Eigene Darstellung in Anlehnung an Blankart (1998), S. 323.

Unter den gegebenen Bedingungen ergibt sich bei einer Nachfrage- und Angebotselastizität von 1 eine hälftige Gesamtbeitragstragung durch Arbeitgeber [$w_0G'Dw'$] und Arbeitnehmer [$w''EG'w_0$]. Dieses Ergebnis resultiert daraus, daß die Arbeitgeberseite ceteris paribus den halben Arbeitnehmerbeitrag zusätzlich zu ihrer nicht-überwälzten hälftigen Arbeitgeberbeitragsbelastung mitträgt. Andererseits trägt die Arbeitnehmerseite die erfolgreich überwälzte Arbeitgeberbeitragshälfte sowie ihren eigenen halben Beitragsanteil.

Hieraus folgt, daß die unterschiedliche beitragsmäßige Behandlung der einzelnen Versicherungszweige ökonomisch umso weniger ins Gewicht fällt, je mehr die Beiträge als Steuern betrachtet werden.[61] Die Arbeitnehmer tragen bei einer Elastizität von 1 die Hälfte des Beitrages zur *GUV*, der formell allein von den Arbeitgebern aufgebracht wird. Zusätzlich erhalten die Arbeitgeber für ihren Beitragsanteil zur *SPV* eine Kompensation durch die Streichung eines Feiertages. Unterstellt man, daß die Feiertagsregelung die Traglast der Arbeitgeber kompensieren soll, fallen ceteris paribus Zahl- und Traglast noch stärker zu Lasten der Arbeitnehmer auseinander. Da der Umfang der Kompensation anhand der Zahllast ermittelt wird, erhalten die Arbeitgeber letztendlich eine zu hohe Entschädigung für ihren Beitragsanteil zur *SPV*, da dieser faktisch zur Hälfte von den Arbeitnehmern getragen wird.

Unter den gegebenen Bedingungen entscheiden allein die Elastizitätsbeziehungen zwischen Angebots- und Nachfrageseite über die tatsächliche Beitragsbelastung. Unterstellt man, daß

---

61 Vgl. auch Blankart (1998), S. 324.

die Arbeitsnachfrageseite ungleich stärker auf »Preisänderungen« als die Arbeitsangebotsseite reagiert,[62] dann haben die Arbeitnehmer auch bei anteiliger Finanzierung stets einen überproportionalen Belastungsanteil zu tragen.

➔ **Zwischenfazit:** Die Ausführungen zu den ökonomischen Effekten der Arbeitgeberbeiträge zeigen, daß verschiedene Einkommensgruppen in unterschiedlichem Maße von den Anpassungsreaktionen der Arbeitgeberseite betroffen sind. Zu den Belasteten gehören bei erfolgreicher Assimilation insbesondere **unqualifizierte Arbeitnehmer**, die einem steigenden Arbeitslosigkeitsrisiko unterliegen. Bei einer gelungenen Vorwälzung auf die Güterpreise sind vorrangig **untere Einkommensgruppen** beziehungsweise bei identischen Einkommensverhältnissen **Mehrpersonen-Haushalte** überproportional belastet. Da auch der Ausbildungsgrad der Beschäftigten positiv mit dem Arbeitseinkommen korreliert, erfolgt die Anpassung alles in allem zu Lasten von unteren Einkommensschichten. In einem nächsten Schritt werden nun in Abschnitt C.III die ökonomischen Effekte der Leistungsseite näher betrachtet.

III. Ökonomische Effekte der Leistungsseite

Die Sozialversicherung gewährt den Versicherten Geld- und Sachleistungen.[63] Während Barleistungen direkt an den Leistungsdestinatar ausgezahlt werden, besteht bei den Sachleistungen keine Identität zwischen Zahlungs- und Leistungsempfänger.[64] Entsprechend Abbildung IV-2 werden die Wirtschaftssubjekte auf die Leistungszahlung entweder reagieren oder nicht.

- **Keine Reaktion des Leistungsempfängers oder der mit ihm verbundenen Wirtschaftssubjekte**

Liegt weder eine freiwillige noch eine unfreiwillige Reaktion - beispielsweise aufgrund einer Vorteilswegnahme - vor, dann erfahren die Destinatare eine **direkte Erhöhung ihres Gesamteinkommens.**

- **Reaktion des (potentiellen) Leistungsempfängers oder der mit ihm verbundenen Wirtschaftssubjekte**

In der Regel werden die Versicherten ihr Verhalten in Abhängigkeit von den zu erwartenden Leistungen anpassen. Zusätzlich sind sie aufgrund ihrer Einbindung in den Marktmechanismus den leistungsbedingten Verhaltensänderungen anderer Wirtschaftssubjekte ausgesetzt.

➢ **Substitution**

Die Versicherten haben ein Interesse daran, parafiskalische Transfers zu empfangen, so daß sie versuchen ihre Bemessungsgrundlage den gesetzlichen Auflagen entsprechend anzupassen.

---

[62] Diese Annahme erscheint angesichts der derzeitigen Arbeitsmarktsituation, die durch ein Überangebot an Arbeitskräften und eine hieraus resultierende hohe Arbeitslosigkeit gekennzeichnet ist, durchaus realistisch.

[63] Aufgrund ihrer Zweckgebundenheit werden die Barerstattungen ebenfalls den Sachleistungen zugerechnet.

[64] Das Sachleistungsprinzip ist im Krankenversicherungssystem stark ausgeprägt. Hier wird beispielsweise der Ärzteschaft eine Gesamtvergütung bezahlt, die sie verpflichtet die Kassenmitglieder unentgeltlich zu versorgen. Vgl. die Übersicht bei Lampert (1998), S. 247 über die wesentlichen Leistungs- und Zahlungsströme im System der GKV.

Dies gelingt ihnen einmal durch ein **unrechtmäßiges** Vorspiegeln falscher Tatsachen, indem sie beispielsweise ihre wahren Einkommensverhältnisse verschweigen, um in den Genuß der bedürftigkeitsabhängigen Arbeitslosenhilfe zu kommen. Da allerdings die meisten Sozialversicherungsleistungen entweder fixen gesetzlichen Regelungen – wie beispielsweise der Altersgrenze für die Inanspruchnahme von Altersrenten – unterliegen oder an besondere Nachweise geknüpft sind,[65] sind einer solchen »Erschleichungsstrategie« Grenzen gesetzt. Ferner erweisen sich Falschangaben nur im Falle von ungebundenen Barleistungen als sinnvoll, während Sachleistungen in der Regel nur für den tatsächlich Betroffenen einen Nutzen entfalten und dementsprechend kaum für illegale Substitutionsversuche in Betracht kommen.[66]

Eine **legale sachliche Anpassung** liegt vor, wenn die Wirtschaftssubjekte eine Nichtleistungs- durch eine Leistungsbemessungsgrundlage substituieren. Hierunter fallen alle Formen der vorsätzlichen Herbeiführung eines Leistungstatbestandes, wie etwa freiwillige Arbeitslosigkeit oder die Provokation eines Arbeitsunfalles oder einer Krankheit. Im Grunde können auch alle Formen des moral hazard, mit denen Schadenhöhe und -wahrscheinlichkeit negativ beeinflußt werden, als sachliche Substitution interpretiert werden.[67] Der Anreiz zu moral hazard-Verhalten ist umso höher, je mehr der individuelle Beitrag zu Lasten des Versicherten von einer risikoäquivalenten Prämie abweicht. Demzufolge werden insbesondere obere Einkommensgruppen mit durchschnittlicher Risikostruktur zur Strategie des moral hazard greifen. Die Gefahr einer bewußten Herbeiführung eines Schadenfalles ist allerdings stark abhängig von dem versicherten Tatbestand. Da jegliche Formen körperlicher Beeinträchtigungen mit starken Nutzeneinbußen für den Betroffenen verbunden sind, verliert die Strategie der sachlichen Substitution für diesen Bereich an Attraktivität. Bei unterschiedlichen nationalen Leistungsstandards gewinnt die **länderübergreifende räumliche Substitution** in Form des »Sozialtourismus« an Bedeutung. Da Sozialversicherungsleistungen grundsätzlich an die Mitgliedschaft in der Versicherungsgemeinschaft geknüpft sind, ist die punktuelle Leistungsnutzung stark eingeschränkt. Ferner wird die spezifische Form des »Sozialversicherungstourismus« auch dadurch begrenzt, daß der Sozialtransfer an die vorherige Beitragszahlung geknüpft ist, so daß sich eine Migration nur bei Gesamtnettobegünstigung lohnt.[68]

---

65 So sind zum Beispiel die meisten Arzneimittel verschreibungspflichtig und sind damit an einen vorherigen Arztbesuch mit Krankheitsdiagnose gebunden. Ebenso setzt die Inanspruchnahme von Pflegeleistungen voraus, daß ein entsprechender Antrag bei der Pflegekasse eingegangen ist und Fachkräfte des Medizinischen Dienstes der Krankenkassen das Vorliegen von Pflegebedürftigkeit festgestellt haben. Zur Antragstellung von Leistungen der Pflegeversicherung und der Begutachtung durch den Medizinischen Dienst siehe BMA (1998c), S. 466.

66 So wird beispielsweise der Erhalt von Arzneimitteln bei einem Gesunden nicht zu einer großen Nutzensteigerung führen.

67 Zu den alternativen Ausprägungen von moral hazard-Verhalten auf Seiten des Versicherungsnachfragers siehe die Ausführungen in Kapitel III. Vgl. auch Toepffer (1997), S. 48. Im Einzelfall sind die Übergänge zur rechtswidrigen Substitution fließend.

68 Ferner gelten auch für den Sozialtourismus die bereits erörterten Mobilitätshemmnisse.

➢ Einholung

Zusätzlich können die Leistungen - insbesondere Barleistungen - einen **negativen Einholungseffekt** auslösen, wenn die Wirtschaftssubjekte auf den Leistungsempfang mit einem geringeren Ressourceneinsatz reagieren.[69] Dies wird sich in erster Linie in einem nachlassenden Arbeitswillen zeigen.[70]

Aufgrund der unmittelbaren Verbindung zwischen Lohnersatzleistungen der *ALV* und Arbeitsangebotsverhalten existieren zahlreiche Zusammenhänge zwischen Höhe und Bezugsdauer von Lohnersatzleistungen und Umfang sowie Dauer von Arbeitslosigkeit.[71] Entsprechend einer auf *Clark* und *Summers* basierenden Systematisierung ergibt sich ein eindeutig positiver [negativer] Zusammenhang zwischen Lohnersatzleistungen und Arbeitslosigkeit [Beschäftigung].[72]

➢ Negative Überwälzung

Schließlich wirkt sich die negative Überwälzung auf die tatsächlichen Begünstigungsverläufe aus. Während bei monetären Transfers Leistungs- und Zahlungsempfänger identisch sind, werden nicht-monetäre Leistungen in der Regel an Dritte ausgezahlt. Bei den Sachleistungen kann sich eine Vorteilswegnahme ergeben, wenn die Leistungen nicht in beabsichtigtem Umfang oder Qualität an die Destinatare weitergegeben werden. Monetäre Sozialversicherungsleistungen gehen den Destinataren dagegen direkt zu. Da der Leistungsempfänger auf vielfältige Weise mit dem Marktgeschehen verbunden ist, kommt es erst in der Nutznießerphase zu negativen Überwälzungsprozessen, so daß letztlich Leistungsempfänger und -begünstigte auseinanderfallen.

Am Arbeitsmarkt betreibt die Arbeitgeberseite »expenditure snatching«, indem sie eine Erhöhung staatlicher Barleistungen durch Lohnsenkungen wettmacht. Die Sozialversicherungsleistungen heben dann nicht das Nominaleinkommen der Arbeitnehmer an, sondern verbessern

---

69 Auch in diesem Fall sind Ausprägungen eines moral-hazard-Verhaltens unverkennbar.

70 Die negative Wirkung auf Leistungsanreiz und Arbeitseinkommen überwiegt insbesondere dann, wenn Faktor- und Transfereinkommen eng beieinander liegen, wie dies beispielsweise beim Arbeitslosengeld der Fall ist. Vgl. Grüske (1985), S. 303.

71 Vgl. den Überblick zu den wichtigsten empirischen Arbeiten über den Einfluß der ALV auf die Arbeitslosigkeit bei Stobernack (1991), S. 262ff. Vgl. auch Rolle, van Suntum (1997), S. 15. Siehe auch Sanner (1997). Eine Zusammenschau der wichtigsten empirischen Untersuchungen für die BRD findet sich bei Schmid, Reissert, Bruche (1992), S. 155ff.

72 Vgl. Clark, Summers (1982). Hierfür lassen sich zwei Begründungen anführen. Zum einen trägt die Existenz der ALV dazu bei, daß sich Unternehmer den Nachfragelücken am Gütermarkt verstärkt durch Mengenvariationen am Faktormarkt anpassen. Zum anderen erhöhen Unterstützungszahlungen den Anspruchslohn und behindern damit eine Anpassung an die Arbeitsmarktgegebenheiten. Während Mavromaras (1987), S. 155ff. zu dem Ergebnis kommt, daß eine Ausdehnung der Arbeitslosenunterstützung einen signifikanten Anstieg des Anspruchslohns zur Folge hat, widerlegt Franz (1982), S. 29ff. diese Hypothese auf Basis bundesdeutscher Daten. Kernpunkt eines stark vereinfachten Suchmodells zur Erläuterung der Auswirkungen auf die Arbeitsanbieterseite ist die Frage, wieviel Zeit ein Wirtschaftssubjekt auf die Stellensuche verwendet und unter welchen Bedingungen es eine Stelle annimmt. Grundlegend zum Suchmodell siehe Mortensen (1986), S. 849ff. Vgl. ebenso die Darstellung bei Schmid, Rosenbaum (1995), S. 141ff. Vgl. auch Berthold, Külp (1987), S. 27ff.

das Betriebsergebnis.[73] Derselbe Wegnahmeeffekt tritt ein, wenn die Unternehmerseite als Reaktion auf die Einführung oder Erhöhung parafiskalischer Transfers den Umfang freiwilliger betrieblicher Sozialleistungen kürzt.[74] So können die Arbeitgeber beispielsweise mit einer Einschränkung der betrieblichen Altersversorgung auf eine Verbesserung der staatlichen Altersbezüge reagieren.[75] Ob sich dieses Vorgehen für die Unternehmen langfristig auszahlt, hängt jedoch entscheidend von der Gegenreaktion der Arbeitnehmerseite ab. Da betriebliche Sozialleistungen vorrangig die Leistungsbereitschaft und Betriebsbindung der Arbeitnehmer fördern und damit letztlich dem unternehmerischen Gewinnmaximierungskalkül unterliegen, können Leistungskürzungen zwar kurzfristig Kosten einsparen - langfristig aber durchaus Gewinneinbußen bewirken. In diesem Fall haben die parafiskalischen Sozialleistungen weder für die Arbeitgeber- noch für die Arbeitnehmerseite einen positiven Nettoeffekt. Die Erhöhung oder Einführung von Sozialversicherungstransfers führt auch dann nicht zu einem Nominaleinkommensgewinn der Destinatare, wenn im Gegenzug alternative öffentliche oder private Unterstützungsleistungen gekürzt werden.[76] Im Ergebnis werden dann die Sozialleistungen faktisch an die subsidiären öffentlichen Sozialeinrichtungen oder die nachrangigen privaten Leistungsgeber - Einzelpersonen und Haushalte sowie private Hilfsorganisationen - weitergegeben.

Die Leistungsempfänger sind nicht nur durch ihre Einkommenserzielung sondern auch durch ihre Einkommensverwendung mit dem Marktgeschehen verbunden, so daß die Vorteilswegnahme auch von der **nachgelagerten Wirtschaftsstufe** ausgehen kann.

So werden die Preise von Gütern mit gruppenspezifischem Verbrauch erhöht, sobald das konsumrelevante Klientel höhere Sozialleistungen erhält.[77] Stellt sich dieser Effekt bei allgemeinen Konsumgütern oder spezifischen Produkten wie beispielsweise den Gesundheitsgütern ein, unterbleibt bei den Leistungsempfängern die beabsichtigte Realeinkommenserhöhung. Ferner können auch unmittelbar mit dem Sozialversicherungssystem verbundene Einrichtungen – wie beispielsweise Pflegeheime – mit Preissteigerungen auf eine Erhöhung von parafiskalischen Leistungen reagieren. Leistungsempfänger und –nutznießer fallen auch in diesem Fall letztendlich auseinander.

---

73 Der Erfolg einer Vorteilswegnahme durch allgemeine Lohnsenkungen hängt wiederum entscheidend von den spezifischen Gegebenheiten am Arbeitsmarkt - insbesondere der Marktform und -macht sowie der Angebots- und Nachfrageelastizitäten - ab.

74 Bei den freiwilligen betrieblichen Sozialleistungen handelt es sich um nicht-staatliche, übertarifliche oder außertarifliche Leistungen der Betriebe. Scherl (1994), S. 8 kommt zu dem Ergebnis, daß die betriebliche Sozialpolitik verstärkt durch staatliche und tarifvertragliche Regelungen verdrängt wird. Vgl. auch Loeffelholz (1979), S. 191.

75 Die betriebliche Altersversorgung hat gegenüber der Sozialversicherungsrente Ergänzungsfunktion. Daher ist es für die betriebliche Altersversorgung charakteristisch, daß sie im allgemeinen auf den Sozialrenten aufbaut und sie bis zu einer angemessenen Gesamtversorgung aufstockt. Siehe BMA (1991), S. 188. Zur quantitativen Entwicklung der betrieblichen Altersversorgung siehe BMA (1991), S. 188ff.

76 Siehe hierzu auch Zöllner (1997), S. 310. So werden insbesondere von Privatpersonen erbrachte Pflegeleistungen mit Einführung der Pflegeversicherung durch öffentliche Dienste ersetzt werden.

77 Vgl. auch Zimmermann, Henke (1994), S. 259.

Es konnte gezeigt werden, daß auch die parafiskalische Leistungsseite zahlreiche Verhaltensänderungen hervorruft und somit gesetzliche, formale und effektive Inzidenz auseinanderfallen. Abschließend soll nun der Frage nachgegangen werden, welchen Wirkungsgrad die Sicherungsleistungen unter diesen Umständen überhaupt erreichen. Es läßt sich leicht zeigen, daß der Wirkungsgrad von Sicherungsleistungen - definiert als Quotient aus Nettosicherungseffekt und monetären Sicherungsausgaben[78] - aufgrund der individuellen Anpassungsstrategien in der Regel den »optimalen« Wirkungsgrad von 100% unterschreitet.

Dieser Zusammenhang wird anhand eines vereinfachten Beispiels deutlich gemacht:

Ein Individuum, das ein monatliches Arbeitseinkommen Y in Höhe von 3.000 DM erhält, wird zum Zeitpunkt t_1 arbeitslos. Da vorerst keine staatlichen Unterstützungsleistungen existieren, erhält das Individuum einen interfamiliären Transfer Tr_{fam} von 500 DM und verdient sich ein zusätzliches Entgelt Y_{zus} in Höhe von 300 DM.

Ausgehend von einem monatlichen Arbeitseinkommen wird bei Arbeitsplatzverlust - unter vollständiger Anrechnung sonstiger Arbeitseinkommen - eine Lohnersatzleistung L in Höhe von 70% des monatlichen Leistungsentgeltes gezahlt, so daß gilt: $L = 2.100$ DM.

Von vorhandenen Rücklagen oder Verschuldungsmöglichkeiten wird abstrahiert.

Es wird angenommen, daß das arbeitslos gewordene Individuum aufgrund der Anrechnungsbestimmung kein zusätzliches Arbeitseinkommen mehr erzielt und auch keine interfamiliäre Unterstützung mehr erhält.

Der Wirkungsgrad W der Sicherungsleistung L berechnet sich:

$$\text{(IV-2)} \quad W = \frac{L - Y_{zus} - Tr_{fam}}{L} \cdot 100.$$

Es ergibt sich somit:

$$\text{(IV-3)} \quad W = \frac{2.100DM - 300DM - 500DM}{2.100DM} \cdot 100 \approx \mathbf{62\%}.$$

Die Beispielrechnung zeigt, daß der Wirkungsgrad der Sozialversicherungsleistung aufgrund von Anpassungsreaktionen nurmehr 62% beträgt.

➔ **Zwischenfazit:** Die Ausführungen zu den ökonomischen Effekten der Leistungsseite verdeutlichen, daß die Leistungsempfänger oder die mit ihnen verbundenen Wirtschaftssubjekte über zahlreiche Anpassungsstrategien verfügen, um in den Genuß der Versicherungsleistung zu kommen. Die Verhaltensweisen der mittel- oder unmittelbar Betroffenen wirken sich entscheidend auf den Wirkungsgrad der Sicherungsleistung aus, der deutlich unter sein »Optimum« von 100% sinkt.

IV. Zusätzliche Wohlfahrtseffekte der Sozialversicherung

Im folgenden werden die zusätzlichen Wohlfahrtseffekte ermittelt, die mit der Abgabenerhebung und Leistungsgewährung verbunden sind und ebenfalls direkt oder indirekt das Verteilungsergebnis beeinflussen. Da die Sozialversicherungspolitik allerdings nicht nur negative

---

[78] Vgl. Scherl (1993), S.15. Hierbei gibt der Nettosicherungseffekt den Betrag an, um den sich die Einkommenslücke zum Referenzeinkommen durch die Sicherungsleistung im Vergleich zu einer Situation ohne parafiskalische Unterstützung verringert. Von der Existenz einer Fürsorgeeinrichtung wird in beiden Situationen abstrahiert.

Wohlfahrtseffekte induziert, sondern auch Wohlfahrtssteigerungen mit sich bringen kann, werden den **Wohlfahrtsverlusten** die **Wohlfahrtsgewinne** an die Seite gestellt.

1. Zusätzliche Wohlfahrtsverluste

Die Sozialversicherungspraxis impliziert sowohl im **privaten** wie auch im **staatlichen Sektor** – entweder nationalstaatlich oder länderübergreifend – zahlreiche zusätzliche Wohlfahrtsverluste.

- **Erhebungs- und Vergabekosten**

Die Erhebung von Beiträgen und Steuern verursacht ebenso wie die Leistungsgewährung im allgemein-staatlichen und parafiskalischen Sektor **administrative** und **politische Erhebungs- und Vergabekosten**. Hierzu zählen neben den reinen Verwaltungskosten die Ausgaben, die entstehen, wenn für die Leistungsvergabe oder Beitragserhebung der politische Apparat in Anspruch genommen wird.[79] Die Erhebungskosten vermindern das Nettobeitrags- und -steueraufkommen während die Vergabekosten den Nettoleistungsbetrag schmälern.[80]

- **Folgekosten**

Zusätzlich entstehen sowohl im öffentlichen wie auch im privaten Sektor Folgekosten.[81] Innerhalb des **staatlichen Sektors** kommt es vorrangig in den eigenen aber auch in anderen Behörden zu »compliance costs«, wenn diese zur Aufgabenerfüllung herangezogen werden. So verursachen einerseits die Auftragsleistungen des Bundes bei der BA entsprechende Folgekosten, während andererseits die Zuschußmodalitäten zur Sozialversicherung bei den allgemein-staatlichen Behörden Erfüllungskosten bewirken. Ferner kommt es aufgrund sozialversicherungsrechtlicher Koordinierungsvorschriften in ausländischen Behörden dann zu zusätzlichen Kosten, wenn diese ebenfalls zur Mitwirkung bei der territorialen Aufgabenerfüllung verpflichtet sind.[82] Im **privaten Sektor** entstehen sowohl den Unternehmen als auch den einzelnen Wirtschaftssubjekten oder Haushalten **obligatorische Folgekosten** direkter und indirekter Art, wenn sie zur Mitarbeit bei parafiskalischen Maßnahmen gezwungen werden.[83] Zu den unternehmerischen Folgekosten[84] gehören neben den direkten Beitragszahlungen beispielsweise auch die Ausgaben für Personal und Sachmittel, die durch die Abführung des Gesamtsozialversicherungsbeitrages entstehen. Weitere administrative Kosten erwachsen den Betrieben aus der Auskunftspflicht gegenüber den Sozialversicherungsträgern und den Meldungen zur

---

79 Vgl. Recktenwald (1984), S. 400.

80 Ihr Bedeutungsumfang offenbart sich einerseits im Kosten-Aufkommen-Verhältnis und andererseits im Kosten-Auszahlung-Verhältnis. Zum Kosten-Aufkommen-Verhältnis von Steuern in der Bundesrepublik siehe Grüske (1991b), S. 48ff.

81 Zur Definition von Folgekosten siehe Recktenwald (1983), S. 185.

82 Siehe zu diesem Aspekt Kapitel VIII.

83 Folgekosten entlasten den Staat und belasten die private Wirtschaft und einzelne Individuen, ohne daß diese dafür eine äquivalente Entschädigung erhalten. Diese Form der Kostenüberwälzung vom Staat auf den privaten Sektor bezeichnet Grüske als Bürokratieverlagerung. Grüske (1991b), S. 43. Zur empirischen Evidenz der Bürokratieüberwälzung im Steuerwesen siehe ders. (1991), S. 45ff.

84 Zu den betrieblichen Folgekosten von Sozialgesetzen siehe Harders (1988), S. 116ff.

Sozialversicherung.[85] Auf Seiten der potentiellen Leistungsempfänger bedarf es beispielsweise eines Rentenantrages, um eine Rente aus der *GRV* zu erhalten oder einer persönlichen Arbeitslosigkeitsmeldung, um den Förderungsbestimmungen des SGB III gerecht zu werden. Diese unfreiwilligen Erfüllungstätigkeiten führen zu monetären, zeitlichen und psychischen Folgekosten, die sich unterschiedlich auf die einzelnen Bevölkerungsgruppen verteilen. Hierbei werden obere Einkommensgruppen vor allem relativ stärker als untere Einkommensgruppen von den monetären Folgekosten in Form eines Einkommensausfalles betroffen. Für untere Einkommensgruppen sind dagegen Antragstellungen aufgrund ihres niedrigeren Bildungsniveaus mit höheren zeitlichen Aufwendungen verbunden. Daneben setzen sich die Wirtschaftssubjekte auch **freiwillig** monetären und nicht-monetären Lasten aus, um sich den veränderten Leistungs- und Beitragsbestimmungen aus ihrer Sicht bestmöglich anzupassen.[86]

- **Substitutionslasten**

Die individuellen Anpassungsreaktionen sind für den Staat mit Substitutionslasten verbunden. Sie treten im Vergleich zu einer hypothetischen Situation ohne Ausweichreaktionen als Ausfall von Steuer- und Beitragsaufkommen auf, wenn die Wirtschaftssubjekte die **Steuer- und Beitragszahlung** ganz oder teilweise **umgehen** können.[87] In einem weiteren Sinne kann auch das **zusätzliche Leistungsvolumen**, das durch bewußtes Herbeiführen des sozialversicherungsrelevanten Leistungstatbestandes und suboptimale Inanspruchnahme der Sozialleistung entsteht, als Substitutionslast interpretiert werden.[88] Dieser reaktionsbedingte Leistungsumfang zeigt sich als positiver Differenzbetrag zwischen Ist-Zahlbetrag und hypothetischem Soll-Zahlbetrag, der ohne individuelle Anpassungsreaktion angefallen wäre.

- **Zusatzlasten**

Weiterhin verursachen die individuellen Substitutionsreaktionen im privaten Sektor Zusatzlasten, indem das Leistungs- und Abgabensubjekt durch den staatlichen Eingriff dazu gezwungen wird, sein ursprüngliches **marktliches Pareto-Optimum** zu **verlassen**. Die praktizierte Besteuerung[89] und Beitragserhebung führt ebenso wie die spezifische Leistungsgewährung zu einer Verzerrung der relativen Preise und veranlaßt die Individuen, ihre Faktorangebots-, Verbrauchs- und Produktionsgewohnheiten zu ändern. Die betroffenen Wirtschaftssubjekte werden im Vergleich zu einer nicht-verzerrenden aufkommensgleichen Abgabe (Kopfbeitrag) sowie zu einer nicht-verzerrenden Sozialleistung in gleicher Höhe (Pauschtransfer) schlechter gestellt.[90] Sie erfahren eine Nutzenkürzung. Umfang und Aufteilung der Gesamtlast auf Zahl-

---

85 Vgl. hierzu auch Harders (1988), S. 165f.

86 Vgl. Raab (1995), S. 67.

87 Der empirische Zusammenhang zwischen Besteuerung und individueller Ausweichreaktion kann anhand der *Laffer*-Kurve verdeutlicht werden. Vgl. Recktenwald (1983), S. 349 sowie Grüske (1991a), S. 137f. In Analogie zur *Laffer*-Hypothese läßt sich dieselbe Beziehung zwischen Beitragsaufkommen und Beitragssatz sowohl für den Arbeitgeberbeitrag als auch – bei stark redistributiver Ausgestaltung – für den Arbeitnehmeranteil zur Sozialversicherung ableiten. Zur formalen Herleitung des Substitutionsverlustes siehe Raab (1995), S. 73.

88 Vgl. hierzu die Ausführungen zum moral hazard Verhalten in Kapitel III.

89 Zu den steuerlichen Zusatzlasten siehe Recktenwald (1983), S. 752ff.

90 Vgl. auch Raab (1995), S. 70.

und Zusatzlast werden durch die Angebots- und Nachfrageelastizitäten bestimmt. Dabei ist die Zusatzlast umso kleiner, je unelastischer die Angebotselastizität [Nachfrageelastizität] im relevanten Bereich ist.[91] Unterstellt man, daß die Arbeitsangebotselastizität im relevanten Bereich sehr starr ist, würden die Lohnempfänger kaum auf einen Arbeitnehmerbeitrag reagieren. Die Überschußbelastung wäre folglich äußerst gering.

Die Zusatzlast[92] kann sowohl in ordinaler als auch in kardinaler Darstellung - als Verlust an Konsumenten- und Produzentenrente - abgebildet werden.[93] Auf Basis von Abbildung IV-3 wird die Zusatzlast anhand der ordinalen Abbildung IV-6 beispielhaft für den Arbeitnehmerbeitrag dargestellt.

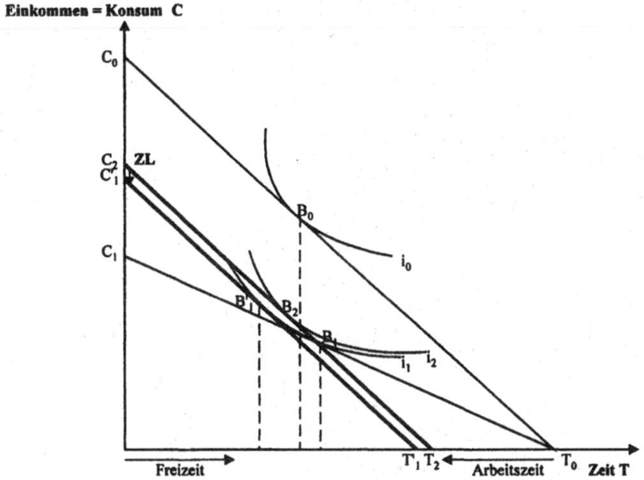

Abbildung IV-6: Ordinale Darstellung der mit einem Arbeitnehmerbeitrag verbundenen Zusatzlast

Quelle: Eigene Darstellung

Erläuterung:

Wird dem Wirtschaftssubjekt eine Pauschalabgabe mit gleichem Aufkommen wie dem Arbeitnehmerbeitragsaufkommen auferlegt, so ergibt sich die Budgetgerade C_2T_2. Das Nutzenmaximum des Wirtschaftssubjektes liegt im Punkt B_2. Obwohl das gleiche Aufkommen entsteht, liegt B_2 auf einer Indifferenzkurve i_2 mit höherem Nutzenniveau als B_1. Die Differenz zwischen den Indifferenzkurven i_1 und i_2 entspricht der Zusatzlast **ZL** in Höhe von

[91] Vgl. Recktenwald (1984), S. 396f. Siehe auch Blankart (1998), S. 207f.

[92] Zur formalen Herleitung der Zusatzlast siehe Raab (1995), S. 73. Zur quantitativen Bestimmung der Zusatzlast vgl. Harberger (1974), S. 32ff.

[93] Zur ordinalen Darstellung einer steuerbedingten Zusatzlast vgl. Musgrave, Musgrave, Kullmer (1993), S. 107. Zur kardinalen Darstellung der Zusatzlast von Mengen- und Wertsteuern vgl. Raab (1995), S. 72. Zum »excess burden« bei Subventionierung eines spezifischen Gutes siehe Grüske (1985), S. 347.

$C_2C'_l$. Diese wird von der durch die partielle Belastung des Faktors Arbeit ausgelösten Substitutionsreaktion verursacht.[94]

- **Opportunitätskosten**

Weiterhin kommt es im **öffentlichen Sektor** zu Opportunitätskosten einer falschen Leistungs- und Abgabenpolitik.[95] Im **privaten Sektor** sind ungeeignete Anpassungsstrategien an parafiskalische Maßnahmen ebenfalls mit Effizienzverlusten verbunden, die immer dann auftreten, wenn sich die (monetären) Investitionen in die Strategieentwicklung als Fehlanlagen erweisen und in anderen Bereichen einen höheren Nutzen abgeworfen hätten.

Unter Rückgriff auf die Beispielrechnung aus Abschnitt C.III kann gezeigt werden, daß der Wirkungsgrad von Sicherungsleistungen durch negative Wohlfahrtseffekte weiter reduziert wird.[96]

Es wird zusätzlich angenommen, daß dem Individuum durch die Antragstellung auf Lohnersatzleistung geldwerte Aufwendungen A von 150 DM entstehen und die Leistungsvergabe im öffentlichen Sektor mit einem administrativen Kostenbetrag K_{zus} von 200 DM verbunden ist.

Der Wirkungsgrad W der Sicherungsleistung L berechnet sich nun:

$$\text{(IV-4)} \quad W = \frac{L - Y_{zus} - Tr_{fam} - A}{L + K_{zus}} \cdot 100.$$

Es ergibt sich somit:

$$\text{(IV-5)} \quad W = \frac{2.100DM - 300DM - 500DM - 150DM}{2.100DM + 200DM} \cdot 100 \approx \mathbf{50\%}.$$

2. *Zusätzliche Wohlfahrtsgewinne*

Parafiskalische Maßnahmen führen allerdings nicht nur zu Wohlfahrtsverlusten sondern können auch **positive Wohlfahrtseffekte** generieren.

- **Substitutionsgewinne**

Zu Substitutionsgewinnen kommt es, wenn der **positive Einholungseffekt den Substitutionseffekt überwiegt** und die Individuen aufgrund der parafiskalischen Abgabe oder Sozialleistung ihren Ressourceneinsatz vergrößern.[97] Im Falle des Arbeitnehmerbeitrags äußert sich dieses Verhalten in einer Kompensation der abgabenbedingten Nettoeinkommensreduktion

---

94 Die Zusatzlast wird entweder mit Hilfe einer äquivalenten oder auf Basis einer kompensierenden Variation gemessen. Siehe hierzu Homburg (1997), S. 163f.

95 Vgl. auch Recktenwald (1984), S. 400.

96 Ebenso könnten die Wohlfahrtseffekte auch in eine analoge Beispielrechnung für die Finanzierungsseite integriert werden.

97 Aufgrund empirischer Partialergebnisse kommt Grüske (1985), S. 305 allerdings zu dem Ergebnis, daß bei Kombination von Last- und Transfereffekten die Substitutionseffekte die Einkommenseffekte überwiegen und sich somit die gesamte Umverteilungspolitik negativ auf Leistungsanreize und Arbeitsangebot auswirkt. Diese allgemeinen Ergebnisse lassen sich grundsätzlich auch auf den Sozialversicherungsbereich übertragen.

durch Mehrarbeit. Ebenso können beispielsweise die Leistungen »Berufsberatung« und »Arbeitsvermittlung« zu einer höheren Einsatzbereitschaft und -fähigkeit beitragen.

- **Zusatznutzen**

Zusatznutzen[98] treten auf, wenn durch eine parafiskalische Maßnahme eine ursprünglich verzerrte Situation in ein **allokatives Optimum** überführt wird. So werden möglicherweise gebundene Gesundheits- oder Pflegeleistungen in der spezifischen Bedarfslage »Krankheit« ungebundenen Kopftransfers vorgezogen. Diese führen bei den Transferempfängern zu einer individuellen Nutzensteigerung.[99]

➔ **Zwischenfazit:** Die Ausführungen zeigen, daß die Abgabenerhebung und Leistungsgewährung der Sozialversicherung zahlreiche zusätzliche Wohlfahrtseffekte positiver und negativer Art induziert. Diese zusätzlichen Wohlfahrtseffekte verteilen sich in **unterschiedlichem Maße auf verschiedene Einkommensgruppen** und beeinflussen hierdurch die personale Einkommensverteilung. Darüber hinaus reduzieren negative Wohlfahrtseffekte den Wirkungsgrad einer Sozialversicherungsmaßnahme, während positive Wohlfahrtseffekte ceteris paribus eine Erhöhung des Wirkungsgrades bewirken.

V. Fernwirkungen

Reagieren die Betroffenen nicht auf eine parafiskalische Maßnahme, so verändert sich deren Einkommensposition unmittelbar. Gelingt es ihnen jedoch, sich der neuen Situation (teilweise) anzupassen, so kommt es sowohl bei den primär Betroffenen als auch bei den durch die Anpassungsstrategien involvierten Dritten zu mittelbaren Einkommenswirkungen. Einkommenseffekte resultieren im privaten Sektor auch aus den zusätzlichen Wohlfahrtseffekten. Diese zahlreichen Wirkungszusammenhänge lösen bei den primär und sekundär Betroffenen Veränderungen des Leistungswillens, des Investitionsverhaltens sowie des Spar- und Konsumverhaltens aus. Sie beeinflussen als Fernwirkungen die Einkommenshöhe, -struktur und -verteilung in der nächsten Periode.[100]

---

98 Zur kardinalen Darstellung eines »excess benefits« siehe Recktenwald (1984), S. 398. Zu den vielfältigen Begründungen von Zusatznutzen siehe Grüske (1985), S. 350ff.

99 Zudem gehen gerade von parafiskalischen Gesundheitsleistungen zusätzliche positive externe Effekte aus, die in gesamtwirtschaftlicher Perspektive nicht zu vernachlässigen sind. Es handelt sich dabei um (in-)tangible Begünstigungen, die bei Dritten auftreten, ohne daß diese den »Verursachern« einen entsprechenden Ausgleich zahlen. Zur Definition externer Effekte vgl. Brümmerhoff (1996), S. 58.

100 Vgl. Bohnet (1999), S. 171. Die Umschreibung dieser Wirkungsverläufe als »Fernwirkungen« soll lediglich als Versuch einer analytischen Trennung verstanden werden. In praxi lassen sich jedoch Nah- und Fernwirkungen nicht exakt voneinander separieren.

Da sich die längerfristigen Effekte parafiskalischer Maßnahmen nicht wesentlich von den in der Literatur erörterten allgemeinen Wirkungsverläufen unterscheiden,[101] wird im Rahmen dieser Arbeit auf deren eigenständige Erörterung verzichtet.[102]

D. ANMERKUNGEN ZU DEN VERTEILUNGSRELEVANTEN »AUßERÖKONOMISCHEN« EFFEKTEN

Allgemeine gesellschaftliche Effekte werden oftmals vernachlässigt, da sie auf makrosoziologischer Ebene nur schwer zu quantifizieren sind. Aufgrund ihrer weitreichenden Bedeutung werden sie jedoch entsprechend der in Abschnitt B aufgezeigten Vorgehensweise in die Ausführungen einbezogen und aus den nicht vorrangig ökonomischen Effekten der Mikroebene abgeleitet, die sich im weitesten Sinne auch als zusätzliche Wohlfahrtseffekte interpretieren lassen.

Das Sozialversicherungssystem sichert nahezu die gesamte Bevölkerung gegen die Wechselfälle des Lebens ab. Die dauerhafte wirtschaftliche Existenzsicherung stellt eine zentrale Voraussetzung für eine nicht durch ökonomische Restriktionen behinderte **freie Entfaltung der Persönlichkeit** dar. Zusätzlich bewirkt die soziale Ausgleichskomponente eine Umverteilung zugunsten »benachteiligter« Personen(-gruppen) und führt so zu einer **gleichmäßigeren Verteilung von persönlichen und beruflichen Entwicklungsmöglichkeiten**. Auf gesamtgesellschaftlicher Ebene tragen diese Sicherungs- und Ausgleichseffekte zur **sozialen Befriedung** bei.[103] Indem das Sozialversicherungssystem Sach- und Geldleistungen für Zeiten des Einkommensausfalles vorhält, **verringert** es den **Arbeitsangebotszwang** und ermöglicht im Falle des krankheitsbedingten Arbeitsausfalles die **Wiederherstellung der Gesundheit und Arbeitsfähigkeit**. Auf der Makroebene verbessern gerade spezifische Sachleistungen der *GKV* den **Gesundheitszustand** der Bevölkerung, verringern langfristig die **Sterblichkeit** und erhöhen das durchschnittliche **Lebensalter**.[104] Diese Faktoren beeinflussen in nicht unerheblichem Maße den Altersaufbau der Bevölkerung.

Ferner beeinflußt das Sozialversicherungssystem die **individuellen Lebensformen**. Durch die Absicherung zentraler Risikotatbestände substituiert sie intrafamiliäre durch kollektive Soli-

---

101 Eine parafiskalische Besonderheit stellen allerdings die intergenerativen Effekte dar, die ebenfalls als Fernwirkungen angesehen werden können. Siehe zu den Umverteilungen zwischen Kinderlosen und Familien mit Kindern insbesondere die Ausführungen in Kapitel V.

102 Zu den mikroökonomischen Wirkungen siehe exemplarisch Recktenwald (1980), S. 220ff. Zu den Auswirkungen der Ausgaben- und Einnahmenpolitik auf die vorgegebenen gesamtwirtschaftlichen Zielgrößen siehe beispielsweise Zimmermann, Henke (1994), S. 293ff. Zu den gesamtwirtschaftlichen Wirkungen des Sicherungssystems vgl. auch Lampert (1998), S. 291ff. Zur ökonomischen Theorie der sozialen Sicherung siehe auch Petersen (1989), S. 46ff. Speziell zu den Wachstumswirkungen sozialpolitischer Maßnahmen siehe Struwe (1989). Besondere Bedeutung erlangt im Rahmen einer Analyse des Sozialversicherungssystems der Zusammenhang zwischen Alterssicherungssystem und privater Spar- und Konsumentscheidung. Vgl. hierzu insbesondere Berthold, Külp (1987) sowie Rosen, Windisch (1992), S. 407ff. Zu den Ergebnissen empirisch-ökonometrischer Wirkungsanalysen siehe den knappen Überblick bei Rosen, Windisch (1992), S. 409ff. Zur kritischen Beurteilung siehe Grüske (1985), S. 309f.

103 Vgl. Lampert (1998), S. 299.

104 Vgl. Lampert (1998), S. 289.

darität und wirkt auf eine Singularisierung der Lebensstile hin. Dies zeigt sich in einer Zunahme von Single- und Zwei-Personen-Haushalten und trägt zu einer sinkenden Reproduktionsrate bei, was sich wiederum entscheidend auf die Bevölkerungsentwicklung auswirkt.

Gerade die Effekte des Sozialversicherungssystems auf die demographischen Faktoren machen die Interdependenz der Wirkungseffekte deutlich. Vor allem die Leistungsseite hat einen entscheidenden Einfluß auf Größe, Wachstum und Struktur der Bevölkerung. Auf der anderen Seite beeinflussen die demographischen Veränderungen die Funktionsweise und vor allem auch die Funktionsfähigkeit des Sozialversicherungssystems und tragen in nicht unerheblichem Maße zur intergenerativen Umverteilung bei.[105]

Inwieweit das Sicherungssystem allerdings auch - wie vielfach behauptet - die **Einstellungen** der Bürger und damit letztendlich auch die Verhaltensweisen in bezug auf Leistungsinanspruchnahme und Abgabenfinanzierung positiv prägt, bleibt indes fraglich.[106]

E. ZUSAMMENFASSUNG DER ERGEBNISSE

Es gelingt mit Hilfe dieses Kapitels eine umfassende Wirkungsanalyse für den Bereich der Sozialversicherung vorzunehmen, die weit über die »üblichen« Abhandlungen zu den sozialversicherungsbedingten Wirkungsaspekten hinausgeht. Das Hauptaugenmerk liegt auf den primären **mikroökonomischen** Verhaltensweisen und Anpassungsreaktionen der betroffenen Wirtschaftssubjekte. Zusätzlich werden jedoch in Abschnitt C.V auch **makroökonomische** und in Abschnitt D **makrosoziologische** Zusammenhänge in die Betrachtung einbezogen, die langfristig wiederum mit Rückwirkungen auf die personale Verteilung verbunden sind.

Bei der Analyse der ökonomischen Wirkungsverläufe konzentrierten sich die Ausführungen auf die umverteilungsrelevanten Effekte des Sozialversicherungssystems. Auf Basis des für den Untersuchungsgegenstand modifizierten Konzeptes »Neue Analytik der Steuerwirkungen« kann gezeigt werden, daß die Sozialversicherungspolitik zu zahlreichen Anpassungsreaktionen der primär und sekundär Betroffenen führt, die das Verteilungsergebnis entscheidend beeinflussen. Auf diese Zusammenhänge wird speziell in der Bewertungsanalyse in Kapitel VII wieder zurückgegriffen. Zur Untersuchung der ökonomischen Effekte mußte die für den Bereich der Steuerwirkungslehre entwickelte Analysekonzeption den Anforderungen dieses Kapitels entsprechend verändert beziehungsweise erweitert werden. Hierdurch konnte sie erstmals für eine systematische Untersuchung der Wirkungsverläufe des Sozialversicherungssystems genutzt werden. Durch die Integration der zusätzlichen Wohlfahrtseffekte konnten die sozialversicherungsbedingten Wohlfahrtsverluste und -gewinne ermittelt werden, die ebenfalls einen entscheidenden Einfluß auf das Verteilungsergebnis ausüben.

---

105 Vgl. zu den Auswirkungen der demographischen Entwicklung auf die Sozialversicherung die Ausführungen in den Kapiteln V, VI und VIII.

106 Während der Ausbau des Sozialversicherungssystems ohne Zweifel das Selbstverantwortungsgefühl schwächt und die Anspruchsmentalität fördert, bleibt unklar, ob andererseits auch die solidarische Werthaltung gestärkt wird. So behaupten zumindest Schmid, Reissert, Bruche (1992), S. 160, daß das soziale Sicherungssystem „[...] promotes loyalty to major social institutions."

Des weiteren konnte gezeigt werden, daß die vielfältigen Anpassungsreaktionen und die mit den parafiskalischen Maßnahmen verbundenen Wohlfahrtseffekte einen entscheidenden - zumeist negativen - Einfluß auf den Wirkungsgrad der Sozialversicherung ausüben. Dieser Aspekt wird ebenfalls in der Bewertungsanalyse in Kapitel VII wieder aufgegriffen.

In welchem Ausmaß die im Rahmen dieses Kapitels aufgezeigten Wirkungsverläufe tatsächlich das Umverteilungsergebnis beeinflussen, hängt entscheidend davon ab, inwiefern **alternative Untersuchungsgruppen**[107] – beispielsweise Einkommensklassen oder Haushaltstypen

- verschiedentlich auf spezifische Sozialversicherungsmaßnahmen reagieren,
- in unterschiedlichem Ausmaß von den Reaktionsweisen anderer Wirtschaftssubjekte betroffen sind,
- sich die zusätzlichen Wohlfahrtseffekte ungleich auf die Bevölkerung verteilen.

Während für die unterschiedliche Betroffenheit der Wirtschaftssubjekte in bezug auf die Leistungen und die zusätzlichen Wohlfahrtseffekte der Sozialversicherung keine eindeutigen Aussagen in theoretischer Sicht möglich sind, konnte für die Finanzierungsseite gezeigt werden, daß Angehörige oberer Einkommensgruppen bessere Möglichkeiten als Angehörige unterer Einkommensgruppen besitzen, sich der endgültigen Belastung zu entziehen. Darüber hinaus sind untere Einkommensgruppen – vorwiegend unqualifizierte Beschäftigte – relativ mehr von den Anpassungsstragien der Arbeitgeberseite belastet, so daß sich insgesamt bei identischer gesetzlicher Inzidenz eine ungleiche Betroffenheit zu Lasten unterer und zu Gunsten oberer Einkommensgruppen abzeichnet.

Durch die systematische Analyse des breiten Wirkungsgeflechtes des Sozialversicherungssystems, das letztendlich das Umverteilungsergebnis entscheidend beeinflußt, wird ein theoretischer Überbau für die **weitere Vorgehensweise** geschaffen.

Während im Rahmen dieses Kapitels die umverteilungsrelevanten Wirkungsaspekte getrennt für die Finanzierungs- und Leistungsseite analysiert wurden, interessiert nun, welche Umverteilungen durch die konkrete Einnahmen- und Ausgabengestaltung ausgelöst werden. Hierbei hat die Interpretation der Ergebnisse sowohl in theoretischer als auch in empirischer Perspektive stets unter Berücksichtigung der im Rahmen dieses Kapitels erzielten Erkenntnisse zu erfolgen. Vor diesem Hintergrund ist es möglich, die in Kapitel V durchzuführende theoretische Analyse der Redistributionseffekte auf eine formalinzidenztheoretische Basis zu stellen. Wie sich an späterer Stelle noch zeigen wird,[108] beruhen auch alle empirischen Studien auf einem formalen Inzidenzansatz, so daß die im Rahmen dieses Kapitels ermittelten umfassenden Wirkungsaspekte auch bei der Beurteilung der empirischen Ergebnisse Relevanz besitzen.

---

[107] Zur Systematisierung der Untersuchungseinheiten siehe die Ausführungen in Kapitel VI.

[108] Vgl. Kapitel VI.

Kapitel V: ANALYSE DER UMVERTEILUNGSWIRKUNGEN IM SYSTEM DER SOZIALVERSICHERUNG IN THEORETISCHER PERSPEKTIVE

A. VORBEMERKUNG

„Wenn auch soziale Sicherung nicht ausschließlich mit Redistribution von Einkommen und Vermögen verbunden ist, so spielt die Distributionszielsetzung doch eine bedeutsame und in der Praxis vielleicht dominierende Rolle.“[1]

Das vorliegende Kapitel verfolgt das Ziel, die von der Sozialversicherung ausgehenden Umverteilungseffekte in theoretischer Hinsicht zu analysieren. Aufgrund der in Kapitel IV durchgeführten Untersuchung der verteilungsrelevanten Hauptwirkungsverläufe, die mit der Einführung oder Änderung einer Finanzierungs- oder Leistungskategorie verbunden sind, wird im Rahmen dieses Kapitels ein formalinzidenztheoretischer Ansatz[2] verfolgt. Es bleiben die vielfältigen Anpassungsreaktionen der Versicherten und anderer Beteiligter unberücksichtigt, indem vereinfachende Annahmen über die Verhaltensweisen der Betroffenen getroffenen werden.[3]

Nach einer Abgrenzung des Untersuchungsgegenstandes in Abschnitt B werden in Abschnitt C die umverteilungsrelevanten Aspekte der Beitragsfinanzierung näher beleuchtet. Zu diesem Zweck wird die Einkommensverteilung, die sich nach Erhebung der Sozialversicherungsbeiträge ergibt, mit der Einkommensverteilung vor Beitragszahlung verglichen. Durch diesen Vergleich können Änderungen in der relativen Einkommensposition der Versicherten aufgezeigt werden, die sich ausschließlich auf die Beitragszahlung zurückführen lassen. Diese, der integrierten Umverteilungsanalyse vorgelagerte, isolierte Betrachtung der Finanzierungsseite ohne Berücksichtigung der Leistungsseite zeigt grundlegende Wirkungszusammenhänge der Finanzierungsregelung auf und erleichtert die weitere Analyse.

Ein Schwerpunkt dieses Kapitels liegt darin, die Umverteilungswirkungen im Rahmen einer integrierten Betrachtung von Finanzierungs- und Leistungsseite in Abschnitt D zu systematisieren und in ihrer allgemeinen Ausprägung zu erörtern.

In Unterschied zu der Vorgehensweise in Abschnitt C wird nun im Sinne des differentialinzidenztheoretischen Konzeptes die Einkommensverteilung als gedanklicher Referenzpunkt gewählt, die sich bei risikoäquivalenter Beitragszahlung ergibt.[4] Ein Vergleich der beiden Verteilungen berücksichtigt das Zusammenspiel von Leistungs- und Finanzierungsseite und gibt Aufschluß darüber, wie sich die Einkommen durch die parafiskalische Absicherung im Vergleich zu einem »verteilungsneutralen« Referenzsystem verändern.

---

1 Petersen (1989), S. 27.

2 Zur Erläuterung des formalen Inzidenzkonzeptes siehe die Ausführungen in Kapitel VI.

3 Vgl. zum methodischen Konzept Abschnitt B. Die in Kapitel IV erläuterten Wirkungsverläufe dürfen allerdings nicht übersehen werden.

4 Zur Beschreibung des differentialinzidenztheoretischen Ansatzes siehe die Ausführungen in Kapitel VI.

Da die »versicherungsfremden« Leistungen eine wesentliche Redistributionskomponente darstellen, kommt ihrer Analyse ein hoher Stellenwert zu. In Abschnitt D.III werden die sogenannten »versicherungsfremden« Leistungen, deren Definition und Beurteilung durchweg uneinheitlich erfolgt, nach schlüssigen Kriterien von dem übrigen Bereich der versicherungskonformen Umverteilungsleistungen abgegrenzt.[5] Da es jedoch kaum ein endgültiges Urteil darüber geben wird, welche Einzelleistungen der Sozialversicherung immanent sind, wird in dieser Arbeit der Begriff der »versicherungsfremden« Leistungen durch die Bezeichnung »nicht-versicherungskonforme« Leistungen ersetzt.[6]

In Abschnitt E werden die Umverteilungseffekte, die von den einzelnen Sozialversicherungszweigen ausgehen, einer differenzierten Analyse unterzogen. Zudem werden ausgewählte Leistungen mit Hilfe des in Abschnitt D.III entwickelten Abgrenzungsschemas auf ihre Versicherungskonformität überprüft und die mit ihnen verbundenen Verteilungswirkungen untersucht. Zum Abschluß werden die ermittelten Redistributionsverläufe in Abschnitt F einer Gesamtwürdigung unterzogen.

B. ABGRENZUNG DES UNTERSUCHUNGSGEGENSTANDES

Zur Durchführung einer Umverteilungsanalyse der Sozialversicherung muß vorab das zugrundegelegte Konzept nach **sachlichen, zeitlichen** und **methodischen** Analyseaspekten[7] strukturiert werden.

- **Sachliche Dimension**

In bezug auf die sachliche Reichweite der Verteilungswirkungen werden Umverteilungen, die sich **innerhalb** des Versichertenkreises abspielen, von den umverteilungsrelevanten Beziehungen **zwischen Versicherten und Dritten** unterschieden. Redistributionen zu Gunsten von Dritten werden wirksam, wenn beitragsfinanzierte Leistungen Außenstehenden zugute kommen. Zu ihren Lasten finden Umverteilungen statt, wenn Nicht-Versicherte zur Leistungsfinanzierung herangezogen werden. Wie in Kapitel IV gezeigt werden konnte, sind die Versicherten marktlichen Prozessen unterworfen, die zahlreiche umverteilungsrelevante Beziehungen zwischen Versicherten und Dritten generieren. Aber selbst bei engerem Betrachtungshorizont resultieren alleine aus den gesetzlichen Regelungen zur Finanzierungs- und Leistungsgestaltung der Sozialversicherung zahlreiche Verteilungsbeziehungen zwischen Versicherten und Dritten.[8]

Auf der Finanzierungsseite findet eine »externe« Finanzierung in erster Linie durch folgende Vorschriften zur Mittelaufbringung statt:

---

[5] Vgl. hierzu auch die Ausführungen zur Abgrenzung des Untersuchungsgegenstandes in Abschnitt B dieses Kapitels.

[6] Analog werden die Begriffe »nicht-versicherungsgemäß« sowie »versicherungsinkonform« verwendet.

[7] Vgl. Behrens (1991), S. 23.

[8] Für den Bereich der GKV siehe Behrens (1991), S. 29.

- **Beteiligung der Arbeitgeberseite in Form von Arbeitgeberbeiträgen**

  Ob und in welchem Umfang aber durch die Zahlungsverpflichtung der Arbeitgeber tatsächlich verteilungsrelevante Beziehungen zwischen versicherten Arbeitnehmern und Dritten bestehen, ist von der Inzidenz der Arbeitgeberbeiträge abhängig.[9] Die Verteilungsbeziehung zu Lasten der Arbeitgeber stellt sich im Falle einer kompletten Überwälzung der Arbeitgeberbeiträge letztendlich als Fiktion heraus.[10] Aber selbst dann kommt es zu Umverteilungseffekten zwischen Versicherten und Nicht-Versicherten, wobei allerdings die aggregierten Redistributionswirkungen dadurch abgemildert werden, daß ein Großteil der Bevölkerung gesetzlich versichert ist.[11]

- **Beteiligung der Gebietskörperschaften in Form von Zuschüssen, die überwiegend aus Steuermitteln des Bundes gespeist werden**

  Die Belastung Dritter im Rahmen der Finanzierungsbeteiligung der Gebietskörperschaften resultiert aus der Tatsache, daß neben den Versicherten auch Nicht-Versicherte für die Einnahmen der Gebietskörperschaften aufkommen. Selbst wenn das Ausmaß der aggregierten Verteilungswirkungen dadurch reduziert wird, daß die Mehrheit der Bevölkerung gesetzlich versichert ist und somit zum großen Teil selbst zur Finanzierung der Zuschüsse beiträgt, kommt es auf der Individualebene zu einer Belastung Dritter. Diese erlangt allerdings - bei Gegenrechnung mit dem Umfang nicht-versicherungskonformer Leistungsausgaben - nur im Falle eines negativen Nettoeffektes Relevanz.[12]

- **Beteiligung anderer Parafiski in Form von Beitragszahlungen**

  Die Beitragszahlungen anderer Parafiski[13] zur Finanzierung eines Sozialversicherungsträgers werden aus den Einnahmen des betroffenen Sozialversicherungsträgers gespeist. Da in allen Sozialversicherungszweigen die Beitragsmittel das Gros an Einnahmen ausmachen,[14] kommt es im Falle heterogener Versichertenportfolios[15] zu Redistributionen zwischen den Versicherten der miteinander verknüpften Parafiski.

---

9 Vgl. die Ausführungen zur Inzidenz der Arbeitgeberbeiträge in Kapitel IV.

10 Die Prämisse einer vollständigen Rückwälzung der Arbeitgeberbeiträge auf die Arbeitnehmerseite erscheint angesichts der relativen Trägheit von Lohnverhandlungen zwar bei langfristig konstanten Beitragssätzen - nicht aber bei kurzfristigen Beitragssatzänderungen - haltbar.

11 Diese resultieren bei vollständiger Rückwälzung daraus, daß auch Arbeitnehmer, die in einzelnen Sozialversicherungszweigen nicht versichert sind, gleichermaßen Lohneinbußen hinnehmen müssen. Auf der anderen Seite sind bei erfolgreicher Vorwälzung alle Konsumenten - unabhängig von ihrem Versichertenstatus - von einer Erhöhung der Güterpreise betroffen.

12 Siehe hierzu die Argumentation in Abschnitt D.III. Für die möglicherweise positive Differenz zwischen steuerfinanzierten Zuschüssen und »versicherungsinkonformen« Leistungen bleibt eine Belastung Dritter bestehen. Da jedoch - wie bereits erwähnt - der weit überwiegende Teil der Steuerzahler gesetzlich versichert ist, werden letztendlich auch diese Lasten weitgehend von den Versicherten entsprechend dem Ausmaß ihrer steuerlichen Belastung getragen.

13 So werden beispielsweise Krankenversicherungs- sowie Pflegeversicherungsbeiträge, die aus der Rente zu zahlen sind, je zur Hälfte von Rentenversicherungsträger und Rentner aufgebracht. Vgl. BMA (1998c), S. 170 und S. 493. Ebenso zahlt zum Beispiel die BA für bestimmte Gruppen von Arbeitslosen Beiträge zur GKV, GRV und SPV.

14 Vgl. Kapitel II.

> **Steuervergünstigungen**
> Steuervergünstigungen[16] vermindern den Einnahmebedarf des begünstigten Sozialversicherungsträgers. Sie stellen aber andererseits für die steuerberechtigten Gebietskörperschaften unterbliebene Einnahmen dar und rufen dort im Gegenzug eine Einnahmenerhöhung oder Ausgabensenkung hervor. Hiervon sind wiederum auch Nicht-Versicherte betroffen.

Die in dieser Arbeit durchgeführte theoretische Umverteilungsanalyse untersucht in erster Linie die verteilungsrelevanten Beziehungen **innerhalb der Versicherungsgemeinschaft**. Demzufolge werden Redistributionen zwischen Versicherten und Dritten weitestgehend vernachlässigt beziehungsweise durch vereinfachende Annahmen schematisiert.[17] Die Frage der Verteilungsbeziehungen zwischen Versicherten und Dritten wird allerdings automatisch bei der Auseinandersetzung mit den **nicht-versicherungskonformen Leistungen** in den Abschnitten D.III und E wieder berührt. In diesem Fall ergeben sich die nach außen wirkenden Umverteilungen in erster Linie aus den gesetzlichen Regelungen zur Leistungsgestaltung, indem spezifische Versicherungsleistungen auch an Dritte gewährt werden.

- **Zeitliche Dimension**

In bezug auf die zeitliche Reichweite wird grundsätzlich zwischen **Querschnitt-**, **Längsschnitt-** und **Zeitverlaufanalyse** unterschieden.[18]

> **Querschnittanalyse**

In einer Querschnittanalyse werden die Umverteilungswirkungen zu einem bestimmten Zeitpunkt ermittelt. Da der Untersuchungszeitraum nur eine Periode - in der Regel ein Jahr - umfaßt, handelt es sich um Ein-Perioden-Betrachtungen.

> **Längsschnittanalyse**

Dagegen ist die Längsschnittanalyse zeitraumbezogen. Mit Hilfe einer Längsschnittanalyse können die Umverteilungseffekte für abgegrenzte Personen[19] über mehrere Perioden - in der Regel über das gesamte Versichertenleben - erfaßt werden.

---

15 Aufgrund der in den einzelnen Zweigen unterschiedlichen Regelungen zu Versicherungspflicht, -freiheit und freiwilliger Versicherung sowie Familienmitversicherung sind die Versichertenstämme nicht deckungsgleich. Vgl. auch Kapitel II. Angesichts des Grundsatzes »Pflegeversicherung folgt Krankenversicherung« weisen lediglich diese beiden Sozialversicherungszweige nahezu homogene Versicherungsbestände auf. Vgl. BMA (1998c), S. 470.

16 Zu Steuervergünstigungen im Gesundheitswesen siehe Sachverständigenrat für die Konzertierte Aktion im Gesundheitswesen (1987), S. 73.

17 Vgl. an späterer Stelle.

18 Siehe Schmähl (1983), S.7ff. Ebenso Behrens (1991), S. 37. Wenzel (1999), S. 23 differenziert ausschließlich zwischen Quer- und Längsschnittbetrachtungen.

19 Dementsprechend können sowohl intragenerative als auch intergenerative Umverteilungswirkungen in einer Längsschnittanalyse untersucht werden. Zur Abgrenzung siehe Abschnitt D dieses Kapitels.

> **Zeitverlaufanalyse**

In einer Zeitverlaufbetrachtung können schließlich die im Rahmen von Querschnittanalysen ermittelten Ergebnisse für einen nach spezifischen Merkmalen abgegrenzten Untersuchungstyp im Zeitablauf gegenübergestellt werden.

Das Sozialversicherungssystem ist den zwei grundlegenden Zielen »Sicherheit« und »Gerechtigkeit« verpflichtet. Entsprechend dieser doppelten Zielsetzung ist die Sozialversicherungspolitik primär sowohl auf die Schaffung einer »gerechten Einkommensverteilung« in einer gegebenen Periode als auch auf die Verstetigung des Einkommens über den gesamten Lebenszyklus ausgerichtet.[20] Um zu umfassenden Aussagen über die Wirkungsweise des Sozialversicherungssystems zu gelangen, müssen somit beide Zeitdimensionen gleichermaßen berücksichtigt werden. Ferner können sich die umverteilungsrelevanten einkommens- und risikospezifischen Faktoren der einzelnen Wirtschaftssubjekte im Verlauf ihres Versichertenlebens ändern. Aus diesem Grund kann nicht von der Umverteilungsposition, die ein Individuum zu einem willkürlich gewählten Zeitpunkt einnimmt, auf die Umverteilungsposition geschlossen werden, die bei Berücksichtigung des gesamten Versichertendaseins für den Versicherten resultiert.[21]

Um diesen unterschiedlichen Implikationen Rechnung zu tragen, werden im Rahmen der theoretischen Umverteilungsanalyse sowohl zeitpunktbezogene Redistributionseffekte im Sinne einer **Querschnittbetrachtung** als auch zeitraumbezogene Umverteilungswirkungen in Form einer **Längsschnittbetrachtung** einbezogen.

- **Methodischer Ansatz**

Unter methodischen Gesichtspunkten ist es erforderlich, ein einheitliches Analysekonzept festzulegen, auf dessen Basis die Umverteilungseffekte ermittelt werden können. Gerade weil im folgenden keine empirische Redistributionsanalyse erfolgt, sondern stattdessen die Umverteilungseffekte in theoretischer Hinsicht analysiert werden, ist es notwendig und sinnvoll, die Untersuchung auf Basis eines geschlossenen methodischen Konzeptes durchzuführen. Dies erfordert in erster Linie die Festlegung eines geeigneten Inzidenzkonzeptes. Da die einzelnen Inzidenzkonzepte in Kapitel VI noch diskutiert werden, wird an dieser Stelle auf ihre theoretische Erläuterung verzichtet.[22]

Die theoretische Umverteilungsanalyse basiert auf einem **formalen Inzidenzkonzept**, dem **vereinfachende Annahmen** über die Verhaltensweisen der Betroffenen zugrunde liegen. So wird davon ausgegangen, daß

---

[20] Vgl. die Ausführungen in Kapitel I.

[21] Vgl. Schmähl (1983), S. 3. Ebenso Wenzel (1999), S. 23.

[22] Zur Systematisierung des Inzidenzbegriffes siehe grundlegend Bohnet (1999), S. 163ff.

- sich das Inanspruchnahmeverhalten der Versicherten durch die Einführung des Sozialversicherungssystems nicht ändert,[23]
- die Versicherungsleistungen nicht überwälzt werden,
- der Arbeitgeberanteil von den versicherten Arbeitnehmern getragen wird.

Die Aussagen zur umverteilungsrelevanten Finanzierungsgestaltung in Abschnitt C geben Aufschluß darüber, wie sich die Einkommensverteilung nach Abführung der Sozialversicherungsbeiträge gegenüber der Einkommensverteilung vor Beitragszahlung ändert. Dagegen werden in Abschnitt D bei integrierter Betrachtung der Finanzierungs- und Leistungsseite die Umverteilungseffekte des Sozialversicherungssystems auf Basis des Differentialinzidenzkonzeptes[24] im Vergleich zu einem risikoäquivalenten Versicherungssystem ermittelt.

C. Anmerkungen zur umverteilungsrelevanten Finanzierungsgestaltung: Sozialversicherungsbeiträge im Lichte der distributiven Zielsetzung

Die Sozialfiski finanzieren sich als eigenständiger Nebenhaushalt überwiegend aus Sozialversicherungsbeiträgen - größtenteils Arbeitnehmer- und Arbeitgeberbeiträge.[25]

Die Beitragsfinanzierung wird im allgemeinen aus dem Versicherungsprinzip abgeleitet. Es wird unterstellt, daß eine Beitragsfinanzierung dem Grundsatz der Selbstverantwortung entspricht und die individuelle Komponente der Vorsorge stärkt. Dem Beitrag wird damit eine verhaltensbeeinflussende Wirkung und häufig auch eine rechtliche Qualität - als Rechtfertigungsgrund einer verfassungsrechtlichen Gewährleistung der Versichertenanwartschaft - beigemessen.[26] Die Sozialabgaben werden zur zweckgebundenen Finanzierung der Aufgaben der Sozialfiski von den Mitgliedern der Sozialversicherung im Rahmen eines Quellenabzugs erhoben.

Bei der Frage nach dem Kriterium für die Erhebung der Sozialversicherungsbeiträge gelingt keine eindeutige Zuordnung zu den grundsätzlichen Maßstäben - **Leistungsfähigkeits**- oder **Äquivalenzprinzip.**[27]

- **Ausprägung des Äquivalenzprinzips**

Bei einer Finanzierung der Sozialversicherungsausgaben nach Maßgabe des Äquivalenzprinzips existieren mehrere Möglichkeiten zur konkreten Ausgestaltung der Abgaben.

---

[23] Diese Annahme ist allerdings äußerst restriktiv, da sie von sämtlichen endogenen Handlungsweisen der Versicherten abstrahiert, wie sie beispielsweise im moral hazard-Verhalten zum Ausdruck kommen.

[24] Zum Differentialinzidenzansatz siehe Bohnet (1999), S. 165 sowie die Erläuterungen in Kapitel VI.

[25] Zur Mittelaufbringung siehe die Regelung nach § 20 Abs. 1 SGB IV.

[26] Vgl. Petersen (1989), S. 124. Aufgrund der versicherungsspezifischen Komponente können überdies politisch diskretionäre Eingriffe des Staates eingeschränkt werden.

[27] Während sich beim Äquivalenzprinzip die Finanzierung am Vorteilsempfang von Leistungen orientiert, erfolgt beim Leistungsfähigkeitsprinzip die Belastung entsprechend der individuellen Leistungsfähigkeit. Zum Leistungsfähigkeits- und Äquivalenzprinzip als grundlegende Maßstäbe für die Erhebung öffentlicher Abgaben siehe die Ausführungen bei Zimmermann, Henke (1994), S. 99ff. Ebenso Musgrave, Musgrave, Kullmer (1993), S. 11ff.

➢ **Marktmäßige Äquivalenz**

Interpretiert man die Sozialabgaben als Preis für den Anspruch auf Sozialversicherungsleistungen, bietet sich eine Entgeltfinanzierung im Sinne der marktmäßigen Äquivalenz an. Nach dem Prinzip der marktmäßigen Äquivalenz bemessen sich Umfang und Struktur der Leistungen ausschließlich nach der individuellen Nachfrage.[28]

➢ **Kostenmäßige Äquivalenz**

Während die Abdeckung der individuellen Risiken im Falle privater Versicherungen nach dem versicherungstechnischen Äquivalenzprinzip erfolgt, trifft dies naturgemäß für die Sozialversicherung nicht zu,[29] so daß lediglich Aspekte der kostenmäßigen Äquivalenz zu erkennen sind.[30] Bei den Sozialversicherungsbeiträgen handelt es sich um Abgaben der Versicherungsmitglieder, mit denen in der Regel zweckgebundene Leistungen an die Versichertengemeinschaft finanziert werden, so daß das Prinzip der **gruppenmäßigen kostenmäßigen Äquivalenz** weitestgehend erfüllt ist.[31] Vom **individuellen kostenmäßigen Äquivalenzprinzip** wird allerdings aufgrund verteilungspolitisch motivierter Überlegungen abgewichen.

Aus Art. 3 Abs. 1 GG kann generell das Prinzip der Lastengleichheit abgeleitet werden. Es verlangt für Sozialversicherungsbeiträge - als Zwangsabgaben, die nicht gleichmäßig von allen Bürgern erhoben werden - eine besondere Rechtfertigung.[32] Demgemäß kann insbesondere bei distributiv-orientierten Beitragsanteilen, denen keine äquivalente Gegenleistung gegenübersteht, ein Verstoß gegen die Belastungsgleichheit vermutet werden.[33] Während der Beitrag im Gegensatz zur Steuer eine Vorzugslast ist, die nicht alle zu entrichten haben, sondern nur solche Personengruppen, denen hieraus ein Anspruch auf eine vermutete, potentielle Gegenleistung erwächst, hat das *BVerfG* die individuelle Gegenleistung als konstitutives Merkmal des Sozialversicherungsbeitrages verneint.[34] Die Sonderbelastung einer abgegrenzten homogenen Gruppe ist solange gerechtfertigt, wie sie dem Zweck der Abgabenerhebung besonders nahesteht. Durch die Interpretation der Versichertengemeinschaft als Solidargemeinschaft kann der soziale Ausgleich aufgrund der besonderen Gruppenverantwortung gerechtfertigt werden.[35] Dem Prinzip der Lastengleichheit ist Genüge getan, wenn das Aufkommen aus den Sozialversicherungsbeiträgen im Interesse der Abgabepflichtigen - zum Nutzen der Versichertengruppe - verwendet wird und damit das gruppenspezifische kostenmäßige Äquivalenz-

---

28 Vgl. exemplarisch Zimmermann, Henke (1994), S. 103. Ebenso Musgrave, Musgrave, Kullmer (1993), S. 11.

29 Siehe hierzu die Anmerkungen in Kapitel II.

30 Die kostenmäßige Äquivalenz impliziert eine Äquivalenz zwischen den Kosten der Leistung und den Abgaben auf Basis der Versichertengemeinschaft, wobei eine Staffelung der Entgeltbemessung aufgrund sozialer Erwägungen möglich ist.

31 So auch Zimmermann, Henke (1994), S. 150. Mögliche Abweichungen ergeben sich allerdings im Falle nicht-versicherungskonformer Leistungen. Siehe hierzu die Ausführungen in Abschnitt C.III.

32 Dahingehend beispielsweise BVerfGE 81, 156 (156ff.).

33 Vgl. Lutz, Schneider (1997), S. 15ff.

34 BVerfGE 51, 115 (124); BVerfGE 53, 313 (328).

35 Siehe Lutz, Schneider (1997), S. 17. Kritisch hierzu Ruland (1985), S. 23.

prinzip gilt. Entsprechend der den einzelnen Versicherungszweigen[36] immanenten »Generationenvertrags«-Theorie erscheint es darüber hinaus auch gerechtfertigt, den Grundsatz der Lastengleichheit auf die im Umlageverfahren miteinander verbundenen Generationen auszudehnen.

- **Ausprägungen des Leistungsfähigkeitsprinzips**

Darüber hinaus beinhaltet die einkommensabhängige Beitragsgestaltung Elemente des Leistungsfähigkeitsprinzips und ist somit grundsätzlich dem Prinzip der Leistungsfähigkeitsgerechtigkeit verpflichtet.[37]

Der Beitragserhebung liegt jedoch nur ein abgemildertes Leistungsfähigkeitsprinzip zugrunde, das in vielerlei Hinsicht von einem an der wirtschaftlichen Leistungsfähigkeit orientierten Maßstab in Reinform **abweicht**.

➢ **Beitragsbemessungsgrundlage**

Eine erste Diskrepanz ergibt sich aus der Abgrenzung der Beitragsbemessungsgrundlage. Während das Leistungsfähigkeitsprinzip in Reinform das wirtschaftliche Potential einer Person - einheitlich für alle - am gesamten Einkommen als nutzenstiftender Größe festmacht,[38] weicht die Sozialversicherungspraxis in zweifacher Hinsicht von diesem Erhebungsgrundsatz ab. Zum einen variieren innerhalb der einzelnen Sozialversicherungszweige die Bemessungsgrundlagen je nach Versichertengruppe,[39] so daß die Angehörigen unterschiedlicher Versichertenkreise bei gleicher individueller Leistungsfähigkeit verschiedenen Belastungen unterliegen. Zum anderen berücksichtigt der sozialversicherungsrechtliche Einkommensbegriff für die Hauptgruppe der versicherungspflichtig Beschäftigten nur das monatliche Bruttoarbeitsentgelt als beitragspflichtige Einnahmequelle, während alle weiteren Einnahmearten unbeachtet bleiben. Da allerdings ein Großteil der Versicherten Einkünfte aus verschiedenen Quellen bezieht, stellt das Arbeitsentgelt einen äußerst rudimentären Indikator für die persönliche Leistungsfähigkeit dar.[40] Die Folge ist eine Ungleichbehandlung von Personen mit gleich hohen, aber aus unterschiedlichen Quellen resultierenden Einkünften.[41]

---

36 Vgl. hierzu die Ausführungen in Abschnitt E dieses Kapitels.

37 Zur Definition der Leistungsfähigkeitsgerechtigkeit siehe Kapitel I. Vgl. auch die Ausführungen in Kapitel II.

38 Vgl. Wenzel (1999), S. 76.

39 So wird beispielsweise in der GKV und SPV bei den versicherungspflichtig Beschäftigten in erster Linie das Arbeitsentgelt beziehungsweise –einkommen, bei den Studenten der BAföG-satz, bei den versicherungspflichtigen Rentnern neben der Rente auch das zusätzliche Arbeitsentgelt sowie weitere Versorgungsbezüge und bei den freiwilligen Mitgliedern alle Einnahmen, die zur Bestreitung des Lebensunterhaltes bestimmt sind, als beitragspflichtiges Einkommen berücksichtigt. Vgl. BMA (1998c), S. 164 sowie S. 492. Zu den Bemessungsgrundlagen der GRV siehe BMA (1998c), S. 328f. Für den Bereich der ALV siehe BMA (1998c), S. 100.

40 Siehe Frankfurter Institut (1999), S. 18f. Vgl. auch Klammer (1998), S. 286. Ebenso Behrens (1991), S. 19. Zudem werden durch die einseitige Orientierung am Arbeitseinkommen Ausweichreaktionen im Sinne einer Reduktion von abhängiger Beschäftigung provoziert. Vgl. hierzu Kapitel IV.

41 Berücksichtigt man, daß der Einkommensanteil aus anderen Quellen nach Versicherteneinheit variiert, ergeben sich Umverteilungen zu Gunsten von älteren Personen und Individuen mit hohem Arbeitseinkommen, die in der Regel auch Einkommen aus anderen Quellen beziehen. Vgl. Wenzel (1999), S. 77.

➢ Beitragsbemessungsgrenze

Indem die beitragspflichtigen Einnahmen in der Regel nur bis zur Beitragsbemessungsgrenze in die Beitragsberechnung eingehen, entfernt sich die persönliche Zahllast ebenfalls vom Grundsatz der individuellen Leistungsfähigkeit.

Während eine rein proportionale Beitragserhebung die relative Einkommensposition zwischen den Versicherten unberührt läßt, bewirkt eine Abweichung von diesem unverfälschten Proportionalitätsprinzip im Vergleich zur Ausgangsverteilung ceteris paribus eine Änderung der relativen Einkommenspositionen.[42] Falls die Beitragsbemessungsgrenze nicht gleichzeitig auch die Grenze der Versicherungspflicht festlegt beziehungsweise die Möglichkeit der freiwilligen Versicherung gegeben ist, erhöht sich im Vergleich zur Ausgangsverteilung das relative Einkommen von Versicherten mit einem Einkommen oberhalb der Bemessungsgrenze im Verhältnis zu Personen mit einem darunter liegenden Einkommen. Dieser Zusammenhang wird im folgenden formal dargestellt.

Die Einkommensverhältnisse (*EKV*) zwischen Person *A* - mit einem über der Beitragsbemessungsgrenze (*BBG*) liegenden Einkommen Y^A – und Person *B* mit einem darunter liegenden Einkommen Y^B berechnen sich im Ausgangszustand gemäß:

$$\text{(V-1)} \quad EKV^{A,B}_{vorSV} = \frac{Y^A_{vorSV}}{Y^B_{vorSV}}.$$

Nach Abzug der Sozialversicherungsabgaben zu einem Beitragssatz *b* ergeben sich die Einkommensverhältnisse zwischen *A* und *B* bei Existenz einer Beitragsbemessungsgrenze aus:

$$\text{(V-2)} \quad EKV^{A,B}_{nachSV} = \left\{ \begin{array}{ll} \frac{Y^A_{vorSV}}{Y^B_{vorSV}}(1-b) & \text{für } BBG > Y^A > Y^B \\ \frac{Y^A_{vorSV} - BBG \cdot b}{Y^B_{vorSV} \cdot (1-b)} & \text{für } Y^A > BBG > Y^B \end{array} \right\}.$$

Hierbei setzt sich das gesamte beitragspflichtige Einkommen jeweils aus dem unter- und dem oberhalb der Bemessungsgrenze liegenden Anteil zusammen.

Die lediglich bis zur Bemessungsgrenze einkommensproportionale Beitragsgestaltung bewirkt somit einen regressiven Belastungsverlauf bezüglich des gesamten Einkommens.[43]

So lag beispielsweise im Jahr 1998 die BBG der *GKV* bei monatlich 6.300 DM und der durchschnittliche allgemeine Beitragssatz in den alten Ländern bei 13,5%,[44] so daß ein versicherter Arbeitnehmer *A* mit einem Entgelt von 8.000 DM einen monatlichen Betrag von 850,50 DM und ein versicherter Arbeitnehmer *B* mit einem Arbeitsentgelt - entsprechend der Bemessungsgrenze - von 6.300 DM denselben Monatsbeitrag zu tragen haben. Gemessen am Gesamtentgelt beträgt die relative Belastung von *A* 10,63% und von *B* 13,5%.

---

42 So auch Wenzel (1999), S. 30. Entsprechend den Ausführungen in Abschnitt A wird die Ausgangsverteilung vor Abzug der Sozialversicherungsbeiträge als Referenzpunkt gewählt.

43 Vgl. exemplarisch Bohnet (1999), S. 319.

44 Vgl. Institut der deutschen Wirtschaft Köln (1999), Tab. 95.

Die absolute Belastung von Arbeitnehmereinkommen durch eine bis zur Beitragsbemessungsgrenze proportionale Beitragsgestaltung und eine für darüber liegende Einkommen fixe einkommensunabhängige Beitragszahlung wird vereinfacht in Abbildung V-1 dargestellt.

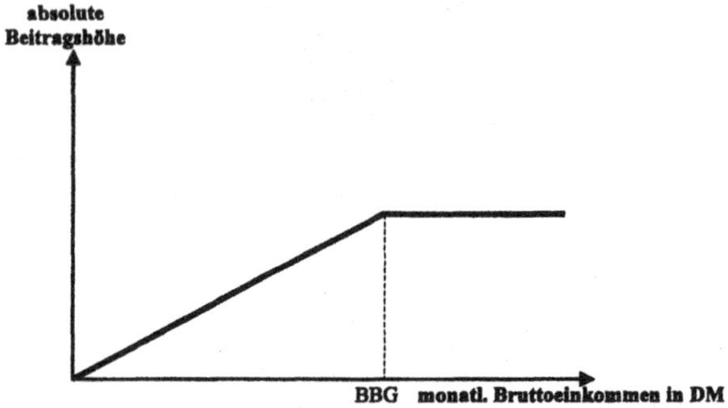

Abbildung V-1: Belastung der Arbeitnehmereinkommen durch die Beitragsgestaltung
Quelle: Eigene Darstellung

Da im Rahmen der Sozialversicherung ein erheblicher Teil der Beitragseinnahmen zur Finanzierung des sozialen Ausgleichs verwendet wird, findet eine Ungleichbehandlung der Beitragszahler statt. Versicherte mit einem Einkommen oberhalb der Bemessungsgrenze werden im Verhältnis zu ihrem Einkommen relativ weniger zur Finanzierung des sozialen Ausgleichs herangezogen. Zudem unterliegen manche Personengruppen aufgrund ihres Berufstatus - beispielsweise Beamte oder Gruppen von Selbständigen - beziehungsweise ihrer Einkommenshöhe nicht der Sozialversicherungspflicht. Da sich der Solidarausgleich nur innerhalb der Versichertengemeinschaft vollzieht, kann der »soziale« Beitragsanteil für die Pflichtversicherten als »Sonderopfer« im Sinne einer zweckgebundenen Lohnsteuerkomponente interpretiert werden.[45] Für die Pflichtversicherten handelt es sich bei der prozentualen Abgabe auf ein Arbeitsentgelt unterhalb der Bemessungsgrenze um eine proportionale Lohnsteuerkomponente mit einem Steuerbetrag in Höhe des Produktes aus Beitragssatz und Arbeitsentgelt beziehungsweise einem Grenzsteuersatz in Höhe des Beitragssatzes. Bei einem versicherten Arbeitsentgelt oberhalb der Bemessungsgrenze entspricht der Steuerbetrag dem Produkt aus Beitragssatz und Beitragsbemessungsgrenze, und der Grenzsteuersatz ist Null. In gesamtgesellschaftlicher Perspektive vollzieht sich damit die verteilungspolitisch motivierte Umverteilung hauptsächlich zwischen mittleren und unteren Einkommensgruppen.[46]

Ferner können sich durch die Beitragserhebung gemäß dem Individualprinzip in Verbindung mit der Beitragsbemessungsgrenze bei gleichen Familieneinkommen erhebliche Belastungsunterschiede ergeben, die alleine aus der unterschiedlichen Aufteilung des Einkommens auf

---

45 Allerdings erhält - wie bereits erwähnt - dieses Sonderopfer aus der Gruppensolidarität der Versicherten seine Berechtigung.

46 Vgl. Ruland (1987), S. 133ff.

die Ehepartner resultieren.[47] Die Beitragsbemessungsgrenze wird auf jeden Einkommensbezieher getrennt angewendet. Hieraus ergeben sich für Einkommen oberhalb der Beitragsbemessungsgrenze unterschiedliche Gesamtbelastungen. Die Beitragsbelastung ist dabei um so größer, je gleichmäßiger das Familieneinkommen auf die Ehepartner verteilt ist.

Setzt sich das Familieneinkommen von Familie 1 aus 4.000 DM (Person *A*) und 4.000 DM (Person *B*) zusammen, während in Familie 2 das gleiche Gesamteinkommen nur von Person *A* erzielt wird, so ist Familie 1 [2] bei einer Beitragsbemessungsgrenze von 6.300 DM mit einem Gesamtbeitrag von 1.080 [850,50] DM belastet, was einer relativen Gesamtbelastung von 13,5% [10,6%] entspricht.

➢ Versicherungspflicht

Dehnt man den Betrachtungshorizont aus, so können sich durch die Abgrenzung der Versicherungspflicht Belastungsunterschiede zwischen gesetzlich und privat versicherten Personen mit gleich hohem Einkommen und identischem Risiko ergeben, die alleine aus der unterschiedlichen Berufszugehörigkeit der Wirtschaftssubjekte resultieren. Darüber hinaus besitzt nur die Gruppe der freiwilligen Mitglieder eine Wahlmöglichkeit zwischen privater und staatlicher Versicherung und damit auch eine Wahlmöglichkeit bezüglich der individuellen Beitragsbelastung. Je nach Umfang und Abgrenzung der freiwilligen Versicherung[48] resultiert hieraus eine mehr oder minder große Ungleichbehandlung zwischen Pflichtversicherten und freiwillig Versicherten.

Es kann davon ausgegangen werden, daß nur diejenigen Personen von der freiwilligen Versicherung Gebrauch machen, die sich im Vergleich zur privaten Absicherung durch die Mitgliedschaft in der Sozialversicherung relativ besser stellen. Dies gilt vor allem für schlechte Risiken. Hierunter fallen insbesondere Personen mit einem hohen individuellen Erwartungsschaden beziehungsweise mit einer großen Anzahl von anspruchsberechtigten Familienmitgliedern,[49] die im Rahmen des sozialen Ausgleichs zu den Umverteilungsgewinnern zählen. Entsprechend verschiebt sich die Wirkungsrichtung der Umverteilung zu Gunsten oberer Einkommensgruppen.

D. Grundsätzliche Unterscheidung der Umverteilungswirkungen

I. Überblick

Für die Analyse von sozialversicherungsrelevanten Umverteilungseffekten müssen unterschiedliche Formen der Umverteilung systematisiert werden. Dies geschieht auf Basis des differentialinzidenztheoretischen Ansatzes.

---

[47] Vgl. Wenzel (1999), S. 86. Vgl. auch Ott (1981), S. 148. Ebenso Meierjürgen (1989), S. 33f.

[48] Zu den Voraussetzungen der freiwilligen Mitgliedschaft in der GKV siehe BMA (1998c), S. 161. Grundsätzlich werden die freiwilligen Versicherten der GKV auch in die Versicherungspflicht der SPV einbezogen. Allerdings wird ihnen die Möglichkeit eingeräumt, zur privaten Versicherung überzuwechseln. Vgl. BMA (1998c), S. 470. Zur Möglichkeit der freiwilligen Versicherung in der GRV siehe BMA (1998c), S. 259.

[49] Vgl. Kapitel II. Speziell zu den Vorzügen einer freiwilligen Mitgliedschaft in der GKV für Personen mit einem Einkommen oberhalb der Beitragsbemessungsgrenze in Abhängigkeit von der Familiengröße siehe Schadendorf (1998), S. 730f.

Abbildung V-2 gibt einen Überblick über die verschiedenen Umverteilungsformen der Sozialversicherung.

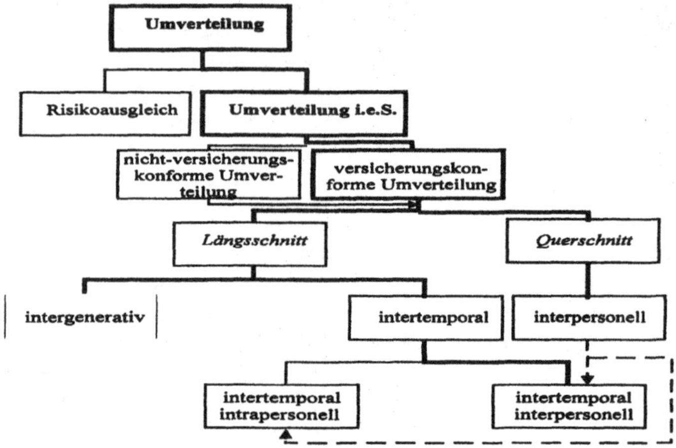

Abbildung V-2: Systematik der Umverteilungsformen

Quelle: Eigene Darstellung

Ferner können alle Umverteilungen, die sich nicht zwischen mehreren Generationen als **Ganzes** abspielen, als **intragenerative Redistributionen** bezeichnet werden. Der Begriff »intragenerative Umverteilung« bezeichnet damit im folgenden keine eigenständige Umverteilungsform, sondern umfaßt alle nicht-intergenerativen Redistributionen.[50]

- **Risikoausgleich und Umverteilung i.e.S.**

In einem ersten Schritt wird zwischen rein zufälligen und systematischen Umverteilungseffekten unterschieden und der bloße **Risikoausgleich** als »ungewollte« Redistributionsform gesondert betrachtet. Von besonderem Interesse für die weitere Untersuchung sind die systematischen Umverteilungseffekte zwischen den einzelnen Versichertengruppen, die als **Umverteilung i.e.S.** bezeichnet werden.[51] Die Abgrenzung zwischen Risikoausgleich und Umverteilung ist insofern sinnvoll, als sich die Sozialversicherung gerade durch den aus Gerechtigkeitsüberlegungen resultierenden sozialen Ausgleich von der Individualversicherung unter-

---

[50] Allerdings schließen sich intra- und intergenerative Umverteilungen keineswegs gegenseitig aus, sondern treten zumeist parallel auf. Im weiteren Verlauf der Arbeit wird allerdings nicht mit dem Begriff der intragenerativen Umverteilung operiert, da er insofern mißverständlich ist, als unter ihn nicht ausschließlich die interpersonellen Einkommensumschichtungen zwischen Angehörigen derselben Generation subsumiert werden.

[51] Im folgenden wird allerdings vereinfachend nur die Bezeichnung »Umverteilung« verwendet. Hierunter fallen ausschließlich alle systematischen Redistributionseffekte des Sozialversicherungssystems, während der Risikoausgleich nicht zur Umverteilung gerechnet wird.

scheidet. Dagegen stellt der versicherungstechnische Risikoausgleich ein wesentliches Merkmal jeglicher Art von Kollektivsicherung dar.[52]

- **Versicherungskonforme und nicht-versicherungskonforme Umverteilung**

In einem nächsten Schritt wird im Rahmen der systematischen Umverteilungsformen zwischen versicherungskonformen und nicht-versicherungskonformen Redistributionen unterschieden. Da sich allerdings beide Kategorien nicht hinsichtlich der mit ihnen verbundenen Umverteilungsdimensionen voneinander abheben, besitzen die grundlegenden Ausführungen zu den alternativen Redistributionsformen für beide Bereiche Relevanz.

- **Zeitliche Reichweite von Umverteilungsformen**

In Zusammenhang mit den systematischen Verteilungseffekten des Sozialversicherungssystems können verschiedene Formen der Umverteilung unterschieden werden.[53] Diese Differenzierung basiert in erster Linie auf einer alternativen Abgrenzung des Betrachtungshorizontes – **zeitpunktbezogene Querschnittperspektive** versus **zeitraumbezogene Längsschnittperspektive.**[54]

➢ **Querschnittperspektive**

Im Rahmen der Querschnittperspektive[55] wird jede Umverteilung zwischen alternativ abgegrenzten Untersuchungseinheiten, die nicht ausschließlich dem versicherungsimmanenten Risikoausgleich zuzurechnen ist, als **interpersonelle** Umverteilung bezeichnet.

➢ **Längsschnittperspektive**

Im Rahmen der Längsschnittperspektive wird zwischen intertemporaler und intergenerativer Umverteilung unterschieden.[56]

Falls sich die individuellen positiven und negativen Umverteilungssalden im Zeitablauf gegenseitig aufheben, liegt ein rein **intertemporaler intrapersoneller** Einkommensausgleich vor, bei dem das Lebenseinkommen einer Person oder eines Haushaltes letztendlich nur in der Zeit umgeschichtet wurde.[57] Dagegen kommt es zu einer **intertemporalen interpersonellen** Umverteilung, wenn für bestimmte Personen(-gruppen) über den ganzen Lebenslauf hinweg systematische Nettobegünstigungen oder -belastungen bestehenbleiben.[58]

Von derartigen intragenerativen Umverteilungen wird die **intergenerative** Umverteilung als Redistribution zwischen verschiedenen Generationen als Ganzes unterschieden. Im folgenden

---

52 Vgl. hierzu die Ausführungen in Kapitel II.

53 Siehe grundlegend Lampert (1998), S. 295.

54 Vgl. Abschnitt B. Siehe exemplarisch auch Bohnet (1999), S. 312. Ebenso Wenzel (1999), S. 23.

55 Zu einer differenzierteren Abgrenzung siehe Behrens (1991), S. 38.

56 Hierbei ist die intertemporale Umverteilung stets im Sinne einer Intragenerationenbetrachtung zu verstehen.

57 Vgl. Lampert (1998), S. 295. Er bezeichnet die rein intertemporale Einkommensumverteilung als »unrealistischen Grenzfall«. Siehe ders. (1998), S. 295. Vgl. hierzu auch die Ausführungen zum Sicherheitsziel in Kapitel I. Im Rahmen einer Barwertbetrachtung können auch Zinseffekte berücksichtigt werden.

58 Somit zählen beispielsweise auch alle systematischen Umverteilungen zwischen Familien mit Kindern und Kinderlosen zur Kategorie der intertemporalen interpersonellen Redistribution. Im Zusammenhang mit der GRV siehe hierzu auch die gesonderten Ausführungen in Abschnitt E.II.3 dieses Kapitels.

wird ausschließlich die Umverteilung, die sich in langfristiger Perspektive zwischen verschiedenen Geburtsjahrgangskohorten vollzieht,[59] als intergenerative Umverteilung interpretiert. Dagegen wird die zeitpunktbezogene Redistribution zwischen Angehörigen unterschiedlicher Altersgruppen unter die interpersonelle Redistribution im Querschnitt subsumiert.[60] Durch die Zuordnung der intergenerativen Redistribution zur Umverteilung wird jedes Beitrags-Leistungs-Ungleichgewicht zwischen verschiedenen Generationen automatisch als Umverteilungselement und nicht als gesamtgesellschaftlicher Risikoausgleich zwischen mehreren Kohorten betrachtet.[61]

Abschließend werden in Abbildung V-3 interpersonelle, intertemporale und intergenerative Umverteilungseffekte auf Basis eines Lexis-Diagrammes dargestellt. Hierzu werden die beiden Generationen G_1 und G_2 durch Generationslinien abgebildet.

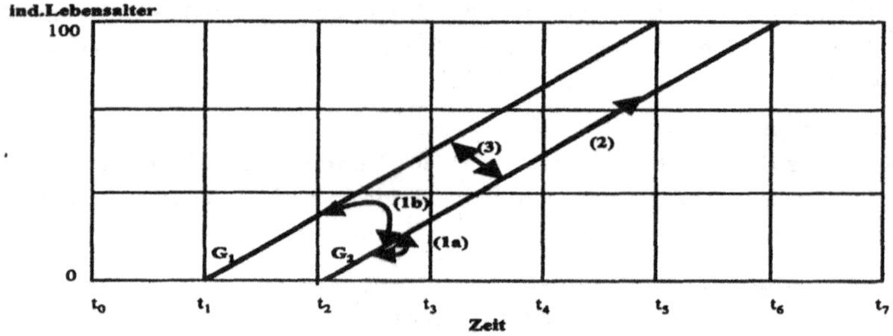

Abbildung V-3: Interpersonelle, intertemporale und intergenerative Umverteilungen

Quelle: Darstellung in Anlehnung an Schmähl (1983), S. 7 sowie Behrens (1991), S. 38.

Es resultieren zeitpunktbezogene **interpersonelle** Umverteilungseffekte **(1)** sowohl als interpersonelle Umverteilungseffekte zwischen verschiedenen Individuen einer Generation **(1a)** als auch Angehörigen unterschiedlicher Generationen **(1b)** sowie **intertemporale** Effekte entlang der jeweiligen Generationenlinie **(2)**. Daneben kommt es im Inter-Kohortenvergleich zu **intergenerativen** Redistributionen zwischen den beiden Generationen als Ganzes **(3)**.

---

[59] Vgl. auch Behrens (1991), S. 39. Ebenso Lampert (1998), S. 296.

[60] Anders dagegen beispielsweise Pfeiffer (1989), S. 28, die die Umverteilung zwischen den Gruppen der Erwerbstätigen und Rentner als intergenerative Redistribution bezeichnet. Vgl. auch FN 50.

[61] Im Gegensatz dazu differenziert Wagner zwischen intergenerationaler Umverteilung und intergenerationalem Risikoausgleich. Siehe Wagner (1984), S. 47. Dies würde allerdings eine intergenerativ faire Prämienkalkulation voraussetzen, die sich am generationenspezifischen Erwartungsschaden bemißt. Jede ex post-Abweichung ließe sich dann als zufällige Diskrepanz bei ex ante intergenerativ fairen Prämien interpretieren. Da eine intergenerativ faire Beitragsberechnung aber nicht der Kalkulationspraxis der Sozialversicherungsträger entspricht, erscheint es zweckmäßig, alle intergenerativen Ungleichgewichte als Umverteilung zu interpretieren.

II. Versicherungsimmanenter Risikoausgleich

Der Risikoausgleich ist jeder Sicherungseinrichtung inhärent, da Versicherung immer eine Umverteilung von den »Glücklichen« zu den »Unglücklichen« bedeutet, also von denjenigen, die keinen Schaden erleiden zu denjenigen, bei denen sich das Risiko zufällig realisiert.

Eine Abgrenzung zwischen versicherungseigenem Risikoausgleich und systematischen Umverteilungsvorgängen erfolgt auf Basis des **versicherungstechnischen Äquivalenzprinzips**, mit dem eine risikogerechte Prämiengestaltung gewährleistet wird. Die individuelle Nettorisikoprämie P_i berechnet sich gemäß dem individuellen Äquivalenzprinzip aus dem individuellen Erwartungsschaden $E(C_i)$ nach:[62]

(V-3) $P_i = E(C_i)$.

Der versicherungsimmanente Risikoausgleich zeigt sich in der Abweichung der tatsächlichen Versicherungsleistung vom Erwartungswert der Leistung, so daß sich ex-post - im Gegensatz zur ex-ante-Kalkulation - keine Gleichwertigkeit von Leistung und Gegenleistung einstellt.

In Tabelle V-1 wird die Wirkung des reinen Risikoausgleichs anhand eines Vergleichs der Transfersalden zweier Individuen A und B mit gleichem Schadenerwartungswert dargestellt.

Es werden dabei folgende vereinfachenden **Annahmen** zugrunde gelegt:

- Die Prämiengestaltung wird korrekt nach dem individuellen Äquivalenzprinzip vorgenommen, so daß gilt: $P_A = P_B = P$.
- Es stellt sich entweder »kein Schaden« A beziehungsweise B oder ein »Totalschaden« $\bar{A}$ beziehungsweise $\bar{B}$ in Höhe von C ein.
- Die Versicherungsleistung L wird in Höhe des Gesamtschadens C gewährt.

Fall	AB	$\bar{A}\bar{B}$	$\bar{A}B$	$A\bar{B}$
Transfersaldo von A	-P	-P+L	-P+L	-P
Transfersaldo von B	-P	-P+L	-P	-P+L
Differenz der Transfersalden	0	0	+L	+L
Risikoausgleich	**nein**	**nein**	**ja**	**ja**

Tabelle V-1: Versicherungsimmanenter Risikoausgleich

Quelle: Eigene Darstellung

In den Fällen AB sowie $\bar{A}\bar{B}$ findet sowohl keine systematische Umverteilung als auch – entsprechend obiger Definition – kein Risikoausgleich statt, da beide Personen bei risikogerechter Prämienkalkulation gleichzeitig entweder zu den »Unglücklichen« oder »Glücklichen« gehören.

Tatsächlich bereitet allerdings die Ermittlung individuell risikogerechter Prämien erhebliche Schwierigkeiten, so daß die Abgrenzung zwischen bewußter Umverteilung und reinem Risi-

---

62 Vgl. auch Kapitel II.

koausgleich nicht klar gezogen werden kann. Selbst wenn man vom Problem der Gemeinkostenzuordnung absieht - also von reinen Nettorisikoprämien ausgeht - setzen die Kosten für die statistische Ermittlung von Risikofaktoren auch den privaten Versicherungen enge Grenzen, so daß in der Regel mehr oder weniger homogene Risiken zu Risikogruppen zusammengefaßt werden.[63] Eine Orientierung an Durchschnittsgrößen kann unterschiedlich weit ausgelegt werden, da es keine exakte Festlegung für die Abgrenzung der Risikoklassen nach Risikofaktoren gibt.[64] Dementsprechend beruht jede Trennung zwischen Risikoausgleich und interpersoneller Umverteilung auf entsprechenden Konventionen.

An dieser Stelle wird von der Unmöglichkeit einer präzisen individuellen Prämienkalkulation ausgegangen und die **risikogruppenäquivalente Prämie** als Ausprägung des versicherungstechnischen Äquivalenzprinzips anerkannt.[65] Demzufolge wird jegliche sozialpolitisch gewollte Redistribution, die auf Basis normativer Gerechtigkeitsvorstellungen erfolgt, zur systematischen Umverteilung gezählt. Dagegen wird jene Umverteilung, die bei risikogruppenäquivalenter Prämiengestaltung lediglich aus einer ex post »unkorrekten« Beitragsberechnung resultiert, dem Risikoausgleich zugeordnet.

Für die Abgrenzung zwischen versicherungseigenem Risikoausgleich und Umverteilung ist weiterhin problematisch, daß immanente Ausgleichseffekte durch **endogene Verhaltensänderungen** der Versicherten beeinflußt werden können.[66]

Obwohl es sich dann im strengen Sinne nicht mehr um einen zufälligen, sondern um einen bewußt herbeigeführten Ausgleich handelt, wird diese Form der Umverteilung solange dem versicherungsimmanenten Risikoausgleich zugeschrieben, wie aus Sicht des Versicherers keine systematische Umverteilung angestrebt wurde.[67]

III. Abgrenzung nicht-versicherungskonformer Regelungen der Sozialversicherung

Das Ausmaß »nicht-versicherungskonformer« Regelungen in der Sozialversicherung und die damit verbundenen Effekte geben immer wieder Anlaß zu kontroversen Diskussionen.[68] Hauptkritikpunkt ist, neben den fragwürdigen Verteilungswirkungen, die einseitige Belastung des Faktors Arbeit und die damit verbundenen Beschäftigungseffekte.[69]

---

63 Vgl. Kapitel II.

64 „Die offene Frage ist allerdings, wie genau die Risikoklassen (nach Risikofaktoren) abgegrenzt sind oder sein dürfen, damit man noch von (individuellem) Äquivalenzprinzip sprechen darf." Eisen (1988), S. 123.

65 Zur Berechnung der risikogruppenäquivalenten Prämie siehe Kapitel II.

66 Eine solche Verhaltensänderung zeigt sich beispielsweise im moral hazard-Verhalten nach Abschluß einer Versicherung. Vernachlässigt ein Individuum versicherungsimpliziert seine individuellen Maßnahmen zur Schadensprävention, erhöht sich möglicherweise sein Erwartungsschaden und damit seine Position als (überproportional) Betroffener. Zum moral hazard-Verhalten siehe Kapitel III.

67 Dies ist immer dann der Fall, wenn ihm das individuelle Verhalten des Versicherten aufgrund einer asymmetrischen Informationsverteilung unbekannt ist. Vgl. hierzu Kapitel III.

68 Vgl. exemplarisch o.V. (1996), S. 82ff.; Fuehr (1995), S. 2; Jungkunz (1995), S. 2.

69 Siehe Breyer (1997), S. 213.

Zentraler Aspekt der Kontroverse um Ausmaß, Wirkung und Behandlung versicherungsinkonformer Leistungen ist die Forderung nach Steuerfinanzierung - insbesondere die Finanzierung durch allgemeine Verbrauchsteuern.[70] So wurde auch Ende 1997 eine teilweise Umfinanzierung von Rentenversicherungsleistungen über Steuern beschlossen. Mit dem Hauptziel der Entlastung der Unternehmen von Lohnnebenkosten[71] erfolgt nunmehr ein Teil der Finanzierung des zusätzlichen Bundeszuschusses aus dem Mehraufkommen einer einprozentigen Umsatzsteuererhöhung.[72] Ebenso ist die Öko-Steuerreform mit der politischen Absicht verbunden, das erzielbare Steuermehraufkommen im Rahmen einer Sanierung der Sozialversicherung zur Senkung der Lohnnebenkosten einzusetzen.[73]

Bislang fehlt allerdings eine einheitliche Definition und Bestimmung der nicht-versicherungskonformen Leistungen. Dieser Abschnitt zielt darauf ab, nach einer Analyse ihrer umverteilungsrelevanten Bezüge, Indikatoren zur Abgrenzung nicht-versicherungsgemäßer Leistungen zu entwickeln. Auf Basis dieses Kriterienkatalogs werden in Abschnitt E spezifische Regelungen auf ihre Versicherungskonformität überprüft und hinsichtlich ihrer Verteilungswirkungen analysiert.

1. Nicht-versicherungskonforme Regelungen als umverteilungsrelevantes Problem?

Die nicht-versicherungsgemäßen Leistungen stellen ein erhebliches Umverteilungselement innerhalb der Sozialversicherung dar. Die Umverteilungskomponente zeigt sich in **zweifacher Ausprägung**: einerseits in einer **Redistribution zwischen den einzelnen Versicherten**, die in unterschiedlichem Ausmaße zur Finanzierung herangezogen werden, und andererseits in einer **Redistribution zwischen Versicherten und Dritten**. Besonders relevant erweist sich in diesem Zusammenhang auch die Tatsache, daß die interpersonellen Umverteilungen zwischen Versicherten und Dritten bei lebenslanger Mitgliedschaft beziehungsweise Nichtmitgliedschaft in der Sozialversicherung auch im Längsschnitt bestehenbleiben.

Unter Verteilungsgesichtspunkten stellt die Abwicklung versicherungsinkonformer Leistungen im Rahmen der Sozialversicherung somit ein zentrales Problem dar. Eine Teilpopulation muß aufgrund ihres rechtlichen Status »Mitglied der Sozialversicherung« Leistungen über ihre Beiträge finanzieren, die in keinem inneren Verhältnis zur Versicherungsgemeinschaft stehen.

---

[70] Vgl. exemplarisch Berthold, Thode (1996), S. 351. Zu beachten bleibt jedoch, daß für Steuern das Nonaffektationsprinzip Gültigkeit besitzt, so daß eine eindeutige Zweckbindung nicht möglich ist.

[71] Die hohen Lohnnebenkosten sind vor allem auch eine Folge der gestiegenen Sozialversicherungsbeiträge. Die Beitragshöhe wird dabei auch von dem Umfang versicherungsinkonformer Leistungen determiniert.

[72] Mit diesen zusätzlichen Steuermitteln sollen insbesondere nicht-beitragskonforme Leistungen abgedeckt und eine Erhöhung des Beitragssatzes vermieden werden. Zur Regelung des zusätzlichen Bundeszuschusses für die Abgeltung nicht beitragsgedeckter Leistungen der GRV siehe § 213 Abs. 3 SGB VI.

[73] Vgl. hierzu auch Sesselmeier (1999), S. 3.

Aus der Beitragsfinanzierung von nicht-versicherungskonformen Leistungen resultiert eine ungleiche Betroffenheit der Bürger (Nicht-Versicherungsmitglieder versus Mitglieder).[74] Allerdings finanziert sich die Sozialversicherung nicht ausschließlich durch Beiträge, sondern zu einem gewissen Teil über Steuern, von denen nicht allein die Versicherten betroffen sind. Somit ist unter verteilungspolitischen Gesichtspunkten nur der Teilbereich der versicherungsinkonformen Leistungen kritisch zu beurteilen, der nicht durch sonstige Einnahmequellen - in der Regel Steuereinnahmen in Form von Bundeszuschüssen - abgedeckt wird.

Für diesen Teilbereich stellt sich das zusätzliche Problem der unterschiedlichen Betroffenheit der Versicherten, die aufgrund der geltenden Beitragsfinanzierung in ungleichem Maße zur Finanzierung der Leistungen beitragen.[75] Insbesondere werden obere Einkommengsgruppen bei Existenz einer Beitragsbemessungsgrenze nicht oder relativ geringer belastet.[76] Allerdings wird diese »ungleiche« Belastung unterschiedlicher Einkommensgruppen durch eine Steuerfinanzierung - je nach gewählter Steuerart - nicht automatisch beseitigt.[77]

2. *Kriterien zur Abgrenzung von nicht-versicherungskonformen Leistungen*

Am Anfang einer Auseinandersetzung mit dem Aspekt der versicherungsinkonformen Leistungen muß eine Definition dieser Leistungskategorie stehen.

Die Definition wird im folgenden in Auseinandersetzung mit dem zentralen Kriterium der Beitragsäquivalenz und weiteren Abgrenzungsmerkmalen - insbesondere dem Allokationsaspekt - erarbeitet.

- **Kriterium der Beitragsäquivalenz**

Als Kriterium zur Abgrenzung von versicherungsgemäßen und nicht-versicherungsgemäßen Leistungen wird häufig der Indikator der Beitragsäquivalenz verwendet, dem der Grundsatz der Entsprechung von Beitrag und erworbenem Versicherungsanspruch zugrundeliegt.[78] Danach sind alle Leistungen nicht-versicherungskonform, die außerhalb dieser Äquivalenz von Beitrag und Leistung stehen.

---

[74] Der oft geäußerten Meinung, von einer Beitragsfinanzierung seien ausschließlich die Versicherungsnehmer betroffen, während eine Besteuerung alle Bürger belastet, wird jedoch an dieser Stelle nicht gefolgt. So aber beispielsweise Ruland (1995), S. 28. Stattdessen sind die Belastungsverläufe von Sozialbeiträgen selbst unter der Annahme einer vollständigen Überwälzbarkeit der Arbeitgeberbeiträge nicht eindeutig, da verschiedene Personengruppen in unterschiedlichem Ausmaß der tatsächlichen Belastung unterliegen. Vgl. hierzu auch die Ausführungen in Kapitel IV.

[75] Diese Implikation ergibt sich aus der Abweichung von einem Leistungsfähigkeitsprinzip in Reinform und hat damit auch Auswirkungen auf den Bereich der nicht-versicherungskonformen Leistungen.

[76] Vgl. Abschnitt C dieses Kapitels.

[77] Sesselmeier (1999) führt in einer aktuellen Studie eine Inzidenzanalyse zur Umfinanzierung nicht-versicherungskonformer Leistungen durch. Er kommt zu dem Ergebnis, daß eine Einkommensteuererhöhung für die unteren und mittleren Einkommensgruppen eine relativ stärkere Entlastung mit sich bringt, während im Rahmen einer Mehrwertsteuererhöhung die Be- und Entlastungen breiter gestreut sind. Vgl. Sesselmeier (1999), S. 10ff.

[78] Vgl. beispielsweise Rürup (1986), S. 459.

Da es sich bei der Sozialversicherung aber eben gerade nicht um eine Individualversicherung handelt, sondern der Versicherungsfunktion die soziale Ausgleichsfunktion an die Seite gestellt ist,[79] muß bei der Abgrenzung nicht-versicherungskonformer Leistungen dem spezifischen Aufgabenbereich der Sozialversicherung angemessen Rechnung getragen werden.

Bei einer Abgrenzung ausschließlich anhand des Beitragsäquivalenzprinzips fallen alle Regelungen mit systematischen Umverteilungswirkungen in die Kategorie nicht-versicherungskonformer Leistungen. Im Zuge einer solchen Vorgehensweise wird der Sozialversicherung ihr »sozialer Ausgleichs-Charakter« und damit auch weitestgehend ihre Existenzgrundlage entzogen.[80] Unter diesem Gesichtspunkt darf deshalb im eigentlichen Sinne auch nicht nach »nicht-versicherungskonformen« sondern exakter nach »nicht-**sozialversicherungs**konformen« Leistungen gefragt werden.

➔ **Schlußfolgerung:** Das Kriterium der Beitragsäquivalenz erweist sich somit als **nicht hinreichendes Abgrenzungsmerkmal**. Dieser Erkenntnis wird im folgenden dadurch Rechnung getragen, daß das Prinzip der Beitragsäquivalenz nur als **erster Hilfsindikator** verwendet wird. Es werden alle Leistungen, die dem Prinzip der Beitragsäquivalenz genügen und somit dem Grundgedanken der Versicherungs- beziehungsweise Spar- und Entsparfunktion entsprechen, der Gattung versicherungskonformer Leistungen zugerechnet. Alle übrigen Leistungen bedürfen hinsichtlich ihrer Versicherungskonformität einer **weiteren Überprüfung**.

- **Weitere Abgrenzungsmerkmale**

Die zusätzlichen Abgrenzungsmerkmale werden bewußt unter Berücksichtigung des Wirkungs- und Aufgabenfeldes der Sozialversicherung gewählt. Sie dürfen jedoch weder als einander ausschließende noch als einander bedingende Kriterien verstanden werden, da jeder Indikator für sich eine mögliche Herangehensweise zur Abgrenzung nicht-versicherungskonformer Leistungen darstellt. Überschneidungen sind damit unvermeidbar.

Da die derzeitige Form der Sozialversicherung aus einer langen geschichtlichen Tradition entwickelt wurde, bietet es sich primär an, den **klassischen Funktionsbereich**[81] der Sozialversicherung als Referenzkriterium zu wählen und zu überprüfen, ob die heutigen Beitrags- und Leistungsregelungen noch mit diesem historischen Konstrukt zu vereinbaren sind. Angesichts der Rechtfertigung des sozialen Ausgleichs mit dem Grundsatz der Lastengleichheit in Abschnitt C, muß weiterhin geprüft werden, wann die Umverteilung über einen zulässigen **sozialversicherungsinternen Ausgleich** hinausgeht und damit versicherungsinkonform wird. Des weiteren muß bei der Abgrenzung versicherungsinkonformer Leistungen auch dem **Allokationsaspekt** angemessen Rechnung getragen werden, so daß alle Regelungen auf ihre allokative Notwendigkeit hin analysiert werden müssen. In logischer Konsequenz schließt sich die Frage an, ob eine spezifische Regelung unabdingbar für den **Fortbestand** des Systems der

---

79 Siehe grundlegend BVerfGE 40, 121 (136); 48, 346 (358); 57, 335 (345); 67, 231 (237).

80 Siehe Merten (1997), S. 40. Vgl. auch Kostorz (1998), S. 125. Vgl. auch die Ausführungen in Kapitel III, in der die Sozialversicherung ihre Rechtfertigung gerade auch aus ihrer redistributiven Komponente erhält.

81 Hierbei wird allerdings keine statische, sondern eine dynamische Sichtweise verfolgt.

Sozialversicherung ist und ihr somit eine allokative Bestandsfunktion zukommt. Diese zentralen Abgrenzungskriterien werden im folgenden näher erläutert.

- **klassischer Funktionsbereich der Sozialversicherung**
  Durch Art. 74 Nr. 12 GG erhält die Sozialversicherung Verfassungsrang. Mit der Erwähnung der **Sozial**versicherung ist der Auftrag an die Politik verbunden, bei der Ausgestaltung und Weiterentwicklung der Sozialversicherung den wesentlichen Strukturelementen der klassischen Sozialversicherung Rechnung zu tragen. Es sind demgemäß nur solche Aufgaben sozialversicherungstypisch, die sich problemlos in das klassische Bild der Sozialversicherung einfügen.[82]

  Dieses klassische Bild der Sozialversicherung unterscheidet sich seit jeher durch seine soziale Ausgleichsfunktion vom Typus der Individualversicherung am privaten Markt. Der soziale Ausgleich zwischen den Versicherungsmitgliedern ist neben der Versicherungsaufgabe ein entscheidendes Wesensmerkmal der Sozialversicherung.[83] Demzufolge kann unter »historischer« Perspektive der Umverteilungskomponente nicht pauschal die Versicherungskonformität abgesprochen werden. Vielmehr werden nur Leistungen, die in keinem Zusammenhang mit dem klassischen Bild der Sozialversicherung stehen, als nichtversicherungskonform eingestuft.

  Die Beurteilung der Regelungen danach, ob sie dem klassischen Bild der Sozialversicherung entsprechen, stellt aber gerade nicht (ausschließlich) auf den originären Aufgabenkatalog der einzelnen Versicherungszweige ab.[84] Eine derartige Vorgehensweise hat zur Folge, daß alle Leistungen, die nicht originäre Aufgaben der Sozialversicherung sind, zu Fremdleistungen degradiert werden. Damit wird der dynamische Wesenskern einer jeden Versicherung verkannt, die sich immer wieder den gewandelten Verhältnissen anpassen muß, um das notwendige und gewünschte Maß an Sicherheit zu gewährleisten. Demzufolge muß bei der Abgrenzung nicht-versicherungsgemäßer Leistungen der dynamische Aspekt ausreichend berücksichtigt werden.

  Aufgrund der erheblichen Interpretationsbedürftigkeit ist es jedoch schwierig, einen versicherungskonformen Leistungskatalog anhand seiner Kongruenz mit der klassischen Sozialversicherungsfunktion abschließend zu bestimmen, so daß eine ausschließliche Verwendung dieses Abgrenzungsmerkmales abgelehnt wird.[85]

- **rein sozialversicherungsinterner Ausgleich**
  Indem die soziale Ausgleichsfunktion als Wesensmerkmal der Sozialversicherung anerkannt wird, ist die redistributive Komponente grundsätzlich sozialversicherungskonform.

---

82 Vgl. Merten (1997), S. 44f.

83 Vgl. die Ausführungen in den Kapiteln I und II.

84 So aber die Vorgehensweise bei Beske, Hübener (1996), S. 19ff. sowie Beske, Thiede, Hallauer (1996), S. 19ff. Ebensowenig überzeugt die Methode bei Kostorz (1998), S. 128, der mittels aufgabenorientierter Definition die versicherungskonformen Leistungen der GKV bestimmt. Ein solches Vorgehen ist zu stark von der Person des Betrachters geprägt, als daß es zu einem intersubjektiven Ergebnis führen könnte.

85 So aber im Grunde Kostorz (1998), S. 129ff.

Es stellt sich allerdings die entscheidende Frage, wann eine Abweichung vom Äquivalenzprinzip zu Gunsten beziehungsweise zu Lasten einzelner Personen(-gruppen) nicht mehr mit der sozialen Ausgleichsfunktion gerechtfertigt werden kann. Dies ist immer dann der Fall, wenn die Redistribution über den »reinen« sozialen Ausgleich innerhalb der Sozialversicherung im Sinne eines versicherungsinternen Ausgleichs hinausgeht.

Eine Erhebung der Sonderabgabe »Sozialversicherungsbeitrag« und die damit verbundene ausschließliche Belastung der Versicherten wird mit dem Argument der Gruppensolidarität der Versichertengemeinschaft gerechtfertigt.[86] Ein Verstoß gegen den Grundsatz der Lastengleichheit ist aber dann gegeben, wenn die Abgabe nicht gruppennützig verwendet wird. Eine gruppennützige Verwendung liegt vor, wenn die Beitrags-Leistungsbeziehung entweder individuell äquivalent oder zumindest gruppenspezifisch äquivalent ist. Ein Verstoß ist gegeben, wenn auch unbelastete Nicht-Gruppenmitglieder in den Genuß von beitragsfinanzierten Leistungen kommen, so daß keine Identität zwischen der Gruppe der Beitragszahler und der Gruppe der Leistungsempfänger besteht. In diesem Fall stehen die Leistungen in keinem sachlichen Bezug zur Versichertengemeinschaft, sondern werden fremdnützig verwendet.[87] Durch die Abweichung vom privatwirtschaftlichen Äquivalenzprinzip vollzieht sich kein sozialversicherungsinterner Ausgleich im Sinne eines Ausgleichs innerhalb der Versichertengemeinschaft, sondern eine Umverteilung zwischen Versicherungsmitgliedern und Nichtmitgliedern.

Auf der anderen Seite wird das Prinzip der gruppenspezifischen Kostenäquivalenz auch dann unterlaufen, wenn Leistungen ausschließlich an Versicherungsmitglieder gewährt werden, ohne daß diese eine äquivalente Gegenleistung erbracht haben. Die Identität zwischen Zahler und Empfänger kann somit auch durch die Finanzierungspflicht Dritter verletzt werden.[88]

Eine wichtige »externe« Finanzierungsquelle für die Sozialversicherung stellt der - aus Steuermitteln gespeiste - Bundeszuschuß dar.[89] Werden aus allgemeinen Steuermitteln Leistungen finanziert, die ausschließlich den Versicherungsmitgliedern zustehen, ist dies grundsätzlich nicht vertretbar. Steuern begründen zwar keinen Anspruch auf eine spezielle Gegenleistung[90] und werden in der Regel auch von den Versicherten erbracht, so daß eine Argumentation aus steuertechnischer Sicht zu keinem Ergebnis führt. Ein Widerspruch ergibt sich allerdings aus der Typologie der Sozialversicherung, der der Grundsatz der Beitragsfinanzierung immanent ist. Der Bund hat lediglich die Leistungsfähigkeit der Sozial-

---

86 Vgl. Abschnitt C dieses Kapitels.

87 Vgl. Merten (1997), S. 44. Siehe hierzu auch Mayer (1995), S. 6f. Aus juristischer Sicht siehe Ruland (1985), S. 16ff.

88 Der Arbeitgeberbeitrag wird weiterhin als Soziallohnkomponente interpretiert und damit effektiv den Arbeitnehmern zugerechnet, so daß der Arbeitgeberanteil nicht gegen die Lastengleichheit verstößt. Ruland (1985), S. 18 bezeichnet den Arbeitgeberbeitrag lediglich als „formal fremdnützig". Siehe auch BVerfGE 14, 312 (317).

89 Vgl. hierzu die Ausführungen in Abschnitt B.

90 Vgl. exemplarisch Musgrave, Musgrave, Kullmer (1993), S. 2.

versicherung zu gewährleisten. Demgemäß sind alle steuerlichen Zuschüsse gerechtfertigt, sofern sie den Systemerhalt der Sozialversicherung sichern. Darüber hinausgehende Finanzierungshilfen sind nur dann begründet, wenn mit ihnen Leistungen beglichen werden, für die der Grundsatz der Lastengleichheit eine Beitragsfinanzierung verbietet. Dies sind vorrangig Aufgaben, die nicht primär den Versicherten sondern der Allgemeinheit - teilweise als positive externe Effekte - zugute kommen. Eine Finanzierung durch die öffentliche Hand ist insbesondere für den Bereich der nicht-versicherungskonformen Leistungen begründet.

Somit ist der Bundeszuschuß die natürliche Folge der, anhand des Kriteriums »sozialversicherungsinterner Ausgleich« abgegrenzten, nicht-versicherungskonformen Leistungen.

➢ **Allokationsfunktion**

Eine Abweichung vom Prinzip der Beitragsäquivalenz ist unter Allokationsgesichtspunkten versicherungskonform, wenn sie der Internalisierung sozialversicherungsbedingter Externalitäten dient. Wie in Kapitel III erörtert, sind Externalitäten jene aus der Aktivität eines Wirtschaftssubjektes bei anderen Wirtschaftssubjekten resultierenden Wirkungen, die nicht durch den Preismechanismus gesteuert werden.[91] Der Einfluß auf andere Individuen kann sowohl positiver (positiver externer Effekt) als auch negativer Art (negativer externer Effekt) sein.

Da Externalitäten mit Effizienzverlusten verbunden sind, kommt ihrer Internalisierung durch Einbeziehung in den Preismechanismus eine entscheidende Bedeutung zu.[92] Wichtige Voraussetzung für die Wirksamkeit der Internalisierungsstrategie ist, daß der positive oder negative Ausgleich denselben Personenkreis und denselben Sachzusammenhang erfaßt, an dem sich auch die Externalitäten offenbaren.

In diesem Sinne müssen externe Effekte, die innerhalb der Versichertengemeinschaft auftreten, auch im System der Sozialversicherung internalisiert werden. Diese Notwendigkeit wird noch zusätzlich verstärkt, wenn die Effekte durch Handlungen ausgelöst werden, zu denen das System der Sozialversicherung einen unmittelbaren Anreiz bietet. Derartige Wirkungsmechanismen können als »**sozialversicherungsbedingte Externalitäten**« bezeichnet werden.

Erweist sich eine Besser- oder Schlechterstellung bestimmter Personengruppen im Vergleich zum Status quo ante als allokative Notwendigkeit zur Internalisierung externer Effekte, so ist eine damit verbundene Abweichung vom Prinzip der Beitragsäquivalenz versicherungskonform.

➢ **Systemerhalt**

Das Kriterium des »Systemerhaltes« steht in engem Zusammenhang mit der allokationstheoretischen Begründung.

---

91 Vgl. auch Brümmerhoff (1996), S. 58.

92 Siehe Brümmerhoff (1996), S. 64.

Im privaten Sektor droht bei fehlender Korrektur der von Externalitäten verursachten Effizienzverluste ein allokatives Marktversagen.[93] Ebenso können in großem Umfang nicht-internalisierte Externalitäten auch zu einem Zusammenbruch des parafiskalischen Systems führen.[94] Da ein »unverhofftes Sozialversicherungsversagen« weder im Interesse der Mitglieder noch der übrigen Gesellschaft liegt, ist es dringend erforderlich, rechtzeitig innerhalb des bestehenden Systems dessen Funktionsfähigkeit zu gewährleisten. Dementsprechend ist jede Abweichung vom Prinzip der Beitragsäquivalenz nicht nur gerechtfertigt, sondern sogar erforderlich, wenn damit langfristig das Sozialversicherungssystem erhalten werden soll.

Allerdings darf diese Argumentationslinie nicht als Freibrief für jegliche Form der Beitrags-Leistungsgestaltung oder gar als Rechtfertigung für einen »Reformstau« mißverstanden werden. Stattdessen muß das bestehende System der Sozialversicherung immer wieder den sich wandelnden Erfordernissen angepaßt werden und sich dabei auch selbst die Frage nach seiner Existenzberechtigung - im Vergleich zu marktwirtschaftlichen Absicherungsmöglichkeiten - stellen.[95] Unter effizienztheoretischen Gesichtspunkten ist es erforderlich, dem Ziel des Systemerhaltes mit dem besten Instrumentarium gerecht zu werden. Erweist es sich als wirkungsvoller, den Systemerhalt mit einer »sozialversicherungsexternen« Intervention zu gewährleisten, ist dieser Strategie der Vorzug zu geben.

➔ **Schlußfolgerung:** Die versicherungsinkonformen Umverteilungseffekte können auf Basis alternativer Kriterien von den versicherungsgemäßen Redistributionen unterschieden werden. Als erstes Abgrenzungskriterium wird das **Prinzip der Beitragsäquivalenz** herangezogen. Alle Leistungen, die nicht dem Grundsatz der Äquivalenz zwischen Leistung und Gegenleistung gehorchen, müssen einer weiteren Überprüfung anhand zusätzlicher Abgrenzungsmerkmale unterzogen werden. Als weitere Differenzierungskriterien werden neben der Zugehörigkeit zum **klassischen Funktionsbereich** der Sozialversicherung und des **rein sozialversicherungsinternen Ausgleiches** die **Allokations-** und **Systemerhaltungsfunktion** der jeweiligen Regelungen spezifiziert. Auf Basis dieser Kriterien ist es möglich, versicherungsinkonforme Elemente im Sozialversicherungssystem auszuweisen.

Abbildung V-4 gibt einen abschließenden Überblick über die Abgrenzung versicherungskonformer und nicht-versicherungskonformer Leistungen der Sozialversicherung.

---

93 Vgl. Kapitel III.

94 Ein Systemzusammenbruch kann theoretisch zwar solange verhindert werden, wie aufgrund der Garantiepflicht des Bundes ein ausreichender Ausgleich erfolgt. Es ist allerdings einerseits nicht zweckmäßig, den Bestand auf Dauer aus öffentlichen Mitteln zu sichern und andererseits auch nicht sichergestellt, daß der Staat tatsächlich langfristig einen umfassenden Schutz bieten kann. Siehe auch BVerfGE 14, 312 (317f.).

95 Siehe hierzu auch die Ausführungen an späterer Stelle.

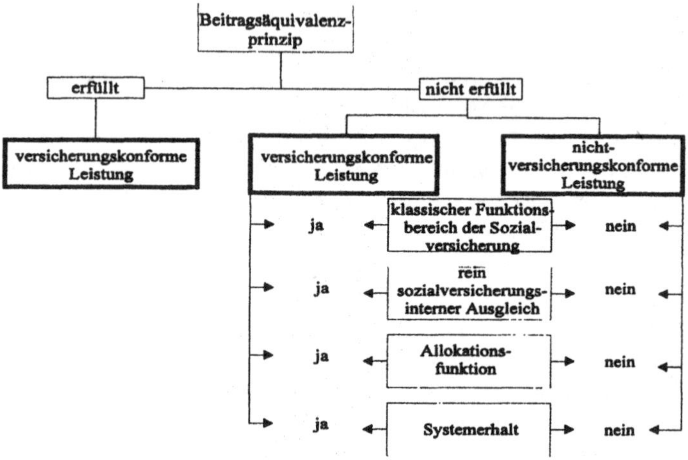

Abbildung V-4: Kriterien zur Abgrenzung nicht-versicherungskonformer Leistungen

Quelle: Eigene Darstellung

IV. Zeitpunktbezogene interpersonelle Umverteilung

Der soziale Ausgleich im Sinne einer interpersonellen Umverteilung wird als bewußte Verletzung des reinen Versicherungsprinzips interpretiert, bei dem aufgrund von distributiven Gerechtigkeitsvorstellungen[96] vorsätzlich von der Äquivalenzbeziehung zwischen Leistung und Gegenleistung abgewichen wird. Bei Gegenüberstellung der individuellen Ein- und Auszahlungen resultiert für die Betroffenen ein systematischer positiver oder negativer Nettoeffekt. Folge ist eine Änderung der relativen Einkommenspositionen zwischen den Versicherten, die über einen rein versicherungsimmanenten Risikoausgleich hinausgeht.[97]

Die interpersonellen Redistributionseffekte des Sozialversicherungssystems ergeben sich aus der Institutionalisierung von Rechtsnormen, die an der Finanzierung und Leistungsgewährung anknüpfen.[98] Umverteilungen resultieren in erster Linie dann, wenn sich die Abgabenerhebung einerseits und die Leistungsgewährung andererseits auf unterschiedliche Bemessungskriterien beziehen. Dies ist in der Sozialversicherung immer dann der Fall, wenn sich die Abgabenerhebung nach der individuellen Leistungsfähigkeit gestaltet, während die Leistungsgewährung Bedarfsgesichtspunkten folgt.[99] Aufgrund der unterschiedlichen Beitrags- und Leistungsbe-

---

96 Vgl. die Ausführungen in den Kapiteln I und II.

97 Verteilungsneutralität liegt dagegen dann vor, wenn die relative Einkommensposition der Individuen bezüglich der am Markt erzielten Einkommen der relativen Position nach Berücksichtigung der parafiskalischen Abgaben und Leistungen entspricht.

98 So auch Behrens (1991), S. 18.

99 Vgl. Schmähl (1985b), S. 4. Siehe auch Bohnet (1999), S. 296.

messung können in theoretischer Hinsicht **zwei alternative Umverteilungseffekte** unterschieden werden,[100] die in der Praxis allerdings ineinander übergreifen:

- Zwischen Versicherten mit gleich hohen durchschnittlichen Einkommen aber unterschiedlichen Risiken vollzieht sich eine **risikospezifische Umverteilung** zu Gunsten derjenigen Personen mit einem überdurchschnittlichen Erwartungsschaden.
- Zwischen Versicherten mit gleichen durchschnittlichen Erwartungsschäden aber unterschiedlicher Einkommensposition vollzieht sich eine **einkommensspezifische Umverteilung** zu Gunsten derjenigen Personen mit einem unterdurschnittlichen Einkommen.

Die systematischen Umverteilungen können als Differentialinzidenz zwischen tatsächlichen einkommensabhängigen Beiträgen und fiktiven risikoäquivalenten Prämien aufgefaßt werden.[101]

Aber selbst bei einer grundsätzlichen Äquivalenzbeziehung zwischen Versicherungsleistung und Beitragszahlung, wie sie im Falle einkommensabhängiger Geldleistungen im allgemeinen und der Rentenleistungen im besonderen vorliegt,[102] kommt es zu Umverteilungen. Dies ist immer dann der Fall, wenn einzelne Versichertengruppen durch besondere Regelungen der Beitrags- beziehungsweise Leistungsgestaltung systematisch begünstigt oder belastet werden. Des weiteren findet auch hier eine risikospezifische Umverteilung statt.[103] Da sich zwar die Versicherungsleistungen an den Beiträgen beziehungsweise den ihnen zugrundeliegenden Arbeitseinkommen bemessen, aber persönliche Risikofaktoren in Form der individuellen Risikowahrscheinlichkeit bei der Beitragsgestaltung nicht berücksichtigt werden, kommt es zu einer Umverteilung zu Lasten von Personen mit unterdurchschnittlichem Risiko. Diese gelangen entweder überhaupt nicht oder nur unterproportional in den Genuß der Versicherungsleistungen.

Abbildung V-5 gibt einen Überblick über die möglichen Ausprägungsformen interpersoneller Umverteilung zwischen den Individuen *A* und *B* unter Einbeziehung grundlegender Beitrags- und Leistungselemente.

Um die Abbildung übersichtlich zu halten, werden folgende vereinfachenden **Annahmen** getroffen:

- Es werden die beiden grundlegenden Fälle der einkommens- und damit beitragsabhängigen Leistungsgewährung (**Fall I**) und der bedarfsgerechten Leistungsgewährung (**Fall II**) unterschieden. Im Falle der beitragsabhängigen Leistungsgestaltung wird $P=L$ unterstellt.
- Es wird in beiden Fällen von einer risikounabhängigen einkommensproportionalen Beitragsbemessung ausgegangen und von der Existenz einer Beitragsbemessungsgrenze abstrahiert.
- Ein Risikoausgleich findet nicht statt.

---

100 Speziell für den Bereich der GKV siehe auch Wenzel (1999), S. 16.

101 Vgl. auch Wenzel (1999), S. 28.

102 Es handelt sich allerdings hier nicht um eine Äquivalenzbeziehung im strengen Sinne. Vgl. hierzu auch die Ausführungen an späterer Stelle.

103 Anders dagegen Wenzel (1999), S. 72. Sie geht davon aus, daß Geldeistungen stets risikoäquivalent finanziert werden.

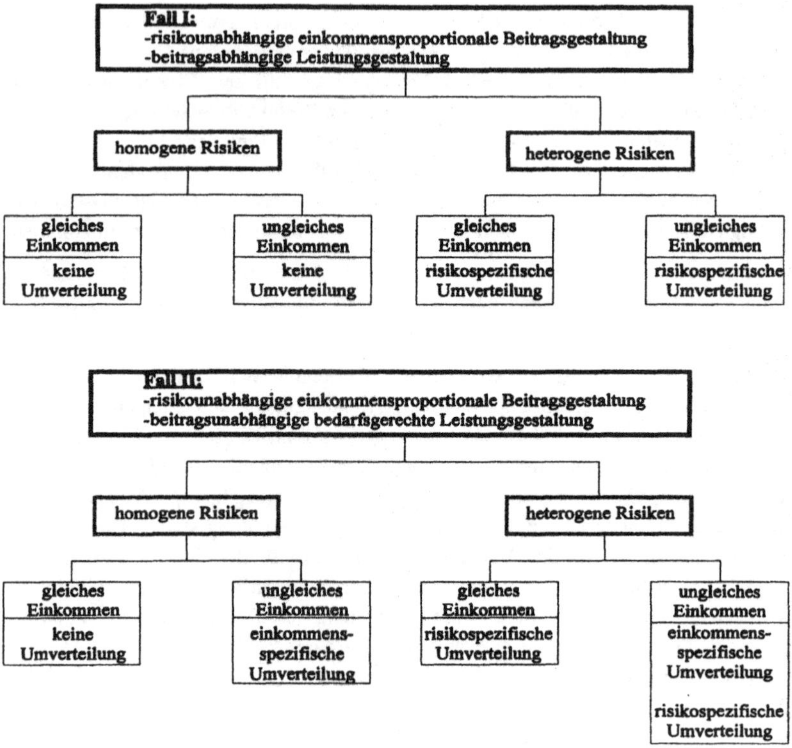

Abbildung V-5: Interpersonelle Umverteilungen in der Sozialversicherung

Quelle: Eigene Darstellung

V. Zeitraumbezogene Umverteilungen

1. Intertemporale interpersonelle Umverteilung

Interpersonelle Umverteilungsvorgänge können grundsätzlich auch im Längsschnitt auftreten. Da sich jedoch zeitpunktbezogene interpersonelle Umverteilungen für eine Person häufig im Lebenszyklus ausgleichen, besteht in der Regel keine vollständige Kongruenz zwischen Ein-Perioden- und Mehr-Perioden-Betrachtung. Stattdessen stellt sich die kurzfristige interpersonelle Redistribution nicht selten im Längsschnitt als rein intertemporaler Einkommensausgleich dar.

Das der Sozialversicherung inhärente Sicherheitsziel wird mit Hilfe eines **rein intertemporalen Einkommensausgleichs** angestrebt, indem das Einkommen gleichmäßiger über den gesamten Lebenslauf verteilt wird. Der einzelne verzichtet in Phasen wenig-risikobehafteten aktiven Erwerbslebens auf Einkommensbestandteile, die ihm in späteren Bedarfsfällen wieder zufließen. Derartige Einkommensumschichtungen, die zwar bei reiner Querschnittbetrachtung durch die Übertragung von Sozialproduktanteilen zwischen verschiedenen Individuen einen redistributiven Anschein haben, entpuppen sich in langfristiger Perspektive als eine Art intrapersoneller Spar- beziehungsweise Entsparprozess. Falls die Leistungs- Gegenleistungsbeziehung äquivalent angelegt ist, findet in langfristiger Perspektive - abgesehen von Elementen des Risikoausgleichs - ausschließlich eine rein intertemporale intrapersonelle Umverteilung statt.[104]

Die Beziehung zwischen Beiträgen *B* und Versicherungsleistung *L* kann geschrieben werden als:[105]

(V-4) $L_{t+1} = \beta_{t+1}(1+\rho_t)B_t$.

Hierbei gibt β_{t+1} die Übertragung von Beiträgen in implizites Sozialversicherungsvermögen und ρ_t die implizite Verzinsung desselben an.

In einem intragenerativ fairen System findet keinerlei interpersonelle Umverteilung zwischen den Angehörigen derselben Alterskohorte statt, so daß gilt:

(V-5) $\beta = 1$.

Jegliche Art von systematischer interpersoneller Umverteilung im Längsschnitt bedeutet demnach eine Abweichung von einem intragenerational fairen System, so daß gilt:

(V-6) $\beta \neq 1$.

Obwohl die versicherungstechnische Äquivalenz zwischen Beitrags- und Leistungsbeziehung in der Sozialversicherung vielfach durchbrochen wird, können sich dennoch zeitpunktbezogene Umverteilungen im Längsschnitt als intertemporale Ausgleichsvorgänge erweisen. Dies ist immer dann der Fall, wenn sich die Vorzeichen der kurzfristigen individuellen Begünstigungen und Belastungen ändern und sich die Transfersalden im Zeitablauf ausgleichen.[106] Ein Ausgleich der Periodensalden ergibt sich bei **langfristiger Kompensation** der zeitpunktbezogenen interpersonellen Redistributionseffekte aufgrund wechselnder Merkmalsausprägungen.

Das Ausmaß der Kompensation ist allerdings in erster Linie davon abhängig:[107]

- inwiefern die einzelnen Merkmale einem zeitlichen Wandel unterworfen sind,
- ob der individuelle Lebenslauf um ein Standardschicksal streut.[108]

---

104 Dementsprechend unterscheidet Wagner (1984), S. 2 zwischen Sparbuchfunktion, Versicherungsfunktion im Falle eines intertemporalen Risikoausgleichs und interpersoneller Umverteilung der Lebenseinkommen.

105 Für den Fall der GRV siehe Löschel (1998), S. 12.

106 Vgl. grundlegend Altendorf (1971), S. 100. Ebenso beispielsweise Meierjürgen (1989), S. 1.

107 Des weiteren wirkt sich auch die Veränderung von Rahmenbedingungen, wie die demographische Entwicklung oder die Beitrags- und Leistungsrechtsregelungen auf das Zustandekommen eines rein intertemporalen Ausgleichs aus. Siehe hierzu Meierjürgen (1989), S. 49.

108 Für den Standardversicherten wird oftmals eine Langzeitmitgliedschaft in der Sozialversicherung unterstellt, während der er alle Merkmalsphasen durchläuft. Vgl. beispielsweise Bohnet (1999), S. 331.

Während sich zahlreiche Merkmalsausprägungen[109] zumindest für den »Durschnittsversicherten« im Lebenslauf ändern, bleiben andere Risikofaktoren, wie beispielsweise das Geschlecht, (in der Regel) auch langfristig konstant, so daß auch für den Standardversicherten kein Ausgleich aller merkmalsspezifischer Transfersalden resultiert. Allerdings ist die Prämisse vom »Standardversicherten« aufgrund einer verstärkten Pluralisierung der Lebensstile sowie einer zunehmenden Heterogenisierung der Versichertenstruktur nicht mehr unbedingt zeitgemäß. Im Rahmen einer Einzelpersonenbetrachtung können die auf das Lebenseinkommen bezogenen interpersonellen Umverteilungseffekte aber auch dann vergleichsweise gering ausfallen, wenn nicht nur die einzelnen merkmalsspezifischen Transfersalden aufgrund wechselnder Merkmalsausprägungen das Vorzeichen ändern, sondern sich darüber hinaus verschiedenartige Transfersalden gegenseitig aufheben.

Aufgrund dieser Abweichungen von den grundlegenden Prämissen eines rein intertemporalen Ausgleichs, werden für einzelne Versicherte auch in der Längsschnittbetrachtung **intertemporale interpersonelle Redistributionseffekte** resultieren, die über einen versicherungsimmanenten intertemporalen Risikoausgleich hinausgehen. Diese beeinflussen die Lebenseinkommenshöhe der Versicherten untereinander und verändern damit deren relative Lebenseinkommenspositionen.

2. *Umverteilung zwischen den Generationen*

Die intergenerative Umverteilung bemißt sich am jeweiligen Verhältnis zwischen Beitragszahlungen und Leistungen für jede Generation.[110]

In einem intragenerational fairen System zeigt sich die intergenerative Redistribution in Abhängigkeit von der internen Verzinsung ρ des Versicherungsvermögens.[111]

Auf Basis der Ausführungen in Kapitel I können generationenspezifische Ein- und Auszahlungen, die sich über den gesamten Lebensverlauf erstrecken, durch **Lebensnettotransfers** abgebildet werden.[112] Der generationenbezogene Lebensnettotransfer berechnet sich für eine Generation als Ganzes als Barwert der Differenzen von gezahlten Beiträgen und empfangenen Leistungen aller Perioden. Der Lebensnettotransfer *LNT(t,g)* einer Generation *g*, die in *t* geboren ist, berechnet sich aus:

(V-7) $$LNT(t,g) = \sum_{\tau=0}^{T}(1+z)^{-\tau}\left[B(t,\tau) - L(t,\tau)\right]\cdot x(t,0).$$ [113]

Hierbei stellt z den Diskontsatz dar; T das maximale Alter; $B(t,\tau)$ den durchschnittlichen Beitrag, der von den in t geborenen im Alter τ gezahlt wird. Dieser setzt sich aus dem durchschnittlichen Sozialversicherungsbeitrag b und dem sozialversicherungsrechtlichen Einkommen y zusammen. Ferner gibt $L(t,\tau)$ die durchschnittliche

---

109 Zu denken wäre etwa an die Merkmalsausprägungen Alter, Einkommen oder Familienstand.

110 Vgl. exemplarisch Lampert (1998), S. 296.

111 Vgl. für den Bereich der GRV Löschel (1998), S. 15.

112 Vgl. die kritischen Anmerkungen zu dieser Vorgehensweise bei Speckbacher (1994), S. 56ff.

113 Die Gleichung wurde aus der Basisgleichung von Schulenburg (1990), S. 283 abgeleitet.

Versicherungsleistung an, die ein in t Geborener im Alter τ erhält, und $x(t,0)$ definiert die Anzahl n der in t Geborenen, die das Alter τ erreichen, so daß gilt:

(V-8) $x(t,0) = {}^{n(t,\tau)}\!/_{n(t,0)}.$

Sowohl positive als auch negative generationenspezifische Lebenstransfersalden liefern einen Hinweis für intergenerative Umverteilungen.

Eine Generation g gehört dann zu den Nettobelasteten beziehungsweise Nettobegünstigten, wenn für den zum Zeitpunkt der Geburt erwarteten Lebensnettotransfer LNT der in t Geborenen gilt:

(V-9) $LNT(t,g) > 0$

beziehungsweise

(V-10) $LNT(t,g) < 0.$

VI. Zwischenfazit und Implikationen für die weitere Vorgehensweise

Mit Hilfe dieses Abschnittes gelang es, die zentralen Umverteilungsformen des Sozialversicherungssystems sachgerecht zu systematisieren. In einem ersten Schritt können Risikoausgleich und Umverteilung i.e.S. unterschieden werden. Zur Umverteilung i.e.S. zählen neben den versicherungskonformen auch die nicht-versicherungsgemäßen Redistributionen. Es gelang im Rahmen dieses Abschnittes erstmals einen umfassenden Kriterienkatalog zur Abgrenzung dieser beiden Umverteilungskategorien zu entwickeln, der neben dem Beitragsäquivalenzprinzip dem Aufgaben- und Funktionsbereich des Sozialversicherungssystems angemessen Rechnung trägt. In einem nächsten Schritt werden die unterschiedlichen Redistributionsformen entsprechend ihrer zeitlichen Reichweite spezifiziert.

Durch diese grundlegenden Erläuterungen wird der Grundstein für die **weitere Vorgehensweise** gelegt. Aufbauend auf der vorangegangenen Klassifikation werden im folgenden Abschnitt die zentralen Umverteilungseffekte der einzelnen Sozialversicherungszweige analysiert.

E. Umverteilung durch die einzelnen Zweige der Sozialversicherung

I. Anmerkungen zur Vorgehensweise

Ziel dieses Abschnittes ist es, die zentralen Umverteilungseffekte getrennt für die einzelnen Sozialversicherungszweige zu untersuchen. Entsprechend der in Abschnitt D vorgenommenen Systematisierung, werden die Redistributionen innerhalb der jeweiligen Sicherungszweige nach ihrer zeitlichen Reichweite differenziert.

Während hinsichtlich der Beurteilung einiger (nicht-)versicherungskonformer Aufgaben weitestgehend Konsens besteht,[114] existieren noch zahlreiche Leistungen, deren Zuordnung nicht eindeutig ist.

Aus diesem Grund verfolgt dieser Abschnitt zusätzlich das Ziel, ausgewählte Leistungen der Sozialversicherung auf Basis der in Abschnitt D.III definierten Abgrenzungskriterien auf ihre Versicherungskonformität zu überprüfen. Da es weder praktikabel noch erkenntnisfördernd ist, den gesamten Leistungskatalog der einzelnen Sozialversicherungszweige einer Beurteilung zu unterziehen, werden im folgenden nur ausgewählte Leistungskategorien untersucht. Die Auswahl konzentriert sich auf Leistungen, die bisher sehr unterschiedlich und unbefriedigend abgegrenzt wurden oder bis dato nicht zur Diskussion standen.[115] Dabei erfolgt die Beschränkung auf quantitativ wesentliche Leistungen, deren Ausgrenzung zu einer Reduktion des Umverteilungsumfanges und zu einer entscheidenden Entlastung der Sozialversicherung führen würde.

Im Rahmen dieses Abschnittes werden die folgenden Leistungskategorien auf ihre Versicherungskonformität überprüft:

- Familienleistungsausgleich der *GRV*
- Hinterbliebenenversorgung der *GRV*
- Familienversicherung in der *SPV* und *GKV*
- Aktive Arbeitsförderungsmaßnahmen der Bundesanstalt für Arbeit (BA)

Aus Gründen der Übersichtlichkeit erfolgt die Überprüfung der Leistungen jeweils in einem gesonderten Unterabschnitt. Ein zentrales Augenmerk liegt darauf, die zentralen redistributiven Implikationen der spezifischen Leistungskategorie herauszuarbeiten.

II. Intertemporale und intergenerative Umverteilung durch die gesetzliche Rentenversicherung

1. Verteilungspolitisch motivierte, einkommens- und risikospezifische Umverteilungseffekte in der Längsschnittbetrachtung[116]

Die *GRV* betreibt einerseits eine Absicherung gegen das Risiko des Einkommensausfalls bei Erwerbsunfähigkeit und Tod des Versicherten und andererseits eine Einkommenssicherung für die Altersphase.

---

[114] So werden beispielsweise alle Sachleistungen der GKV, die unmittelbar der Verhütung, Früherkennung, Behandlung und Heilung von Krankheiten beziehungsweise zur Linderung von Leiden dienen, als versicherungskonform betrachtet. Siehe exemplarisch Beske, Hübener (1996), S. 19ff. So auch Kostorz (1998), S. 128ff. Weitestgehend Übereinstimmung besteht auch darin, daß Renten nach dem Fremdrentengesetz versicherungsfremd sind. Siehe beispielsweise Schlenger (1998), S. 15.

[115] So ist die Hinterbliebenenversorgung der GRV bisher nicht in die öffentliche Diskussion geraten, obwohl hier auf den ersten Blick ebenfalls ein eindeutiger Verstoß gegen das Beitragsäquivalenzprinzip vorliegt.

[116] Da die GRV durch ihre Langfristigkeit gekennzeichnet ist, wird auf eine explizite Analyse ihrer querschnittbezogenen interpersonellen Umverteilungseffekte verzichtet, die sich in erster Linie als Redistribution zwischen jungen erwerbstätigen Versicherten und älteren Rentnern entpuppen.

Entgegen der verbreiteten Meinung, die reine Alterssicherung stelle keine Versicherungsaufgabe im Sinne eines Risikogeschäftes sondern ausschließlich einen Spar- und Entsparprozeß dar,[117] wird hier auch die Einkommenssicherung für die Zeit nach Beendigung der Erwerbsphase als Risikotransfer interpretiert. Auch wenn der Zeitpunkt, für den die Vorsorge zu treffen ist, durch die Altersgrenzen fixiert wird, bleiben Eintritt und Dauer des Versorgungsbedarfs ein unsicheres Ereignis.

In der *GRV* gilt das Prinzip der **Teilhabeäquivalenz.**[118] Der Versicherte erwirbt durch seine Beitragszahlungen eine Rangstelle im Versichertenkollektiv und eine Teilhaberelation an dem während seines Rentnerdaseins verfügbaren Finanzvolumen. Durch das Prinzip der Teilhabeäquivalenz wird die Äquivalenz zwischen Beitragsleistung und Rangstelle des Rentenanspruchs gewährleistet. Die während der Phase der Beitragsaufbringung t_0 durch die Beitragszahlung ereichte Position entspricht grundsätzlich der Rangstelle in der Rentnergemeinschaft während der Phase des Leistungsbezugs t_1.[119]
Es gilt damit:

(V-11) $Rangstelle(t_0) \cong Rangstelle(t_1)$.

Die Grundformel der Rentenberechnung[120] genügt damit generell dem Prinzip der Äquivalenz von Beiträgen und Leistungen.[121]

Eine Abweichung von einem intragenerational fairen System ergibt sich allerdings unter drei Aspekten. Zum einen wird die die Grundformel der Rentenberechnung unter »sozialen« Gesichtspunkten in vielerlei Hinsicht modifiziert, so daß es zu einer spezifischen **verteilungspolitisch motivierten** Umverteilung kommt, die auch im Längsschnitt bestehen bleibt. Zum anderen existiert auch in der GRV eine **risikospezifische** Redistribution, die daraus resultiert, daß individuelle Risikomerkmale nicht angemessen bei der Beitragskalkulation berücksichtigt werden. Darüber hinaus kommt es zu **einkommensspezifischen** Umverteilungen im Falle der Gewährung von bedarfsorientierten einkommensunabhängigen Leistungen.[122]

---

117 So beispielsweise Schlenger (1998), S. 6.

118 Vgl. exemplarisch Rosen, Windisch (1992), S. 377. Zum Prinzip der Teilhabeäquivalenz siehe grundlegend auch Wasem (1988), S. 27f.

119 Das Prinzip der Teilhabeäquivalenz gewährleistet, daß der Abstand der individuellen Position zu den Positionen anderer Personen im Verhältnis zueinander als auch zum Durchschnitt gewahrt bleibt. Vgl. Kolb (1985), S. 126f.

120 Vgl. BMA (1998c), S. 296ff.

121 So auch Helberger, Wagner (1981), S. 12. Siehe auch Frankfurter Institut (1999), S. 8. Vgl. hierzu auch Schlenger (1998), S. 8ff. Die Dynamisiserung der Renten stellt keine Verletzung des Äquivalenzprinzips dar.

122 Zur Differenzierung zwischen risiko- und einkommensspezifischer Umverteilung siehe Abbildung V-5.

- **Verteilungspolitisch motivierte Umverteilung**

Eine verteilungspolitisch motivierte Umverteilung resultiert immer dann, wenn einzelne durch besondere Regelungen der Beitragsentrichtung oder Leistungsgewährung begünstigt oder benachteiligt werden.[123]

Eine gruppenspezifische Ungleichbehandlung ergibt sich auf der Beitragsseite in erster Linie durch die Anrechnung beitragsloser Zeiten beziehungsweise die Höherbewertung von Beitragszeiten.[124] Zu den beitragslosen Zeiten zählen die Anrechnungs-, Zurechnungs-, Ersatz- und Berücksichtigungszeiten.[125] Im Rahmen der rentenrechtlichen Anerkennung beitragsfreier Zeiten werden die Zeiten, in denen keine Beiträge gezahlt wurden, entsprechend dem Durchschnittswert der erbrachten Gesamtbeitragsleistung bewertet. Durch diese Regelung erfahren spezifische Versichertengruppen einen barwerten Ausgleich für Zeiten, in denen keine entgeltliche Beschäftigung ausgeübt werden konnte. Hieraus resultiert eine gruppenspezifische Begünstigung derjenigen Personen, deren beitragsfreie Zeiten im Rentenrecht angerechnet werden. Eine Ungleichbehandlung ergibt sich weiterhin durch die Nachentrichtung freiwilliger Beiträge und auf der Leistungsseite vor allem durch spezifische Regelungen zur Altersgrenze.[126]

- **Risikospezifische Umverteilung**

Risikospezifische Umverteilungen resultieren, wenn bei uneinheitlicher Risikostruktur auf eine risikoäquivalente Beitragsdifferenzierung verzichtet wird, sich aber die unterschiedlichen Risikomerkmale auf das Ausmaß der zu erwartenden Versicherungsleistungen auswirken.[127] Die *GRV* bezweckt eine Absicherung gegen die Risikotatbestände Alter, verminderte Erwerbsfähigkeit und Mortalität, so daß im folgenden für alle drei Sicherungsbereiche gültige Risikomerkmale erörtert werden, die allerdings – in Abhängigkeit vom konkreten Versicherungsfall – auch entgegengesetzte Wirkungen entfalten können. Derartige übergreifende Risikofaktoren[128] sind:

↳ **Mortalität**: Zentrale Risikogröße ist die individuelle Lebenserwartung, die von zahlreichen anderen Faktoren, wie beispielsweise Geschlecht, Einkommen und berufliche Tätigkeit sowie Familienstand,[129] determiniert wird. In bezug auf die Altersrente findet eine Umverteilung zu Gunsten von Personen mit einer überdurchschnittlichen Lebenserwartung statt, während sich hinsichtlich

---

123 Zu Einzelheiten bezüglich der jeweiligen Beitrags- und Leistungsmodalitäten siehe BMA (1998c), S. 260ff. Zu den Umverteilungswirkungen wichtiger Einzelregelungen siehe Helberger, Wagner (1981), S. 12ff.

124 Einen wesentlichen Posten stellt hierbei die sogenannte Rente nach Mindesteinkommen dar.

125 Vgl. grundlegend § 54ff. SGB VI. Zur Erläuterung siehe BMA (1998c), S. 292ff.

126 Ferner wird das Prinzip der Teilhabeäquivalenz durch die Regelungen des Fremdrenten-, des Rentenvereinheitlichungs- sowie des Wiedergutmachungsgesetzes verletzt. Siehe hierzu Glismann, Horn (1996), S. 402.

127 Vgl. grundlegend Abbildung V-5.

128 Vgl. auch Wagner (1985), S. 191ff. Siehe auch Quandt (1992), S. 147.

129 Siehe Wasem (1988), S. 27.

der Hinterbliebenenrente vorrangig eine Redistribution zu Gunsten von Versicherten mit einer unterdurchschnittlichen Lebenserwartung vollzieht.[130]

↳ **Morbidität**: Während sich ein schlechter Gesundheitszustand negativ auf die Lebenserwartung und damit auch auf die Bezugsdauer einer Altersrente auswirkt, besteht ein positiver Zusammenhang zwischen Morbidität und Wahrscheinlichkeit von verminderter Erwerbsfähigkeit.

↳ **Geschlecht**: Unabhängig von dem Einfluß der Geschlechtszugehörigkeit auf die Risikomerkmale Morbidität und insbesondere Mortalität findet im Falle frauenspezifischer Begünstigungen[131] eine eigenständige Umverteilung von männlichen zu weiblichen Versicherten statt.

Da es sich bei allen Risikofaktoren zumindest zum Großteil um angeborene Merkmale handelt,[132] deren Ausprägung sich im Lebenslauf nicht verändert, resultieren intertemporale interpersonelle Redistributionseffekte.

Darüber hinaus erweist sich in bezug auf die Hinterbliebenenversorgung[133] das Merkmal **Familie** als zentraler »Risikofaktor«. Da die Beiträge nicht nach Familienstand und -größe der Versicherten gestaffelt sind, aber Versicherte mit anspruchsberechtigten[134] Familienangehörigen einen Anspruch auf Hinterbliebenenleistungen erwerben, findet eine Umverteilung zu Lasten von Ledigen ohne Kinder statt. Da die Realität aufgrund einer Pluralisierung der Lebensstile stark von einem »idealtypischen« Verlauf abweicht, gleichen sich diese familienspezifischen Redistributionseffekte im Längsschnitt nur bedingt aus. Andererseits kommen unter Berücksichtigung des Generationenvertragselementes in erster Linie die Kinder der nachfolgenden Generation für die Leistungen der Hinterbliebenenversorgung auf, so daß lediglich der Differenzbetrag zu Lasten der Ledigen ohne Kinder umverteilungswirksam wird.

➢ **Einkommensspezifische Umverteilung**

In der *GRV* vollzieht sich durch die Gewährung einkommens- und damit beitragsunabhängiger Leistungen[135] eine einkommensspezifische Umverteilung von Versicherten mit einem überdurchschnittlichen Einkommen zu Versicherten mit einem unterdurchschnittlichen Einkommen.[136] Da darüber hinaus in der *GRV* ebenfalls eine Beitragsbemessungsgrenze existiert, wird die Beteiligung sehr hoher Einkommensgruppen an der einkommensspezifischen Redistribution auf ein sozialversicherungspflichtiges Arbeitseinkommen in Höhe der Bemessungsgrenze beschränkt. Inwiefern sich diese einkommensspezifischen Redistributionseffekte im Längs-

---

130 Dieser Redistributionseffekt ergibt sich insbesondere aus den Anspruchsvoraussetzungen für die Hinterbliebenen. Vgl. zu den Anspruchsgrundlagen BMA (1998c), S. 291.

131 Hierzu zählt beispielsweise die frühere Altersgrenze im Falle von Altersrenten für Frauen.

132 Daneben sind die Merkmale Morbidität und Mortalität aber auch zu einem gewissen Grade verhaltens- und umweltbedingt.

133 Zur Hinterbliebenenversorgung siehe auch die Ausführungen in Abschnitt E.I.4.

134 Zu den Voraussetzungen sowie den Berechnungen der Renten wegen Todes siehe BMA (1998c), S. 291 sowie S. 305ff.

135 So wird beispielsweise der überwiegende Teil der rentenrechtlichen Rehabilitationsleistungen nach §§ 9ff. SGB VI beitragsunabhängig als Sachleistung gewährt.

136 Zur beispielhaften Darstellung der einkommensspezifischen Umverteilung siehe Abbildung V-5.

schnitt ausgleichen, hängt davon ab, ob der individuelle Lebenslauf von einem Durchschnittslebenslauf abweicht und alternative Einkommensphasen durchlaufen werden.

➔ **Zwischenfazit:** In der *GRV* spielen in langfristiger Perspektive sowohl **umverteilungspolitisch motivierte** als auch **risikospezifische** und **einkommensspezifische** Umverteilungseffekte eine zentrale Rolle. Da für den Großteil der Leistungen - zumindest eingeschränkt - das Prinzip der Teilhabeäquivalenz Gültigkeit besitzt, ist das Ausmaß der Umverteilung allerdings relativ schwach ausgeprägt.

2. *Intergenerative Umverteilungseffekte im Zwei-Generationen-Vertrag*

Die umlagefinanzierte *GRV* basiert auf einem Solidarausgleich zwischen den Generationen, der sich als **Zwei-Generationen-Vertrag** zwischen Erwerbstätigen und Rentnern derselben Periode interpretieren läßt. Ein Erwerbstätiger trägt mit seinen Beitragszahlungen zur Finanzierung der zur Zeit der Beitragsentrichtung fälligen Rentenzahlungen bei und erwirbt damit einen Anspruch gegen die ihm nachfolgende Generation auf Rentenleistungen.[137]

Diesen Zusammenhang verdeutlicht Abbildung V-6.

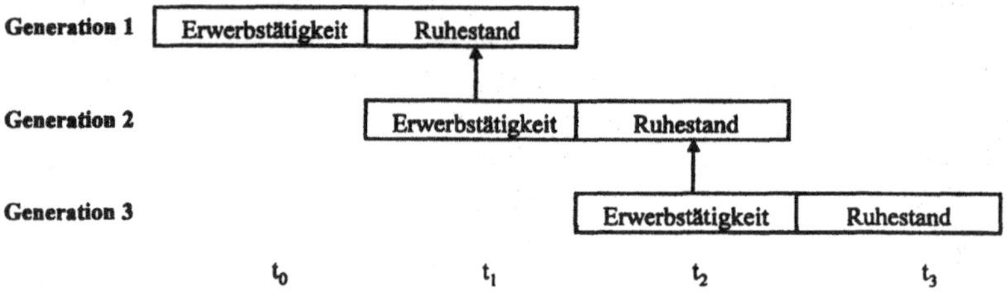

Abbildung V-6: Zwei-Generationen-Vertrag

Quelle: Eigene Darstellung in Anlehnung an Löschel (1998), S. 7 und die dort angegebene Literatur.

Unter Annahme eines konstanten Bundeszuschusses *BZ* läßt sich die Gleichgewichtsbedingung im Umlageverfahren für die Periode *t* schreiben als:[138]

(V-12) $N_t \cdot w_t \cdot b_t + \overline{BZ} = N_{t-1} \cdot L_t$.

Hierbei gibt N_t die Erwerbstätigenzahl, w_t den durchschnittlichen Reallohn, b_t den Beitragssatz zur GRV, N_{t-1} die Zahl der Rentenbezieher und L_t die durchschnittliche Rentenleistung an.

Die Gleichgewichtsbedingung wird durch den Beitragssatz, das durchschnittliche Rentenniveau L_t / w_t und den Rentnerquotienten N_{t-1} / N_t determiniert.

---

137 Siehe Löschel (1998), S. 7. Vgl. auch BMA (1998c), S. 244f. In der GRV wird mit der ergänzenden Finanzierung durch den Bundeszuschuß vom reinen Umlageverfahren abgwichen. Von diesem Staatszuschuß wird im folgenden weitestgehend abstrahiert.

138 Siehe hierzu auch Löschel (1998) S. 6f.

Bei sich ändernden Rahmenbedingungen resultiert aus dem Generationenvertrag in Verbindung mit der Umlagefinanzierung eine Ungleichbehandlung einzelner Generationen. In einer Modellwelt mit vollkommener Voraussicht muß ein obligatorisches Alterssicherungssystem unter Effizienz- sowie intergenerativen Gerechtigkeitsaspekten dem Grundsatz der strikten Beitragsäquivalenz Rechnung tragen.[139] Die intergenerative Umverteilung in der *GRV* vollzieht sich als Abweichung vom individuellen Äquivalenzprinzip für eine Generation als Ganzes. In einer kleinen offenen Volkswirtschaft mit perfekten internationalen Kapitalmärkten herrscht in einem intragenerational fairen Rentensystem absolute (individuelle) Beitragsäquivalenz, wenn Marktzins r und implizite Verzinsung des Alterssicherungssystems ρ übereinstimmen.

Es findet folglich keine generationenspezifische Umverteilung statt, wenn gilt:

(V-13) $\rho = r.$

Die interne Rendite der Beiträge eines Individuums der Generation t beträgt im umlagefinanzierten System:

(V-14) $1 + i_t = \frac{N_{t+1} \cdot w_{t+1}}{N_t \cdot w_t} \cdot \frac{b_{t+1}}{b_t}.$[140]

Im Umlageverfahren ist intergenerative Gerechtigkeit gegeben, wenn gilt:

(V-15) $1 + i_t = r_{t+1}.$

Da der Beitragssatz nicht beliebig angehoben werden kann, stellt die Wachstumsrate der realen Lohnsumme bei Gewährleistung eines konstanten Rentenniveaus[141] die dauerhafte Obergrenze für die interne Verzinsung der *GRV* dar.[142] Beitragsäquivalenz ist damit langfristig nur dann möglich, wenn die Wachstumsrate der Lohnsumme nicht dauerhaft unter dem Zinssatz liegt.[143]

---

[139] Vgl. hierzu Breyer (1990a), S. 131ff.

[140] Zur Ausgangsgleichung für die allgemeine Bestimmung der internen Rendite - unabhängig vom Finanzierungsverfahren - siehe Breyer (1990b), S. 21. Die interne Rendite im Umlageverfahren ergibt sich unter Berücksichtigung obiger Gleichgewichtsbedingung (V-12).

[141] In der GRV wird grundsätzlich eine Politik des konstanten Rentenniveaus verfolgt.

[142] Bei sich verändernden Beitragssätzen muß für die Beitragsverzinsung zusätzlich die Wachstumsrate der Beitragssätze berücksichtigt werden.

[143] Vgl. Spremann (1984), S. 237ff. Vgl. auch Löschel (1998), S. 15. Die relative Leistungsfähigkeit der umlagefinanzierten GRV im Vergleich zu einem kapitalgedeckten Finanzierungsverfahren zeigt sich im Verhältnis der Wachstumsrate der realen Lohnsumme zum Kapitalmarktzins, da die interne Rendite des Kapitaldeckungsverfahrens unter Modellbedingungen stets r beträgt. Vgl. hierzu Breyer (1990a), S. 133. Liegt die Wachstumsrate der realen Lohnsumme dauerhaft unterhalb des Kapitalmarktzinses, ist das umlagefinanzierte System unterlegen. In diesem Fall ist die Versicherungspflicht in der GRV als eine Art Sondersteuer für den Kreis der Pflichtversicherten zu interpretieren. Vgl. Hofmann (1997), S. 257.

Verschiedene Modellrechnungen weisen jedoch darauf hin, daß die interne Verzinsung des Rentenversicherungsvermögens der *GRV* langfristig unter dem Marktzins liegt und somit eine intergenerative Umverteilung stattfindet.[144]

Das Ausmaß der intergenerativen Umverteilung läßt sich anhand des **generationenbezogenen Lebensnettotransfersaldos** bestimmen. Der Lebensnettotransfer einer Generation g, die in t geboren ist, berechnet sich für die *GRV* nach:

$$\text{(V-16)} \quad LNT_{GRV}(t,g) = \sum_{\tau=0}^{T}(1+z)^{-\tau}\left[B_{GRV}(t,\tau) - L_{GRV}(t,\tau)\right]\cdot x(t,0).$$

Eine gesamte Generation zählt dann zu den Nettobegünstigten [Nettobelasteten], wenn sich für sie eine negative [positive] Differenz zwischen dem Barwert der über das gesamte Leben zu erwartenden Beitragszahlungen und der erwarteten Rentenversicherungsleistungen ergibt.

Entsprechend der Budgetausgleichsbedingung wird das Verhältnis zwischen Abgabenbelastung und durchschnittlicher Rentenhöhe[145] durch den Rentnerquotienten determiniert.[146] Die intergenerative Umverteilung in der *GRV* wird damit maßgeblich von den **Bestimmungsfaktoren des Rentnerquotienten** festgelegt.[147] Dies sind:

- **demographische Entwicklung**
  Veränderungen in der Fertilität, Mortalität und Migration erzeugen einen veränderten Altersaufbau der Bevölkerung und schlagen sich im Rentnerquotienten nieder. Unter der Annahme einer weiterhin sinkenden Sterbewahrscheinlichkeit ergibt sich für beide Geschlechter eine steigende Lebenserwartung in allen Altersklassen.[148] Darüber hinaus ist zunächst auch ein weiterer Rückgang der Geburtenzahlen zu erwarten. Ceteris paribus kommt es bei einer Politik des konstanten Rentenniveaus durch den Anstieg des Alters- und damit in der Regel auch des Rentnerquotienten zu Beitragssatzsteigerungen.[149] Hieraus resultiert eine temporäre Schlechterstellung der zukünftigen Erwerbstätigen, die vom Anfang dieser Phase bis zum Erreichen eines »steady-state« Beitragszahler sind,[150] und somit zu den Nettobelasteten des Systems gehören.

---

144 Vgl. exemplarisch Dudey (1996), S. 93ff. Verläßt man die Modellwelt, so zeigt sich, daß bei Unsicherheit über die Zukunft die Orientierung der Rendite von Rentenbeiträgen am Kapitalmarktzins der optimalen Risikodiversifikation zuwiderläuft und stattdessen einem umlagefinanzierten System mit Teilhabeäquivalenz der Vorzug zu geben ist. Vgl. Breyer (1990a), S. 137f. Dies gilt allerdings nur unter gewissen Einschränkungen. Ders. (1990b), S. 138f.

145 Külp bezeichnet diesen Zusammenhang als »Verteilungsrelation«. Siehe Külp (1990), S. 608.

146 Vgl. auch Wasem (1988), S. 29. In einer stationären Volkswirtschaft, in der sowohl die durchschnittliche Einkommenshöhe als auch der Rentnerquotient konstant bleiben, findet eine Gleichbehandlung der betroffenen Generationen statt. Siehe Külp (1990), S. 608.

147 Vgl. auch Löschel (1998), S. 21.

148 Siehe hierzu die Ergebnisse der Mortalitätsprognose bei Fickel (1995), S. 89.

149 Vgl. die Vorausschätzung des Statistischen Bundesamtes zur Entwicklung des Altersquotienten. Statistisches Bundesamt (1996). Vgl. auch Bofinger, Faßhauer (1999), S. 260f.

150 Vgl. hierzu Schulenburg (1990), S. 283ff.

➢ **ökonomische Entwicklung**

Der Rentnerquotient ist neben der demographischen Komponente auch von der wirtschaftlichen Entwicklung abhängig. Eine ökonomisch bedingte Abnahme [Zunahme] der Erwerbstätigenzahl verschlechtert [verbessert] die Rendite der *GRV*. Infolgedessen kommt insbesondere der Situation am Arbeitsmarkt große Bedeutung für die intergenerative Leistungsfähigkeit der umlagefinanzierten Alterssicherung zu. Eine auch in Zukunft steigende Arbeitslosigkeit[151] würde die Anzahl an Beitragszahlern vermindern und zu Beitragsausfällen führen, die durch einen Beitragssatzanstieg aufgefangen werden müssen. Dies bedingt eine Schlechterstellung zukünftiger Erwerbstätiger im Vergleich zu der Rentnergeneration. Bei abnehmender Arbeitslosigkeit können Beitragsausfälle und damit Beitragssatzanstiege nur dann vermieden werden, wenn die Lohnsumme nicht durch eine Zunahme von atypischen Beschäftigungsverhältnissen verringert wird.

➔ **Zwischenfazit:** Das umlagefinanzierte System der *GRV* beruht auf einem Zwei-Generationen-Vertrag, innerhalb dessen zahlreiche intergenerative Umverteilungen zum Tragen kommen. Diese werden insbesondere durch demographische Veränderungen und Änderungen im ökonomischen Umfeld verursacht. Die Entwicklung dieser Rahmenbedingungen weist auf eine zunehmende **intergenerative Belastung zukünftiger Generationen** hin.

3. *Familienleistungsausgleich innerhalb der GRV als versicherungsinkonforme Regelung?*

Bevor der Kinderleistungsausgleich[152] einer kritischen Überprüfung hinsichtlich seiner Versicherungskonformität unterzogen werden kann, muß geklärt werden, welche Regelungen dem Kinderleistungsausgleich der *GRV* zugerechnet werden.

- **Abgrenzung des Kinderleistungsausgleichs**

Im folgenden werden zum »Kinderleistungsausgleich« alle Maßnahmen gerechnet, die im System der *GRV* einen Ausgleich für die Erziehung von Kindern anstreben. Hierzu zählen die Kindererziehungszeiten nach § 56 SGB VI, die Kinderberücksichtigungszeiten nach § 57 SGB VI sowie die Leistungen für Kindererziehung nach § 294 SGB VI. Da jedoch die Kinderberücksichtigungszeiten[153] keine eigenständige rentensteigernde Wirkung haben, werden sie aus der weiteren Betrachtung ausgeklammert.[154]

---

151 Allerdings ist bei der prognostizierten Verminderung der Anzahl Erwerbsfähiger eine Verringerung der Arbeitslosenzahlen zu erwarten. Dagegen unterstellt das Prognos-Gutachten in seinem unteren Szenario eine Arbeitslosenquote von 12,6% für das Jahr 2040. Siehe VDR (1998), S. 53. Kritisch hierzu Bofinger, Faßhauer (1999), S. 265.

152 Im folgenden wird die Terminologie »Kinderleistungsausgleich« synonym zur Bezeichnung »Familienleistungsausgleich« verwendet. Da es sich an dieser Stelle vorrangig um den Ausgleich von Externalitäten handelt, wird die Bezeichnung »Familienleistungsausgleich« verwendet. Zur Fortentwicklung des Familienlastenausgleichs zum Familienlasten- und -leistungsausgleich und die damit verbundenen Implikationen siehe das in Kürze erscheinende Gutachten zum Familienlasten- und Familienleistungsausgleich des Wissenschaftlichen Beirats für Familienfragen, insbesondere Kapitel 1.

153 Siehe zu den Kinderberücksichtigungszeiten die Ausführungen bei BMA (1998c), S. 319.

154 Es liegt in diesem Sinne kein direkter Verstoß gegen das Beitragsäquivalenzprinzip vor.

- **Kindererziehungszeiten**

Kindererziehungszeiten sind die Zeiten der Erziehung eines Kindes in dessen ersten drei Lebensjahren. Sie gelten als Pflichtbeitragszeiten, wenn die Kindererziehungszeit dem einzelnen Versicherten angerechnet wurde. Sie werden für jeden Kalendermonat nach § 70 SGB VI mit eigenen Entgeltpunkten für Kindererziehungszeiten bewertet und haben - im Gegensatz zu den Kinderberücksichtigungszeiten - eine eigenständige rentensteigernde Wirkung.

➢ **Beitragsäquivalenzprinzip**

Legt man das Beitragsäquivalenzkriterium zugrunde, so führt die Anrechnung von Kindererziehungszeiten zu einer systematischen Entkopplung zwischen monetärer Beitragszahlung und Leistungsgewährung. In diesem Sinne liegt ein **Verstoß** gegen das privatwirtschaftliche Äquivalenzprinzip vor. Ob es sich dennoch um eine versicherungskonforme Leistung handelt, wird anhand der in Abschnitt D.III definierten Abgrenzungskriterien beurteilt.

➢ **Allokative Notwendigkeit und Systemerhalt**

Die umlagefinanzierte *GRV* basiert auf einem Zwei-Generationen-Vertrag.[155] Die Erwerbstätigen der Generation G_2 finanzieren in t_1 die Renten der Generation G_1 und erwerben hierdurch einen Anspruch auf Unterstützung im Alter zum Zeitpunkt t_2 durch die dann Erwerbstätigen der Generation G_3. Voraussetzung für die Erfüllung der Rentenansprüche von Generation G_2 ist allerdings, daß zum Zeitpunkt t_2 auch ausreichend Erwerbstätige für die Finanzierung aufkommen.[156]

Da im Umlageverfahren der *GRV* die Rentenansprüche ausschließlich aus dem laufenden Einkommen bestritten werden, finanzieren zum Zeitpunkt t_2 die Erwerbstätigen der Generation G_3 nicht nur die Renten ihrer Eltern sondern auch die Leistungen der Kinderlosen aus Generation G_2.

Die Kindererziehung ist nicht nur mit einem intrinsischen Nutzen, sondern auch mit hohen monetären Kosten verbunden, so daß es sich für den einzelnen als rational erweisen kann, kinderlos zu bleiben. Da die eigenen Altersansprüche durch die Kinder anderer Personen mitfinanziert werden, ist ein solches »free-rider«-Verhalten auch praktisch durchführbar. Auf die Kinderlosen wirkt sich die Kindererziehung anderer Versicherungsmitglieder derselben Generation als positiver externer Effekt aus, während sich andererseits die eigene Kinderlosigkeit als negativer externer Effekt bemerkbar macht.[157]

Die Anrechnung von Kindererziehungszeiten im Sinne des § 56 SGB VI stellt eine aus allokationstheoretischer Sicht dringend erforderliche Methode zur **Internalisierung** dieser **Externalitäten** dar.[158] Daß es sich dabei gerade nicht um eine allgemein gesellschaftspolitische Aufgabe, sondern um eine spezifische Komponente der *GRV* handelt und damit der Ausgleich

---

155 Vgl. Abschnitt E.I.2 dieses Kapitels. Siehe insbesondere Abbildung V-6.

156 Hierin zeigt sich wiederum die Bedeutung der demographischen Entwicklung für die umlagefinanzierte GRV.

157 Vgl. Funk, Optendrenk (1998), S. 133.

158 Vgl. hierzu auch Grüske (1996), S. 12f.

zwischen Kinderlosen und Personen mit Kindern auch nicht über den allgemeinen Familienleistungsausgleich im Rahmen des Steuer-Transfersystems erfolgen darf, wird im folgenden gezeigt.

Die Rentenleistungen der Generation G_2 hängen in t_2 einerseits von den eigenen Beitragszahlungen in t_1 und andererseits von der Anzahl der Beitragszahler in t_2 ab. Demzufolge wird eine ausschließliche Orientierung der Rentenansprüche an den eigenen monetären Beitragszahlungen der umlagefinanzierten *GRV* nur unzureichend gerecht und entzieht ihr langfristig die Existenzgrundlage. Stattdessen muß der Generationenvertrag der *GRV* im Sinne eines Drei-Generationen-Vertrags mit doppelter Beitragspflicht interpretiert werden.[159] Die doppelte Beitragspflicht besteht in der Verpflichtung, monetäre Beiträge zu zahlen als auch einen Realbeitrag in Form von Kindererziehung zu erbringen.

Dieser Aspekt wird durch Modifikation von Abbildung V-6 in Abbildung V-7 dargestellt.

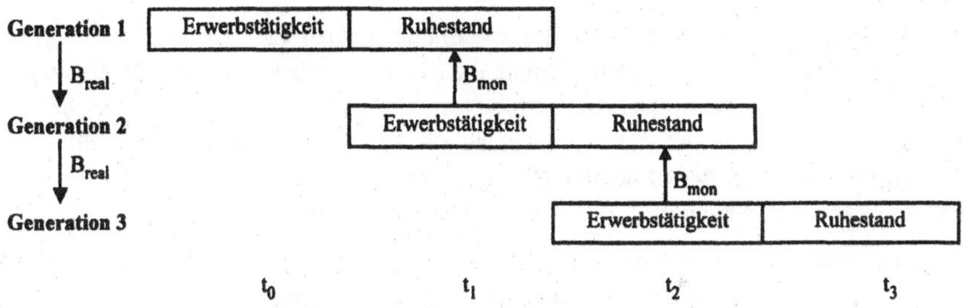

Abbildung V-7: Zwei-Generationen-Vertrag mit doppelter Beitragsverpflichtung

Quelle: Eigene Darstellung

Unter Berücksichtigung der doppelten Beitragsverpflichtung stellt sich die Beziehung zwischen Beitrags- und Rentenleistung folgendermaßen dar:

(V-17) $L_{GRV} = f(\sum B_{mon} + \sum B_{real})$.

Hierbei ist L_{GRV} die Rentenleistung; B_{mon} die monetäre Beitragsleistung und B_{real} der Realbeitrag.

Dieser Zusammenhang wird als Ausschnitt der Beziehungen zwischen den Generationen G_2 und G_3 in Abbildung V-8 verdeutlicht.

[159] Siehe Schlenger (1998), S. 27. Ebenso Funk, Optendrenk (1998), S. 130.

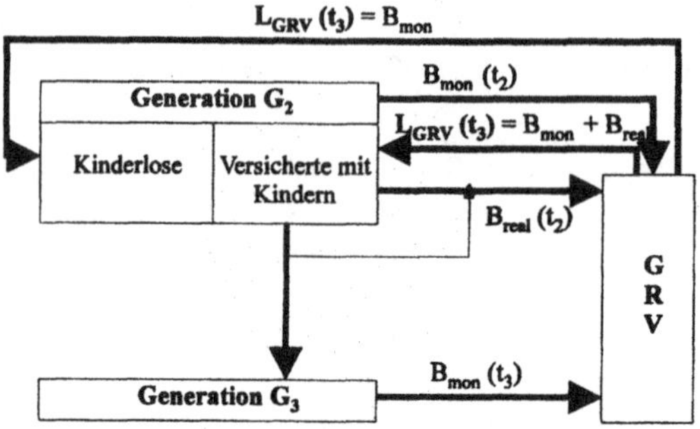

Abbildung V-8: Doppelte Beitragsverpflichtung und Leistungsgewährung

Quelle: Eigene Darstellung

Die Bewertung von Kindererziehungszeiten mit Entgeltpunkten kann als monetäre Gegenleistung für den Realbeitrag der Kindererziehung interpretiert werden. Erst die Einbeziehung der Kindererziehung in die Rentenberechnung führt zu einer stärkeren Äquivalenz zwischen Leistung und Gegenleistung und stellt damit keine versicherungsinkonforme Leistung dar. Im Gegenteil ist eine Nicht-Berücksichtigung der Kindererziehungsleistung in einem umlagefinanzierten System systemwidrig.

Wie anhand eines Lebenslaufvergleiches zwischen Familien mit und ohne Kinder gezeigt werden kann, wird durch ein umlagefinanziertes Alterssicherungssystem, in dem kein oder ein unausreichender Ausgleich für Kindererziehung erfolgt, Kinderlosigkeit prämiert und Kindererziehung diskriminiert.[160] Bei den positiven externen Effekten der Kindererziehung und den negativen externen Effekten der Kinderlosigkeit handelt es sich um systembedingte Externalitäten. Sie wirken sich nicht nur auf die Leistungsfähigkeit des Umlageverfahrens aus, sondern werden von diesem auch indirekt verursacht. Eine unzureichende Berücksichtigung der Externalitäten gefährdet langfristig den Generationenvertrag.[161] Ihre Internalisierung im Rahmen der *GRV* stellt somit neben der **allokationstheoretischen** auch eine **versicherungs-**

---

160 Siehe Erbe (1986), S. 194f. Er vergleicht das Lebenseinkommen von einem kinderlosen Ehepaar und einem Paar mit Kindern in direkter Gegenüberstellung von umlagefinanziertem Alterssicherungssystem ohne Kinderleistungsausgleich und einer Situation ohne kollektiver Alterssicherung als Referenzsystem. Erbe (1986), S. 195 kommt zu dem Schluß: „Diese Benachteiligung ist vielmehr ein Spezifikum der modernen Industriegesellschaft und der in ihr vom Staat gesetzten Rahmenbedingungen. In der Bundesrepublik fällt hier vor allem ein Faktor ins Gewicht: die Schaffung eines kollektiven, umlagefinanzierten Alterssicherungssystems, das den größten Teil der Bevölkerung zwangsversichert."

161 Demgemäß hat das BVerfG ausdrücklich angemahnt, daß Erzieher von Kindern gegenüber Kinderlosen keineswegs benachteiligt werden dürfen. BVerfGE 87, 1 (39).

technische Systemnotwendigkeit dar. Ein Ausgleich innerhalb des allgemeinen Familienlasten- und leistungsausgleichs kann diesen Zielsetzungen nicht gerecht werden.[162]

➢ **Redistributive Implikationen**

Unabhängig von seiner Versicherungskonformität kann der Ausgleich im Sinne des § 56 SGB VI unter distributiven Aspekten jedoch **kaum befriedigen**. Für die umlagefinanzierte *GRV* spielt neben dem intragenerativen insbesondere der intergenerative Gerechtigkeitsaspekt eine zentrale Rolle.[163]

Die Anrechnung von Kindererziehungszeiten widerspricht sowohl der intragenerativen als auch der intergenerativen Gerechtigkeitsvorstellung. Unter **intergenerativen** Aspekten muß diejenige Generation belastet beziehungsweise begünstigt werden, bei der die Externalitäten auftreten. Die Kindererziehungszeiten werden zwar denjenigen Mitgliedern einer Generation zugerechnet, die den positiven externen Effekt durch Kindererziehung verursacht haben. Die Finanzierung erfolgt allerdings nicht durch die »Profiteure« derselben Generation, sondern die Belastung wird auf die nachfolgende Generation überwälzt. Die Erwerbstätigen der Generation G_3 finanzieren aus ihren Beitragszahlungen die Rentenansprüche aus Kindererziehung der Generation G_2. Indem nicht die Verursacher der negativen Effekte - die Kinderlosen der Generation G_2 -, sondern die Beitragszahler der Generation G_3 für die Finanzierung aufkommen, vollzieht sich nicht nur ein Verstoß gegen allokative Zielsetzungen, sondern auch gegen intergenerative Gerechtigkeitsvorstellungen.[164] Der **intragenerativen** Gerechtigkeit wird ebenfalls nur unzureichend Rechnung getragen, da sich nicht innerhalb derselben Generation ein Ausgleich zwischen Kinderlosen und Personen mit Kindern vollzieht, sondern lediglich die Benachteiligung durch die Kindererziehung ausgeglichen wird, ohne daß die Kinderlosen einer adäquaten Belastung ausgesetzt sind. Durch die derzeitige Regelung des Kinderleistungsausgleichs wird dem Gesamtbeitragsäquivalenzprinzip somit weder in inter- noch in intragenerativen Perspektive Genüge getan.

- **Leistungen für Kindererziehung**

An Mütter der Geburtsjahrgänge vor 1921, die von der Anrechnung der Kindererziehungs- und Berücksichtigungszeiten ausgeschlossen sind, werden Kindererziehungsleistungen erbracht.[165]

---

162 Vgl. auch Schlenger (1998), S. 27. Der Familienleistungsausgleich im Rahmen des Steuer-Transfersystems verfolgt das Ziel, den externen Vorteil auszugleichen, den die gesamte Gesellschaft aus einer angemessenen Nettoreproduktion zieht. Da die Kindererziehung ganz allgemein der langfristigen Stabilität der Gesellschaft zugute kommt, handelt es sich bei der Internalisierung dieser Externalität um eine allgemeine familienpolitische Aufgabe.

163 Siehe hierzu auch die Ausführungen in Kapitel I. Zur alternativen Ausgestaltung des Kinderleistungsausgleichs unter distributiven Gesichtspunkten siehe grundlegend Dinkel (1981), S. 138ff. Siehe insbesondere auch die Reformansätze auf Basis des *Schreiber*-Modells im Resumée und Ausblick dieser Arbeit.

164 Vgl. Funk, Optendrenk (1998), S. 134.

165 Zu den Kindererziehungsleistungen siehe BMA (1998c), S. 319ff.

➢ **Sozialversicherungsinterner Ausgleich**

Die Leistungen für Kindererziehung besitzen Transfercharakter, da sie allen Betroffenen pauschal als Zuschlag gewährt werden. Sie sind unabhängig davon, ob die Begünstigten eine Rente der gesetzlichen Rentenversicherung beziehen oder nicht.

Während es sich bei der Anrechnung von Kindererziehungszeiten um einen sozialversicherungsinternen Ausgleich handelt, trifft dies für die Leistungen der Kindererziehung nicht zu, da sie auch Nicht-Mitgliedern zukommen. Insofern ist die Versicherungskonformität der Leistung fraglich. Allerdings sind die Mitgliederkreise der *GRV* nicht »generationendeckungsgleich«. Wie es einerseits nicht gesichert ist, daß die Kinder der Mitglieder aus Generation G_2 in t_2 Beitragszahler sind,[166] ist es andererseits auch nicht gewiß, daß nicht Kinder der Nicht-Mitglieder aus Generation G_2 in t_2 dem Versichertenkreis angehören.

Die Internalisierungsstrategie ist immer mit einem Unsicherheitsfaktor behaftet,[167] so daß die Leistungen für Kindererziehung weder eindeutig dem Bereich der versicherungskonformen noch der versicherungsinkomformen Leistungen zugerechnet werden können.

➔ **Schlußfolgerung:** Grundsätzlich erweist sich die Anrechnung von **Kindererziehungszeiten** unter allokationstheoretischen Gesichtspunkten als **versicherungskonforme Regelung** und integraler Bestandteil der *GRV.* Im Gegensatz dazu gelingt **keine eindeutige Zuordnung für die Kindererziehungsleistungen.** Allerdings erweist sich die derzeitige Anrechnungspraxis von Kindererziehungszeiten nach § 56 SGB VI sowohl in intra- als auch intergenerativer distributiver Perspektive als problematisch.

4. Hinterbliebenenversorgung der GRV als versicherungsinkonforme Regelung?

In einem ersten Schritt muß der Bereich der Hinterbliebenenversorgung abgegrenzt werden.

- **Abgrenzung der Hinterbliebenenversorgung**

Die Hinterbliebenenversorgung umfaßt die Renten wegen Todes, die an die Hinterbliebenen eines Versicherten gewährt werden. Gerade in West-Deutschland kommt vor allem den Witwenrenten sowohl hinsichtlich des Rentenbestandes als auch bezüglich des durchschnittlichen Nettorentenzahlbetrages eine zentrale Bedeutung zu. Ferner weisen die Erziehungsrenten von allen Rentenarten mit 1.150 DM (W-D) beziehungsweise 1.106 DM (O-D) den höchsten durchschnittliche Nettorentenzahlbetrag auf.[168]

Hinterbliebenenrenten nach § 46-49 SGB VI erhalten die Witwe, der Witwer, die Waisen und der frühere Ehegatte von verstorbenen oder verschollenen Versicherten. Die Erziehungsrente nach § 47 SGB VI wird im folgenden nicht zur Hinterbliebenenversorgung gezählt. Sie ist

---

[166] Für Funk, Optendrenk (1998), S. 139 ist dies der Preis, den eine Gesellschaft für das Umlageverfahren zu zahlen hat.

[167] Dieser Unsicherheitsfaktor fällt umso stärker ins Gewicht, je größer die grenzüberschreitenden Wanderungsbewegungen sind. Siehe zur Arbeitskräftemobilität und deren Auswirkung auf die Sozialversicherung die Ausführungen in Kapitel VIII.

[168] Vgl. die Zahlenangaben zum Rentenbestand und zum durchschnittlichen Nettorentenzahlbetrag der Renten wegen Todes in der GRV der Arbeiter und Angestellten des VDR (http://www.vdr.de/Internet/Statistik).

vielmehr eine Rente wegen Todes aus eigener Versicherung, die sich aus den eigenen rentenrechtlichen Zeiten und den im Wege des Versorgungsausgleichs übertragenen Rentenanwartschaften errechnet. Entsprechend dieser Abgrenzung differieren die Rentenleistungen wegen Todes und der Bereich der Hinterbliebenenversorgung um die Komponente der Erziehungsrente.

➢ **Beitragsäquivalenzprinzip**
Die Hinterbliebenenrenten berechnen sich im wesentlichen aus den Rentenanwartschaften des verstorbenen Versicherten.[169]

Maßgebend für die Rentenhöhe sind in erster Linie die Entgeltpunkte des Versicherten, so daß dem Beitragsäquivalenzprinzip weitestgehend entsprochen wird. Diese Schlußfolgerung ist allerdings nur dann zulässig, wenn man die Hinterbliebenenrente dem Versicherten zuschreibt. Tatsächlich erfolgt die Beitragszahlung aber durch das versicherte Mitglied, während die Rentenleistung seinen Hinterbliebenen zukommt und von deren Versichertenleben vollkommen unabhängig ist. Unter diesem Blickwinkel fallen die Person des Beitragszahlers und des Leistungsempfängers auseinander, und es findet ein **Verstoß** gegen das Äquivalenzprinzip statt.

➢ **Sozialversicherungsinterner Ausgleich**
Unter diesem Blickwinkel handelt es sich ferner auch nicht um einen sozialversicherungsinternen Ausgleich, da es für die Leistungsgewährung unerheblich ist, ob der Empfänger selbst Mitglied der *GRV* ist.

Zentraler Aspekt für die Beurteilung der Versicherungskonformität ist somit die Frage, ob die Leistung implizit dem verstorbenen Versicherten zuzurechnen ist.

Im Rahmen der Hinterbliebenenversorgung erfolgt eine Absicherung gegen das Risiko des Einkommensausfalles bei Tod.[170] Ihr liegt ein Transfer des Risikos »Mortalität«[171] auf die Sozialversicherung zugrunde. Der Beitragszahlung des Versicherten steht im Schadenfall eine entsprechende Versicherungsleistung in Form einer Rente an die Hinterbliebenen gegenüber. Es handelt sich somit bei der Hinterbliebenenversorgung im Grunde um nichts anderes als um eine reine Absicherung des Versicherten gegen das Risiko »Mortalität«. In Abhängigkeit vom Mortalitätsrisiko des einzelnen und seinen individuellen Familienverhältnissen vollzieht sich ein **Ausgleich innerhalb der Versichertengemeinschaft**. Darüber hinaus ist es aufgrund des

---

169 Zur Berechnung der Witwen- und Witwerrenten siehe BMA (1998c), S. 305ff. Zur Berechnung der Waisenrenten siehe BMA (1998c), S. 308f.

170 Vgl. auch Abschnitt E.I.1 dieses Kapitels.

171 Da Mortalität letztendlich ein sicheres Ereignis darstellt, soll das Mortalitätsrisiko vorrangig altersspezifisch gedeutet werden, indem es für die Versicherung durchaus einen Unterschied macht, ob ein Versicherter mit leistungsberechtigten Familienangehörigen jung verstirbt. In diesem Fall kommt es überhaupt erst zu einer Leistungspflicht der Versicherung, die noch dazu über mehrere Jahre anhält.

horizontalen Ausgleichselementes[172] durchaus versicherungskonform, daß in der *GRV* keine von den Familienverhältnissen abhängigen Beiträge berechnet werden.[173]

➢ **Klassischer Funktionsbereich der *GRV***

Zudem gehört die Versorgung der Angehörigen zu den originären Aufgaben der *GRV* und fügt sich nahtlos in das klassische Bild der staatlichen Alterssicherung ein,[174] so daß auch aus »historischer« Perspektive **kein Verstoß** gegen die Versicherungskonformität abgeleitet werden kann.

➢ **Redistributive Implikationen der Hinterbliebenenversorgung**

Unbeschadet der Versicherungskonformität findet allerdings durch den Verzicht auf eine Beitragsdifferenzierung entsprechend den individuellen Familienverhältnissen eine sozialversicherungsinterne **interpersonelle Umverteilung** zu Gunsten von Versicherten mit leistungsberechtigten Angehörigen statt.[175]

➔ **Schlußfolgerung:** Die Hinterbliebenenversorgung wird als Transfer des Risikos »Mortalität« auf die Sozialversicherung interpretiert, so daß die hieraus resultierenden Versicherungsleistungen dem Beitragszahler zugeschrieben werden. Der gesamte Bereich der Hinterbliebenenversorgung wird somit als **versicherungskonforme Leistungsgattung** interpretiert, die dem Beitragsäquivalenzprinzip annähernd Rechnung trägt und zu einem sozialversicherungsinternen Ausgleich zu Gunsten von Mitgliedern mit leistungsberechtigten Familienangehörigen führt. Darüber hinaus entspricht die Hinterbliebenenversorgung dem klassischen Funktionsbereich der *GRV*.

III. Interpersonelle, intertemporale und intergenerative Umverteilung durch die gesetzliche Kranken- und die soziale Pflegeversicherung

Indem *SPV*[176] und *GKV* hinsichtlich ihrer Versichertenstruktur große Ähnlichkeiten aufweisen, kann der Grundsatz »Pflegeversicherung folgt Krankenversicherung«[177] auch auf die Untersuchung der Umverteilungseffekte übertragen werden. Trotz gewisser Übereinstimmungen existieren zwischen beiden Versicherungszweigen allerdings zahlreiche Unterschiede in der Beitrags- und Leistungsgestaltung.[178] Da jedoch andererseits die Tatbestände Krankheit und Pflegebedürftigkeit an ähnliche Risikomerkmale anknüpfen, ist es insgesamt nicht nur möglich sondern auch sinnvoll, beide Versicherungszweige simultan zu analysieren. Diese Vorge-

---

172 Zur Definition der horizontalen Ausgleichsgerechtigkeit siehe Kapitel I.

173 Abweichender Meinung dagegen Mayer (1995), S. 10.

174 So auch Schlenger (1998), S. 6.

175 Vgl. hierzu die Ausführungen in Abschnitt E.I.1 dieses Kapitels.

176 Da die private Pflegepflichtversicherung, wie in Kapitel II gezeigt wurde, eng an der sozialen Pflegeversicherung orientiert ist, lassen sich die für die soziale Pflegeversicherung ermittelten Verteilungseffekte weitestgehend auch auf die private Pflegepflichtversicherung übertragen.

177 Siehe BMA (1998c), S. 463.

178 Zentrale Unterschiede bestehen insbesondere bei dem Verhältnis und zwischen Geld- und Sachleistungen und der Homogenität beziehungsweise Heterogenität von Finanzierenden und Leistungsempfängern sowie den individuellen Nachfragedeterminanten. Ein wesentlicher Unterschied existiert auch bei der Bemessung der Geldleistungen, auf den an geeigneter Stelle eingegangen wird.

hensweise erscheint insbesondere auch angesichts der relativ kurzen Erfahrung mit der Institution Pflegeversicherung naheliegend.

Da die Einführung der *GPV* erst im Jahr 1994 erfolgte und damit andere Sicherungsformen für den Fall der Pflegebedürftigkeit größtenteils obsolet wurden, wäre es auch möglich, einen Vergleich der Verteilungssituationen zwischen Status quo und Status quo ante vorzunehmen. Um allerdings die methodische Konsistenz der Arbeit zu wahren, wird von einer derartigen Analysepraxis abgesehen.[179]

1. Einkommens- und risikospezifische Umverteilungseffekte in der Ein-Perioden-Betrachtung

Unter Rückgriff auf Abbildung V-5 können für beide Versicherungszweige in Zusammenhang mit der spezifischen Beitrags- Leistungsgestaltung grundsätzlich zwei Formen interpersoneller Umverteilungen unterschieden werden. Eine **einkommensspezifische** Redistribution resultiert nur bei Kopplung von einkommensabhängiger Beitrags- und bedarfsgerechter Leistungsgestaltung. Dagegen kommt es sowohl bei einer beitragsabhängigen als auch im Falle einer bedarfsgerechten Leistungsgestaltung[180] zu einer **risikospezifischen** Umverteilung. Hierbei ist allerdings zu beachten, daß grundlegende Unterschiede zwischen *GKV* und *SPV* in bezug auf die Bemessung der Geldleistungen existieren, die das Ausmaß der Umverteilung entscheidend beeinflussen. So werden - im Gegensatz zur *GKV* - in der *SPV* monetäre Pflegeleistungen unabhängig vom Einkommen nach Bedarfskriterien gewährt.

- **Risikospezifische Umverteilung**

Die risikospezifische Redistribution resultiert in beiden Fällen aus der Tatsache, daß risikospezifische Merkmale stets den individuellen Erwartungsschaden und damit die Wahrscheinlichkeit und Höhe der Versicherungsleistung beeinflussen; derartige Risikomerkmale aber nicht (ausreichend)[181] in die Beitragskalkulation eingehen.

In beiden Versicherungszweigen stellt der »aktuelle Gesundheitszustand« die ausschlaggebende Größe für die zeitpunktbezogene risikospezifische Umverteilung dar. Die Risikoausprägung »Gesundheit« beziehungsweise »Krankheit« oder »Pflegebedürftigkeit« korreliert mit zahlreichen spezifischen Risikomerkmalen einer Person. In bezug auf die risikospezifische Umverteilung zwischen verschiedenen Individuen einer Generation[182] sind dies in erster Linie folgende Risikofaktoren:[183]

---

179 Vgl. für einen Vergleich zwischen Status quo und Status quo ante allerdings Breyer (1991/1992), S. 85ff. Ebenso Köstler (1994), S. 16. Siehe auch die empirischen Ergebnisse in Kapitel VI.

180 Vgl. die Fallunterscheidung in Abbildung V-5.

181 Im Falle der einkommens- und damit beitragsabhängigen Leistungsgestaltung ist die Höhe der Auszahlung zwar determiniert, dennoch ist die Wahrscheinlichkeit der Inanspruchnahme stark von den individuellen Risikomerkmalen abhängig, die nicht berücksichtigt werden.

182 Vgl. die Differenzierung der zeitpunktbezogenen interpersonellen Umverteilungseffekte in Abbildung V-3 in interpersonelle Redistributionseffekte zwischen Angehörigen derselben und Angehörigen unterschiedlicher Generationen.

183 Allgemein zu den Risikofaktoren für den Bereich der GKV siehe auch Wenzel (1999), S. 33. Ebenso Quandt (1992), S. 154ff. Siehe auch Klammer (1998), S. 276. Als weitere Risikomerkmale kämen bei-

- **allgemeiner (angeborener) Gesundheitszustand**: Es resultiert eine Umverteilung von Versicherten mit guter körperlicher Konstitution zu morbiden Versicherten.
- **Geschlecht**: Es findet eine Umverteilung von Männern zu Frauen statt, die insbesondere aus der Tatsache resultiert, daß Frauen eine durchschnittlich höhere Lebenserwartung als Männer aufweisen und damit länger in den Genuß der Versicherungsleistungen kommen. Da zudem ein negativer Zusammenhang zwischen Lebensalter und Gesundheitszustand besteht, vergrößert sich für Frauen auch die Wahrscheinlichkeit der Inanspruchnahme von Gesundheits- und insbesondere auch Pflegeleistungen. Diese geschlechtsbezogene Redistribution wird dadurch verstärkt, daß in der *GKV* ausschließlich frauenspezifische Leistungskategorien existieren.[184]
- **Einkommen**: Es resultiert eine Umverteilung von höheren zu niedrigen Einkommensgruppen aufgrund einer positiven Korrelation zwischen Gesundheitszustand und Einkommensverhältnissen.[185]
- **Berufszugehörigkeit**: Es kommt zu einer Umverteilung zu Gunsten von Personen mit einem gesundheitsgefährdenden Arbeitsplatz.

Einen entscheidenden Einfluß auf die Umverteilungsrichtung hat - neben den bereits genannten risikospezifischen Aspekten - auch die **tatsächliche Inanspruchnahme** von Gesundheitsressourcen. Bei identischem Bedarf weisen alternative sozioökonomische Gruppen ein unterschiedliches Inanspruchnahmeverhalten auf,[186] was den Trend der risikospezifischen Redistribution teilweise konterkariert. Das Inanspruchnahmeverhalten wird in erster Linie von folgenden Faktoren determiniert:

- **Einkommen**: Von den Opportunitätskosten, die mit dem Zugang zu Gesundheits- und Pflegegütern verbunden sind, sind alternative Einkommensgruppen in unterschiedlichem Ausmaß betroffen. In der Regel spielen direkte Opportunitätskosten für untere im Gegensatz zu oberen Einkommensgruppen eine untergeordnete Rolle.[187] Dagegen besitzen vor allem psychische Opportunitätskosten für Angehörige unterer Einkommensschichten Relevanz.[188] Psychische Opportunitätskosten können dazu führen, daß diese Personengruppen eine relativ geringere Nachfrage nach Gesundheits- und Pflegegütern entfalten.[189]
- **Familienstand und -größe**: Der familiäre Hintergrund ist insbesondere für die tatsächliche Inanspruchnahme von Pflegeleistungen entscheidend, wirkt sich aber auch auf das Inanspruchnahme-

---

spielsweise gesundheitsrelevante regionale Faktoren sowie das individuelle Gesundheitsverhalten in Frage. Letzteres wird allerdings in starkem Maße von den im folgenden genannten Faktoren determiniert.

184 Siehe beispielsweise § 24 SGB V.

185 Vgl. insbesondere Schneider (1994), S. 99f. Die individuellen Einkommensverhältnisse korrelieren allerdings wiederum mit zahlreichen anderen Faktoren, wie beispielsweise dem Geschlecht und dem Alter sowie der Berufszugehörigkeit.

186 Vgl. Klammer (1998), S. 281.

187 Hierzu zählen insbesondere Opportunitätskosten in zeitlicher und monetärer Hinsicht im Sinne von entgangenem Arbeitsentgelt.

188 „Einkommensschwache Schichten verfügen eher über einen niedrigeren Bildungsgrad und haben hierdurch bedingt tendenziell größere Schwierigkeiten, mit Ärzten zu kommunizieren und aktiv den Heilungsprozeß zu unterstützen." Klammer (1998), S. 281.

189 Eine positive Korrelation zwischen Einkommenshöhe und Leistungsinanspruchnahme ergibt sich auch dadurch, daß mit zunehmender Einkommenshöhe die Beitrags-Leistungsrelation ungünstiger wird und der Versicherte dies durch ein gesteigertes moral hazard-Verhalten kompensiert.

verhalten von Leistungen der *GKV* aus. Es darf vermutet werden, daß Individuen aus Mehr-Personen-Haushalten aufgrund interfamiliärer Unterstützung ein relativ geringeres Inanspruchnahmeverhalten entfalten als Alleinstehende.

In beiden Versicherungszweigen resultiert eine zusätzliche Umverteilungskomponente aus der Form der beitragsfreien Familienversicherung.[190] Der risikospezifische Leistungsbedarf[191] wird somit zusätzlich von dem »Risikomerkmal« **Familie** determiniert. Er ist von der Anzahl und dem Erwartungsschaden[192] der jeweiligen Familienmitglieder abhängig. Da dieser zusätzlichen Risikokomponente bei der Beitragskalkulation ebenfalls nicht Rechnung getragen wird, resultiert eine Umverteilung zu Gunsten von Familien, bei denen die Kriterien der beitragsfreien Mitversicherung erfüllt sind.

Bezieht man darüber hinaus zeitpunktbezogene Umverteilungen zwischen Angehörigen unterschiedlicher Altersjahrgänge in die Betrachtung ein, kommt das **Alter** als weiterer Risikofaktor hinzu. Da die Risikotatbestände Krankheit beziehungsweise Pflegebedürftigkeit sehr stark mit dem Alter des Versicherten korrelieren, findet eine risikospezifische Umverteilung von jüngeren – und damit in der Regel gesünderen – zu älteren – und damit in der Regel krankheitsanfälligeren – Versicherten statt.[193]

- **Einkommensspezifische Umverteilung**

Eine einkommensspezifische Umverteilung resultiert in beiden Versicherungszweigen aus der einkommensabhängigen Beitragsgestaltung, die oftmals mit einer einkommens- beziehungsweise beitragsunabhängigen Leistungsgewährung[194] gekoppelt ist.

Für die *GKV* ist die Dominanz des **Sachleistungsprinzips** charakteristisch. Demgemäß werden die nicht monetären Leistungen ausschließlich nach Bedarfsgesichtspunkten und unabhängig von den Vorleistungen des Versicherten gewährt. Als einzige wesentliche Geldleistung existiert nur noch das **Krankengeld** nach § 44 SGB V, das von der Einkommens- und damit Beitragshöhe abhängig ist, da sein Betrag vom erzielten Regelentgelt determiniert ist.

Wie Abbildung V-9 verdeutlicht, ist der Anteil des Krankengeldes an den Gesamtleistungsausgaben der *GKV* in West-Deutschland in den letzten Jahren jedoch stark zurückgegangen.

---

190 Zu den Kriterien der beitragsfreien Familienversicherung siehe § 10 SGB V. Vgl. hierzu auch Schadendorf (1998), S. 729f.

191 Eine Ausnahme stellen allerdings solche Versicherungsleistungen dar, die – wie beispielsweise das Krankengeld – den beitragsfrei mitversicherten Angehörigen nicht zustehen.

192 Der individuelle Erwartungsschaden hängt wiederum von den bereits spezifizierten Risikomerkmalen ab.

193 Vgl. Wenzel (1999), S. 34. Ebenso Bohnet (1999), S. 328.

194 Siehe Lutz, Schneider (1997), S. 10.

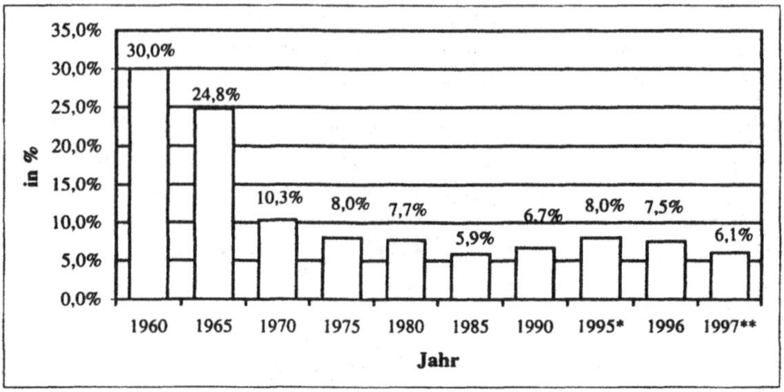

Abbildung V-9: Entwicklung des Anteils der Krankengeldzahlungen an den Gesamtleistungen der GKV

Anmerkungen:
* seit 1995 einschließlich Berlin Ost
** 1.-4. Quartal 1997

Quelle: Eigene Darstellung auf Basis der Zahlenwerte aus BMA (1998c), S. 233 sowie eigenen Berechnungen

Die *SPV* ist dadurch gekennzeichnet, daß sowohl Geld- als auch Sachleistungen beitrags- und damit einkommensunabhängig gewährt werden. Der Leistungsumfang orientiert sich nach dem Grad der Pflegebedürftigkeit[195] und ist somit ausschließlich bedarfsabhängig.

Aus der einkommensabhängigen Beitragsbemessung und der einkommensunabhängigen Leistungszuteilung resultiert eine Umverteilung zu Gunsten unterer Einkommensgruppen,[196] denen dieselbe Leistung bei absolut geringerer Beitragszahlung zukommt.[197]

Nimmt man jedoch anstelle einer rein kostenmäßigen Leistungsbewertung eine Beurteilung entsprechend dem potentiellem Einkommensausfall bei Erkrankung oder Pflegebedürftigkeit vor, so kann in der absolut stärkeren Finanzierungsbeteiligung höherer Einkommensgruppen durchaus eine Erfüllung des Äquivalenzgedankens gesehen werden.[198]

Da in beiden Versicherungszweigen eine Beitragsbemessungsgrenze existiert, kommen darüber hinaus die in Abschnitt C erläuterten Effekte zum Tragen. Der insgesamt linear-regressive Beitragstarif beeinflußt entscheidend die Umverteilungsrichtung. Unterstellt man

---

195 Zu den Leistungsregelungen der SPV siehe insbesondere BMA (1998c), S. 475ff. Zu den Stufen der Pflegebedürftigkeit siehe BMA (1998c), S. 487f.

196 Siehe exemplarisch Schmähl (1985a), S. 90. Lutz, Schneider (1997), S. 11f. berechnen zur Messung des Umverteilungseffektes einen äquivalenten Beitrag für einkommensunabhängige Leistungen aus dem durchschnittlichen Erwartungswert pro Versicherten. Ähnlich auch Schadendorf (1998), S. 728ff.

197 Hierbei ist allerdings zu berücksichtigen, daß die primären Einkommensverhältnisse wiederum von verschiedenen individuellen Faktoren determiniert werden. So existiert beispielsweise ein eindeutiger Zusammenhang zwischen Einkommenshöhe und Geschlecht und Alter. Vgl. hierzu grundlegend die Mehrfaktorentheorie bei Grüske (1985), S. 46ff.

198 Siehe hierzu Schmähl (1985a), S. 91f.

einen durchschnittlichen Erwartungsschaden für alle Versicherteneinheiten, dann vollzieht sich die einkommensspezifische Umverteilung in bezug auf das gesamte Arbeitseinkommen einerseits zu Lasten derjenigen Versicherten mit einem überdurchschnittlichen Einkommen bis zur Beitragsbemessungsgrenze. Andererseits sind Personen mit einem Einkommen knapp über der Bemessungsgrenze negativ betroffen, bei denen der bemessungssepezifische Entlastungseffekt noch nicht den einkommensspezifischen Belastungseffekt dominiert.

➔ **Zwischenfazit**: Es kommt in der *GKV* und der *SPV* zu **einkommens-** und **risikospezifischen** interpersonellen Redistributionen im Querschnitt. Als wesentliche Risikomerkmale können allgemeiner Gesundheitszustand, Geschlecht, Einkommen, Berufszugehörigkeit, Alter und Familienverhältnisse unterschieden werden. In praxi sind einkommens- und risikospezifische Umverteilungselemente allerdings gekoppelt und verstärken damit die Redistributionseffekte.[199] Insgesamt kann die personenbezogene Umverteilung Red^i_{SV} in beiden Systemen im Vergleich zu einem fiktiven risikoäquivalenten Referenzsystem dargestellt werden als Differenz zwischen Sozialversicherungsbeitrag B^i und fiktiver risikoäquivalenter Prämie P^i.[200] Es gilt:

(V-18) $\text{Red}^i_{SV} = B^i - P^i.$

Hierbei setzt sich die risikoäquivalente Prämie für das Individuum i zusammen aus der risikoäquivalenten Prämie für beitragsunabhängige Leistungen P^i_{bu}, der risikoäquivalenten Prämie für beitragsabhängige Leistungen P^i_{ba} und der risikoäquivalenten Prämie P^{FA} für die Anzahl n mitversicherter Familienangehöriger FA.

Somit gilt:

(V-19) $$P^i = P^i_{bu} + P^i_{ba} + \sum_{FA=1}^{n} P^{FA} = E(C_i) + a \cdot Y^i \cdot E(C_i) + \sum_{FA=1}^{n} E(C_{FA}).$$

Daraus ergibt sich:

(V-20) $$\text{Red}^i_{SV} = \left[b_{SV} \cdot Y^i\right] - \left[E(C_i) + a \cdot Y^i \cdot E(C_i) + \sum_{FA=1}^{n} E(C_{FA})\right].$$

Hierbei gibt Y^i das Bruttoarbeitseinkommen bis zur Bemessungsgrenze, b_{SV} den tatsächlichen Beitragssatz und a eine Konstante an, für die gilt: $a \leq 0$.

Damit vollzieht sich die personenbezogene Redistribution entsprechend Gleichung V-20 als Differenz zwischen einkommensabhängigem Sozialversicherungsbeitrag und fiktiver risikoäquivalenter Prämie. Letztere ist vom individuellen Erwartungsschaden - mit [ohne] Verbindung zum persönlichen Einkommen in bezug auf das Risiko hinsichtlich beitragsabhängiger [beitragsunabhängiger] Leistungen - und der Summe der Erwartungsschäden der leistungsberechtigten Familienangehörigen abhängig.

---

199 So haben beispielsweise Frauen ein höheres Krankheitsrisiko als Männer und verfügen in der Regel gleichzeitig über ein geringeres Einkommen als Männer. Damit enthält der Geschlechterausgleich stets Elemente eines Risiko- als auch eines Einkommensausgleichs. Vgl. Wenzel (1999), S. 34.

200 Auf eine analoge Ableitung für die anderen Sozialversicherungszweige wird verzichtet.

2. *Intertemporale Umverteilungseffekte in der Lebenszyklusbetrachtung*

Im Gegensatz zu einem intragenerational fairen System[201] kommen in der *GKV* und der *SPV* zahlreiche intertemporale interpersonelle Umverteilungseffekte zum Tragen.

Inwiefern sich die interpersonellen Umverteilungseffekte der Ein-Periodenbetrachtung im Längsschnitt als rein intertemporaler Ausgleich entpuppen, hängt bei merkmalsspezifischer Betrachtungsweise davon ab, ob sich die Risikomerkmale im Lebenslauf verändern. Für den Standardversicherten gleichen sich alters-, familien- und teilweise auch einkommensspezifische interpersonelle Umverteilungseffekte im Längsschnitt aus. Weicht die Realität allerdings von diesem »idealtypischen« Zustand ab, bleibt auch in langfristiger Perspektive ein interpersoneller Ausgleich zwischen Angehörigen oberer und unterer Einkommensgruppen sowie zwischen Personen mit unterschiedlichen Familienverhältnissen bestehen.[202] Dagegen handelt es sich beim Geschlecht und der körperlichen Grundkonstitution um angeborene Merkmale, deren Ausprägung sich im Lebenslauf nicht verändert.[203] Variiert die Berufszugehörigkeit nicht während des Erwerbslebens, ist auch kein Ausgleich der berufsspezifischen Transfersalden zu erwarten. Während jedoch in der Vergangenheit das Berufsleben als relativ konstant betrachtet werden konnte, weist der gegenwärtige Trend auf unklarere Berufsverläufe in der Zukunft hin, so daß ein Ausgleich der berufsspezifischen Transfersalden wahrscheinlicher wird.

➔ **Zwischenfazit:** Für den Standardversicherten gleichen sich im Längsschnitt alters-, familien- und partiell auch einkommensspezifische Redistributionseffekte aus. Hingegen bleiben Umverteilungen von Männern zu Frauen und von Gesunden zu Morbiden ebenso bestehen wie Redistributionen zu Gunsten von Versicherten mit einem gesundheitsgefährdenden Beruf oder anderen gesundheitsrelevanten Merkmalen, die vorrangig aus dem Gesundheitsverhalten der Versicherten resultieren.

3. *Intergenerative Umverteilungseffekte im Drei-Generationen-Vertrag*

Die umlagefinanzierten Systeme der *GKV* und *SPV* basieren - ähnlich wie die *GRV* - auf einem Solidarausgleich zwischen den Generationen. Dieser Generationen-Vertrag ist allerdings im Rahmen der *GKV* und abgeschwächt auch innerhalb der *SPV*[204] als **Drei-Generationen-Vertrag** verankert.[205] Die Erwerbstätigen einer Periode finanzieren sowohl die Leistungen der beitragsfrei mitversicherten Kinder als auch zu einem überwiegenden Teil die Leistungen der Rentner derselben Periode mit. Diesen Zusammenhang verdeutlicht Abbildung V-10.

---

201 Vgl. Abschnitt D.V.1.

202 In Bezug auf den Altersausgleich spielt auch die unterschiedliche Lebenserwartung der Versicherten eine zentrale Rolle, die wiederum von den Einkommensverhältnissen, dem Geschlecht und dem allgemeinen Gesundheitszustand abhängig ist.

203 Für die GKV siehe Quandt (1992), S. 156f. und Meierjürgen (1989), S. 49 und Bohnet (1999), S. 331.

204 Da für mitversicherte Kinder im Vergleich zum Krankheitsrisiko das Risiko der Pflegebedürftigkeit eine untergeordnete Rolle spielt, kommt der Drei-Generationen-Vertrag in der SPV nur in abgeschwächter Form zum Tragen und nähert sich eher einem Zwei-Generationen-Vertrag an.

205 Für den Bereich der GKV siehe Schulenburg (1988), S. 455.

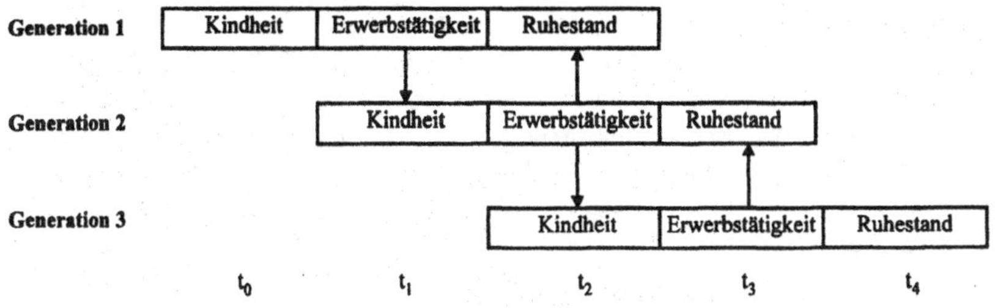

Abbildung V-10: Drei-Generationen-Vertrag

Quelle: Eigene Darstellung

Bei sich ändernden Rahmenbedingungen kommt es zu einer Ungleichbehandlung der Generationen im Sinne einer intergenerativen Umverteilung zwischen nettobegünstigten und nettobelasteten Kohorten.

Analog zur Vorgehensweise in Abschnitt E.I.2 berechnet sich der **Lebensnettotransfer** einer Generation *g*, die in *t* geboren ist, für die *GKV* sowie die *SPV* nach:

$$\text{(V-21)} \quad LNT_{GKV,SPV}(t,g) = \sum_{\tau=0}^{T}(1+z)^{-\tau}\left[B_{GKV,SPV}(t,\tau) - L_{GKV,SPV}(t,\tau)\right]\cdot x(t,0).$$

Eine gesamte Generation zählt dann zu den Nettobegünstigten [Nettobelasteten], wenn sich für sie eine negative [positive] Differenz zwischen dem Barwert der über das gesamte Leben zu erwartenden Beitragszahlungen und der erwarteten Kranken- beziehungsweise Pflegeversicherungsleistungen ergibt.

Abgesehen von Beitrags- oder Leistungsrechtsänderungen wird die intergenerative Umverteilung in der *GKV* und der *SPV* insbesondere von folgenden **Faktoren** determiniert:

➢ **demographische Entwicklung**

Änderungen der Fertilitäts-, Mortalitäts-, Morbiditäts- und Migrationsraten[206] beeinflussen die relative Generationenstärke und erzeugen demographische alters- und geschlechtsmäßige Verschiebungen und wirken sich hierdurch auf die intergenerative Umverteilung im Rahmen von *GKV* und *SPV* aus. Die gegenwärtige Entwicklung ist durch eine steigende Lebenserwartung und eine rückläufige Nettoreproduktionsrate geprägt.[207] Ceteris paribus ist in einer Phase absolut ab- [zu-]nehmender Geburtenzahlen bei sonst gleichbleibenden Bedingungen ein[e] Beitragssatzanstieg [-reduktion] und damit eine temporäre Schlechter- [Besser-]stellung aller Geburtsjahrgänge zu erwarten, die vom Anfang dieser Phase bis zum Wiedererreichen eines stabilen Bevölkerungs-

---

[206] Zu den Teilaspekten der demographischen Veränderungen siehe Schulenburg (1989a), S. 75ff. Vgl. auch Wenzel (1999), S. 20. Speziell zu den Auswirkungen der demographischen Entwicklung auf die Ausgaben für Gesundheit siehe grundlegend Meier (1997). Für einen Überblick über die demographische Entwicklung in der BRD siehe ders. (1997), S. 8ff.

[207] Zur prognostizierten Bevölkerungsentwicklung siehe Statistisches Bundesamt (1996) sowie Sommer (1994).

zustandes Beitragszahler waren.[208] Allerdings ist in der *SPV* und insbesondere in der *GKV* ein - im Vergleich zur *GRV* - geringeres Ausmaß an intergenerativer Umverteilung zu vermuten, da hier auch Erwerbstätige Leistungen beziehen und die Rentner - wenn auch unterproportional - zu ihrer eigenen periodischen Leistungsfinanzierung beitragen. Ferner werden durch den Drei-Generationen-Vertrag vor allem in der *GKV* die »negativen« Auswirkungen der demographischen Entwicklung teilweise durch den gegenläufigen Effekt sinkender Ausgaben für mitversicherte Kinder kompensiert.

➢ **medizinischer Fortschritt und Angebotskapazität**
Infolge wachsender Angebotskapazitäten und eines beständigen medizinisch-technischen Fortschritts[209] wird das Versorgungsangebot - selbst bei konstantem Leistungskatalog - sowohl quantitativ als auch qualitativ ausgedehnt, was unweigerlich den Kostendruck erhöht. Berücksichtigt man neben der demographischen Verschiebung zusätzlich die Kostenentwicklung im Gesundheits- und Pflegebereich, so vergrößert sich der intergenerative Umverteilungseffekt vor allem wegen des Zusammenspiels zwischen verändertem Altersaufbau der Bevölkerung sowie altersbedingt steigenden Krankheits-[210] und Pflegekosten und allgemein steigender Kosten.

➢ **ökonomische Entwicklung**
Geringe [hohe] Wachstumsraten des Sozialprodukts in Verbindung mit niedrigen [hohen] Lohnzuwachsraten und/oder hoher [niedriger] Arbeitslosigkeit wirken sich auf die Bemessungsgrundlage aus und beeinflussen dadurch die Lebensbeitragszahlungen einer Generation,[211] indem alternative Geburtsjahrgänge in Abhängigkeit von ihrem ökonomischen Umfeld unterschiedliche Vorleistungen erbringen müssen. Im Zusammenspiel mit der demographischen und medizinisch-technologischen Entwicklung kommt insbesondere der Entwicklung der Arbeitslosigkeit eine entscheidende Bedeutung hinsichtlich des Umfangs der intergenerativen Umverteilung zu.

Ferner ist die Einführung der *SPV* - wie jede Neueinführung[212] eines umlagefinanzierten »Generationensystems« - mit einem **intergenerativen Einführungseffekt** verbunden. Die zum Zeitpunkt der Einführung bereits pflegebedürftige Generation ist sofort leistungsberechtigt, ohne jemals vorher eigene Beiträge entrichtet zu haben. Aufgrund dieses »windfall profits« wird die Einführungsgeneration – in der Regel ältere Geburtsjahrgänge - im Verhältnis zu allen anderen Generationen bessergestellt. Da diese Generation allerdings ab dem Einführungszeitpunkt ebenfalls unterproportionale Beiträge zu entrichten hat und zudem nicht ausschließlich ältere Personen leistungsberechtigt sind, fällt der generationenbezogene Einführungseffekt der *SPV* schwächer aus als bei Errichtung eines umlagefinanzierten Alterssicherungssystems.

---

208 Vgl. für den Bereich der GKV Schulenburg, Kleindorfer (1985), S. 14. Vgl. ferner Kleindorfer, Schulenburg (1986), S. 108ff sowie Schulenburg (1990), S. 283ff.

209 Zu den Auswirkungen des medizinisch-technischen Fortschrittes auf die GKV siehe auch Oberdieck (1998), S. 67ff.

210 Vgl. hierzu die Ergebnisse bei Fickel (1995), S. 48ff. und die dort angegebene Literatur.

211 Vgl. auch Meierjürgen (1989), S.62. Ebenso Wenzel (1999), S. 21.

212 Zum »intergenerativen Einführungseffekt« bei der GRV siehe Löschel (1998), S. 15.

➔ **Zwischenfazit:** Die umlagefinanzierten Systeme der *GKV* und *SPV* basieren auf einem Drei-Generationen-Vertrag, innerhalb dessen zahlreiche intergenerative Umverteilungen zum Tragen kommen. Diese werden insbesondere durch demographische Veränderungen, medizinisch-technischen Fortschritt und Änderungen im ökonomischen Umfeld verursacht. Die Entwicklung dieser Rahmenbedingungen weist auf eine zunehmende **intergenerative Belastung zukünftiger Generationen** hin. Zusätzlich ist die Errichtung der *SPV* als fünfte Säule des Sozialversicherungssystems mit einem intergenerativen **Einführungseffekt** verbunden.

4. Familienversicherung im Rahmen von GKV und SPV als versicherungsinkonforme Regelung?

Da in der *SPV* nach § 25 SGB XI unter den gleichen Voraussetzungen ein Anspruch auf beitragsfreie Familienversicherung besteht wie in der *GKV*, können beide Versicherungszweige auch hinsichtlich der Frage der Versicherungskonformität der Regelungen zur beitragsfreien Mitversicherung von Familienangehörigen zusammenfassend analysiert werden.[213]

Abbildung V-11 gibt einen Überblick über die Bedeutung der Familienmitversicherung in der *GKV*.[214]

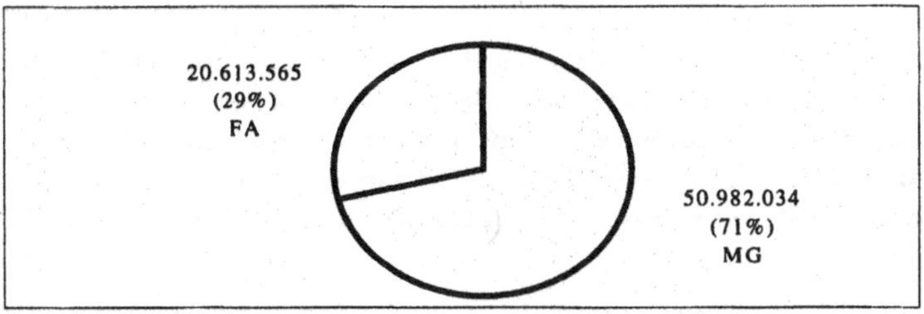

Abbildung V-11: Mitglieder der GKV und deren mitversicherte Familienangehörige (Deutschland 1997)

Legende:
MG: Mitglieder in der GKV
FA: mitversicherte Familienangehörige

Quelle: Eigene Darstellung, basierend auf den Daten aus BMA (1998c), S. 240 und den dort angegebenen Quellen sowie eigenen Berechnungen.

Anspruch auf beitragsfreie Mitversicherung haben einerseits die unterhaltsberechtigten Ehepartner und andererseits die Kinder von Mitgliedern, so daß die Familienversicherung in eine »**Kinder-**« und eine »**Verheiratetenkomponente**« zerlegt werden kann.

213 Zur Familienversicherung in GKV und SPV siehe auch BMA (1998c), S. 161f. und S. 472.

214 Da die Versicherungspflicht der SPV an dem Grundsatz »Pflegeversicherung folgt Krankenversicherung« ausgerichtet ist, sind die Versichertenstrukturen beider Sozialversicherungszweige nahezu deckungsgleich.

➢ **Prinzip der Beitragsäquivalenz**
Die Familienversicherung zeichnet sich dadurch aus, daß familienmitversicherten Personen Leistungen ohne eigene Beitragszahlung gewährt werden.[215] Es besteht **keinerlei Beziehung** zwischen Leistung und Gegenleistung. Beitragsäquivalenz liegt auch dann nicht vor, wenn man als Bezugseinheit die Familie zugrundelegt, da die Mitgliederbeiträge nicht nach Anzahl der mitversicherten Familienangehörigen gestaffelt sind. Unter diesem Betrachtungswinkel vollzieht sich eine Umverteilung zu Gunsten von Mitgliedern mit Familie.[216]

➢ **Klassischer Funktionsbereich**
Interpretiert man die Familienversicherung aus »historischer« Sicht, so kann die beitragsfreie Mitversicherung von Familienangehörigen als Solidarausgleich innerhalb einer homogenen Versichertengruppe gesehen werden.[217] Die *GKV* umfaßte in ihren Anfängen ein sozial und ökonomisch relativ einheitliches Versichertenklientel, in dem Kinderlosigkeit eher den Charakter eines biologischen Defektes als einer individuellen Lebenseinstellung hatte und dementsprechend kaum ins Gewicht fiel. In dieser Zeit fand lediglich in formaler Hinsicht eine interpersonelle Umverteilung zwischen den Mitgliedern statt, die sich langfristig als intertemporaler intrapersoneller Ausgleich entpuppte.

Da sich allerdings die individuellen Lebensläufe im Zeitablauf stark gewandelt haben und sowohl Kinderlosigkeit als auch Ledigsein stark verbreitete Lebensmuster darstellen, ist es nicht zweckmäßig sich an einem längst überholten Zustand zu orientieren. Die »historische« Betrachtung führt an dieser Stelle in eine Sackgasse. Wird trotz oder gerade wegen der Heterogenisierung der Lebensläufe ein allgemeiner staatlicher Ausgleich zwischen Ledigen sowie Kinderlosen und Verheirateten sowie Personen mit Kindern als notwendig erachtet,[218] so würde dies geradewegs einer sozialversicherungsinternen Abwicklung des Familienlasten- und –leistungsausgleichs widersprechen.[219]

➢ **Allokative Notwendigkeit**
Bei genauer Betrachtung stellt sich allerdings die Familienversicherung nicht als Komponente des allgemeinen Familienlasten- und -leistungsausgleichs dar.

Die umlagefinanzierten Systeme der *GKV* und *SPV* basieren auf einem Drei-Generationenvertrag.[220] Die Erwerbstätigen der Generation G_2 finanzieren in t_2 neben ihren eigenen sowohl die Leistungen der beitragsfrei mitversicherten Kinder der Generation G_3 als auch zu einem überwiegenden Teil die Leistungen der Rentner aus Generation G_1. Die Funktionsfähigkeit des Generationenvertrages ist in hohem Maße von der demographischen Ent-

---

215 In der GKV besteht allerdings für Nicht-Mitglieder kein Anspruch auf Lohnersatzleistungen wie dem Krankengeld.

216 Siehe Abschnitt E.II.1. Vgl. auch die kritischen Anmerkungen bei Mayer (1995), S. 7.

217 Vgl. Beske, Thiede, Hallauer (1996), S. 59.

218 So stellt Art. 6 GG Ehe und Familie unter den besonderen Schutz der staatlichen Ordnung.

219 So auch Beske, Thiede, Hallauer (1996), S. 62ff. Sie kommen dementsprechend zu dem Ergebnis, daß der Familienleistungsausgleich eine Fremdleistung darstellt. Dies. (1996), S. 64.

220 Vgl. Abschnitt E.II.3 dieses Kapitels. Siehe insbesondere Abbildung V-8.

wicklung abhängig. Nur wenn in t_3 ausreichend Beitragszahler der Generation G_3 existieren, können bei konstantem Leistungsniveau die Ausgaben für die ältere Generation G_2 finanziert werden. Somit liegt auch den Systemen der *GKV* und der *SPV* eine doppelte Beitragsverpflichtung zugrunde. Die Generation G_2 unterliegt zusätzlich zur monetären Beitragspflicht einer »Nettoreproduktionsverpflichtung«.

Somit stellt zumindst die **beitragsfreie Mitversicherung von Kindern** eine **allokationstheoretisch begründete Gegenleistung** für die Erfüllung der realen Beitragsverpflichtung dar. Da die Beitragszahler der Generation G_3 auch die Leistungen der Kinderlosen aus Generation G_2 mitfinanzieren, handelt es sich bei der beitragsfreien Mitversicherung von Kindern in intragenerativer Perspektive für die Versicherten mit Kindern um einen Ausgleich für den positiven externen Effekt der Kindererziehung. Erst durch die Verankerung des Kinderleistungsausgleichs wird eine stärkere Äquivalenz zwischen Leistung und Gegenleistung gewährleistet, so daß es sich keineswegs um eine versicherungsfremde Ausgleichskomponente handelt.

Dagegen verbietet sich eine gleichgerichtete allokationstheoretisch fundierte Interpretation des Verheiratetenausgleichs, da die Mitversicherung der Ehegatten unabhängig von der Realbeitragsverpflichtung der Mitglieder ist. Stattdessen werden grundsätzlich alle Ehepartner beitragsfrei mitversichert, die die Voraussetzungen nach § 10 SGB V und § 25 SGB XI erfüllen.

➢ **»Verheiratetenkomponente« als sozialversicherungsinterner Ausgleich**

Aus Sicht des einzelnen Versicherten läßt sich allerdings zeigen, daß der Status »Ehegatte« nicht ursächlich für die Beitragsfreiheit ist und damit die beitragsfreie Mitversicherung von Ehegatten als solche überhaupt nicht existiert.

Als Ehepartner sind nur solche Personen beitragsfrei mitversichert, die nicht der Pflichtversicherung unterliegen und nicht freiwillig versichert sind oder versicherungsfrei beziehungsweise von der Versicherungspflicht befreit sind. Eine beitragsfreie Mitversicherung ist insbesondere nicht für Personen möglich, die hauptberuflich selbständig erwerbstätig sind und / oder ein Gesamteinkommen haben, das die Geringfügigkeitsgrenze übersteigt. Damit können alle Ehegatten von Mitgliedern, für die selbst die Versicherungspflicht greift, nicht von der beitragsfreien Mitversicherung Gebrauch machen, sondern sind als Mitglieder zur Beitragszahlung verpflichtet.

Aus der Betrachtung der versicherungsrechtlichen Stellung von Transferempfängern ergibt sich, daß die beitragsfrei mitversicherten Personen, die weder ein Arbeitseinkommen oberhalb der Geringfügigkeitsgrenze noch eine Rente beziehen, auch als Einzelperson in der Regel keinen eigenen Versicherungsbeitrag zu entrichten hätten.[221] Für den Pflichtversichertenkreis erweist sich somit die Beitragsfreiheit als größtenteils vom Ehegattenstatus unabhängig. Die Gruppe der Pflichtversicherten ohne eigene Beitragszahlung und der Kreis der beitragsfrei

---

221 Siehe Breyer (1997), S. 216. So zahlt beispielsweise die BA für alle Arbeitslosen die Beiträge und Personen mit Anspruch auf Mutterschafts-, Erziehungs- und Krankengeld sind beitragsfrei versichert.

mitversicherten Ehegatten sind nahezu merkmalsidentisch.[222] Die beitragsfreie Mitversicherung von Ehegatten ist größtenteils nichts anderes als die verteilungspolitisch motivierte Befreiung von »eigenen Beitragszahlungen« und damit **elementarer Bestandteil** des versicherungsinternen sozialen Ausgleichs.

Dementsprechend kann die beitragsfreie Mitversicherung von Ehegatten nicht losgelöst vom Gesamtzusammenhang als versicherungsfremdes Element beanstandet werden, sondern ist im Gegenteil Abbild des sozialversicherungsimmanenten Ausgleichsgedankens.[223]

➢ **Redistributive Implikationen der Familienversicherung**

Die Verheiratetenkomponente erweist sich entsprechend obiger Interpretation aus Sicht des einzelnen Versicherten in erster Linie als Umverteilung zwischen unterschiedlichen Einkommensgruppen, die der sozialen Ausgleichsfunktion von *GKV* und *SPV* entspricht.

Allerdings führt die Familienversicherung auch zu **fragwürdigen Redistributionseffekten**, die unter Verteilungsgesichtspunkten zu beanstanden sind.[224]

Kritisch ist zu beurteilen, daß die Familienversicherung aufgrund der existierenden Beitragsbemessungsgrenze gerade für Personen mit einem Einkommen oberhalb der Bemessungsgrenze einen Anreiz darstellt, sich freiwillig gesetzlich zu versichern, sofern für ihre Familienangehörigen die Tatbestände der beitragsfreien Mitversicherung erfüllt sind.[225] Aus Sicht der Mitglieder findet eine Umverteilung zu Gunsten höherer Einkommensgruppen statt.

Während durch den Verheiratetenausgleich in erster Linie die interpersonellen Leistungs- und Gegenleistungsbeziehungen betroffen sind, steht der Kinderleistungsausgleich auch in unmittelbarem Zusammenhang zum Ausgleich zwischen den Generationen. Kommt die Generation G_2 als Ganzes ihrer Realverpflichtung nur ungenügend nach, so muß dieselbe Generation hierfür »belangt« werden.

Im Rahmen der beitragsfreien Mitversicherung von Kindern vollzieht sich allerdings weiterhin eine Überwälzung der Belastung auf die geburtenschwache Generation G_3, die in t_3 neben ihren eigenen Leistungen auch zu einem überwiegenden Teil die Leistungen der Generation G_2 finanzieren muß. Der Lebensnettotransfersaldo der gesamten Generation G_3 wird bei konstantem Leistungsniveau positiv, so daß diese Generation nettobelastet ist. Dagegen erfährt die Verursachergeneration G_2 sogar eine Entlastung für ihr systemwidriges Verhalten, indem sie weniger Beitragszahlungen für die Mitversicherung von Kindern der Generation G_3 auf-

---

[222] Da für freiwillig Versicherte in der GKV grundsätzlich keine Beitragsfreiheit existiert, ist für diese Gruppe der Tatbestand »Ehe mit einem Mitglied« für die Beitragspflicht nicht unerheblich. Siehe Breyer (1997), S. 217.

[223] Anders dagegen Beske, Thiede, Hallauer (1996), S. 64.

[224] Zu den Verteilungswirkungen der beitragsfreien Mitversicherung von Familienangehörigen siehe insbesondere Schadendorf (1998), S. 728ff.

[225] Dieser Vermutung entspricht auch die Tatsache, daß auf die Pflichtmitglieder der GKV (ohne Rentner) deutlich weniger mitversicherte Familienangehörige entfallen als auf die Gruppe der freiwillig Versicherten. Siehe Beske, Thiede, Hallauer (1996), S. 61.

bringen muß. Der Kinderleistungsausgleich ist somit kein geeignetes Instrumentarium, um zu einem Mehr an intergenerativer Gerechtigkeit zu gelangen.

➔ **Schlußfolgerung:** Die **beitragsfreie Mitversicherung von Kindern** erweist sich als **allokative Notwendigkeit** zur Internalisierung der positiven Externalitäten von Kindererziehung, die in intragenerativer Perspektive zu einer Verminderung des intertemporalen interpersonellen Umverteilungseffektes zwischen Kinderlosen und Versicherten mit Kindern führt. Die derzeitige »Kinderkomponente« zeigt sich aber als ungeeignetes Mittel im Hinblick auf intergenerative Gerechtigkeitsvorstellungen. Bezüglich der **Verheiratetenkomponente** zeigt sich, daß die beitragsfreie Mitversicherung von Ehegatten per se nicht existiert, sondern **Ausprägung des sozialen Ausgleichsgedankens** ist. Die Umverteilung von höheren zu niedrigeren Einkommensgruppen wird allerdings durch die Möglichkeit der freiwilligen Versicherung von Personen mit einem Einkommen oberhalb der Bemessungsgrenze konterkariert.

IV. Interpersonelle und intertemporale Umverteilung durch die gesetzliche Arbeitslosenversicherung

1. Einkommens- und risikospezifische Umverteilungseffekte in der Ein-Perioden-Betrachtung

Die *ALV* als integraler Bestandteil der Arbeitsförderung verfolgt neben den unmittelbaren Interessen der versicherten Arbeitnehmer auch allgemeine wirtschafts- und sozialpolitische Ziele.[226] Entsprechend vielseitig fällt der Leistungskatalog nach § 3 SGB III aus. Zu den Leistungen der BA gehören nicht nur versicherungstypische Maßnahmen der Risikosicherung, wie beispielsweise das Arbeitslosengeld, sondern auch die bedürftigkeitsabhänge Arbeitslosenhilfe sowie allgemeine Dienstleistungen, die jedem Bürger zur Verfügung stehen.[227] Indes erfolgt die Leistungsfinanzierung weitestgehend über Sozialversicherungsbeiträge, die im Jahr 1997 einen Anteil von 83,5% an den Gesamteinnahmen der BA erreichten.[228] Dagegen erreicht der Bundeszuschuß nur einen Anteil von 9,3%,[229] so daß in Abschnitt E.III.3 gesondert der Frage nachgegangen wird, ob insbesondere die Leistungen der aktiven Arbeitsmarktpolitik nicht ungerechtfertigt über Beitragszahlungen abgewickelt werden.

Die Umverteilung von Mitgliedern der Versicherungsgemeinschaft zu Nichtmitgliedern, die sich aus der Übernahme »allgemeiner öffentlicher Aufgaben« bei überwiegender Beitragsfinanzierung ergibt, wird an dieser Stelle nicht berücksichtigt.[230] Auf der anderen Seite werden im folgenden auch explizit nicht beitragsfinanzierte Leistungen aus der Betrachtung ausge-

---

[226] Ihr wird deshalb oftmals der Charakter einer allgemeinen staatlichen Daseinsvorsorge für die Berufswelt zugewiesen. So Schulin (1993), S. 270.

[227] Zu den allgemeinen Diensten zählen beispielsweise die Beratungs- und Vermittlungsleistungen nach §§ 29ff. SGB III.

[228] Siehe BA (1998), S. 74.

[229] Siehe BA (1998), S. 74.

[230] Vgl. hierzu die Ausführungen in Abschnitt E.III.3.

schlossen,[231] so daß sich die Ausführungen entsprechend der Abgrenzung in Abschnitt B ausschließlich auf die Redistributionen innerhalb der Versichertengemeinschaft beziehen.

Unter Rückgriff auf Abbildung V-5 vollziehen sich in der *ALV* sowohl **einkommensspezifische** als auch **risikospezifische** Redistributionen.

- **Risikospezifische Umverteilung**

Durch die BA werden den versicherten Arbeitnehmern sowohl einkommens- und damit beitragsabhängige Leistungen, wie beispielsweise das Arbeitslosengeld, als auch bedarfsorientierte einkommensunabhängige Leistungen gewährt. Bei einem heterogenen Versichertenkreis resultiert für beide Leistungskategorien eine risikospezifische Umverteilung, da die individuelle Risikostruktur, die den persönlichen Erwartungsschaden beeinflußt, bei der Beitragsgestaltung keine Berücksichtigung findet.

Die zentrale Größe für die zeitpunktbezogene risikospezifische Umverteilung ist das »individuelle Arbeitslosigkeitsrisiko«, das mit zahlreichen persönlichen Risikomerkmalen korreliert. Die Bestimmung der individuellen Risikofaktoren wird jedoch durch die Tatsache erschwert, daß es das Arbeitslosigkeitsrisiko als solches nicht gibt, sondern verschiedene Formen von Arbeitslosigkeit existieren.[232] Da verschiedene Personen in unterschiedlichem Ausmaß von den alternativen Arbeitsplatzrisiken betroffen sein können, müßte für jede Art von Arbeitslosigkeit ein eigenständiger Kriterienkatalog entwickelt werden.[233] Auf alle Formen von Arbeitslosigkeit gleichsam risikoerhöhend und –verlängernd wirken sich dagegen folgende Risikofaktoren[234] aus, die ursächlich für eine Redistribution zwischen Angehörigen derselben Generation sind:

↬ **Qualifikationsgrad**: Das schul- und ausbildungsabhängige Qualifikationsniveau ist ein zentraler Faktor für das individuelle Arbeitslosigkeitsrisiko, da insbesondere unqualifizierte Arbeitskräfte von einem Arbeitsplatzverlust bedroht sind.[235] Somit findet eine Umverteilung von den höher qualifizierten zu den geringer qualifizierten Versicherten statt.

↬ **Berufs- und Branchenzugehörigkeit**: In engem Zusammenhang mit dem Qualifikationsniveau und der Qualifikationsstruktur steht die individuelle Berufs- und damit auch Branchenzugehörigkeit. Darüber hinaus hat die Branchenzugehörigkeit einen besonders starken Einfluß auf das

---

231 Zu den nicht-beitragsfinanzierten Leistungen siehe BMA (1998c), S. 100f. Hierzu zählen durch Umlagen finanzierte Leistungen wie das Wintergeld ebenso wie die steuerfinanzierte Arbeitslosenhilfe.

232 Grundsätzlich können friktionelle, strukturelle, saisonale und konjunkturelle Arbeitslosigkeit voneinander abgegrenzt werden. Vgl. exemplarisch Rams, Ehrentreich (1996), S. 15f. Grundsätzlich zu den Ursachen der Arbeitslosigkeit in Europa siehe auch Fehn (1997), S. 23ff. Generelle Kritik an der Abdeckung saisonaler Arbeitslosigkeit im Rahmen der ALV übt Molitor (1987), S. 106.

233 Dieser müßte, um der Arbeitsmarktdynamik gerecht zu werden, zudem fortlaufend den neuesten Arbeitsmarktentwicklungen angepaßt werden.

234 Allgemein zum individuellen Arbeitslosigkeitsrisiko siehe auch Quandt (1992), S. 159. Mavromaras, Rudolph (1998), S. 99f. unterstellen darüber hinaus einen Zusammenhang zwischen Betriebsgröße und Arbeitsplatzrisiko. In der Regel wird man eine hohe Korrelation der einzelnen Variablen untereinander feststellen, so daß der »Idealtypus« eines Nettozahlers beziehungsweise -em-pfängers zumindest theoretisch konstruiert werden kann.

235 Vgl. Fehn (1997), S. 26. Siehe auch die Ausführungen in Kapitel IV.

strukturelle und saisonale Arbeitslosigkeitsrisiko, indem eine Umverteilung zu Gunsten von Versicherten stattfindet, die in saisonabhängigen Gewerbezweigen und in von Strukturkrisen betroffenen Branchen beschäftigt sind.[236]

- **Geschlecht**: In der Regel sind Frauen relativ stärker von Arbeitslosigkeit betroffen als Männer und werden auch bei Neueinstellungen gegenüber Männern benachteiligt,[237] so daß eine Umverteilung von männlichen zu weiblichen Versicherten stattfindet.
- **Gesundheitszustand**: Es resultiert eine Umverteilung von gesunden zu kranken Versicherten aufgrund einer negativen Korrelation zwischen Gesundheitszustand und Arbeitslosigkeitsrisiko.

Darüber hinaus werden im Falle einkommensabhängiger Geldleistungen familienspezifische Leistungsdifferenzierungen vorgenommen.[238] Ferner kommen Arbeitslose mit Kindern unter bestimmten Voraussetzungen in den Genuß zusätzlicher Leistungen,[239] die kinderlosen Arbeitslosen nicht zustehen. Der risikospezifische Leistungsbedarf wird somit zusätzlich von dem »Risikomerkmal« **Familie** determiniert. Da dieser zusätzlichen Risikokomponente bei der Beitragskalkulation nicht Rechnung getragen wird, resultiert eine Umverteilung zu Gunsten von Versicherten mit Familienangehörigen - insbesondere Kindern.[240]

Berücksichtigt man zusätzlich zeitpunktbezogene Umverteilungen zwischen Angehörigen unterschiedlicher Altersjahrgänge, stellt sich das **Alter** des Versicherten als weiterer Risikofaktor dar. Da das Arbeitslosigkeitsrisiko sehr stark mit dem Alter korreliert,[241] findet eine risikospezifische Umverteilung von jüngeren zu älteren Versicherten statt.

Einen entscheidenden Einfluß auf die Umverteilungsrichtung hat im Falle des individuellen Arbeitslosigkeitsrisikos auch das **persönliche Verhalten** der versicherten Arbeitnehmer im Sinne von freiwilliger Arbeitslosigkeit.[242] Unterstellt man, daß alternative sozio-ökonomische Gruppen ein unterschiedliches moral hazard-Verhalten in bezug auf Herbeiführung und Dauer von Arbeitslosigkeit entfalten, das positiv mit den persönlichen Risikofaktoren korreliert,[243] verstärken sich die interpersonellen Umverteilungseffekte zu Gunsten der Risikoträger.

---

236 Vgl. Mavromaras, Rudolph (1998), S. 100.

237 Das höhere Arbeitslosigkeitsrisiko von Frauen resultiert in erster Linie aus einem vergleichsweise geringeren Qualifikationsniveau, während die Arbeitslosigkeitsdauer zusätzlich dadurch erhöht wird, daß Frauen aufgrund spezifischer Kündigungsschutzregelungen im Falle einer Mutterschaft kaum entlassen werden können. Vgl. insbesondere § 9 MuSchG.

238 So beträgt beispielsweise das Arbeitslosengeld nach § 129 Nr. 1 SGB III bei Arbeitslosen mit mindestens einem Kind 67% des Leistungsentgelts - im Gegensatz zu dem Normalsatz von 60%.

239 So haben beispielsweise Teilnehmer an Trainings- oder Weiterbildungsmaßnahmen einen Anspruch auf Kostenübernahme für die Betreuung aufsichtsbedürftiger Kinder.

240 Vgl. auch Quandt (1992), S. 160.

241 Vgl. auch Mavromaras, Rudolph (1998), S. 99.

242 Vgl. auch Kapitel IV. Kritisch zur Existenz freiwilliger Arbeitslosigkeit siehe Fehn (1997), S. 27.

243 So darf insbesondere davon ausgegangen werden, daß die psychische Befriedigung durch Arbeit bei unqualifizierten Beschäftigten eine untergeordnete Rolle spielt und damit Arbeit grundsätzlich relativ weniger attraktiv ist.

- **Einkommensspezifische Umverteilung**

Indem viele Leistungen bei einkommensabhängiger Beitragsdifferenzierung ohne Bezugnahme zum individuellen Arbeitseinkommen beziehungsweise zur Höhe der entrichteten Beiträge gewährt werden, resultiert innerhalb der Versichertengemeinschaft eine einkommensspezifische Redistribution. Die Umverteilung vollzieht sich zu Gunsten von Beziehern eines unterdurchschnittlichen Einkommens.

➔ **Zwischenfazit:** Es kommt in der *ALV* zu **einkommens- und risikospezifischen interpersonellen Redistributionen** im Querschnitt. Als wesentliche Risikomerkmale können Qualifikationsniveau, Geschlecht, Berufs- und Branchenzugehörigkeit, Alter sowie Familienverhältnisse unterschieden werden. In praxi sind einkommens- und risikospezifische Umverteilungselemente allerdings gekoppelt, so daß sich die Redistributionseffekte aufgrund der übereinstimmenden Wirkungsrichtung verstärken.[244]

2. *Intertemporale Umverteilungseffekte in der Längsschnittbetrachtung*

Unterstellt man für alle Versicherten einen durchschnittlichen Lebenslauf, so gleichen sich zumindest alters- und familienbedingte Umverteilungseffekte im Zeitverlauf aus. Dagegen sind die Merkmale Qualifikationsniveau, Berufs- und Branchenzugehörigkeit sowie Geschlecht und zum Teil auch Morbidität[245] im Lebenslauf nicht oder nur eingeschränkt variabel. Bezüglich dieser Risikomerkmale ergibt sich somit auch im Lebensverlauf eine interpersonelle risikospezifische Umverteilung.[246] Ebensowenig kompensieren sich in der Regel die einkommensspezifischen Redistributionseffekte,[247] so daß im Längsschnitt gleichfalls eine Umverteilung von höheren zu niedrigeren Einkommensgruppen bestehen bleibt.

➔ **Zwischenfazit:** Für den Standardversicherten gleichen sich im Längsschnitt alters- und familienbedingte risikospezifische und zum Teil auch einkommensspezifische Redistributionseffekte aus. Dagegen bleiben Umverteilungen zu Lasten von höher qualifizierten, männlichen Versicherten ebenso bestehen wie Umverteilungen zu Lasten von Arbeitnehmern, die nicht in von saisonalen oder strukturellen Schwankungen betroffenen Betrieben arbeiten, sowie zu Lasten von gesunden Versicherten.

---

244 Unterstellt man, daß das Arbeitsplatzrisiko mit der Höhe des Einkommens negativ korreliert, so findet eine systematische Einkommensumschichtung zwischen den Höherverdienern zu den Niedrigverdienern in mehrfacher Hinsicht statt. Vgl. hierzu auch Schmid, Rosenbaum (1995), S. 221f., die insbesondere auf die einkommensnivellierende Wirkung aktiver arbeitsmarktpolitischer Maßnahmen, die auf Problemgruppen konzentriert sind, hinweisen.

245 Ein Ausgleich wäre allerdings im Falle altersbedingter Krankheiten denkbar.

246 Zu den merkmalsspezifischen Kompensationen im Längsschnitt siehe auch Quandt (1992), S. 161.

247 Das individuelle Arbeitseinkommen ist stark von dem persönlichen Qualifikationsniveau abhängig, das sich im Lebensverlauf – wie erörtert – nur bedingt verändert.

3. *Aktive Arbeitsförderungsmaßnahmen der Bundesanstalt für Arbeit als versicherungsinkonforme Leistungen?*

Während über die Versicherungskonformität von Lohnersatzleistungen Einigkeit besteht, fällt die Charakteristik der aktiven Arbeitsförderung weitaus schwieriger.[248] Dies liegt zum einen an der uneinheitlichen Abgrenzung der Maßnahmen und zum anderen an der Vielzahl zu beurteilender Leistungen. Im folgenden wird deshalb, anstelle einer Einzelfallprüfung, eine übergreifende Beurteilung des Bereiches der aktiven Arbeitsförderung vorgenommen.

- **Abgrenzung der aktiven Arbeitsförderung**

Die Abgrenzung der aktiven Arbeitsförderung erfolgt in Anlehnung an die gesetzliche Vorgabe. Entsprechend § 3 Abs. 4 SGB III zählen alle Leistungen der Arbeitsförderung mit Ausnahme von (Teil-)Arbeitslosengeld, Arbeitslosenhilfe und Insolvenzgeld zum Bereich der aktiven Arbeitsförderung.[249] Die Mittel für Winter- und Winterausfallgeld werden aus der weiteren Betrachtung ausgeblendet, da sie von den Arbeitgebern des Baugewerbes durch eine Umlage aufgebracht und damit zweckgebunden finanziert werden. Der zentrale Stellenwert der aktiven Arbeitsförderung offenbart sich schon darin, daß sich im Rahmen der Leistungsausgaben der BA im Jahr 1997 allein die Leistungen bei Arbeitslosigkeit und Zahlungsunfähigkeit des Arbeitgebers auf über 61 Mrd. DM beliefen.[250]

➢ **Sozialversicherungsinterner Ausgleich**

Die Erhebung der Sonderabgabe Sozialversicherungsbeitrag ist nur dann gerechtfertigt, wenn die Mittel gruppennützig verwendet werden, d.h. wenn der Kreis der Belasteten mit der Gruppe der potentiell Begünstigten übereinstimmt. Findet lediglich ein sozialversicherungsinterner Ausgleich statt, ist das gruppenspezifische Kostenäquivalenzprinzip erfüllt und die Versicherungskonformität der Leistung belegt. Entscheidende Kriterien zur Beurteilung der aktiven Arbeitsförderungsmaßnahmen sind somit der Belasteten- sowie der Adressatenkreis dieser Leistungen.

Daß die Maßnahmen der Arbeitsförderung nicht allein der originär versicherungstypischen Aufgabe »Absicherung gegen Risiken des Einkommensausfalls bei Arbeitslosigkeit« Rechnung tragen, ergibt sich aus § 1 SGB III. Danach sollen die Leistungen der Arbeitsförderung vor allem einen Ausgleich am Arbeitsmarkt unterstützen und so eingesetzt werden, daß sie der beschäftigungspolitischen Zielsetzung der Sozial-, Wirtschafts- und Finanzpolitik entsprechen. Insbesondere die aktive Arbeitsförderung ist somit im wesentlichen arbeitsmarktpolitisch orientiert und unterliegt bereichsübergreifenden Zielen der allgemeinen Struktur- und Verteilungspolitik. Sie hat Auswirkungen, die über die unmittelbar Betroffenen, aber auch über den Kreis der Beitragszahler hinausgehen, da generell die gesamte Bevölkerung ein Interesse an einem stabilen Arbeitsmarkt und einer prosperierenden Wirtschaft hat.

Neben dieser Inkongruenz zwischen Beitragszahlern und mittelbaren Nutznießern sind auch Leistungsempfänger - als unmittelbare Nutznießer - und Beitragszahler nicht identisch, wenn

---

248 Vgl. exemplarisch Mayer (1995), S. 9.

249 Zur Enumeration der Arbeitsförderungsleistungen siehe § 3 Abs. 1-3 SGB III.

250 Zu den Ausgaben der BA in Mio DM und in % für das Jahr 1997 siehe BA (1998), S. 111f.

es für die Leistungsgewährung unerheblich ist, ob der Empfänger zum Versichertenkreis gehört.[251] So kann beispielsweise jeder Bürger die Berufsberatung und Arbeitsvermittlung der Arbeitsämter in Anspruch nehmen. Ebenso kommen auch Nicht-Versicherte - beispielsweise ehemalige Selbständige und Beamte[252] - in den Genuß von Trainingsmaßnahmen und Leistungen zur beruflichen Bildung. Ebenso richtet sich das »Programm gegen Jugendarbeitslosigkeit« der Bundesregierung an alle Jugendlichen, die in der Regel noch keinerlei Beiträge zur Arbeitslosenversicherung entrichtet haben.

Es zeigt sich, daß bei zahlreichen Maßnahmen der aktiven Arbeitsförderung keine Identität zwischen dem Kreis der Beitragszahler und der Gruppe der potentiellen Leistungsempfänger besteht. Sie führen **keinen rein sozialversicherungsinternen Ausgleich** herbei, sondern kommen direkt oder indirekt auch Externen zugute. Es wird das Prinzip der gruppenspezifischen Kostenäquivalenz verletzt. Unter dem Aspekt des sozialversicherungsinternen Ausgleichs werden diejenigen Leistungen, die gleichberechtigt auch Nicht-Versicherten gewährt werden und/oder allgemeinen arbeitsmarktpolitischen Zielen dienen, als versicherungsinkonform bezeichnet.[253]

➢ **Systemerhalt**

Es bleibt allerdings zu berücksichtigen, daß gerade die vorgelagerten Leistungen der aktiven Arbeitsförderung in entscheidendem Maße **zum Systemerhalt** der Arbeitslosenversicherung **beitragen**, indem sie Perioden der Arbeitslosigkeit vermeiden oder verkürzen. Sie sind wesentlicher Bestandteil einer aktiven und vorausschauenden Arbeitsmarktpolitik. Insofern ist es gerechtfertigt, die BA mit der Durchführung der aktiven Arbeitsförderung zu betrauen. Eine ausschließliche Beitragsfinanzierung widerspricht jedoch dem Grundsatz der Lastengleichheit und ist auch nicht mit einer systemstabilisierenden Funktion zu rechtfertigen, da der Systemerhalt auch bei anderweitiger Finanzierung gewährleistet ist.

➔ **Schlußfolgerung:** Zahlreiche Maßnahmen der aktiven Arbeitsförderung gehen über einen rein sozialversicherungsinternen Ausgleich hinaus, da sie auch Nicht-Versicherten zugute kommen, wodurch das Prinzip der gruppenspezifischen Kostenäquivalenz verletzt wird. Derartige Maßnahmen erweisen sich als **nicht-versicherungskonform**. Da ihnen allerdings eine **systemstabilisierende Funktion** zukommt, ist die Durchführung der aktiven

---

[251] Hierzu merkt Bosch (1985), S. 172 an: „Es gehört geradezu zu den Intentionen einer vorausschauenden Arbeitsmarktpolitik, auf die mit einer engen Auslegung des Versicherungsprinzips verbundene Ausgrenzung eines bestimmten Teils von Arbeitskräften zu verzichten und auch Gruppen in die Leistungen einzubeziehen, die nicht beitragspflichtig sind."

[252] Die Arbeitsmarktpolitik der BA unterscheidet nicht zwischen einem Teilarbeitsmarkt für versicherte Arbeitnehmer und Angestellte und einem Teilarbeitsmarkt für nicht-versicherte Selbständige und Beamte. Je mehr die Mobilität zwischen den einzelnen Berufsständen zunimmt, desto weniger begrenzen sich die einzelnen Maßnahmen auf den Versichertenkreis. Vgl. auch Bosch (1985), S. 177.

[253] Anderer Ansicht dagegen Mayer (1995), S. 9f. Allerdings kann seine Rechtfertigung der aktiven Arbeitsförderung als versicherungskonform nicht überzeugen, da er sowohl unter Zuhilfenahme des Beitrags- als auch des gruppenspezifischen Kostenäquivalenzprinzips verkennt, daß die Leistungen zu einem großen Teil an Nicht-Versicherte gewährt werden.

Arbeitsförderung durch die BA grundsätzlich erstrebenswert. Allerdings ist die aktive Arbeitsförderung **nicht ausschließlich durch Beiträge zu finanzieren.**

V. Interpersonelle und intertemporale Umverteilung durch die gesetzliche Unfallversicherung

1. Interpersonelle Umverteilungseffekte in der Ein-Perioden-Betrachtung

Die Finanzierung der *GUV* erfolgt weitgehend über Arbeitgeberbeiträge.[254] Die Beiträge werden in den Unternehmen überwiegend nach den Entgelten der versicherten Arbeitnehmer sowie der Gefahrenklasse des Unternehmens - entsprechend der Häufigkeit und dem Umfang der in der Vergangenheit in dem jeweiligen Gewerbezweig eingetretenen Arbeitsunfälle - bemessen.[255] Jeder Gewerbezweig wird einer an der durchschnittlichen Unfallgefahr gemessenen Gefahrenklasse zugeordnet,[256] die als Indiz für Unfallwahrscheinlichkeit und Schadenhöhe interpretiert wird.

Somit berechnet sich der betriebliche Beitrag B_b nach:

(V-22) $B_b = GHK_g \cdot GGK_g \cdot EKK_b$.

Hierbei gilt: GHK_g = gewerbezweigspezifische Gefahrenhäufigkeitskomponente; GGK_g = gewerbezweigspezifische Gefahrengrößenkomponente; EKK_b = betriebsspezifische Einkommenskomponente.

Unterstellt man für die Betriebe eines Gewerbezweiges eine homogene Risikostruktur, so entspricht der einzelbetriebliche Beitrag B_b dem betriebsspezifischen Erwartungsschaden $E(C_b)$, so daß gilt:

(V-23) $B_b = E(C_b)$.

Weisen auch die einzelnen Arbeitnehmer eines Betriebes eine homogene Risikostruktur auf, so entspricht der individuelle Beitrag im Falle einkommens- und damit beitragsabhängiger Leistungen ebenfalls dem individuellen Erwartungsschaden, und es findet keine interpersonelle Umverteilung statt.[257]

Hebt man allerdings die Homogenitätsannahme auf, so haben die individuellen Beiträge eher den Charakter von Durchschnittsprämien. In diesem Fall ergibt sich für Angehörige eines Betriebes mit [über-] unterdurchschnittlicher betrieblicher Unfallgefahr beziehungsweise für Arbeitnehmer mit [über-] unterdurchschnittlicher individueller Unfallgefahr eine [Unter-] Überbelastung. Als umverteilungsrelevante Risikomerkmale existieren somit:

- **Betriebszugehörigkeit**
- Individueller **Arbeitsplatz** beziehungsweise **Berufszugehörigkeit**.

---

254 Entsprechend Abschnitt B wird auch diese Beitragskomponente vollständig den Arbeitnehmern zugerechnet.

255 Diese Beitragsgestaltung gilt uneingeschränkt für alle gewerblichen Unternehmen und die Schiffahrt. Zu weiteren Einzelheiten siehe BMA (1998c), S. 412f.

256 Die gewerbespezifischen Gefahrenklassen können als versicherungsrelevante Risikogruppen interpretiert werden.

257 Vgl. hierzu auch Quandt (1992), S. 162.

Da es allerdings aus Kosten- und Praktikabilitätserwägungen kaum sinnvoll ist, für jeden einzelnen Betrieb oder gar Arbeitnehmer eine individuelle Prämienkalkulation vorzunehmen,[258] können derartige Umverteilungen dem Risikoausgleich zugerechnet werden.[259]

Daneben kommt es allerdings auch in der *GUV* zu systematischen **einkommens**- und **risikospezifischen** Umverteilungseffekten.

- **Einkommensspezifische Umverteilung**
Eine systematische einkommensspezifische Umverteilung resultiert aus der Gewährung von Sachleistungen.[260] Indem jedem Versicherten im Bedarfsfall die gleiche einkommens- und damit beitragsunabhängige Leistung zusteht, findet eine Umverteilung von Versicherten mit einem überdurchschnittlichen Einkommen zu Versicherten mit einem unterdurchschnittlichen Einkommen statt.[261]

- **Risikospezifische Umverteilung**
Während die Familienstruktur des Versicherten keine Berücksichtigung in der Beitragskalkulation findet, besteht für zahlreiche Versicherungsleistungen eine familienabhängige Leistungsdifferenzierung.[262] Darüber hinaus existiert auch ein eigenständiger Leistungskatalog für Familienmitglieder.[263] Der risikospezifische Leistungsbedarf wird somit zusätzlich von dem »Risikomerkmal« **Familie** determiniert und es kommt angesichts der geltenden Beitragsregelung zu einer Redistribution zu Gunsten von Versicherten mit Familienangehörigen.

➔ **Zwischenfazit:** Interpretiert man die betriebs-, arbeitsplatz- und berufsspezifischen Umverteilungen als Risikoausgleich, kommt es allein im Falle von bedarfsorientierten einkommensunabhängigen Leistungen und bei familienabhängigen Leistungen beziehungsweise Leistungskomponenten zu systematischen **interpersonellen Umverteilungen**. Insgesamt spielt jedoch die interpersonelle Redistribution aufgrund der weitgehenden Orientierung von Beiträgen und Leistungen an der Bezugsgröße Einkommen und der Berücksichtigung wesentlicher Risikomerkmale bei der Beitragsgestaltung eine stark untergeordnete Rolle.

---

258 Vgl. hierzu auch die Ausführungen in Kapitel II sowie die Anmerkungen in Abschnitt D.II. Entsprechend werden die Beiträge als gruppenspezifische risikoäquivalente Beiträge interpretiert.

259 Darüber hinaus kann allerdings das individuelle Unfallverhalten den natürlichen Risikoausgleich untergraben. Der Versicherte verliert lediglich bei absichtlich herbeigeführten Arbeitsunfällen, Berufskrankheiten oder Wegeunfällen einen Entschädigungsanspruch gegen die GUV - jedoch nicht bei verbotswidrigem oder fahrlässigem Verhalten. Vgl. BMA (1998c), S. 396.

260 Hierzu zählt beispielsweise die Heilbehandlung nach §§ 27ff. SGB VII.

261 Vgl. Quandt (1992), S. 163.

262 So ist beispielsweise die Höhe des Übergangsgeldes nach § 51 SGB VI davon abhängig, ob der Versicherte ein Kind hat.

263 Unter die eigenständigen Leistungen an Familienmitglieder fallen alle Hinterbliebenenleistungen nach §§ 63ff. SGB VI, wie etwa Sterbegeld oder Hinterbliebenenrente.

2. *Intertemporale Umverteilungseffekte in der Längsschnittbetrachtung*

Im Längsschnitt gleichen sich für den Standardarbeitnehmer sowohl familien- als auch einkommensbedingte Umverteilungseffekte im Zeitablauf aus,[264] so daß sich im »idealtypischen« Zustand lediglich ein intertemporaler intrapersoneller Ausgleich vollzieht. Weicht die Realität allerdings von diesen »idealtypischen« Verhältnissen ab, bleibt auch in langfristiger Perspektive ein interpersoneller Ausgleich zwischen Angehörigen zu Lasten oberer Einkommensgruppen und Alleinstehenden bestehen.

➔ **Zwischenfazit:** In der *GUV* gleichen sich im Längsschnitt für den Standardversicherten familien- und einkommensspezifische Redistributionseffekte aus, so daß es im im »idealtypischen« Zustand zu keinerlei intertemporalen interpersonellen Redistributionseffekten kommt.

F. ZUSAMMENFASSUNG DER ERGEBNISSE

Im Rahmen dieses Kapitels gelingt es, die vielfältigen Umverteilungseffekte des integrierten Finanzierungs- und Leistungssystems der einzelnen Sozialversicherungszweige systematisch zu analysieren.

Nach einer Strukturierung des Analysekonzeptes in sachlicher, zeitlicher und methodischer Hinsicht werden in Abschnitt C die **Sozialversicherungsbeiträge** bezüglich ihres distributiven Charakters erörtert. Es zeigt sich, daß die Beitragsgestaltung sowohl Elemente eines Äquivalenz- als auch Komponenten eines Leistungsfähigkeitsprinzips enthält. Die zahlreichen Abweichungen von einem Leistungsfähigkeitsprinzip in Reinform wirken sich entscheidend auf die **Verteilungsposition** der Beitragszahler auf.

In Abschnitt D werden die verschiedenen Formen der Umverteilung systematisiert. Insbesondere gelingt neben einer eindeutigen Unterscheidung zwischen Risikoausgleich und systematischer Umverteilung eine Differenzierung zwischen versicherungskonformer und nicht-versicherungsgemäßer Umverteilung auf Basis eines eigenständig entwickelten Abgrenzungsschemas.

Auf Basis der in Abschnitt D geschaffenen Grundlagen werden in Abschnitt E die **Umverteilungseffekte der einzelnen Sozialversicherungszweige** auf Basis eines formalen differentialinzidenztheoretischen Ansatzes umfassend analysiert. Bei der Interpretation der ermittelten Redistributionseffekte ist stets zu bedenken, daß sich Ausmaß und Wirkungsrichtung unter Einbeziehung der in Kapitel IV erläuterten Wirkungsverläufe verstärken beziehungsweise verändern. Für die einzelnen Versicherungszweige ergeben sich folgende zentrale **Ergebnisse:**

- In der **GRV** spielen in langfristiger Perspektive neben umverteilungspolitisch motivierten, risiko- und einkommensspezifischen interpersonellen Redistributionen vor allem intergenerative Umverteilungseffekte eine entscheidende Rolle. Während die intragenerative Umverteilung im Vergleich zu anderen Sozialversicherungszweigen relativ schwach ausgeprägt ist, weist die Entwick-

[264] Vgl. auch Quandt (1992), S. 163.

lung des demographischen und wirtschaftlichen Umfeldes auf eine zunehmende Belastung zukünftiger Generationen hin.

- In der **GKV** und der **SPV** treten im Querschnitt sowohl einkommens- als auch risikospezifische Umverteilungseffekte auf, von denen sich zumindest für den Standardversicherten alters-, familien- und teilweise auch einkommensspezifische Redistributionen im Längsschnitt ausgleichen. Daneben ist für beide Versicherungszweige aufgrund der Entwicklung demographischer, medizinisch-technischer und ökonomischer Faktoren eine intergenerative Umverteilung zu Lasten zukünftiger Generationen zu erwarten.

- In der **ALV** kommt es im Querschnitt zu einkommens- und risikospezifischen Umverteilungen, von denen sich für den Standardversicherten lediglich alters- und familienspezifische und partiell auch einkommensbedingte Redistributionen langfristig ausgleichen.

- Innerhalb der **GUV** kommen interpersonelle Umverteilungseffekte weit weniger stark als in anderen Versicherungszweigen zum Tragen. Zudem gleichen sich für den Standardversicherten im Längsschnitt familien- und auch einkommensspezifische Redistributionen aus, so daß kaum intertemporale interpersonelle Umverteilungen resultieren.

Zusätzlich werden in Abschnitt E erstmals ausgewählte Leistungen auf Basis eines eindeutigen Abgrenzungsschemas systematisch auf ihre **Versicherungskonformität** überprüft. Zu diesem Zweck wird auf das in Abschnitt D.III definierte Kriterienschema zurückgegriffen. Die Analyse ergibt, daß sowohl die **Hinterbliebenenversorgung** als auch die **Familienmitversicherung** sowie der rentenrechtliche **Kinderleistungsausgleich versicherungsgemäße** und notwendige **Bestandteile der Sozialversicherung** sind. Da sich die Analyse nicht auf die Überprüfung der Versicherungskonformität beschränkt, sondern auch die mit diesen Leistungen verbundenen Verteilungswirkungen kritisch hinterfragt werden, kann darüber hinaus gezeigt werden, daß die derzeitigen Regelungen oftmals **fragwürdige Verteilungswirkungen** implizieren. Dagegen werden die Maßnahmen der **aktiven Arbeitsmarktpolitik** auf Basis der definierten Abgrenzungsmerkmale als versicherungsinkonforme Leistungen ausgewiesen, so daß deren **Beitragsfinanzierung nicht legitimiert** ist.

Die im Rahmen dieses Kapitels erfolgte theoretische Analyse der sozialversicherungsrelevanten Umverteilungseffekte gibt die **weitere Vorgehensweise** dieser Arbeit vor. In einem nächsten Schritt interessiert zunächst, inwiefern die theoretisch abgeleiteten Ergebnisse auch tatsächlich durch empirische Erkenntnisse gestützt werden. Demzufolge wird die Umverteilungsanalyse mit dem folgenden Kapitel um zentrale empirische Einsichten erweitert.

Kapitel VI:
UMVERTEILUNGSEFFEKTE DER SOZIALVERSICHERUNG IN EMPIRISCHER PERSPEKTIVE

A. VORBEMERKUNG

Nachdem in Kapitel V die von der Sozialversicherung ausgehenden Umverteilungseffekte in theoretischer Perspektive analysiert wurden, werden in diesem Kapitel den theoretischen Erkenntnissen empirische Ergebnisse an die Seite gestellt.

Da die quantitative Erfassung des Umverteilungsprozesses mit methodischen und praktischen Schwierigkeiten verbunden ist, sind alle empirischen Analysen mit Vorsicht zu bewerten.[1] Dennoch erweist sich eine Erweiterung des Untersuchungsgegenstandes in empirischer Perspektive als notwendig, um dem Ziel eines umfassenden Erkenntnisgewinnes hinsichtlich der redistributiven Effekte des Sozialversicherungssystems angemessen Rechnung zu tragen. Die theoretische Analyse in Kapitel V hat ergeben, daß alle Zweige der Sozialversicherung einen wesentlichen Beitrag zur Einkommensumverteilung leisten. Ziel von Kapitel VI ist es, die Aussagekraft der theoretischen Erkenntnisse mit empirischen Ergebnissen zu stützen beziehungsweise gegebenenfalls zu revidieren.

Da die vorliegenden empirischen Studien sowohl auf inhaltlicher als auch auf methodischer Ebene wesentliche Differenzen aufweisen und in der Literatur bislang keine einheitliche Systematisierung und Zusammenfassung erfolgte, soll diese Lücke nun geschlossen werden.

Nach einem Überblick über den analytischen und methodischen Rahmen (Abschnitt B), innerhalb dessen sich jede Umverteilungsanalyse bewegt, werden in Abschnitt C.I Kriterien für eine zweckmäßige Klassifikation der Studien herausgearbeitet. Diese Kriterien ergeben sich sowohl aus der grundsätzlichen Vorgehensweise als auch aus den unterschiedlichen inhaltlichen Schwerpunkten der empirischen Arbeiten. Darauf folgt eine Auseinandersetzung mit den grundlegenden Problemen und Schwächen der empirischen Studien (Abschnitt C.II), die sich auf die Aussagekraft der ermittelten Ergebnisse auswirken. In Abschnitt C.III.1 werden die zentralen empirischen Studien anhand des festgelegten Kriterienschemas strukturiert. Nach einer Erläuterung der Vorgehensweise bei der Auswahl und Einordnung der Studien in Abschnitt C.III.2 werden die wesentlichen Aussagen zu den Umverteilungswirkungen des Sozialversicherungssystems einander gegenübergestellt und vor dem Hintergrund ihres empirischen Unterbaus in Abschnitt C.IV ausgewertet.

B. ÜBERBLICK ÜBER DEN ANALYTISCHEN UND METHODISCHEN RAHMEN

I. Methodische Konzepte zur Umverteilungsanalyse

1. Inzidenzanalysen

Jede Analyse zur parafiskalischen Einkommensumverteilung beinhaltet einen Vergleich zwischen zwei alternativen Verteilungssituationen. Die beobachtbare Einkommensverteilung, die

---

[1] So auch die Einschätzung von Wasem (1988), S. 25.

sich infolge staatlicher Aktivitäten einstellt, wird einem Bezugspunkt gegenübergestellt und die Abweichung zwischen beiden Verteilungen als Redistribution quantifiziert.[2] Entsprechend muß in einem ersten Schritt die Referenzbasis festgelegt werden. Die Verbindung des staatlichen Sektors mit dem privaten Bereich gelingt über ein zweckmäßiges Inzidenzkonzept.[3]

Da sich die meisten empirischen Studien bei der Messung der Umverteilungseffekte des Sozialversicherungssystems eines Inzidenzkonzeptes bedienen,[4] wird diese zentrale Untersuchungsmethode im folgenden näher erläutert. Es bleibt allerdings zu bedenken, daß den zahlreichen Vorteilen von Inzidenzanalysen auch viele Nachteile gegenüberstehen,[5] auf die im konkreten Einzelfall im Rahmen der Auseinandersetzung mit den empirischen Arbeiten in Abschnitt C noch näher eingegangen wird.

Aufgrund der Vielfalt der bisher in der Literatur entwickelten Inzidenzkonzepte wird der Inzidenzbegriff in Abbildung VI-1 systematisiert.[6]

Auf eine Unterscheidung nach den Strukturkriterien der Verteilung wird an dieser Stelle verzichtet, da sich alle hier vorgestellten empirischen Studien ausschließlich auf den Bereich der personalen Einkommensumverteilung beziehen.[7] Auf Basis dieser instrumentellen Einteilung können die an späterer Stelle beschriebenen empirischen Studien nach der ihnen zugrundeliegenden Untersuchungsmethode differenziert werden.

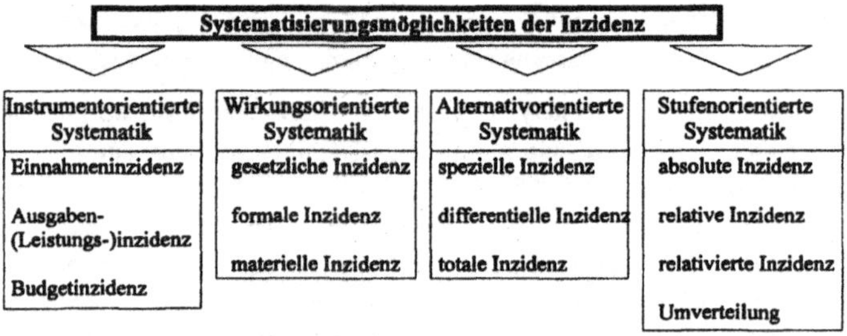

Abbildung VI-1: Systematisierung des Inzidenzbegriffes

Quelle: Eigene Darstellung

---

2 Da eine Ausgangsverteilung, die sich ohne staatliche Eingriffe einstellen würde, empirisch nicht zu identifizieren ist, kann stets nur eine ex-post-Inzidenz gemessen werden. Siehe Stolz (1983), S. 53.

3 Zu einem umfassenden Inzidenzkonzept in Anlehnung an Wicksell und Musgrave siehe Grüske (1978), S. 20ff.

4 Vgl. Abschnitt C.

5 Vgl. exemplarisch die Auflistung bei Bohnet (1999), S. 173f.

6 Vgl. zu dieser Vorgehensweise auch Bohnet (1999), S. 164ff. Siehe auch den Überblick bei Musgrave, Musgrave, Kullmer (1993), S. 37ff.

7 Neben der personalen Inzidenz können die funktionale, regionale, internationale und sektorale Inzidenz unterschieden werden. Zu den Strukturkriterien der Verteilung siehe Recktenwald (1983), S. 293. Für eine weitere Differenzierung des personalen Strukturkriteriums nach Untersuchungseinheiten und Gruppierungsmerkmalen siehe die Ausführungen in Abschnitt C.I dieses Kapitels.

- **Instrumentorientierte Systematik**
  In Abhängigkeit von der finanzwirtschaftlichen Aktivität der Sozialversicherung, bei der die Umverteilung gemessen wird, kann zwischen Einnahmeninzidenz, Ausgaben-(Leistungs-)inzidenz sowie Budgetinzidenz differenziert werden.

  Während die **Einnahmeninzidenz** die Umverteilungswirkungen bestimmt, die von der Finanzierungsseite des Sozialversicherungshaushaltes ausgehen, gibt die **Ausgaben-(Leistungs-)inzidenz** über die umverteilungsrelevanten Wirkungen der Ausgabenseite Auskunft.[8]

  Dagegen umfaßt die **Budgetinzidenz** die gesamten Umverteilungswirkungen, die sowohl von der Einnahmen- als auch von der Ausgabenseite des Budgets ausgehen. Da die Sozialversicherungsträger über eigenständige parafiskalische Budgets verfügen, die getrennt vom allgemeinen öffentlichen Haushalt erfaßt werden, können die Umverteilungswirkungen der Sozialversicherungszweige auf Basis einer isolierten Budgetinzidenz untersucht werden.[9] Mit deren Hilfe läßt sich der Einfluß des Sozialversicherungssystems auf die Einkommensverteilung quantifizieren.

- **Wirkungsorientierte Systematik**
  Je nach Ansatzpunkt der Inzidenzmessung im Wirkungsablauf der betrachteten Maßnahme kann zwischen gesetzlicher, formaler und materieller Inzidenz unterschieden werden.[10]

  Die **gesetzliche** Inzidenz wird auf Basis der gesetzlichen Regelung zur Abgabenentrichtung und Leistungsgewährung ermittelt. Dagegen entspricht die **formale** Inzidenz der beabsichtigten Inzidenz, der in der Regel vereinfachte Verhaltensannahmen über die Reaktionen der Abgabenzahler und Leistungsempfänger zugrunde liegen. Es wird an dieser Stelle neben der reinen Destinatarinzidenz auch die modellspezifische Inzidenz dem formalen Inzidenzkonzept untergeordnet. Bei modellspezifischen Inzidenzkonzepten werden den verschiedenen Untersuchungseinheiten Abgaben- und Leistungsbeträge auf der Grundlage von alternativen Überwälzungshypothesen zugerechnet.[11]

  Im Rahmen des **effektiven** oder **materiellen** Inzidenzkonzeptes wird dagegen ermittelt, wer letztendlich die Last aus der Erzielung von parafiskalischen Einnahmen trägt und/oder wer im Endeffekt der Begünstigte von Sozialversicherungsleistungen ist. Da das effektive Inzidenzkonzept sämtliche Reaktionen der Begünstigten und Belasteten einbezieht und

---

[8] Im folgenden soll von Leistungsinzidenz gesprochen werden, wenn nur die unmittelbaren Leistungen an die Versicherten betrachtet werden, während bei der Ausgabeninzidenz zusätzliche Ausgabenposten, beispielsweise die Verwaltungskosten, einbezogen werden.

[9] Jede isolierte Budgetinzidenzuntersuchung vernachlässigt allerdings einen Großteil der staatlichen Umverteilungspolitik. Für umfassende Aussagen zur staatlichen Redistribution müssen daher Finanz- und Sozialhaushalt verbunden werden. Vgl. Grüske (1978), S. 300ff.

[10] Vgl. Bohnet (1999), S. 164. Recktenwald (1983), S. 292 unterscheidet zusätzlich zwischen unmittelbarer (direkter) und mittelbarer (indirekter) Inzidenz sowie verzögerter Inzidenz. Werden zudem Fernwirkungen, Rückkopplungs- und Kreislaufeffekte berücksichtigt, gelangt man schließlich zur dynamischen (endgültigen) Inzidenz.

[11] Zum Begriff der modellspezifischen Inzidenz siehe Zimmermann, Henke (1994), S. 230.

konkrete Annahmen über die Verhaltensweisen der Betroffenen voraussetzt, stellt die effektive Inzidenz für empirische Untersuchungen zur Sozialversicherung eher einen gedanklichen Fixpunkt als eine Verteilungssituation dar, die sich in praxi ermitteln ließe.[12] Entsprechend dominiert in den empirischen Untersuchungen das Konzept der formalen Inzidenz, das auf bestimmte vereinfachende Annahmen über die Verhaltensweisen der Betroffenen abstellt.

- **Alternativorientierte Systematik**
  Bei der alternativorientierten Systematik werden nach der relevanten Alternative, mit der man die Verteilungswirkungen der parafiskalischen Aktivität vergleicht, spezielle, differentielle und totale Inzidenz unterschieden.[13]

  Bei der Analyse der **speziellen** Inzidenz werden die Wirkungen untersucht, die von einer spezifischen parafiskalischen Maßnahme auf die Verteilungssituation eines Individuums ausgehen. Zur Ermittlung der speziellen Inzidenz wird die Wirkung der Maßnahme mit dem Zustand verglichen, wie er sich ceteris paribus ohne diese Regelung ergeben hätte. Spezifische Einnahmewirkungen beruhen auf der Variation einer Einnahmeart, beispielsweise einer Beitragssatzerhöhung, bei Konstanz der Leistungsseite. Dagegen beruhen spezifische Ausgabewirkungen auf der Variation einer Leistungsart bei Konstanz der Finanzierungsseite. Aufgrund der diesem Konzept zugrundeliegenden Variation einzelner Parameter ist das spezielle Inzidenzkonzept per se nicht für eine umfassende Analyse der sozialversicherungsrelevanten Einkommensumverteilungen geeignet.

  Im Rahmen der **Differentialinzidenz** wird entweder ein Wirkungsvergleich von zwei alternativen Maßnahmen angestellt, oder es wird die Differenz zwischen den Verteilungswirkungen einer tatsächlichen Maßnahme zu einer fiktiven (neutralen), proportional wirkenden Regelung ermittelt. Die Differentialinzidenz kann sowohl für die Einnahmen- als auch für die Ausgabenseite sowie für das gesamte Sozialversicherungsbudget bei gleichzeitiger Änderung der Einnahmen- und Ausgabenstruktur zum Einsatz kommen. Im Falle der differentiellen Einnahmeninzidenz werden die differentiellen Einnahmewirkungen zweier Finanzierungssysteme bei konstantem Ausgabenvolumen bestimmt,[14] indem davon ausgegangen wird, daß das gegenwärtige Sozialversicherungssystem durch ein alternatives Finanzierungssystem ersetzt wird.[15] Zur Quantifizierung der Verteilungswirkungen werden die tatsächlichen einkommensabhängigen Beiträge mit den Beiträgen verglichen, die der Versicherte im Referenzsystem zu leisten hätte. Bei der Wahl des Referenzsystems bietet

---

12 So auch die allgemeine Bewertung bei Zimmermann, Henke (1994), S. 230.

13 Siehe grundlegend Musgrave (1966), S. 158ff. Vgl. auch Bohnet (1999), S. 165f.

14 Dagegen werden bei der differentiellen Ausgabeninzidenz die Verteilungswirkungen der Ersetzung einer Leistungskategorie durch eine betragsidentische Ausgabe bei Konstanz der Einnahmenseite ermittelt.

15 Es ist allerdings zu beachten, daß die Änderung der Finanzierungsstruktur oftmals mit Effekten verbunden ist, die entweder systembedingt sind oder aus veränderten Verhaltensweisen der Betroffenen resultieren und einen Einfluß auf die Höhe und Verteilung der Belastungen haben. Da diese Wirkungszusammenhänge nur in EAG-Analysen quantifizierbar sind, werden sie in Verteilungsanalysen grundsätzlich vernachlässigt. Vgl. Meierjürgen (1989), S. 94. Zu den EAG-Analysen siehe den folgenden Abschnitt.

sich entsprechend der Ausgestaltung des Sozialversicherungssystems, das sowohl Versicherungs- als auch soziale Ausgleichselemente enthält, entweder ein Versicherungssystem mit risikoäquivalenten Prämien oder ein nach dem Versorgungs- oder Fürsorgeprinzip gestaltetes System an.

Im Gegensatz zur Differentialinzidenz hat man bei der **totalen Inzidenz** die Verteilungsänderungen im Auge, die aus einer Änderung der *gesamten* systemwirksamen Ausgaben einerseits und / oder der *gesamten* systemwirksamen Einnahmen andererseits resultieren. Hierbei bleibt der Anteil der jeweiligen Teilelemente an der Totalgröße konstant. Entsprechend wird zwischen totaler Einnahmen-, totaler Ausgaben- sowie totaler Budgetinzidenz unterschieden.[16]

- **Stufenorientierte Systematik**
  Bei der Frage nach dem geeigneten Inzidenzmaßstab kann nach den verschiedenen Stufen der Inzidenz - absolute Inzidenz, relative Inzidenz, am Einkommen der Versicherten relativierte Inzidenz und Umverteilung der (Versicherten-)Einkommen - differenziert werden.[17]

  Mit der **absoluten** Inzidenz wird nachgewiesen, welche nach bestimmten Gesichtspunkten gruppierten Untersuchungseinheiten die Versicherungseinnahmen in welcher Höhe tragen und welchen Bezugsgruppen die Versicherungsleistungen in welcher Höhe zugute kommen. Dagegen interessiert bei der **relativen** Inzidenz die prozentuale Aufteilung der Leistungen und Abgaben auf diese Gruppen. Im Rahmen der **relativierten** Inzidenz werden die Abgaben- und Leistungsbeträge zu einer geeigneten Einkommensgröße in Beziehung gesetzt. Der Schritt zur **Umverteilung** wird dadurch vollzogen, daß die Abgaben- und Leistungsinzidenz auf ein empirisches Einkommenskonzept bezogen wird, das eine gegebene Primäreinkommensverteilung repräsentiert.

2. *Empirische Allgemeine Gleichgewichtsmodelle als Alternative?*

Theoretisch wäre es auch denkbar, die Umverteilungseffekte des Sozialversicherungssystems mit Hilfe eines Empirischen Allgemeinen Gleichgewichtsmodelles (EAG-Modell) zu bestimmen. Die folgenden Ausführungen machen allerdings deutlich, daß sich dieser theoretische Anspruch praktisch nicht oder nur schwer verwirklichen läßt.

In einem ersten Schritt wird - analog zur Vorgehensweise für die empirische Inzidenzanalyse in Abschnitt B.I.1 - die allgemeine Struktur einer EAG-Analyse erläutert.[18] Anschließend werden die Stärken und insbesondere die Schwächen Empirischer Allgemeiner Gleichgewichtsmodelle im allgemeinen und speziell für die Analyse von Sozialversicherungssystemen diskutiert.

---

16 Siehe die hiervon abweichende Interpretation der totalen Budgetinzidenz bei Behrens (1991), S. 25. Vgl. auch die Definition der Budgetniveauinzidenz bei Bohnet (1999), S. 166.

17 Siehe hierzu ausführlich Grüske (1978), S. 25f.

18 Vgl. grundlegend Rosenberg, Fehr (1992), S. 28f. Ebenso Fehr, Rosenberg, Wiegard (1995), S. 115. Rosenberg, Fehr (1992), S. 28 bezeichnen diese Grundstruktur als »typische« Vorgehensweise, an der sich seit den Anfangsjahren der EAG-Methodik nichts geändert hat.

Mit EAG-Modellen können durch **Verknüpfung** theoretischer Gleichgewichtsmodelle mit empirisch verfügbaren Daten die Wirkungen staatlicher Politik auf die Einkommensverteilung **quantifiziert** werden. Dagegen sind auf Basis rein theoretischer Modelle[19] nur qualitative Aussagen über die Wirkungszusammenhänge möglich.[20] Der **Arbeitsablauf** einer EAG-Analyse läßt sich in **drei Phasen** untergliedern:

- Phase 1: Modellformulierung und Erstellung des Datensatzes
  Am Anfang steht die präzise Formulierung einer ökonomischen Problemstellung, die von einer Veränderung staatlicher Handlungsparameter ausgeht. Als Abstraktion des zu untersuchenden Sachverhaltes wird anschließend ein adäquates theoretisches Modell formuliert. Untrennbar mit der Modellbildung verbunden ist die Konstruktion einer mikroökonomisch konsistenten Datenbasis für ein bestimmtes Basisjahr, die als Bezugspunkt für die Beurteilung alternativer Politikmaßnahmen dient.[21] Ausgegangen wird dabei von einem Basisjahr, in dem annäherungsweise ein gesamtwirtschaftliches Gleichgewicht vorliegt.[22]

- Phase 2: Berechnungen
  In der zweiten Phase werden Datensatz und Modell aufeinander abgestimmt, indem die endogenen Parameterwerte bei vorgegebenen exogenen Parametern mit Hilfe einer Kalibrierung numerisch spezifiziert werden, um sicherzustellen, daß die Gleichgewichtslösung des theoretischen Modells für die spezifischen Parameterwerte mit der konstruierten Datenbasis übereinstimmt. Hierbei muß das vollständig numerisch spezifizierte Modell den Ausgangsdatensatz exakt reproduzieren (replication check). Auf Basis dieses Referenzgleichgewichtes (benchmark equilibrium) wird schließlich die Politiksimulation durchgeführt. Hierzu werden die finanzpolitischen Handlungsoptionen in eine modelladäquate Form überführt und das Alternativgleichgewicht (counterfactual equilibrium) wird berechnet. Dieses Alternativgleichgewicht ergibt sich aus der Reaktion des Modells auf die zugrundegelegte exogene »Störung«.[23]

- Phase 3: Ökonomische Interpretation der Modellergebnisse
  Die dritte Phase beinhaltet einen Vergleich der verschiedenen Gleichgewichte anhand repräsentativer statistischer Maßzahlen – wie beispielsweise dem Gini-Koeffizienten in bezug auf verteilungsrelevante Fragestellungen – und die Interpretation der Modellergebnisse.

---

19 Zur theoretischen Struktur eines allgemeinen Geichgewichtsmodelles siehe Lutz (1997), S. 53ff. sowie insbesondere Wiegard (1985), S. 160.

20 Siehe Wiegard (1985), S. 161.

21 Zu den Anforderungen an eine mikrokonsistente Datenbasis siehe Duschek (1993), S. 8f. sowie Rosenberg, Fehr (1992), S. 65ff.

22 Zu den Gleichgewichtsbedingungen, denen die Datengrundlage genügen muß, vgl. Wiegard (1985), S. 162.

23 Simulationstechnisch entspricht die Ermittlung des Alternativgleichgewichts einer Modellrechnung auf Basis eines geeigneten Lösungsalgorithmus unter Berücksichtigung der geänderten Politikparameter. Vgl. Duschek (1993), S. 10.

Aufbauend auf diesen Kenntnissen zum typischen Ablauf einer EAG-Analyse wird das empirische Untersuchungsmodell nun hinsichtlich seiner Praktikabilität für verteilungsspezifische Fragestellungen mit besonderem Bezug auf das Sozialversicherungssystem diskutiert.

Die zentrale **Stärke** von EAG-Analysen liegt in ihrer soliden mikroökonomischen Fundierung, indem das Verhalten der Wirtschaftssubjekte auf weitgehend akzeptierte Optimierungs- und Entscheidungsansätze zurückgeführt wird.[24] Allerdings stehen den Vorzügen zahlreiche modelleigene **Schwächen** gegenüber, die letztlich die Aussagekraft und damit auch die praktische Anwendung von EAG-Modellen erheblich einschränken:

- Ein immanentes Problem liegt in der durchweg ungenügenden oder inkonsistenten **Datenbasis.** Dieses ist bei EAG-Modellen aufgrund ihrer größeren Komplexität hinsichtlich der einzubeziehenden Untersuchungsdimensionen noch weitaus schwieriger zu bewältigen als im Falle »einfacher« Inzidenzanalysen.[25] Die Erstellung einer mikrokonsistenten Datenbasis basiert in der Regel auf empirischen Daten für ein bestimmtes Jahr. Allerdings können die von der amtlichen Statistik veröffentlichten Daten nicht unmittelbar übernommen werden, sondern müssen vorab modelladäquat aufeinander abgestimmt werden.[26] „In einigen Fällen müssen fehlende Daten durch Plausibilitätsüberlegungen eingefügt werden [...]. Zusammengenommen hat all dies die unangenehme Konsequenz, daß die Ergebnisse [...] von Außenstehenden kaum noch nachvollzogen werden können“[27] und sich somit für die praktische Wirtschafts- und Sozialpolitik als untauglich erweisen.
- Darüber hinaus sind die quantitativen Ergebnisse von den exogen spezifizierten Parameterwerten abhängig, über die teilweise keinerlei empirische Informationen vorliegen (**Kalibrierungsproblem**).[28]
- Ein zusätzliches Problem besteht in der Bestimmung des Basisjahres, für das nicht nur das statistische Datenmaterial verfügbar sein muß, sondern in dem auch ein **Gleichgewichtszustand** vorliegen sollte, der allerdings in der Realität typischerweise nie vollständig gegeben ist.
- Eine weitere zentrale Schwäche der EAG-Modelle liegt in der gewissen **Willkür** begründet, da deren Resultate schon oftmals durch die a-priori-Auswahl der modellspezifischen Funktionen durch den Modellbilder determiniert werden.[29]

---

24 Zu den zentralen Vorteilen von EAG-Modellen siehe Duschek (1993), S. 12.

25 Zu den datentechnischen Restriktionen von Inzidenzanalysen siehe die Ausführungen in Abschnitt C.II.1.

26 Ein besonderes Problem ergibt sich insbesondere aus der Tatsache, daß EAG-Modelle ein mikroökonomisches Forschungsinstrument sind; die in der amtlichen Statistik verwendeten Rechnungssysteme aber eher an Makrodaten orientiert sind. Zu allgemeinen datentechnischen Problemen siehe auch Duschek (1993), S. 8f.

27 Wiegard (1985), S. 173. Rosenberg, Fehr (1992), S. 30 bezeichnen dementsprechend das EAG-Modell als »black box«, dessen Resultate man glauben oder auch nicht glauben mag.

28 Vgl. zu dieser Problematik auch Fehr, Rosenberg, Wiegard (1991), S. 27ff.

29 Vgl. zu diesem Problem Wiegard (1985), S. 172f.

- Trotz aller aufgeführten Kritikpunkte würden sich EAG-Modelle insbesondere dann als lohnenswerte Alternative zu den etablierten Inzidenzanalysen erweisen, wenn sie besondere **sozialversicherungsrelevante Verhaltensannahmen**, beispielsweise in bezug auf moral hazard oder adverse selection, berücksichtigen würden. Die Integration der asymmetrischen Informationsverteilung zwischen dem Versicherungsanbieter – der Sozialversicherung – und dem Versicherungsnehmer erfordert allerdings das Abweichen von den modelltypischen Prämissen einer vollkommenen Information sowie einer unendlichen Reaktionsgeschwindigkeit der betroffenen Individuen. Dies führt unweigerlich zu einer Komplexitätssteigerung der EAG-Modelle.

Unter Berücksichtigung der grundlegenden theoretischen Schwächen von EAG-Modellen stellt deren Komplexität ein zentrales Kriterium für die Beurteilung ihrer praktischen Anwendbarkeit dar. Nur wenn sich aus den quantitativen Ergebnissen auch tatsächlich politische Empfehlungen ableiten lassen, kann ein ökonomisches Modell, das darauf ausgerichtet ist, praxisrelevante Problemstellungen zu simulieren, sein Ziel vollständig erfüllen.

Um für die **Sozialversicherungspraxis** nutzbare Erkenntnisse bereitzustellen, muß ein EAG-Modell insbesondere folgenden **Anforderungen** genügen:

- Da für den Bereich der Sozialversicherung neben Querschnittbetrachtungen vor allem auch intertemporale sowie intergenerative Redistributionseffekte von Bedeutung sind, müssen **Längsschnittsimulationen** durchgeführt werden.[30]
- Um detaillierte Aussagen über die personellen Umverteilungswirkungen ableiten zu können, müssen die Redistributionseffekte für alternativ klassifizierte Analyseeinheiten ermittelt und entsprechend möglichst **disaggregiert** für die nach verschiedenen sozioökonomischen Kriterien gegliederten Untersuchungseinheiten ausgewiesen werden.
- Außerdem muß bei der Sozialversicherung, um zu aussagekräftigen Ergebnissen ihrer Umverteilungswirkungen zu gelangen, neben der **Finanzierungs-** auch die **Leistungsseite** in die Analyse einbezogen werden.

Diese spezifischen Untersuchungszwecke erfordern einen erheblichen analytischen und methodischen Aufwand, der unweigerlich zu Lasten der Anschaulichkeit der verwendeten Modelle geht und letztendlich auch die Ergebnisinterpretation beeinträchtigt. Aufgrund dieses großen **analytischen Aufwandes** und des damit verbundenen **hohen Abstraktionsniveaus** kann das EAG-Modell kaum zu einer realitätsnahen Politikberatung für die praktische Ausgestaltung des Sozialversicherungssystems beitragen. Entsprechend ist es auch nicht verwunderlich, daß sich die EAG-Analyse bis dato nicht zu einem akzeptierten Forschungsinstrumentarium für den Zweig der Sozialversicherung entwickelt hat.

---

30 Vgl. hierzu exemplarisch die Längsschnittuntersuchung zur Einkommensteuerreform von Fehr, Wiegard (1996) sowie die Untersuchung von Fehr, Wiegard (1998). Vgl. in diesem Zusammenhang auch die Ausführungen zur Anwendung intertemporaler Modelle überlappender Generationen zur Analyse von sozialversicherungsrelevanten Umverteilungseffekten im Längsschnitt in Abschnitt C.IV dieses Kapitels.

Der kritische Abriß zeigt, daß im Rahmen von EAG-Analysen zahlreiche für eine Umverteilungsanalyse wesentliche Aspekte abgebildet werden können, die das Modell allerdings komplexer und nur scheinbar präziser machen. Da jedes neue Modellelement aber zusätzliche Annahmen beziehungsweise Plausibilitätserwägungen bedingt, wird die Analyse mit jeder neuen Untersuchungsdimension tatsächlich realitätsferner und damit für die praktische Anwendung unbrauchbarer. Nicht zuletzt diese Einsicht hat dazu beigetragen, „[...] daß nach der ersten EAG-Euphorie, in der immer höher dimensionierte Modelle entwickelt wurden, der Trend nun zu sog[enannten] »issue-forced« Ansätzen geht. [...] Der empirische Anspruch beschränkt sich auf das Abschätzen der Größenordnung von strukturellen Anpassungen."[31] Es stellt sich dann aber die Frage, ob derartige Modelle noch geeignet sind, die komplexe Realität angemessen abzubilden und zu einem Erkenntnisfortschritt für den Bereich der Sozialversicherung beizutragen.

➔ **Schlußfolgerung:** Die Ausführungen haben wesentliche Konsequenzen für den weiteren Fortgang der Arbeit. Es konnte gezeigt werden, daß EAG-Modelle mit zahlreichen Problemen behaftet sind, die ihre Anwendung auf die hier verfolgte Zielsetzung fraglich macht. Aufgrund ihrer zahlreichen Schwächen liegen bislang auch keine aussagekräftigen EAG-Studien für die Sozialversicherung vor, so daß **EAG-Modelle** für den weiteren Verlauf der Untersuchung **vernachlässigt** werden können.

II. Darstellung und Messung der Einkommensumverteilung

Im Rahmen jeder Analyse zur Einkommensumverteilung nimmt die Aufbereitung und Präsentation der gewonnenen Erkenntnisse anhand geeigneter statistischer Maßzahlen sowie mittels adäquater graphischer Darstellungen eine zentrale Stellung ein. Unter Zuhilfenahme der Statistik wird es erst möglich, zu fundierten Ergebnissen zu gelangen und diese intersubjektiv überprüfbar zu machen. Es existieren zahlreiche statistische Maßzahlen und graphische Darstellungsformen, mit deren Hilfe die Konsequenzen parafiskalischer Redistributionen auf die personelle Einkommensverteilung quantifiziert und aufbereitet werden können. Diese Meßtechniken können ebenso für die Analyse der Sozialversicherung verwendet werden. Die Entscheidung für ein bestimmtes Meßkonzept determiniert den Aussagegehalt empirischer Befunde, so daß die Ergebnisinterpretation eine Kenntnis über die zentralen Eigenschaften des verwendeten Maßes voraussetzt. Für eine kritische Auseinandersetzung wurden in der einschlägigen Literatur zahlreiche Kriterien entwickelt, anhand derer die einzelnen Meßkonzepte beurteilt werden können.[32] Aufgrund der Vielzahl der Kriterien sowie der grundlegen-

---

31 Rosenberg, Fehr (1992), S. 30. Die EAG-Modelle unterliegen einer ständigen Weiterentwicklung. Siehe exemplarisch das schweizerische ECOPLAN-Modell bei http://www.ecoplan.ch/model.html.

32 Einen umfangreichen Kriterienkatalog liefert Grüske (1978), S. 78ff. Vgl. auch Pagenkopf (1988), S. 336. Aigner (1993), S. 67ff. beschränkt den Geltungsbereich seines Kriterienkatalogs auf die normative Ungleichheitsmessung. Zentrale Anforderungen, denen die Ungleichheitsmaße genügen müssen, sind: (1) Anschaulichkeit des Maßes; (2) Vergleichbarkeit des Maßes; (3) Aussagefähigkeit des Maßes durch Erfüllen der Pigou-Dalton-Bedingung; (4) Invarianz gegenüber proportionalen Transformationen der Merkmalswerte und (5) Gültigkeit des Populationsprinzips. Neben diesen elementaren inhaltlichen Kriterien existieren noch eine Reihe weiterer Merkmale, die lediglich formal-methodischen Charakter aufweisen.

den Komplexität der Verteilungsproblematik[33] müssen in praxi allerdings Abstriche an strenge Anforderungen zu Gunsten einer einfacheren Handhabung und größeren Anschaulichkeit in Kauf genommen werden.

Zentrale Maßzahlen und graphische Darstellungsformen **Graphische Verteilungsdarstellung**	**Literaturquellen**
➢ Diagramme (Stabdiagramme, Kreisdiagramme, Histogramme)	Bamberg, Baur (1993); Bohnet (1999); Schwarze (1994)
➢ Paretianische Häufigkeitsverteilungskurve	Bohnet (1999); Pen (1971)
➢ Lorenzkurve	Aigner (1993); Bohnet (1999); Grüske (1978); Lorenz (1905); Maass (1996); Pinnekamp, Siegmann (1993); Wolf (1997)
➢ Verallgemeinerte Lorenzkurve nach Shorrocks	Aigner (1993); Shorrocks (1983)
➢ Konzentrationskurve	Bohnet (1999)
Statistische Maßzahlen	
▪ ***Positive Maßzahlen*** ➢ Lageparameter ➢ Maße der zentralen Tendenz (arithmetisches Mittel, geometrisches Mittel) ➢ Modal- und Durchschnittslage	Bohnet (1999); Buttler, Stroh (1992); Maass (1996); Pinnekamp, Siegmann (1993); Schwarze (1994)
➢ Konventionelle Streuungsmaße (Varianz, Standardabweichung, relative durchschnittliche Abweichung, Variationskoeffizient, Spannweite, relative Spannweite)	Atkinson (1970); Buttler, Stroh (1992); Grüske (1978); Maass (1996); Pinnekamp, Siegmann (1993); Sen (1975[1973])
➢ Konzentrationsmaße (Pareto-Maß, Gini-Koeffizient, Paglin-Gini-Maß, Konzentrationsverhältnis)	Aigner (1993); Bohnet (1999); Grüske (1978); Grüske (1981); Jacobs (1991); Maass (1996); Paglin (1975); Pen (1971); Pinnekamp, Siegmann (1993)
▪ ***Normative Maßzahlen*** (Atkinson-Maß, Dalton-Maß, Champernowne-Maß)	Aigner (1993); Atkinson (1970); Bohnet (1999); Champernowne (1973); Grüske (1978); Sen (1975 [1973])

Tabelle VI-1: Systematisierung statistischer Maßzahlen und graphischer Darstellungsformen

Quelle: Eigene Darstellung

Da eine umfassende Abhandlung über die Verteilungsmessung für das Untersuchungsziel der Arbeit keinen zusätzlichen Erkenntnisgewinn beschert, beschränkt sich dieser Abschnitt im wesentlichen auf die Systematisierung der gebräuchlichsten Meßverfahren in Tabelle VI-1. In

---

33 Bei der Messung der durch parafiskalische Maßnahmen beeinflußten Verteilungssituation limitieren oftmals bereits die mangelhaften statistischen Datengrundlagen die Anwendung von anspruchsvollen Ungleichheitsmaßen.

Spalte 1 erfolgt eine Strukturierung zentraler Maßzahlen und Abbildungsmöglichkeiten, während Spalte 2 Hinweise auf relevante Literaturquellen gibt, in denen eine ausführliche Erläuterung und / oder Beurteilung der jeweiligen Meßverfahren erfolgt.

In einem ersten Schritt wird zwischen graphischen Darstellungsformen und statistischen Ungleichheitsmaßen[34] unterschieden.

Graphische Darstellungen gewähren einen anschaulichen Überblick über alternative Einkommensverteilungen. Als zentrale graphische Darstellungsformen von Häufigkeitsverteilungen wird zwischen **Diagrammen**, der **paretianischen Häufigkeitsverteilungskurve** und der **Lorenz-** sowie der **Konzentrationskurve** differenziert.

Statistische Maßzahlen liefern in standardisierter Form Informationen über die Verteilung des jeweiligen Einkommens auf die betrachteten Merkmalsträger. Um Wertvorstellungen klar auszuweisen, wird in der Übersichtstabelle zwischen **normativen** und **positiven Maßen** unterschieden. Während positive Maßzahlen die Einkommensungleichheit lediglich objektiv beschreiben, beurteilen normative Maße eine gegebene Verteilung im Vergleich zu einer »optimalen« Soll-Verteilung.[35] Des weiteren erfolgt eine Differenzierung der positiven Maße in Lageparameter, Streuungsmaße und Konzentrationsmaße. Im Gegensatz zu den **Lageparametern**, die eine Verteilung anhand eines *einzigen* Wertes grob einordnen, geben **Streuungs-** und **Konzentrationsmaße** Auskunft über die *gesamte* Struktur der Verteilung. Während Streuungsmaße angeben, wie stark die einzelnen Merkmalswerte von einem signifikanten Wert abweichen, zeigt die Konzentration an, wie die Merkmalssumme auf die einzelnen Merkmalsträger verteilt ist.[36] Das Ausmaß der Konzentration kann durch Maßzahlen der absoluten sowie der relativen Konzentration quantifiziert werden.[37]

Im Hinblick auf die im späteren Verlauf der Arbeit gewählten statistischen Methoden werden an dieser Stelle lediglich die Lorenzkurve als häufige Darstellungsform sowie der Gini-Koeffizient als zentrales Konzentrationsmaß kurz erläutert.

Die **Lorenzkurve** gibt an, wieviel Prozent der nach ihrer Einkommenshöhe geordneten und kumulierten Einkommensbezieher welchen Prozentanteil des kumulierten Einkommens erhalten.[38] Um zu Verteilungsaussagen zu gelangen, wird die Lorenzkurve mit dem hypotheti-

---

[34] Der Begriff »Ungleichheit« wird in wissenschaftlichen Quellen häufig mit dem Ausdruck der Konzentration sowie dem Terminus der Disparität gleichgesetzt. Vgl. zu dieser fälschlichen Begriffsverwendung beispielsweise Roberts (1980), S. 114. Aus statistischer Sicht müssen allerdings die Begriffe »Konzentration« und »Streuung« klar voneinander getrennt werden. Siehe hierzu Bohley (1992), S. 178.

[35] Vgl. Bohnet (1999), S. 58. Es ist jedoch zu beachten, daß die Unterscheidung in positive und normative Maße nicht trennscharf ist, da auch allen rein deskriptiven Maßzahlen normative Vorstellungen zugrunde liegen. Siehe hierzu Sen (1975 [1973]), S. 14f.

[36] Vgl. Bohley (1992), S. 178.

[37] Zur Differenzierung zwischen Maßzahlen der absoluten und der relativen Konzentration vgl. beispielsweise Bohnet (1999), S. 53.

[38] Die Lorenzkurve stellt dabei stets eine zur x-Achse konvexe Kurve dar. Siehe Aigner (1993), S. 41 sowie Pinnekamp, Siegmann (1993), S. 97.

schen Zustand der Gleichverteilung[39] - symbolisiert durch die Egaltitätslinie[40] - verglichen. Die Fläche zwischen Egalitätslinie und Lorenzkurve wird als Konzentrationsfläche ausgewiesen. Im Falle völliger Gleichverteilung fallen Lorenzkurve und Egalitätsgerade zusammen. Liegt hingegen maximale Disparität vor, so besitzt eine Person das gesamte Einkommen, während alle anderen *n-1* Merkmalsträger der insgesamt *n* Personen den Betrag *0* erhalten.[41]

Der **Gini-Koeffizient** *Gini* gibt den relativen Konzentrationsgrad einer Verteilung an[42] und läßt sich formal unmittelbar aus der Lorenzkurve ableiten. Er ist definiert als Quotient der Fläche zwischen Lorenzkurve und Gleichverteilungsgerade sowie der gesamten Dreiecksfläche unterhalb der 45°-Linie[43], so daß gilt:

$$(\text{VI}-1)\quad Gini = \Delta / 0{,}5 \,.$$

Sein Wertebereich liegt bei $0 \leq Gini < 1$.[44]

Bei der Verwendung des Gini-Koeffizienten ist allerdings zu beachten,[45] daß die Differenz zweier Gini-Koeffizienten nur den Umfang anzeigt, in welchem sich die gesamte Einkommensverteilung durch die Staatstätigkeit der Gleichverteilung annähert. Sie läßt aber keine Aussagen darüber zu, wie sich die Einkommen spezifischer Gruppen ändern. Dadurch wird die merkmalsabhängige Auswertungsrichtung stark eingeschränkt.

C. Empirische Studien zur Umverteilung im Bereich der Sozialversicherung – Klassifikation, Probleme und zentrale Ergebnisse

I. Entwicklung eines Klassifikationsschemas in Auseinandersetzung mit den empirischen Studien

Für die Erweiterung des Untersuchungsgegenstandes um empirische Erkenntnisse ist es zweckmäßig, ein geeignetes Klassifikationsschema zur Systematisierung der empirischen Analysen zu entwickeln. Die Notwendigkeit ergibt sich einerseits aus den zahlreichen metho-

---

39 Aigner (1993), S. 42 macht darauf aufmerksam, daß die Referenzsituation der Gleichverteilung auf einem Werturteil basiert.

40 Die Egalitätslinie entspricht der 45°-Linie. Sie wird verschiedentlich auch als »Gleichverteilungsgerade« oder als »Linie absoluter Gleichheit« bezeichnet.

41 Zur kritischen Beurteilung der Lorenzkurve siehe exemplarisch Aigner (1993), S. 40. Ebenso Grüske (1978), S. 77 sowie Bohnet (1999), S. 47 und Maass (1996), S. 264. Ein Überblick über neue Erkenntnisse bei der Darstellung der Lorenzkurvendisparität findet sich bei Wolf (1997), S. 15ff. und S. 81ff.

42 Siehe Aigner (1993), S. 63.

43 Vgl. Bohnet (1999), S. 49 sowie Maass (1996), S. 265.

44 Der Gini-Koeffizient kann niemals den Wert 1 erreichen, was Bohnet (1999), S. 57 aber fälschlicherweise annimmt. Dagegen gibt Maass (1996), S. 270 den Wertebereich korrekt mit 0 bei Gleichverteilung und $\frac{(n-1)}{n}$ bei maximaler Konzentration an.

45 Der Gini-Koeffizient genügt zwar den meisten Beurteilungskriterien, weist aber auch entscheidende Schwächen auf. So können beispielsweise zwei Verteilungen, deren Lorenzkurven sich schneiden, nicht wertmäßig verglichen werden. Zur kritischen Beurteilung des Gini-Koeffizienten siehe etwa Grüske (1978), S. 83ff. sowie Maass (1996), S. 273.

dischen sowie datentechnischen Problemen und Schwächen, denen die empirischen Studien unterliegen, und andererseits aus den Divergenzen sowohl in methodischer als auch in inhaltlicher Hinsicht, die zwischen den einzelnen Studien feststellbar sind.

Diesem grundlegenden Erfordernis trägt der folgende Abschnitt Rechnung. Um die empirischen Studien in diesem Abschnitt zu interpretieren, werden zentrale Kriterien herausgearbeitet, anhand derer die vorgestellten Studien strukturiert werden können. Der Kriterienkatalog ergibt sich vorrangig aus der Vorgehensweise der empirischen Untersuchungen, die sich durch den / die **Untersuchungsgegenstand, -methode, –zeitraum** und **–ergebnisse** sowie die **Datenbasis** beschreiben läßt.

- **Untersuchungsgegenstand**

Die hier angeführten Studien beziehen sich alle - entsprechend der hier behandelten Fragestellung - auf die Analyse der Umverteilungseffekte, die vom Sozialversicherungssektor ausgehen. Allerdings unterscheiden sich die empirischen Studien hinsichtlich des **Sozialversicherungszweiges** sowie der **Umverteilungsformen** und der **Untersuchungseinheiten**, die sie in ihre Analyse einbeziehen.

➢ **Sozialversicherungszweig**

Als Zweige der Sozialversicherung wurden in Kapitel II *GRV*, *GKV*, *SPV*, *GUV* und *ALV* genannt. Ein wesentliches Anliegen dieses Kapitels besteht darin, empirische Erkenntnisse zu den Umverteilungseffekten für **alle** Bereiche vorzustellen und einen **direkten** Vergleich zwischen den einzelnen Studien zu ermöglichen. Demgemäß werden Studien zu möglichst allen Zweigen ausgewählt und nach den von ihnen untersuchten Bereichen systematisiert.

➢ **Formen der Umverteilung**

Um zu aussagekräftigen Ergebnissen gelangen zu können, müssen sämtliche Formen der Umverteilung gleichberechtigt betrachtet werden. Angesichts des immensen Datenaufwandes und der damit verbundenen methodischen Probleme beschränken sich jedoch die meisten empirischen Studien nur auf die Analyse einer oder weniger Umverteilungsformen.

In Kapitel V erfolgte eine grundlegende Differenzierung des Betrachtungshorizontes in Quer- und Längsschnittperspektive. Als zentrale Redistributionsform der zeitpunktbezogenen Umverteilung wurde die **interpersonelle** Umverteilung herausgestellt, während im Rahmen der Längsschnittbetrachtung zwischen **intertemporaler** und **intergenerativer** Redistribution unterschieden wurde. Im folgenden wird diese Abgrenzung im Prinzip beibehalten. Allerdings ergibt sich im Hinblick auf die in den einzelnen Studien abweichenden Differenzierungen die Notwendigkeit zu geringfügigen Modifikationen.[46]

➢ **Untersuchungseinheit**

Die vorliegenden empirischen Studien beziehen sich auf unterschiedliche Verteilungssubjekte, die nach verschiedenen Dimensionen ausgewertet werden. Da es für die Interpretation und Gegenüberstellung der Ergebnisse wesentlich ist, auf welche Bezugseinheiten sich die ermit-

---

[46] Vgl. hierzu Abschnitt C.III.2.b) dieses Kapitels.

telten Umverteilungseffekte berufen, muß der Untersuchungsgegenstand in Form der Untersuchungseinheit herausgestellt werden.

Im Rahmen einer personalen Analyse werden Aussagen über Belastungen und / oder Begünstigungen sowie Wirkungen auf die Einkommensverteilung im Hinblick auf **Personenkategorien** gemacht. Bei den vorliegenden Studien sind entweder Einzelpersonen, Familien oder Haushalte, die nach weiteren subjektiven Kriterien gruppiert werden, die relevanten Bezugseinheiten.[47] Je nach empirischer Studie findet sich eine Schichtung insbesondere nach Alter, Geschlecht, Einkommensklasse, Versicherungsstatus, sozialer Stellung des Haushaltsvorstandes, Haushaltsgröße und -struktur beziehungsweise Familiengröße und -struktur. Die Analyse der intergenerativen Umverteilung im Längsschnitt vollzieht sich dagegen in der Regel in bezug auf die Untersuchungseinheit der Geburtsjahrgangskohorte. Im Rahmen der Renditeberechnung für den Bereich der *GRV* erweist es sich als sinnvoll, zwischen Angehörigen verschiedener Renteneintrittsjahre zu differenzieren.[48]

Abbildung VI-2 systematisiert die zentralen Untersuchungseinheiten der vorliegenden empirischen Studien in personaler Hinsicht.

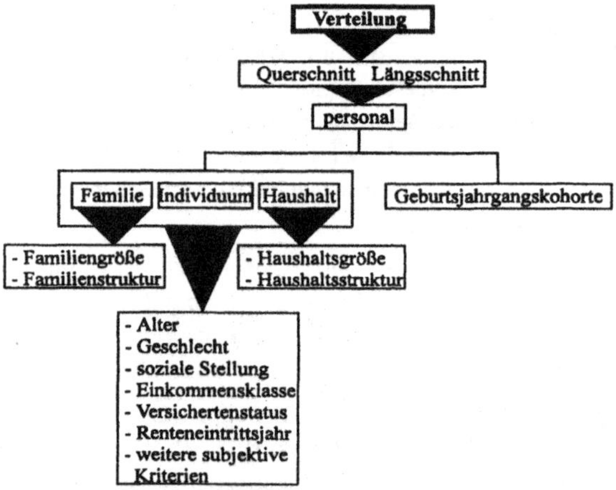

Abbildung VI-2: Dimensionen des personalen Strukturkriteriums der Verteilung

Quelle: Eigene Darstellung

- **Untersuchungsmethode**

Da eine Ergebnisinterpretation ohne Kenntnis des methodischen Unterbaus inhaltlos bleiben muß, kommt im Rahmen jeder empirischen Umverteilungsstudie dem Analyseinstrumentari-

---

47 Zu alternativen Gruppierungsmerkmalen siehe Bohnet (1999), S. 5f.

48 Vgl. Ohsmann, Stolz (1997) sowie Glismann, Horn (1997) und (1998). Entsprechend dieser Vorgehensweise können für verschiedene Rentnertypen in Abhängigkeit von ihrem jeweiligen Renteneintrittsjahr die zu erwartenden Renditen berechnet werden.

um eine zentrale Bedeutung zu. Aus diesem Grund werden die hier vorgestellten empirischen Studien unter Rückgriff auf den in Abschnitt B herausgearbeiteten analytischen und methodischen Rahmen nach ihrer jeweiligen Untersuchungsmethode spezifiziert.

- **Datenbasis**

Der Aussagegehalt der erzielten Ergebnisse hängt in entscheidendem Maße von dem verfügbaren Datenmaterial ab. Alle empirischen Studien stehen vor dem gemeinsamen Problem einer unzureichenden Datengrundlage, dem sie in unterschiedlicher Weise begegnen.[49] Grundsätzlich sind für empirische Untersuchungen drei Wege zur Datengewinnung möglich. Entweder wird auf bereits **vorhandenes Datenmaterial** zurückgegriffen oder die **Daten** müssen eigens für die Analyse **erhoben** beziehungsweise **produziert** werden. Da letzten Endes jede empirische Studie nur so gut sein kann, wie es die verfügbaren Daten ermöglichen, ist es notwendig, die verwendeten Datengrundlagen explizit auszuweisen und in der Ergebnisinterpretation zu berücksichtigen.

- **Untersuchungszeitraum**

Alle empirischen Studien beziehen sich auf unterschiedliche Untersuchungszeiträume und sind entsprechend zeitgebunden. Empirische Untersuchungen, die sich stets auf einen bestimmten Zeitpunkt beziehen, können keine allgemeingültigen Gesetzmäßigkeiten beanspruchen, sondern stellen lediglich Momentaufnahmen dar. Ihr Aussagegehalt ist an die jeweils geltenden Bedingungen geknüpft.[50] Aus diesem Grund dürfen die einzelnen Analysen auch nur zeitgebunden interpretiert werden. Gemeinsamkeiten und Unterschiede in den jeweiligen Ergebnissen lassen sich durch eine Gegenüberstellung von Studien, die zum gleichen Zeitpunkt für denselben Versicherungszweig durchgeführt werden, deutlicher herausarbeiten. Dagegen lassen sich - allerdings mit großen Vorbehalten - Trendangaben für die Richtung und die Intensität der Umverteilungswirkungen durch einen Vergleich von zeitlich auseinanderfallenden Studien ableiten.

- **Untersuchungsergebnis**

Für diese Arbeit von elementarer Bedeutung ist die Darstellung der mit den unterschiedlichen Studien erzielten Ergebnisse, die Aufschluß über die Umverteilungswirkungen in empirischer Sicht geben. Aus diesem Grund bleiben alternative Erkenntnisse unberücksichtigt, indem ausschließlich Aussagen zu zentralen **Umverteilungswirkungen** herausgefiltert werden.

➔ **Schlußfolgerung:** Die Ausführungen zu den zentralen Aspekten der empirischen Umverteilungsanalysen geben die weitere Vorgehensweise vor. Die empirischen Arbeiten werden aus Gründen der Übersichtlichkeit und besseren Vergleichbarkeit anhand der erläuterten Abgrenzungskriterien strukturiert. Tabelle VI-2 stellt das im folgenden verwendete **Klassifikationsschema** abschließend vor.

---

49 Vgl. hierzu die Ausführungen in Abschnitt C.II.2 dieses Kapitels.

50 Hierzu zählen beispielsweise die zum Zeitpunkt der Studie geltenden gesetzlichen Regelungen sowie die herrschenden demographischen und ökonomischen Bedingungen.

Kriterien zur Klassifikation						
Sozialversicherungszweig	Arten der Umverteilung	Untersuchungseinheit	Untersuchungszeitraum	Datengrundlage	Untersuchungsmethode	Zentrale Umverteilungswirkungen

Tabelle VI-2: Klassifikationsschema

Quelle: Eigene Darstellung

II. Zentrale Problembereiche der empirischen Studien

Bevor die empirischen Studien in das Klassifikationsschema eingeordnet und ergebnisorientiert analysiert werden können, ist es notwendig, zentrale Problembereiche der Untersuchungen aufzuzeigen, die für die Ergebnisinterpretation von entscheidender Bedeutung sind. Zu diesem Zweck werden im folgenden - unter Rückgriff auf die im vorangegangenen Abschnitt eruierten Klassifikationskriterien - elementare Probleme empirischer Studien erörtert und deren Konsequenzen für die Ergebnisqualität präzisiert. Dies sind in erster Linie neben methodischen Unzulänglichkeiten (Abschnitt C.II.1) die mangelnde Datenbasis (Abschnitt C.II.2) und die problematischen Implikationen, die sich in Verbindung mit dem Zeitaspekt empirischer Untersuchungen ergeben (Abschnitt C.II.3).

1. Methodische Implikationen

Abgesehen von den generellen Problembereichen einer jeden Inzidenzanalyse[51] muß kurz auf die spezifischen methodischen Restriktionen der hier ausgewählten Inzidenzstudien eingegangen werden. Diese ergeben sich in erster Linie aus der wirkungsorientierten **Inzidenzbasis**, der **Untersuchungsdimension**, und der **Darstellung der Umverteilung**.

- **Inzidenzkonzept**

In bezug auf die wirkungsorientierte Systematik orientieren sich alle Inzidenzanalysen am **formalen** Inzidenzkonzept und treffen vereinfachende Annahmen über die Verhaltensweisen der Betroffenen. Den jeweiligen Untersuchungsgruppen werden die Abgaben- und Leistungsbeträge auf der Grundlage von Überwälzungshypothesen zugeordnet.[52] Im Gegensatz zu den meisten Untersuchungen[53] werden vereinzelt alternative Varianten bezüglich der Inzidenz der Arbeitgeberbeiträge einbezogen.[54] Dagegen wird in allen Studien übereinstimmend davon ausgegangen, daß von den Arbeitnehmerbeiträgen keine Überwälzungen ausgehen. Zudem werden oftmals auch die Überwälzungseffekte der Leistungsseite vernachlässigt.

Die Ausführungen in Kapitel IV haben allerdings gezeigt, daß sowohl aus der Finanzierungs- als auch der Leistungsseite zahlreiche Wirkungseffekte resultieren, die das Umverteilungser-

---

51 Vgl. exemplarisch Bohnet (1999), S. 173f. sowie speziell zur Budgetinzidenzanalyse Recktenwald (1983), S. 85f.

52 In diesem Sinne handelt es sich in erster Linie um modellspezifische Inzidenzuntersuchungen, die über die reine Destinatorinzidenzanalyse hinausgehen.

53 So rechnen die meisten Inzidenzuntersuchungen die Arbeitgeberbeiträge ausschließlich den Arbeitnehmern zu.

54 Siehe exemplarisch Loeffelholz (1979), S. 170ff., Grüske (1978) sowie Pfeiffer (1989), S. 127f.

gebnis entscheidend beeinflussen. Da derartige Primär- und Sekundärwirkungen im Rahmen formaler Inzidenzanalysen vernachlässigt werden, können die tatsächlichen Umverteilungswirkungen nur unzureichend abgebildet werden.

- **Untersuchungsdimension**

Die meisten Untersuchungen, die nur einen Sozialversicherungszweig analysieren, beschränken sich auf die »**versicherungsinternen**« Umverteilungswirkungen.[55] Sie begrenzen ihre Untersuchungsdimension auf den Kreis der Versicherten und berücksichtigen nicht den Einfluß der internen Umverteilungen auf die gesamtgesellschaftliche Einkommensverteilung unter Einbeziehung von Nicht-Versicherten. Diese Vorgehensweise bedingt, daß nur die Umverteilungswirkungen zwischen den Versicherten, nicht jedoch die gesamtgesellschaftlichen Einkommenseffekte erfaßt werden können.

- **Darstellung der Umverteilung**

Als entscheidende Restriktion erweist sich auch die Verwendung unterschiedlicher **Inzidenzmaßstäbe** zur Darstellung der Umverteilung.

In den Differentialinzidenzstudien werden die Redistributionseffekte durch absolute und relative Kennzahlen abgebildet.[56] Die **absolute Darstellung** erfolgt als Differenz zwischen tatsächlichen und risikoäquivalenten Prämien je Versichertengruppe ohne Bezug zum Einkommen. Sie zeigt keine Änderung in den relativen Einkommen der Versicherten an, so daß keine Aussagen über die Wirkung auf die Einkommensverteilung abgeleitet werden können. Dagegen bezieht die **relative Darstellung** die absoluten Werte auf eine Einkommensgröße. Indem die Abweichungen zwischen tatsächlichen und risikoäquivalenten Prämien ins Verhältnis zu den Einkommen vor Beitragserhebung gesetzt werden, kann die Veränderung der Einkommensrelationen zwischen den betroffenen Versichertengruppen gemessen werden. Die Aussagekraft der Ergebnisse wird jedoch entscheidend von der gewählten Bezugsgröße determiniert.[57]

Zusätzlich werden in den Budgetinzidenzanalysen die Salden von Beiträgen und Leistungen auf das korrigierte Nettosozialprodukt zu Marktpreisen (NSP zu MP) als Indikator für die Primäreinkommensverteilung bezogen.[58] Mit dem **Primäreinkommen** als Redistribuendum kann der Nettoredistributionseffekt der parafiskalischen Aktivitäten berechnet werden. Dieser gibt an, um wieviel Prozent das jeweilige Primäreinkommen durch die parafiskalischen Eingriffe aufgestockt beziehungsweise reduziert wird. Mit Hilfe des **Gini-Koeffizienten** können schließlich die interpersonellen Redistributionseffekte auf die gesamte Einkommensverteilung

---

[55] Eine Ausnahme stellen dagegen die Untersuchungen von Pfeiffer (1989) und Wenzel (1999) dar.

[56] Die gängige Bezeichnung als „relative Einkommensumverteilung" ist insofern verwirrend, als sie gemäß der stufenorientierten Systematik in Abschnitt B.I.1 der relativierten Inzidenz entspricht.

[57] So wählen beispielsweise Ott (1981) und Henke, Behrens (1989) das beitragspflichtige Einkommen als Bezugsgröße. Da das beitragspflichtige Einkommen vom Gesamteinkommen abweicht, werden die Einkommenswirkungen verzerrt abgebildet. Vgl. auch die kritischen Anmerkungen zu dieser Vorgehensweise bei Wenzel (1999), S. 123f.

[58] Vgl. die Studien von Loeffelholz (1979) sowie Pfeiffer (1989). Zur Bestimmung des korrigierten NSP zu MP siehe Grüske (1978), S. 167ff.

durch einen Vergleich der Konzentration von Primär- und Sekundäreinkommen verglichen und mittels **Lorenzkurve** veranschaulicht werden.[59] Diese Vorgehensweise unterliegt allerdings den methodischen Schwächen, die aus der statistischen Maßzahl und der graphischen Darstellungsform selbst resultieren.[60]

➔ **Schlußfolgerung:** Die Ausführungen verdeutlichen, daß die Inzidenzstudien mit zahlreichen **Problemen** behaftet sind, die aus der Untersuchungsmethode selbst resultieren. Diesen Implikationen ist bei der Interpretation der Ergebnisse entsprechend Rechnung zu tragen.

2. *Mangelhafte Datengrundlage*

Die Qualität der empirischen Ergebnisse hängt entscheidend von dem verfügbaren Datenmaterial ab. Alle empirischen Studien, die sich mit den Umverteilungseffekten des Sozialversicherungssystems beschäftigen, stehen vor dem gemeinsamen Problem einer unzureichenden und oftmals mangelhaften Datengrundlage. Die Daten - sofern überhaupt vorhanden - sind nicht auf die Aufgabenstellung einer Redistributionsanalyse zugeschnitten und schränken das Untersuchungsspektrum von Anfang an erheblich ein.

a) *Datentechnische Restriktionen von Querschnittuntersuchungen*

Die Differentialinzidenzanalysen für den Bereich der *GKV* messen die interpersonellen Umverteilungseffekte als Saldo zwischen tatsächlichen und risikoproportionalen Beiträgen.[61] Da im Routine-Betrieb der *GKV* keine versichertenbezogenen Beitrags- und Leistungskonten geführt werden und die Leistungsausgaben in offiziellen Statistiken nur in hoch aggregierter Form ausgewiesen werden, ist eine direkte Zurechnung der Kosten der Inanspruchnahme medizinischer Leistungen auf verschiedene Versichertengruppen nicht möglich. Aus diesem Grund müssen sich die empirischen Untersuchungen zur Ableitung **risikoorientierter Beiträge** zwangsläufig auf alternative Datenquellen stützen, die ihrerseits wiederum mit zahlreichen Problemen verbunden sind. Sie können entweder ersatzweise auf Daten der Privatversicherung ausweichen oder aber auf Modelldaten einzelner Kassen zurückgreifen und diese auf die *GKV* insgesamt hochrechnen.

Andel (1975) und *Ott (1981)* wählen die erste Vorgehensweise. Die Zurechnung der quantitativ bedeutsamen Sachleistungsausgaben auf Versicherte nach Alter und Geschlecht erfolgt auf Basis der vom Verband der privaten Krankenversicherung jährlich veröffentlichten Durchschnittsprofile.[62] Eine Übereinstimmung der alters- und geschlechtsspezifischen Kostenrelationen zwischen den Versicherten von gesetzlicher und privater Krankenversicherung ist al-

---

[59] Vgl. zu dieser Methodik Grüske (1978), S. 217 für das Normalbudget sowie Loeffelholz (1979), S. 321ff.

[60] Siehe hierzu die Ausführungen in Abschnitt B.II dieses Kapitels.

[61] Hierzu zählen Andel (1975), Ott (1981), Becker (1985a) sowie Henke, Behrens (1989). Vgl. Tabelle A-1.

[62] Entsprechende Risikoprofile aus dem Bereich der PKV finden bei Ott (1981), S. 104 auch zur Berechnung der Krankengeldleistungen Anwendung, während Andel (1975), S. 51 hier auf Statistiken des Bundesverbandes der Ortskrankenkassen zurückgreift.

lerdings in Anbetracht der heterogenen Versichertenpopulationen fraglich.[63] Diese Strukturunterschiede zwischen den Versichertenkreisen führen dann aber zu verzerrten Ergebnissen.

Im Gegensatz dazu leiten andere Studien die risikoorientierten Prämien aus prozeßproduzierten Kostenprofilen einzelner Krankenkassen ab.[64] Die aus einer Stichprobenziehung gewonnenen prozeßproduzierten Daten weisen allerdings erhebliche Repräsentativitätsprobleme auf, da die Stichprobe sowohl regional als auch hinsichtlich der Kassenart begrenzt ist.[65] Die mangelnde Repräsentativität der prozeßproduzierten Daten im Hinblick auf die gesamte Versichertenstruktur der *GKV* hat erhebliche Konsequenzen für die Bestimmung der Verteilungswirkungen. Zudem sind in der Regel nicht alle Leistungsbereiche gleichermaßen erfaßt, so daß weitere Datenquellen ergänzend herangezogen werden müssen.

Schließlich müssen zur Ermittlung familienspezifischer Umverteilungswirkungen - wegen fehlender Daten zur Untersuchungseinheit »Familie« - die Pro-Kopf-Ausgaben der einzelnen Familienmitglieder summiert werden. Durch diese Vorgehensweise bleibt allerdings der Einfluß des Familientyps auf die Leistungsinanspruchnahme unberücksichtigt. Dies wirkt sich erneut entscheidend auf die Qualität der Ergebnisse aus.[66]

Den risikoorientierten Prämien sind die von den jeweiligen Versicherteneinheiten **tatsächlich entrichteten Beiträge** gegenüberzustellen. Da versichertenbezogene Einkommensdaten nicht unmittelbar zur Verfügung stehen, müssen diese aus anderen Quellen berechnet werden, die ebenfalls mit Mängeln behaftet sind. *Becker (1985a)* ermittelt beispielsweise die Einkommensbelastung durch *GKV*-Beiträge auf Basis der Individualdaten der Transferumfrage 1981.[67] Diese Alternativdatenquelle birgt jedoch erhebliche Repräsentativitätsprobleme.[68]

Diejenigen Studien, welche die Redistributionseffekte für die **gesamte personale Einkommensverteilung** ermitteln,[69] teilen die Nutzen und Kosten parafiskalischer Tätigkeit auf die

---

63 So unterscheiden sich die beiden Systeme in erster Linie in bezug auf die Zusammensetzung der Versicherten hinsichtlich ihrer beruflichen Stellung. Im Falle von Unterschieden zwischen den altersspezifischen Risikostrukturen der verschiedenen Gruppen von Erwerbstätigen weichen zwangsläufig auch die Risikoprofile zwischen privat und gesetzlich Versicherten voneinander ab.

64 So greifen beispielsweise Becker (1985a) und auch Meierjürgen (1989) auf die prozeßproduzierten Kostenprofile der AOK Ingolstadt zurück, während Henke, Behrens (1989) und Behrens (1991) die Prozeßdaten der AOK Lindau verwenden.

65 Vgl. für die Daten der AOK Ingolstadt Becker (1985a), S. 103 sowie Meierjürgen (1989), S. 80. Für den Bereich der AOK Lindau kommen Henke, Behrens (1989), S. 24 ebenfalls zu dem Ergebnis, „[...] daß die Versichertenstrukturen der AOK Lindau nach ausgewählten Versichertenmerkmalen nicht repräsentativ für die GKV insgesamt sind."

66 So ist beispielsweise anzunehmen, daß Alleinstehende eine höhere durchschnittliche Inanspruchnahme - insbesondere bezüglich stationär erbrachter Leistungen - aufweisen als Verheiratete, da ihnen keine privaten Pflegepersonen zur Seite stehen.

67 Vgl. Becker (1985a), S. 105ff.

68 Zu den Möglichkeiten und Grenzen der Transferumfrage 1981 für eine Umverteilungsrechnung siehe kritisch Becker (1985b), S. 165ff.

69 Vgl. Grüske (1978), Loeffelholz (1979) sowie Stolz (1983). Ebenso Pfeiffer (1989) für den Bereich der GRV und Wenzel (1999) für die GKV.

verschiedenen Einkommensgruppen entsprechend den Verteilungsstrukturen der Einkommens- und Verbrauchsstichprobe (EVS) zu. Obgleich die EVS als Hauptdatenquelle gegenüber alternativen Datenquellen entscheidende Vorteile aufweist,[70] können sich ihre Schwächen gravierend auf die Aussagekraft der Ergebnisse auswirken.[71] Während einige Schwachstellen zwar mittlerweile bereinigt wurden,[72] sind andere Unzulänglichkeiten bestehen geblieben. So sind beispielsweise Haushalte mit einem monatlichen Nettoeinkommen von über 35.000 DM wegen mangelnder Auskunft weiterhin nicht erfaßt. Da es sich einerseits um eine Stichprobenerhebung handelt und die ermittelten Werte andererseits auf Selbstauskünften oder -einschätzungen der Befragten basieren, können die EVS-Daten nicht direkt übernommen, sondern lediglich die ermittelten Verteilungsstrukturen verwendet werden.

Eine alternative mikroökonomische Datenquelle stellt das Sozio-oekonomische Panel (SOEP) dar. Das SOEP ist eine seit 1984 laufende Stichprobenerhebung, die im Juni 1990 auf die neuen Bundesländer ausgeweitet wurde und der Bevölkerungs- und Erwerbstatistik zuzuordnen ist.[73] Die Wiederholungsbefragung des SOEP nimmt neben dem Längsschnittaspekt und der theoriegeleiteten Variablenauswahl mit seinem haushaltsbezogenen Erhebungsdesign einen zentralen mikroökonomischen Erkenntnisfortschritt auf. Da die Daten des SOEP leicht zugänglich sind[74] und gegenüber anderen primär- und sekundärstatistischen Quellen große Vorzüge aufweisen, finden sie verstärkt Anwendung in der soziologischen und ökonomischen Forschung.[75] In der Erhebung 1992 wurde der Themenkomplex »soziale Sicherung« nach 1987 zum zweiten Mal als Forschungsschwerpunkt gewählt, um Längsschnittanalysen zu diesem Politikbereich zu erleichtern. Allerdings existieren bislang noch keine umfassenden empirischen Redistributionsuntersuchungen speziell für den Bereich der Sozialversicherung, die sich auf die Stichprobenerhebungen des SOEP beziehen.[76] Dies ist in erster Linie auf die ge-

---

70 Wesentlicher Vorteil der EVS ist, daß sie die erhobenen Daten über Einnahmen, Ausgaben, Vermögen, Schulden etc. in tiefer Gliederung nach sozioökonomischen Merkmalen von Haushalten und Personen ausweist. Vgl. Euler (1992), S. 464.

71 Zu einer Bewertung der EVS siehe stellvertretend Lindner (1986), S. 25ff.

72 Insbesondere unterscheidet sich die siebte Erhebung im Jahr 1993 in vielerlei Hinsicht von früheren Erhebungen. Zum einen findet die EVS nunmehr nach einheitlichen Kriterien im vereinten Deutschland statt und umfaßt circa 70.000 Haushalte. Ferner werden erstmals die Ausländerhaushalte in gleicher Relation wie die deutschen Haushalte erfaßt und auch Bewohner von Anstalten berücksichtigt. Vgl. den Überblick zur Einkommens- und Verbrauchsstichprobe 1993 von Euler (1992), S. 463ff.

73 Einen guten Überblick über die Methoden der Datenproduktion und -aufbereitung im Längsschnitt des SOEP liefern Wagner, Schupp, Rendtel (1994), S. 70ff. und die dort angegebene Literatur.

74 Die Daten werden an alle interessierten Universitäten und unabhängigen Forschungseinrichtungen weitergegeben.

75 Vgl. exemplarisch für den Bereich der Sozial- und Arbeitsmarktstruktur Wagner, Schupp (1991) und Müller, Frick, Hauser (1996) sowie für den Bereich der Armutsforschung Headey, Krause (1995) sowie Hauser (1997).

76 Eine Ausnahme stellt die Untersuchung von Boll (1994) dar, in der einzelne Abgaben- und Leistungskategorien des staatlichen Budgets mit Hilfe altersspezifischer Profile der siebten SOEP-Welle den betrachteten Jahrgängen zugerechnet werden. Siehe Boll (1994), S. 129.

ringe Grundgesamtheit zurückzuführen.[77] Bei kleinen Besetzungszahlen ist eine Auswertung der Ergebnisse nach alternativen Haushaltstypen nicht mehr möglich.

b) Datentechnische Probleme von Längsschnittstudien

Bei Längsschnittuntersuchungen treten zusätzliche Schwierigkeiten auf. Die Ermittlung der längsschnittbezogenen Verteilungswirkungen erfordert im Rahmen von Differentialinzidenzanalysen für die *GKV* die Ableitung **risikoorientierter und einkommensabhängiger Beiträge im Lebenszyklus**, um eine zeitlich konsistente Verknüpfung der Beitragsverläufe zu ermöglichen. Für die im Erwerbsleben gezahlten Beiträge stehen aber keine versicherungseigenen Informationen zur Verfügung. Stattdessen muß auf prozeßproduzierte Längsschnittdaten zurückgegriffen werden, die von den Trägern der *GRV* im Rahmen einer Sonderauswertung erstellt wurden.[78] Weitaus schwieriger gestaltet sich die Ermittlung von lebenszyklusbezogenen Leistungsausgaben, da hierfür keinerlei Längsschnittdaten existieren. Diesen datentechnischen Schwachstellen kann entweder dadurch begegnet werden, daß die Daten eigenständig erhoben oder aber im Rahmen eines geeigneten Modells selbst generiert werden. **Eigenerhebungen** scheiden in der Regel aus, da sie entweder nicht über einen hinreichend langen Zeitraum durchführbar oder genügend lange Zeitreihen erst sehr viel später verfügbar sind.[79] Entsprechend können die benötigten Daten ersatzweise **in einer Modellrechnung produziert** werden. Diesen Weg beschreiten beispielsweise *Schulenburg* und *Kleindorfer (1986)* sowie *Schulenburg (1990)*. Im Rahmen dieses Modellansatzes werden die für die Ableitung risikoorientierter und einkommensabhängiger Beiträge im Lebenszyklus erforderlichen Daten vollständig im Rahmen einer Modellrechnung produziert.[80]

Aufgrund ähnlicher datentechnischer Restriktionen[81] wählen *Wagner (1984)* und *Schulenburg (1989b)* sowie *Schulenburg (1990)* für den Bereich der *GRV* denselben Weg bei der Bestimmung intertemporaler beziehungsweise intergenerativer Umverteilungseffekte. Mit Hilfe der dynamischen Längsschnittversion des Frankfurter Mikrosimulationsmodelles gelingt es *Wagner (1984)*, die notwendigen Daten in Form einer Vollsimulation umfassend zu erzeugen.[82] Die im Mikrosimulationsverfahren erzeugten Lebenszyklen sind im Gegensatz zu vergangenheitsbezogenen Daten konsistent mit der gegenwärtigen Situation. Die Daten repräsentieren

---

77 Die dreizehnte SOEP-Welle von 1996 umfaßte nur 8.606 Personen in 4.445 Haushalten.

78 Zu dieser Vorgehensweise siehe beispielsweise Meierjürgen (1989), S. 83f. Der Verband Deutscher Rentenversicherungsträger führte 1981 eine Sondererhebung für die Kommission »Alterssicherungssysteme« durch. Bei dieser »ASK-Stichprobe« handelt es sich um eine geschichtete 10%-Stichprobe des Rentenzugangs von 1981, die für 60.049 Personen vereinfachte Versichertenkonten umfaßt. Zur Beschreibung der »ASK-Stichprobe« siehe exemplarisch Schmähl, Fachinger (1994), S. 184ff.

79 Siehe Schmähl, Fachinger (1994), S. 179.

80 Zur genauen Vorgehensweise siehe exemplarisch Schulenburg (1990), S. 283ff.

81 So erweisen sich die bei den Rentenversicherungsträgern gespeicherten prozeßproduzierten Individualdaten aufgrund ihres starken Vergangenheitsbezugs für Längsschnittuntersuchungen als unzureichend. Abgeschlossene Beitrags- und Rentenbiographien liegen nur für ältere Geburtsjahrgänge vor und sind für aktuelle und zukünftige Verhältnisse nicht mehr repräsentativ. Vgl. Wagner (1984), S. 123.

82 Zu dem verwendeten Mikrosimulationssystem siehe Wagner (1984), S. 124ff. Einen Überblick zur Struktur des dynamischen Mikrosimulationsmodelles bieten Galler, Ott (1994), S. 405ff. Speziell zu den Längsschnittmodulen siehe Helberger, Wagner (1994), S. 446ff.

eine Stichprobe aus den Lebensverläufen einer Generation, die sich bei Konstanz der aktuellen Bedingungen ergeben. „Da im Mikrosimulationsmodell alle für die Rentenversicherung relevanten Variablen [...] für jede Person in der Stichprobe simuliert werden, können diese Daten vergleichsweise einfach bezüglich der Umverteilungseffekte des Systems analysiert werden.“[83] Unter Rückgriff auf die für die einzelnen Kohortenmitglieder erzeugten Versicherungsbeiträge und -leistungen lassen sich letztendlich Indikatoren berechnen, die das Ausmaß der Umverteilung abbilden. Wenngleich Mikrosimulationsmodelle vielfältige Vorteile bieten, unterliegen sie auf der anderen Seite auch zahlreichen Beschränkungen, die sich entscheidend auf die Qualität der erzielten Ergebnisse auswirken. So ist insbesondere die Repräsentativität der Ergebnisse wesentlich von der Güte und Aktualität der Input-Mikrodatenbasis abhängig.

➔ **Schlußfolgerung:** Ohne detaillierter auf spezifische Einzelprobleme einzugehen, zeigen die Ausführungen, daß jede empirische Umverteilungsanalyse zahlreichen **datentechnischen Restriktionen** auf Seiten des primär- und sekundärstatistischen Materials unterliegt. Dementsprechend müssen die Ergebnisse immer unter dem Vorbehalt der mangelhaften Datenbasis bewertet werden.

3. *Zeitliche Abhängigkeit empirischer Studien*

Da sich alle empirischen Studien auf einen bestimmten Zeitpunkt beziehungsweise -raum beziehen, stellen sie stets Momentaufnahmen dar. Entsprechend beanspruchen die Ergebnisse nur für diesen abgegrenzten zeitlichen Horizont eine Relevanz.

Aufgrund ihres unmittelbaren Zeitbezugs droht allen Studien die Gefahr, daß sie bereits zum Zeitpunkt ihres Erscheinens nicht mehr für die aktuelle Situation repräsentativ sind, wenn sich bis dahin die Rahmenbedingungen grundlegend geändert haben. Dieser Aspekt zeigt sich beispielsweise bei der Umverteilungsanalyse von *Behrens (1991)*, die sich bei der Abbildung der zukünftigen demographischen Entwicklung ab 1987 auf die Angaben des Bevölkerungsprognosemodells I D des Statistischen Bundesamtes stützt.[84] Das Bevölkerungsmodell ist auf den 31.12.1986 datiert und bezieht sich somit naturgemäß nur auf das Gebiet der Bundesrepublik vor der Wiedervereinigung. Da allerdings das System der *GKV* auf die neuen Bundesländer ausgedehnt wurde, deren Bevölkerung einen abweichenden Altersaufbau aufweist, hat diese Veränderung der äußeren Rahmenbedingungen nicht unerhebliche Folgen für die (intergenerativen) Verteilungseffekte.

➔ **Schlußfolgerung:** Die Ausführungen verdeutlichen, daß die Ergebnisse empirischer Studien stets unter ihrem **jeweiligen Zeitaspekt** zu interpretieren sind und somit auch Trendfortschreibungen - selbst unter einschränkenden »ceteris paribus«-Annahmen - immer kritisch zu beurteilen sind.

---

83 Galler (1994), S. 126.

84 Siehe Behrens (1991), S. 96.

III. Einordnung zentraler Studien

1. Einordnung in das Klassifikationsschema

Im folgenden werden zentrale empirische Studien - ohne Anspruch auf Vollständigkeit - auf Basis des in Abschnitt C.I entwickelten Klassifikationsschemas in den Übersichtstabellen A-1 bis A-8 systematisiert. Aus Gründen der Übersichtlichkeit befinden sich die Tabellen im **Anhang**.

In Tabelle VI-3 erfolgt ausschließlich ein tabellarischer Überblick über die ausgewählten Studien, die getrennt nach Sozialversicherungszweigen ausgewiesen werden.

Sozialversicherungs-zweig	Empirische Studien
GKV	Andel (1975); Ott (1981); Becker (1985a); Schulenburg, Kleindorfer (1986); Meierjürgen (1989); Henke, Behrens (1989); Schulenburg (1990); Behrens (1991); Wenzel (1999)
GRV	Wagner (1984); Pfeiffer (1989); Schulenburg (1989b); Schulenburg (1990); Boll (1994); Eitenmüller (1996); Glismann, Horn (1997); Ohsmann, Stolz (1997); Glismann, Horn (1998)
SPV	Krieglmeier (1996); Rothgang, Fachinger (1997)
ALV	Mavromaras, Rudolph (1998)
GKV/GRV/ALV	Becker (1985b)
Gesamtsystem	Grüske (1978); von Loeffelholz (1979); Stolz (1983)

Tabelle VI-3: Empirische Studien nach Sozialversicherungszweigen

Quelle: Eigene Darstellung

2. Anmerkungen zur Auswahl und Einordnung der Studien

Da die Auswahl der Studien vor der spezifischen Zielsetzung dieser Arbeit erfolgte und deren Einordnung mit Abgrenzungsproblemen verbunden ist, wird die Vorgehensweise im folgenden auf Basis der definierten Abgrenzungskriterien erörtert.

a) Auswahl der Studien im Hinblick auf den Sozialversicherungszweig

Das besondere Augenmerk bei der Auswahl der Studien liegt darauf, möglichst alle Sozialversicherungszweige einzubeziehen und darüber hinaus Ergebnisse für das Gesamtsystem zu präsentieren.

Da sich ein Großteil der empirischen Wissenschaft auf die Zweige der Kranken- und Rentenversicherung spezialisiert hat, nehmen diese Forschungsergebnisse einen breiten Raum ein. Angesichts des Defizits an aussagekräftigen Umverteilungsanalysen für den Bereich der Arbeitslosen- und Unfallversicherung besteht für diese Bereiche ein Nachholbedarf.

Ebenso lückenhaft ist bis dato die empirische Forschung für den relativ neuen Zweig der sozialen Pflegeversicherung.[85] Für diesen Sicherungsbereich werden die zentralen Studien von *Rothgang, Fachinger (1997)* und *Krieglmeier (1996)* ausgewiesen. Diesen Untersuchungen wird der Vorzug gegeben, da sie im Vergleich zu älteren Studien mit gegebenen und nicht mit fiktiven Zahlen arbeiten. Des weiteren beschränken sich beide Arbeiten nicht auf die Finanzierungsseite, sondern beziehen auch die Leistungsseite in ihre Betrachtung ein.[86] Sie quantifizieren die Auswirkungen des Pflege-Versicherungsgesetzes auf die personale Einkommensverteilung in einem Vergleich zwischen Status quo ante und heutiger Absicherung des Pflegefallrisikos. Durch diese Gegenüberstellung sind jedoch nur Wirkungsaussagen zu dem gesamten Bereich der *GPV* – private Pflege-Pflichtversicherung und soziale Pflegeversicherung - möglich. Aufgrund der Stellung der privaten Pflege-Pflichtversicherung zwischen Individual- und Sozialversicherung[87] erscheint es jedoch gerechtfertigt, die Gesamtergebnisse auf den Bereich der *SPV* zu übertragen.

Da für das Gesamtsystem der Sozialversicherung keine aussagekräftigen aktuellen Studien vorliegen, beschränkt sich die Auswahl auf die älteren Studien von *Loeffelholz (1979)* und *Grüske (1978)*.[88]

Aus Gründen der Übersichtlichkeit werden die einzelnen Studien getrennt nach analysierten Bereichen ausgewiesen. In einer gesonderten Tabelle werden diejenigen Studien zusammengefaßt, die entweder mehrere Bereiche parallel untersuchen oder die Wirkungen des Gesamtsystems analysieren.[89]

b) Auswahl und Einordnung hinsichtlich der Umverteilungsformen

Da das Ziel eines umfassenden Erkenntnisgewinnes verfolgt wird, müssen Studien ausgewählt werden, die unterschiedliche Umverteilungsformen analysieren. Angesichts der uneinheitlichen empirischen Vorgehensweisen ergeben sich jedoch bei der Spezifizierung der Umverteilungsarten geringfügige Abweichungen zu den theoretischen Ausführungen in Kapitel V.

So summieren beispielsweise *Mavromaras* und *Rudolph (1998)* im Gegensatz zu dem klassischen Verständnis einer Querschnittuntersuchung ihre für die einzelnen Jahre ermittelten Werte für die Zeiträume 1980-1984 und 1985-1989.[90] Da es sich allerdings bei allen Werten

---

85 Dies ist allerdings - angesichts des breiten Literaturspektrums zur Ausgestaltung und Form des fünften Zweiges der Sozialversicherung - eher auf die kurze Zeitspanne seit Verabschiedung des Pflege-Versicherungsgesetzes als auf mangelndes Interesse zurückzuführen.

86 Auf die ausschließlich von der Finanzierungsseite ausgehenden Verteilungseffekte konzentrieren sich dagegen die Arbeiten von Dudey (1991) sowie Breyer (1991/1992); Spermann (1993) und Fachinger, Rothgang (1995). Darüber hinaus handelt es sich bei den Studien von Rothgang, Fachinger (1997) und Krieglmeier (1996) im Gegensatz zu alternativen Arbeiten um Modellanalysen, die auf der tatsächlichen Ausgestaltung der Pflegeversicherung beruhen.

87 Vgl. Abschnitt F in Kapitel II.

88 Ergänzend wurden auch die Ergebnisse von Stolz (1983) in die Analyse einbezogen.

89 Beziehen sich einzelne Studien nur auf einen Teilbereich der jeweiligen Versicherungsart oder verbinden sie diese mit anderen Bereichen, wird dies gesondert ausgewiesen.

90 Siehe Mavromaras, Rudolph (1998), S. 103ff.

um Querschnittdaten handelt, die sich zudem ausschließlich auf die Betroffenen des jeweiligen Jahres beziehen, wird der gesamte Untersuchungszeitraum unter Querschnittperspektive betrachtet und die erzielten Ergebnisse entsprechend als eine **zeitpunktbezogene Umverteilung** interpretiert.

Weiterhin ergeben sich Abweichungen in bezug auf die in Kapitel V vorgenommene Abgrenzung **intergenerativer Umverteilungseffekte**. Die intergenerative Redistribution wurde ausschließlich als Umverteilung zwischen Angehörigen verschiedener Generationen im Längsschnitt interpretiert, die sich anhand von generationenspezifischen Lebensnettotransfersalden[91] ablesen läßt. Demgegenüber deutet beispielsweise *Pfeiffer (1989)* die zeitpunktbezogene Umverteilung zwischen Erwerbstätigen- und Nichterwerbstätigenhaushalten - insbesondere Rentnerhaushalten - ebenfalls als intergenerative Umverteilung.[92] Diese wird im folgenden allerdings als zeitpunktbezogene Redistribution interpretiert. Auf der anderen Seite weist *Meierjürgen (1989)* die intergenerativen Umverteilungseffekte der *GKV* im Rahmen einer querschnittbezogenen Zeitverlaufsbetrachtung aus.[93] Er unterscheidet als zentrale Untersuchungseinheiten die drei »Generationen« der unter 20jährigen, der 20- bis 60jährigen und der über 60jährigen und untersucht, wie sich die Verteilungsbelastungen beziehungsweise -begünstigungen für die jeweiligen »Generationen« während des Untersuchungszeitraums entwickeln.

Mit dem Ziel einer besseren Vergleichbarkeit der Studien werden diese im folgenden entsprechend der von ihnen untersuchten Umverteilungsformen ausgewiesen. Abweichungen von der in Kapitel V getroffenen Systematisierung werden in den Übersichtstabellen gesondert hervorgehoben.

c) Auswahl und Einordnung nach dem Kriterium der Untersuchungsmethode

Obwohl sich die meisten Untersuchungen auf das klassische Feld der **Inzidenzanalysen** erstrecken, erweist sich eine systematische Einordnung oftmals als diffizil. Die Schwierigkeit besteht darin, daß die methodische Vorgehensweise häufig nur unzureichend beschrieben wird oder Abgrenzungen uneinheitlich erfolgen.

Ein erster Überblick zeigt, daß der methodische Schwerpunkt eindeutig auf dem **Differentialinzidenzansatz** liegt. Hierbei dominiert das Konzept der differentiellen Einnahmeninzidenz. Das vergleichsweise umfassendere **Budgetinzidenzkonzept** kommt dagegen in denjenigen Studien zur Anwendung, die sich mit den Wirkungen der Sozialversicherung auf die gesamte personale Einkommensverteilung befassen.[94]

---

91 Zur Definition siehe Kapitel V.

92 Siehe Pfeiffer (1989), S. 28.

93 Vgl. Meierjürgen (1989), S. 143ff. Eine Zeitverlaufsbetrachtung besitzt allerdings nur einen eingeschränkten Informationsgehalt, da nur Ergebnisse von wenigen Beobachtungszeitpunkten verglichen werden können. Kritisch hierzu auch Behrens (1991), S. 62.

94 Vgl. exemplarisch die Untersuchungen von Grüske (1978) beziehungsweise Loeffelholz (1979) sowie Pfeiffer (1989).

In bezug auf den **Inzidenzmaßstab** zeichnet sich bei den vorliegenden empirischen Studien in Abhängigkeit von dem gewählten Inzidenzkonzept eine nahezu durchgängige Vorgehensweise ab.[95]

Bezüglich der **wirkungsorientierten Systematik** orientieren sich alle Inzidenzanalysen am formalen Inzidenzkonzept und treffen vereinfachende Annahmen über die Verhaltensweisen der Betroffenen.

Neben den klassischen Inzidenzanalysen werden aber auch **ergänzende Betrachtungen** einbezogen, aus denen sich ebenfalls Verteilungseffekte ableiten lassen. Hierzu zählen in erster Linie die **Renditeberechnungen** für den Bereich der *GRV* von *Eitenmüller (1997); Glismann, Horn (1997)* sowie *Ohsmann, Stolz (1997)* und *Glismann, Horn (1998)*.[96] Mit Hilfe der Rendite wird das Verhältnis von Ein- und Auszahlungsströmen beschrieben.[97] Der Renditeberechnung für den Zweig der *GRV* liegt die Fiktion einer Geldanlage der in das Alterssicherungssystem eingezahlten Beiträge zugrunde. Hierbei wird der durch die Beitragszahlungen aufgebaute Kapitalstock mit dem Barwert der Rentenzahlungen verglichen. Aus dem direkten Vergleich der Höhe der Rendite für verschiedene Renteneintrittsjahrgänge kann in bezug auf die verschiedenen Zeitpunkte des Renteneintritts ein Anhaltspunkt für intergenerative Belastungs- und Begünstigungsunterschiede gewonnen werden. Bei den Renditeberechnungen fiel die Auswahl auf die bereits genannten vier Studien, da sie aufgrund ähnlicher inhaltlicher und methodischer Implikationen sowie identischer Datengrundlagen eine gute Vergleichbarkeit ermöglichen.[98]

Ferner wurde auch die Untersuchung von *Mavromaras, Rudolph (1998)* für den Bereich der *ALV* in die Betrachtung einbezogen. Die Analyse ist darauf ausgerichtet, die Struktur von Beiträgen und Lohnersatzleistungen in den Dimensionen Alter, Wirtschaftszweig und Betriebsgröße zu untersuchen. Verteilungseffekte werden aufgezeigt, indem AFG-Beiträge und Lohnersatzleistungen bilanziert und **absolute** und **relative Defizite** ermittelt werden.[99] Mit Hilfe des Mismatch-Indikators[100] werden schließlich globale Verteilungstendenzen aufgezeigt.

---

95 Vgl. hierzu die Ausführungen in Abschnitt C.II.1. Eine leicht abweichende Herangehensweise findet sich für den Bereich der Pflegeversicherung bei Rothgang, Fachinger, die keine Verbindung zwischen Finanzierungs- und Leistungsseite herstellen. Vgl. zur Methodik Rothgang, Fachinger (1997), S. 174.

96 Eitenmüller (1996) ermittelt ebenso wie auch Glismann, Horn (1998) in ihrer 2. Variante die Rendite als internen Zinsfuß einer Reihe von Ein- und Auszahlungen, während Glismann, Horn (1997) sowie Ohsmann, Stolz (1997) und Glismann, Horn (1998) in ihrer 1. Variante die Rendite als internen Zinsfuß in einem Zwei-Reihen-Modell berechnen.

97 So Eitenmüller (1996), S. 789. Der Vorteil der längsschnittbezogenen Renditeberechnung liegt darin, daß die Rendite die Auswirkungen gesetzlicher Maßnahmen auch vor dem Hintergrund der demographischen und ökonomischen Entwicklung aufzeigt. Zu den Vorteilen siehe auch Eitenmüller (1996), S. 785.

98 So basieren beispielsweise die Projektionsergebnisse aller vier Studien ab dem Jahr 1995 auf den Werten des Prognos-Gutachtens 1995 von Eckerle, Schlesinger, Blaha (1995).

99 Siehe Mavromaras, Rudolph (1998), S. 94.

100 Mit dem Mismatch-Indikator werden die Abweichungen der Strukturen von Beiträgen und Leistungen in einer Maßzahl zusammengefaßt. So Mavromaras, Rudolph (1998), S. 97. Zur Berechnung dieses spezifischen Umverteilungsindikators siehe dies. (1998), S. 97.

Weiterhin bleibt anzumerken, daß Längsschnittuntersuchungen zu den intertemporalen und intergenerativen Umverteilungseffekten vorrangig anhand von **Simulationsrechnungen** durchgeführt werden, mit deren Hilfe die versicherungsrelevanten Daten selbst produziert werden können.[101]

In den Übersichtstabellen werden die einzelnen Inzidenzanalysen unter Rückgriff auf die inzidenzorientierte Systematik in Abschnitt B.I.1 klassifiziert und alternative Untersuchungsmethoden explizit angegeben.

d) Anmerkung zu den ausgewiesenen Datenquellen

Wie bereits in Abschnitt C.II.1 diskutiert, kommt dem Datenmaterial eine entscheidende Bedeutung für die Qualität und Aussagekraft der empirischen Ergebnisse zu. Aus Gründen der Übersichtlichkeit werden in den Tabellen aber jeweils nur die Hauptdatenquellen ausgewiesen, während ergänzend oder alternativ verwendete Datengrundlagen den jeweiligen Studien direkt zu entnehmen sind.

IV. Diskussion in ergebnisorientierter Perspektive

Das Ziel dieses Abschnittes liegt darin, die im Rahmen der Arbeit ausgewählten empirischen Studien in ergebnisorientierter Perspektive zu analysieren. Vor diesem Hintergrund liegt der Schwerpunkt auf der Darstellung, Interpretation und Analyse der empirisch ermittelten Ergebnisse zu den Umverteilungswirkungen des Sozialversicherungssystems. Da eine umfassende Diskussion über Stärken und Schwächen der methodischen Instrumente somit ausdrücklich nicht der Zielsetzung entspricht, wird für eine nähere Beschreibung der ausgewiesenen Untersuchungsmethoden im wesentlichen auf die Ausführungen in den Abschnitten B und C.I dieses Kapitels verwiesen. Einer detaillierteren Darstellung einzelner Meßmethoden wird immer dann der Vorzug gegeben, wenn die Kenntnis des Modellrahmens eine wesentliche Bedingung für die Ergebnisinterpretation ist.

Eine Analyse der Ergebnisse im Rahmen einer Gegenüberstellung der einzelnen Studien ist allerdings nur bedingt möglich, da sich die einzelnen Untersuchungen sowohl in inhaltlicher als auch methodischer Ausrichtung wesentlich voneinander unterscheiden. Aufgrund dieser Restriktion können die Studien nur jeweils für sich betrachtet und gemeinsame Trendaussagen herausgearbeitet sowie mögliche Abweichungen interpretiert werden.

Wie der ergebnisorientierte Überblick in Spalte 8 der Tabellen A-1 bis A-8 zeigt, unterscheiden sich Studien mit gleicher Aufgabenstellung in bezug auf den zu analysierenden Versicherungsbereich und die untersuchten Umverteilungsformen in der Regel nur unwesentlich in ihren zentralen Aussagen. Aus diesem Grund kann auf eine Zeitvergleichsbetrachtung verzichtet werden. Um Redundanzen zu vermeiden, werden im folgenden die ermittelten Umverteilungsergebnisse für das Gesamtsystem der Sozialversicherung (Abschnitt C.IV.2) sowie deren einzelner Zweige (Abschnitt C.IV.1) anhand zentraler Studien präsentiert. Da die ein-

---

101 Vgl. die Ausführungen zur Datengewinnung mit Hilfe von Mikrosimulationsmodellen in Abschnitt C.II.2.b) dieses Kapitels.

zelnen Arbeiten im Hinblick auf ihre Aussagequalität stark divergieren, wird bei der Auswahl denjenigen Studien der Vorzug gegeben, die sowohl in methodischer als auch in inhaltlicher Hinsicht überzeugen können. Weiterhin werden Abweichungen in den Untersuchungsergebnissen unter Rückgriff auf die jeweilige empirische Vorgehensweise analysiert und gegebenenfalls relativiert.

1. Empirische Umverteilungseffekte einzelner Sozialversicherungszweige

In einem ersten Schritt werden die vorliegenden empirischen Studien getrennt nach Sozialversicherungszweigen analysiert.

Einen ersten Überblick vermittelt die Untersuchung von *Becker (1985b)*, die die Umverteilungseffekte separat für die einzelnen Zweige ausweist.[102] Im Hinblick auf die Ergebnisinterpretation ist allerdings zu berücksichtigen, daß die Aussagen nur in bezug auf den spezifischen Modellrahmen gedeutet werden können, der aber keineswegs vollständig überzeugen kann. Aus diesem Grund werden die hochgradig aggregierten Werte von *Becker (1985b)* durch detailliertere Ergebnisse für die einzelnen Sozialversicherungsbereiche ergänzt.

a) Umverteilungseffekte der GKV *in empirischer Perspektive*

(1) Interpersonelle Redistributionen im Querschnitt

Aus Gründen der Vergleichbarkeit beziehen sich die Ausführungen zu den interpersonellen Redistributionseffekten im Querschnitt vorerst auf das Untersuchungsjahr 1981.[103] Angesichts der engen zeitlichen Nähe und der identischen Untersuchungsmethode bietet sich ein direkter Vergleich mit der Studie von *Ott (1981)* an. Aufgrund ihres eingeschränkten Aussagegehaltes bleibt dagegen die Individualuntersuchung von *Andel (1975)* unberücksichtigt.[104] Demgegenüber erweitern die Studien von *Ott (1981)*, *Becker (1985a)* und *Henke, Behrens (1989)* den Ansatz von *Andel (1975)*, indem sie die Umverteilungseffekte für zentrale Versichertengruppen auf Basis einer Gruppenbetrachtung bestimmen. Sie unterscheiden sich in erster Linie nur durch die verwendeten Datenquellen.[105] Dagegen stützen sich alle drei Studien auf den Ansatz der formalen Differentialinzidenz, bei dem ein nach dem versicherungstechnischen Äquivalenzprinzip finanziertes Krankenversicherungssystem den Referenzmaßstab bildet.

Im Mittelpunkt der Untersuchung von *Henke, Behrens (1989)* steht die Quantifizierung der **alters- und familienspezifischen** Einkommensumverteilungen für unterschiedlich abgegrenzte Familientypen. Zusätzlich werden die Untersuchungseinheiten nach ihrem **Versicher-**

---

[102] Bezüglich der vertikalen Einkommensumverteilungseffekte vgl. Becker (1985b), S. 178. Hinsichtlich der Einkommensumverteilungseffekte in horizontaler Perspektive siehe Becker (1985b), S. 187.

[103] Bei den für das Jahr 1981 vorliegenden Untersuchungen handelt es sich um die Studien von Becker (1985a) und Henke, Behrens (1989).

[104] In der Untersuchung von Andel (1975) wird im Rahmen einer Modellrechnung die Umverteilung für das Jahr 1971 nur für drei ausgewählte Versicherteneinheiten im Sinne einer Individualbetrachtung ermittelt. Zu den Fallunterscheidungen siehe Andel (1975), S. 59.

[105] Zu einer kritischen Auseinandersetzung mit den jeweiligen Datengrundlagen siehe die Ausführungen in Abschnitt C.II.1.

tenstatus - pflichtversichert oder freiwillig versichert - gruppiert.[106] Die absolute alters- und familienspezifische Einkommensumverteilung ergibt sich als Differenz zwischen durchschnittlichen Leistungsausgaben und Beitragszahlungen je Versichertengruppe, während die relativen Redistributionen in Prozent der entsprechenden durchschnittlichen beitragspflichtigen Bruttojahreseinkommen ausgewiesen werden.

- **Interpersonelle Redistribution zwischen Pflichtversicherten und freiwillig Versicherten**

Bei einer Differenzierung der Untersuchungseinheiten nach ihrem Versichertenstatus zeigt sich fast durchweg eine relative Schlechterstellung der freiwillig Versicherten gegenüber den Pflichtversicherten.[107]

Dieses Ergebnis überrascht, da zu vermuten war, daß sich ausschließlich solche Personen freiwillig gesetzlich versichern lassen, die sich hieraus einen persönlichen Vorteil versprechen.[108] „Das Argument der Risikoselektion, wonach sich »gute Risiken« mit den entsprechenden Wahlmöglichkeiten überwiegend der privaten Krankenversicherung anschließen, während die ungünstigen Risiken in der GKV verbleiben, gilt offensichtlich so pauschal nicht."[109]

Da die Ergebnisse von *Henke, Behrens (1989)* methodisch nicht angezweifelt werden können und zudem von anderen Untersuchungen gestützt werden,[110] muß eine andere Erklärung gefunden werden. Ohne die These der »Nutzen-Kosten-Abwägung« zu revidieren, darf vermutet werden, daß für die freiwillig Versicherten die gesetzliche Versicherung selbst dann, wenn sie in ihr eine Nettozahlerposition einnehmen, der privaten Versicherung vorzuziehen ist.[111] Bei der Personengruppe, die nicht von der Möglichkeit der freiwilligen Versicherung Gebrauch macht, handelt es sich dagegen um ausgesprochen gute Risiken, die im Zuge einer risikoproportionalen Beitragsgestaltung eine relativ bessere Verteilungsposition erlangen als in der gesetzlichen Versicherung.

- **Alters-, einkommens- und familienspezifische Redistributionseffekte**

Ein Vergleich der Ergebnisse für die Pflichtversicherten mit den entsprechenden **alters- und familienspezifischen** Verteilungswirkungen von *Ott (1981)* ergibt große Übereinstimmungen hinsichtlich der Umverteilungsrichtungen.[112]

---

106 Zur Berücksichtigung des Merkmals »Versichertenstatus« nehmen Henke, Behrens (1989), S. 57 an, daß Alleinstehende und Haushaltsvorstände von Ein- und Zweiverdiener-Haushalten entweder pflicht- oder freiwillig versichert sein können. Für Ehefrauen in Zweiverdiener-Haushalten wird stets eine Pflichtmitgliedschaft unterstellt.

107 Siehe hierzu Henke, Behrens (1989), S. 61ff.

108 Vgl. die Argumentation in Kapitel II dieser Arbeit.

109 Mühlenkamp (1992), S. 316.

110 Mühlenkamp (1992), S. 314 bestätigt dieses Ergebnis in seinem ökonometrischen Schätzmodell zumindest vorbehaltlos für freiwillig versicherte Männer.

111 Dies wäre beispielsweise dann der Fall, wenn sich die freiwillig Versicherten unter Berücksichtigung der Familienkomponente langfristig in der gesetzlichen besser als in der privaten Versicherung stellen.

112 Vgl. Henke, Behrens (1989), S. 63 sowie Ott (1981), S. 152. Für einen Vergleich siehe auch Henke, Behrens (1989), S. 66f.

Die Redistributionseffekte bestehen grundsätzlich in einer zunehmenden Begünstigung beziehungsweise abnehmenden Belastung mit wachsender Familiengröße sowie mit steigendem Alter der Versicherten. Der altersabhängige Begünstigungs- und Belastungsverlauf gibt einen Hinweis auf eine querschnittbezogene Umverteilung zu Gunsten älterer Personen.[113] Zu den Verteilungsbelasteten gehören in allen ausgewiesenen Altersgruppen fast ausnahmslos die Alleinstehenden ohne Kinder. Dabei haben männliche Alleinstehende in der Regel höhere Verteilungslasten als weibliche Versicherte zu tragen. In beiden Untersuchungen werden jedoch die relativen Umverteilungswirkungen der Rentner nicht angegeben.[114] Im Hinblick auf die absoluten Effekte ist allerdings zu vermuten, daß diese Gruppe, die einen Großteil der kinderlosen Alleinstehenden stellt, relativ verteilungsbegünstigt ist. Innerhalb der Altersklassen steigen die Begünstigungen beziehungsweise sinken die Belastungen mit zunehmender Familiengröße. Es zeigen sich allerdings deutliche Niveauunterschiede in den Verteilungsbelastungen und -begünstigungen zwischen den Ein- und Zweiverdiener-Haushalten zu Lasten der Zweiverdiener-Haushalte. Diese gehören unabhängig vom Familientyp fast durchweg zu den Verteilungsbelasteten.

Im Gegensatz zu *Henke, Behrens (1989)* erweitert *Ott (1981)* die auf die durchschnittlichen beitragspflichtigen Einkommen abgestellte Betrachtung, indem er die Einkommen nach Familienstand und -größe differenziert und unterschiedliche Zusammensetzungen der Familieneinkommen in Zweiverdiener-Haushalten einbezieht.[115]

Hier ergibt sich in **vertikaler Betrachtung** ohne altersspezifische Differenzierung eine deutliche Einkommensumverteilung von höheren zu niedrigeren Einkommensgruppen, die in ihrem Umfang allerdings durch die Beitragsbemessungsgrenze begrenzt wird, die vor allem für Alleinstehende und Einverdiener-Haushalte die Verteilungsbelastungen beschränkt und die Umverteilungen auf einem relativ niedrigen Niveau stabilisiert.[116] Bei differenzierter Betrachtung des Einflusses der Beitragsbemessungsgrenze und der Zusammensetzung der Familieneinkommen auf die Verteilung zeigt sich eine regressiv wirkende Gesamtbelastung für über die Bemessungsgrenze hinaus wachsende Einkommen. Bei direktem Vergleich der Verteilungspositionen von Ein- und Zweiverdiener-Familien ergeben sich bei über der Beitragsbemessungsgrenze liegenden identischen Familieneinkommen deutliche Belastungsunterschiede zu Lasten der Zweiverdiener-Familien. Diese sind ausschließlich auf die unterschiedliche Zusammensetzung des Familieneinkommens zurückzuführen.[117]

---

[113] Da die Leistungsausgaben bei Ott (1981) stärker mit dem Alter variieren, muß die Tatsache, daß dieser Umverteilungseffekt in der Analyse von Ott (1981) weitaus stärker als in der Studie von Henke, Behrens (1989) ausgeprägt ist, auf die unterschiedlichen Datengrundlagen zurückgeführt werden.

[114] Zur Begründung siehe Henke, Behrens (1989), S. 62ff. sowie Ott (1981), S. 150.

[115] Siehe Ott (1981), S. 159ff.

[116] So beträgt beispielsweise die Verteilungsbelastung an der Beitragsbemessungsgrenze für männliche Alleinstehende 7,7% ihres durchschnittlichen beitragspflichtigen Bruttojahreseinkommens und sinkt bei einem Einkommen von 75.000 DM auf 3,1%. Vgl. Ott (1981), S. 163.

[117] Vgl. Ott (1981), S. 166.

In **horizontaler Betrachtung** ergeben sich auffallend hohe Verteilungsbegünstigungen für Einverdiener-Haushalte ohne Kinder, die vor allem in den unteren Einkommensklassen nicht nur gegenüber den Alleinstehenden, sondern auch gegenüber Ein- und Zweiverdiener-Haushalten mit mehreren Kindern eine Besserstellung erfahren.[118] Bei einer zusätzlichen Differenzierung nach dem Alter zeigt sich die große Bedeutung des Alterseffektes. Die meisten jungen Mitglieder werden selbst in den untersten Einkommensklassen aufgrund ihres geringeren Krankheitskostenrisikos kaum bessergestellt, während in der höchsten Altersgruppe die Alleinstehenden und Zweiverdiener-Haushalte nur teilweise belastet und alle Einverdiener-Haushalte durchgehend erheblich begünstigt werden.[119]

Auch wenn sich die Studie von *Wenzel (1999)* auf das Untersuchungsjahr 1993 bezieht, ergeben sich doch große Übereinstimmungen zu den eben genannten Ergebnissen. *Wenzel (1999)* ermittelt für die Gesamtheit der *GKV*-Versicherten die **familien-**, **alters**- und **einkommensspezifischen** Umverteilungseffekte. Sie berechnet die absoluten und relativen Redistributionen als Änderung der Einkommensverteilung durch die *GKV*-Finanzierung sowohl gegenüber risikoäquivalenter Zahlung als auch gegenüber der Ausgangsverteilung.[120] Aus Gründen der Vergleichbarkeit wird im folgenden allerdings nur auf die erste Darstellung Bezug genommen. Da in den bisher verfolgten Gruppenanalysen[121] nur durchschnittliche Haushaltstypen abgebildet werden, verwendet *Wenzel (1999)* ein Mikrosimulationsmodell, mit dessen Hilfe die Gesamtheit aller Haushalte erfaßt wird. Die Grundgesamtheit wird durch eine repräsentative Stichprobe von 31.047 Haushalten dargestellt. Für diese werden die *GKV*-Beiträge und die resultierenden Einkommen bei aktueller Regelung und im Referenzzustand simuliert. Zur Bestimmung der Umverteilungseffekte werden die Haushalte der Stichprobe auf die Grundgesamtheit hochgerechnet und nach den Untersuchungskriterien »Alter«, »Familienstruktur« und »Einkommen« ausgewertet.[122]

Die Ergebnisse[123] zeigen deutliche **altersspezifische** Umverteilungseffekte. In Übereinstimmung mit den bereits abgeleiteten Ergebnissen steigen die Differenzen zwischen risikoäqui-

---

118 Vgl. Ott (1981), S. 163.

119 Vgl. Ott (1981), S. 165. Diese Ergebnisse werden im wesentlichen auch durch die Analyse von Becker (1985a) gestützt. Die Auswertungen ergeben, daß zwar die unteren Einkommensschichten begünstigt werden, aber die Verteilungswirkungen im mittleren und oberen Einkommensbereich sehr gering sind. Ferner dominiert der Alterslastenausgleich den Familienlastenausgleich. Vgl. Becker (1985a), S. 114f.

120 Bei der Messung der Änderung gegenüber der Ausgangsverteilung wählt Wenzel (1999), S. 134 die Einkommensverteilung, die sich bei Beitragserhebung rein proportional zum Gesamteinkommen im Ausgangszustand ergibt, als verteilungsneutrales Referenzsystem.

121 So beispielsweise die Untersuchungen von Ott (1981) und Henke, Behrens (1989) sowie Becker (1985a).

122 Zur Modellbildung siehe Wenzel (1999), S. 138ff. Die Umverteilungseffekte werden durch den Vergleich der Einkommensverteilungen ermittelt. Diese ergeben sich durch die Verteilung der Gesamteinkommen der Haushalte abzüglich der jeweiligen Zahlungen für den Versicherungsschutz. Das Gesamteinkommen im Sinne der wirtschaftlichen Leistungsfähigkeit nach § 240 SGB V zuzüglich der Arbeitgeberbeiträge wird im Ausgangszustand als Primäreinkommen vor Steuer- und Transferzahlungen erfaßt. Dagegen berechnen sich die Einkommen nach Beitragszahlung als Primäreinkommen abzüglich der jeweiligen Beiträge.

123 Zu den Ergebnissen der Modellrechnung siehe Wenzel (1999), S. 158ff.

valenter und einkommensabhängiger Zahlung mit zunehmendem Alter an. Die Versicherten gehören ab einem Alter von ca. 55 Jahren zu den Nettoempfängern im Altersausgleich.

Im Rahmen der **einkommensspezifischen** Umverteilung sind Versicherte bis zu einem Bruttogesamteinkommen von 55.000 DM Nettoempfänger. Versicherte mit einem höheren Einkommen sind Nettozahler. Hierbei nehmen die negativen Differenzen zwischen risikoäquivalenter und einkommensabhängiger Beitragszahlung zwar stetig zu, erhöhen sich aber für Einkommen oberhalb der Bemessungsgrenze nur noch unterproportional.[124] Diese Ergebnisse decken sich im wesentlichen ebenfalls mit den Ergebnissen von *Ott (1981)*.

Übereinstimmungen ergeben sich auch bezüglich der **familienspezifischen** Redistributionseffekte. Bei Familien mit Kindern steigen [sinken] die Begünstigungen [Belastungen] mit zunehmender Kinderzahl. Es zeigt sich jedoch bei altersunabhängiger Ausweisung, daß Paare ohne Kinder besser gestellt sind als Ehepaare mit bis zu zwei Kindern. Dieser Effekt ist in erster Linie auf die Dominanz des Altersausgleichs zurückzuführen, von dem ältere Personen profitieren, die überwiegend in kinderlosen Haushalten anzutreffen sind. Bei gleicher Familienstruktur sind grundsätzlich Einverdiener-Haushalte gegenüber Zweiverdiener-Haushalten bevorzugt. Dieser Effekt ist unter Rückgriff auf die Ergebnisse von *Ott (1981)* auf den Zusammenhang zwischen Haushaltstyp und -einkommen sowie die Wirkung der Beitragsbemessungsgrenze zurückzuführen.

(2) Intertemporale interpersonelle Redistributionen im Längsschnitt

Da die querschnittbezogenen Ergebnisse lediglich eine Momentaufnahme darstellen, vermitteln Längsschnittuntersuchungen ein aussagefähigeres Bild von den Verteilungswirkungen.

Die konsistente Verknüpfung von risikoorientierten und einkommensbezogenen Beiträgen erfordert, „[...] daß der Ableitung der jeweiligen Beitragsverläufe im Lebenszyklus eine einheitliche Konzeption der Dimension »Zeit« zugrunde gelegt wird."[125] Wie jedoch bereits in Abschnitt C.II.2 erläutert, unterliegen alle Längsschnittuntersuchungen gravierenden datentechnischen Restriktionen, die ihren Aussagegehalt stark einschränken. In Abhängigkeit von der konkreten Vorgehensweise unterscheiden sich die einzelnen Studien hinsichtlich Qualität und Repräsentativität ihrer Ergebnisse.

- **Einkommens- und familienspezifische Redistributionseffekte**

Die stark vereinfachte Längsschnittanalyse zu den familien- und einkommensspezifischen Umverteilungen von *Ott (1981)* für die Jahre 1970 und 1976[126] beruht auf einer Status-quo-Betrachtung. Dabei werden die Strukturen der Basisjahre auf das gesamte Leben übertra-

---

124 Allerdings zeigt sich die Wirkung der Bemessungsgrenze bei der von Wenzel (1999), S. 162 gewählten Darstellung erst verzögert, da das beitragspflichtige Einkommen niedriger als das Bruttogesamteinkommen ist und die Bemessungsgrenze bei Doppelverdienerhaushalten zweimal angewendet wird.

125 Behrens (1991), S. 54.

126 Vgl. Ott (1981), S. 174ff. Henke (1983), S. 158 urteilt über diesen ersten vergleichsweise umfassenden Versuch die intertemporalen Verteilungswirkungen zu analysieren, daß „[...] die ersten Ansätze zwar einerseits überaus begrüßenswert sind, andererseits methodisch aber noch keine haltbaren Aussagen zulassen."

gen.[127] Da diese Prämisse jedoch realitätsfremd ist, bezieht sich die Untersuchung auf eine hypothetische Situation und kann lediglich Modellcharakter beanspruchen.

Die **familienspezifischen** Verteilungseffekte ergeben sich als Saldo zwischen den lebenszeitbezogenen familienspezifischen Krankheitskosten und den ebenfalls lebenszeitbezogenen familienspezifischen Beiträgen zur *GKV*.[128] Es zeigt sich, daß sich die familienspezifischen Umverteilungseffekte im Falle eines durchschnittlichen Lebenslaufs abmildern. Dennoch bleiben eindeutige lebenslange Belastungseffekte für die Alleinstehenden und alle Zweiverdiener-Haushalte bestehen. Innerhalb der Familien mit Kindern nehmen die Verteilungsbegünstigungen [Verteilungsbelastungen] mit zunehmender Kinderzahl zu [ab].[129] Bei Berücksichtigung unterschiedlicher Niveaus und Entwicklungen der Lebenseinkommen bewegen sich die **einkommensabhängigen** Verteilungsänderungen für die unterschiedlichen Familientypen - mit Ausnahme extrem niedriger Vergleichseinkommen - in engen Grenzen.[130]

Die Ergebnisse von *Ott (1981)* decken sich weitestgehend mit den von *Henke* und *Behrens (1989)* ermittelten Umverteilungswirkungen.[131] Da diesen allerdings äußerst restriktive Modellannahmen zugrunde liegen,[132] werden sie an dieser Stelle nicht erörtert.

Auch die Studien von *Meierjürgen (1989)* und *Behrens (1991)* bestätigen im wesentlichen die Tendenz der sozialversicherungsrelevanten Umverteilungseffekte im Längsschnitt. Die Untersuchung von *Behrens (1991)* besitzt allerdings im Vergleich zu der Längsschnittstudie von *Meierjürgen (1989)*, die durch zahlreiche methodische Unzulänglichkeiten gekennzeichnet ist,[133] eine größere Aussagekraft. Deshalb werden die von *Behrens (1991)* ermittelten Ergebnisse in den Mittelpunkt der Betrachtung gestellt.[134]

Im Rahmen der auf *Schulenburg* und *Kleindorfer* basierenden Modellrechnung von *Behrens (1991)* werden die **familienspezifischen** Verteilungswirkungen im Längsschnitt vor dem Hintergrund der tatsächlichen demographischen Entwicklung ermittelt.[135] Für die Geburts-

---

[127] So werden insbesondere konstante Versichertenstrukturen, eine gleichbleibende Einkommensverteilung und ein konstantes Niveau alters- und geschlechtsspezifischer Leistungsausgaben im Verhältnis zum Einkommen unterstellt. So Ott (1981), S. 175.

[128] Ein wesentliches Manko ist darin zu sehen, daß Ott (1981), S. 178 die einkommensabhängigen Beiträge ermittelt, indem er die familienspezifischen Lebenseinkommen mit dem durchschnittlichen allgemeinen Beitragssatz des Basisjahres multipliziert. Diese Vorgehensweise widerspricht der geforderten konsistenten Verknüpfung der Beitragsverläufe im Lebenslauf. Kritisch hierzu Behrens (1991), S. 60.

[129] Vgl. Ott (1981), S. 179.

[130] Vgl. Ott (1981), S. 182. Dieses Ergebnis gilt aufgrund der durch die Beitragsbemessungsgrenze bedingten regressiven Beitragsbelastung insbesondere für die höheren Einkommensgruppen.

[131] Siehe die ausgewiesenen Ergebnisse in Tabelle A-2.

[132] Zu den Modellprämissen siehe Henke, Behrens (1989), S. 79ff.

[133] Zu dem zugrundeliegenden Modellrahmen siehe Meierjürgen (1989), S. 102. Als problematisch erweist sich insbesondere die Fortschreibung der durchschnittlichen alters- und geschlechtsspezifischen Krankheitskosten und damit die Ableitung der risikoorientierten Beiträge im Lebenszyklus. Für eine ausführliche Kritik siehe Behrens (1991), S. 68ff.

[134] Zur ausführlichen Erläuterung des Analysekonzeptes für die Ermittlung von Verteilungswirkungen im Längsschnitt siehe Behrens (1991), S. 48ff.

[135] Zum formalen Modellansatz siehe Behrens (1991), S. 94.

jahrgänge 1910 bis 1965/1970 werden die in den einzelnen Jahren erwarteten *GKV*-Beiträge den jeweiligen Ausgaben gegenübergestellt. Die Beitragsleistungen ergeben sich aus der Verknüpfung des erwarteten durchschnittlichen Bruttojahreseinkommens mit dem durchschnittlichen Beitragssatz des jeweiligen Kalenderjahres. Die jährlichen *GKV*-Ausgaben setzen sich aus den für die einzelnen Angehörigen der Versicherteneinheit erwarteten jährlichen Pro-Kopf-Ausgaben und - bei Familien mit Kindern - den durchschnittlichen Ausgaben pro Geburt zusammen. Obwohl die Berechnungen auf zeitlich invarianten Einkommens- und Ausgabenstrukturen basieren, ergibt sich über die Berücksichtigung des durchschnittlichen Beitragssatzes ein Bezug zur Zeit.

Die Modellrechnung zur familienspezifischen Intrakohortenumverteilung bestätigt für alle Geburtsjahrgänge, daß die männlichen Alleinstehenden und die Zweiverdiener-Haushalte bis zu einer Zahl von zwei Kindern durchschnittliche relative Verteilungsbelastungen über den Lebenszyklus erfahren. Dagegen gehören Einverdiener-Haushalte und alleinstehenden Frauen zu den relativ Verteilungsbegünstigten. Ferner zeigt sich, daß bei jedem Haushaltstyp die Verteilungsbegünstigungen [Verteilungsbelastungen] mit zunehmender Kinderzahl steigen [sinken].[136] Allerdings sind die kinderlosen Einverdiener-Haushalte ebenso wie die alleinstehenden Frauen gegenüber den Zweiverdiener-Haushalten - unabhängig von deren Kinderzahl - begünstigt.

Die Abweichungen in den Ergebnissen für die Einverdiener-Familien ohne Kinder und die weiblichen Alleinstehenden, die im Gegensatz zu *Ott (1981)* bei *Behrens (1991)* ausnahmlos sowohl absolut als auch relativ verteilungsbegünstigt sind, müssen in erster Linie auf die unterschiedlichen Datengrundlagen sowie die stark divergierenden Annahmen zurückgeführt werden. So wird das Ausmaß der intrakohortenspezifischen Umverteilung in der Arbeit von *Behrens (1991)* stark von der Abgrenzung der Lebensläufe vorbestimmt.[137] Zum anderen werden die Ergebnisse dadurch verzerrt, daß der Einfluß von Familientyp und -größe auf die Höhe der Erwerbseinkommen und der jährlichen Pro-Kopf-Ausgaben unberücksichtigt bleibt.

(3) Intergenerative Umverteilung im Längsschnitt

Bei *Behrens (1991)* ist eine Intergenerationenbetrachtung aus datentechnischen Gründen nur für die Jahrgänge 1910 - 1965/1970 möglich.[138] Die somit auf den Zeitraum von 1925 bis 2030 begrenzte Berechnung ist allerdings insofern wenig aussagekräftig, da sich die rein demographisch bedingten intergenerativen Umverteilungseffekte in dieser Zeitspanne in Gren-

---

136 Zu den durchschnittlichen absoluten und relativen Verteilungseffekten im Lebenslauf siehe Behrens (1991), S. 114ff.

137 Zur Spezifizierung der Lebensläufe der Versicherteneinheiten siehe Behrens (1991), S. 108ff. Unterstellt man beispielsweise im Gegensatz zu Behrens für Ehefrauen in Zweiverdiener-Haushalten keine Voll-, sondern eine Teilzeitbeschäftigung, so ergeben sich für diese Familientypen geringere Verteilungsbelastungen. Ebenso unrealistisch erscheint die Annahme, daß die Ehefrau in Einverdiener-Haushalten ohne Kinder tatsächlich mit der Heirat die Erwerbstätigkeit aufgibt.

138 Die Modellrechnungen basieren auf der Bevölkerungsprognose ID des Statistischen Bundesamtes bis 2030, so daß auch der einkommensabhängige Beitragssatz nur bis einschließlich des Jahres 2030 zu ermitteln ist. Somit können die Verteilungseffekte nur für die Geburtsjahrgänge bis 1965/1970 quantifiziert werden. Vgl. Behrens (1991), S. 112.

zen halten. Eine deutliche Verschiebung des demographischen Altersaufbaus wird erst in der Zeit nach 2030 bedeutsam.[139] Da für die Zeit nach 2030 nur qualitative Aussagen zur voraussichtlichen Entwicklung der Verteilungswirkungen gemacht werden, lassen sich Richtung und Umfang der intergenerativen Umverteilung lediglich grob abschätzen. Hinzu kommt, daß in der Interkohortenbetrachtung ausschließlich die rein demographisch bedingten Effekte auf die intergenerative Verteilung berücksichtigt werden. Es werden konstante jährliche Pro-Kopf-Ausgaben der *GKV* sowie konstante durchschnittliche beitragspflichtige Bruttojahreseinkommen unterstellt. Bei der Erläuterung der Untersuchung von *Schulenburg* und *Kleindorfer (1986)* wird sich allerdings zeigen, daß diese Vorgehensweise erhebliche Implikationen mit sich bringt. Des weiteren wirkt sich die »subjektive« Abgrenzung der Lebensläufe erneut entscheidend auf die ermittelten Ergebnisse aus. Ferner werden die intergenerativen Verteilungsergebnisse insbesondere dadurch verfälscht, daß in den Modellrechnungen die Rentnerbeiträge nicht einbezogen werden und somit die Verteilungsbelastungen für die jetzigen und zukünftigen Geburtenjahrgänge zu hoch ausgewiesen werden.

Aufgrund dieser methodischen und inhaltlichen Restriktionen werden die zentralen Ergebnisse zu den intergenerativen Verteilungseffekten nur knapp dargestellt. Unabhängig von der gewählten Modellvariante[140] ergibt sich für alle Versicherteneinheiten der Geburtsjahrgänge ab 1960 aufgrund eines gestiegenen einkommensabhängigen Beitragssatzes eine deutliche Verschlechterung ihrer Verteilungspositionen.[141]

Bei der Berechnung der intergenerativen Effekte für den Zeitraum nach 2030 wird zur besseren Vergleichbarkeit mit der Untersuchung von *Schulenburg* und *Kleindorfer (1986)* ausschließlich der Fall der natürlichen Wachstumsrate der Bevölkerung von 0% ab dem Jahr 2030 analysiert. Dies führt unter den getroffenen Annahmen zu einer stationären Bevölkerung ab dem Jahr 2150. Da für die verschiedenen Versicherteneinheiten der Geburtenjahrgänge ab 1960 konstante risikoorientierte Beitragssätze angenommen werden,[142] wird die Entwicklung der interkohortenspezifischen Umverteilung ausschließlich durch den voraussichtlichen Verlauf des einkommensabhängigen Beitragssatzes in der Zeit nach 2030 bestimmt.

Unter den gegebenen Modellprämissen ist für die Versicherteneinheiten der Geburtenjahrgänge 1970 bis 2010 eine zunehmende Verschlechterung ihrer Verteilungsposition zu erwarten. Sowohl von den steigenden als auch von den ab 2070 sinkenden durchschnittlichen einkommensabhängigen Beitragssätzen sind die nachfolgenden Geburtenjahrgänge bis 2050 betroffen. Dagegen haben die Geburtenjahrgänge ab 2050 ausschließlich sinkende einkommensabhängige Beitragssätze zu entrichten. Aufgrund des ab 2150 konstanten einkommensabhängigen Beitragssatzes sind für die Versicherteneinheiten der Geburtenjahrgänge ab etwa 2130 keine weiteren intergenerativen Umverteilungen zu erwarten. Sie verzeichnen ungefähr die

---

139 Vgl. die Ausführungen in Kapitel V.

140 Zu den alternativen Modellvarianten siehe Behrens (1991), S. 98.

141 Zu den Ergebnissen siehe Behrens (1991), S. 116f.

142 Daß diese Annahme schon alleine aufgrund der zu vermutenden Kostenentwicklung im Gesundheitswesen nicht haltbar ist, macht die Realitätsferne dieses Ansatzes deutlich.

gleichen durchschnittlichen relativen Verteilungsbelastungen beziehungsweise -begünstigungen wie die entsprechenden Versicherteneinheiten der Geburtenjahrgänge 1965/1970. Dagegen weisen die jeweiligen Versicherteneinheiten der Zwischengenerationen relativ höhere [niedrigere] durchschnittliche Verteilungsbelastungen [Verteilungsbegünstigungen] auf.[143]

Den Interkohortenredistributionen widmet sich auch die Differentialinzidenzanalyse von *Schulenburg* und *Kleindorfer (1986)*. Sie analysieren für den Zeitraum von 1900 bis 2179 in einem erweiterten Lebenszyklusmodell sich überlappender Generationen die intergenerativen Verteilungswirkungen der *GKV* in Phasen ungleichgewichtigen Bevölkerungswachstums.[144] Den Berechnungen liegen die demographischen Angaben der Bevölkerungsstatistiken und des Bevölkerungsmodells IC des Statistischen Bundesamtes zugrunde. Für die Zeit nach 2030 werden eine konstante Geburtenzahl und die in der Bevölkerungsprognose für 1976/1978 beobachteten Sterblichkeitsverhältnisse unterstellt.[145]

Die isolierte Betrachtung der demographischen Effekte[146] (Variante 1) ergibt für alle Geburtsjahrgänge bis Ende der 70er Jahre einen positiven lebenszeitlichen Nettotransfer, während alle späteren Geburtsjahrgänge bis zum Eintritt in den steady state Nettozahler sind.[147] Es ergibt sich insofern eine Übereinstimmung mit *Behrens (1991)*, als diese ebenfalls für alle Versicherteneinheiten der Geburtenjahrgänge ab 1960 eine Verschlechterung ihrer Verteilungspositionen feststellt, die zwischen 2010 und 2050 ihr Maximum erreicht.

Bei zusätzlicher Berücksichtigung der Kostenentwicklung im Gesundheitswesen (Variante 2) verringern sich die Verteilungsbegünstigungen der »Gewinnergenerationen«, während sich die Verteilungsbelastungen der »Verlierergenerationen« vergrößern.[148]

b) Umverteilungseffekte der GRV in empirischer Perspektive

(1) Intergenerative Umverteilung im Längsschnitt

Auf Basis desselben Modellrahmens quantifizieren *Schulenburg (1990)* sowie *Schulenburg (1989b)* auch die intergenerativen Umverteilungseffekte der *GRV*.[149] Er kommt bei isolierter

---

143 Siehe Behrens (1991), S. 130 sowie S. 133.

144 Vgl. auch die Studie von Schulenburg (1990), die allerdings ausschließlich die demographischen Effekte auf die intergenerative Umverteilung untersucht. Zum Modellrahmen siehe Schulenburg, Kleindorfer (1986), S. 415ff.

145 Vgl. Schulenburg, Kleindorfer (1986), S. 422.

146 Es wird bei Variante 1 keine Diskontierung vorgenommen und die altersmäßige Kostenstrukturschätzung für 1980 zugrunde gelegt, so daß Beitragsschwankungen ausschließlich aus demographischen alters- und geschlechtsmäßigen Verschiebungen resultieren.

147 Die höchste Verteilungsbelastung von nahezu 20.000 DM pro Mitglied erwartet die Geburtsjahrgänge von 2020 - 2029. Siehe Schulenburg, Kleindorfer (1986), S. 426.

148 Die höchste Verteilungsbelastung beläuft sich in Variante 2 auf fast 170.000 DM pro Mitglied. Vgl. Schulenburg, Kleindorfer (1986), S. 427. Variante 3 zeigt schließlich, daß sich die Verteilungsbelastungen zukünftiger Generationen mit steigender Diskontrate weiter erhöhen. Siehe Schulenburg, Kleindorfer (1986), S. 428.

149 Zum Modellrahmen für den Bereich der *GRV* siehe Schulenburg (1990), S. 283ff. sowie Schulenburg (1989b), S. 205ff. Von einer Diskontierung wird im Rahmen der Grundvariante abgesehen.

Betrachtung der demographischen Entwicklung zu dem Ergebnis, daß der Lebensnettotransfer bis Ende der 60er Jahre negativ ist und die bis dahin geborenen Generationen zu den Verteilungsbegünstigten gehören. Ab Anfang der 70er Jahre bis zum Jahr 2120 ist der Lebensnettotransfer positiv. Das heißt, daß alle Generationen, die zwischen 1970 und dem Eintritt in den steady state geboren werden, zu den Verteilungsbelasteten gehören.[150]

Vergleicht man die Ergebnisse von Variante 1 zu Niveau und Entwicklung der Lebensnettotransfersalden zwischen *GRV* und *GKV*, bestätigen sich die Überlegungen aus Kapitel V.

Erstens sind in der *GRV* die intergenerativen Umverteilungseffekte stärker ausgeprägt, und zweitens setzt der demographisch bedingte Umschwung früher ein.

Abbildung VI-3 stellt die Lebensnettotransfersalden von *GRV* und *GKV* (Variante 1) gegenüber.

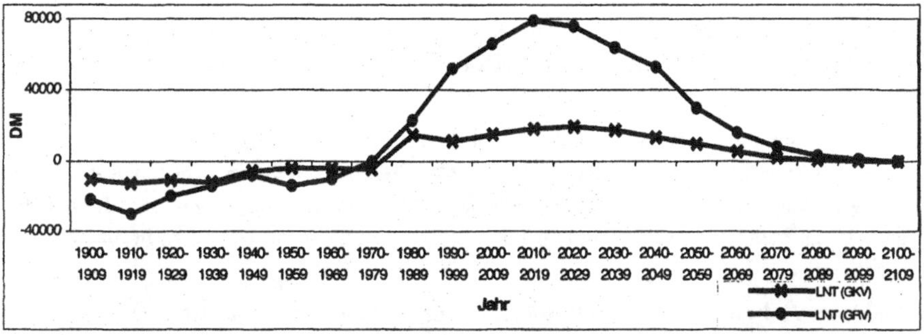

Abbildung VI-3: Lebensnettotransfersalden (LNT) der GRV und GKV im Vergleich

Quelle: Eigene Darstellung auf Basis der Zahlenwerte in Schulenburg, Kleindorfer (1986), S. 426f. sowie Schulenburg (1989b), S. 207.

Die ungünstige Zukunftsprognose für den Bereich der *GRV* wird auch durch die ergänzend herangezogenenen **Renditeberechnungen** gestützt.

Glismann, Horn (1997) berechnen im Gegensatz zu *Ohsmann, Stolz (1997)* und *Eitenmüller (1996)* die realen Renditen in Preisen von 1995 für den Eck- und Durchschnittsrentner sowie die Durchschnittsrentnerin.[151] Für diese drei Personenkreise werden zum Gesetzesstand nach dem Rentenreformgesetz 1992 die Summe der geleisteten Beiträge, der Barwert der Rentenansprüche und die Rendite der Beitragsleistungen als interner Zinsfuß zweier Reihen von

---

150 Vgl. Schulenburg (1990), S. 287f.

151 Zur Typisierung der Untersuchungseinheiten siehe Glismann, Horn (1997), S. 4ff. Zu kritisieren ist insbesondere, daß es sich sowohl beim Durchschnittsrentner als auch der Durchschnittsrentnerin um unechte Durchschnitte handelt. Demgegenüber ermitteln Ohsmann, Stolz (1997) und Eitenmüller (1996) nominale Renditen.

Aus- und Einzahlungen ermittelt.[152] In die Gesamtrendite gehen neben den Renditewerten der Altersrente auch die Renditeeffekte des vorzeitigen Todes und der Absicherung gegen Berufs- und Erwerbsunfähigkeit ein.[153] Schließlich wird bei der Renditeberechnung für die drei Rentnertypen unterschieden, ob die Person verheiratet oder ledig ist.

Einen Anhaltspunkt für intergenerative Umverteilungselemente liefert die Renditeentwicklung im Zeitablauf.[154] Ohne näher auf die teils beträchtlichen Unterschiede zwischen den einzelnen typisierten Rentnern einzugehen,[155] ergeben sich für alle Rentnerkategorien in den Renteneintrittsjahren 1975 und 1995 positive reale Gesamtrenditen, die sich allerdings in diesem Zeitraum beträchtlich verringern. So sinkt beispielsweise die Gesamtrendite des verheirateten [ledigen] Eckrentners[156] von 6,0% [5,1%] im Jahr 1975 auf nur noch 2,8% [1,7%] im Jahr 1995. Bis zum Renteneintrittsjahr 2015 sinken für alle Rentnertypen die Renditewerte weiter ab.[157] Positive Gesamtrenditen haben nur noch die verheirateten Eck- und Durchschnittsrentner sowie die ledige und die verheiratete Durchschnittsrentnerin zu erwarten. Dagegen erhalten die ledigen Eck- und Durchschnittsrentner bereits negative Renditen. Im Renteneintrittsjahr 2040 ergeben sich schließlich für alle typisierten Rentner negative Gesamtrenditen.[158]

Die Berechnungen zeigen somit, daß sich nicht nur die Attraktivität der umlagefinanzierten Rentenversicherung gegenüber alternativen Anlagemöglichkeiten am privaten Kapitalmarkt verringert, sondern daß darüber hinaus spätestens der Renteneintrittsjahrgang des Jahres 2040 nicht einmal mehr den Geldbetrag real herausbekommt, den er an Beiträgen in die *GRV* eingezahlt hat.

Abbildung VI-4 gibt einen Überblick über die Entwicklung der Gesamtrenditen für die verschiedenen Rentnertypen.

---

152 Zur formalen Darstellung siehe Glismann, Horn (1997), S. 9f. Bei den Berechnungen wurde für die Jahre 1975 - 1989 [1990 - 1995] ein Kapitalmarktzins von 4,2% [3,9%] angesetzt. In den Jahren nach 1995 wurde ein Realzins von 2,1% gewählt. Vgl. Glismann, Horn (1997), S. 9.

153 Zu den diesbezüglichen Annahmen siehe Glismann, Horn (1997), S. 7f.

154 Zu den Ergebnistabellen siehe Glismann, Horn (1997), S. 22ff.

155 Vgl. hierzu die Ergebnisse in Tabelle A-5 im Anhang.

156 Der Eckrentner ist nach Glismann, Horn (1997), S. 4 definiert „als ein männlich sozialversicherungspflichtig Beschäftigter, der 45 Jahre lang Durchschnittsbeiträge in die Alterskasse eingezahlt hat. Mit Eintritt des 65. Lebensjahres erhält er Rente, und dies in allen untersuchten Zeiträumen 15 Jahre lang."

157 Für den verheirateten [ledigen] Eckrentner beträgt die Gesamtrendite jetzt nur noch 0,9% [-0,2%].

158 Für den verheirateten [ledigen] Eckrentner beträgt die Gesamtrendite nun -0,4% [-1,7%].

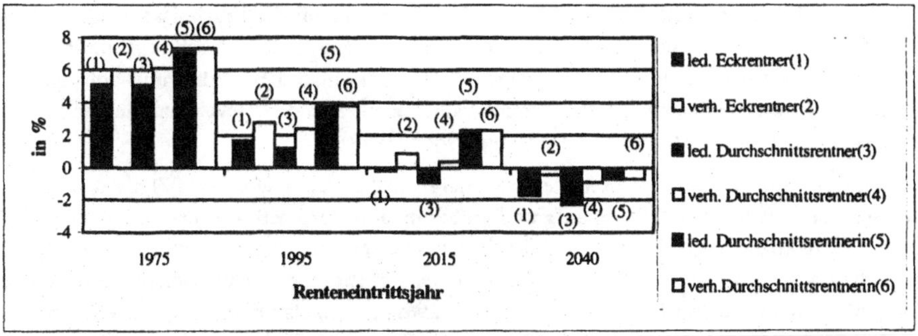

Abbildung VI-4: Gesamtrenditeentwicklung

Quelle: Eigene Darstellung auf Basis der Zahlenwerte aus Glismann, Horn (1997), S. 22ff.

Eine Gegenüberstellung der Ergebnisse mit den Renditeberechnungen von *Eitenmüller (1996)* und *Ohsmann, Stolz (1997)* muß sich auf denselben Rentnertyp und das gleiche Renteneintrittsjahr beziehen. *Ohsmann, Stolz (1997)* weisen ihre Renditeberechnungen für die Rentenzugangsjahre 1997 und 2010 aus, so daß ein unmittelbarer Vergleich nicht möglich ist. Dagegen können die Ergebnisse von *Glismann, Horn (1997)* und *Eitenmüller (1996)* gegenübergestellt werden.

Im Falle des verheirateten Eckrentners, der auch gegen Berufs- und Erwerbsunfähigkeit abgesichert ist, ermitteln *Glismann, Horn (1997)* für das Renteneintrittsjahr 2040 eine reale Rendite von 0,6%.[159] *Eitenmüller (1996)* berechnet auf Basis des Prognos-Gutachtens[160] die nominale Rendite als internen Zinsfuß einer Reihe von Beiträgen und Rentenleistungen.[161] Er ermittelt eine nominale Rendite von rund 4,9%.[162] Die Differenz der Renditewerte verringert sich merklich, wenn die nominale Rendite bei *Eitenmüller (1996)* um die Inflationsrate bereinigt wird. Der verbleibende Unterschied läßt sich auf unterschiedliche methodische Vorgehensweisen sowie abweichende Annahmen[163] zurückführen. Die methodischen Ansätze unterscheiden sich in erster Linie dadurch, daß *Eitenmüller (1996)* die Rendite als internen Zinsfuß einer Reihe von Aus- und Einzahlungen ermittelt, während *Glismann, Horn (1997)* sie als internen Zinsfuß zweier Reihen von Aus- und Einzahlungen errechnen.[164] Die parallel durchgeführten Alternativberechnungen bei *Glismann, Horn (1998)* machen den Unterschied zwi-

---

159 Siehe Glismann, Horn (1997), S. 15.

160 Im folgenden wird aus Gründen der besseren Vergleichbarkeit lediglich auf die Ergebnisse für das obere Szenario des Prognos-Gutachtens eingegangen, da sich Glismann, Horn (1997) ausschließlich auf dieses beziehen.

161 Zur ausführlichen Beschreibung der Vorgehensweise siehe Eitenmüller (1996), S. 785ff.

162 Vgl. Eitenmüller (1996), S. 791.

163 Für eine Gegenüberstellung der grundlegenden Annahmen siehe Glismann, Horn (1997), S. 14. So führen beispielsweise bei Eitenmüller (1996) schon 40 Jahre im Gegensatz zu Glismann, Horn (1997) (45 Jahre) zur Eckrente, was sich entsprechend renditesteigernd auswirkt.

164 Zu diesem methodischen Unterschied erfolgen aber falsche Angaben bei Glismann, Horn (1997), S. 14.

schen den beiden Berechnungsmethoden und deren Effekt auf die Ergebnisse deutlich.[165] Es zeigt sich, daß die ermittelten Renditewerte des Ein-Reihen-Modells durchwegs die Renditewerte des Zwei-Reihen-Modells übersteigen.[166] Überträgt man diese Erkenntnis auf den hier betrachteten Fall des verheirateten Eckrentners, reduziert sich die Abweichung in den Ergebnissen von *Eitenmüller (1996)* und *Glismann, Horn (1997)*.

Auch wenn ein Vergleich der Renditeberechnung von *Glismann, Horn (1997)* mit den Ergebnissen von *Schulenburg (1989b)* aufgrund großer inhaltlicher, methodischer und datentechnischer Differenzen nur bedingt möglich ist, weist die Gegenüberstellung doch eine einheitliche Tendenz aus. Geht man davon aus, daß das Renteneintrittsalter im Durchschnitt zwischen 60 und 65 Jahren liegt, so ist der bei *Schulenburg (1989b)* erstmals mit einem positiven Lebensnettotransfersaldo[167] belastete Geburtsjahrgang den Renteneintrittsjahrgängen um 2030 – 2040 zuzurechnen. Für deren typisierte Mitglieder weisen auch *Glismann, Horn (1997)* negative reale Renditen aus.

Ähnlich wie *Schulenburg (1989b)* verwendet *Boll (1994)* für seine Verteilungsanalyse ein Modell überlappender Generationen. Mit Hilfe des **Generational Accounting-Konzeptes** ermittelt er die intergenerativen Umverteilungswirkungen der *GRV* unter Berücksichtigung verschiedener Politikmaßnahmen für unterschiedliche Generationen.[168] Aufgrund positiver Generational Accounts bei allen Politikszenarien ist weder für die 1989 neugeborenen noch für die zukünftigen Generationen eine Mitgliedschaft in der *GRV* lohnenswert.[169] Stattdessen zeigt die intergenerative Umverteilungsanalyse, „[...] daß eine Anlage aller Beiträge und die Verzinsung des Kapitals mit *r* für die einzelnen Wirtschaftssubjekte günstiger wäre als die Alterssicherung durch das staatliche System."[170]

Diese Ergebnisse decken sich letztlich auch mit der Status-quo-Analyse auf Basis des Jahres 1980 von *Wagner (1984)*, der anhand der globalen Beitragsäquivalenzziffer[171] die **intergene-**

---

165 Glismann, Horn (1998) rechnen für den ledigen Eckrentner des Renteneintrittsjahres 2040 zwei grundlegende Varianten durch. In einer ersten Variante wird - entsprechend der Vorgehensweise in Glismann, Horn (1997) - die Einzahlungsreihe gesondert von der Auszahlungsreihe berechnet, wähend in der zweiten Variante kein Unterschied zwischen Ein- und Auszahlungsreihe gemacht wird, sondern der interne Zins an beide Reihen angelegt wird. Vgl. Glismann, Horn (1998), S. 476.

166 Vgl. Glismann, Horn (1998), S. 479.

167 Da sich der Lebensnettotransfersaldo aus der Differenz zwischen Ein- und Auszahlungen errechnet, bedeutet ein positiver Saldo eine Belastung. Vgl. hierzu Abschnitt D.III in Kapitel I.

168 Grundsätzlich zum Konzept des Generational Accounting siehe Kotlikoff (1992). Zur Übertragung des Generational Accounting-Ansatzes auf das Problem der *GRV* siehe Boll (1994), S. 56ff. Bezüglich der Bevölkerungsentwicklung unterstellt Boll (1994), S. 80 für die Zeit nach 2030 eine Steigerung der Nettoreproduktionsrate, die den Bevölkerungsrückgang beendet und ab dem Jahr 2100 zu einer langfristig stationären Bevölkerung führt.

169 Vgl. Boll (1994), S. 83ff.

170 Boll (1994), S. 83.

171 Mit Hilfe der Globaläquivalenzziffer werden die Anteile der Lebensbeitragszahlungen und der Lebensrentensummen einer Kohorte am Volkseinkommen überprüft. Zu diesem Zweck wird die Diskontierung der Einkommen mit der Wachstumsrate der Löhne und Renten gleichgesetzt. Vgl. Wagner (1984), S. 118.

rationale Durchhaltbarkeit der *GRV* untersucht.[172] Er kommt zu dem Ergebnis, daß das System der *GRV* intergenerativ nicht durchhaltbar ist, „[...] solange kein kräftiges Bevölkerungswachstum erfolgt."[173] Allerdings unterliegt die Vorgehensweise von *Wagner (1984)* zahlreichen Beschränkungen, die sich aus der statistischen Datengrundlage, der Abgrenzung des Untersuchungsgegenstandes sowie der methodischen Vorgehensweise selbst ergeben. Diese Restriktionen wirken sich entscheidend auf die Simulationsergebnisse sowohl zur intergenerativen Durchhaltbarkeit als auch zur interpersonellen Umverteilung im Längsschnitt aus.

(2) Intertemporale interpersonelle Redistributionen im Längsschnitt

In bezug auf die intertemporale interpersonelle Umverteilung kristallisiert sich bei *Wagner (1984)* eine doppelte Benachteiligung der Kindererziehung heraus, da durch den unterbrochenen Erwerbsverlauf nicht nur das Rentenniveau, sondern auch die Renten-Beitrags-Relationen kindererziehender Mütter gesenkt werden.

Die größten Redistributionseffekte gehen vom Rentenzugangsalter aus, während sich andere Umverteilungselemente weitestgehend gegenseitig kompensieren. In **vertikaler Perspektive** führen die gesetzlichen Regelungen zu einer Umverteilung zu Gunsten niedriger und hoher Einkommen.[174] In **horizontaler Perspektive** vollzieht sich bei einer nur nach dem Familienstand differenzierenden Analyse eine Umverteilung zwischen Ledigen und Nicht-Ledigen zu Gunsten der Ledigen.[175]

(3) Interpersonelle Redistributionen im Querschnitt

Im Gegensatz zu *Wagner (1984)*, der einen relativ geringen Nettoredistributionseffekt im Längsschnitt konstatiert,[176] ergeben sich in der Querschnittuntersuchung von *Pfeiffer (1989)* für das Jahr 1983 beträchtliche interpersonelle Umverteilungseffekte, auf die auch schon die Untersuchung von *Schmähl (1977)* hingedeutet hat.[177]

In ihrer Budgetinzidenzuntersuchung rechnet *Pfeiffer (1989)* - in Anlehnung an die Vorgehensweise von *Loeffelholz (1979)* und *Grüske (1978)* - die Finanzmittel und Leistungen der *GRV* mit Hilfe der EVS-Daten auf die nach Einkommensklassen und sozialen Merkmalen gruppierten Haushalte zu. Anschließend bezieht sie die sich ergebenden Leistungs- und Fi-

---

[172] Zur Analyse der intergenerativen Durchhaltbarkeit des Systems siehe Wagner (1984), S. 216ff. Allgemein zum Konzept und dem Instrumentarium der empirischen Untersuchung vgl. Wagner (1984), S. 114ff.

[173] Wagner (1984), S. 303.

[174] Vgl. Wagner (1984), S. 240. Er ermittelt für die untersten und obersten Einkommensgruppen die höchsten durchschnittlichen Renten-Beitrags-Relationen. „In den niedrigen Einkommensgruppen sind dafür weitgehend die relativ hohen Invaliditätswahrscheinlichkeiten der Arbeiter verantwortlich, während in den hohen Einkommensgruppen die Ausbildungsausfallzeiten durchschlagen." Ders. (1984), S. 240.

[175] Siehe Wagner (1984), S. 240. Letztlich bringen somit die Verheirateten ihre Beiträge für die Hinterbliebenenrente weitestgehend selbst auf. Ferner findet auch innerhalb der Gruppe der Ledigen eine Umverteilung zu Gunsten kinderloser Frauen statt.

[176] Vgl. Wagner (1984), S. 303.

[177] Schmähl (1977) untersucht in seiner Querschnittbetrachtung getrennt die Verteilungswirkungen der Finanzierungs- und Leistungsseite, indem er die interpersonelle Umverteilung als Abweichung vom versicherungstechnischen Äquivalenzprinzip interpretiert.

nanzierungssalden auf das jeweilige Primäreinkommen.[178] Bei der Zurechnung der Abgaben und Leistungen werden die Arbeitnehmerbeiträge und die Leistungen der *GRV* unter der Annahme der Nichtüberwälzbarkeit entsprechend den Verteilungsstrukturen der EVS zugerechnet. Der steuerfinanzierte Abgabenteil wird teilweise direkt auf Basis der in der EVS ermittelten Belastungen und teilweise aufgrund von Überwälzungsalternativen zugeteilt. Die Arbeitgeberbeiträge werden dagegen alternativ nach drei Überwälzungshypothesen zugerechnet.[179] Zur Messung der Umverteilung wird das korrigierte Nettosozialprodukt zu Marktpreisen als Referenzpunkt bestimmt und die Abgaben-Leistungs-Salden auf dieses Primäreinkommen bezogen.[180]

- **Einkommensspezifische Redistributionseffekte**

Abbildung VI-5 zeigt für die Überwälzungsvariante B (anteilige Vor- und Rückwälzung der Arbeitgeberbeiträge) den auf das Primäreinkommen bezogenen Nettoredistributionseffekt.

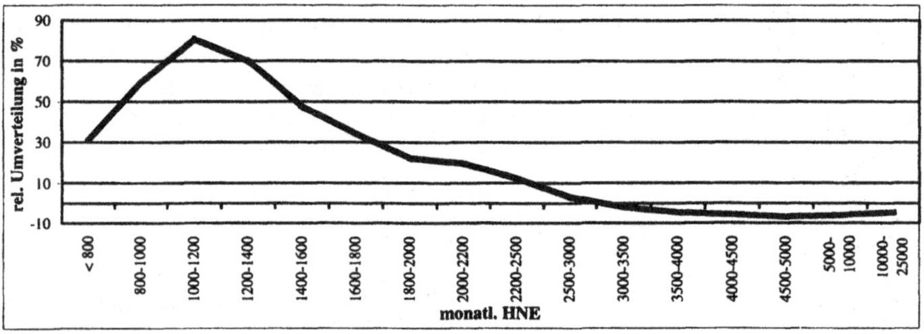

Abbildung VI-5: Nettoredistributionseffekt der GRV nach Einkommensklassen (1983)

Quelle: Eigene Darstellung auf Basis der Zahlenwerte aus Pfeiffer (1989), S. 197.

Bei einer Untergliederung der Haushalte nach **Einkommensklassen** ergibt sich bei *Pfeiffer (1989)* ein Umverteilungseffekt zu Gunsten unterer und mittlerer Einkommensschichten, indem alle Haushalte bis zu einem monatlichen Haushaltsnettoeinkommen (HNE) von 3.000 DM begünstigt werden.

- **Altersspezifische Redistributionseffekte**

Bei einer Gruppierung nach dem **Alter des Haushaltsvorstandes** ergibt sich naturgemäß eine Umverteilung zu Gunsten höherer Altersgruppen, die allerdings im Rahmen einer Längsschnittbetrachtung keine Rolle mehr spielt. Die »typischen« Rentnergruppen der 65

178 Vgl. Pfeiffer (1989), S. 26f. Zur konkreten Vorgehensweise im Rahmen der empirischen Untersuchung vgl. dies. (1989), S. 124ff.

179 Die Zurechnung erfolgt auf Basis der von Loeffelholz (1979) erarbeiteten Inzidenzannahmen - vollständige Vorwälzung, vollständige Rückwälzung sowie hälftige Vor- und Rückwälzung. Vgl. Pfeiffer (1989), S. 127ff.

180 Zu den Ergebnissen vgl. Pfeiffer (1989), S. 196f.

- 70jährigen und der über 70jährigen weisen bei Variante B positive Umverteilungseffekte in Höhe von 79,7% und 148,5% auf, während die unteren Altersgruppen negative Effekte zu verzeichnen haben.[181]

- **Redistributionseffekte nach der sozialen Stellung des Haushaltsvorstandes**

Der altersspezifische Umverteilungseffekt deckt sich mit dem Redistributionseffekt, der sich bei einer Gruppierung nach der **sozialen Stellung des Haushaltsvorstandes** ergibt. Hier erreichen die Nichterwerbstätigen-Haushalte - in der Regel Haushalte mit einem Rentner als Haushaltsvorstand - relativiert an ihrem Primäreinkommen einen positiven Umverteilungsanteil von 84%, während alle anderen sozialen Gruppen negative Effekte aufweisen.[182]

- **Redistributionseffekte zwischen verschiedenen Haushaltsgrößenklassen**

Die Schichtung nach der **Haushaltsgröße** ergibt ein differenziertes Bild. Bis zu einer Haushaltsgröße von vier Personen wird ein regressiver Verlauf wirksam, der sich danach umkehrt. Die hohe Begünstigung der Ein-und Zwei-Personen-Haushalte ist primär auf den Begünstigungseffekt der Leistungsseite zurückzuführen.[183] Dieser resultiert in erster Linie aus der Tatsache, daß Rentenempfänger vorrangig in Ein- oder Zwei-Personen-Haushalten anzutreffen sind.

c) Zeitpunktbezogene Umverteilungseffekte der ALV *in empirischer Perspektive*

Die isolierten Redistributionseffekte der *ALV* werden anhand der Studie von *Mavromaras, Rudolph (1998)* dargestellt, die für den Zeitraum von 1980-1989 die interpersonellen Verteilungseffekte im Querschnitt ermitteln.

Zu diesem Zweck werden AFG-Beiträge und Ausgaben für Lohnersatzleistungen aus den Mikrodaten der IAB-Beschäftigtenstichprobe geschätzt und den nach den Dimensionen »Alter«, »Betriebsgröße« und »Wirtschaftszweig« des Herkunftsbetriebs gruppierten Untersuchungseinheiten zugeteilt.

Die Verteilungseffekte werden mit Hilfe einer Art »Teilkostenrechnung« für Lohnersatzleistungen in bezug auf die Deckungsbeiträge der Beitragszahler zum BA-Haushalt ausgewiesen. In einem ersten Schritt werden durch Gegenüberstellung der Beitragszahlungen und Ausgaben für Lohnersatzleistungen absolute Defizite ermittelt.[184] Eine Untersuchungsgruppe ist

---

181 Es zeigt sich ein gravierender Unterschied zwischen den einzelnen Überwälzungsvarianten, da sich die divergierenden Zurechnungsmodi bei altersspezifischer Gruppierung besonders differenziert auswirken. Da die über 65jährigen in der Regel nicht mehr abhängig beschäftigt sind, weisen sie im Gegensatz zu den jüngeren Jahrgängen bei Variante A (vollständige Rückwälzung der Arbeitgeberbeiträge auf die Arbeitnehmer) einen extrem hohen positiven Umverteilungseffekt auf. Vgl. Pfeiffer (1989), S. 145.

182 Den höchsten negativen Umverteilungsanteil verzeichnen die Arbeiter- und Angestellten-Haushalte mit -10,6% beziehungsweise -9,3%. Aus demselben Grund wie bei der altersspezifischen Differenzierung ergeben sich auch bei der Gruppierung nach der sozialen Stellung des Haushaltsvorstandes beträchtliche Unterschiede zwischen den Überwälzungsvarianten.

183 So erhalten die Ein- beziehungsweise Zwei-Personen-Haushalte einen Leistungsanteil von 39,1% beziehungsweise 47,5%. Vgl. Pfeiffer (1989), S. 191.

184 Vgl. Mavromaras, Rudolph (1998), S. 96f. Zu den Ausgaben für Lohnersatzleistungen werden neben den Beträgen für Arbeitslosen- und Unterhaltsgeld auch die Kranken- und Rentenversicherungsbeiträge gezählt. Allgemein zu den Problemen der Bilanzierung siehe dies. (1998), S. 96.

dann **absolut defizitär**, wenn die Leistungsausgaben ihre Beitragszahlungen übersteigen.[185] In einem nächsten Schritt werden im Zuge der relativen Bilanzierung relative Defizite ermittelt.[186] Eine Untersuchungsgruppe ist **relativ defizitär**, wenn sie nach Deckung der ihr zuzurechnenden Lohnersatzleistungen nur noch unterproportional zur Finanzierung der übrigen Ausgaben beiträgt.[187]

Insgesamt bestätigen die ausgewiesenen Bilanzen die vermutete Umverteilungsrichtung von Beschäftigten mit geringem zu Personen mit hohem Arbeitslosigkeitsrisiko, da erstere aufgrund der nicht risikoabhängigen Beitragsbemessung die Leistungen für zweitere mitfinanzieren.

- **Altersspezifische Redistributionseffekte**

Die Untersuchung der gruppenspezifischen absoluten und relativen Defizite ergibt bei **altersspezifischer** Gruppierung eine dauerhafte Umverteilung zu Gunsten von älteren und zu Lasten von mittleren Altersgruppen.

- **Redistributionseffekte zwischen Angehörigen verschiedener Wirtschaftszweige und Betriebsgrößenklassen**

Bei der Gruppierung nach der **Betriebsgröße** und dem **Wirtschaftszweig** zeigt sich eine dauerhafte Umverteilung zu Gunsten von Angehörigen kleinerer und mittlerer Betriebe und zu Lasten von Großbetrieben sowie eine Redistribution zu Gunsten von Mitarbeitern in saisonabhängigen Wirtschaftszweigen.[188]

Abschließend ermitteln *Mavromaras, Rudolph (1998)* die Veränderung der globalen Verteilungseffekte in bezug auf die jeweiligen Untersuchungseinheiten im Lauf der 80er Jahre mit Hilfe des Mismatch-Indikators als Umverteilungskennziffer.[189] Da sich hieraus aber keine Rückschlüsse auf personenbezogene Verteilungseffekte ziehen lassen, besitzen diese Berech-

---

185 Zur formalen Definition siehe Mavromaras, Rudolph (1998), S. 97.

186 Die relative Bilanzierung bezüglich einer Leistungsart erfolgt durch eine gruppenspezifische Gegenüberstellung der Beitrags- und Ausgabenanteile an dem jeweiligen Haushaltstitel. Die relative Bilanzierung basiert auf der Proportionalitätsannahme, der zufolge Mavromaras, Rudolph (1998), S. 97 unterstellen, „[...] daß jede Gruppe von Beitragszahlern proportional zu ihren Beiträgen die einzelnen Ausgabentitel der BA mitfinanziert. Entspricht ihr Anteil an den Beiträgen dem auf sie entfallenden Anteil an den Ausgaben einer Leistungsart, dann verhalten sich ihre Beiträge und Leistungen verteilungsneutral. Dabei wird allerdings unterstellt, daß sie auch proportional von den anderen Ausgaben profitieren." Diese Annahme ist jedoch insofern fraglich, da manche Leistungen nur spezifischen Berufsgruppen zustehen beziehungsweise nur – wie beispielsweise die Berufsberatung – von bestimmten Altersgruppen genutzt werden.

187 Zur formalen Definition siehe Mavromaras, Rudolph (1998), S. 97.

188 Zu den Ergebnissen siehe die für die Zeiträume 1980-1984 und 1985-1989 getrennt ausgewiesenen Angaben der absoluten und relativen Bilanzierung bei Mavromaras, Rudolph (1998), S. 103ff. Temporäre Verteilungseffekte ergeben sich im Zeitraum 1980-1984 aufgrund der hohen Jugendarbeitslosigkeit Anfang der 80er Jahre zu Gunsten von jüngeren Altersgruppen und angesichts der hohen strukturellen Arbeitslosigkeit zu Gunsten von strukturkrisenbetroffenen Wirtschaftszweigen.

189 Der Mismatch-Indikator faßt die Abweichungen der Beitrags- und Leistungsstrukturen in einer Maßzahl zusammen. Werden die ermittelten Absolutbeträge über alle Gruppen summiert, gibt er Auskunft über die Gesamtumverteilung, ohne allerdings Angaben über die Redistributionsrichtung zu machen. Zur formalen Definition vgl. Mavormaras, Rudolph (1998), S. 97.

nungen für den hier verfolgten Untersuchungszweck keine Relevanz und werden vernachlässigt.

d) *Empirische Umverteilungseffekte der* SPV

(1) Interpersonelle Redistributionen im Querschnitt

Da die Studie von *Rothgang, Fachinger (1997)* der Untersuchung von *Krieglmeier (1996)* sowohl in methodischer als auch inhaltlicher Hinsicht überlegen ist,[190] wird im folgenden in erster Linie auf deren Ergebnisse Bezug genommen.

- **Einkommensspezifische Redistributionseffekte**

Rothgang, Fachinger (1997) analysieren durch einen Vergleich von Status quo ante und Status quo - dem Rechtsstand nach Inkrafttreten der zweiten Stufe der Pflegeversicherung - die Auswirkungen des Pflege-Versicherungsgesetzes auf die personale Einkommensverteilung. „Der Verteilungsnullpunkt ist somit [...] der Zustand, der eingetreten wäre, falls das PflegeVG nicht verabschiedet und der Status quo der Finanzierungs- und Leistungsgestaltung beibehalten worden wäre."[191] Da sich allerdings mit Einführung der Pflegeversicherung das Volumen der Pflegeleistungen und damit auch der Finanzierungsumfang vergrößert hat, vergleichen *Rothgang, Fachinger (1997)* für den Finanzierungsbereich die Situation im Status quo mit einer fiktiven Referenzsituation. In dieser Referenzsituation entspricht zwar die Finanzierungs- und Leistungsstruktur dem Zustand im Status quo ante. Dagegen wird aber das Volumen der Situation im Status quo herangezogen.[192] Durch diese Vorgehensweise ist es möglich, den Struktureffekt der Umverteilung vom reinen Volumeneffekt zu trennen.

Bei der Verteilungsanalyse der **Finanzierungsstruktur** werden die jeweiligen Finanzierungsquellen ermittelt, um dann zu untersuchen, welche Wirkungen von den unterschiedlichen Finanzierungsmodi auf die personelle Verteilung der Bruttojahreseinkommen ausgehen.[193] Zu diesem Zweck werden sowohl für den Status quo ante als auch für den Status quo aus Steuer- und Beitragszahlungen zusammengesetzte Tarifverläufe bestimmt. Beim direkten Vergleich der unterschiedlichen Hauptfinanzierungsformen wird deutlich, daß aus der Verschiebung der Finanzierungsanteile eine Belastungsverlagerung zu Gunsten oberer und zu

---

[190] Die Umverteilungsanalyse von Krieglmeier (1996) ist größtenteils nur schwer nachvollziehbar, da sie oftmals auf zweifelhaften Annahmen und stark vereinfachten Modellrechnungen basiert. So analysiert Krieglmeier (1996), S. 118 beispielsweise die differentiellen Verteilungswirkungen der Pflegekasse gegenüber den Sozialhilfeleistungen für den Pflegefall im Status quo ante, indem er von einer Senkung der Einkommensteuer durch die Einsparungen bei der Sozialhilfe nach Einführung der Pflegeversicherung ausgeht. Hiergegen ist einzuwenden, daß die Einführung der Pflegeversicherung nicht zu einer Senkung der Einkommensteuer geführt hat und zudem die Sozialhilfeleistungen nicht ausschließlich durch Steuern vom Einkommen finanziert wurden.

[191] Rothgang, Fachinger (1997), S. 173.

[192] Zur genauen Beschreibung der Vorgehensweise vgl. Rothgang, Fachinger (1997), S. 173ff.

[193] Rothgang, Fachinger (1997), S. 176 abstrahieren in ihrer Untersuchung von haushalts- sowie familienspezifischen rechtlichen Regelungen, wie der Familienmitversicherung oder dem Ehegattensplitting, so daß alle Individuen mit gleichem Einkommen auch die gleichen Abgaben zu entrichten haben.

Lasten unterer Einkommensgruppen resultiert.[194] Hierbei sind die Vorteile für obere Einkommensgruppen umso größer, je höher das individuelle Einkommen ist.

Dieses Ergebnis wird auch durch die Studie von *Krieglmeier (1996)* sowie die frühere Modellrechnung von *Breyer (1991/1992)* gestützt.[195]

Für die **Leistungsseite** gelingt es *Rothgang, Fachinger (1997)* nur bedingt, einen geeigneten Referenzmaßstab zu konstruieren, mit dem die Situation im Status quo verglichen werden kann, da die zusätzliche Dimension »Leistungsstruktur« zu berücksichtigen ist.[196] Die von der Leistungsseite ausgehenden Verteilungseffekte werden in einem zweistufigen Verfahren ermittelt. In einem ersten Schritt wird geprüft, in welchem Ausmaß die Leistungen für die einzelnen Einkommensgruppen erhöht werden, und in einem zweiten Schritt wird die fiktive Referenzsituation mit dem neuen Rechtsstand verglichen.[197]

Die Analyse für den **ambulanten Pflegebereich** zeigt, daß nahezu alle Einkommensgruppen von der Leistungsausweitung profitieren. Jedoch korreliert das Ausmaß der Besserstellung positiv mit dem Einkommen. Bei Neutralisierung des Struktureffektes ergibt sich eine absolute Besserstellung der Pflegebedürftigen, deren Einkommen einen bestimmten Grenzwert übersteigt. Alle anderen Einkommensgruppen werden schlechter gestellt.

Aufgrund unzureichenden Datenmaterials beschränkt sich die Verteilungsanalyse für den Bereich der **stationären Pflege** auf eine einfache Beispielrechnung, anhand derer modellhaft aufgezeigt wird, daß insbesondere die Bezieher höherer Einkommen zu den Verteilungsbegünstigten gehören.

Die ermittelten Verteilungseffekte der Leistungsseite werden durch die stark rudimentäre Modellrechnung von *Krieglmeier (1996)* bestätigt. „So ergibt sich für die Leistungen der Sozialversicherungslösung tendenziell die gleiche regressive Verteilungswirkung wie für die Beitragsfinanzierung. Es ist also insgesamt von einer regressiven Wirkung auszugehen."[198]

Bei der Ergebnisinterpretation ist allerdings zu bedenken, daß die Aussagekraft der Ergebnisse von *Rothgang, Fachinger (1997)* in vielerlei Hinsicht eingeschränkt wird. Zum einen können die Angaben der Leistungsseite nicht verallgemeinert werden, sondern nur auf die spezifische Gruppe der Leistungsbezieher - also die Pflegebedürftigen - bezogen werden, da nicht

---

194 Vgl. Rothgang, Fachinger (1997), S. 192. Der »break even point« liegt bei einem Bruttojahreseinkommen von 71.300 DM. Aufgrund des hohen Anteils der Steuern vom Einkommen - insbesondere der Einkommensteuer - zur Finanzierung der öffentlichen Pflegeleistungen wird der Gesamttarifverlauf im Status quo ante durch den progressiven Einkommensteuertarif geprägt. Dagegen verläuft der »Bei tragstarif« im Status quo zunächst proportional und oberhalb der Beitragsbemessungsgrenze regressiv.

195 Vgl. Krieglmeier (1996), S. 120 sowie Breyer (1991/1992), S. 91ff. Ebenso Fachinger, Rothgang (1995), S. 237.

196 Sie wählen als Referenzpunkt eine fiktive Situation, die durch neues Finanzierungs- beziehungsweise Leistungsvolumen, aber alte Finanzierungs- und Leistungsstruktur gekennzeichnet ist. Vgl. hierzu Rothgang, Fachinger (1997), S. 198.

197 Zu der Verteilungsanalyse der veränderten Leistungsstruktur im ambulanten sowie stationären Bereich siehe Rothgang, Fachinger (1997), S. 200ff.

198 Krieglmeier (1996), S. 122.

angenommen werden kann, daß das Pflegerisiko einkommensunabhängig in der Bevölkerung verteilt ist.[199] Dementsprechend handelt es sich bei den ermittelten Wirkungsverläufen auch nicht um Effekte auf die gesamte personale Einkommensverteilung. Zum anderen können keine eindeutigen Aussagen über einen Nettoeffekt gemacht werden, da in der Studie von *Rothgang, Fachinger (1997)* Leistungs- und Finanzierungsseite nicht simultan analysiert werden.

- **Geschlechts- und familienspezifische Redistributionseffekte**

Krieglmeier (1996) ermittelt zusätzlich zur einkommensspezifischen Umverteilung auch geschlechts- und familienabhängige Redistributionseffekte. Hierfür wählt er die private Pflegeversicherung als Referenzpunkt. Angesichts der stark vereinfachten Vorgehensweise[200] können die Ergebnisse aber lediglich Modellcharakter beanspruchen.

In der Tendenz zeigt sich eine Umverteilung zu Gunsten von Frauen und zu Lasten von Männern sowie eine interfamiliäre Redistribution zu Gunsten kinderloser Ehepaare mit einem erwerbstätigen Ehegatten, dessen Einkommen über der Beitragsbemessungsgrenze liegt.

<u>(2) Anhaltspunkte über die intertemporale interpersonelle Umverteilung</u>

Die Momentaufnahme der vorangegangenen Studien zur einkommensspezifischen Umverteilung deckt sich bei oberflächlicher Betrachtung nicht mit den Ergebnissen von *Dudey (1996).*

Er ermittelt mit Hilfe von zwei Modellalternativen die intragenerativen Verteilungseffekte der *SPV*, die sich durch den Übergang der Sozialhilfefinanzierung von Pflegebedürftigkeit zur umlagefinanzierten Sicherungslösung ergeben.[201] Aufgrund des hohen Abstraktionsgrades des diskreten Modelles einer einfachen Ökonomie mit nur zwei Einkommensgruppen wird an dieser Stelle jedoch lediglich auf die Verteilungsanalyse im Rahmen der stetigen Modellvariante Bezug genommen. Die Modellanalyse ergibt, daß der Ersatz der Sozialhilfefinanzierung durch eine Beitragsfinanzierung zu einer Umverteilung von den hohen und niedrigen zu den mittleren Einkommensgruppen führt.[202]

Die Untersuchung von *Dudey (1996)* basiert allerdings auf einer äußerst rudimentären Modellierung des jeweiligen Finanzierungsverfahrens, die sich entscheidend auf die Aussagekraft der Ergebnisse auswirkt. So wird insbesondere die Benachteiligung der oberen Einkommens-

---

199 Stattdessen ist entsprechend den Ausführungen in Kapitel V davon auszugehen, daß das Morbiditätsrisiko und damit auch die Pflegewahrscheinlichkeit negativ mit den Einkommensverhältnissen korrelieren.

200 Krieglmeier (1996), S. 123 leitet beispielsweise im Rahmen der geschlechtsspezifischen Verteilungsanalyse aus den Angaben der Privatversicherung für alle gesetzlich Versicherten einen Durchschnittsbeitrag ab, der die gleiche Personenzahl beider Geschlechter in den jeweiligen Alterskohorten voraussetzt. Weiterhin berücksichtigt er nicht das unterschiedliche Leistungsniveau zwischen gesetzlicher und privater Pflegeversicherung. Zur Analyse der geschlechtsspezifischen Verteilungswirkungen siehe Krieglmeier (1996), S. 122ff. Zur Analyse der familienspezifischen Verteilungswirkungen siehe Krieglmeier (1996), S. 124ff.

201 Aufgrund der Komplexität des Analyserahmens wird auf eine ausführliche Darstellung der Untersuchungsmethode verzichtet und auf die entsprechende Erläuterung bei Dudey (1996) verwiesen. Speziell zum diskreten Zwei-Klassen-Modell vgl. Dudey (1996), S. 59ff. sowie ders. (1991). Zur stetigen Modellvariante siehe Dudey (1996), S. 66ff.

202 Vgl. Dudey (1996), S. 79.

schichten durch die Nichtberücksichtigung der Beitragsbemessungsgrenze überschätzt. Da der Beitragstarif nach Überschreiten der Beitragsbemessungsgrenze nicht mehr – wie angenommen – linear, sondern regressiv verläuft, ergibt sich auch hier in Übereinstimmung mit den Ergebnissen von *Rothgang, Fachinger (1997)* vielmehr eine Umverteilung zu Gunsten der mittleren und insbesondere auch der oberen Einkommensgruppen.

2. *Empirische Umverteilungseffekte des Gesamtsystems der Sozialversicherung*

Aufbauend auf den Einzelergebnissen in Abschnitt C.IV.1 werden nun die vorliegenden empirischen Studien hinsichtlich ihrer zentralen Umverteilungsaussagen in bezug auf das Gesamtsystem der Sozialversicherung analysiert.

Im folgenden wird den Arbeiten von *Grüske (1978)* und *Loeffelholz (1979)* aufgrund ihrer methodischen Klarheit und Stringenz der Vorzug vor den Untersuchungen von *Stolz (1983)* und *Becker (1985b)* gegeben, die nur ergänzend einbezogen werden.[203] Es ist allerdings zu bedenken, daß es sich bei den Umverteilungsanalysen um Querschnittbetrachtungen handelt und somit intertemporale sowie intergenerative Verteilungsaspekte ausgeklammert bleiben. Da seither keine aussagekräftigen empirischen Studien zum Gesamtbereich der Sozialversicherung mehr veröffentlicht wurden, beziehen sich die hier verwendeten Untersuchungen auf einen weit zurückliegenden Zeitpunkt. Eine Übertragung der Ergebnisse auf heutige Verhältnisse ist schon allein deshalb nicht möglich, da die Sozialversicherung seitdem um den Zweig der Pflegeversicherung erweitert worden ist.

Grüske (1978) mißt auf Basis des personalen Budgetinzidenzkonzeptes die Umverteilungseffekte des Finanzhaushaltes der staatlichen Gebietskörperschaften (»Normalbudget«)[204] und bezieht anschließend für das Untersuchungsjahr 1969 das System der Sozialversicherung in die Analyse ein. Die distributiven Wirkungen der Finanz- und Sozialpolitik werden in einem integrierten Gesamtsystem - dem Finanz- und Sozialbudget - ausgewiesen.[205] An dieser Stelle interessieren ausschließlich die sozialversicherungsbedingten Verteilungswirkungen, die allerdings bei *Grüske (1978)* nicht isoliert ausgewiesen werden. Aus diesem Grund werden die Redistributionseffekte der Sozialversicherung im folgenden auf Basis eines Distributionsvergleiches zwischen »Normal-« und »Gesamtbudget« quantifiziert. Hierzu werden die relativierten Verteilungen beider Budgets gegenübergestellt und der Gini-Koeffizient für das Primäreinkommen mit den Gini-Koeffizienten für die jeweiligen Finaleinkommen verglichen.[206] Der Differenzbetrag wird als Beitrag der Sozialversicherung zur Umverteilung interpretiert.

---

203 Außerdem lassen sich aus der Analyse von Becker (1985b) keine Aussagen zu den Umverteilungswirkungen des Gesamtsystems der Sozialversicherung treffen, da hier die GUV vollständig aus der Betrachtung ausgeklammert wird.

204 Zur institutionellen Abgrenzung des öffentlichen Sektors siehe Grüske (1978), S. 13.

205 Vgl. den Überblick zum Aufbau der Analyse bei Grüske (1978), S.100ff. Speziell zur Integration der Sozialversicherung in das Redistributionssystem und die verwendeten Zuteilungskritieren für die Leistungs- und Abgabenseite siehe Grüske (1978), S. 300ff.

206 So im Grunde auch Grüske (1978), S. 302f. Zur Definition des Gini-Koeffizienten als zentrales Konzentrationsmaß siehe die Ausführungen in Abschnitt B.II. Die Primäreinkommensverteilung wird durch die Verteilung des korrigierten Nettosozialproduktes zu Marktpreisen abgebildet. Zum korrigierten NSP zu MP als Referenzpunkt für die Primärverteilung siehe Grüske (1978), S. 167ff.

- **Einkommensspezifische Redistributionseffekte**

Der Vergleich zwischen **relativierter Verteilung**[207] des Normalbudgets mit der relativierten Verteilung des Gesamtbudgets[208] ergibt, daß die unteren Einkommensschichten bis zu einem monatlichen Haushaltsnettoeinkommen von knapp über 1.000 DM durch die Integration der Sozialversicherung besser und die übrigen Einkommensgruppen schlechter gestellt werden. Diese einkommensnivellierende Wirkung ist dem nivellierenden Effekt der Leistungsseite zuzuschreiben, während die Beiträge einen regressiven Belastungsverlauf aufweisen.

Ein Vergleich der **Gini-Koeffizienten** bestätigt die einkommensnivellierende Wirkung des Sozialversicherungssystems, da der Konzentrationsindex durch das Gesamtbudget von $Gini_P = 0{,}403$ auf $Gini_F = 0{,}289$ sinkt, während er sich bei ausschließlicher Berücksichtigung des Normalbudgets nur auf $Gini_F = 0{,}322$ verringert.

Dieses Ergebnis verdeutlicht Abbildung VI-6.

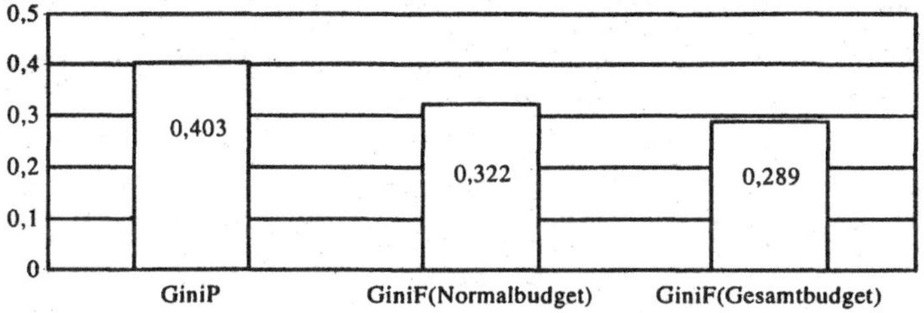

Abbildung VI-6: Umverteilungseffekte des Sozialversicherungssystems als Differenz zwischen Gesamt- und Normalbudget

Quelle: Eigene Darstellung auf Basis der Zahlenangaben bei Grüske (1978), S. 303.

Die Ergebnisse von *Grüske (1978)* werden durch die Budgetinzidenzuntersuchung von *Loeffelholz (1979)* für das Jahr 1973 bestätigt.[209] Er ermittelt die interpersonelle Einkommensredistribution des Sozialversicherungssystems für die Überwälzungsalternative B - hälftige

---

207 Zu diesem Zweck wird der jeweilige Abgaben- und Leistungssaldo, wie er sich entsprechend der Realvariante ergibt, am Gesamteinkommen relativiert. Zur Berechnung des Gesamteinkommens siehe Grüske (1978), S. 182.

208 Zu den Einzelergebnissen für das Normalbudget siehe Grüske (1978), S. 186 sowie ders. (1978), S. 340. Zu den Einzelergebnissen für das Gesamtbudget siehe Grüske (1978), S. 347. Zur graphischen Gegenüberstellung der Einzelergebnisse vgl. ders. (1978), S. 303.

209 Zum Aufbau der empirischen Studie siehe den Überblick bei Loeffelholz (1979), S. 235ff. Es muß allerdings berücksichtigt werden, daß Loeffelholz grundsätzlich nur Kompensationsleistungen berücksichtigt und auch sämtliche Verwaltungsleistungen in Form von Personal- und Sachausgaben nicht einbezieht. Zur Abgrenzung des Versicherungssystems siehe Loeffelholz (1979), S. 9ff. Vgl. auch die Ergebnisse von Stolz (1983), die mit Hilfe des Konzeptes der differentiellen Budgetinzidenz für das Jahr 1969 die Umverteilungseffekte in Prozent des modifizierten Bruttomarkteinkommens auf Basis eines verteilungsneutralen Referenzsystems nach Einkommensklassen und Haushaltsgröße getrennt für das Gesamt- und Normalbudget ausweist. Siehe Stolz (1983), S. 308ff. Ihre Analyse bestätigt den vertikalen Umverteilungseffekt der Sozialversicherung.

Vorwälzung des Arbeitgeberbeitrags auf die Konsumenten und hälftige Rückwälzung auf die Arbeitnehmer. Hierbei setzt er für jede Haushaltsgruppe die Differenz zwischen den Versicherungsleistungen und -abgaben zum jeweiligen Primäreinkommen - dem korrigierten Nettosozialprodukt zu Marktpreisen - in Beziehung und analysiert den **Nettoredistributionseffekt.**[210]

Es zeigt sich, daß alle Haushalte bis zu einem monatlichen Haushaltsnettoeinkommen von 1.500 DM einen positiven und alle darüberliegenden Haushalte einen negativen Nettoredistributionseffekt aufweisen. Mit Ausnahme der obersten Einkommensklasse ergibt sich ein progressiver Verlauf.[211]

In einem weiteren Schritt weist *Loeffelholz (1979)* den Umverteilungseffekt des gesamten Sozialhaushaltes anhand der Veränderung der **Gini-Koeffizienten** aus.[212] Durch Berechnung des Gini-Koeffizienten der Primärverteilung und des sich nach der Integration der jeweiligen Leistungs- und Abgabenkategorien ergebenden Konzentrationsindexes kann die Veränderung der Einkommenskonzentration verfolgt werden.

In dieser Arbeit interessiert jedoch nur der Redistributionseffekt, der durch die Leistungen und Abgaben der Sozialversicherung ausgelöst wird. Da aber die Reihenfolge der Messung eingehalten werden muß, um die Ergebnisse nicht zu verfälschen,[213] und zudem die Sachleistungen nicht getrennt nach Sicherungssystem ausgewiesen werden, kann nicht der gesamte sozialversicherungsrelevante Redistributionsprozeß nachvollzogen werden.

Die Berechnungen weisen - analog zu den Ergebnissen von *Grüske (1978)* - auf eine einkommensdifferenzierende Wirkung der Beitragskomponenten und eine diesen Effekt überkompensierende, einkommensnivellierende Wirkung der Leistungskomponenten hin.[214]

Ferner weist *Loeffelholz (1979)* die **Nettoredistributionseffekte** des Sozialversicherungssystems (Überwälzungsvariante B) für eine Gliederung der Untersuchungseinheiten nach den alternativen Kriterien »Alter« beziehungsweise »soziale Stellung des Haushaltsvorstandes« sowie »Haushaltsgrößenklasse« aus.

- **Redistributionseffekte nach sozialer Stellung des Haushaltsvorstandes**

Bei einer Klassifizierung nach der **sozialen Stellung des Haushaltsvorstandes** weisen lediglich die Nichterwerbstätigen-Haushalte einen positiven Nettoredistributionseffekt auf. Alle anderen Untersuchungseinheiten werden durch die Sozialversicherung schlechter gestellt.

---

210 Vgl. Loeffelholz (1979), S. 302ff. sowie ders. (1979), S. 312.

211 Zum Nettoredistributionseffekt des Sozialversicherungssystems nach Einkommensklassen siehe Loeffelholz (1979), S. 312.

212 Vgl. Loeffelholz (1979), S. 325.

213 „Besonders wichtig ist dabei die Reihenfolge der Messungen, weil von ihr die »internen« Konzentrationskoeffizienten und damit die quantitativen Ergebnisse [...] beeinflußt werden.“ Loeffelholz (1979), S. 324. Grundlegend hierzu auch Grüske (1978), S. 216.

214 Vgl. Loeffelholz (1979), S. 325. Es geht sowohl von den gesamten Sachleistungen als insbesondere auch von den Barleistungen der Versicherung ein einkommensnivellierender Effekt aus. Zur Einzelausweisung der absoluten und relativen Inzidenz der Sachleistungen siehe von Loeffelholz (1979), S. 280.

- **Altersspezifische Redistributionseffekte**

Bezüglich der Schichtung nach dem **Alter des Haushaltsvorstandes** zeigt sich eine positive Korrelation des Nettoredistributionseffektes mit dem Lebensalter. Der ausgeprägte positive Nettoredistributionseffekt von 75,3% für die Gruppe der über 65jährigen weist auf eine besondere Begünstigung der Rentnerhaushalte hin.[215] Dieses Ergebnis deckt sich weitestgehend mit der Gruppierung nach der Haushaltsgröße.

- **Redistributionseffekte zwischen verschiedenen Haushaltsgrößenklassen**

Bei der Klassifizierung nach der **Haushaltsgröße** verbuchen nur die Ein- und Zwei-Personen-Haushalte, denen überwiegend die Rentnerhaushalte zuzuordnen sind, einen positiven Nettoredistributionseffekt.

Abbildung VI-7 stellt die Nettoredistributionseffekte für die Gruppierung der Haushalte nach sozialer Stellung und Alter des Haushaltsvorstandes sowie Haushaltsgröße dar.

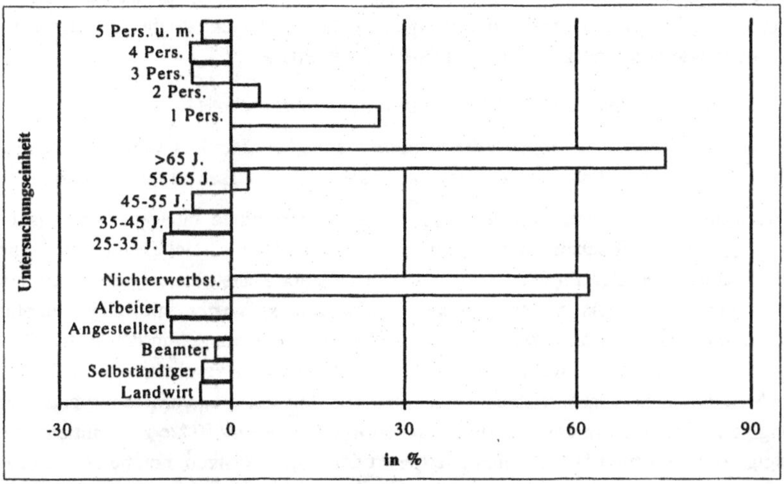

Abbildung VI-7: Nettoredistributionseffekt des Sozialversicherungssystems nach sozioökonomischen Merkmalen

Quelle: Eigene Darstellung auf Basis der Zahlenwerte bei Loeffelholz (1979), S. 312.

Aufgrund der gleichen Methodik ist ein Vergleich der für das gesamte Sozialversicherungssystem ermittelten Umverteilungseffekte von *Loeffelholz (1979)* mit den Ergebnissen von *Pfeiffer (1989)* möglich.[216] Die Gegenüberstellung ergibt für alle Gruppierungsarten eine über-

---

215 Ein positiver Redistributionseffekt ergibt sich für alle Haushalte mit einem über 55jährigen Haushaltsvorstand, der für die Gruppe der 55-65jährigen allerdings nur knapp 3% beträgt. Vgl. Loeffelholz (1979), S. 312.

216 Vgl. die Ergebnisinterpretation der Studie von Pfeiffer (1989) in Abschnitt C.IV.1.b) (3).

raschende Übereinstimmung der Ergebnisse zur Umverteilungsrichtung. Dieses Resultat ist zum einen auf die Dominanz der *GRV* zurückzuführen und könnte zum anderen als Anhaltspunkt für die Gleichgerichtetheit der Umverteilungseffekte in allen Sozialversicherungszweigen gewertet werden.

Dagegen sprechen jedoch die in den Einzelstudien abgeleiteten Ergebnisse, die durchaus entgegengesetzte Verteilungseffekte für die einzelnen Versicherungszweige ausweisen. Letzterer These widerspricht auch die Studie von *Becker (1985b)*. Sie ermittelt in methodischer Analogie zu *Stolz (1983)* für das Untersuchungsjahr 1981 die Umverteilungseffekte des Sozialversicherungssystems nach dem Konzept der differentiellen Budgetinzidenz, indem sie eine am marktwirtschaftlichen Äquivalenzprinzip orientierte Versicherung als »verteilungsneutralen« Referenzmaßstab wählt.[217]

In **vertikaler Hinsicht** zeigt sich, daß der progressive Gesamteffekt in erster Linie auf die *GKV* und die Leistungsseite der *GRV* zurückzuführen ist.[218] In **horizontaler Perspektive** gehen von den alternativen Versicherungszweigen durchaus unterschiedliche und zum Teil auch entgegengesetzte familienspezifische Umverteilungseffekte aus.[219]

D. Zusammenfassung und Beurteilung der empirischen Ergebnisse

Mit Hilfe dieses Kapitels gelingt es, die theoretischen Erkenntnisse zu den Umverteilungseffekten des Sozialversicherungssystems mit empirischen Ergebnissen zu untermauern.

Den Kern des vorliegenden Kapitels bildet die ergebnisgeleitete Interpretation, Diskussion und Analyse der empirischen Untersuchungen in Abschnitt C.IV. Ziel dieses Abschnittes ist es, die Studien nicht unverbunden nebeneinander zu stellen. Stattdessen werden die empirischen Ergebnisse erstmals in einem direkten Vergleich ausgewertet, um »allgemeingültige« Umverteilungstendenzen aufzuzeigen sowie mögliche Abweichungen in den Ergebnissen zu erklären. Zu diesem Zweck werden jeweils Studien miteinander verglichen, die sich auf denselben Sozialversicherungsbereich sowie die gleichen Umverteilungsformen beziehen. Da das vorrangige Anliegen darin besteht, »universelle« Redistributionseffekte zu ermitteln, die unabhängig vom konkreten Untersuchungszeitpunkt Gültigkeit besitzen, konnte die Zeitkomponente im Rahmen der ergebnisorientierten Analyse weitestgehend vernachlässigt werden.[220] Zu berücksichtigen bleibt dennoch, daß alle Umverteilungseffekte insofern zeitabhängig sind,

---

[217] Vgl. Becker (1985b), S. 157. Es handelt sich bei der Untersuchung von Becker (1985b) zwar grundsätzlich um eine Querschnittanalyse, wobei sie allerdings - in Anlehnung an Stolz (1983) - den Zeithorizont der Untersuchung erweitert, als die Umverteilungseffekte der GRV größtenteils in der Beitragszahlungsperiode zugerechnet werden. Transfers, die als Äquivalent für eine zu einem anderen Zeitpunkt erfolgte Gegenleistung anzusehen sind, werden als Quasi-Transfers ausgewiesen. Vgl. Becker (1985b), S. 161.

[218] Vgl. Becker (1985b), S. 178.

[219] Vgl. Becker (1985b), S. 187.

[220] Eine zeitliche Verknüpfung der Untersuchungen gestaltet sich insbesondere auch angesichts ihrer divergierenden inhaltlichen und methodischen Basis sowie der unterschiedlichen Datengrundlagen als schwierig. Aufgrund dieser Restriktionen wäre eine Zeitverlaufsbetrachtung nur für einen kleinen Ausschnitt des gesamten Sozialversicherungssystems möglich und entsprechend wenig aussagekräftig. Da sich zudem für diese Arbeit kein zusätzlicher Erkenntnisgewinn ableiten ließe, wurde gänzlich darauf verzichtet, Entwicklungsrichtungen der Umverteilungseffekte im Zeitablauf aufzuzeigen.

als sie von den gerade geltenden internen Regelungen wie auch den jeweiligen äußeren Rahmenbedingungen präjudiziert werden.

Zentrale Ergebnisse der vergleichenden Auswertung sind:

- Sowohl vom Gesamtsystem der Sozialversicherung sowie von seinen einzelnen Zweigen gehen **zahlreiche Umverteilungseffekte** aus.
- Die für die einzelnen Versicherungsbereiche abgeleiteten Redistributionseffekte wirken teilweise in **entgegengesetzte Richtungen.**
- Unabhängig von der konkreten methodischen Vorgehensweise und den jeweiligen Datenquellen kristallisieren sich über alle systemkonformen Studien hinweg **einheitliche Redistributionstendenzen** heraus.
- Die empirisch ermittelten Umverteilungseffekte stimmen weitestgehend mit den in **Kapitel V** theoretisch abgeleiteten Wirkungsverläufen überein.

In bezug auf die **interpersonellen Umverteilungseffekte im Querschnitt** können die empirischen Ergebnisse wie folgt zusammengefaßt werden:

- Das **Gesamtsystem der Sozialversicherung** bewirkt einen zeitpunktbezogenen einkommensnivellierenden Effekt, der überwiegend der nivellierenden Wirkung der Leistungsseite zuzuschreiben ist, die den einkommensdifferenzierenden Belastungsverlauf der Beitragsseite überkompensiert. Bei einer Klassifizierung nach alternativen sozioökonomischen Merkmalen zeigt sich der dominierende Effekt des Alterslastenausgleichs. Einen positiven Nettoredistributionseffekt weisen insbesondere Nichterwerbstätigen-Haushalte - in der Regel Rentnerhaushalte - sowie Haushalte mit einem älteren Haushaltsvorstand und Haushalte mit bis zu zwei Personen - wiederum überwiegend Rentnerhaushalte - auf.
- Eine nahezu identische Wirkungsrichtung ergibt sich für den Bereich der **GRV**. Die zeitpunktbezogenen Belastungs- beziehungsweise Begünstigungsverläufe sind vorwiegend Ausdruck einer systemimmanenten »intergenerativen« Umverteilung von den Erwerbstätigen- zu den Rentnerhaushalten.
- Die **GKV** weist sinkende [steigende] Begünstigungen [Belastungen] mit zunehmendem Einkommen auf. Die Umverteilungseffekte werden durch die Wirkung der Bemessungsgrenze beschränkt. Deutliche Niveauunterschiede in den Verteilungsbelastungen beziehungsweise -begünstigungen ergeben sich zwischen den Ein- und Zweiverdiener-Haushalten. Bei einer Berücksichtigung unterschiedlich hoher Einkommen für die verschiedenen Haushaltstypen bewirkt die spezifische Form der Beitragsentrichtung in Verbindung mit der Beitragsbemessungsgrenze eine Ungleichbehandlung von Ein- und Zweiverdiener-Haushalten. In horizontaler Perspektive zeigt sich grundsätzlich eine positive Korrelation zwischen Haushaltsgröße und Umverteilungseffekt. Diese wird allerdings hauptsächlich durch die Dominanz des Altersausgleichs konterkariert, von dem insbesondere die kinderlosen Haushalte profitieren. Ein bei oberflächlicher Betrachtung überraschendes Resultat ist, daß die Gruppe der freiwillig Versicherten in der Regel schlechter als die Pflichtmitglieder abschneidet. Daß dieses Ergebnis allerdings nicht in Widerspruch

zu den Ausführungen in Kapitel V stehen muß, konnte damit begründet werden, daß sich die freiwillig Versicherten trotz ihrer Nettozahlerposition durch die gesetzliche Versicherung besser als bei privater Risikovorsorge stellt.

- Für die **SPV** ergeben die vergleichenden Betrachtungen von Status quo und Status quo ante sowohl für die Beitrags- als auch die Leistungsseite eine einkommensdifferenzierende Verteilungswirkung der Sozialversicherungslösung. Aufgrund des kurzen Zeitraumes seit Verabschiedung des Pflege-Versicherungsgesetzes liegen allerdings kaum aussagekräftige Untersuchungen zur zeitpunktbezogenen alters-, geschlechts- und familienspezifischen Redistribution sowie zur intertemporalen oder intergenerativen Umverteilung vor. Erste Untersuchungen deuten jedoch auf eine familienspezifische Umverteilung zu Gunsten von kinderlosen Einverdienerpaaren hin.

- Die Analyse der **ALV** ist ebenfalls durch die geringe Auswahl an aussagekräftigen Studien gekennzeichnet. Insgesamt läßt sich ein dauerhafter Redistributionseffekt vor allem zu Gunsten von älteren und zu Lasten von mittleren Altersgruppen ermitteln. Dagegen ist die familienspezifische Umverteilung nur von untergeordneter Bedeutung.

Aus den **Längsschnittanalysen** lassen sich folgende Ergebnisse zu den **intertemporalen interpersonellen Umverteilungen** ableiten:

- Die interpersonellen Redistributionseffekte schwächen sich naturgemäß sowohl in der **GRV** als auch in der **GKV** ab.

- In der **GRV** vollziehen sich Umverteilungen zu Gunsten niedriger und hoher Einkommen. In horizontaler Perspektive erweist sich die Gruppe der Ledigen als verteilungsbegünstigt.

- Für den Bereich der **GKV** ergeben sich in der Tendenz mit zunehmender Kinderzahl steigende [sinkende] Verteilungsbegünstigungen [Verteilungsbelastungen]. Analog zu den Querschnittergebnissen ergeben sich jedoch auch im Längsschnitt deutliche Verteilungsbegünstigungen für die kinderlosen Einverdiener-Haushalte. Lebenslange Belastungen haben Zweiverdiener-Haushalte sowie männliche Alleinstehende zu tragen. Auch im Längsschnitt vollzieht sich ein Umverteilungseffekt zu Gunsten sehr niedriger Einkommensgruppen. Dagegen besitzen die einkommensabhängigen Verteilungsänderungen bei oberen Einkommensgruppen kaum Relevanz.

Als Ergebnis der **intergenerativen Betrachtung** läßt sich festhalten:

- Die Analysen zur intergenerativen Umverteilung bestätigen die in Kapitel V aufgestellte Hypothese, daß alle ab etwa Mitte der 60er Jahre geborenen Generationen zu den »Umverteilungsverlierern« gehören, wobei die intergenerativen Redistributionseffekte in der **GRV** stärker als in der **GKV** ausfallen und der demographisch bedingte Umbruch zudem früher einsetzt.

Diese empirischen Erkenntnisse geben in Verbindung mit den theoretischen Umverteilungsaussagen in Kapitel IV und V die **weitere Vorgehensweise** für die Arbeit vor.

Unter Rückgriff auf das distributive Zielsystem in Kapitel I und der Rechtfertigung der Sozialversicherung in Kapitel III mit Verteilungsargumenten ist im folgenden die Zieladäquanz des Sozialversicherungssystems zu überprüfen und der Frage nachzugehen, ob die parafiskalische Umverteilung ihre (re-)distributive Funktion angemessen erfüllt. In einem zweiten Schritt gilt es zu untersuchen, ob und welche Effekte von der zukünftigen Entwicklung auf die Umverteilungskomponente der Sozialversicherung ausgehen.

TEIL III: BEWERTUNG DER UMVERTEILUNG IM STATUS QUO UND IHRE ZUKUNFTSCHANCEN IN EINER GLOBALISIERTEN WELT

Die theoretische und empirische Umverteilungsanalyse in Teil II hat ergeben, daß vom Gesamtsystem der Sozialversicherung ebenso wie von den einzelnen Zweigen zahlreiche systematische Redistributionseffekte ausgehen. In Anbetracht dieser Erkenntnis stellt sich nun zwangsläufig die Frage nach einer Bewertung der ermittelten Umverteilungswirkungen.

Unter Rückgriff auf die in Teil I abgeleiteten normativen Zielsetzungen der Sozialversicherungspolitik und die Rechtfertigung der parafiskalischen Versicherungslösung mit distributiven Argumenten wird im vorliegenden **Teil III** eine Bewertung der Umverteilungseffekte im Status quo vorgenommen (**Kapitel VII**).

Die gewonnenen Erkenntnisse werfen die Frage nach den Chancen und Risiken einer parafiskalischen Umverteilungspolitik auf. Unter Berücksichtigung sonstiger, insbesondere demographischer Entwicklungstendenzen, wird in **Kapitel VIII** die Zukunftsfähigkeit der redistributiven Sozialversicherungskomponente unter dem Einfluß einer zunehmenden Globalisierung untersucht. Diese zukunftsorientierte Analyse gibt Aufschluß über unmittelbar bevorstehende Implikationen für die redistributive Ausgestaltung des Sozialversicherungssystems. Zu diesem Zweck werden die in den Teilen I und II sowie die in Kapitel VII erzielten Ergebnisse auf ihre Bestandsfähigkeit unter veränderten Rahmenbedingungen untersucht.

Kapitel VII: BEWERTUNG DER UMVERTEILUNGSEFFEKTE DES SOZIALVERSICHERUNGSSYSTEMS

A. VORBEMERKUNG

Im vorliegenden Kapitel werden die von der Sozialversicherung ausgehenden Umverteilungseffekte, die in Teil II der Arbeit sowohl in theoretischer als auch empirischer Perspektive analysiert wurden, einer kritischen Beurteilung unterzogen.

An den Umverteilungswirkungen des bestehenden Sozialversicherungssystems wird von vielen Seiten Kritik geübt.[1] Diese Beurteilungen werden oftmals sehr pauschal mit dem Hinweis auf »ungerechte« Verteilungsergebnisse begründet, ohne den Referenzmaßstab sowie die zugrundeliegenden Bewertungskriterien zu erörtern. Da eine derartige Argumentation einer konsistenten theoretischen Fundierung entbehrt, wird im folgenden ein adäquates Bewertungskonzept erarbeitet, auf dessen Basis die redistributive Komponente des Sozialversicherungssystems überprüft wird.

In einem ersten Schritt wird in Abschnitt B das Bewertungskonzept konkretisiert, anhand dessen die Beurteilung der ermittelten Umverteilungswirkungen erfolgt. Mit Hilfe eines geeigneten Indikators wird die Redistributionspolitik des Sozialversicherungssystems in Abschnitt C in bezug auf die in Kapitel I eruierten distributiven Leitvorstellungen im Rahmen eines Soll-Ist-Vergleiches beurteilt.

B. KONKRETISIERUNG DES BEWERTUNGSKONZEPTES

„Eine Bewertung der Vor- und Nachteile der Umverteilung erfordert eindeutige Werturteile und interpersonale Nutzenvergleiche, die wissenschaftlich nicht zu begründen sind.“[2] Aufbauend auf dieser Erkenntnis bleibt die Möglichkeit, die redistributive Komponente der Sozialversicherungspolitik anhand von Effizienzkriterien zu beurteilen. Zu diesem Zweck ist es in einem ersten Schritt erforderlich, die zu analysierende Effizienzstufe[3] und den damit verbundenen **Bewertungsmaßstab** offen zu legen.

Im folgenden wird der Frage der **Effektivität** des redistributiven »Mittelausstoßes« nachgegangen. Hierbei wird die Effektivität der Umverteilung mit dem Zielerreichungsgrad[4] der Sozialversicherungspolitik erfaßt. Anhand des Indikators der **redistributiven Effektivität** wird untersucht, inwieweit der Staat durch sein parafiskalisches Handeln zentrale Verteilungsziele tatsächlich erreicht.

---

1 Vgl. exemplarisch Straubhaar (1995), S. 83 sowie Brümmerhoff (1991), S. 189 und Schmähl (1997), S. 136.

2 Grüske (1985), S. 195.

3 Zur Abgrenzung unterschiedlicher Effizienzstufen und deren Relevanz für die Umverteilungspolitik siehe Grüske (1985), S. 197ff.

4 Vgl. Wenzel (1999), S. 54. Grundlegend auch Grüske (1985), S. 206.

Zur Beurteilung der redistributiven Effektivität ist es in einem nächsten Schritt nötig, den **Referenzpunkt** auszuweisen, der als Prüfstein für die Effektivität der redistributiven Sozialversicherungspolitik dient.

Die systematischen Redistributionen der Sozialversicherung werden durch die Dimensionen »Umverteilungsumfang« und »Umverteilungsrichtung« bestimmt.[5] Zentrales Anliegen der vorliegenden Effektivitätsuntersuchung ist es, die Wirkungsrichtung der Umverteilung einer kritischen Analyse zu unterziehen, wohingegen keine eigenständige Betrachtung des redistributiven Umfanges vorgenommen wird. Eine Beurteilung der Umverteilungsrichtung steht vor dem Problem der Bestimmung und Operationalisierung parafiskalischer Distributionsnormen. Da allerdings das Gerechtigkeitsziel, das letztendlich allen distributiven Prinzipien zugrundeliegt, keinen intersubjektiv gültigen Umverteilungsmaßstab darstellt,[6] unterliegt auch jede Gerechtigkeitsbewertung einer gewissen Willkür.

Als Referenzpunkt der Bewertungsanalyse wird auf die in den Abschnitten D.II.4.b) und D.III von Kapitel I abgeleiteten **Gerechtigkeitskriterien** in **intra-** sowie in **intergenerativer Perspektive** zurückgegriffen. Bei der Analyse der intragenerativen Umverteilungseffektivität wird ausschließlich auf die Prinzipien der justitia distributiva Bezug genommen. Diese Vorgehensweise ist insofern gerechtfertigt, als diese Kriterien dem sozialen Ausgleichsgedanken in besonderer Weise Rechnung tragen und als zentrale Rechtfertigungskriterien im Rahmen der distributiven Versagensanalyse für den privaten Versicherungsmarkt in Kapitel III ermittelt wurden.

In der Bewertungsanalyse wird jedoch auf eine eigenständige Beurteilung des Kriteriums »**Ausgleich unterschiedlicher Startpositionen**« verzichtet.[7] Diese Vorgehensweise ergibt sich zum einen aus der Tatsache, daß angeborene Risikounterschiede nur für einzelne soziale Risikotatbestände eine wesentliche Rolle spielen und nicht losgelöst von den verhaltensbedingten Einflußfaktoren ermittelt werden können. Zum anderen beinhaltet die Forderung nach risikospezifischer Umverteilung immer auch einen Ausgleich zwischen angeborenen Risikomerkmalen, so daß das Kriterium »Ausgleich unterschiedlicher Startpositionen« unter den systematischen Risikoausgleich subsumiert wird.

Darüber hinaus findet auch die zweite Ausprägung des Kriteriums der Chancengleichheit keine Berücksichtigung. Da es sich bei der Forderung nach **Zugangsgleichheit** in erster Linie um ein formales Kriterium handelt,[8] das die institutionellen Zugangsvoraussetzungen zur So-

---

5 Für den Bereich der GKV vgl. Wenzel (1999), S.30. Während bei konstanter Wirkungsrichtung des sozialen Ausgleichs der Nettoeffekt der Versicherten proportional zum Umverteilungsvolumen variiert, legt die Wirkungsrichtung der Umverteilung fest, wie das Redistributionsvolumen auf die einzelnen Versichertengruppen aufgeteilt wird.

6 Vgl. Speckbacher (1994), S. 10. Siehe auch Streb (1993), S. 10. Siehe grundlegend auch die Ausführungen in Kapitel I.

7 Entsprechend der Definition in Kapitel I verlangt dieses Kriterium einen Ausgleich in bezug auf angeborene Risikomerkmale, die unterschiedliche Startpositionen der Betroffenen bedingen. Hierzu gehören in erster Linie von Natur gegebene Unterschiede des Gesundheitszustandes oder der angeborenen Intelligenz.

8 So auch die Wertung in Kapitel I.

zialversicherung festlegt[9] und über die hier zu beurteilende redistributive Wirkungsrichtung nur mittelbare Vorgaben macht, wird auf eine Analyse verzichtet.

Ebensowenig wird auf das Kriterium der **Prozeßchancengleichheit** eingegangen, da hiermit vorrangig Verteilungsfragen angesprochen sind.

Tabelle VII-1 liefert eine Zusammenfassung der relevanten Distributionsnormen, die in den Abschnitten D.II.4.b) und D.III von Kapitel I definiert wurden.

Diejenigen Kriterien, die aufgrund obiger Ausführungen im weiteren Verlauf keiner Effektivitätsbetrachtung unterzogen werden, sind kursiv gedruckt.

Distributionspolitische Normen in intra- und intergenerativer Perspektive	
Intragenerative Perspektive	**Intergenerative Perspektive**
- Leistungsfähigkeitsgerechtigkeit - Bedarfsgerechtigkeit - *Chancengleichheit* - *Zugangsgleichheit* - *Ausgleich unterschiedlicher Startpositionen* - *Prozeßchancengleichheit* - Vertikale Ausgleichsgerechtigkeit - Horizontale Ausgleichsgerechtigkeit - systematische risikospezifische Umverteilung - familienspezifische Umverteilung	- Minimal-Kriterium

Tabelle VII-1: Zusammenfassender Überblick über die parafiskalischen Distributionsnormen

Quelle: Eigene Darstellung

Die vorgenommene Abgrenzung der Referenznormen ist mit **restriktiven Implikationen** für die Bewertungsanalyse verbunden,[10] die im weiteren Verlauf zu berücksichtigen sind:

➢ Die Auswahl beschränkt sich aus den oben genannten Gründen nur auf die zentralen Normen der distributiven Gerechtigkeit, während die ebenfalls für den Sozialversicherungsbereich als relevant erachteten Kriterien der justitia commutativa unberücksichtigt bleiben. Beide Bereiche sind naturgemäß aber konfligierenden Zielvorstellungen unterworfen,[11] so daß die Ausrichtung an einem Prinzip gegen die Zielvorgabe des anderen verstoßen kann.[12] Aus dieser doppelten Zielsetzung der Sozialversicherungspolitik[13] ergibt sich, daß eine einseitige Ausrichtung an nur einer Seite der Gerechtigkeit und damit in diesem Fall eine vollständige Erfüllung der distributiven Gerechtigkeitsvorstellung nicht

---

9 Siehe zu diesem Aspekt auch Klammer (1998), S. 279. Durch die Zugangsvoraussetzungen wird unmittelbar die Frage nach der Abgrenzung des Versichertenkreises berührt, der für die Beurteilung der sozialversicherungsinternen Umverteilung nur von indirekter Bedeutung ist.

10 Auf spezifische Schwierigkeiten in Zusammenhang mit den einzelnen Distributionskriterien wird an geeigneter Stelle im Rahmen der Bewertungsanalyse in Abschnitt C dieses Kapitels eingegangen.

11 Siehe Wenzel (1999), S. 70f.

12 Zu der Frage der Zielbeziehungen siehe exemplarisch Streit (1991), S. 237ff.

13 Vgl. auch Schmähl (1985b), S. 3.

erwünscht ist. Dementsprechend muß bei der Interpretation der Ergebnisse dieser **Ambivalenz** des Sozialversicherungssystems Rechnung getragen werden.

- Das Problem der **Zielkonflikte** stellt sich auch innerhalb des Bereiches der einbezogenen distributiven Verteilungsnormen,[14] da die parafiskalischen Zielsetzungen in verschiedene Richtungen zielen, die auf unterschiedlicher Ebene liegen oder abweichende Inhalte haben und sich häufig gegenseitig behindern.[15] Für eine angemessene Beurteilung wäre eine entsprechende Gewichtung der Einzelziele nötig, die aber angesichts der Unmöglichkeit eines intersubjektiv einheitlichen Konsenses immer beliebig bleiben muß.
- Eine weitere Restriktion folgt aus der **Auswahl** der distributiven Gerechtigkeitskriterien selbst. Indem auch normative Prinzipien einbezogen werden, die sich ausschließlich entweder auf die Finanzierungs- beziehungsweise Leistungsseite beziehen aber beide Seiten nicht miteinander verbinden, können aus ihnen keine eindeutigen Aussagen für die angestrebte Wirkungsrichtung der Umverteilung abgeleitet werden, der immer eine integrierte Betrachtung der Finanzierungs- und Leistungsseite zugrunde liegen muß.[16] Entsprechend können diese Prinzipien nur auf die Umverteilung bezogen werden, die als Änderung gegenüber der Ausgangsverteilung gemessen wird und entweder nur die Leistungsausgaben oder den Finanzierungsbeitrag erfaßt.[17]

Die Effektivitätsanalyse ist dadurch gekennzeichnet, daß sie die konkretisierten Ziele, die der angestrebten Verteilung entsprechen, mit den Mitteln vergleicht, die eingesetzt werden, um die normativen Leitvorstellungen zu erreichen.[18] Es stellt sich somit in einem nächsten Schritt die Frage nach dem **Objekt der Bewertung**.

Die Auswahl der Ziele und die mit ihnen verbundenen Schwierigkeiten geben die Determination des Bewertungsobjektes vor. Im folgenden werden **einzelne Regelungen** zur Finanzierungs- und Leistungsgestaltung daraufhin untersucht, ob sie den einseitig formulierten Verteilungszielen ent- oder widersprechen. Des weiteren werden die theoretischen sowie empirischen Ergebnisse zu den **tatsächlichen Redistributionseffekten** des Sozialversicherungssystems auf ihre Übereinstimmung mit den integrierten Distributionszielen überprüft. Bei dieser Vorgehensweise ist allerdings zu beachten, daß die jeweiligen Einzelregelungen in entscheidendem Maße die Umverteilungseffekte präjudizieren und damit Überschneidungen unvermeidlich sind.

---

14 So urteilt Wenzel (1999), S. 70f. für die GKV-Finanzierung: „Eine ***verteilungseffiziente Finanzierung*** ist nur zu erreichen, wenn die Umverteilungswirkungen ***eindeutig an einem Verteilungsziel ausgerichtet*** sind." [Hervorhebungen im Original.]

15 Vgl. auch Grüske (1985), S. 209.

16 So bezieht sich beispielsweise das Kriterium der Bedarfsgerechtigkeit auf die Leistungsseite, während das Leistungsfähigkeitsprinzip Vorgaben für die Ausgestaltung der Finanzierungsseite macht. Vgl. Kapitel I.

17 Vgl. zu dieser Vorgehensweise auch die Methodik in Abschnitt C von Kapitel V, wo Änderungen in der relativen Einkommensposition der Versicherten aufgezeigt werden, die sich ausschließlich auf die Beitragszahlung zurückführen lassen.

18 Vgl. Grüske (1985), S. 208.

Die Bestimmung des Bewertungsobjektes ist ebenfalls mit zentralen **Restriktionen** verbunden, die den Aussagegehalt der Effektivitätsanalyse beeinflussen:

- Die Güte des Bewertungsobjektes »tatsächliche Umverteilungseffekte« ist abhängig von der **Qualität** des zugrundeliegenden theoretischen und empirischen **Analyserahmens**, der die Aussagekraft der ermittelten Ergebnisse entscheidend determiniert.[19] Demzufolge muß auch die Effektivitätsanalyse stets vor dem Hintergrund theoretischer und empirischer Unzulänglichkeiten gesehen werden. Als entscheidende Restriktion erweist sich insbesondere die divergierende Darstellung von »Umverteilung«. So werden die Redistributionseffekte in verschiedenen Differentialinzidenzstudien durch absolute und relative Kennzahlen dargestellt.[20] Diese Meßkonzepte erfassen ausschließlich die Umverteilungswirkungen zwischen den Versicherten, aber nicht die gesamtgesellschaftlichen Redistributionseffekte und sind darüber hinaus mit zahlreichen weiteren Mängeln verbunden,[21] die der Bewertungsanalyse Grenzen setzen.

- Es wurde sowohl bei der theoretischen Redistributionsanalyse in Kapitel V, als auch im Rahmen der empirischen Umverteilungsstudien, die in Kapitel VI ergebnisorientiert interpretiert wurden, ein **formalinzidenztheoretischer Ansatz** verfolgt. Dieser unterstellt vereinfachende Verhaltensannahmen der Betroffenen und vernachlässigt darüber hinausgehende Wirkungszusammenhänge. Da allerdings das Umverteilungsergebnis letztlich von den vielfältigen Anpassungsreaktionen der primär und sekundär Betroffenen determiniert wird, geben die im Rahmen einer Formalinzidenzanalyse erzielten Ergebnisse die tatsächlichen Redistributionseffekte nur unvollständig wieder.[22] Aus diesem Grund wird an geeigneter Stelle jeweils auf die in Kapitel IV analysierten verteilungsrelevanten **Anpassungsreaktionen** der Individuen zurückgegriffen.

➔ **Zwischenfazit:** Als Bewertungskonzept für die Beurteilung der parafiskalischen Umverteilungstätigkeit wird der **Maßstab** der redistributiven Effektivität verwendet, der auf Basis eines Soll-Ist-Vergleiches angibt, ob das Sozialversicherungssystem zentrale Distributionsnormen erfüllt. Als **Bewertungsobjekt** der Ist-Ebene fungieren spezifische Regelungen zur parafiskalischen Finanzierungs- und Leistungsgestaltung, sowie die bisher ermittelten Umverteilungseffekte, die sich auf den Zeitraum beziehen, der auch in den empiri-

---

19 In bezug auf die Qualität der erzielten Ergebnisse zu den Umverteilungseffkten des Sozialversicherungssystems wird auf die jeweiligen Ausführungen in den Kapiteln V und VI verwiesen.

20 Vgl. exemplarisch die Studien von Henke, Behrens (1989); Behrens (1991) sowie Ott (1981). Die absolute Darstellung erfolgt als Differenz zwischen tatsächlichen und risikoäquivalenten Prämien je Versichertengruppe, während die relative Darstellung das Verhältnis zwischen absoluter Umverteilung und Bezugsgröße Einkommen je Versichertengruppe abbildet. Vgl. zur Problematik in Verbindung mit den alternativen Meßkonzepten auch die Ausführungen in Kapitel VI.

21 So ermöglicht ein Vergleich der absoluten Nettoeffekte für verschiedene Versichertengruppen zwar Aussagen über die Wirkungsrichtung der Umverteilung, erlaubt darüber hinaus aber keine Angaben über die Wirkung auf die Einkommensverteilung der Versicherten. Demgegenüber werden durch die relative Darstellung der Umverteilung weder die Einkommensverteilungen nach Beitrags- beziehungsweise risikoäquivalenter Zahlung ermittelt, noch alle Änderungen in der Einkommensverteilung gegenüber der Bezugsverteilung angezeigt.

22 Vgl. Zimmermann, Henke (1994), S. 229. Siehe auch die Kritik bei Bohnet (1999), S. 173f.

schen Studien erfaßt wurde.[23] **Referenzpunkt** des Soll-Ist-Vergleiches bilden die in Kapitel I abgeleiteten distributiven Gerechtigkeitskriterien in intra- und intergenerativer Perspektive.[24] Da allerdings jede Gerechtigkeitsdiskussion mit einer gewissen Willkür behaftet ist, wird nicht der Anspruch erhoben, die Gerechtigkeit der parafiskalischen Verteilungswirkungen abschließend zu beurteilen. Stattdessen wird auf Basis des Kriteriums der redistributiven Effektivität der Zielerreichungsgrad der Sozialversicherungspolitik in bezug auf alternative normative Leitvorstellungen untersucht. Abbildung VII-1 gibt einen abschließenden Überblick über das in diesem Abschnitt erarbeitete Bewertungskonzept.

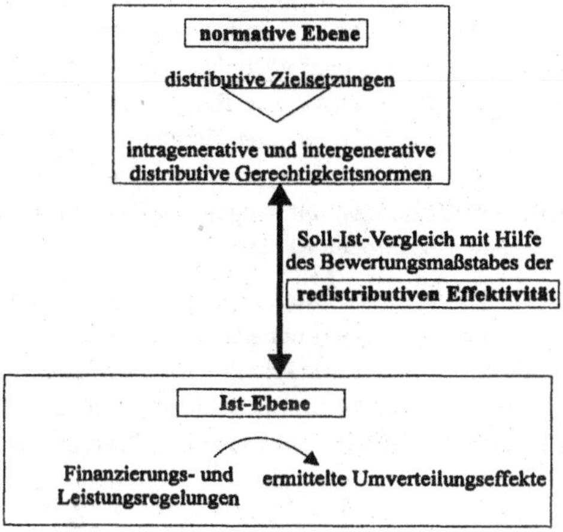

Abbildung VII-1: Bewertungskonzept

Quelle: Eigene Darstellung

C. BEWERTUNGSANALYSE

Im vorliegenden Abschnitt werden zentrale Beitrags- und Leistungsregelungen sowie die »tatsächlichen« Umverteilungseffekte des Sozialversicherungssystems auf ihre Übereinstimmung mit den normativen Leitvorstellungen aus Tabelle VII-1 untersucht. Die Analyse bezieht sich in erster Linie auf die sozialversicherungsinternen Umverteilungseffekte, die zwischen den einzelnen Versicherten zum Tragen kommen.

Während in Abschnitt C.I der Zielerreichungsgrad in bezug auf die intragenerativen Distributionsprinzipien überprüft wird, erfolgt in Abschnitt C.II eine Analyse im Hinblick auf intergenerative Gerechtigkeitsvorstellungen.

---

23 Da sich in Kapitel VI keine Abweichungen in den Einzelergebnissen hinsichtlich des Betrachtungshorizontes herauskristallisiert haben, ist eine zusammenfassende Betrachtung möglich.

24 An dieser Stelle erscheint eine Differenzierung des Untersuchungsgegenstandes in versicherungskonforme und -inkonforme Regelungen nicht angezeigt, da unterstellt wird, daß die abgeleiteten Distributionsnormen für den gesamten Bereich der Sozialversicherung Gültigkeit besitzen.

I. Bewertung der redistributiven Effektivität in intragenerativer Perspektive

1. Redistributive Effektivität in bezug auf die Leistungsfähigkeitsgerechtigkeit

Das Kriterium der Leistungsfähigkeitsgerechtigkeit[25] setzt an der Finanzierungsseite des Sozialversicherungssystems an, indem es eine Vorgabe für die Veränderung der personalen Einkommensverteilung im Vergleich zu einer Ausgangsverteilung ohne Abgabenerhebung macht.[26] Dementsprechend muß sich die Effektivitätsbetrachtung auf die in den Kapiteln II und V erläuterten Regelungen der Beitragsgestaltung beziehen.[27]

Leistungsfähigkeitsgerechtigkeit ist nach der in Kapitel I festgelegten Definition gewährleistet, wenn die Beitragserhebung entweder verteilungsneutral rein proportional zum Gesamteinkommen im Ausgangszustand erfolgt oder aber ein progressiver Beitragstarif angewendet wird.[28] Im ersten Fall bleibt die Relation zwischen Beitragsschuld und Einkommen mit steigendem Einkommen konstant,[29] so daß die relativen Einkommenspositionen der Versicherten unverändert bleiben und keinerlei Umverteilung stattfindet. Im zweiten Fall nimmt das Verhältnis von Beitragsschuld zu Einkommen mit steigendem Einkommen zu[30] und eine Veränderung der relativen Einkommenspositionen ist die Folge.

Die praktizierte grundsätzlich einkommensproportionale Beitragsbemessung erlaubt in erster Linie einen Vergleich mit einer rein proportionalen Beitragserhebung.[31] Die Abweichung[32] ΔP_f zwischen fiktiver umverteilungsneutraler Prämie P_f, die sich aus dem Gesamteinkommen vor Abgabenerhebung und dem Beitragssatz bei rein proportionaler Beitragserhebung zusammensetzt, und tatsächlichem Sozialversicherungsbeitrag B_{SV} ergibt sich aus:

(VII-1) $\Delta P_f = P_f - B_{SV}$.

Eine erste Diskrepanz resultiert aus der Bestimmung der **Beitragsbemessungsgrundlage.** Aufgrund der unterschiedlichen Abgrenzung der Bemessungsgrundlage je nach Versichertengruppe werden in den einzelnen Sozialversicherungszweigen die Prinzipien der horizontalen und vertikalen Gerechtigkeit verletzt.[33] So zahlen unterschiedliche Versichertengruppen bei gleicher gesamtwirtschaftlicher Leistungsfähigkeit hinsichtlich aller Einkommensarten wegen verschieden abgegrenzter Bemessungsgrundlagen unterschiedliche Beiträge. Dagegen zahlen

---

25 Die Leistungsfähigkeitsgerechtigkeit wird in Abschnitt D.II.4.b) als distributive Gerechtigkeitsnorm charakterisiert und gegenüber der Leistungsgerechtigkeit als kommutatives Kriterium abgegrenzt.

26 Angesichts der gänzlich differierenden Beitragserhebung der GUV ist das Kriterium der Leistungsfähigkeitsgerechtigkeit für diesen Sicherungszweig nur begrenzt anwendbar.

27 Aufgrund der geringen Bedeutung der Steuerfinanzierung wird auf eine gesonderte Analyse der Steuererhebungspraxis verzichtet, deren Untersuchung sich zudem nicht ausschließlich auf sozialversicherungsrelevante Zielkriterien stützen könnte.

28 Zur Ablehnung einer regressiven Beitragserhebung siehe Kapitel I.

29 Vgl. grundlegend zum Beispiel Musgrave, Musgrave, Kullmer (1993), S. 217.

30 Siehe exemplarisch Musgrave, Musgrave, Kullmer (1993), S. 217.

31 Zu dieser Vorgehensweise siehe auch Wenzel (1999), S. 134 sowie S.129 und die dort angegebene Literatur.

32 Vgl. hierzu auch die Ausführungen in Abschnitt C von Kapitel V.

33 Vgl. Wenzel (1999), S. 76. So auch beispielsweise Wasem (1988), S. 22.

homogene Versichertengruppen bei unterschiedlicher gesamtwirtschaftlicher aber identischer Leistungsfähigkeit in bezug auf das beitragspflichtige Einkommen gleiche Beiträge. Verstöße gegen das Leistungsfähigkeitsprinzip ergeben sich auch innerhalb der Hauptgruppe der abhängig Beschäftigten durch die restriktive Begrenzung der Bemessungsgrundlage auf das monatliche Bruttoarbeitsentgelt.[34] Versicherte mit gleichem Arbeitsentgelt aber unterschiedlichem Gesamteinkommen zahlen gleiche Beiträge, während Versicherte mit gleicher gesamtwirtschaftlicher Leistungsfähigkeit aber differierendem Arbeitsentgelt verschiedene Beiträge zahlen.[35]

Des weiteren bewirkt die **Beitragsbemessungsgrenze**[36] eine Abweichung zwischen umverteilungsneutraler Prämie P_f und tatsächlichem Beitrag B_{SV}. Bei Existenz einer Beitragsbemessungsgrenze erfolgt nur für darunterliegende Einkommen eine proportionale Beitragserhebung, während darüberliegende Einkommen einer fixen einkommensunabhängigen Beitragszahlung unterliegen. In der gleichen Behandlung verschieden hoher Einkommen oberhalb der Bemessungsgrenze liegt ein Verstoß gegen den Grundsatz der vertikalen Gerechtigkeit vor. Der Ausschluß höherer Einkommensanteile aus der Bemessungsgrundlage bedingt, daß sich der Beitragstarif aus einem proportionalen Teil und ab der Bemessungsgrenze aus einer regressiv wirkenden Pauschale zusammensetzt.[37] Im Gegensatz zu einer rein proportionalen Beitragserhebung bewirkt die Abweichung vom reinen Proportionalitätsprinzip eine Änderung der relativen Einkommenspositionen im Vergleich zur Ausgangsverteilung zu Gunsten von Personen mit über der Bemessungsgrenze liegenden Einkommensanteilen.[38]

Weitere Abweichungen vom Prinzip der Leistungsfähigkeitsgerechtigkeit ergeben sich unter Anwendung der Finanzierungsregel auf die **Familie** als Bezugseinheit.[39] In Verbindung mit der Beitragsbemessungsgrenze ergeben sich bei gleichem Familieneinkommen unterschiedliche familienspezifische Gesamtbeitragsverpflichtungen, die gegen den Grundsatz der horizontalen Gerechtigkeit verstoßen. Belastungsunterschiede resultieren immer dann, wenn über der Bemessungsgrenze liegende Einkommensanteile nicht mehr beitragspflichtig sind, wobei die Belastungen umso größer sind, je gleichmäßiger die Einkommen auf die Ehepartner verteilt sind.[40]

---

34 Siehe auch Wenzel (1999), S. 77.

35 Unter der realistischen Prämisse, daß insbesondere Personen mit einem hohen Arbeitseinkommen weitere Einkünfte aus alternativen Quellen beziehen, resultiert aus der Differenz zwischen beitragspflichtigem Einkommen und Gesamteinkommen durch die Bemessungspraxis ein regressiver Belastungsverlauf in bezug auf die gesamte wirtschaftliche Leistungsfähigkeit.

36 An die Stelle der Beitragsbemessungsgrenze, die in der GRV und ALV gilt, tritt in der GKV und SPV die Jahresarbeitsentgeltgrenze, die gemäß § 6 SGB V 75% der Bemessungsgrenze der GRV beträgt. Dagegen wird in der GUV gemäß § 153 Abs. 2 SGB VII das Arbeitsentgelt der Versicherten bis zur Höhe des Höchstjahresarbeitsverdienstes zugrunde gelegt.

37 Siehe Brümmerhoff (1991), S. 193.

38 Vgl. hierzu die formale Darstellung in Abschnitt C von Kapitel V.

39 Diese Betrachtungsweise spielt insbesondere in Verbindung mit der Familienmitversicherung, wie sie in der SPV und GKV existiert, eine zentrale Rolle.

40 Vgl. zu diesem Aspekt insbesondere Ott (1981), S. 148. Siehe auch Klammer (1998), S. 286.

Ferner wird das Ziel der leistungsfähigkeitsgerechten Mittelaufbringung durch die **Verhaltensreaktionen** der Betroffenen konterkariert.[41] Die zentralen Anpassungsstrategien der Arbeitnehmer- und Arbeitgeberseite beeinflussen die tatsächlichen Belastungsverläufe und wirken sich auf die Einkommenspositionen der Betroffenen aus. Insbesondere hochqualifizierte Arbeitskräfte, die in der Regel den oberen Einkommensgruppen zuzurechnen sind, haben die Möglichkeit, sich der Beitragserhebung anzupassen, während unqualifizierte Arbeitnehmer mit unterdurchschnittlichen Arbeitsentgelten überproportional von den Ausweichstrategien der Arbeitgeberseite betroffen sind. Demgemäß entfernen sich die tatsächlichen Belastungsverläufe erneut vom Grundsatz der Leistungsfähigkeitsgerechtigkeit.

➔ **Schlußfolgerung:** Die generell einkommensabhängige Beitragspraxis der Sozialversicherungsträger entspricht nur in rudimentärer Form dem Kriterium der Leistungsfähigkeitsgerechtigkeit. Abweichungen von einer umverteilungsneutralen rein einkommensproportionalen Beitragsgestaltung ergeben sich sowohl hinsichtlich der Abgrenzung der **Bemessungsgrundlage** als auch durch die Existenz einer **Beitragsbemessungsgrenze**, die für alle Sozialversicherungsbereiche – mit Ausnahme der *GUV* – relevant ist. Demzufolge wird das Kriterium der Leistungsfähigkeitsgerechtigkeit nur unzureichend erfüllt.[42] Eine weitere Abweichung resultiert schließlich aus den unterschiedlich erfolgreichen **Anpassungsreaktionen** der Betroffenen.

2. *Redistributive Effektivität im Hinblick auf die Bedarfsgerechtigkeit*

Das Kriterium der Bedarfsgerechtigkeit fordert, daß die Leistungszuteilung ausschließlich an dem anzuerkennenden Bedarf der Versicherten ausgerichtet ist.[43] Ansatzpunkt des Bedarfsprinzips ist die Leistungsseite des Sozialversicherungssystems, so daß sich die Bewertungsanalyse auf die Regelungen zur Leistungsgewährung beziehen muß.

Im Gegensatz zu einer verteilungsneutralen Leistungszuteilung, die ohne Rücksicht auf Bedarfskriterien rein proportional zum Einkommen im Ausgangszustand erfolgt, beeinflußt eine vorleistungsunabhängige bedarfsorientierte Leistungsgewährung die relativen Einkommenspositionen der Versicherten. Die Abweichung ΔL_f zwischen einer fiktiven rein bedarfsgerechten Leistungszuteilung L_f und der tatsächlichen Leistungspolitik L_{SV} ergibt sich aus:

(VII-2) $\Delta L_f = L_f - L_{SV}$.

Da jedoch die Leistungspraxis der Sozialversicherung keiner einheitlichen Linie folgt, erfordert deren Beurteilung eine Differenzierung zwischen alternativen Leistungskategorien. In bezug auf das Zielkriterium »Bedarfsgerechtigkeit« wird an dieser Stelle zwischen einkom-

---

41 Vgl. hierzu die Ausführungen in Kapitel IV.

42 Dieses Ergebnis wird durch die Modellrechnung bei Wenzel (1999), S. 162ff. für den Bereich der GKV bestätigt. Sie kommt zu dem Ergebnis, daß die GKV-Finanzierung „***nicht der Zielsetzung einer Mittelaufbringung gemäß der gesamtgesellschaftlichen Leistungsfähigkeit***" entspricht. Siehe dies. (1999), S. 164 [Hervorhebungen im Original].

43 Vgl. die Definition in Abschnitt D.II.4.b) von Kapitel I.

mensabhängigen sowie einkommensunabhängigen Geldleistungen und einkommensunabhängigen Sachleistungen unterschieden.

Im Falle **einkommensabhängiger Geldleistungen**[44] wird dem Kriterium der Bedarfsgerechtigkeit insofern genüge getan, als die Leistungen nur bei Vorliegen spezifischer Bedarfsmomente gewährt werden, die sich aus der individuellen Risikolage der Betroffenen ergeben. Unter der Prämisse, daß das vormals erzielte Einkommen nur einen ungenügenden Indikator für den anzuerkennenden Bedarf darstellt,[45] wird das Bedarfskriterium allerdings nur unzureichend erfüllt, da sich der Leistungsumfang nicht nach der individuellen Bedarfslage, sondern ausschließlich nach der Einkommenshöhe des Betroffenen richtet. Eine Ausnahme hiervon bilden allerdings Leistungen mit familienspezifischen Vergabekriterien.[46]

Zu dem Bereich **einkommensunabhängiger Geldleistungen** zählen insbesondere die monetären Pflegeleistungen der *SPV*, die entsprechend der jeweiligen Pflegestufe des Betroffenen gewährt werden.[47] Das Bedarfskriterium wird insofern erfüllt, als die Leistungen nur in Bedarfsfällen gewährt werden und sich darüber hinaus die Leistungshöhe am Pflegegrad des Betroffenen orientiert. Das Prinzip der individuellen Bedarfsgerechtigkeit wird allerdings in zweifacher Hinsicht durchbrochen. Zum einen handelt es sich bei der Einteilung in die Pflegestufen I bis III um eine »Grobklassifikation«, die der persönlichen Bedarfslage nur unzureichend gerecht werden kann. Zum anderen werden die Geldleistungen - unabhängig von einem möglicherweise verbleibenden Restbetrag - nur bis zu einer festgelegten Ausgabenhöhe gewährt. Innerhalb dieser Leistungsgrenzen werden auch die Kosten der medizinischen Behandlungspflege in Heimen übernommen, während Kosten für Unterkunft und Verpflegung von den Pflegebedürftigen selbst zu tragen sind.[48]

Einkommensunabhängige Sachleistungen sind durch ihre Bedarfsorientierung gekennzeichnet, da sie nur im Falle spezifischer Bedarfslagen gewährt werden und ihr Leistungsumfang an individuellen Bedarfskriterien ausgerichtet ist. Eine Abweichung vom Kriterium der individuellen Bedarfsgerechtigkeit ergibt sich jedoch durch die praktizierte Ausgabendeckelung für Sachleistungen im System der *SPV*. Während die *GKV* die notwendigen Behandlungsausgaben nach dem Bedarfsprinzip bis zur Wiederherstellung übernimmt, deckt die *SPV* die Pflegekosten nur bis zu einer gesetzlich fixierten Ausgabenhöhe.[49]

---

44 Einen zentralen Anteil an den einkommensabhängigen Geldleistungen spielen die Lohnersatzleistungen der ALV – insbesondere das Arbeitslosengeld – sowie der GUV, während monetäre Leistungen in der GKV eine stark untergeordnete Rolle spielen. Des weiteren orientieren sich auch die nach dem Prinzip der Teilhabeäquivalenz bemessenen Versichertenrentenleistungen der GRV an den individuellen Beitragszahlungen, die durch das Arbeitseinkommen determiniert werden. Vgl. hierzu auch die Ausführungen in Kapitel V.

45 Dies ergibt sich insbesondere vor dem Hintergrund, daß gerade Personen mit einem höheren Einkommen eher in der Lage sind einen zusätzlichen Bedarf aus eigenen Mitteln zu decken.

46 Hierzu zählt neben dem Bereich der Hinterbliebenenversorgung beispielsweise auch das Arbeitslosengeld, dessen Höhe nach dem Kinderstatus variiert.

47 Vgl. Kapitel II sowie die Ausführungen zur interpersonellen Umverteilungskomponente der SPV in Kapitel V.

48 Zu den Leistungen bei stationärer Pflege siehe BMA (1998c), S. 482.

49 Vgl. zu diesem Aspekt auch Frohwitter (1996), S. 3.

Für eine abschließende Beurteilung der einzelnen **Sozialversicherungszweige** spielt die Frage des Anteils der jeweiligen Leistungsgattung am Gesamtleistungsumfang eine entscheidende Rolle. Während die ***GKV*** vorrangig[50] bedarfsorientierte Sachleistungen bereitstellt, werden in der ***SPV*** gleichberechtigt einkommensunabhänige Geld- und Sachleistungen gewährt, die allerdings nicht uneingeschränkt dem Prinzip der individuellen Bedarfsgerechtigkeit genügen. Dagegen überwiegen innerhalb der ***GRV*** einkommensorientierte Geldleistungen, die nur bedingt dem Grundsatz der Bedarfsgerechtigkeit entsprechen. In der ***ALV*** sowie der ***GUV*** werden demgegenüber neben einkommensabhängigen Geld- auch bedarfsorientierte Sachleistungen gewährt.

Weiterhin bleibt zu berücksichtigen, daß der Zielerreichungsgrad zusätzlich durch die in Kapitel IV abgeleiteten **Verhaltensreaktionen** der primär und sekundär Betroffenen beeinflußt wird, die daraus resultieren, daß die Versicherten oder die mit ihnen verbundenen Personen auf die Leistungszuteilung mit einer Verhaltensänderung reagieren. Strategien der Substitution, Einholung und Vorteilswegnahme beeinflussen die Begünstigungsverläufe und wirken sich letztendlich auf die personale Einkommensverteilung aus.

➔ **Schlußfolgerung:** Die Ausführungen haben gezeigt, daß **alternative Formen der Leistungsgewährung** in unterschiedlichem Ausmaße dem Ziel der Bedarfsgerechtigkeit Rechnung tragen. Während einkommensunabhängige Sachleistungen in der Regel bedarfsgerecht gewährt werden, ergibt sich eine Abweichung vom Grundsatz der Bedarfsgerechtigkeit für einkommensunabhängige und insbesondere einkommensorientierte Geldleistungen. Aufgrund der Dominanz des Sachleistungsprinzips entspricht die Leistungspraxis der ***GKV*** weitgehend der normativen Zielvorstellung, während sich in der ***SPV*** durch die praktizierte Ausgabendeckelung Abweichungen vom Prinzip der Bedarfsgerechtigkeit ergeben. Dagegen wird in den Systemen der ***GUV*** und ***ALV*** sowie insbesondere der ***GRV*** das Kriterium der Bedarfsgerechtigkeit nicht zufriedenstellend erreicht. Eine darüber hinausgehende Abweichung resultiert aus den **Anpassungsstrategien** der primär und sekundär Betroffenen.

3. *Redistributive Effektivität in bezug auf die vertikale Ausgleichsgerechtigkeit*

Das Kriterium der vertikalen Ausgleichsgerechtigkeit verlangt einen Ausgleich zwischen verschiedenen Einkommensgruppen im Sinne einer systematischen Umverteilung von »oben« nach »unten«.[51] Da die Maxime der vertikalen Ausgleichsgerechtigkeit Vorgaben über die Einflußrichtung der Beitragserhebung und Leistungszuteilung auf die individuellen Vertei-

---

50 Abweichungen hiervon ergeben sich aber beispielsweise durch Budgetengpässe.

51 Vgl. die Definition in Abschnitt D.II.4.b) von Kapitel I. Das Kriterium der vertikalen Ausgleichsgerechtigkeit unterscheidet sich vom Kriterium der Bedarfsgerechtigkeit dadurch, daß hier sowohl die Finanzierungs- als auch die Leistungsseite angesprochen sind.

lungspositionen macht, muß sich die Bewertungsanalyse auf eine integrierte Betrachtung von Finanzierungs- und Leistungsseite stützen.[52]

Die Beurteilung der redistributiven Effektivität basiert auf einem Soll-Ist-Vergleich zwischen der Distributionsnorm »vertikale Ausgleichsgerechtigkeit« und den ermittelten einkommensspezifischen Redistributionseffekten. Dabei steht die Bewertungsanalyse vor dem zentralen **Problem** der unterschiedlichen methodischen Vorgehensweise bei der Ermittlung der Umverteilungswirkungen sowohl in theoretischer als auch empirischer Perspektive sowie der abweichenden Interpretation von »Umverteilung« und der dadurch bedingten unterschiedlichen Aussagekraft der Ergebnisse.[53] Diese methodischen Restriktionen setzen der Bewertungsanalyse enge Grenzen und schränken den Beurteilungsspielraum entscheidend ein.

Erste Hinweise auf die redistributive Effektivität in bezug auf das Kriterium der vertikalen Ausgleichsgerchtigkeit können aus der **theoretischen Analyse** in Kapitel V gewonnen werden. Im Rahmen der Untersuchung werden für alle Sozialversicherungsbereiche zahlreiche einkommensspezifische und risikospezifische Redistributionseffekte im Quer- und Längsschnitt ermittelt.[54]

Unter der Prämisse, daß der individuelle Erwartungsschaden für die meisten sozialen Risikotatbestände negativ mit dem Einkommen korreliert ist,[55] ergeben sich sowohl bei einer Kombination der einkommensabhängigen Beitragsgestaltung mit einer beitragsunabhängigen als auch mit einer beitragsabhängigen Leistungsgestaltung systematische Umverteilungen zu Gunsten unterer und zu Lasten oberer Einkommensgruppen.[56] Da diese allerdings im ersten Fall eine vergleichsweise größere Bedeutung erlangen, ergibt sich - angesichts des hohen Anteils einkommensunabhängiger Leistungen - insbesondere in den Systemen der ***GKV*** und ***SPV*** eine ausgeprägte Umverteilung zu Gunsten unterer Einkommensgruppen. Diese wird allerdings durch die Existenz der Beitragsbemessungsgrenze begrenzt. Dagegen spielt die interpersonelle Umverteilung zwischen alternativen Einkommensgruppen in der ***GUV*** und – zumindest im Rahmen einer Längsschnittbetrachtung – auch innerhalb der ***GRV*** eine untergeordnete Rolle.

---

52 Im Rahmen dieser Vorgehensweise ist zu berücksichtigen, daß die Umverteilungsergebnisse maßgeblich durch die jeweiligen Regelungen zur Ausgestaltung der Einnahmen- und Leistungsseite determiniert werden.

53 Zu dieser Problematik siehe auch die kritischen Anmerkungen in Kapitel VI sowie in Abschnitt B des vorliegenden Kapitels.

54 Grundlegend zur Differenzierung zwischen den einzelnen Redistributionseffekten vgl. insbesondere Abbildung V-5 in Kapitel V.

55 Diese Prämisse ist für die Risikotatbestände »Morbidität« und »Pflegebedürftigkeit« allgemein anerkannt. Vgl. exemplarisch Klammer (1998), S. 283 sowie Schneider (1994), S. 99f. In bezug auf das Arbeitslosigkeitsrisiko spiegeln sich die abgeleiteten Einflußfaktoren »Qualifikationsgrad«, »Berufs- und Branchenzugehörigkeit« sowie »Geschlecht« und »Gesundheitszustand« in den individuellen Einkommensverhältnissen wieder. Dasselbe gilt für die Faktoren »Betriebs- und Berufszugehörigkeit«, die das Unfall- und Berufskrankheitsrisiko determinieren. Dagegen sind für die GRV derartige Zusammenhänge aufgrund der alternativen Sicherungstatbestände nicht eindeutig ableitbar.

56 Vgl. hierzu insbesondere Abbildung V-5 in Kapitel V.

Aufgrund der methodischen Unzulänglichkeiten können aus den **empirischen Ergebnissen** zu den einzelnen Sozialversicherungszweigen nur bedingt Anhaltspunkte für die redistributive Effektivität in bezug auf das Kriterium der vertikalen Ausgleichsgerechtigkeit abgeleitet werden.

Querschnittuntersuchungen ermitteln für den Bereich der ***GKV*** unterschiedliche Verteilungsbelastungen beziehungsweise –begünstigungen in Abhängigkeit vom Einkommen der Versicherten. Bezüglich der Wirkungsrichtung der Umverteilung zwischen den einzelnen Versichertengruppen zeigt die absolute Differenz zwischen risikoäquivalentem und tatsächlichem Beitrag, daß Versicherte mit niedrigem Einkommen begünstigt und obere Einkommensgruppen belastet werden.[57] Zu beachten bleibt allerdings, daß aufgrund der Beitragsbemessungsgrenze die Verteilungsbelastungen für darüberliegende Einkommen begrenzt werden, so daß dem Ziel der vertikalen Ausgleichsgerechtigkeit nicht lückenlos Rechnung getragen wird.[58] In intertemporaler Perspektive bewegen sich die einkommensabhängigen Verteilungsänderungen in engen Grenzen und sind nur für extrem niedrige Einkommensschichten bedeutsam, während sich auf der Belastungsseite wiederum der Einfluß der Bemessungsgrenze bemerkbar macht.[59] Demgemäß wird das Zielkriterium auch in intertemporaler Perspektive nicht ausreichend erfüllt.

Für den Bereich der ***SPV*** liegen bislang nur aussagekräftige Ergebnisse zu den Umverteilungseffekten im Vergleich zwischen Status quo und Status quo ante vor,[60] die sich in bezug auf die in diesem Kapitel verfolgte Zielsetzung als unbrauchbar erweisen. In Ermangelung gehaltvoller empirischer Ergebnisse zu den systeminternen Umverteilungswirkungen können keine abschließenden Aussagen über die redistributive Effektivität der *SPV* hinsichtlich der Zielsetzung der vertikalen Ausgleichsgerechtigkeit getroffen werden.[61]

Die Untersuchung von *Pfeiffer (1989)* ergibt für den Bereich der ***GRV*** beträchtliche zeitpunktbezogene Umverteilungseffekte, in denen sich die »intergenerativen« Übertragungen von Erwerbstätigen- zu Rentnerhaushalten wiederspiegeln. Der auf das Primäreinkommen bezogene Nettoredistributionseffekt[62] offenbart die Wirkungsrichtung der Umverteilung, die sich zu Gunsten mittlerer sowie insbesondere unterer und zu Lasten oberer Einkommensgruppen vollzieht und damit dem Grundsatz der vertikalen Ausgleichsgerechtigkeit entspricht. Diesem Urteil stehen jedoch entsprechende Längsschnittuntersuchungen entgegen, die der *GRV* insgesamt einen relativen geringen Nettoredistributionseffekt zuschreiben. *Wagner*

---

57 Vgl. exemplarisch Wenzel (1999), S. 162. Ebenso Ott (1981), S. 162ff.

58 Entsprechend kommt Ott (1981), S.188 zu dem Ergebnis, daß „[...] das Ziel einer gleichmäßigeren Verteilung der Einkommen nicht zufriedenstellend erreicht werden kann."

59 Vgl. Ott (1981), S. 181ff. Die Längsschnittuntersuchung von Ott (1981) unterliegt allerdings zahlreichen methodischen Unzulänglichkeiten. Siehe hierzu die Ausführungen in Kapitel VI.

60 Die Studien weisen einen regressiven Verteilungseffekt der SPV im Vergleich zur vormaligen Sicherungslösung aus. Vgl. exemplarisch Krieglmeier (1996), S. 122.

61 Dagegen gibt der Vergleich zwischen Status quo und Status quo ante lediglich einen Hinweis dafür, daß die Einführung der Pflegeversicherung insbesondere oberen Einkommensgruppen zugute kommt.

62 Zur am korrigierten Nettosozialprodukt relativierten Umverteilung siehe Pfeiffer (1989), S. 197.

(1984) ermittelt in vertikaler Perspektive eine Redistribution zu Gunsten niedriger und hoher und zu Lasten mittlerer Einkommen,[63] die dem Gedanken der vertikalen Ausgleichsgerechtigkeit, „daß qua Umverteilung niedrige Einkommen begünstigt werden sollten“[64], widerspricht.[65]

Für die Beurteilung der redistributiven Effektivität der *ALV* werden ersatzweise die Ergebnisse von *Becker (1985b)* herangezogen, die für die BA u-förmige Belastungsverläufe ermittelt, indem insbesondere Angehörige mittlerer Einkommenspositionenklassen hohen Nettobelastungen ausgesetzt sind.[66] Dieses Resultat liefert für den Zweig der *ALV* ebenfalls einen Hinweis für eine nicht zieladäquate Redistributionswirkung, dem allerdings aufgrund der methodischen Unzulänglichkeiten[67] nur ein beschränkter Aussagegehalt zukommt.

Die Studien von *Grüske (1978)* und *Loeffelholz (1979)* zeigen im Rahmen einer Querschnittsbetrachtung, daß vom **Gesamtsystem der Sozialversicherung** ein einkommensnivellierender Effekt ausgeht,[68] der insbesondere auf der einkommensnivellierenden Wirkung der Leistungsseite beruht. Der Gini-Koeffizient verringert sich unter Einbeziehung des Sozialversicherungssystems im Vergleich zur Ausgangsverteilung um 28,2% und im Vergleich zur Finaleinkommensverteilung bei ausschließlicher Berücksichtigung des Normalbudgets um 8%.[69] Damit erfüllt das Gesamtsystem der Sozialversicherung die Forderung nach einer Umverteilung von oben nach unten.

Der Zielerreichungsgrad in bezug auf das Kriterium der vertikalen Ausgleichsgerechtigkeit wird darüber hinaus von den **Verhaltensreaktionen** der Betroffenen beeinflußt, denen im Rahmen empirischer Studien nur unzureichend Rechnung getragen wird. Entgegen den restriktiven Modellannahmen stehen sowohl der Arbeitnehmer- als auch der Arbeitgeberseite[70] zahlreiche Anpassungsstrategien zur Verfügung, die das abgeleitete Verteilungsergebnis entschiedend beeinflussen.[71] Die Einbeziehung der in Kapitel IV abgeleiteten Wirkungsaspekte

---

63 Vgl. Wagner (1984), S. 240.

64 Wagner (1984), S. 240.

65 Demgemäß fällt auch das Urteil von Wagner (1984), S. 240 aus: „Ein Effekt, der im Widerspruch zu den üblichen Umverteilungszielen steht“.

66 Siehe Becker (1985b), S. 180. Hierbei werden die Einkommenspositionenklassen dadurch gebildet, daß das modifizierte Bruttomarkteinkommen des jeweiligen Haushaltes ins Verhältnis zum durchschnittlichen modifizierten Bruttomarkteinkommen pro Haushalt gesetzt wird.

67 Vgl. hierzu auch die kritischen Anmerkungen zu der methodischen Vorgehensweise von Becker (1985b) in Kapitel VI.

68 Siehe auch Becker (1985b), S. 176.

69 Vgl. Grüske (1978), S. 303. Diese Ergebnisse stützen sich auf die Realvariante.

70 Im Gegensatz zu den meisten empirischen Studien beziehen Loeffelholz (1979) und Pfeiffer (1989) drei alternative Überwälzungsvarianten für die Arbeitgeberbeiträge ein. Die Unterschiede in den Ergebnissen machen die Bedeutung der Anpassungsreaktionen deutlich.

71 So bewirkt die in den meisten empirischen Studien unterstellte vollständige Rückwälzung der Arbeitgeberbeiträge bezüglich der am Haushaltsbruttoeinkommen relativierten Inzidenz einen zunächst progressiven und dann regressiven Belastungsverlauf, während eine vollständige Vorwälzung einen ausschließlich regressiven Verlauf ergibt. Vgl. Loeffelholz (1979), S. 333f. Demzufolge determiniert die gängige Annahme einer vollständigen Rückwälzung ein für untere Einkommensgruppen relativ »umverteilungsfreundliches« Ergebnis.

weist eher auf einen abnehmenden Zielerfüllungsgrad hin. Auf der anderen Seite wird der Zielerreichungsgrad auch durch leistungsbedingte Anpassungsreaktionen beeinflußt, die bei der Ergebnisinterpretation ebenfalls zu berücksichtigen sind.

➔ **Schlußfolgerung:** Die Bewertung der **vertikalen Ausgleichsgerechtigkeit** erfordert eine differenzierte Betrachtung der einzelnen Sozialversicherungszweige in zeitpunkt- und zeitraumbezogener Betrachtung. Es zeigt sich, daß das **Gesamtsystem** der normativen Zielsetzung in zeitpunktbezogener Perspektive gerecht wird. Dieser Effekt ist in besonderem Maße auf die redistributive Wirkungsrichtung der ***GKV***, ***SPV*** und ***GRV*** zurückzuführen. Dagegen widerspricht die Beitrags- und Leistungspraxis der ***GRV*** im Längsschnitt dem Ziel der vertikalen Ausgleichsgerechtigkeit, indem sich die Umverteilungsrichtung zu Gunsten oberer Einkommensgruppen verschiebt. Das vorgegebene Redistributionsziel kann darüber hinaus durch die **Anpassungsreaktionen** der Betroffenen verletzt werden.

4. *Redistributive Effektivität im Hinblick auf die horizontale Ausgleichsgerechtigkeit*

Ebenso wie das Ziel der vertikalen Ausgleichsgerechtigkeit setzt auch das Kriterium der horizontalen Ausgleichsgerechtigkeit eine integrierte Betrachtung der Finanzierungs- und Leistungsseite voraus. Das Prinzip der horizontalen Ausgleichsgerechtigkeit erhebt die Forderung nach einem systematischen Einkommensausgleich zwischen Personen mit unterschiedlichen Lebensumständen, die sich insbesondere aufgrund divergierender Familienverhältnisse oder alternativer individueller Risikolagen ergeben.[72]

a) *Systematischer risikospezifischer Altersausgleich*

In bezug auf unterschiedliche Risikosituationen der Betroffenen läßt sich das Ziel einer **systematischen risikospezifischen Umverteilung** ableiten. Während sich bei risikoäquivalenter Tarifierung - abgesehen vom versicherungsimmanenten Risikoausgleich - keine weitere Redistribution vollzieht, erfordert das Kriterium der horizontalen Ausgleichsgerechtigkeit eine systematische Umverteilung zu Gunsten »schlechter« Risiken.

Im Zuge der Bewertung stellt sich zunächst die Frage nach einem adäquaten Indikator für das persönliche Risiko. Im folgenden wird das **Alter** als zentrale Größe herangezogen.[73] Dies ergibt sich zum einen aus der Erläuterung der risikospezifischen Determinanten in Kapitel V, in der sich das individuelle Lebensalter als wesentliche Einflußgröße sozialer Risikotatbestände herauskristallisiert und zum anderen im Hinblick auf die empirischen Umverteilungsergebnisse, die zumeist den altersspezifischen Einkommensausgleich gesondert ausweisen. Die Auswahl birgt allerdings das Problem, daß sich altersspezifische Redistributionseffekte naturgemäß nur im Querschnitt ermitteln lassen, so daß eine zeitraumbezogene Beurteilung unter-

---

[72] Vgl. Abschnitt D.II.4.b) in Kapitel I.

[73] Ein wichtiger Untersuchungsgegenstand wäre weiterhin die Frage nach dem Ausgleich unterschiedlicher Risikosituationen, die sich aus den unterschiedlichen Lebensweisen der Betroffenen ergeben. Da hierfür allerdings die im folgenden Text genannten Prämissen nicht oder nur eingeschränkt gegeben sind, und sich für diesen Bereich zudem die Frage nach der »Wünschbarkeit« eines Ausgleichs stellt, wird auf eine gesonderte Analyse verzichtet.

bleiben muß. Ferner besitzen die Ergebnisse der Bewertungsanalyse nur in bezug auf das Bewertungsobjekt der altersspezifischen Umverteilung Gültigkeit.

Die **theoretische Analyse** in Kapitel V ermittelt für alle Sozialversicherungszweige zahlreiche risikospezifische Umverteilungen, die sich aus der konkreten Form der Beitrags- und Leistungsverknüpfung ergeben.[74] Hierbei spielt die risikospezifische Umverteilung insbesondere bei der Kombination von einkommensabhängiger Beitragszahlung und bedarfsorientierter Leistungsgestaltung eine zentrale Rolle.[75] Unterstellt man für die Betroffenen identische Einkommensverhältnisse, kann von zusätzlichen einkommensspezifischen Umverteilungseffekten abstrahiert werden und die Ausführungen zur Bedarfsgerechtigkeit in Abschnitt C.I.2 lassen sich auf den hier vorliegenden Aspekt übertragen.[76] Des weiteren zeigt die Umverteilungsanalyse in Kapitel V, daß alle sozialen Risikotatbestände positiv mit dem Alter korrelieren.[77]

Unter Berücksichtigung der zentralen Aspekte »Beitrags- und Leistungsgestaltung« sowie »Bedeutungsumfang des Risikomerkmals Alter« ergeben sich in bezug auf die einzelnen Sozialversicherungszweige unterschiedliche altersspezifische Redistributionseffekte. Für die Systeme der ***SPV*** und ***GKV*** resultieren aus der Kopplung einkommensabhängiger Beiträge und bedarfsorientierter Leistungen in Verbindung mit der zentralen Einflußgröße »Alter« bedeutende altersspezifische Umverteilungen entsprechend der normativen Zielsetzung. Innerhalb der ***GRV*** stellt das Alter den entscheidenden leistungsauslösenden Tatbestand dar. Dieser geht in der Regel mit einem Ende der Beitragspflicht einher, so daß es zwangsläufig zu einem zielgerechten horizontalen Ausgleich zwischen unterschiedlichen Altersklassen kommt. Während sich auch in der ***ALV*** altersspezifische Redistributionen vollziehen, trägt das System der ***GUV*** dem Kriterium der horizontalen Ausgleichsgerechtigkeit nur bedingt Rechnung.[78]

Die **empirische Analyse** weist für das **Gesamtsystem der Sozialversicherung** auf einen hohen Zielerreichungsgrad hin. Bei einer Gliederung der Untersuchungseinheiten nach dem

---

74 Vgl. hierzu die Übersichtsabbildung V-5 sowie die Ausführungen in Abschnitt E von Kapitel V.

75 Zu den unterschiedlichen Formen der Leistungsgewährung siehe auch die Ausführungen in Abschnitt C.I.2.

76 Zu berücksichtigen bleibt allerdings, daß mit zunehmendem Alter der Anteil beitragspflichtiger Einkommen am Gesamteinkommen zurückgeht, da weitere beitragsfreie Einkommen erschlossen werden, während die beitragspflichtigen Einkommen an Bedeutung verlieren. Vgl. hierzu auch Wenzel (1999), S. 166.

77 Während ein solcher Zusammenhang für die Risikotatbestände »Morbidität« und »Pflegebedürftigkeit« und in abgeschwächter Form auch für das Arbeitslosigkeitsrisiko unstrittig ist, erscheint eine positive Korrelation zumindest auch für Berufskrankheiten im Rahmen der GUV vorzuliegen, deren Eintrittswahrscheinlichkeit von der Länge des Belastungszeitraums abhängt. Die GRV betreibt eine Absicherung gegen die Risiken »Erwerbsunfähigkeit«, »Mortalität« und »altersbedingten Erwerbsausfall«. Eine positive Korrelation ergibt sich automtisch hinsichtlich des altersbedingter Erwerbsausfalles, während das Invaliditätsrisiko zwar ebenfalls altersabhängig ansteigt, aber ab Erreichen der Regelaltersgrenze unbedeutend wird. Dagegen besteht auch eine positive Korrelation zwischen Alter und Mortalitätsrisiko. In bezug auf den tatsächlichen Leistungsanspruch sind hierbei allerdings die Familienverhältnisse des Versicherten zu berücksichtigen, so daß sich der positive Zusammenhang abschwächt.

78 Dies resultiert vor allem aus der Tatsache, daß das Alter in der GUV einen vergleichsweise unbedeutenden Risikofaktor darstellt.

Merkmal »Alter des Haushaltsvorstandes« ergeben sich eindeutige positive Korrelationen mit dem ausgewiesenen Nettoredistributionseffekt.[79]

Ausgeprägte altersspezifische Umverteilungen zu Gunsten höherer Altersgruppen – in der Regel Rentnerhaushalte - ergeben sich naturgemäß auch innerhalb der ***GRV***,[80] so daß dieser Bereich das Kriterium der horizontalen Ausgleichsgerechtigkeit in besonderem Maße erfüllt.

Ferner belegen auch die Ergebnisse von *Mavromaras, Rudolph (1998)* für den Zweig der ***ALV*** die Bedeutung des Merkmals »Alter«. Ihre Untersuchung der gruppenspezifischen absoluten und relativen Defizite gibt einen Hinweis für die Existenz eines Drei-Generationen-Vertrags, indem die Defizite bei den jüngeren und insbesondere den älteren Jahrgängen durch die Beiträge der mittleren Altersgruppen finanziert werden.[81] Unter Berücksichtigung der besonderen Risikolage von Jugendlichen, die aufgrund mangelnder Qualifikation und Erfahrung[82] den Gefahren der Jugendarbeitslosigkeit unterliegen, tragen die ermittelten Effekte dem Ziel der horizontalen Ausgleichsgerechtigkeit angemessen Rechnung.

Die Umverteilungsanalysen für den Bereich der ***GKV*** weisen übereinstimmend auf die Dominanz des Alterslastenausgleiches hin,[83] der Aufschluß über einen hohen Zielerreichungsgrad in bezug auf das Kriterium der horizontalen Ausgleichsgerechtigkeit gibt.

Dagegen existieren für die Bereiche der ***SPV*** und ***GUV*** (noch) keine aussagekräftigen Berechnungen zum Altersausgleich, so daß sich die Bewertung der redistributiven Effektivität auf die theoretischen Ausführungen beschränken muß.

Darüber hinaus unterliegt der Zielerreichungsgrad dem Einfluß der vielfältigen **Verhaltensreaktionen**. Der Alterslastenausgleich vollzieht sich zu Gunsten älterer Personen, die als Gruppe der Rentner einen homogenen Empfängerkreis bilden, der durch ähnliche Lebens- und insbesondere Konsumgewohnheiten gekennzeichnet ist. Aufgrund ihrer vielfältigen Verbindungen mit dem Marktgeschehen ist eine Vorteilswegnahme die Folge,[84] die eine Abweichung von der normativen Zielsetzung der horizontalen Ausgleichsgerechtigkeit bewirkt.

➔ **Schlußfolgerung:** Das **Gesamtsystem** der Sozialversicherung wird der Zielsetzung der horizontalen Ausgleichsgerechtigkeit im Sinne eines Altersausgleiches gerecht. Dieser Ef-

---

79 So ermittelt Loeffelholz (1979), S. 312 bei Anwendung der Inzidenzvariante B für alle Haushalte mit einem unter 55jährigen Vorstand negative und mit einem über 55jährigen Vorstand positive Nettoredistributionseffekte, wobei die Gruppe der über 65jährigen - in der Regel Rentnerhaushalte - einen positiven Nettoredistributionseffekt von rund 75% - gemessen am korrigierten NSP zu Marktpreisen - erreicht.

80 Siehe exemplarisch Pfeiffer (1989), S. 197.

81 Vgl. Mavromaras, Rudolph (1998), S. 99.

82 Diese Risikofaktoren lassen sich unmittelbar auf das niedrige Lebensalter der Betroffenen zurückführen.

83 Vgl. exemplarisch die Studien von Ott (1981) sowie Henke, Behrens (1989) und Becker (1985a) sowie Wenzel (1999). Nach den Berechnungen von Wenzel (1999), S. 165 ist der Altersausgleich mit einem Gesamtumfang der Umverteilung gegenüber risikoäquivalenter Zahlung von rund 12 Mrd. DM die bedeutendste soziale Ausgleichskomponente. Hierbei steigen mit Ausnahme der unter 30jährigen die Differenzen zwischen risikoäquivalenten Zahlungen und GKV-Beitragszahlungen stetig an.

84 Vgl. hierzu die Ausführungen in Kapitel IV. Für den Bereich der SPV vgl. auch Schaper (1993), S. 91, der darauf hinweist, daß durch die Einführung der Pflegeversicherung, die Bereitschaft der Kinder sinkt, ihre Eltern zu pflegen.

fekt ist insbesondere auf die Beitrags- und Leistungsgestaltung der ***GRV***, ***GKV*** und ***SPV*** zurückzuführen, deren leistungsauslösende Risikotatbestände stark positiv mit dem Alter korrelieren, während sich für die Beitragsseite teilweise ein negativer Zusammenhang zwischen Finanzierungsumfang und Alter ergibt.[85] Abweichungen von einer zielgerechten Umverteilung resultieren allerdings aus den **Anpassungsreaktionen** der mit den begünstigten Altersgruppen verbundenen Personen.

b) Familienspezifische Umverteilung

In bezug auf unterschiedliche Familienverhältnisse fordert das Kriterium der horizontalen Ausgleichsgerechtigkeit eine **familienspezifische Umverteilung** zu Lasten von Alleinstehenden beziehungsweise kleinen Familien und zu Gunsten von großen Familien.[86]

Für eine nähere **Konkretisierung** der Zielvorstellung steht man jedoch vor dem Problem einer für alle Sicherungsbereiche gültigen Interpretation. Bei ausschließlicher Berücksichtigung der Anzahl von Familienmitgliedern ergibt sich die Forderung nach einer Umverteilung zu Lasten von Haushalten mit unterdurchschnittlicher Mitgliederzahl und zu Gunsten von Haushalten mit überdurchschnittlicher Größe. Bezieht man zudem einkommensspezifische Determinanten ein und trägt den individuellen Einkommensverhältnissen der Familienmitglieder Rechnung, relativiert sich die Redistributionsvorgabe. Da die zweite Interpretation eher der gängigen Sozialversicherungspraxis hinsichtlich familienspezifischer Beitrags- und Leistungsregelungen entspricht, wird diese Auslegung zugrunde gelegt.[87]

Interpretiert man die Familienverhältnisse entsprechend den **theoretischen Ausführungen** in Kapitel V als Risikofaktor, so resultiert die Umverteilung aus der Kombination von risikounabhängiger Beitragszahlung und risikodeterminierter Leistungszuteilung. Für den Standardversicherten gleichen sich familienspezifische Umverteilungseffekte im Längsschnitt aus. Falls jedoch die Realität von diesem »idealtypischen« Zustand abweicht, bleiben familienspezifische Ausgleichseffekte auch in intertemporaler Perspektive bestehen.

Besondere Bedeutung kommt der familienspezifischen Redistributionskomponente in Form der beitragsfreien Familienmitversicherung in den Systemen der ***GKV*** und ***SPV*** zu. Die risikospezifische Umverteilung resultiert aus der Tatsache, daß sich – bezogen auf das zahlende Mitglied – der Leistungsbedarf mit jedem beitragsfrei mitversicherten Familienmitglied erhöht.[88] Eine nähere Betrachtung der Familienmitversicherung[89] ergibt allerdings, daß es sich

---

85 Bezogen auf das Gesamteinkommen ergibt sich im Vergleich zur Ausgangsverteilung eine mit dem Alter steigende relative Begünstigung, die auf eine Senkung des Anteils der beitragspflichtigen Einkommen am Gesamteinkommen zurückgeht. In bezug auf das beitragspflichtige Einkommen stellt sich bis zum Renteneintritt aufgrund altersabhängig steigender Löhne und Gehälter ein positiver Zusammenhang zwischen Finanzierungsbeitrag und Alter ein. Dieser kehrt sich allerdings wegen der geltenden Beitragsregelungen für Rentner danach wieder um.

86 Vgl. Abschnitt D.II.4.b) in Kapitel I. Ebenso Klammer (1998), S. 277.

87 Zu beachten ist allerdings, daß hierdurch der Bedeutungsinhalt des Familienausgleichs entscheidend geprägt wird.

88 Vgl. auch Wenzel (1999), S. 35.

89 Vgl. hierzu die Ausführungen in Abschnitt E.III.4 von Kapitel V.

bei der »Ehegattenkomponente« in erster Linie um eine verteilungspolitisch motivierte Regelung handelt, die nicht dem Ehegattenstatus sondern den individuellen Einkommensverhältnissen Rechnung trägt. Angesichts der oben festgelegten Definition widerspricht dies allerdings nicht dem Kriterium der familienspezifischen Ausgleichsgerechtigkeit. Die Systeme der ***GUV*** und ***GRV*** tragen dem horizontalen Ausgleichsgedanken durch einen eigenständigen Leistungskatalog für Familienmitglieder Rechnung.[90] Dagegen spielt die familienspezifische Redistributionskomponente in der ***ALV*** nur eine untergeordnete Rolle, da nur wenige Leistungskategorien nach dem Familienstatus der Versicherten variieren.[91]

Bei der Beurteilung der redistributiven Effektivität ist allerdings zu beachten, daß die familienabhängigen Regelungen oftmals vom **Altersausgleich** überlagert werden, der seine Wirkung in entgegengesetzter Richtung entfaltet.[92] Da das Lebensalter für alle sozialen Risikotatbestände eine zentrale Einflußgröße darstellt,[93] ist dieses Problem für sämtliche Sozialversicherungszweige von Bedeutung. Zusätzlich wird der reine Familienausgleich auch vom **Einkommensausgleich** überlagert, der aus den haushaltsspezifischen Einkommensunterschieden resultiert.[94]

Die **empirischen Ergebnisse** machen deutlich, daß das **Gesamtsystem** der Sozialversicherung nicht dem Kriterium der horizontalen Ausgleichsgerechtigkeit Rechnung trägt.[95] Ebensowenig genügt die ***GRV*** sowohl in Quer- als auch in Längsschnittbetrachtung der normativen Zielvorgabe.[96]

Die Querschnittuntersuchungen[97] für den Bereich der ***GKV*** belegen ebenfalls einen mangelnden Zielerreichungsgrad, der insbesondere durch die hohen Begünstigungen von Einverdiener-Haushalten ohne Kinder dokumentiert wird. Das Ergebnis einer unzureichenden Effektivität in bezug auf die familienspezifische Umverteilungskomponente bleibt auch im

---

90 Hierzu gehören insbesondere die Hinterbliebenenleistungen.

91 In der ALV wird der risikospezifische Leistungsbedarf von dem Risikomerkmal »Kind« determiniert, indem Arbeitslose mit Kindern unter bestimmten Voraussetzungen in den Genuß zusätzlicher Leistungen kommen. Darüber hinaus existiert beispielsweise beim Arbeitslosengeld eine kinderabhängige Leistungsdifferenzierung.

92 So gehören die durch den Alterslastenausgleich besonders begünstigten Rentner in der Regel Ein- oder Zwei-Personen-Haushalten ohne Kinder an.

93 Vgl. die Ausführungen im vorangegangenen Abschnitt. So schätzt beispielsweise Wenzel (1999), S. 197 für den Bereich der GKV das Volumen des Familienlastenausgleichs auf 5,6 Mrd. DM, während der Altersausgleich einen Umverteilungsumfang von rund 12 Mrd. DM erreicht.

94 Vgl. zu diesem Aspekt auch Ott (1981), S. 189ff.

95 So verbuchen nur die Ein- und Zwei-Personen-Haushalte einen positiven Nettoredistributionseffekt, während alle anderen Haushaltstypen negative Nettoredistributionseffekte aufweisen. Hierbei sinken [steigen] die Begünstigungen [Belastungen] - mit Ausnahme der Haushalte mit über vier Personen - mit zunehmender Haushaltsgröße. Vgl. Loeffelholz (1979), S. 312.

96 Zu den Querschnittergebnissen siehe Pfeiffer (1989), S.197, die bezüglich der haushaltsspezifischen Nettoredistributionseffekte einen regressiven Verlauf ermittelt. Zu den Längsschnittergebnissen siehe exemplarisch Wagner (1984), S. 240.

97 Vgl. exemplarisch Ott (1981) sowie Henke, Behrens (1989) und Wenzel (1999). Ebenso Pfaff (1993).

Rahmen von Längsschnittbetrachtungen bestehen, die ebenfalls für kinderlose Einverdiener-Haushalte hohe Begünstigungseffekte ermitteln.[98]

Für den Bereich der ***SPV*** mangelt es bis dato noch an aussagekräftigen Ergebnissen zur familienspezifischen Umverteilung. Erste Hinweise auf einen mangelnden Zielerreichungsgrad können jedoch aus der Untersuchung von *Krieglmeier (1996)* gewonnen werden, die angesichts ihrer methodischen Unzulänglichkeiten jedoch nur Modellcharakter beanspruchen kann.[99]

Für den Bereich der ***ALV*** lassen sich Hinweise auf die familienspezifische Umverteilung aus der Studie von *Becker (1985b)* gewinnen, die einen Anhaltspunkt für eine unzureichende Erfüllung des Kriteriums der horizontalen Ausgleichsgerechtigkeit liefert.[100]

➔ **Schlußfolgerung:** Sowohl die theoretischen Ausführungen als auch die Ergebnisse empirischer Umverteilungsstudien lassen erkennen, daß weder das **Gesamtsystem** der Sozialversicherung noch dessen **einzelne Zweige** dem Grundsatz der familienspezifischen Ausgleichsgerechtigkeit befriedigend Rechnung tragen. Dies resultiert insbesondere aus der Tatsache, daß der Familienausgleich in allen Sozialversicherungsbereichen vom Alters- und Einkommensausgleich überlagert wird. Weitere Abweichungen können sich durch die **Verhaltensreaktionen** der Betroffenen ergeben, über deren Wirkungsrichtung allerdings keine eindeutigen Aussagen möglich sind.

II. Bewertung der redistributiven Effektivität in intergenerativer Perspektive

Die Frage der Gerechtigkeit zwischen verschiedenen Generationen stellt sich im besonderen Maße für die auf dem Generationenvertrag basierenden Systeme der *GRV*, *GKV* und *SPV*.

Gemäß dem **Minimal-Kriterium** wurde als Zielvorgabe formuliert, daß die Lebensnettotransfersalden jeder Generation minimal sein sollen und sich der jeweilige generationenspezifische Lebensnettotransfersaldo dem Wert 0 annähert.[101]

Die Überprüfung der redistributiven Effektivität in intergenerativer Perspektive steht vor dem zentralen Problem, daß das Minimal-Kriterium keine konkrete Größenvorgabe zu dem Ausmaß der tolerierten Abweichung der Lebensnettotransfersalden vom »Idealwert« 0 macht.[102] Aus diesem Grund wird im folgenden eine Einzelbewertung der jeweils ermittelten Ergebnisse zur intergenerativen Umverteilung vorgenommen. Um einer willkürlichen Interpretation vorzubeugen, erfolgt die Beurteilung vor der Prämisse, daß die Zielerreichung verfehlt wird,

---

98 So zeigt sich in der Untersuchung von Behrens (1991), S. 114ff., daß die Einverdiener-Haushalte ohne Kinder durchwegs höhere Begünstigungen als alle Zweiverdiener-Haushalte - unabhängig von deren Kinderzahl - aufweisen.

99 So kommt Krieglmeier (1996), S. 126 zu dem Ergebnis, daß die wesentliche interfamiliäre Umverteilung zu Gunsten von kinderlosen Ehen erfolgt.

100 Vgl. die Ergebnisse bei Becker (1985b), S. 188f.

101 Vgl. Abschnitt E in Kapitel I.

102 Daß die Forderung nach identischen generationenspezifischen Lebensnettotransfersalden mit dem Wert 0 schon allein aufgrund der notwendigen Einbeziehung früherer Generationen nicht haltbar ist, wurde in Abschnitt E des Kapitels I erläutert.

wenn davon auszugehen ist, daß die betroffenen Generationen einer intergenerativen Redistribution nicht mehr zustimmen würden.[103] Dementsprechend wird das Kriterium der »**generationenspezifischen Ablehnung**« als zusätzlicher Indikator für die Beurteilung der intergenerativen Umverteilungseffektivität eingeführt. Eine Ablehnung erfolgt immer dann, wenn zum Zeitpunkt des Eintrittes in das System der zu erwartende Lebensnettotransfer der betroffenen Generation positiv ist und sie somit nettobelastet ist.

- **Intergenerative redistributive Effektivität im System der *GRV***

Die **theoretischen Ausführungen** in Kapitel V haben ergeben, daß es in der *GRV* zu systematischen Redistributionen zwischen den im Zwei-Generationen-Vertrag verbundenen Generationen kommt. In Verbindung mit der Umlagefinanzierung resultiert aus dem Generationenvertrag bei sich ändernden Rahmenbedingungen eine Ungleichbehandlung einzelner Generationen. Hierbei gibt die prognostizierte Entwicklung der Rahmenbedingungen einen Hinweis auf eine zunehmende intergenerative Belastung zukünftiger Generationen.

Die **empirischen Ergebnisse** in Kapitel VI weisen übereinstimmend auf ein beträchtliches Ausmaß an intergenerativer Umverteilung hin. *Schulenburg (1990)* errechnet als Differenz zu einem ausgeglichenen Beitrags- und Leistungskonto maximale positive generationenspezifische Lebensnettotransfersalden in der Höhe von annähernd 80.000 DM und maximale negative Lebensnettotransfersalden von rund 30.000 DM.[104]

Die Gegenüberstellung der Ergebnisse von *Schulenburg (1990)* mit alternativen Studien und den ergänzend herangezogenen Renditeberechnungen bestätigten die zentralen Aussagen zu den zu erwartenden intergenerativen Umverteilungseffekten der *GRV*.

Im Rahmen eines Soll-Ist-Vergleiches zwischen Referenzprüfstein »Minimal-Kriterium« und ermittelten intergenerativen Umverteilungsergebnissen kann somit konstatiert werden, daß das gegenwärtige System der *GRV* dem Grundsatz der redistributiven Effektivität nicht ausreichend gerecht wird. Insbesondere wird unter Einbeziehung der zukünftigen Entwicklung keine intergenerative Gerechtigkeit gewährleistet, da sich die zu erwartenden Lebensnettotransfersalden der ab Ende der 60er Jahre geborenen Generationen keineswegs einem Minimalwert annähern, sondern sich stattdessen vorerst beständig vom Referenzwert 0 entfernen.

Greift man zusätzlich auf den Indikator »generationenspezifische Ablehnung« zurück, so zeigt sich, daß die ab Ende der 60er Jahre Geborenen, die in der Regel Ende der 80er beziehungsweise Anfang der 90er Jahre dem System der *GRV* beitreten, zu den Nettobelasteten

---

[103] Da eine generationenspezifische Ablehnung nicht im Interesse der Beteiligten sowie ihrer wiederwahlorientierten politischen Vertreter liegt, scheint es gerechtfertigt, dieses politökonomisches Kriterium als zusätzlichen Indikator heranzuziehen. Vgl. hierzu auch die differenzierteren Ausführungen in Kapitel VIII. Zu beachten ist allerdings, daß mit diesem zusätzlichen Indikator eine Fokussierung auf positive Abweichungen der Lebensnettotransfersalden einhergeht, was jedoch für den weiteren Verlauf der Arbeit gerechtfertigt ist.

[104] Vgl. Schulenburg (1990), S. 287. Es handelt sich hierbei um die Ergebnisse der Grundvariante, bei der ausschließlich der demographische Effekt auf die intergenerationale Verteilung betrachtet wird.

zählen. Sie werden demzufolge die intergenerative Umverteilungskomponente des derzeitigen Systems ablehnen.

➔ **Zwischenfazit:** Der Vergleich zwischen Umverteilungseffekten in intergenerativer Perspektive und der anhand des Minimal-Kriteriums operationalisierten intergenerativen Gerechtigkeitsvorstellung ergibt, daß das Prinzip der redistributiven Effektivität verfehlt wird. Dieses Ergebnis wird durch die Berücksichtigung des zusätzlichen Indikators »generationenspezifische Ablehnung« bestätigt.

- **Intergenerative redistributive Effektivität in den Systemen der *GKV* und *SPV***

Sowohl die **theoretischen** als auch die **empirischen Ergebnisse** weisen für den Bereich der *GKV* ebenfalls ausgeprägte intergenerative Redistributionseffekte aus. Unter ausschließlicher Einbeziehung der demographischen Einflußfaktoren sind diese allerdings aufgrund des Drei-Generationenvertrags im Vergleich zum Zwei-Generationenvertrag der *GRV* relativ schwächer ausgeprägt und kommen zudem zeitlich verzögert zum Tragen.[105]

Die Modellrechnung von *Schulenburg (1990)* sowie von *Schulenburg, Kleindorfer (1986)* ergibt für die Beitrags- und Leistungssaldierung maximale positive Lebensnettotransfers in Höhe von rund 20.000 DM und maximale negative Lebensnettotransfersalden von etwa 12.000 DM.[106] Diese Ergebnisse decken sich mit den Alternativberechnungen anderer empirischer Studien.[107]

Der Vergleich zwischen normativem Referenzstandard »Minimal-Kriterium« und ermittelten Umverteilungseffekten in intergenerativer Perspektive führt zu dem Ergebnis, daß auch das System der *GKV* nicht in der Lage ist, ein ausreichendes Maß an intergenerativer Gerechtigkeit zu gewährleisten. Dies zeigt sich insbesondere unter Einbeziehung der zukünftigen Entwicklung. Die alternativen empirischen Berechnungen ergeben, daß sich für die Ende der 70er Jahre Geborenen der generationenspezifische Lebensnettotransfersaldo entscheidend vergrößert,[108] anstatt sich dem Wert von 0 anzunähern. Angesichts der oben genannten Faktoren fallen allerdings die demographisch bedingten Verteilungsbelastungen geringer als im System der *GRV* aus. So führt ceteris paribus die *GKV* im direkten Vergleich zur *GRV* zu einem weit geringeren Maß zu redistributiver Ineffektivität in intergenerativer Hinsicht.[109]

---

[105] Vgl. Abbildung VI-3 in Kapitel VI.

[106] Vgl. Schulenburg, Kleindorfer (1986), S. 426 sowie Schulenburg (1990), S. 288. Diese Ergebnisse entsprechen der Berechnung in der Grundvariante (Variante 1). Bei zusätzlicher Berücksichtigung der Kostenentwicklung im Gesundheitswesen (Variante 2) verringern sich die Verteilungsbegünstigungen, während sich die Verteilungsbelastungen der »Verlierergenerationen« stark vergrößern. Vgl. Schulenburg, Kleindorfer (1986), S. 427 sowie die Darstellung in Kapitel VI.

[107] Vgl. exemplarisch die Studie von Behrens (1991).

[108] Vgl. Kapitel VI.

[109] Dieses Ergebnis ist allerdings nicht mehr uneingeschränkt gültig, wenn zusätzlich die prognostizierte Kostenentwicklung berücksichtigt wird. Vgl. hierzu auch die Ergebnisse von Variante 2 in Schulenburg, Kleindorfer (1986), S. 427.

Berücksichtigt man zusätzlich die »generationenspezifische Ablehnung«, so ist davon auszugehen, daß die nettobelasteten Generationen der intergenerativen Umverteilungskomponente der *GKV* nicht zustimmen werden.[110]

➔ **Zwischenfazit:** Unter Rückgriff auf die Prinzipien »Minimal-Kriterium« sowie »generationenspezifische Ablehnung« zeigt sich, daß auch das System der *GKV* nicht geeignet ist, ein ausreichendes Maß an redistributiver Effektivität in intergenerativer Perspektive zu gewährleisten.

Das System der ***SPV*** basiert ebenfalls auf einem Drei-Generationen-Vertrag, so daß veränderte Rahmenbedingungen eine Umverteilung zwischen den Generationen bewirken.[111] Allerdings kommt der Drei-Generationen-Vertrag in der *SPV* nur in abgeschwächter Form zum Tragen und nähert sich stattdessen eher einem Zwei-Generationen-Vertrag an.[112] Dies resultiert daraus, daß das Risiko der Pflegebedürftigkeit positiv mit dem Risikomerkmal Alter korreliert ist[113] und insbesondere für mitversicherte Kinder eine stark untergeordnete Rolle spielt.

Da aufgrund der kurzen Zeitspanne seit Verabschiedung des Pflegeversicherungsgesetzes weder Erfahrungswerte noch aussagekräftige Prognosen über die zu erwartenden intergenerativen Redistributionseffekte vorliegen, ist es an dieser Stelle nicht möglich, die Umverteilungseffektivität der *SPV* auf Basis empirischer Ergebnisse zu beurteilen. Um aber dennoch Aussagen über den intergenerativen Zielerreichungsgrad machen zu können, wird stattdessen die Bedeutung der intergenerativen Redistribution im Vergleich zu den Systemen der *GRV* und *GKV* analysiert und mit ergänzend herangezogenen Modellrechnungen unterstützt.

Die intergenerative Umverteilung der *SPV* wird aufgrund der Altersabhängigkeit des Risikos Pflegebedürftigkeit in besonderem Maße von demographischen Faktoren determiniert. Sinkende Geburtenzahlen und eine steigende Lebenserwartung[114] erhöhen bei konstanten alters- und geschlechtsspezifischen Pflegefallhäufigkeiten die Anzahl der Pflegefälle. Wegen der ausgeprägten positiven Korrelation zwischen Lebensalter und Plegerisiko bewirkt der absolute und relative Rückgang von jüngeren Personen – anders als in der *GKV* - keinen nennenswerten Entlastungseffekt, so daß Ausgabensteigerungen die Folge sind.[115] Auf der anderen Seite wirken sich demographische Faktoren auch negativ auf das Einnahmepotential aus, indem sie die absolute Anzahl der Beitragszahler als auch deren Zusammensetzung beeinflus-

---

110 Da der Systemeintritt in der Regel mit der Geburt erfolgt, muß der Abstimmungszeitpunkt auf den Moment der Geburt vorverlegt werden.

111 Vgl. grundlegend Kapitel V.

112 Zur Modellierung der Pflegeversicherung im Sinne eines Zwei-Generationen-Vertrags siehe Schaper (1993), S. 88ff.

113 Zu den altersspezifischen Pflegefallhäufigkeiten siehe Frohwitter (1996), S. 10f.

114 Vgl. auch die Ergebnisse der achten koordinierten Bevölkerungsvorausberechnung des Statistischen Bundesamtes in Sommer (1994). Alternative Studien simmen darin überein, daß Migrationsbewegungen keinen vollständigen Ausgleich der Altersverschiebung bewirken. Vgl. zu diesem Ergebnis Frohwitter (1996), S. 4 und die dort angegebenen Quellen.

115 Angesichts der Ausgabendeckelung pro Pflegefall wird die Ausgabenexpansion allerdings abgebremst. Vgl. zu dem Aspekt der Ausgabendeckelung die Ausführungen in Abschnitt C.I.2.

sen. Anders als in der *GRV* umfaßt jedoch die Beitragspflicht der *SPV* auch Rentner und Altersruhegeldempfänger einschließlich der Empfänger von Pflegeleistungen,[116] so daß der Effekt auf die Beitragssatzentwicklung nur in abgemilderter Form auftritt. Diese Thesen werden auch durch Modellrechnungen zu den demographischen Effekten auf die Ausgaben- und Beitragssatzentwicklung der *SPV* gestützt.[117]

Neben diesen rein demographischen Einflußgrößen wird die intergenerative Umverteilung aber noch durch zahlreiche weitere Faktoren bestimmt.[118] Von besonderer Bedeutung für die Ausgabenseite der *SPV* erweist sich neben der Kostenentwicklung im Pflegebereich die Veränderung des familiären Pflegepotentials, die neben leistungsbedingten Verhaltensanpassungen[119] von soziologischen sowie ökonomischen Effekten determiniert wird.[120] Eine sinkende Anzahl privater Pflegepersonen vergrößert die Nachfrage nach professionellen Pflegeleistungen und damit den Finanzbedarf der *SPV*.

Die Ausführungen weisen darauf hin, daß in der *SPV* - auch abgesehen von dem »systemimmanenten« Einführungseffekt[121] - intergenerative Umverteilungseffekte zum Tragen kommen, die nicht mit dem Minimal-Kriterium vereinbar sind. Unter Einbeziehung der zukünftigen Entwicklung ist eine Nettobelastung jüngerer Generationen zu erwarten, die nicht die Zustimmung der betroffenen Geburtsjahrgänge finden wird.

➔ **Zwischenfazit:** Das System der *SPV* ist langfristig ebenfalls nicht in der Lage, ein ausreichendes Maß an intergenerativer Gerechtigkeit sicherzustellen und verstößt unter Einbeziehung der zukünftigen Entwicklung sowohl gegen das Minimal-Kriterium als auch den zusätzlichen Indikator der »generationenspezifischen Ablehnung«.

⇒ **Schlußfolgerung zur Bewertung der intergenerativen Gerechtigkeit:** Die Bewertungsanalyse der intergenerativen Umverteilung hat ergeben, daß weder ***GRV*** noch ***GKV*** und ***SPV*** dem Kriterium der redistributiven Verteilungseffektiviät in intergenerativer Perspektive gerecht werden. Unter ausschließlicher Einbeziehung der Bevölkerungsentwicklung ergibt sich für den Bereich der *GRV* ein besonderes Ausmaß an Zielverfehlung, während die rein demographisch bedingten intergenerativen Redistributionseffekte in den Syste-

---

116 Hierbei ist allerdings zu bedenken, daß Rentner in der Regel nur stark unterdurchschnittliche beitragspflichtige Einkünfte aufweisen.

117 Vgl. exemplarisch die Modellrechnung von Frohwitter (1996) sowie Rothgang, Vogler (1997), die sich beide auf die achte koordinierte Bevölkerungsvorausberechnung des Statistischen Bundesamtes stützen. Im Gegensatz zu Rothgang, Vogler (1997) bezieht Frohwitter (1996) neben den Faktoren »Migration« und »Mortalität« auch den Fertilitätsaspekt in ihre Betrachtung ein. Beide kommen zu dem übereinstimmenden Ergebnis, daß sich die Pflegefallzahlen bis zum Jahr 2040 entscheidend erhöhen und Ausgabensteigerungen die Folge sind, die sich allerdings nicht in dramatischen Beitragssatzerhöhungen niederschlagen.

118 Vgl. Kapitel V.

119 Entsprechend den Ausführungen in Kapitel IV ist die Einführung parafiskalischer Pflegeleistungen mit einer Leistungsreduktion privater Anbieter verbunden. Vgl. zu diesem Aspekt auch Schaper (1993), S. 91.

120 So wirkt sich die Singularisierung der Lebensstile aus soziologischer sowie eine zunehmende Erwerbsbeteiligung der Frauen aus wirtschaftlicher Sicht negativ auf den Umfang des familiären Pflegepotentials aus. Auf der anderen Seite ist eine erhöhte Frauenerwerbsquote aber mit einer Erhöhung der Beitragszahlerzahl verbunden. Zu diesem »Ausgleichseffekt« vgl. auch Frohwitter (1996), S. 25.

121 Vgl. Kapitel V.

men der *SPV* und *GKV* moderater ausfallen. Dieses Ergebnis relativiert sich allerdings durch die Berücksichtigung zusätzlicher Einflußfaktoren und wird insbesondere durch die Relevanz von Kostensteigerungen im Gesundheits- und Pflegebereich konterkariert.

D. ZUSAMMENFASSUNG DER ERGEBNISSE

In diesem Kapitel erfolgte eine Bewertung der Umverteilungswirkungen des Sozialversicherungssystems auf Basis des Indikators der redistributiven Effektivität. Zu diesem Zweck wurden die Regelungen zur Finanzierungs- und Leistungsgestaltung sowie die ermittelten Umverteilungseffekte mit den abgeleiteten distributionspolitischen Normen verglichen.

Tabelle VII-2 gibt einen Überblick über den ermittelten Zielerreichungsgrad in bezug auf die alternativen Distributionsnormen.

	SV	GRV	GKV	SPV	ALV	GUV
Intragenerative Gerechtigkeitskriterien						
- Leistungsfähigkeitsgerechtigkeit	-	-	-	-	-	x
- Bedarfsgerechtigkeit	o	-	+	+	o	o
- Vertikale Ausgleichsgerechtigkeit						
> Querschnitt	+	+	o	o	-	-
> Längsschnitt	x	-	o	x	x	-
- Horizontale Ausgleichsgerechtigkeit						
> altersspezifische Umverteilung	+	+	+	+	o	o
> familienspezifische Umverteilung	-	-	o	-	-	-
Intergeneratives Gerechtigkeitskriterium						
- Minimal-Kriterium	x	-	-	-	x	x

Tabelle VII-2: Überblick über die Ergebnisse der Bewertungsanalyse

Legende:
+ Zielsetzung wird erreicht
o Zielsetzung wird bedingt erreicht
- Zielsetzung wird verfehlt
x keine Aussage möglich

Quelle: Eigene Darstellung

In **intergenerativer Perspektive** ergibt die Bewertungsanalyse, daß das Minimal-Kriterium nicht erfüllt wird und sowohl die Systeme der *GKV* und *SPV* als auch der Zweig der *GRV* dem Ziel der intergenerativen Gerechtigkeit nicht nachkommen.

Den distributiven Zielsetzungen wird in **intragenerativer Hinsicht** ebenfalls nur unzureichend Rechnung getragen. Während kein System geeignet ist, das Kriterium der Leistungsfähigkeitsgerechtigkeit zu erfüllen, ergeben sich in bezug auf die anderen Distributionsnormen je nach Sozialversicherungszweig unterschiedliche Zielerreichungsgrade, die nicht zuletzt auch von den Verhaltensreaktionen der Betroffenen determiniert werden.

Diese Ergebnisse werden auch durch die Einzelbetrachtung der redistributiven Implikationen von potentiell nicht-versicherungskonformen Leistungen in Kapitel V gestützt. Auch wenn eine Effizienzbetrachtung ausdrücklich nicht Ziel dieses Kapitels war, kann der Sozialversicherung unter Rückgriff auf die Ergebnisse in Kapitel IV zudem ein mangelnder Wirkungsgrad angelastet werden, der sich vorrangig aus den immanenten Wohlfahrtsverlusten des parafiskalischen Systems ergibt.

Zusammengenommen kann gefolgert werden, daß weder das Gesamtsystem der Sozialversicherung noch deren einzelne Zweige eine zufriedenstellende redistributive Effektivität aufweisen. Auch wenn dieses Ergebnis insofern nicht überraschend ist, als es durch die doppelte Zielsetzung der Sozialversicherungspolitik in bezug auf distributive und kommutative Verteilungsnormen präjudiziert wird,[122] kommt ihm doch ein erheblicher Bedeutungsgehalt zu. Da in Kapitel III die Sozialversicherung in ihrer derzeitigen Form fast ausschließlich unter Rückgriff auf ihre distributionspolitische Bedeutung gerechtfertigt werden konnte, entzieht das Resultat der vorliegenden Bewertungsanalyse dieser Argumentation zu einem großen Teil die Grundlage.

Die Erkenntnisse geben die weitere **Vorgehensweise** der Untersuchung vor.

Die Bewertung im Rahmen des vorliegenden Kapitels stützte sich in erster Linie auf eine Status quo-Analyse und bezog vornehmlich die demographische Komponente in die Betrachtung ein. Um zu einer umfassenden Beurteilung der redistributiven Ausgestaltung des Sozialversicherungssystems zu gelangen, stellt sich nun die Frage, welche Auswirkungen von der zukünftigen Entwicklung, die - neben dem demographischen Element - maßgeblich auch durch die wirtschaftliche Globalisierung gekennzeichnet ist, auf die Umverteilungskomponente der Sozialversicherung ausgehen. Dieser Fragestellung wird mit dem folgenden Kapitel nachgegangen.

---

[122] Siehe zu diesem Aspekt die Ausführungen in Abschnitt B dieses Kapitels.

Kapitel VIII:
AUSWIRKUNGEN DER GLOBALISIERUNG AUF DIE PARAFISKALISCHE UMVERTEILUNGSKOMPONENTE

A. VORBEMERKUNG

In den Kapiteln V und VI wurden die Umverteilungseffekte des Sozialversicherungssystems analysiert und in Kapitel VII einer Beurteilung unterzogen. In Anschluß an diese vornehmlich gegenwartsorientierten Betrachtungen ist jetzt zu einer zukunftsgewandten Perspektive überzugehen, in deren Zentrum die Bedeutung der Globalisierung für die parafiskalische Sozialversicherung steht.

Traditionelle sowie neuere Außenhandelstheorie stimmen über die wirtschaftlichen Vorteile der Globalisierung überein, indem anerkannt wird, daß die ökonomische Effizienz von der Verflechtung nationaler Volkswirtschaften profitiert. Im Gegensatz zur traditionellen Außenhandelstheorie leiten neuere Theorien eine Wohlstandssteigerung nur mehr für reichere Länder ab.[1] Dennoch mehren sich auch in den Industrieländern kritische Stimmen, die vornehmlich unter Rückgriff auf distributive Argumente vor einer »Globalisierungsfalle« warnen.[2]

Dieses Kapitel greift die Globalisierungsfrage auf und verfolgt das Ziel, die Auswirkungen einer zunehmenden Globalisierung auf die Umverteilungskomponente[3] der Sozialversicherung zu analysieren. Angesichts der vielfältigen Literatur[4] zu den besonderen Implikationen, die sich im Zuge der europäischen Integration für die nationalen Sozialsysteme ergeben, wird in diesem Kapitel ein übergeordneter Ansatz verfolgt und das »europäische Spezifikum« nicht explizit thematisiert.

Zu diesem Zweck werden in einem ersten Schritt in Abschnitt B die Faktoren herausgestellt, die einen entscheidenden Einfluß auf den redistributiven Bestandteil des Sozialversicherungssystems ausüben. In einem zweiten Schritt wird das Phänomen der Globalisierung - als eine zentrale redistributive Bestimmungsgröße - in das Faktorengeflecht eingeordnet. In Abschnitt C erfolgt eine Konkretisierung des Untersuchungsgegenstandes »Globalisierung«. Auf Basis der Abschnitte B und C werden in Abschnitt D die Folgen der Globalisierung für die Umverteilung der Sozialversicherung ermittelt. Hierfür wird in Abschnitt D.I der Analyserahmen der Untersuchung bestimmt. In Abschnitt D.II werden die umverteilungsrelevanten Einflüsse, die aus der Exit-Option resultieren, analysiert. Unter Rückgriff auf die dort erzielten Ergebnisse werden in Abschnitt D.III die globalisierungsbedingten Auswirkungen auf die Voice-Option

---

1 Zum unterschiedlichen Bedeutungsgehalt der Globalisierung in traditioneller und neuer Handelstheorie siehe Klodt (1998), S. 15ff. sowie Hahn (1997). Vgl. grundlegend auch Neumann (1995), S. 288ff.

2 Vgl. Berthold, Thode (1998), S. 321. Vgl. auch das Buch von Martin, Schumann (1998): »Die Globalisierungsfalle. Der Angriff auf Demokratie und Wohlstand«. Symptomatisch für die einseitige Betonung der Globalisierungsrisiken sind die Ausschreitungen in Davos anläßlich des dort stattfindenden World Economic Forums im Februar 2000. Siehe hierzu Jungkunz (2000), S. 2.

3 Da die Beitragshöhe unmittelbar von der redistributiven Ausgestaltung des Sozialversicherungssystems in intra- und intergenerativer Perspektive beeinflußt wird, sind bei der Analyse automatisch auch Fragen der absoluten Beitragsbelastung zu behandeln.

4 Vgl. exemplarisch Andel (2000), Biskup (1998) sowie Demmer (1994) und Leibfried (1997).

und die damit verbundenen Effekte untersucht. Bei den Ausführungen ist allerdings stets zu beachten, daß die Ausgestaltung der Sozialversicherung nur eine unter vielen Faktoren ist, die die privaten Exit- und Voice-Entscheidungen beeinflussen.

Die Ergebnisse werden in Form einer Status quo post-Betrachtung in Abschnitt E abschließend beurteilt.

B. EINFLUßFAKTOREN AUF DIE UMVERTEILUNGSKOMPONENTE DER SOZIALVERSICHERUNG

Es existieren zahlreiche Faktoren, die sich bei der derzeitigen Ausgestaltung des Sozialversicherungssystems entscheidend auf die Entwicklung der Ausgaben- und Einnahmenseite und damit auf die Umverteilung auswirken. Es lassen sich vorrangig folgende übergeordneten **Einflußfaktoren** unterscheiden:[5]

- **Demographische Faktoren**
  Vor allem sich wandelnde **Fertilitäts-** und **Mortalitätsraten** beeinflussen intra- und intergenerative Redistributionsvorgänge. Ebenso wirken sich Ausmaß und Struktur der **Migration** entscheidend auf die parafiskalische Umverteilung aus.
- **Ökonomische Faktoren**
  Eine zentrale Größe innerhalb der ökonomischen Faktoren stellt der Umfang der **Arbeitslosigkeit** dar. Ein weiterer Einfluß auf die Umverteilung geht von der Entwicklung der **Arbeits-** und damit **Sozialversicherungsbiographien** der abhängig Beschäftigten und der **Substitution von sozialversicherungspflichtiger Beschäftigung** aus.
- **Gesellschaftliche Faktoren**
  Die Gesellschaft ist einem ständigen **sozialen Wandel** unterworfen, der mit einer **Veränderung sozialer Werte** einhergeht. Ein auf beiden Seiten stark ausgeprägtes Substitutionsverhalten ist die Folge, das sich gravierend auf das Umverteilungsergebnis auswirkt. Begleiterscheinungen dieses Wertewandels sind eine Singularisierung und Individualisierung der Lebensstile, die sich insbesondere für die redistributive Komponente von *GRV*, *GKV* und *SPV* bemerkbar machen.

Es ist allerdings zu beachten, daß die einzelnen Faktoren nicht unverbunden nebeneinander stehen, sondern sich gegenseitig bedingen.[6] Zudem existiert insbesondere auch eine **wechselseitige Abhängigkeit** zwischen der Umverteilungskomponente des Sozialversicherungssystems und den ökonomischen, demographischen und gesellschaftlichen Faktoren. Diese Interdependenz ergibt sich in erster Linie aus den Reaktionsweisen der primär und sekundär Betroffenen.[7] So verstärkt beispielsweise die redistributive Ausgestaltung der Sicherungssysteme

---

5 Vgl. hierzu die Ausführungen in Kapitel IV und V sowie insbesondere Scherl (1997), S. 77ff. und Tegtmeier (1997), S. 3ff.

6 So wirkt sich beispielsweise die demographische Entwicklung auf die Beschäftigungssituation aus, da bei einem Bevölkerungsrückgang mit einer Entspannung am Arbeitsmarkt zu rechnen ist. Ebenso beeinflußt der soziale Wandel die demographische Entwicklung, indem eine zunehmende Individualisierung und Singularisierung mit einer sinkenden Reproduktionsrate einhergeht.

7 Vgl. zu diesem Aspekt auch die Ausführungen in Abschnitt D sowie Kapitel IV.

den Beitragswiderstand und bewirkt eine Flucht aus sozialversicherungspflichtigen Beschäftigungsformen.

Eine neue Herausforderung erwächst der parafiskalischen Umverteilungskomponente aus der zunehmenden **Globalisierungs**tendenz.[8] Dabei ist mit der Globalisierung ein zweifacher Einflußmechanismus verbunden. Zum einen wirkt sich die Globalisierung unmittelbar und zum anderen mittelbar auf die Sozialversicherung aus:

- **Mittelbarer Einfluß der Globalisierung**
  Die Globalisierung geht mit einem Wettbewerb der institutionellen Systeme einher, in dem die nationale Regierung als Anbieter von politischen Leistungen in Konkurrenz zu ausländischen Anbietern tritt.[9] Die Nachfrager nach politischen Leistungen verfügen grundsätzlich über die Möglichkeiten »Abwanderung« (**exit**) und »Widerspruch« (**voice**), um auf das Angebot der politischen Entscheidungsträger zu reagieren.[10] Im Zuge der Globalisierung sinken die Transaktionskosten für den transnationalen Austausch von Gütern, Dienstleistungen und Produktionsfaktoren,[11] so daß die Exit-Kosten sinken und der Anreiz zur Abwanderung steigt. Unterstellt man einen funktionalen Zusammenhang zwischen Exit und Voice, so erhöht die Möglichkeit der Exit-Option die Erfolgsaussichten des Widerspruchs.[12] Diese Prämisse erscheint schon deshalb realistisch, da allein die Androhung ins Ausland abzuwandern, den mobilen Faktoren mehr Gewicht bei der Durchsetzung ihrer Interessen verleiht, sofern die Abwanderung mit einer spürbaren Verschlechterung der ökonomischen Situation im Inland einhergeht. Die direkte Auswirkung der Globalisierung besteht nun darin, daß von der Verbesserung der **Voice**-Option ein unmittelbarer Einfluß auf die umverteilungsrelevante Entscheidungssituation der Politiker ausgeht.

- **Unmittelbarer Einfluß der Globalisierung**
  Die unmittelbare Beeinflussung erfolgt ebenfalls über den Umweg der gesellschaftlichen sowie insbesondere der ökonomischen und demographischen Faktoren. Durch die **Ab-**

---

8 So auch Scherl (1997), S. 84.

9 Siehe grundlegend Seliger (1998), S. 263. Siehe auch die späteren Ausführungen in Abschnitt D.I.

10 Zu diesen beiden Optionen siehe grundlegend Kirsch (1997), S. 48ff. Die Begriffe »exit« und »voice« wurden durch Albert O. Hirschmans (1974) Buch „Abwanderung und Widerspruch: Reaktionen auf Leistungsabfall bei Unternehmungen, Organisationen und Staaten“ geprägt, der damit die Reaktionsmöglichkeiten unzufriedener Kunden von Anbietern privater Güter am Markt umschreibt.

11 Vgl. Hüther (1997), S. 194f.

12 Siehe Kirsch (1997), S. 52, der seine These exemplarisch mit der Wirkungsweise der Montagsdemonstrationen in Leipzig stützt, die umso aussichtsreicher wurden, je mehr die Möglichkeit zur Abwanderung gegeben war. Zu den Beziehungen zwischen Widerspruch und Abwanderung siehe grundlegend Hirschman (1974), S. 28ff. und S. 102ff.

und Zuwanderung von (Human-)Kapital und Menschen[13] verändert sich zum einen die Bevölkerungszahl und -struktur. Zum anderen resultieren zahlreiche Effekte für die ökonomische Situation. Hierbei kommt gerade den Auswirkungen auf den heimischen Arbeitsmarkt zentrale Bedeutung zu. Diese Effekte schlagen sich über eine veränderte Ausgaben- und Einnahmenhöhe beziehungsweise -struktur im parafiskalischen Haushalt nieder.

Des weiteren ist auch die Ausgestaltung der nationalen Sozialversicherungssysteme mit **Rückwirkungen** auf den Globalisierungsprozeß verbunden. Dies ergibt sich schon allein aus der Tatsache, daß der Sozialversicherungspolitik - angesichts des großen Anteils der Sozialversicherungszweige an der Finanzierungs- und Leistungsseite des Sozialbudgets[14] - eine große Bedeutung als institutioneller Wettbewerbsparameter zukommt.

Abbildung VIII-1 verdeutlicht die vielfältigen Interdependenzen, die zwischen den nationalen Einflußfaktoren, dem Phänomen der Globalisierung und der Umverteilungskomponente des Sozialversicherungssystems bestehen.[15]

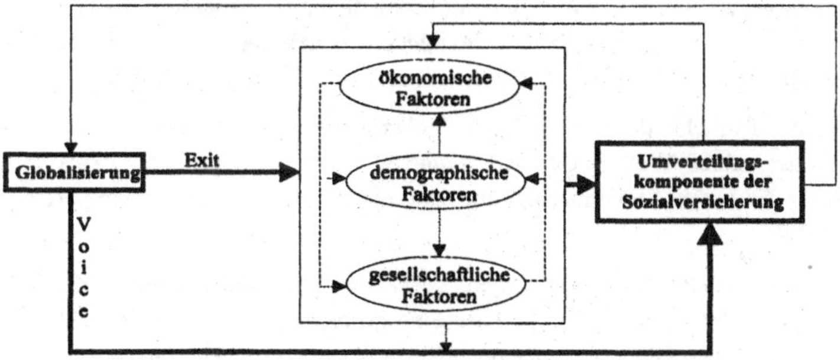

Abbildung VIII-1: Interdependenz zwischen »externen« Faktoren und Umverteilungskomponente

Quelle: Eigene Darstellung

➔ **Schlußfolgerung:** Die **Globalisierung** stellt einen zentralen **Einflußfaktor** dar, indem sie die Umverteilungspolitik der Sozialversicherung zum einen **unmittelbar** durch die Exit-Option und deren Auswirkung auf die ökonomischen, demographischen und gesellschaftlichen Faktoren und zum anderen **mittelbar** in Form der Voice-Option beeinflußt. Es

---

13 Da im Rahmen dieser Arbeit die Auswirkungen auf das nationale Sicherungssystem beleuchtet werden, muß die Abwanderungsoption heimischer Faktoren um die Komponente »Zuwanderung ausländischer Faktoren« erweitert werden. Beide Strategien werden im folgenden unter die Exit-Option – verstanden als Abwanderung aus einem System – subsumiert. Zum anderen wäre es im Rahmen einer Analyse des Sozialversicherungssystems zu eng gegriffen, ausschließlich den Faktor Arbeit in die Analyse einzubeziehen, da sich beispielsweise auch die Zu- und Abwanderung von Familienangehörigen, die in der GKV und SPV beitragsfrei mitversichert sind, auf die Umverteilungskomponente auswirkt. Demgemäß wird hier der umfassenderen Formulierung »Menschen« der Vorzug gegeben.

14 Vgl. Kapitel II.

15 Zu einer ausdifferenzierteren Darstellung siehe Abbildung VIII-2.

stellt sich nun die Frage, was unter Globalisierung zu verstehen ist und welche konkreten Auswirkungen sich letztlich aus einer verstärkten Globalisierung für die Sozialversicherungspolitik ergeben.

C. Globalisierung der Ökonomie im Übergang zum 21. Jahrhundert

„Globalisierung ist ohne Zweifel ein schillernder Begriff, der sich zunehmender Beliebtheit erfreut. [...] Der Begriffsinhalt ist dadurch allerdings nicht klarer und präziser geworden, sondern eher diffuser."[16] Ebenso unterschiedlich wie die Begriffsdefinitionen[17] sind auch die Vorstellungen über Art und Ausmaß der Globalisierung.[18] Vor diesem Hintergrund ist es nötig, den Untersuchungsgegenstand abzugrenzen. In einem ersten Schritt wird der Begriff »Globalisierung« konkretisiert (Abschnitt C.I). Da sich die Begriffsbestimmung an konstitutiven Merkmalen der Globalisierung orientiert, wird in einem nächsten Schritt auf Ursachen und Indikatoren der Globalisierung eingegangen (Abschnitt C.II).

I. Was bedeutet Globalisierung?

Als kleinster gemeinsamer Nenner der unterschiedlichsten ökonomischen Begriffsbestimmungen[19] kristallisiert sich die übereinstimmende Vorstellung heraus, daß der dynamische Prozeß der Globalisierung eine verstärkte Integration der Weltwirtschaft meint.[20]

Angesichts der Tatsache, daß die nationalen Volkswirtschaften durch einen intensiven Güterhandel bis zum ersten Weltkrieg teilweise stärker verflochten waren als heute,[21] stellt sich zwangsläufig die Frage, ob Globalisierung dann nichts anderes sei als »alter Wein in neuen Schläuchen?«[22]

Abgesehen von strukturellen Wandlungen, denen der Welthandel unterworfen ist,[23] ist das **Novum** der aktuellen Globalisierungsphase eine gestiegene internationale Faktormobilität.[24] Somit kann der »neue« Globalisierungsprozeß von der »altbekannten« Internationalisierung[25], die sich vornehmlich auf den Güteraustausch bezog, dadurch unterschieden werden, daß er

---

16 Klodt (1998), S. 8.

17 Klodt (1998), S. 8 weist darauf hin, daß der Titelkatalog der Bibliothek des Instituts für Weltwirtschaft unter dem Stichwort »Globalisierung« im Jahr 1997 bereits 366 Einträge aufweist.

18 Vgl. exemplarisch Schwarz (1998), S. 35ff. in Gegenüberstellung zu Klodt (1998), S. 7ff.

19 Zu außerökonomischen Globalisierungsansätzen siehe Flecker (1996), S. 157. Speziell zur Differenzierung zwischen betriebs- und volkswirtschaftlichen Definitonsansätzen siehe Germann, Rürup, Setzer (1996), S. 19ff. Vgl. insbesondere auch die Beurteilung unterschiedlicher Definitionen bei Ring (2000), S. 147.

20 Vgl. etwa Pies (1997), S. 5. Ebenso Knorr (1998), S. 238.

21 Zur Entwicklung der weltweiten Warenexporte in Prozent des Welt-Bruttoinlandsproduktes siehe Krugman (1995), S. 331.

22 So urteilt auch Knorr (1998), S. 243: „Schließlich ist auch die Globalisierung selbst keineswegs erst ein Phänomen der Gegenwart oder der jüngsten Vergangenheit."

23 Vgl. hierzu Pies (1997), S. 7.

24 Siehe Klodt (1998), S. 9.

25 Zur Abgrenzung von Internationalisierung und »neuartiger« Globalisierung siehe auch Weck-Hannemann (1998), S. 85ff. Dieser Unterscheidung wird im folgenden auch dadurch Rechnung getragen, daß der Begriff »Globalisierung« ausschließlich für die internationale Verflechtung neuer Qualität verwendet wird.

nunmehr zusätzlich durch eine erhöhte Mobilität der Produktionsfaktoren Kapital, Arbeit sowie insbesondere Information charakterisiert ist.[26] Hierbei spielt der Zeitaspekt - gerade in bezug auf die rasche Verfügbarkeit von Informationen – eine wesentliche Rolle.

Entsprechend dieser Abgrenzung soll Globalisierung im folgenden verstanden werden als **Prozeß einer verstärkten weltwirtschaftlichen Integration, der insbesondere durch eine zunehmende Mobilität der Produktionsfaktoren Kapital und Arbeit sowie vor allem durch die wachsende und schnelle Verfügbarkeit des Faktors Information gekennzeichnet ist.**

Ferner ist zu beobachten, daß mit der Globalisierung eine Verdichtung des Netzes ökonomischer Austauschbeziehungen zwischen geographisch benachbarten Volkswirtschaften einhergeht.[27] Dies führt zu einer zunehmenden Regionalisierung, wie sie sich beispielhaft in der Europäischen Union vollzieht.

II. Ursachen und Indikatoren der Globalisierung

Als **Ursachen** für die Globalisierung lassen sich im wesentlichen folgende Aspekte anführen:[28]

- **Techn(olog)ische Innovationen und Information**
  Eine wichtiger Anstoß für die Globalisierung sind die techn(olog)ischen Neuerungen. Der technische Fortschritt hat die Leistungsfähigkeit der **Transport[29]-, Informations- und Kommunikationssysteme** entscheidend verbessert.[30] „Die wohl wichtigste Triebkraft [...] geht von den modernen Informations- und Kommunikationstechnologien aus, denn viele der sich gegenwärtig herausbildenden intersektoral und international vernetzten Produktionsstrukturen wären ohne sie gar nicht denkbar. Information ist gleichsam zum Rohstoff der Zukunft geworden, und dieser Rohstoff wird immer preiswerter und leichter verfügbar und deshalb auch immer intensiver genutzt.“[31]
- **Politische Veränderungen**
  Die zweite Triebkraft der Globalisierung ist vorrangig institutioneller Natur.[32] Hier sind beispielsweise der schrittweise Abbau von Güterhandelsbeschränkungen und die Tendenz zu Kapitalmarktliberalisierungen anzuführen, die unter anderem durch das GATT (Gene-

---

26 Siehe auch Grüske (2000), S. 103. Vgl. auch die Ausführungen im folgenden Abschnitt. Dabei ist allerdings die Mobilität des Faktors Arbeit im Vergleich zu den anderen Produktionsfaktoren weitaus geringer. Siehe hierzu die Anmerkungen an späterer Stelle.

27 Siehe Lammers (1999), S. 13.

28 Vgl. auch Pies (1997), S. 5 sowie Windisch (1999), S. 130f.

29 Technische Innovationen im Transportwesen ermöglichen, daß in kürzerer Zeit und mit weniger Aufwand größere Distanzen zurückgelegt werden. Dies wirkt sich positiv auf den Transport von Personen und Gütern und damit auf die Handelstätigkeit aus.

30 Siehe Lammers (1999), S. 11.

31 Klodt (1998), S. 10. So bezeichnet Grüske (2000), S. 103 die Information als zusätzlichen Produktionsfaktor, der seinerseits wiederum die weltweite Ausbreitung des technischen Fortschritts prägt.

32 Siehe Klodt (1998), S. 10.

ral Agreement on Tariffs and Trade) und die WTO (World Trade Organization) festgeschrieben wurden.[33] Neben diesen **vertraglichen Komponenten** trugen auch der **Zusammenbruch des Ostblocks** und die damit einhergehende marktwirtschaftliche Orientierung der betroffenen Staaten[34] zu einer zunehmenden Globalisierung bei. Ferner ist auch in den westlichen Industrieländern durch die **Privatisierung** von Staatsunternehmen und die **Deregulierung** von Märkten der Spielraum für marktwirtschaftliche Aktivitäten erweitert worden.[35]

Erscheinungsformen dieser zunehmenden Globalisierung sind:

- **Internationale Verflechtung der Kapitalmärkte**
  Indikatoren für die Globalisierung der Kapitalströme sind die Entwicklung von **Direktinvestitionen** (Realkapital) sowie von **Portfolioinvestitionen** und **Krediten** (Finanzkapital).[36]
- **Internationale Verflechtung der Arbeitsmärkte**
  Die Internationalisierung der Arbeitsmärkte erleichtert die **Migration** von Arbeitskräften. Im Vergleich zum Faktor Kapital ist der Faktor Arbeit allerdings relativ immobil.[37] Auch wenn die oben genannten technischen und politischen Faktoren die äußeren Rahmenbedingungen der Arbeitskräftemigration verbessert haben, sind die Wanderungskosten dennoch vergleichsweise hoch. Dies resultiert aus der Tatsache, daß die Migration mit weiteren persönlichen, makro- und außerökonomischen Faktoren verbunden ist,[38] die Abwanderung erschweren.
- **Internationalisierung des Produktionsfaktors Humankapital**
  Die Verbreitung des Faktors »human capital« vollzieht sich zum einen parallel zur Wanderung von **hoch qualifizierten Arbeitskräften**, die nicht nur ihre physische, sondern auch ihre intellektuelle Arbeitskraft international anbieten. Dieser internationale Wissensaustausch muß allerdings nicht zwangsläufig mit einer tatsächlichen Arbeitskräftemigration einhergehen, sondern kann auch ausschließlich mit Hilfe moderner Kommunikationssysteme vonstatten gehen. Zum anderen steigt die Mobilität des spezifischen

---

33 Vgl. Lammers (1999), S. 11. Allerdings bleibt zu beachten, daß diese Vertragswerke andererseits auch erst durch den Impetus der Marktkräfte erreicht wurden. Wie bereits angesprochen erfolgt die Marktöffnung jedoch auch begrenzt auf spezifische Wirtschaftsräume, wie dies beispielsweise durch die NAFTA oder im Zuge der europäischen Integration durch den europäischen Binnenmarkt und die Währungsunion der Fall ist.

34 Vgl. hierzu insbesondere Klodt (1998), S. 10.

35 Siehe Lammers (1999), S. 11.

36 Zur Entwicklung von Direkt-, Finanz- und Portfolioinvestitionen siehe Koch (1998a), S. 99ff. Zur Bedeutungszunahme von Direktinvestitionen siehe auch Lammers (1999), S. 11f. und die dort angegebenen Quellen.

37 So auch Windisch (1999), S. 129.

38 Zu den persönlichen Faktoren zählen beispielsweise familiäre Bindungen ebenso wie Freundschaften. Wesentlicher makroökonomischer Push- beziehungsweise Pull-Faktor ist die Arbeitsmarktsituation in den fraglichen Ländern. Des weiteren wird die Wanderung oftmals durch Sprachbarrieren als einem außerökonomischen Faktor erschwert. Zu den Dimensionen der individuellen Mobilität siehe Straubhaar (1997a) S. 800.

Faktors »technisches Wissen«, das entweder in Form von Patenten und Lizenzen über nationale Grenzen wandert oder aber im Zuge von **Direktinvestitionen** multinationaler Konzerne internationalisiert wird.[39]

Träger dieses Globalisierungsprozesses sind in erster Linie die **Entscheider in Unternehmen**. Sie entschließen sich immer dann zu internationalen Aktivitäten, wenn die Nutzen-Kosten-Relation einer grenzüberschreitenden Tätigkeit das Nutzen-Kosten-Verhältnis inländischer Aktivitäten übersteigt und ermöglichen damit eine Entwicklung von national ausgerichteten Unternehmen zu »global players«.[40]

➔ **Schlußfolgerung:** Globalisierung wird definiert als zunehmende Verflechtung nationaler Ökonomien, die insbesondere durch eine zunehmende Mobilität der Faktoren Kapital, Arbeit und insbesondere Information gekennzeichnet ist. Verursacht wurde die Globalisierung durch **technologische Innovationen** und die damit eng zusammenhängende Entwicklung zur Informations- und Wissensgesellschaft sowie die **Veränderung institutioneller Rahmenbedingungen**, die grenzüberschreitende Tätigkeiten im Vergleich zu national begrenzten Aktivitäten relativ kostengünstiger gemacht haben. Die Globalisierung zeigt sich vornehmlich in einer **Verflechtung der Faktormärkte** und wird vorrangig von den Entscheidungsträgern nationaler Unternehmungen vorangetrieben.

D. Effekte der Globalisierung für die redistributive Ausgestaltung des Sozialversicherungssystems

Nachdem in Abschnitt B gezeigt werden konnte, daß die Globalisierung einen entscheidenden Einflußfaktor für die redistributive Komponente der Sozialversicherung darstellt, und das Phänomen der Globalisierung in Abschnitt C konkretisiert wurde, stellt sich nun die Frage, welche redistributiven Implikationen mit der zunehmenden Globalisierung verbunden sind.

In Abschnitt B wurde bereits darauf verwiesen, daß die Globalisierung mit einem Wettbewerb der Systeme einhergeht,[41] in dessen Verlauf sich über die Optionen »exit« und »voice« zahlreiche Einflüsse auf das institutionelle Angebot des inländischen Gesetzgebers ergeben. Infolgedessen wird das **Konzept des internationalen[42] Systemwettbewerbs als Analyserahmen** gewählt, innerhalb dessen sich die weitere Untersuchung bewegt.

---

39 Klodt (1998), S. 14 weist darauf hin, daß gravierende Meß- und Bewertungsprobleme bei der Beurteilung der internationalen Mobilität des Faktors »technisches Wissen« existieren.

40 Die Globalisierung von nationalen Unternehmen zu »global players« vollzieht sich in mehreren Stufen. Vgl. hierzu Karl (1998), S. 139f.

41 So beispielsweise auch Straubhaar (1998), S. 243. Im folgenden werden die Begriffe »Systemwettbewerb« und »institutioneller Wettbewerb« simultan verwendet und die nationalen Regierungen als Anbieter von Institutionen interpretiert. Siehe auch Seliger (1998), S. 263, der den Systemwettbewerb als »Wettbewerb von institutionellen Systemen« definiert.

42 Im folgenden wird auf das Konzept des internationalen Systemwettbewerbs Bezug genommen, da es in unmittelbarem Zusammenhang zur Globalisierung steht. Dagegen wird das Konzept des nationalen Systemwettbewerbs als Konkurrenz der politischen Systeme bezeichnet, die in der Auseinandersetzung zwischen Regierung, Opposition und Wähler zum Tragen kommt.

I. Konzept des internationalen Systemwettbewerbs als Analyserahmen

Im Zuge des Globalisierungsprozesses sinken die Transaktionskosten der Abwanderung, und die Mobilität von Gütern, Dienstleistungen und Produktionsfaktoren kann steigen. Analog wird die Voice-Option gestärkt. In der Folge kommt es zu einem **institutionellen Wettbewerb**, in dem die nationalen Politiker als Anbieter von institutionellen Leistungen einer verstärkten Konkurrenz mit ausländischen Anbietern ausgesetzt sind. Dieser Systemwettbewerb vollzieht sich als Wettstreit um die mobilen Faktoren und Unternehmen.[43] Durch den Systemwettbewerb entsteht für die nationalen Politiker Handlungsdruck, da sich einerseits ihr politischer Spielraum durch die Abwanderung mobiler Ressourcen und deren Finanzierungsbeitrag zum nationalen System vermindert und sie andererseits einem verstärkten politischen Wettbewerb ausgesetzt sind.[44] Gewinner dieses Wettbewerbsprozesses sind diejenigen Länder, die relativ bessere stand- und wohnortrelevante Bedingungen anbieten können und auf diese Weise mobile Faktoren attrahieren beziehungsweise deren Abwanderung verhindern können.[45]

Entsprechend obiger Ausführungen wird dieser Arbeit folgende **Definition von internationalem Systemwettbewerb** zugrundegelegt: »Systemwettbewerb meint die internationale Konkurrenz zwischen Anbietern nationaler Institutionen um mobile Faktoren.« Dabei wird eine Institution allgemein definiert als „[...] ein System formgebundener (formaler) und formungebundener (informeller) Regeln einschließlich der Vorkehrungen zu deren Durchsetzung".[46]

Die Besonderheit des Systemwettbewerbs besteht darin, daß in ihm Elemente des **ökonomischen Wettbewerbs** mit Aspekten des **politischen Wettbewerbs** verbunden sind.[47]

Durch die gesunkenen Kosten der Raumüberwindung ist es den mobilen Faktoren möglich, die Unterschiede erwarteter Erträge von ökonomischen Handlungen auszunutzen, die aus dem unterschiedlichen Design der nationalen Institutionen resultieren (**ökonomischer Wettbewerb**).[48] Durch ihr Substitutionsverhalten entscheiden sie somit implizit über die wettbewerbliche Qualität der alternativen Institutionen. Politiker als konkurrierende Anbieter institutioneller Rahmenbedingungen erfahren infolge institutioneller Arbitrage budgetäre und politi-

---

43 Siehe Straubhaar (1998), S. 243. Im weiteren Verlauf werden unter den Begriff »mobile Faktoren« auch allgemein die nationalen Unternehmungen einbezogen, die im vorangegangenen Abschnitt als Träger des Globalisierungsprozesses identifiziert wurden.

44 Vgl. auch Seliger (1998), S. 264. Zur näheren Erläuterung siehe die folgenden Ausführungen.

45 Vgl. Lammers (1999), S. 15. Dementsprechend spricht auch Straubhaar (1998), S. 243 in Zusammenhang mit dem Systemwettbewerb von einem »Standortwettbewerb«.

46 Richter, Furubotn (1999), S. 7.

47 Vgl. Seliger (1998), S. 263. Siehe auch Kiwit, Voigt (1998), S. 323. Oftmals wird der Systemwettbewerb auch unter Rückgriff auf *Hoppmanns* Unterscheidung zwischen wettbewerblichen Austausch- und Parallelprozessen beschrieben. Siehe beispielsweise Mussler, Wohlgemuth (1994), S. 6ff. sowie Seliger (1998), S. 265. Da allerdings die Rückkopplung zwischen Austausch- und Parallelprozeß im Systemwettbewerb nur über den Zwischenschritt des politischen Wettbewerbs nachvollziehbar wird, der in *Hoppmanns* Zweiteilung nicht inbegriffen ist, erscheint diese Darstellungsform nur bedingt geeignet.

48 Siehe Mussler, Wohlgemuth (1994), S. 7.

sche externe Effekte.[49] Aus dem Arbitrageprozeß der Nachfrager resultiert über das Bindeglied »negative Auswirkung von Exit auf die ökonomische Situation«[50] eine entsprechende Reaktion der Anbieterseite. Diese ergibt sich in erster Linie daraus, daß die ökonomische Situation in enger Beziehung zum Stimmenwettbewerb (**politischer Wettbewerb**) steht,[51] indem vermutet wird, daß ökonomische Faktoren über das Wohlfahrtsniveau des einzelnen wahlentscheidend sind. Das Arbitrageverhalten offenbart sich für den Politiker über Stimmenverluste im politischen Wettbewerb im Sinne eines politischen externen Effektes. Daneben kommt es infolge der Abwanderung mobiler Faktoren zu einem budgetären externen Effekt. Durch die verringerte inländische Wertschöpfung wird die Einnahmenbasis und damit auch die Ausgabenmöglichkeit geschwächt, was sich erneut in wiederwahlgefährdenden Stimmenverlusten niederschlägt.[52]

Es kommt allerdings nicht unbedingt darauf an, daß sich Exit und Voice tatsächlich vollziehen, um eine politische Reaktion zu erreichen.[53] Zum einen verschafft schon die Drohung von Exit den mobilen Faktoren mehr Gewicht bei der Durchsetzung ihrer Interessen und zum anderen haben die politischen Akteure ein Interesse daran, den mit Abwanderung verbundenen negativen Folgen entgegenzuwirken, bevor sie sich in Stimmenverlusten niederschlagen.

Grundsätzlich können die Politiker sowohl **passiv-defensiv** als auch **aktiv-gestalterisch** auf den unausweichlichen Systemwettbewerb reagieren.[54] Bei den folgenden Ausführungen wird davon ausgegangen, daß die nationalen Politiker den Standortwettbewerb als Faktum akzeptieren und sich bewußt seinen Herausforderungen stellen. Wettbewerbsbeschränkende Institutionenkartelle sind zwar in einzelnen Wirtschaftsräumen möglich; dennoch bleiben auch diese Volkswirtschaften in die Wirkungen des Standortwettbewerbs zu externen Staaten eingebettet, der die »Harmonisierungsinseln« einem Anpassungsdruck aussetzt.[55]

Insbesondere *Sinn* warnt vor den negativen Folgen dieses zunehmenden Wettbewerbdruckes, da der „[...] Wettbewerb zwischen Staaten [...] nicht funktionieren [kann], weil Staaten eine Selektion jener Aufgaben erfüllen, bei denen der privatwirtschaftliche Wettbewerb versagt. Da Marktversagen Staatsaufgaben begründet, hat es wenig Sinn, den Markt durch die Hintertür des Systemwettbewerbs wieder einzuführen. Wenn also z.B. der Staat öffentliche Güter produziert, deren privatwirtschaftliche Bereitstellung zu einem ruinösen Wettbewerb führt, ist

---

49 Siehe Mussler, Wohlgemuth (1994), S. 7. Zu den pekuniären externen Effekten für die politischen Akteure siehe auch Kiwit, Voigt (1998), S. 320.

50 Vgl. auch Wegner (1998), S. 287. Der Begriff »ökonomische Situation« wird hier in einem umfassenden Sinn verstanden, unter den beispielsweise auch eine Schmälerung der Abgabenbasis subsumiert wird, so daß sowohl die unmittelbaren und mittelbaren Auswirkungen der Globalisierung eine Rolle spielen.

51 Vgl. exemplarisch Wegner (1998), S. 289 sowie Kiwit, Voigt (1998), S. 322f.

52 Vgl. Wegner (1998), S. 288.

53 Siehe Kiwit, Voigt (1998), S. 323.

54 Zu den unterschiedlichen politischen Reaktionsweisen siehe Windisch (1999), S. 141. Als passiv-defensive Strategien unterscheidet er zwischen nationalstaatlichem Protektionismus, der Verlagerung von Regulierungskompetenzen auf eine supranationale Hoheitsebene und die zwischenstaatliche Vorab-Harmonisierung.

55 So auch die Einschätzung von Wegner (1998), S. 282.

dann nicht ein ruinöser Wettbewerb zwischen den Staaten zu erwarten? Und wenn der Sozialstaat entstanden ist, weil Probleme der adversen Selektion eine privatwirtschaftliche Versicherungslösung ausschließen, muß man dann nicht befürchten, daß auch der Wettbewerb der Sozialstaaten am Problem der adversen Selektion scheitern wird?"[56]

Unter den idealtypischen Annahmen der neoklassischen Theorie wird der Systemwettbewerb als „regelgeleitetes Verfahren zur Entdeckung von (möglicherweise besseren) Institutionen und zur Kontrolle der Machtausübung staatlicher Institutionenanbieter"[57] verstanden.

Die vollständige Übertragung des gütermarktlichen Wettbewerbskonzeptes auf die Systemkonkurrenz impliziert eine **Wettbewerbsautomatik**, an deren Ende nur ein einziges »optimales« Institutionenangebot überleben kann.[58] Eine solche arbitragebedingte Ex-post-Harmonisierung und die damit einhergehenden negativen Konsequenzen[59] sind allerdings **nicht zwingend**.[60] Dies ergibt sich zum einen aus der Tatsache, daß die restriktiven Prämissen der neoklassischen Modellwelt nicht vollständig auf den institutionellen Wettbewerb übertragbar sind. Besonders schwer wiegt dabei die Tatsache, daß die institutionellen Anbieter selbst die machtbegrenzenden Regeln des Systemwettbewerbs setzen müssen. Sie verfügen damit prinzipiell auch über die Möglichkeit, den institutionellen Wettbewerb jederzeit wieder zu beschränken.[61] Gegen die Ex-ante Harmonisierungsthese sprechen vor allem nationale Präferenzunterschiede, die eher eine Situation monopolistischer Konkurrenz generieren, in der die Anbieter (begrenzte) Gestaltungsspielräume hinsichtlich ihrer Aktionsparameter besitzen. Zum anderen negiert die Vorstellung der vollständigen Systemharmonisierung die evolutorische Komponente[62] der institutionellen Konkurrenz, in der die nationalen Regierungen permanent nach attraktiveren Arrangements suchen, um Monopolrenten zu erzielen.

Abweichungen zur neoklassichen Theorie ergeben sich primär auch auf der Handlungsebene der Wirtschaftssubjekte.[63] Der ökonomisch motivierte, aber institutionell mitbedingte Selektionsprozeß des Systemwettbewerbs verändert die Aussichten der wiederwahlorientierten Politiker auf ihren Machterhalt und schafft damit Anreize, auf die Signale des Systemwettbewerbs zu reagieren.[64] Die Politiker sind gezwungen, ihre Aufgaben zu einem relativ attraktiven Preis-Leistungsverhältnis anzubieten, um nicht die Abwanderung mobiler Faktoren und den damit verbundenen Widerspruch zu provozieren.

---

56 Sinn (1995b), S. 241.

57 Windisch (1999), S. 141.

58 Vgl. Schäfer (1999), S. 12 sowie Theurl (1999), S. 37.

59 Kritisch äußern sich insbesondere Sinn (1995b), S. 240ff. und Mussler, Wohlgemuth (1994), S. 9ff.

60 Vgl. Schäfer (1999), S. 12.

61 Vgl. Kiwit, Voigt (1998), S. 324.

62 Zur Beschreibung des Systemwettbewerbs als Entdeckungsverfahren im Sinne *Hayeks*, in dessen Verlauf neue, effiziente Organisationsformen entstehen, die optimal an den Präferenzen der Bürger ausgerichtet sind, siehe Seliger (1998), S. 264 sowie Straubhaar (1998), S. 246.

63 Vgl. exemplarisch Theurl (1999), S. 38ff. Zu den spezifischen Implikationen des politischen Wettbewerbs siehe die Ausführungen in Abschnitt D.III.2.b).

64 Vgl. Mussler, Wohlgemuth (1994), S. 8.

Es stellt sich nun die Frage, ob das so verstandene **Konzept des Systemwettbewerbs** auf die in dieser Arbeit relevante Problemstellung vollständig **übertragen** werden kann. Dies ist dann der Fall, wenn folgende Prämissen vorliegen:

(1) Die parafiskalische Umverteilung ist eine Leistung nationaler Institutionen.

(2) Exit- und Voice-Option sind grundsätzlich gegeben.

(3) Die parafiskalischen Regelungen lösen einen internationalen Arbitrageprozeß aus und beeinflussen die Standort-, Anlage- beziehungsweise Wohnortwahl der mobilen Faktoren.

(4) Die Ab- und Zuwanderung mobiler Ressourcen hat Auswirkungen auf die ökonomische Situation im Inland.

Ad (1): Die parafiskalische Umverteilung wird in erster Linie durch die Regelungen zur Sozialversicherung determiniert. Der gesamte Bereich der Sozialgesetzgebung stellt ein institutionelles Angebot des inländischen Gesetzgebers dar, so daß die erste Voraussetzung **erfüllt** ist.

Ad (2): Die Bundesrepublik Deutschland ist eine repräsentative Demokratie,[65] in der die Voice-Option vorrangig durch Wahlen wahrgenommen wird. Daneben haben die Bürger aber auch zwischen den Wahlen Möglichkeiten, auf Kollektiventscheidungen Einfluß zu nehmen.[66] Ebenso wird die Option »voting by feet« von politischer Seite kaum beschränkt.[67] Somit sind beide Optionen - Exit und Voice - grundsätzlich **gegeben**.

Ad (3): Die Ausgestaltung der Beitrags- und Leistungsseite der Sozialversicherung beeinflußt die Erträge von ökonomischen Handlungen[68] und bildet damit einen institutionellen Hintergrund für die transnationalen Substitutionsentscheidungen von Unternehmen und Individuen.[69] Demzufolge ist die dritte Prämisse ebenfalls **erfüllt**.

Ad (4): Die Ab- und Zuwanderung mobiler Ressourcen wirkt sich unmittelbar auf die Finanzierungs- und Ausgabenbasis aus. Ein mittelbarer Einfluß resultiert vorrangig aus den mit der Zu- und Abwanderung von Unternehmen verbundenen Beschäftigungseffekten,[70] so daß auch die vierte Voraussetzung **erfüllt** ist.

➔ **Schlußfolgerung:** Das **Konzept des internationalen Systemwettbewerbs** ist auf die hier behandelte Fragestellung **übertragbar**, so daß die weitere Analyse auf Basis dieser Kon-

---

65 Zur Staatsform der repräsentativen beziehungsweise indirekten Demokratie siehe grundlegend Kirsch (1997), S. 181ff. Zum politischen Wettbewerb in der indirekten Demokratie siehe ders. (1997), S. 232ff.

66 Von dieser Möglichkeit kann beispielsweise in Form von Streiks, Demonstrationen, Volksentscheiden oder durch Lobbyingaktivitäten Gebrauch gemacht werden. Da derartige Reaktionen im Gegensatz zu totalitären Staaten nicht politisch geahndet werden, ist der Zwangscharakter des Kollektivs verhältnismäßig gering. Vgl. Kirsch (1997), S. 49.

67 Dagegen existieren jedoch zahlreiche gesetzlichen Regelwerke, die der Zuwanderung außereuropäischer Arbeitskräfte entgegenstehen.

68 So gehen beispielsweise die Arbeitgeberbeiträge, deren Höhe nicht unwesentlich von dem Redistributionsumfang abhängt, als Lohnnebenkosten in die Produktionsfunktion ein. Angesichts des quantitativen Umfangs des Sozialversicherungssystems ist dessen Bedeutung für die individuellen Handlungsentscheidung nicht zu unterschätzen.

69 Vgl. hierzu auch die Ausführungen in Abschnitt IV.

70 Vgl. zu diesem Aspekt auch Abschnitt D.II.2 dieses Kapitels.

zeption erfolgt. Die bisherigen Aussagen ermöglichen eine Modifikation von Abbildung VIII-1. Abbildung VIII 2 verbindet das Konzept des internationalen Systemwettbewerbs, der durch die Verzahnung von Institutionenwahl durch Abwanderung als Teilaspekt des ökonomischen Wettbewerbs (1) und politischem Wettbewerb (2) gekennzeichnet ist, mit der parafiskalischen Umverteilungskomponente - interpretiert als institutionelles Angebot des inländischen Gesetzgebers. Um eindeutige Aussagen über den Wirkungsmechanismus machen zu können, ist – neben den Voice-Effekten - insbesondere der Nettoeffekt der beiden Exit-Optionen Zu- und Abwanderung von Bedeutung.

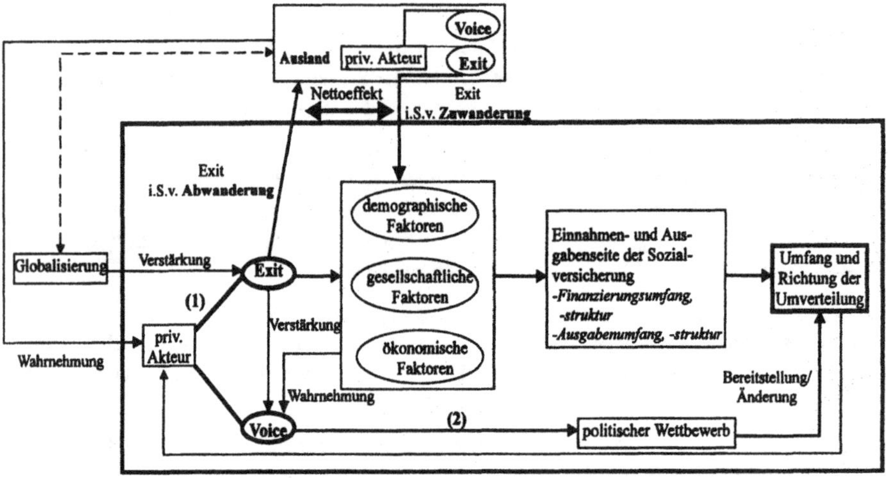

Abbildung VIII-2: Konzept des Systemwettbewerbs und parafiskalische Umverteilungskomponente

Quelle: Eigene Darstellung

II. Umverteilungsrelevante Folgen der Exit-Option

Entsprechend der Unterscheidung zwischen mittelbaren und unmittelbaren Effekten der Globalisierung werden im Rahmen der Exit-Option[71] die unmittelbaren Einflußfaktoren analysiert, die sich über den Umweg über die demographischen, gesellschaftlichen und ökonomischen Faktoren auf die Sozialversicherung auswirken. In Abschnitt D.II.1 werden die Auswirkungen auf die Finanzierungsmöglichkeiten untersucht, während in Abschnitt D.II.2 die von der Exit-Option verursachten Effekte auf Umfang und Struktur der Nachfrage nach »Gerechtigkeit«[72] analysiert werden. Bei den Ausführungen bleibt allerdings zu beachten, daß die **Sozialversicherung nur eine unter vielen Faktoren** ist, durch die die wirtschaftliche Sub-

---

[71] Es sei an dieser Stelle nochmals darauf hingewiesen, daß unter die Exit-Option sowohl die Zu- als auch die Abwanderung mobiler Faktoren subsumiert wird. Vgl. hierzu auch FN 13 in diesem Kapitel.

[72] Der Gerechtigkeitsbegriff umfaßt in einem umfassenden Sinne alle in Kapitel I abgeleiteten distributiven Normvorstellungen, denen die Sozialversicherung unterliegt.

stitutionsentscheidung privater Akteure beeinflußt wird.[73] Da der Entschluß »Zu- beziehungsweise Abwanderung: ja - nein« noch von zahlreichen anderen Determinanten abhängig ist, werden die privaten Akteure ihre endgültige Entscheidung erst nach Abwägung **aller** dafür und dagegen sprechender Argumente fällen. In den folgenden Ausführungen wird der Einfluß der Sozialversicherung auf die Exit-Option und die damit verbundenen Auswirkungen isoliert betrachtet. Dabei sind die abgeleiteten Ergebnisse stets als ein Bestandteil im Gesamtzusammenhang der entscheidungsrelevanten Faktoren zu sehen.

1. Auswirkungen auf die Finanzierungsmöglichkeiten

In Abschnitt D.I wurde gezeigt, daß durch die Globalisierung die Exit-Kosten sinken und der Mobilitätsgrad steigt. Ausgehend von dieser grundlegenden Prämisse sind für die weitere Untersuchung drei Fragenkomplexe relevant, denen im folgenden nachgegangen wird:

- Welche wirtschaftlichen Entscheidungen werden durch das institutionelle Angebot »Sozialversicherung« berührt?
- In welche Richtung beeinflußt die redistributive Ausgestaltung des Sozialversicherungssystems die Exit-Entscheidung?
- Welche Effekte sind mit der Exit-Entscheidung für die Einnahmenbasis der Sozialversicherung verbunden?

a) Effekte der Arbeitsangebotsseite von Arbeitnehmern

Da der Faktor **Arbeit (noch) relativ immobil** ist,[74] stellt sich zu Anfang die Frage, ob die Arbeitskräftewanderung tatsächlich von Relevanz für den Systemwettbewerb ist. Da sich Handlungsanreize und evolutorische Reformzwänge schon dann ergeben, wenn eine **marginale Mobilität** besteht,[75] ist es nicht nötig, daß alle Arbeitskräfte wandern. Indem auch für den Faktor Arbeit eine marginale Mobilität existiert und es zudem nicht unbedingt darauf ankommt, daß tatsächlich Faktoren abwandern, sondern allein schon eine glaubhafte Drohung disziplinierend wirken kann,[76] läßt sich die Frage nach der Bedeutung der Arbeitskräftewanderung für den Systemwettbewerb mit »ja« beantworten.

Da die Versicherungspflicht für abhängig Beschäftigte unmittelbar an das Arbeitsverhältnis anknüpft, wird deren **Arbeitsangebotsentscheidung** durch die Institution »Sozialversicherung« berührt.

Die Sozialversicherungsbeiträge vermindern den realen Konsumlohn und bedingen eine geringere Nettoeinkommensposition der Arbeitnehmer. Eine Ausweichreaktion bleibt nur dann aus, wenn dem einkommensmindernden Effekt der Abgabenseite ein ausgleichender Effekt

---

[73] Weitaus mehr Bedeutung kommt beispielsweise der nationalen Steuergesetzgebung zu, deren Einfluß auf das Arbitrageverhalten privater Akteure in der Literatur einen breiten Raum einnimmt. Vgl. exemplarisch Windisch (1999), S. 154ff.

[74] Vgl. Abschnitt C.I dieses Kapitels.

[75] Vgl. Sinn (1995b), S. 240.

[76] Demgemäß ist nicht der empirische Mobilitätsgrad allein entscheidend. Vielmehr spielen die Mobilitätsbereitschaft und –fähigkeit eine zentrale Rolle für die Glaubhaftigkeit der Exit-Option.

der Leistungsseite gegenübersteht.[77] Die Versicherten erlangen durch ihre Beitragszahlung einen Anspruch auf eine Gegenleistung im Falle eines Risikoeintrittes. Es handelt sich allerdings aufgrund der doppelten Zielsetzung der Sozialversicherungspolitik, sowohl die Güter »Sicherheit« als auch »Gerechtigkeit« anzubieten,[78] nicht um eine individuell äquivalente Gegenleistung. Ein Beitragswiderstand der Nettobelasteten ist die Folge.[79]

Da im Zuge der Globalisierung die Mobilitätshemmnisse für Arbeitskräfte reduziert werden, besteht die zusätzliche Möglichkeit, die Arbeitskraft in einem anderen Land anzubieten. **Unterschiede in den Beiträgen und Leistungen** der jeweiligen Sicherungssysteme können die Menschen veranlassen, in diejenigen Staaten abzuwandern oder mit der Abwanderung in Länder zu drohen, in denen sie die für sich attraktivsten Versicherungsverträge vorfinden.[80]

Wie die empirischen Ergebnisse in Kapitel VI belegt haben, bewirkt das Gesamtsystem der Sozialversicherung eine **interpersonelle Umverteilung** von »oben« nach »unten«. Zu den Umverteilungsverlierern zählen somit tendenziell obere Einkommensschichten, die der Gruppe der überdurchschnittlich qualifizierten Arbeitnehmer zuzurechnen sind. Aufgrund ihrer Nettozahlerposition haben hoch qualifizierte Arbeitskräfte einen Anreiz, ihre Arbeitskraft dort anzubieten, wo sie sich zu Äquivalenzprämien absichern können.[81] Daß es zu einem derartigen **sozialversicherungsbedingten Arbitrageverhalten über Ländergrenzen hinweg** kommt, wird durch zwei zusätzliche Aspekte gestützt. Zum einen besteht zumindest für den Kreis der Pflichtversicherten nicht die Möglichkeit, unterschiedliche Erträge zwischen alternativen nationalen Sicherungssystemen - Sozial- und Privatversicherung - auszunutzen. Zum anderen weisen hoch qualifizierte Arbeitskräfte eine vergleichsweise größere Mobilität auf.[82]

Durch die Abwanderung oberer Einkommensgruppen verliert die Sozialversicherung einen Teil ihrer Nettozahler und die parafiskalische **Finanzierungsbasis verringert sich**. Auf der anderen Seite kommt es aber auch zu einer Zuwanderung von hochqualifizierten Arbeitskräften nach Deutschland, so daß der Nettoeffekt zwischen Zu- und Abwanderung entscheidend für die Auswirkungen auf die Finanzierungssituation ist.[83]

Allerdings **attrahiert** die redistributive Ausgestaltung der Sozialversicherung insbesondere **»schlechte« Risiken**. Da diese in der Regel den unteren Einkommensgruppen zuzurechnen

77 Vgl. die Ausführungen in Kapitel IV.

78 Vgl. Kapitel I.

79 So auch Scherl (1997), S. 76. Zu den alternativen Ausweichreaktionen der Arbeitnehmerseite siehe die Ausführungen in Kapitel IV.

80 So auch Berthold, Thode (1998), S. 334.

81 Da das persönliche Risiko negativ mit dem Einkommen korreliert ist, stellen sich obere Einkommensgruppen in der Regel durch eine Prämienkalkulation besser, die an den individuellen Erwartungsschaden gekoppelt ist.

82 Vgl. hierzu die empirische Studie von Wolter, Straubhaar (1997) zur grenzüberschreitenden Mobilität von hoch qualifizierten Bevölkerungsgruppen in Europa.

83 Allerdings fehlt es bislang an aussagekräftigen Studien, die diese zu- und abwanderungsbedingten Effekte auf die parafiskalische Finanzierungsbasis zuverlässig quantifizieren.

sind, steht dem zusätzlichen Ausgabenbedarf keine äquivalente Gegenleistung auf der Einnahmenseite gegenüber.

Die gestiegene Mobilität der Arbeitskräfte führt letztlich zu einer **adversen Selektion** zwischen verschiedenen nationalen Sicherungseinrichtungen, die durch eine asymmetrische Informationsverteilung zwischen Versicherungsanbietern und -nachfragern zu Gunsten der Nachfragerseite gekennzeichnet ist.[84] Als Gewinner gehen diejenigen Versicherungsanbieter aus dem Selektionsprozeß hervor, denen eine Risikoklassifizierung am besten gelingt.

Erweitert man den Betrachtungshorizont um die **intergenerative Perspektive**, lassen sich weitere parafiskalische Arbitrageprozesse und damit einhergehende Finanzierungseffekte für die umlagefinanzierten Systeme der *GRV*, *GKV* und *SPV* ableiten. Die Analyse in den Kapiteln V und VI hat gezeigt, daß aufgrund der (prognostizierten) Entwicklung ökonomischer und demographischer Faktoren die jüngeren Generationen nettobelastet sind. Für sie besteht somit ein Anreiz, zu einem für sie günstigeren System überzuwechseln. Ihnen bleibt ebenfalls aufgrund der Pflichtmitgliedschaft in der Sozialversicherung die Möglichkeit versagt, in ein kapitalgedecktes Privatversicherungssystem im Inland abzuwandern. Im Zuge einer steigenden Mobilität werden sie die **unterschiedlichen Erträge nationaler Sicherungssysteme ausnutzen** und sich in einem Land ansiedeln, in dem sie bessere Erträge erzielen können.[85] Diese demographisch bedingten Wanderungsanreize erlangen sowohl weltweit als auch innerhalb von Europa Relevanz, da auch die einzelnen EU-Länder erhebliche Unterschiede in den Altersquotienten aufweisen.[86]

Da die junge Generation den Kreis der Erwerbstätigen bildet, **verengt sich die Finanzierungsbasis** der betroffenen Systeme, wohingegen der Altenquotient steigt und sich die interne Rendite weiter verschlechtert. Es werden sich somit in Zukunft in dem Ausmaß, in dem die Mobilität der aktiven Generation zunimmt, die demographischen Schwierigkeiten in den umlagefinanzierten Systemen der Renten-, Kranken- und Pflegeversicherung verschärfen.

Auf der anderen Seite wird die Einnahmenbasis der Generationenvertragssysteme durch die **Zuwanderung** von jungen Ausländern gestärkt. Voraussetzung dafür, daß der positive demographische Zuwanderungseffekt auch greift, ist, daß die Einwanderer erwerbstätig sind. Der Erwerbstätigenstatus der Immigranten ist insbesondere von deren Alter und Qualifikation sowie von der Arbeitsmarktsituation im Inland abhängig. Ein positiver Gesamteffekt für die Finanzlage der Sozialversicherung tritt nur dann ein, wenn die zuwanderungsbedingten Ein-

---

84 Im Rahmen der Sozialversicherung ist der Informationsmangel der Anbieterseite allerdings nicht auf die tatsächliche Unkenntnis hinsichtlich der Risikostruktur der Nachfrager zurückzuführen, sondern resultiert aus der Tatsache, daß der individuelle Erwartungsschaden aufgrund der distributiven Ausrichtung der Sozialversicherung bei der Beitragskalkulation nicht berücksichtigt wird.

85 So auch Berthold, Thode (1998), S. 335.

86 Vgl. die Gegenüberstellung der Altersquotienten verschiedener Industrieländer inner- und außerhalb von Europa bei Berthold (1997), S. 51 und die dort angegebene Quelle.

nahmen die zuwanderungsbedingten Ausgaben übersteigen,[87] was angesichts der »schlechten« Risikostruktur der zuwanderungswilligen Bevölkerungsgruppen nicht zu erwarten ist.

b) *Auswirkungen der unternehmerischen Arbeitsnachfrageseite*

Im Gegensatz zu den Arbeitnehmern ist für die Unternehmerseite nicht das Verhältnis von Sozialversicherungsbeiträgen und -leistungen, sondern in erster Linie die **Beitragskomponente** entscheidungsrelevant.

Arbeitgeber- und Arbeitnehmerbeiträge stellen sich als Teil des Abgabenkeils zwischen gesamten Arbeitskosten (Produzentenlohn) und verfügbarem Nettolohn dar.[88] Dabei ist die absolute Beitragshöhe ein unmittelbarer Ausfluß der redistributiven Gestaltung des Sozialversicherungssystems.[89] Für den Arbeitgeber gehen die Beiträge, die den Preis für den Faktor Arbeit erhöhen, als **Lohnnebenkosten** in die unternehmerische Entscheidungsfunktion ein.

Angesichts der Tatsache, daß in Deutschland die Finanzierungsbeiträge zur Sozialversicherung auf einem im internationalen Vergleich relativ hohen Niveau liegen und sie im Gegensatz zu den meisten Ländern ausschließlich **»lohnarbeitszentriert«** angelegt sind,[90] erhöhen sie für deutsche Unternehmen im internationalen Wettbewerb die **relativen Arbeitskosten**.[91]

Die Globalisierung, die zu einer zunehmenden Verflechtung der Gütermärkte führt, zwingt nationale Anbieter in einen Wettbewerb mit ausländischen Produzenten auf internationalen Absatzmärkten. Dieser Anbieterwettbewerb führt dazu, daß in Deutschland produzierende Unternehmen bei global handelbaren Gütern bisherige führende Marktpositionen verlieren.[92] In der globalisierten Ökonomie können die Verbraucher zwischen verschiedenen Produkten wählen, die an alternativen Standorten unter unterschiedlichen Produktionsbedingungen hergestellt wurden. Die Kaufentscheidung ist neben der Produktqualität insbesondere vom Güterpreis abhängig, der von den Stückkosten der Produktion bestimmt wird.[93] Diese sind wie-

---

87 Zu einer Differenzierung der Wanderungseffekte für die Systeme der GKV und GRV siehe Schmähl (1995), S. 14ff. Er kommt zu der Einsicht, daß es bisher an kohortenspezifischen Informationen und Längsschnittdaten über Zuwanderer mangelt und demzufolge noch kaum empirische Erkenntnisse über die Migrationseffekte vorliegen. Siehe ders. (1995), S. 27. Der Ergebnisüberblick über verschiedene Migrationsstudien bei Straubhaar (1997b), S. 60 zeigt jedoch, daß sich das demographische Problem einer alternden Bevölkerung durch Einwanderung nicht lösen läßt.

88 Zur graphischen Darstellung des Abgabenkeils siehe exemplarisch Sesselmeier (1999), S. 2.

89 So wirkt sich beispielsweise die Umverteilung zwischen Versicherten und Dritten in Form von nichtversicherungskonformen Leistungen unmittelbar auf die Beitragshöhe aus. Ebenso schlägt sich die intergenerative Komponente der umlagefinanzierten Systeme bei einer Politik des konstanten Leistungsniveaus in steigenden Beitragssätzen nieder. Vgl. hierzu die Ausführungen in Kapitel V.

90 Krätke (1997), S. 227 verweist auf die »universalistischen« (steuerfinanzierten) Elemente in den Sicherungssystemen der europäischen Nachbarländer.

91 Neben den Sozialversicherungsbeiträgen existieren allerdings noch weitere kostentreibende, sozialgesetzgebungsbedingte Faktoren wie beispielsweise die Lohnfortzahlung im Krankheitsfall. Es bleibt allerdings zu beachten, daß hohe Gesamtlohnkosten beispielsweise durch eine hohe Produktivität in Verbindung mit einer relativ besseren Ausstattung an öffentlichen Gütern wettgemacht werden können.

92 Vgl. Scherl (1997), S. 84. Die Bezeichnung »monopolistisch« kennzeichnet in diesem Zusammenhang keine marktbeherrschende Stellung eines einzelnen Betriebs, sondern meint das Fehlen ausländischer Konkurrenz mit alternativen Kostenstrukturen.

93 Auf den Einfluß von Wechselkursen auf den Produktpreis wird an dieser Stelle nicht eingegangen.

derum in entscheidendem Maße von den jeweiligen Löhnen und Lohnnebenkosten abhängig. Angesichts der zunehmenden Konkurrenz zu Anbietern aus anderen Ländern, die relativ niedrigeren Lohnnebenkosten ausgesetzt sind, können nationale Anbieter ihre Güter nicht mehr zu Preisen absetzen, die an den heimischen Arbeitskosten orientiert sind.[94] Demzufolge erschwert eine Handelsintensivierung die **Vorwälzung** der Lohnnebenkosten **auf die Güterpreise**.

Um weiterhin konkurrenzfähig zu bleiben, versuchen die Unternehmer ihre Wettbewerbsposition auf andere Weise zu stärken.

Die zunehmende internationale Verflechtung eröffnet den Unternehmern die Möglichkeit, inländische durch ausländische Arbeit zu substituieren,[95] indem sie beispielsweise einzelne Produktionsvorgänge outsourcen oder das gesamte Unternehmen in ein Land verlegen, das niedrigere Arbeitsstückkosten aufweist.[96] Globalisierung hat zur Folge, daß die Arbeitsnachfrage **elastischer** auf die Arbeitsstückkosten reagiert als im Falle einer geschlossenen Volkswirtschaft.[97] Die größere Arbeitsnachfrageelastizität in Verbindung mit der Substitution von inländischer durch ausländische Beschäftigung äußert sich für die Sozialversicherung tendenziell in **Beitragsausfällen**.

Durch die Globalisierung der unternehmensinternen Entscheidungssituation werden alle Ansprüche des Faktors Arbeit, die an das Produktionsergebnis in Form von Tarif- und Soziallohn gestellt werden, unter einen Rechtfertigungsdruck gesetzt, der es den Arbeitnehmern verwehrt, mehr zu beanspruchen, als es ihrer Produktivität entspricht.[98] Dabei geht die **Leistungsseite** der Sozialversicherung nur insoweit in das unternehmerische Entscheidungskalkül ein, als sie mit einem unmittelbaren Nutzen für die Unternehmerseite verbunden ist. Da die Sozialversicherung die externe Absicherung sozialer Risiken gewährleistet, erhöht sie die unternehmensinterne Anpassungsflexibilität, indem sie das Unternehmen bei seinen Entscheidungen von sozialen Aspekten unabhängig macht.[99] Zudem steigert die Sozialversicherung die Risiko- und Innovationsbereitschaft und erhöht die Produktivität der Arbeitnehmer. Speziell

---

94 Siehe Scherl (1997), S. 84. Scharpf (1998), S. 50 folgert hieraus, daß die Nationalstaaten zu einer vom Wettbewerb der Unternehmen abgeleiteten Standortkonkurrenz gegeneinander gezwungen werden, die durch die Kaufentscheidungen der Verbraucher entschieden wird.

95 Daneben haben sie natürlich weiterhin die Möglichkeit, beispielsweise ihre Vorprodukte aus anderen Ländern zu beziehen.

96 Siehe auch Berthold, Thode (1998), S. 325. Zu weiteren Substitutionsmöglichkeiten siehe Kapitel IV.

97 Vgl. Rodrik (1997), S. 12f. Dagegen spielt der absolute Rückgang der Nachfrage insbesondere nach unqualifizierten Arbeitskräften, der gemäß dem Heckscher-Ohlin-Theorem aus einer Handelsintensivierung resultiert, für den derzeitigen Globalisierungsprozeß nur eine untergeordnete Rolle, da dieser in erster Linie entwickelte Volkswirtschaften in Form eines intra-industriellen Handels umfaßt. So gehen fast 70% der Exporte von EU-Ländern in andere Mitgliedsländer beziehungsweise in EFTA-Länder. Vgl. Nunnenkamp (1996), S. 11f. Solche intra-industriellen Handelsbeziehungen beruhen – im Gegensatz zu interindustriellen Beziehungen – weniger auf komparativen Kostenvorteilen. Eine Erklärung für die intraindustrielle Arbeitsteilung liefern beispielsweise Raumwirtschafts- oder Produktdifferenzierungsmodelle. Siehe hierzu Straubhaar (1997a), S. 790ff.

98 Siehe Hüther (1997), S. 205.

99 Vgl. Hüther (1997), S. 203.

Kranken- und Unfallversicherung vergrößern das gesundheitliche Leistungspotential, und bildungsspezifische Maßnahmen der Arbeitslosenversicherung erhöhen die qualifikatorische Leistungsfähigkeit der Arbeitskräfte.[100] Es resultiert somit in dem Maße ein positiver Effekt für das unternehmerische Kalkül, in dem es der Sozialversicherung gelingt, vornehmlich **allokative** Verzerrungen oder Unzulänglichkeiten des privaten Marktes zu korrigieren.

Die Ausführungen lassen somit den **Schluß** zu, daß bei wachsender Globalisierung die lohnnebenkostenerhöhenden Sozialversicherungsbeiträge aus Unternehmersicht nur in dem Umfang gerechfertigt sind, wie durch die Existenz der Institution Sozialversicherung allokative Marktmängel korrigiert werden können. Darüber hinausgehende Umverteilungskomponenten wirken aus Unternehmersicht nicht nutzensteigernd und rufen entsprechende Substitutionshandlungen hervor.

2. *Auswirkungen auf Umfang und Struktur der Nachfrage nach Gerechtigkeit*

Die in Abschnitt D.II.1 erläuterten Zusammenhänge zwischen Umverteilungskomponente der Sozialversicherung und Exit-Entscheidung führen dann zu einem veränderten Nachfrageverhalten, wenn die Exit-Option tatsächlich wahrgenommen wird und die Abwanderung mobiler Faktoren und Unternehmen sich unmittelbar auf den Sicherungsbedarf der immobilen Faktoren auswirkt. In dem Maße, in dem sich insbesondere der Bedarf unterer Einkommensgruppen erhöht, die nur einen unterdurchschnittlichen Finanzierungsbeitrag leisten, fällt deren Leistungs-Gegenleistungs-Verhältnis immer weiter auseinander. Das erhöhte Ausgabenvolumen korrespondiert bei unveränderter Leistungspolitik mit einer größeren Umverteilungsintensität zu Gunsten dieses Personenkreises.

Es ist somit der Frage nachzugehen, welche Bevölkerungsgruppen durch die in Abschnitt D.II.1 abgeleiteten Exit-Entscheidungen negativ betroffen sind.[101]

Die **Abwanderung hoch qualifizierter Arbeitskräfte** ist mit negativen Konsequenzen für die Gruppe der unqualifizierten Arbeitskräfte – in der Regel Angehörige unterer Einkommensschichten - verbunden, wenn gering qualifizierte Beschäftigung in einem komplementären Verhältnis zu hoch qualifizierter Beschäftigung steht.[102] In diesem Fall führt die Exit-Entscheidung zu einer abnehmenden Produktivität einfacher Arbeit. Ohne eine nach unten hinreichend flexible Lohnstruktur kommt es zu **Arbeitslosigkeit im Bereich unqualifizierter Arbeit**. Daß eine Lohnanpassung nach unten kaum realistisch ist, läßt sich auch unmittelbar auf die Sicherungsregelungen zurückführen, indem insbesondere die monetären Leistungen bei Eintritt des Risikotatbestandes »Arbeitslosigkeit« den Anspruchslohn erhöhen,[103] unterhalb dessen kein Arbeitsangebot erfolgt und der somit einen faktischen Minimallohn darstellt.

---

[100] Siehe zu diesem Aspekt auch Abschnitt D in Kapitel IV.

[101] Zu dem Einfluß der Globalisierung auf die Entwicklung der Lohndifferentiale siehe insbesondere Grüske (2000), S. 112ff. sowie für die USA Ring (2000), S. 130ff. Siehe auch Freeman, Katz (1994), S. 29ff.

[102] Siehe Berthold, Thode (1998), S. 339.

[103] Vgl. hierzu auch das Suchmodell von Berthold, Külp (1987), S. 27f. sowie die graphische Darstellung bei Schmid, Rosenbaum (1995), S. 147.

Inwiefern die **Zuwanderung unqualifizierter Arbeit** mit negativen Effekten auf die Arbeitsmarktposition einheimischer Arbeitnehmer verbunden ist, hängt davon ab, ob die Zuwanderer Substitute oder Komplemente zur ansässigen Arbeit darstellen.[104] Soweit Einheimische dieselben Tätigkeiten wie die Zuwanderer ausüben, kann es zu substitutiven Wirkungen kommen, die für die Einheimischen mit **Lohn-** oder **Beschäftigungseinbußen** verbunden sind.[105] Da sich eine derartige Substitutsbeziehung vorwiegend für ansässige unqualifizierte Beschäftigung ableiten läßt, geht sie unmittelbar mit einem verstärkten Bedarf an Umverteilung einher.

Des weiteren wurde in Abschnitt D.II.1.a) darauf hingewiesen, daß die redistributive Komponente des Sozialversicherungssystems vorrangig **schlechte Risiken** mit unterdurchschnittlichen Einkommensverhältnissen attrahiert. Da in allen Versicherungszweigen auf eine risikoäquivalente Beitragsfinanzierung verzichtet wird, geht der Zustrom von schlechten Risikogruppen mit einem **erhöhten Umverteilungsbedarf** einher. Die Nachfrage nach »Gerechtigkeit« erhöht sich zuwanderungsbedingt.

Zudem führt die **Abwanderung von jungen Erwerbstätigen** ganz allgemein zu einer Erhöhung des Alten- und insbesondere des Rentnerquotienten, was bei einer Politik des konstanten Leistungsniveaus zu steigenden Beitragssätzen führt.[106] In der Folge **erhöht sich die intergenerative Nettobelastung zu Ungunsten der ansässigen jungen Generation**. Ihr Lebensnettotransfersaldo steigt und der intergenerative Redistributionsmechanismus entfernt sich weiter von der normativen Vorgabe des Minimal-Kriteriums.[107] Inwiefern dieser Wirkungsverlauf tatsächlich eintritt ist jedoch – wie in Abschnitt D.II.1.a) erläutert – auch von der Anzahl und Struktur der **Zuwanderer** abhängig. Unter Anbetracht der Ergebnisse verschiedener Migrationsstudien ist davon auszugehen, daß Zuwanderung von Ausländern das grundsätzliche demographische Problem nicht lösen kann;[108] aber eine Kompensation der abwanderungsbedingten demographischen Effekte möglich ist.

Neben den Wanderungsentscheidungen des Faktors Arbeit sind die heimischen Arbeitskräfte auch von der institutionellen Arbitrage der **Unternehmerseite** betroffen. Die Substitutionshandlungen der Unternehmer, die durch zu hohe Kosten des Faktors Arbeit ausgelöst werden, sind für die einheimischen Arbeitnehmer - in der Regel leicht substituierbare, unqualifizierte Arbeitskräfte - mit Beschäftigungseinbußen verbunden.[109] Mit der steigenden Arbeitslosigkeit gehen unmittelbare Effekte für die Sozialversicherungssysteme einher. Zum einen **verringert**

---

104 Vgl. hierzu auch Ring (2000), S. 140.

105 Allerdings resümiert Straubhaar (1997b), S. 51, daß die Einwandernden eher Komplemente für die einheimischen Arbeitskräfte sind, so daß die negativen Folgen vergleichsweise gering ausfallen dürften.

106 Vgl. zu diesem Zusammenhang in bezug auf die GRV Löschel (1998), S. 26f.

107 Zur Definition des Minimal-Kriteriums als einem intergenerativen Gerechtigkeitsprinzip siehe die Ausführungen in Kapitel I.

108 Vgl. hierzu den Überblick bei Straubhaar (1997b), S. 60.

109 Vgl. Berthold, Thode (1998), S. 326f.

sich erneut die **Finanzierungsbasis.**[110] Zum anderen **erhöht sich** vornehmlich in der *ALV* der **Ausgabenbedarf**, während das **Umverteilungsvolumen** in allen Sozialversicherungszweigen **ansteigt**.

Unter modelltheoretischen Annahmen kann die durch die veränderte Arbeitsnachfrage verursachte Anpassungslast ohne einen dauerhaften Anstieg der Arbeitslosigkeit bei ausreichend flexiblen Lohnstrukturen verarbeitet werden.[111] In Deutschland kann sich allerdings gerade der Lohn für gering qualifizierte Arbeit nicht ohne weiteres flexibel nach unten anpassen, da - wie bereits erwähnt - der Anspruchslohn relativ hoch ist und andererseits die Belastung des Faktors Arbeit mit Sozialversicherungsbeiträgen (und Steuern) den Produktreallohn in die Höhe treibt. Da der Abgabenkeil bei den Arbeitnehmern angesichts der redistributiven Ausrichtung der Sozialversicherung nicht als Lohnkomponente sondern überwiegend als Belastung empfunden wird, sind anstelle von Lohneingeständnissen eher agressivere Lohnforderungen zu erwarten[112] und Mengenanpassungen sind die Folge.

3. *Zwischenfazit*

Die globalisierungsbedingte Senkung der Exit-Kosten erleichtert ein institutionelles Arbitrageverhalten der mobilen Faktoren und Unternehmer. Sie nutzen gemäß ihrem individuellen Nutzen-Kosten-Kalkül Unterschiede in den alternativen Sicherungssystemen aus und nehmen Substitutionshandlungen in Form von »Ab-« beziehungsweise »Zuwanderung« vor.

Die Ausführungen haben gezeigt, daß die Exit-Option mit zahlreichen Folgen verbunden ist, die sich sowohl auf die Einnahmen- als auch auf die Ausgabenbasis und -struktur der Sozialversicherung auswirken.

Die Ausführungen in Abschnitt D.II.1 lassen sich dahingehend zusammenfassen, daß durch die Abwanderung von hoch qualifizierten Arbeitskräften und die Substitutionsentscheidung von Unternehmen die **Finanzierungsbasis geschwächt** wird. Dieser Effekt kann auch nicht durch die Zuwanderung von ausländischen Arbeitskräften wettgemacht werden, die eher den unteren Einkommensgruppen zuzurechnen sind. Im Gegenzug **erhöht sich der Umverteilungs-** und somit der **Ausgabenbedarf** der Sozialversicherung, da einerseits die ökonomischen Wahlhandlungen der mobilen Faktoren und Unternehmen mit negativen sicherungsre-

---

[110] Der verringerte Finanzierungsumfang resultiert aus der Tatsache, daß Arbeitslose in der ALV keinerlei Beiträge mehr zahlen. Da in anderen Sozialversicherungszweigen zwar keine eigenständige Beitragsentrichtung mehr erfolgt, die (unterproportionalen) Zahlungen aber in der Regel von parafiskalischer Seite - insbesondere von der ALV - entrichtet werden, verringert sich die Finanzierungsbasis der betroffenen Systeme nicht in gleichem Maße. Im Gegenzug vermindert sich aber für die ALV durch die zusätzlichen Beitragszahlungen deren budgetärer Spielraum.

[111] Siehe hierzu das Modell bei Fehn (1997), S. 120.

[112] Des weiteren wirkt sich auch das Lohnverhandlungssystem auf das Forderungsverhalten der Arbeitnehmer aus. Fehn (1997), S. 85ff. zeigt, daß in offenen Volkswirtschaften dezentrale Lohnverhandlungen zu einem größeren Beschäftigungseffekt führen. Da die Lohnverhandlungen in Deutschland allerdings überwiegend zwischen Gewerkschaften und Arbeitgeberverbänden auf Branchenebene geführt werden und zudem die Interdependenz zwischen den einzelnen Branchen relativ stark ausgeprägt ist, ist ein zurückhaltendes Forderungsverhalten unwahrscheinlich. Vgl. hierzu auch Nunnenkamp (1996), S. 26. Zu weiteren Möglichkeiten, Beschäftigungseinbußen zu umgehen, siehe Fehn (1997), S. 171ff.

levanten Konsequenzen für die einheimischen immobilen Faktoren verbunden sind. Andererseits trägt der Zustrom von vornehmlich unqualifizierten Arbeitskräften zu einer Risikostrukturverschiebung in Richtung schlechter Risikogruppen bei. Spezifische Implikationen ergeben sich für die umlagefinanzierten Systeme der *GKV*, *SPV* und *GRV*, die darauf hinweisen, daß die **Nettobelastung heutiger und zukünftiger Generationen zunehmen** wird.

Unter der Prämisse einer unveränderten Sozialversicherungspraxis lassen die Ergebnisse – sinkende Einnahmen und steigender Ausgabenbedarf – den Schluß zu, daß Beitragssatzsteigerungen in allen Zweigen die Folge wären.[113] Sofern diese die Akzeptanzschwelle der bis dato noch nicht abwanderungswilligen aber bedingt abwanderungsfähigen Faktoren und Unternehmen überschreiten,[114] kommt es erneut zu institutionellen Substitutionsentscheidungen zu Lasten des inländischen Systems und die **institutionelle Arbitragespirale** ist in Gang gesetzt.

III. Umverteilungsrelevante Folgen der Voice-Option

Im folgenden werden die Auswirkungen analysiert, die sich im Zuge der Voice-Option für die parafiskalische Umverteilungskomponente ergeben. Ausgehend von der abgeleiteten Interdependenz zwischen Exit und Voice[115] wird in Abschnitt D.III.1 die Verbindung zwischen beiden Handlungskalkülen konkretisiert. In Abschnitt D.III.2 werden die sich hieraus ergebenden Voice-Strategien im Hinblick auf ihre Stoßrichtung für die redistributive Ausgestaltung des Sozialversicherungssystems im nationalen politischen Wettbewerb untersucht.

1. Verbindung zwischen Exit und Voice

Durch den Widerspruch im politischen System wird der institutionelle Wettbewerb in intrakollektiver Form ausgetragen. Zur Voice-Option zählen alle Möglichkeiten, mit denen es den einzelnen Kollektivmitgliedern gelingt, im politischen Wettbewerb auf die Kollektiventscheidungen Einfluß zu nehmen und sie gemäß ihren eigenen Präferenzvorstellungen auszurichten.[116] Die Voice-Strategie entfaltet sich vorrangig durch die Stimmabgabe bei Wahlen. Indem derjenige politische Unternehmer gewählt wird, dem es im Verhältnis zu seinen Konkurrenten gelingt, die Mehrheit der Stimmenanteile zu erhalten, geht die Förderung des Wählernutzens automatisch als Nebenprodukt in die Anreizstruktur des wiederwahlorientierten politischen Akteurs ein.[117] Die Stimmenmehrheit errechnet sich aus der Relation der erhaltenen zu der Gesamtzahl der abgegebenen Stimmen und steht in unmittelbarem Zusammenhang mit der Wahlbeteiligung,[118] die von der Nutzen-Kosten-Abwägung des einzelnen Stimmbürgers ab-

---

[113] Eine zunehmende Abgabenbelastung ließe sich ceteris paribus nur durch einen Produktivitätsfortschritt vermeiden. Vgl. zu diesem Aspekt auch Scherl (1997), S. 85.

[114] Durch die Beitragssatzsteigerungen erhöht sich für die Umverteilungsverlierer erneut die Diskrepanz zwischen Leistung und Gegenleistung.

[115] Vgl. auch die Ausführungen in Abschnitt D.I. dieses Kapitels.

[116] Vgl. Kirsch (1997), S. 49.

[117] Siehe Kirsch (1997), S. 234.

[118] So auch Demmer (1994), S. 35. Zur alternativen Wahlbeteiligung unterschiedlicher Bevölkerungsgruppen siehe auch die Ausführungen in Abschnitt D.III.2.a).

hängt.[119] Die Stimmenanteile, die der politische Unternehmer auf sich vereint, sind unmittelbar an das Preis-Leistungsverhältnis der von ihm angebotenen Güter gekoppelt. Dabei wird die Aussicht der Wähler, ein ihren Präferenzen entsprechendes Preis-Leistungsverhältnis nachzufragen, von der Wahlelastizität der Nachfragerseite determiniert, die als Verhältnis zwischen relativer Änderung der Nachfrage nach politischen Gütern und relativer Preisänderung definiert ist.[120]

Es ist davon auszugehen, daß der globalisierungsbedingte Integrationsprozeß den Kenntnisstand aller Bürger über alternative soziale Sicherungssysteme erhöht und dadurch die asymmetrische Informationsverteilung[121] zu Gunsten der Anbieter von institutionellen Arrangements verringert. In erster Linie erhöht sich für die Nachfrager wegen der gesunkenen Exit-Kosten auch der Anreiz zur zusätzlichen Informationsbeschaffung. Im Gegenzug **steigt** die **Entscheidungssouveränität** der Nachfragerseite. Insbesondere erhöht sich die Wahlelastizität der Nachfrager, und der diskretionäre Spielraum der Anbieterseite verkleinert sich per se.

Von der Möglichkeit des Widerspruchs kann in erster Linie an den Wahlterminen durch die persönliche Stimmabgabe Gebrauch gemacht werden.[122] Ein gegen die derzeitige Ausgestaltung der Sozialversicherung gerichteter **Widerspruch** ist in erster Linie **von den Nettozahlern** zu erwarten, während die Nettogewinner sich nur dann gegen das System aussprechen, wenn ihnen ihre Position aufgrund intransparenter Umverteilungsvorgänge nicht bewußt ist. Dabei ist allerdings die Wirksamkeit des Widerspruchs von der Funktionsfähigkeit der politischen Märkte abhängig.[123] Die Exit-Option führt nun dazu, daß sich die Widerspruchsoption der mobilen Faktoren im politischen Wettbewerb verändert. Die Abwanderungsmöglichkeit versetzt den mobilen Stimmbürger in die Lage, nun auch verstärkt zwischen den Wahlterminen seine Stimme zu erheben, indem er sich - sofern er zu den Nettozahlern[124] des Systems gehört - entweder für die Option des »voting by feet« entscheidet[125] oder aber den Regierungsverantwortlichen seine **Abwanderung androht**. Die Kostensenkung der Exit-Option erhöht die Wirksamkeit der Voice-Option der mobilen Faktoren, da diese nun zu einem

---

119 Zu den Determinanten der Wahlbeteiligung siehe Kirsch (1997), S. 224ff. Die ökonomische Theorie des Wählens erklärt die Entscheidung zur Stimmabgabe durch das Investitions- sowie das Konsummotiv. Vgl. hierzu grundlegend Guttman, Hilger, Shachmurove (1994), S. 197ff. sowie Tullock (1983), S. 39. Nach dem Investitionsmotiv besteht der Nutzen einer Wahlbeteiligung in der erwarteten Beeinflussung des Wahlergebnisses. Wenn dieser Nutzen die Geld- und Zeitkosten der Wahlbeteiligung übersteigt, ist eine Stimmabgabe rational. Da eine Wahlbeteiligung allein aufgrund des Investitionsmotivs kaum rational ist, muß zur Erklärung der Wahlbeteiligung der Konsumnutzen des Wählens berücksichtigt werden. Vgl. auch die Ausführungen in Abschnitt D.III.2.b) dieses Kapitels.

120 Vgl. Demmer (1994), S. 37.

121 Zum Problem der Informationsasymmetrien zwischen Anbieter- und Nachfragerseite siehe exemplarisch Demmer (1994), S. 34.

122 Daneben existiert auch die Möglichkeit, seine Präferenzen zwischen den Wahlterminen – beispielsweise in Gestalt von Interessengruppen – zu organisieren und durchzusetzen.

123 Die politischen Märkte sind jedoch durch zahlreiche Funktionsmängel gekennzeichnet, die in Abschnitt D.III.2.b) dieses Kapitels diskutiert werden.

124 Dies kann angesichts der vorangegangenen Ausführungen jedoch angenommen werden.

125 Vgl. hierzu Abschnitt D.II in diesem Kapitel.

glaubwürdigeren Drohpotential wird.[126] Der Mobilitätszuwachs steigert die Verhandlungsmacht der mobilen Faktoren und Unternehmen gegenüber den - in der Regel nettobegünstigten - immobilen Faktoren, deren Optionen sich nicht vermehrt haben.[127] In der Folge stellen sich die mobilen Interessen als eine besonders durchsetzungsfähige Verteilungskoalition im politischen Wettbewerb dar.[128] Um die Abwanderung nicht tatsächlich herauszufordern, sind die Anbieter institutioneller Leistungen gezwungen, den »verbalen« Widerspruch der mobilen Faktoren umso ernster zu nehmen, je kostengünstiger und damit glaubhafter die Exit-Option ist.

Stimmen die mobilen Faktoren und Unternehmen tatsächlich mittels **»voting by feet«** über die alternativen institutionellen Angebote ab, resultieren die in den Abschnitten D.II.1 und D.II.2 abgeleiteten Wirkungszusammenhänge. Die Politiker erfahren als konkurrierende Anbieter der institutionellen Infrastruktur »Sozialversicherung« zum einen budgetäre externe Effekte im Sinne einer gesunkenen Einnahmenbasis und zum anderen politische externe Effekte, die sich per Voice im nationalen politischen Wettbewerb bemerkbar machen.[129]

Geht man von einer unveränderten Sozialversicherungspolitik aus, dann führt die institutionelle Arbitragespirale dazu, daß die notwendigen **Beitragssatzsteigerungen** langfristig nur von den immobilen Faktoren finanziert werden müssen. Da jedoch die steigende Abgabenbelastung die Einkommensposition der immobilen Faktoren negativ beeinflußt, werden sie sich **gegen Beitragserhöhungen aussprechen.** Die Abwälzung der Abgabenlast auf immobile Ressourcen ist aufgrund der damit verbundenen wiederwahlgefährdenden Stimmenverluste somit nur bedingt möglich.[130] Weicht man dagegen von der Annahme einer konstanten Ausgabenpolitik ab, so schlägt sich die gesunkene Finanzierungsbasis in einer **Leistungsreduktion** nieder, von der in erster Linie die immobilen Faktoren als Kreis der parafiskalischen Nettoempfänger beeinträchtigt sind. In der Folge werden die Betroffenen veranlaßt, sich **mittels Widerspruch** gegen die Einsparmaßnahmen **zu wehren.**

Neben den mit den budgetären verbundenen politischen Effekten, kommt es durch den Exit mobiler Faktoren noch zu weiteren ökonomischen Folgewirkungen im Heimatland, von denen die immobilen Faktoren - insbesondere in Form von Beschäftigungseinbußen - negativ betroffen sind.[131] Während diese negativen ökonomischen Effekte vorerst mit einem erhöhten Umverteilungsbedarf einhergehen und sich in einer **steigenden Nachfrage nach Gerechtigkeit**

---

126 Siehe auch Schäfer (1999), S. 11. Straubhaar (1998), S. 264 weist darauf hin, daß eine marginale Wanderung genügt, um die Exit-Option glaubhafter und damit für die Entscheidungsträger bedrohlicher werden zu lassen.

127 Vgl. Scharpf (1998), S. 47. Dieser Effekt resultiert allein aus dem objektiv vorhandenen und von allen anderen Beteiligten antizipierten Drohpotential der mobilen Faktoren.

128 Siehe Scharpf (1998), S. 48.

129 Vgl. Abschnitt D.I dieses Kapitels.

130 So auch die Einschätzung bei Wegner (1998), S. 288. Anderer Ansicht dagegen Sinn (1992), S. 172ff.

131 Vgl. hierzu die Ausführungen in Abschnitt D.II.2. Es wird an dieser Stelle davon ausgegangen, daß die wirtschaftlichen Folgen dem Regierungshandeln zugeschrieben werden und unmittelbar in das Wahlkalkül eingehen. Vgl. hierzu auch das Modell politisch-ökonomischer Interdependenzen von Lehner (1981), S. 38f.

niederschlagen, können sie die immobilen Faktoren langfristig auch zu einer mehrheitsfähigen **Nachfrageänderung**[132] bewegen. Dies ist immer dann der Fall, wenn die persönlichen Kosten, die aus dem institutionellen Arbitrageverhalten der mobilen Faktoren resultieren, den Nutzen übersteigen, den die Betroffenen aus dem parafiskalischen Kompensationsmechanismus ziehen.

Zusätzlich wird der Regierung an dieser Stelle auch eine »agierende« Rolle zugedacht, indem unterstellt wird, daß die im Zuge der Exit-Option gesunkene Finanzierungs- und gestiegene Ausgabenbasis der Sozialversicherungssysteme die Regierungsverantwortlichen auch **ohne »verbalen« Widerspruch** im Sinne der Voice-Option zu einer **Gegenreaktion** veranlaßt. Diese ist in erster Linie auf den veränderten budgetären Handlungsspielraum der Regierung zurückzuführen und steht in unmittelbarem Zusammenhang mit der Strategie der Regierungsverantwortlichen, einem Druck im politischen Wettbewerb zuvorzukommen. Infolge der monetären Effekte der Zu- und Abwanderung mobiler Faktoren und Unternehmen für das Sozialversicherungsbudget[133] verringert sich der Ausgabenspielraum der Regierung. Die politische Reaktion besteht darin, eine weitere Abwanderung von Nettozahlern zu verhindern beziehungsweise »notwendige« ausländische Faktoren zu attrahieren.[134]

Des weiteren bleibt zu bedenken, daß die Wirksamkeit von Widerspruch nicht zwingend daran gebunden ist, daß er tatsächlich ausgeübt wird.[135] Stattdessen kann auch die **Drohung von Voice** eine entsprechende Handlungsreaktion der Regierung auslösen, um wiederwahlgefährdenden Stimmenverlusten vorzubeugen.

2. *Auswirkung auf die redistributive Ausgestaltung des Sozialversicherungssystems im politischen Wettbewerb*

Nachdem in Abschnitt D.III.1 die Interdependenzen zwischen Exit und Voice analysiert wurden, ist in diesem Abschnitt der Frage nachzugehen, welche Präferenzen die immobilen und mobilen Faktoren in bezug auf die Umverteilungskomponente des Sozialversicherungssystems aufweisen beziehungsweise in welche Richtung sich deren Präferenzen im Zuge des internationalen Systemwettbewerbs verschieben. Hierfür werden in einem ersten Schritt die Interessenlagen der Stimmbürger für den Zeitpunkt der Wahl konkretisiert (Abschnitt D.III.2.a) und in einem weiteren Schritt die Veränderungen berücksichtigt, die sich infolge der Exit-Option an und zwischen den Wahlterminen ergeben (Abschnitt D.III.2.b). Des weiteren muß geprüft werden, inwiefern die abgeleiteten Wirkungszusammenhänge tatsächlich einen politischen Reformzwang generieren. Diese Frage kann nur unter Berücksichtigung der

---

132 Siehe Theurl (1999), S. 37.

133 Zudem bleibt zu bedenken, daß die sozialversicherungsbedingten Wanderungsentscheidungen sich auch negativ auf den allgemeinen öffentlichen Haushalt im Sinne sinkender Steuer- und steigender Transferausgaben auswirken.

134 So im Grunde auch Scharpf (1998), S. 47. Kiwit, Voigt (1998), S. 322 weisen darauf hin, daß die Abwanderung mobiler Faktoren grundsätzlich nur dann eine politische Reaktion erwarten läßt, „[...] wenn es sich um Faktoren handelt, auf welche die politischen Akteure im Inland dringlich angewiesen sind".

135 So im Grunde auch die Argumentation bei Kiwit, Voigt (1998), S. 323.

Funktionsweise von politischen Märkten beantwortet werden und impliziert eine kritische Auseinandersetzung mit der Konstruktion des politischen Wettbewerbs.

a) Die Ausgangssituation im politischen Stimmenwettbewerb

Ausgehend von der Prämisse des rational handelnden und eigennutzenmaximierenden Individuums[136] werden diejenigen Wirtschaftssubjekte für eine Beibehaltung beziehungsweise Stärkung der parafiskalischen Umverteilungskomponente stimmen, die Nettogewinner des derzeitigen Systems sind. Dagegen votieren die Nettozahler für eine Verringerung der redistributiven Elemente.

Die Umverteilungsanalyse in den Kapiteln V und VI hat ergeben, daß die oberen Einkommensgruppen in intragenerativer und alle jungen Personen in intergenerativer Sicht zu den **Nettobelasteten** gehören.[137] Demzufolge werden obere Einkommensgruppen im Gegensatz zu den unteren Einkommensgruppen gegen eine Beibehaltung der **redistributiven Komponente in intragenerativer Perspektive** votieren, während ältere entgegen jüngeren Generationen für eine Beibehaltung der **intergenerativen Umverteilung** stimmen werden.[138]

Die Realisierungswahrscheinlichkeit individueller Umverteilungspräferenzen bei Wahlen sind allerdings von der **Beteiligungsintensität** der Präferenzträger abhängig. Da ein beträchtlicher Anteil stimmberechtigter Bürger zu der Gruppe der Nichtwähler gehört,[139] beeinflussen deren Präferenzen den Wahlausgang mittelbar.

Um die divergierende Wahlbeteiligung unterschiedlicher Bevölkerungsgruppen zu ermitteln, werden die Ergebnisse der empirischen Wahlforschung im folgenden nur unter **sozioökonomischen Gesichtspunkten** ausgewertet. Diese Vorgehensweise ergibt sich unmittelbar aus der hier verfolgten Fragestellung, die Interessenlagen alternativer Wählergruppen zu bestimmen, die entsprechend ihrer Merkmalszugehörigkeiten »Einkommen« und »Alter« von den parafiskalischen Redistributionen nettobegünstigt beziehungsweise nettobelastet sind.[140]

Wie Abbildung VIII-3 zeigt, besteht ein deutlicher Zusammenhang zwischen **Lebensalter** und Wahlbeteiligung.

---

136 Im Gegensatz zur neoklassischen Theorie geht die NPÖ jedoch von einem erweiterten Nutzenmaximierungsmodell aus. Siehe Hart (1997), S. 25ff.

137 Da zukünftige Generationen ebenso wie die Gruppe der unter 18jährigen kein Stimmrecht haben, wird von diesen Personengruppen abstrahiert.

138 Bei der intergenerativ motivierten Abstimmung zum Zeitpunkt t* richtet sich ein rationales Individuum i der Generation g, die in t geboren ist, nach seinem individuellen Restlebensnettotransfersaldo $RLNT_i(t,g;t^*)$, der sich aus der Differenz zwischen dem gesamten Lebensnettotransfersaldo $LNT_i(t,g)$ und dem bisherigen Lebensnettotransfersaldo $BLNT_i\ (t,g;t^*)$ errechnet. Es wird dann für die Beibehaltung des derzeitigen Systems stimmen, wenn gilt: $RLNT_i(t,g;t^*) < 0$. Vgl. Schulenburg (1990), S. 294.

139 Zur Entwicklung des (Nicht-)Wähleranteils in der Bundesrepublik bei den Bundestagswahlen siehe für die Zeit von 1953 bis 1990 Falter, Schumann (1994), S. 163 und für den Zeitraum von 1994 bis 1998 o.V. (1999), S. 2 und die dort angegebenen Quellen.

140 Zu beachten bleibt allerdings, daß die Nichtwähler eine heterogene Gruppe darstellen und somit jeder monokausale Erklärungsversuch ihrer Wahlabstinenz immer einseitig bleiben muß. Zur Unterscheidung alternativer Nichtwählergruppen siehe exemplarisch Eilfort (1994), S. 53ff.

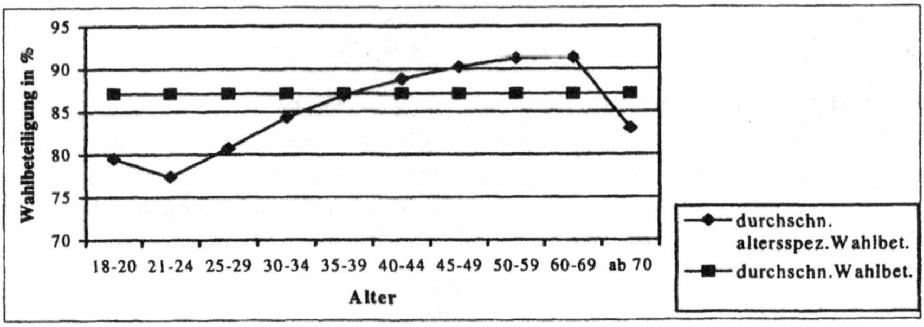

Abbildung VIII-3: Durchschnittliche altersspezifische Wahlbeteiligung

Quelle: Eigene Darstellung auf Basis der Daten zur durchschnittlichen (altersspezifischen) Wahlbeteiligung bei Bundestagswahlen für die Jahre 1972 – 1987 aus Statistisches Bundesamt (1987), Übersicht 6, S. 10 und für das Jahr 1990 (alte Bundesländer ohne Berlin) aus Eilfort (1994), Tab. 49, S. 186.

Während die 18 - 38jährigen sowie die über 70jährigen eine unterdurchschnittliche Wahlbeteiligung aufweisen, geben die 39 - 69jährigen in überdurchschnittlichem Maße ihre Stimme ab.

Ebenso korrelieren auch die Merkmale »**Schulbildung**«[141] und »**monatliches Haushaltsnettoeinkommen**« positiv mit der Wahlbeteiligung.[142]

Angesichts des stetigen Ausbaus der redistributiven Komponente des Sozialversicherungssystems ist davon auszugehen, daß sich der Großteil der Wähler zu den Nettobegünstigten zählt und die politischen Akteure zur Ausweitung der Umverteilungstätigkeit autorisiert hat.[143] Diese Schlußfolgerung läßt sich trotz der überdurchschnittlichen Wahlbeteiligung der nettobelasteten oberen Einkommensgruppen speziell für die **intragenerative** Umverteilungskomponente mit der vorherrschenden rechtsschiefen Einkommensverteilung[144] begründen.[145] Für die **intergenerative** Redistributionskomponente ergibt sich dieses Ergebnis aus der überdurchschnittlichen Wahlbeteiligung der umverteilungsbegünstigten, mittleren und älteren Generationen, denen aufgrund des demographischen Altersaufbaus auch ein großes absolutes Stim-

---

141 Es wird an dieser Stelle die allgemein akzeptierte These zugrunde gelegt, daß ein positiver Zusammenhang zwischen Bildungsgrad und Erwerbseinkommen besteht.

142 Vgl. die Auswertung von Falter, Schumann (1994), S. 180f.

143 Aufgrund bestehender, systemimmanenter Intransparenzen und individueller Informationsmängel können allerdings subjektives Empfinden und objektive Gegebenheiten divergieren.

144 Angesichts einer rechtsschiefen (linkssteilen) Einkommensverteilung sind die Angehörigen unterer und mittlerer Einkommensgruppen den Vertretern oberer Einkommensschichten zahlenmäßig überlegen, so daß der Medianwähler im unteren Einkommensbereich angesiedelt ist. Zur Erklärung der rechtsschiefen personalen Einkommensverteilung siehe Grüske (1985), S. 47ff.

145 Zudem bleibt zu bedenken, daß sehr hohe Einkommensgruppen in der Regel nicht dem Versichertenkreis angehören und somit für parafiskalische Fragestellungen nicht wahlentscheidend sind.

menpotential zukommt.[146] Zudem wird die Loyalität gegenüber den bestehenden Regelungen teilweise auch von jüngeren Versicherten mitgetragen, die sich an Vergangenheitswerten orientieren und auf den Fortbestand des Systems vertrauen.[147]

➔ **Schlußfolgerung:** Die Ausgangssituation im politischen Wettbewerb ist dadurch gekennzeichnet, daß sich die wahlentscheidenden Medianwählergruppen zu den Nettobegünstigten der intra- und intergenerativen Umverteilungskomponente rechnen und sich demzufolge für eine **Beibehaltung der bestehenden Regelungen** aussprechen. Die politischen Mehrheitsverhältnisse ändern sich solange nicht, wie die Verluste, die durch die derzeitige Sicherungslösung eintreten, nicht die komparativen Vorteile für die Nettobegünstigten des staatlichen Systems kompensieren. Um die Effekte der Globalisierung auf die redistributive Ausgestaltung des Sozialversicherungssystems ableiten zu können, bleibt nun zu klären, inwiefern die in Abschnitt D.III.1 abgeleiteten Interdependenzen zwischen Exit und Voice einen »Stimmungswandel« herbeiführen können, der die redistributive Komponente der Sozialversicherung unter Druck setzt.

b) Veränderungen von Voice infolge von Exit

In Abschnitt D.III.1 wurde gezeigt, daß die zentralen Interdependenzen zwischen Exit und Voice darin bestehen, daß:

(1) der Informationsgrad aller Stimmbürger aufgrund der globalisierungsbedingten Reduktion der Informationskosten steigt,

(2) durch die Kostensenkung der Exit-Option die Wirksamkeit der Voice-Option für die mobilen Faktoren steigt,

(3) die Abwanderung mobiler Faktoren und die damit verbundenen Effekte für die parafiskalische Finanzierungs- und Ausgabenseite mit Beitragssatzsteigerungen beziehungsweise Leistungskürzungen zu Lasten der immobilen Faktoren verbunden sind,

(4) das »voting by feet« den heimischen immobilen Faktoren zusätzliche negative Effekte – vorrangig in Form von Beschäftigungseinbußen - beschert.

Im folgenden wird geklärt, inwiefern diese Wirkungszusammenhänge zu einer Veränderung der in Abschnitt D.III.2.a) abgeleiteten Ausgangssituation im politischen Wettbewerb führen.

Ad (1): Der Vergleich mit konkurrierenden Sicherungssystemen veranlaßt die Stimmbürger zu einer »kritischeren« Beurteilung des nationalen Sozialversicherungssystems und erhöht ihre Wahlelastizität. In der Folge wird der **umverteilungsrelevante politische Spielraum eingeschränkt** und eine Redistributionspolitik auf Kosten der Nettozahler erschwert.

Ad (2): Infolge des gestiegenen Drohpotentials erhalten die mobilen Faktoren und Unternehmen ein relativ stärkeres Gewicht im politischen Wettbewerb, das insbesondere zwischen den

---

146 Wie die Ausführungen in den Kapiteln V und VI gezeigt haben, gehören erst alle ab Ende der 60er beziehungsweise Anfang der 70er Jahre Geborenen zu den Umverteilungsverlierern, die erst allmählich stimmberechtigt sind. Berthold (1991), S. 160 weist darauf hin, daß sich die wahlentscheidenden Medianwähler in der Altersklasse zwischen 45 und 55 Jahren befinden.

147 So auch Berthold (1991), S. 162.

Wahlterminen von Bedeutung ist. Die Erfolgsaussicht ihres Widerspruchs und damit die Wahrscheinlichkeit, ihre Interessen durchzusetzen, erhöht sich. Da die mobilen Faktoren und Unternehmen in erster Linie zu den Verlierern des gegenwärtigen Umverteilungssystems gehören, werden sie sich dafür aussprechen, die intra- und intergenerativen Redistributionselemente zu reduzieren. Dies impliziert eine Annäherung an das **versicherungstechnische Äquivalenzprinzip** und eine Individualisierung der Absicherung durch **Ablösung vom Arbeitsvertrag.**[148] Speziell in bezug auf die intergenerative Systemkomponente offenbart sich die Überlegenheit **privatwirtschaftlicher Lösungen.**[149]

Ad (3): Die immobilen Faktoren wehren sich mittels Voice gegen die Konsequenzen, die sich aus den budgetären Folgen der Zu- und Abwanderung ergeben, indem sie einerseits eine Beibehaltung beziehungsweise Stärkung der Umverteilungspolitik zu ihren Gunsten und andererseits eine Kostenverlagerung zu Lasten der mobilen Faktoren fordern. Ihr Widerspruch entfaltet sich somit als **Gegendruck** zu dem Forderungsverhalten der mobilen Faktoren.

Ad (4): Die Abwanderung mobiler Faktoren und Unternehmen und die damit verbundenen Effekte führen zwar kurzfristig zu einer zunehmenden Nachfrage nach Gerechtigkeit seitens der immobilen Faktoren.[150] Langfristig ist aber zu erwarten, daß der parafiskalische Redistributionsmechanismus die negativen ökonomischen Folgewirkungen nicht mehr ausreichend kompensieren kann. Die immobilen Faktoren werden gezwungen, diejenigen institutionellen Regelungen zu fordern, mit deren Hilfe sie mobile Faktoren attrahieren können. Die Nutzenförderung der mobilen Faktoren geht als Nebenprodukt in die Nutzenfunktion der immobilen Faktoren ein, und die **Nachfrageänderung** vollzieht sich **in Richtung der Präferenzen der mobilen Faktoren.** Dieser Zusammenhang ergibt sich insbesondere auch in bezug auf die intergenerative Redistributionskomponente. Durch die Abwanderung junger Erwerbstätiger verstärken sich die demographischen Probleme in den umlagefinanzierten Systemen der *GKV*, *SPV* und *GRV*. Dieser Umstand schürt bei den älteren Personen, für die ein Systemwechsel faktisch nicht mehr möglich ist, die Angst vor einem Zusammenbruch der Sozialversicherung. In der Folge zeigen sie sich für Reformen kompromißbereiter.[151] Fließen in die Kalkulation zum Abstimmungszeitpunkt t^* auch die Erwartungen bezüglich des Ausgangs zukünftiger

---

[148] Vgl. auch Hüther (1997), S. 205. In dieselbe Richtung weist auch die Argumentation bei Scharpf (1998), S. 48, der darauf hinweist, daß es den mobilen Faktoren „.[...] vor allem um die Freistellung von Regeln der marktbeschränkenden und marktkorrigierenden Politik" geht.

[149] Die Überlegenheit privater kapitalfundierter Alterssicherungssysteme gegenüber der umlagefinanzierten GRV gewinnt insbesondere für die junge Generation an Relevanz, die sich in der GRV deutlich schlechter stellt als bei privater Absicherung. Vgl. auch Berthold (1991), S. 160. Angesichts der prognostizierten Entwicklung sind auch private Kranken- und Pflegeversicherungen für die jungen Generationen attraktiver, da deren Nettobeiträge für die erwartete restliche Lebensdauer deutlich unter den Nettobeiträgen der umlagefinanzierten Sozialsysteme liegen.

[150] Vgl. die Ausführungen in Abschnitt D.II.2 dieses Kapitels

[151] Vgl. auch Berthold (1997), S. 53. Zudem wird sich - in altersabhängiger Betrachtung - mit der Zeit der Kreis der Belasteten ausweiten, so daß auch schon mittlere Altersklassen in t^* einen positiven Restlebensnettotransfer zu erwarten haben. Unter der Prämisse, daß die Wähler bei der Entscheidung auch die Situation ihrer Familienmitglieder berücksichtigen und damit implizit auch nicht-wahlberechtigte Personen unter 18 Jahren eine Stimme erhalten, steigt die Reformwahrscheinlichkeit weiter.

Abstimmungen ein, so kann eine in Zukunft erwartete Ablehnung des Systems den Reformwiderstand der älteren Generation schon zum Zeitpunkt t^* brechen.[152]

Nachdem gezeigt werden konnte, inwiefern sich die Interessenlagen sowie die Durchsetzungsfähigkeiten der Präferenzträger im politischen Prozeß infolge der Exit-Option verändern, ist nun zu überprüfen, ob sich hieraus tatsächlich ein politischer Reformzwang ableiten läßt. Diese Frage kann nur im Hinblick auf den **politischen Funktionsmechanismus** beantwortet werden, da sich selbst bei einem intakten Wettbewerb zwischen institutionellen Regimen[153] nur bei ausreichender Funktionsfähigkeit der politischen Märkte ein zwingender Zusammenhang zwischen Systemwettbewerb und institutionellen Reformen ergibt.

Politische Märkte sind insbesondere durch folgende **Funktionsmängel** gekennzeichnet:

- **Restriktionen auf Seiten der Nachfrager**

  Die Nachfragerseite auf politischen Märkten ist durch einen konstitutionellen **Wissensmangel** charakterisiert. Im Rahmen des Systemwettbewerbs ist diese Unkenntnis in zweifacher Hinsicht relevant. Zum einen sind die Stimmbürger oftmals nicht in der Lage, die Verschlechterung ihrer ökonomischen Situation auf den Exit mobiler Faktoren und die dafür verantwortlichen Beweggründe zurückzuführen. Zum anderen fehlt ihnen die Kenntnis über die zur Wahl stehenden Parteienprogramme,[154] und sie sind gezwungen, sich unter dem Aufwand von Transaktionskosten über die angebotenen Programme zu informieren. Der Wähler hat allerdings kaum einen ökonomischen Anreiz, sich über das Angebot zu informieren (**Informationsparadoxon**) oder überhaupt seine Stimme abzugeben (**Nichtwahlparadoxon**).[155] Die rationale Uninformiertheit des einzelnen Nachfragers bereitet den Nährboden für die Arbeit von Interessengruppen. Im Gegensatz dazu haben die Eigner mobiler Ressourcen einen vergleichsweise größeren Anreiz, sich über alternative institutionelle Angebote zu informieren. Da allerdings die politische Folgewirkung der Abwanderung an die Funktionsfähigkeit von Voice gebunden ist, stellen die Schwächen des politischen Wettbewerbs den zentralen Hemmschuh für die Effektivität der Exit-Option in bezug auf Reformen dar.[156]

- **Restriktionen auf Seiten der Anbieter**

  Auf Seiten der Anbieter existiert ebenfalls ein **Wissensmangel** in bezug auf die Deutung und Interpretation der Wahlergebnisse.[157] Um angemessen auf das Stimmverhalten der Nachfragerseite reagieren zu können, muß der politische Akteur eine Verbindung zwischen der Stimmabgabe und den dafür verantwortlichen externen Institutionen ableiten. Wird die Voice-Option von den im-

---

152 Siehe hierzu die analytische Darstellung bei Schulenburg, Kleindorfer (1985), S. 19.

153 Daß der Systemwettbewerb in aller Regel jedoch nicht vollkommen funktioniert, wurde bereits in Abschnitt D.I. dieses Kapitels gezeigt.

154 Diese Unkenntnis ist insbesondere darauf zurückzuführen, daß nicht einzelne Themen zur Abstimmung stehen, sondern ganze Wahlprogramme angeboten werden. Dieser Umstand stellt ein sachliches Substitutionshemmnis für den Wähler dar.

155 Vgl. Theurl (1999), S. 42. Zu den Determinanten der Informations- und Partizipationsbereitschaft in repräsentativen Demokratien siehe insbesondere Kirsch (1997), S. 214ff. In engem Zusammenhang steht damit das Problem, daß »Politik« einen Kollektivgutcharakter aufweist. Vgl. hierzu Kiwit, Voigt (1998), S. 325.

156 Siehe auch Kiwit, Voigt (1998), S. 327.

157 Siehe Kiwit, Voigt (1998), S. 327f. sowie Theurl (1999), S. 42.

mobilen Faktoren als Reaktion auf die Verschlechterung der ökonomischen Situation infolge der Abwanderung mobiler Faktoren wahrgenommen, ist der Rückschluß für den politischen Agenten ungleich komplexer. Dieses Problem wird zusätzlich dadurch erschwert, daß die **Signale** im politischen Wettbewerb sehr **undifferenziert** ausfallen, da in der Regel nicht über eine einzelne Leistung, sondern über eine ganze Produktpalette abgestimmt wird.[158]

- **Beziehung zwischen Regierenden und Regierten**
  Das Verhältnis zwischen Bürgern und Politikern stellt eine typische **Principal-Agent-Beziehung** dar und ist mit zahlreichen Agency-Konflikten verbunden, die aus der **asymmetrischen Informationsverteilung** zu Gunsten des politischen Entscheidungsträgers resultieren.[159] Interpretiert man die Wahl als Vertrag, in dem der Bürger (Prinzipal) den Gewählten (Agenten) einen Leistungsauftrag erteilt, so ist sowohl die Situation vor als auch nach der Wahl durch eine asymmetrische Informationsverteilung zu Lasten des Prinzipals gekennzeichnet, die eine Vertragserfüllung beeinträchtigt. Besonders schwer wiegt dabei die Tatsache, daß der Prinzipal auch keine rechtliche Sanktionsmöglichkeit besitzt, wenn die Regierungspartei ihr Wahlversprechen nicht einhält.[160] Ebensowenig kann er zwischen den Wahlterminen die Regierung abwählen.

Aufgrund der abgeleiteten Funktionsstörungen am politischen Markt wird die **Kausalität** zwischen Globalisierung und Sozialversicherungsreformen **abgemildert**. Der **Systemwettbewerb** stellt **keine hinreichende Bedingung** für die Änderung der gegebenen Regelungen dar, da der institutionelle Wettbewerb seine Wirkungen nur dann voll entfalten kann, wenn ein adäquater Ordnungsrahmen für den politischen Markt besteht, der einen funktionsfähigen politischen Wettbewerb sicherstellt.[161]

3. *Zwischenfazit*

Der Systemwettbewerb unterscheidet sich vom marktlichen Wettbewerb dadurch, daß die Folgen des Nachfragerwechsels zu anderen Institutionenanbietern in den meisten Fällen nur über den politischen Wettbewerb einen Druck auf die Angebotsseite ausüben.[162] In dem Maße, in dem die Stimmabgabe der Wähler durch die wirtschaftliche Lage beeinflußt wird, und in dem Maße, in dem die ökonomische Situation davon abhängt, wie attraktiv der Standort für die Standortnutzer ist, hängt der Erfolg von Politikern und Parteien im politischen Wettbewerb indirekt vom Erfolg des Gemeinwesens im Standortwettbewerb ab.[163] In bezug auf den Kausalzusammenhang zwischen Systemwettbewerb und Reformfähigkeit konnte allerdings gezeigt werden, daß der politische Markt durch zahlreiche **Funktionsmängel** gekennzeichnet

---

158 Vgl. zu dieser Restriktion auch Berthold (1991), S. 163.

159 Grundsätzlich führen asymmetrisch verteilte Informationen vor [nach] Vertragsabschluß zu inversen Anreizen, die sich in adverse selection [moral hazard] zeigen. Siehe hierzu auch Kapitel III. Zur Principal-Agent-Theorie siehe grundlegend Richter, Furubotn (1999), S. 201ff.

160 Vgl. hierzu auch Kiwit, Voigt (1998), S. 326.

161 Diese Ansicht wird auch von Kiwit, Voigt (1998), S. 335 vertreten.

162 Vgl. Seliger (1998), S. 263.

163 Siehe Vanberg (1998), S. 161. So auch die Argumentation bei Lammers (1999), S. 26.

ist. Diese Restriktionen beeinträchtigen insbesondere die Wirkungsweise der Voice-Option und relativieren die abgeleiteten Schlußfolgerungen.

Die **Ausgangssituation** im politischen Stimmenwettbewerb ist dadurch gekennzeichnet, daß das Mehrheitsvotum zu Gunsten einer Beibehaltung der Redistributionskomponente in intra- und intergenerativer Perspektive ausfällt.

Allerdings haben die Ausführungen in den Abschnitten D.III.1 und D.III.2 gezeigt, daß die globalisierungsbedingte »Erleichterung« der Exit-Option den **mobilen Faktoren** - vorrangig Angehörige oberer Einkommensgruppen - ein **relativ größeres Gewicht bei der Durchsetzung ihrer Interessen** insbesondere auch zwischen den Wahlterminen verleiht. Die Interessenlage der immobilen Faktoren - in der Regel Angehörige unterer Einkommensschichten sowie ältere Personen - wird durch das »voting by feet« der mobilen Faktoren in unterschiedlicher Richtung beeinflußt. Auf der einen Seite werden sie dem Druck der mobilen Faktoren mit einem **Gegendruck** begegnen, indem sie sich verstärkt gegen eine Reduktion der redistributiven Elemente zur Wehr setzen.[164] Auf der anderen Seite ist jedoch zumindest langfristig davon auszugehen, daß unter der Zielsetzung, mobile Faktoren zu attrahieren und damit die mit ihrer Abwanderung verbundenen negativen Effekte zu verhindern, eine **Nachfrageänderung** in Richtung der Präferenzen mobiler Faktoren eintritt. Da sowohl die älteren Generationen aufgrund ihrer überdurchschnittlichen Wahlbeteiligung sowie die Angehörigen unterer Einkommensgruppen angesichts der rechtsschief verteilten Einkommen eine bedeutsame Wählergruppe darstellen, schlägt sich deren Unzufriedenheit sehr schnell in wiederwahlgefährdenden Stimmenverlusten nieder.

Insgesamt wird die politische Seite durch den institutionellen Wettbewerb gezwungen, ihr parafiskalisches Angebot »Sozialversicherung« stärker an den Präferenzen der Nachfrager auszurichten. Diese verschieben sich langfristig in Richtung einer **Äquivalenztarifierung** bei **individueller Absicherung ohne Verbindung zum Arbeitsverhältnis**. Vor allem in Hinblick auf die intergenerative Redistributionskomponente offenbart sich die **Unzulänglichkeit der umlagefinanzierten Sozialversicherung**, so daß sich die Nachfragerinteressen auf überlegene privatwirtschaftliche Versicherungslösungen[165] konzentrieren.

Des weiteren wurde in Abschnitt D.III.1 die These vertreten, daß die politischen Entscheidungsträger auch ohne verbalen Widerspruch auf die vorrangig negativen budgetären Folgen der Exit-Strategie reagieren, indem sie versuchen, einer weiteren Abwanderung mobiler Faktoren vorzubeugen beziehungsweise »notwendige« ausländische Faktoren zu attrahieren. Vor dieser Zielsetzung wirkt die Stoßrichtung des **eigenständigen Regierungshandelns** dahin,

---

164 Allerdings entfalten im Systemwettbewerb die Konsequenzen dieses Forderungsverhaltens auf die wirtschaftliche Situation im Inland gravierendere Wirkungen als in geschlossenen Volkswirtschaften, da sie nicht nur das Wachstumspotential der heimischen Ökonomie bremsen, sondern auch gleichzeitig Wettbewerbsvorteile anderer Nationen generieren. Diese Wettbewerbsvorteile verschärfen erneut die Probleme im Inland mit der Folge, daß der Reformzwang zunimmt. Vgl. auch Wegner (1998), S. 289.

165 Zur Überlegenheit privatwirtschaftlicher (kapitalgedeckter) Versicherungslösungen in Hinblick auf das demographische Problem siehe exemplarisch auch Sachverständigenrat (1996), S. 235ff. für den Bereich der Alterssicherung und ders. (1996), S. 250ff. für den Bereich der Krankenversicherung.

den mobilen Faktoren und Unternehmen ein attraktiveres Preis-Leistungsverhältnis im institutionellen Angebot zu offerieren. Für den Sozialversicherungsbereich zielt dieses Vorgehen erneut auf eine Reduktion der Umverteilungskomponente sowie eine Ablösung der Absicherung sozialer Risiken vom individuellen Arbeitsvertrag ab.

E. Zusammenfassung der Ergebnisse und Status quo post-Beurteilung

Die Ausführungen haben gezeigt, daß die Globalisierung entscheidende Auswirkungen auf die Sozialversicherungspolitik in bezug auf die parafiskalische Umverteilungskomponente entfaltet.

Die zunehmende Internationalisierung der Wirtschaft verschärft den institutionellen Wettbewerb zwischen den Staaten. Angesichts des Bedeutungsumfangs der Sozialversicherungszweige wird die Ausgestaltung der nationalen Sozialversicherung zu einem zentralen Einflußfaktor der heimischen Wettbewerbsposition. Da die Entscheidungen hinsichtlich Wohn- und Standortwahl von der Ausgestaltung der jeweiligen Sicherungssysteme beeinflußt und die Individuen veranlaßt werden, dorthin zu wandern, wo sie für sich optimale Versicherungskontrakte vorfinden, werden die Politiksysteme in einen direkten Wettbewerb um international mobile Faktoren und Unternehmen gezwungen.

Damit der internationale Systemwettbewerb jedoch seinen vollen Wirkungsmechanismus entfalten kann, muß sich das institutionelle Arbitrageverhalten im nationalen politischen Wettbewerb niederschlagen. Durch die Verbindung von Exit und Voice konnte gezeigt werden, daß sich die **Interessenlagen und Durchsetzungsmöglichkeiten** der Wirtschaftssubjekte im Zuge der Globalisierung langfristig **zu Gunsten der mobilen Faktoren und Unternehmen verlagern**. Da diese Gruppen in der Regel zu den Benachteiligten des parafiskalischen Umverteilungssystems in intragenerativer Perspektive gehören, sprechen sie sich für eine Reduktion der interpersonellen Redistributionskomponente durch eine Stärkung des Äquivalenzgedankens sowie eine Ablösung des Versicherungsverhältnisses vom Arbeitsvertrag aus. Zum anderen gehören gerade die relativ mobilen, jungen Erwerbstätigen zu den Verlierergenerationen in bezug auf die intergenerative Redistributionskomponente, so daß der Status quo der umlagefinanzierten Generationenvertragssysteme nicht mit ihren Präferenzen kompatibel ist.

Diese Ergebnisse ermöglichen unter Berücksichtigung der in den vorangegangenen Kapiteln erzielten Erkenntnisse eine **zukunftsgerichtete Beurteilung des Sozialversicherungssystems.**

Die Marktversagensanalyse in Kapitel III hat gezeigt, daß die parafiskalische Zwangsversicherung nur unzureichend mit allokativen Argumenten zu rechtfertigen ist.[166] Stattdessen vergrößert die verteilungspolitisch motivierte Abweichung von einer risikoäquivalenten Bei-

---

[166] Ein zentraler Aspekt vorrangig der europäischen Integration besteht auch darin, daß die Versicherungsmärkte im Zuge der Dientleistungsfreiheit breiter werden. Bildet sich unter Ausnutzung der economies of scales auf europäischer Ebene ein hochkonzentrierter Privatversicherungssektor, kann in Zukunft auch das schwer versicherbare Risiko »gesamtwirtschaftliche Arbeitslosigkeit« leichter gewinnbringend diversifiziert werden.

tragstarifierung die allokativen Unzulänglichkeiten einer staatlichen Versicherungslösung im Vergleich zu einer marktlichen Versicherung insbesondere in bezug auf die Absicherung der sozialen Risikotatbestände »Arbeitslosigkeit«, »Krankheit« und »Pflegebedürftigkeit«. Dieser Aspekt gewinnt bei zunehmender Globalisierung verstärkt an Bedeutung, da sich infolge der vergrößerten Exit-Option die institutionelle Arbitrage mobiler Faktoren als adverse Selektion zwischen alternativen staatlichen Sicherungssystemen entfaltet. Über das Bindeglied »negative ökonomische Effekte im Inland« werden diese Substitutionshandlungen wahlentscheidend. Da die Gruppe der Nettobelasteten bei zunehmender Mobilität vorrangig nur noch durch Äquivalenzabgaben zur Finanzierung der Parafiski herangezogen werden kann,[167] **verringert sich die Möglichkeit zur intragenerativen Umverteilung.**

Auf der anderen Seite bedingen die umlagefinanzierten Generationenvertragssysteme der *GRV*, *GKV* und *SPV* angesichts der prognostizierten Entwicklung nationaler Einflußfaktoren eine zunehmende intergenerative Umverteilung zu Lasten jüngerer beziehungsweise zukünftiger Generationen, so daß aus deren Sicht alternative (private) Versicherungslösungen profitabler sind. Im Zuge der Globalisierung erhalten sie die Möglichkeit, sich der inländischen Versicherungspflicht mittels »voting by feet« zu entziehen. Hierdurch verschärfen sich die demographischen Probleme im Inland und die **staatlichen Sicherungslösungen verlieren** erneut **an Attraktivität.**

Aus dem durch die Globalisierung ausgelösten institutionellen Arbitrageprozeß und den damit verbundenen ökonomischen Folgen, die sich im nationalen politischen Wettbewerb mittels Voice niederschlagen, resultiert ein unvermeidlicher **Akzeptanztest** für die nationalen Sozialversicherungssysteme. Aufgrund veränderter Mehrheitsverhältnisse ist es langfristig **nur schwer möglich, den derzeitigen intra- und intergenerativen Redistributionsmechanismus beizubehalten.** Zu beachten bleibt allerdings, daß der Zwang, die Sozialversicherung zu reformieren, durch den globalisierungsbedingten Systemwettbewerb nicht begründet, sondern nur **verstärkt** wird.[168] Indem im Zuge der Globalisierung die Exit-Kosten sinken, wird der territorial gebundene Komplementärbereich des institutionellen Angebots zur Absicherung sozialer Risiken ein bedeutender Parameter für die Standortwahl mobiler Faktoren. Dies hat zur Folge, daß die nationale Sozialpolitik im Zeitalter der Globalisierung nicht - wie vielfach

---

167 Vgl. auch Vanberg (1998), S. 163. Die von Sinn (1994), S. 28 abgeleitete Konsequenz, daß am Ende ein Gleichgewicht steht, „[...] in dem alle Staaten sich auf reine Äquivalenzabgaben beschränken und auf Umverteilung verzichten" hat jedoch auch für den Sozialversicherungsbereich nicht uneingeschränkte Gültigkeit, da redistributive Abgaben dann von den mobilen Faktoren gezahlt werden, wenn sie den Preis für Standortcharakteristika darstellen, die den nationalen Standort für mobile Faktoren attraktiver machen.

168 So urteilt auch Hüther (1997), S. 206: „Der aus der Globalisierung abzuleitende Handlungsbedarf in der sozialen Sicherung deckt sich mit dem, der sich aufgrund ordnungspolitischer Überlegungen mit Blick auf die Fehlsteuerungen in den Einzelbereichen ergibt."

beschworen[169] - bedeutungslos wird, sondern stattdessen entscheidend zum Erfolg oder Mißerfolg im internationalen Systemwettbewerb beiträgt.[170]

---

169 So beispielsweise Butterwegge (1997), S. 280: „Aufgrund der Globalisierung bzw. des Konzeptes der »Standortsicherung« verändert sich das Verhältnis von Ökonomie und (Sozial-)Politik, die [...] zur abhängigen Variablen der Volkswirtschaft degradiert wird."

170 Vgl. auch die Einschätzung bei Straubhaar (1998), S. 245.

Resumée und Schlußfolgerungen

A. Zusammenfassung der Ergebnisse

In der Vorbemerkung haben wir die Ziele dieser Arbeit anhand verschiedener Fragestellungen konkretisiert, die wir zu sieben Themenbereichen zusammengefaßt haben. An dieser Einteilung orientiert sich das folgende Resumée. Mit Ausnahme des letzten Fragenkomplexes zu den praxisrelevanten Schlußfolgerungen, auf den erst in Abschnitt B eingegangen wird, werden im folgenden die eingangs gestellten Fragen durch die Zusammenfassung der zentralen Ergebnisse dieser Arbeit beantwortet.

Ad 1: Ziele der Sozialversicherungspolitik

Als Zielvorgaben, denen für diese Arbeit besondere Bedeutung zukommt, kristallisieren sich das parafiskalische Angebot von **Gerechtigkeit** und **Sicherheit** heraus. Da im weiteren Verlauf der Arbeit die Umverteilung durch die Sozialversicherung im Mittelpunkt der Betrachtung steht, sind im Rahmen der Gerechtigkeitsvorgaben insbesondere die distributiven Zielsetzungen von Relevanz. In intragenerativer Perspektive werden die Prinzipien der **Bedarfs-** und **Leistungsfähigkeitsgerechtigkeit** sowie der **Chancengleichheit** und die Maximen der **horizontalen** und **vertikalen Ausgleichsgerechtigkeit** als normative Vorgaben für die Sozialversicherungspolitik identifiziert.

Dem besonderen Charakter der umlagefinanzierten Sozialversicherung, der in der Verknüpfung verschiedener Geburtsjahrgangskohorten besteht, wird durch die Ableitung des **Minimal-Kriteriums** als einem Gerechtigkeitsprinzip in intergenerativer Perspektive Rechnung getragen. Das Minimal-Kriterium fordert, daß die Lebensnettotransfersalden jeder Generation minimal sein sollen.

Das Sicherheitsziel wird als Leistungszusage für den Fall des sozialen Risikos in Form des Angebotes von **Versicherungsschutz** interpretiert, dem in erster Linie das Ziel des **intertemporalen intrapersonellen Einkommensausgleichs** immanent ist.

Ad 2: Abgrenzung und Konkretisierung der Sozialversicherung

Die Sozialversicherung stellt ebenso wie die Privatversicherung eine **kollektive Vorsorgeinstitution** dar, die der individuellen Strategie des Vorsorgesparens durch ihren kollektiven Charakter überlegen ist.

Aufgrund ihrer **doppelten Zielsetzung**, sowohl die Güter »Sicherheit« als auch »Gerechtigkeit« bereitzustellen, unterscheidet sich die Sozialversicherung in vielfältiger Hinsicht von der Individualversicherung. Als **materielle Differenzierungskriterien** kristallisieren sich neben den alternativen Zielen und Funktionsbereichen, denen die beiden Versicherungstypen verschrieben sind, insbesondere unterschiedliche Finanzierungsformen und -regelungen sowie divergierende Leistungsregelungen und in der Folge auch eine unterschiedliche Beziehung zwischen Leistung und Gegenleistung heraus, die einen ersten Hinweis auf die parafiskalische Umverteilung geben. Daneben existieren auch Unterschiede hinsichtlich der einbezogenen Risiken und in bezug auf die Bedeutung des versicherungstechnischen Risikos für den Fortbestand der Versicherung. Ebenso sind das Zustandekommen sowie die Ausgestaltung des konkreten Versicherungsvertrags unterschiedlich geregelt.

Dennoch ist die Sozialversicherung eine Versicherung, die neben ihrem kollektiven Charakter weitere **Gemeinsamkeiten** mit privaten Versicherungslösungen aufweist. Entsprechend ihrer primären Aufgabe, das Gut »Sicherheit« anzubieten, stellt sich das Risikogeschäft als Kernbereich der Sozialversicherung dar. Daneben ist das Globaläquivalenzprinzip für beide Versicherungsformen gleichermaßen uneingeschränkt gültig.

Ad 3: Rechtfertigung der parafiskalischen Zwangsversicherung

Zur Beantwortung der Frage nach der Rechtfertigung der Sozialversicherung wurde in Kapitel III eine Marktversagensanalyse für den privaten Versicherungsmarkt durchgeführt. Diese Untersuchung hat ergeben, daß aufgrund von allokativen Unzulänglichkeiten a-priori-Argumente für staatliche Eingriffe existieren. Gleichzeitig konnte aber gezeigt werden, daß zum einen die Versicherungsunternehmen selbst zahlreiche Instrumente besitzen, mit denen sie die marktlichen Schwächen verringern können, zum anderen der Staat über Strategien mit weitaus geringerer Eingriffsintensität verfügt, so daß **aus allokativer Sicht keine Rechtfertigung** für die parafiskalische Zwangsversicherung besteht. Dieses Ergebnis wird dadurch bekräftigt, daß die Sozialversicherung nicht nur ungeeignet ist, die allokativen Marktmängel zu beseitigen, sondern sogar vielfach der Privatversicherung in allokativer Hinsicht unterlegen ist. Auch aus der weitergehenden Überprüfung privater Versicherungslösungen unter **meritorischen Aspekten** und mit dem spezifischen Argument der **Bestandsunsicherheit** von marktlichen Versicherungen läßt sich **kein Argument für** eine parafiskalische Lösung in Form der **Sozialversicherung** ableiten.

Unter Rückgriff auf die in Kapitel I abgeleiteten distributiven Zielsetzungen konnte jedoch gezeigt werden, daß der private Versicherungsmarkt zwangsläufig an zahlreichen Gerechtigkeitskriterien scheitert, die durch die obligatorische Form der Sozialversicherung grundsätzlich erreichbar sind. Demzufolge erlangt die Sozialversicherung ausschließlich mit dem Hinweis auf ein **distributives Versagen** am privaten Versicherungsmarkt ihre **Existenzberechtigung**.

Ad 4: Umverteilungen durch die Sozialversicherung

Bei integrierter Betrachtung der Finanzierungs- und Leistungsseite des Sozialversicherungssystems ergeben sich vielfältige, systematische Umverteilungseffekte sowohl in intra- als auch intergenerativer Perspektive.

Während sich in der ***GRV*** die **interpersonellen** Redistributionen - insbesondere die Umverteilung von jungen Erwerbstätigen zu Rentnern - im Rahmen einer Längsschnittbetrachtung weitestgehend aufheben, bleiben in den Systemen der ***GKV***, ***SPV*** sowie der ***ALV*** zahlreiche einkommens- und risikospezifische Umverteilungseffekte auch im Lebenszyklus bestehen. Demgegenüber spielen die personenbezogenen Redistributionen in der ***GUV*** eine stark untergeordnete Rolle.

Die Auswertung empirischer Studien zeigt, daß die für die einzelnen Versicherungsbereiche abgeleiteten Redistributionseffekte teilweise in entgegengesetzte Richtungen wirken. Das **Gesamtsystem der Sozialversicherung** bewirkt einen zeitpunktbezogenen einkommensnivellierenden Effekt. Dagegen offenbart sich bei einer Klassifizierung nach alternativen sozioökonomischen Merkmalen der dominierende Effekt des Alterslastenausgleichs. Dieser resultiert vorrangig aus der »intergenerativen« Umverteilung von den Erwerbstätigen- zu den Rentnerhaushalten, die aufgrund der geltenden Beitrags- und Leistungsregelungen sowie der altersabhängigen Risikostruktur vor allem in der ***GRV***, aber auch in den Systemen der ***SPV*** und ***GKV***, zu den zeitpunktbezogenen Umverteilungsgewinnern zählen. Im Vergleich zur ***GRV*** spielt in der ***GKV*** der Familienlastenausgleich ebenfalls eine relativ bedeutende Rolle. Er wird allerdings auch hier größtenteils von der Dominanz des Alterslastenausgleichs überlagert. Die interpersonellen einkommensspezifischen Umverteilungseffekte zu Gunsten unterer und zu Lasten oberer Einkommensgruppen bleiben im System der ***GKV*** in begrenztem Umfang auch im Rahmen einer Längsschnittbetrachtung bestehen, wohingegen in der ***GRV*** sowohl untere als auch obere Einkommensschichten zu den intertemporal Verteilungsbegünstigten zählen.

Die **intergenerative** Betrachtung ergibt, daß alle ab etwa Mitte / Ende 1960 geborenen Generationen angesichts der (prognostizierten) demographischen, wirtschaftlichen und medizinisch-technischen Faktoren zu den »Umverteilungsverlierern« der umlagefinanzierten Systeme der ***GRV***, ***GKV*** und ***SPV*** gehören.

Bei der Ergebnisinterpretation bleibt allerdings zu berücksichtigen, daß die Redistributionseffekte in aller Regel mittels eines Formalinzidenzansatzes ermittelt wurden, der von vereinfachten Annahmen in bezug auf die Verhaltensweisen der Betroffenen ausgeht. Die vorgeschaltete, umfassende **Wirkungsanalyse** auf Basis des für die Untersuchung modifizierten Konzeptes »Neue Analytik der Steuerwirkungen« zeigt jedoch, daß in Abhängigkeit davon, wie alternative Untersuchungsgruppen auf spezifische Sozialversicherungsmaßnahmen reagieren beziehungsweise von den Verhaltensweisen anderer Wirtschaftssubjekte betroffen sind, entscheidende Implikationen für das Umverteilungsergebnis resultieren. Gerade die differenzierte Betrachtung der Beitragsseite macht deutlich, daß sich untere im Vergleich zu oberen Einkommensgruppen relativ schwerer der tatsächlichen Belastung entziehen können, so daß eine Modifikation der Umverteilungsergebnisse zu Lasten unterer Einkommensschichten angebracht ist.

Neben der Konkretisierung zentraler Umverteilungstendenzen gelang es im Rahmen der theoretischen Redistributionsanalyse auch, einen in sich geschlossenen Kriterienkatalog für die **Abgrenzung versicherungsinkonformer Leistungen** zu entwickeln, die zu einer systematischen Redistribution zwischen Versicherten und Dritten beitragen. Mit Hilfe der Klassifikationsmerkmale »Erfüllung des Beitragsäquivalenzprinzips«, »Zugehörigkeit zum klassischen Funktionsbereich der Sozialversicherung«, »Herbeiführung eins sozialversicherungsinternen Ausgleichs« sowie »allokative« beziehungsweise »systemerhaltende Notwendigkeit« konnten die umstrittenen Regelungen der Hinterbliebenenversorgung, der Familienmitversicherung sowie des rentenrechtlichen Kinderlastenausgleichs als versicherungsgemäße und notwendige

Bestandteile der Sozialversicherung identifiziert werden. Dagegen werden die Maßnahmen der aktiven Arbeitsförderung, die ebenfalls über die BA abgewickelt werden, den versicherungsinkonformen Leistungen zugeschrieben. Damit wird ihnen die Legitimation zur sozialversicherungsinternen Beitragsfinanzierung abgesprochen.

Es zeigt sich zudem, daß auch die als »versicherungsgemäß« eingestuften Regelungen mit **fragwürdigen Verteilungswirkungen** verbunden sind. Dieses Ergebnis kristallisiert sich insbesondere in bezug auf den **Kinderleistungsausgleich** innerhalb der *GRV* heraus, indem die Anrechnung von Kindererziehungszeiten nach § 56 SGB VI sowohl intra- als auch intergenerativen Gerechtigkeitsvorstellungen widerspricht.

Ad 5: Beurteilung der redistributiven Komponente
Durch die Bewertungsanalyse in Kapitel VII auf Basis des Indikators der redistributiven Effektivität konnte gezeigt werden, daß **weder das Gesamtsystem der Sozialversicherung noch deren einzelne Zweige** die in Kapitel I abgeleiteten **inter- und intragenerativen Distributionsnormen adäquat erfüllen.**

Ad 6: Einfluß der Globalisierung auf die Umverteilung der Sozialversicherung
Die zunehmende Globalisierung der Wirtschaft verschärft den Wettbewerb zwischen Staaten, die als Anbieter institutioneller Leistungen um mobile Faktoren und Unternehmen konkurrieren. Angesichts ihres Uumfangs kommt der Sozialversicherung eine zentrale Bedeutung als nationaler Wettbewerbsparameter zu. Umgekehrt resultieren aus der zunehmenden Verflechtung nationaler Ökonomien zahlreiche Herausforderungen für die Ausgestaltung der Sozialversicherung, die über die Zukunft des parafiskalischen Systems (mit-)entscheiden. Die Kombination von Exit und Voice ergibt, daß sich im Zuge der Globalisierung die **Interessenlagen und Durchsetzungsmöglichkeiten** der Wirtschaftssubjekte langfristig **zu Gunsten der mobilen Faktoren und Unternehmen verschieben.** Da diese in aller Regel zu den Nettobelasteten der intragenerativen Umverteilung zählen, ist damit eine **»Schwächung« der interpersonellen Redistributionskomponente** verbunden. Des weiteren stößt auch die unmittelbare Kopplung des Versicherungsverhältnisses an den Arbeitsvertrag auf Kritik - speziell von Arbeitgeberseite. Zum anderen sind die relativ mobilen, jungen Erwerbstätigen die Verlierer der intergenerativen Umverteilung, so daß deren **geringe Akzeptanz der umlagefinanzierten Generationenvertragssysteme** ebenfalls an Gewicht gewinnt.

Aus den vielschichtigen Ergebnissen dieser Arbeit läßt sich somit das **Fazit** ziehen,
- daß der Sozialversicherung durch ihre distributive Zielsetzung eine grundsätzliche Existenzberechtigung verliehen wird,
- allerdings der Vergleich zwischen ihren systematischen Umverteilungen und den vorgegebenen Distributionsnormen auf einen mangelnden Zielerreichungsgrad hinweist,
- und die zunehmende Globalisierung sowie der damit einhergehende Wettbewerb der Systeme die Sozialversicherung vor neue Herausforderungen stellt, die eine redistributive Sozialversicherungspolitik sowohl in intra- als auch in intergenerativer Perspektive erschweren.

Abbildung 2 faßt die zentralen Ergebnisse der Untersuchung zusammen.

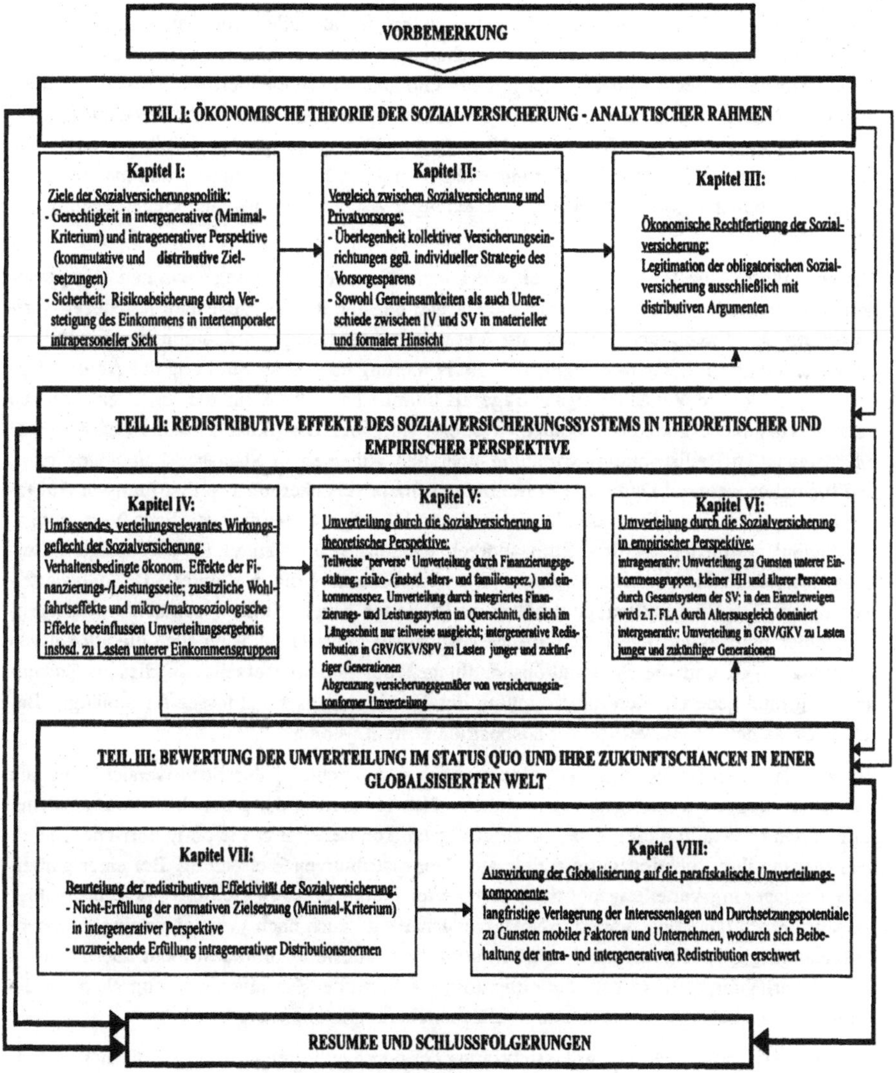

Abbildung 2: Zusammenfassung der Ergebnisse

Quelle: Eigene Darstellung

B. AUSBLICK UND SCHLUßFOLGERUNGEN

Die Ergebniszusammenfassung in Abschnitt A bereitet den Weg für die Ableitung von politikrelevanten Schlußfolgerungen.

Wie in Kapitel VIII verdeutlicht wurde, vergrößert der aktuelle Globalisierungsprozeß die Herausforderungen, denen die nationalen Sicherungssysteme in Zukunft ausgesetzt sind. Auf der anderen Seite deckt sich aber der aus der Globalisierung resultierende Handlungsbedarf mit dem **Reformzwang**, der sich allein **aufgrund ordnungspolitischer Überlegungen** ergibt. In bezug auf die parafiskalische Umverteilungskomponente sind damit vorrangig die grundsätzlichen Fragen der Finanzierungsstruktur und des Finanzierungsverfahrens sowie die damit unmittelbar zusammenhängende Beziehung zwischen Leistung und Gegenleistung angesprochen.

Die ordnungspolitische Notwendigkeit einer institutionellen Trennung zwischen interpersonellem Umverteilungs- und Vorsorgekonzept und der damit einhergehenden **stärkeren Orientierung der Sozialversicherung am Versicherungsprinzip** wird durch die Ergebnisse dieser Arbeit gestützt. Hieraus ergibt sich die Forderung nach einer Stärkung des Äquivalenzprinzips, indem die Versicherungsbeiträge als unmittelbarer Preis für die damit erworbenen Leistungsansprüche konzipiert werden, während Aufgaben der (nicht allokativ begründeten) interpersonellen Redistribution vorrangig über den allgemeinen Staatshaushalt abgewickelt und finanziert werden.[1] Durch die Befreiung der Sozialversicherung von distributiven Aufgaben können zum einen die in den Kapiteln V und VI aufgezeigten fragwürdigen Verteilungswirkungen[2] vermieden werden. Zum anderen werden die in Kapitel IV aufgezeigten Beitragswiderstände der Versicherten reduziert und insbesondere die in Kapitel VIII analysierten Abwanderungen [Zuwanderungen] höher qualifizierter Arbeitnehmer [»schlechter« Risiken] vermieden. Ebenso verringern sich infolge gesunkener Lohnnebenkosten auch die allokativen Fehlsteuerungen und die Substitutionshandlungen der Arbeitgeberseite. In diesem Zusammenhang muß generell auch die Kopplung des Versicherungsverhältnisses für abhängig Beschäftigte an den Arbeitsvertrag zur Disposition gestellt werden.

Zu beachten bleibt allerdings, daß eine verstärkte Ausrichtung der Sozialversicherung am Versicherungsprinzip zwangsläufig nach einer **Neubewertung** der parafiskalischen Absicherung verlangt. Wie in dieser Arbeit gezeigt werden konnte, erlangt die obligatorische Sozialversicherung ihre Rechtfertigung gerade aus ihrer distributiven Zielsetzung. Bei einer gänzlichen Auslagerung verteilungspolitisch motivierter Aufgaben stellt sich die Frage nach ihrer Existenzberechtigung, nachdem die Sozialversicherung - auch nach »versicherungsadäquater« Ausgestaltung - der Privatversicherung in allokativer Hinsicht zumindest nicht überlegen ist. Diese Überlegung stellt sowohl die obligatorische Form der Sozialversicherung als auch die Koexistenz zwischen Individual- und Sozialversicherung in ein neues Licht.

Des weiteren resultiert unter Berücksichtigung der durchgeführten Umverteilungsanalyse speziell die Forderung nach einer **Verminderung der intergenerativen Belastung** für junge

---

1 Ebenso die Forderung von Schmähl (1997a), S. 136 sowie Scherl (1997), S. 93f. Um allerdings die soziale Sicherheit auch für ärmere Personengruppen zu gewährleisten, müßte diesem Aspekt bei der Einkommensumverteilung im Rahmen des Steuer-Transfer-Systems besondere Beachtung zukommen.

2 So zum Beispiel die regressive Wirkungsweise der bis zur Beitragsbemessungsgrenze einkommensproportionalen Beitragsgestaltung sowie die Ungleichbehandlung zwischen Ein- und Zweiverdiener-Haushalten, die lediglich aus der unterschiedlichen Zusammensetzung des Familieneinkommens resultiert.

beziehungsweise zukünftige Geburtsjahrgänge. Da die intergenerative Umverteilung bei der sich abzeichnenden Entwicklung der »Umweltfaktoren« vorrangig aus der Form der Umlagefinanzierung resultiert, steht das **Finanzierungsverfahren** selbst zur Diskussion. Vor allem in bezug auf die prognostizierte demographische Entwicklung steht das derzeitige Umlageverfahren vorrangig im Bereich der *GRV* in Konkurrenz zu einer kapitalgedeckten Finanzierung, mit der einerseits das Problem der intergenerativen Umverteilung gelöst und andererseits eine Beitragsreduktion ermöglicht wird.[3] Zudem korrespondiert die Änderung des Finanzierungsverfahrens mit einer Stärkung des Versicherungsprinzips zu Gunsten einer rein intrapersonellen intertemporalen Einkommensumschichtung.

Anstatt nun aber für alle Sozialversicherungszweige Einzelreformvorschläge zu entwickeln, werden an dieser Stelle ausschließlich die beiden zentralen Problembereiche »versicherungsinkonforme Regelungen[4]« und »reale Beitragsverpflichtung in umlagefinanzierten Generationenvertragssystemen« herausgegriffen.

Im Rahmen der Stärkung des Äquivalenzprinzips und der Senkung von Lohnnebenkosten kommt vor allem dem Bereich der **nicht-versicherungskonformen Regelungen** eine zentrale Bedeutung zu. Sie belasten ohne Legitimation den Faktor Arbeit, stehen einer Orientierung am Versicherungsprinzip entgegen und sind mit fragwürdigen Umverteilungswirkungen verbunden, die schon alleine aus der Tatsache resultieren, daß die Leistungen auch Nicht-Versicherten zugute kommen, die keinen Finanzierungsbeitrag zu entrichten haben. Sobald eine Regelung als »nicht-versicherungsgemäß« identifiziert wird, besteht jedoch keine Rechtfertigung mehr für ihre sozialversicherungsinterne Abwicklung.

Für die Reorganisation dieser Leistungskategorie wird ein **dreistufiges Verfahren** vorgeschlagen, das folgende Handlungsschritte umfaßt:

(1) Entscheidung über den generellen Fortbestand der nicht-versicherungsgemäßen Leistung
(2) Sachgerechte Aufgabenzuordnung
(3) Sachgerechte Finanzierungsgestaltung

Abbildung 3 gibt einen Überblick über die empfohlene Methodik zur sachgerechten Umgestaltung versicherungsinkonformer Leistungen.

---

3 Zu bedenken bleibt allerdings, daß sich auch im Rahmen eines Kapitaldeckungsverfahrens veränderte Rahmenbedingungen bemerkbar machen. Vgl. hierzu exemplarisch Tegtmeier (1997), S. 100f. Besonders schwer wiegt das Problem, das mit einem Übergang zum Kapitaldeckungsverfahren verbunden ist. Bei der Beendigung des Umlageverfahrens erfährt die letzte Beitragszahlergeneration Verluste. Diese hat zwar Beiträge zur Finanzierung der Rentenleistungen der Vorgängergeneration geleistet, erhält selbst im Alter aber vorerst keine Rente, da die im Umlageverfahren erworbenen Rentenansprüche bei einem Übergang zum Kapitaldeckungsverfahren zunächst ohne Finanzierung sind. Zur theoretischen Analyse und der Simulation des Übergangs vom Umlage- zum Kapitaldeckungsverfahren siehe Löschel (1998), S. 48ff.

4 Das Institut der deutschen Wirtschaft beziffert den Umfang an »versicherungsfremden« Leistungen in der Sozialversicherung für das Jahr 1994 auf rund 127 Mrd. DM. Siehe ausführlich Seffen (1996).

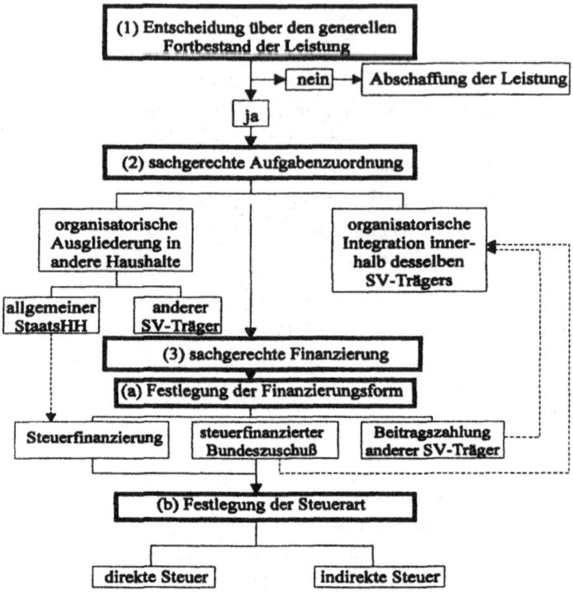

Abbildung 3: Methodik zur sachgerechten Reorganisation versicherungsinkonformer Leistungen

Quelle: Eigene Darstellung

Ad (1): Die Auseinandersetzung mit den versicherungsinkonformen Leistungen muß dafür genutzt werden, die **Leistungen selbst in Frage zu stellen**. Diese Notwendigkeit resultiert auch aus der zunehmenden Globalisierung, in der nicht nur die parafiskalischen Institutionen, sondern auch die allgemeinen Steuer- und Transfersysteme einem internationalen Wettbewerbsdruck ausgesetzt sind. Somit müssen die nicht-versicherungsgemäßen Leistungen einer kritischen Prüfung unterzogen werden, bevor ihre organisatorische und finanzielle Handhabung geregelt wird. Es muß grundlegend darüber entschieden werden, ob und in welchem Umfang die Leistung beibehalten werden soll.

Ad (2): In einem zweiten Schritt muß eine Entscheidung darüber getroffen werden, welcher **Institution** die nicht-versicherungsgemäße Leistung zugeordnet werden soll.[5] Grundsätzlich können versicherungsinkonforme Leistungen entweder weiterhin über den bisherigen Träger abgewickelt oder organisatorisch in den allgemeinen Staatshaushalt ausgegliedert beziehungsweise im Falle »zweigfremder« Leistungen an den zuständigen Sozialversicherungsträger verwiesen werden. Dabei ist der Tatsache Rechnung zu tragen, daß beispielsweise allge-

---

5 Vgl. zu dieser Fragestellung auch Schmähl (1997b), S. 15 in bezug auf die versicherungsinkonformen Leistungen der GRV. Dabei ist die zweckmäßige Aufgabenzuordnung aufgrund der organisatorischen und rechtlichen Trennung der Haushalte, in denen Beiträge und Steuern verwaltet werden, unlösbar mit der Finanzierungsfrage verbunden.

meine Staatsleistungen einer relativ starken politischen Einflußnahme ausgesetzt sind, wohingegen Parafiski eine gewisse Selbständigkeit bei der Leistungsgestaltung genießen.[6]

Ad (3): An die Neuordnung der institutionellen Zuständigkeit schließt sich automatisch eine **Anpassung der Finanzierungsstruktur** an. Eine Beitragsfinanzierung versicherungsinkonformer Leistungen wird durch die finanztheoretische Prämisse einer Entsprechung zwischen Aufgabenzweck und Finanzierungsart nicht legitimiert. Faktisch besteht allerdings nur für diejenigen Leistungen ein Umfinanzierungsbedarf, die nicht bereits durch sonstige - in der Regel steuerfinanzierte - Einnahmen der Sozialversicherungsträger gedeckt sind. Dabei resultiert die **Wahl der Finanzierungsform** meist unmittelbar aus der Entscheidung bezüglich ihrer organisatorischen Abwicklung. Die Kosten für »zweigfremde« Leistungen, die im Zuständigkeitsbereich des originären Trägers verbleiben, muß der verantwortliche Träger aus seinen Einnahmen erstatten, während in den Staatshaushalt ausgelagerte Leistungen ebenso über Steuern zu finanzieren sind, wie »allgemeine Staatsaufgaben«, die weiterhin durch Sozialversicherungsträger abgewickelt werden. Gundsätzlich kann die **Steuerfinanzierung** nichtversicherungsgemäßer Leistungen durch eine entsprechende Erhöhung direkter oder indirekter Steuern bewerkstelligt werden.[7] Neben der Refinanzierung im Zuge einer ökologischen Steuerreform kommen insbesondere auch die Erhöhungen von Mehrwert- oder Einkommensteuer in Betracht.[8] Um den Nettoeffekt der Umfinanzierungslösung zu ermitteln, muß den damit verbundenen distributiven und allokativen Effekten angemessen Rechnung getragen werden, indem der aufkommensneutralen Steuererhöhung die Entlastungen gegenübergestellt werden, die sich durch die entsprechende Senkung der Sozialversicherungsbeiträge ergeben.[9]

Nachdem auf Basis dieses dreistufigen Verfahrens ein Weg zur Reorganisation versicherungsinkonformer Leistungen aufgezeigt worden ist, wird noch abschließend auf den zweiten zentralen Problembereich des **Familienleistungsausgleichs im Rahmen der *GRV*** eingegangen. Angesichts der prognostizierten demographischen Entwicklung stellt sich die Neuregelung des Generationenkonzeptes als notwendige Voraussetzung für den Fortbestand der umlagefinanzierten Alterssicherung dar.

---

6 So hat etwa die BA einen Spielraum hinsichtlich Umfang und Ausgestaltung der aktiven arbeitsmarktpolitischen Maßnahmen, während bei einer Integration dieser versicherungsinkonformen Leistungskategorie in den allgemeinen, öffentlichen Haushalt mit einem materiellen Wandel zu Lasten der aktiven Arbeitsförderung zu rechnen ist. So auch die Argumentation bei Schmid, Rosenbaum (1995), S. 223.

7 Zur Abgrenzung zwischen direkten und indirekten Steuern kritisch Musgrave, Musgrave, Kullmer (1993), S. 8.

8 Der Weg einer Umfinanzierung mittels den Mehreinnahmen aus einer Umsatzsteuererhöhung wurde auch in der GRV beschritten. Vgl. hierzu § 213 Abs. 3 SGB VI. Eine kompensierende Mehrwertsteuererhöhung läßt sich gerade bei fortschreitender europäischer Integration als Anpassung an den höheren europäischen Vergleichsstandard rechtfertigen. Zudem erweisen sich Anhebungen allgemeiner Verbrauchsteuern aufgrund ihrer breiteren Streuung als konsensfähiger und belasten nicht einseitig den Faktor Arbeit. Auf der anderen Seite sind sie jedoch durch einen regressiven Tarifverlauf gekennzeichnet. Dagegen würde eine einseitige Einkommensteuererhöhung im Zuge des globalisierungsbedingten Steuerwettbewerbs zu einem excess burden führen.

9 Vgl. hierzu auch die Ergebnisse der Inzidenzanalyse von Sesselmeier (1999) zur aufkommensneutralen Umfinanzierung nicht-versicherungskonformer Leistungen mittels Einkommen- sowie Mehrwertsteuererhöhungen.

Die Ausführungen in Kapitel V haben gezeigt, daß die Regelung zur Anrechnung von Kindererziehungszeiten mit fragwürdigen inter- und intragenerativen Verteilungswirkungen verbunden ist. Die Kompensationsvorschrift nach § 56 SGB VI ist darüber hinaus nicht in der Lage, einen adäquaten Ausgleich für die gesamten Kinderkosten - inklusive investiver Aufwendungen für die Ausbildung von Kindern - der aufziehenden Elterngeneration zu ermöglichen.

Da bereits zahlreiche Reformvorschläge für diesen Problembereich existieren, die allerdings bisher nicht das notwendige (politische) Gehör gefunden haben, sollen an dieser Stelle diejenigen – als adäquat erachteten - Lösungsmodelle ins Gedächtnis gerufen werden, die an das ***Schreiber*-Modell**[10] anknüpfen.[11] Ihnen liegt die gemeinsame Vorstellung zugrunde, eine am Leitbild des »vollständigen Generationenvertrages« orientierte umlagefinanzierte Alterssicherung zu schaffen, in der die Renten stärker von der eigenen Kinderzahl und den für die Kinder getätigten Investitionsaufwendungen abhängen. Für die nachfolgende Generation stellen sich die in Anspruch genommenen Vorleistungen der älteren Generation als Darlehensverpflichtung dar, die sie in Form von Beitragszahlungen, die nach dem individuellen Erwerbseinkommen und dem empfangenen Leistungsanteil differenziert werden, für die Alterssicherung der Elterngeneration tilgen müssen. Demgegenüber erweisen sich für die ältere Generation die Rentenleistungen als Erträge aus ihren investiven Aufwendungen zu Gunsten nachfolgender Generationen. Indem auch Kinderlose in das System einbezogen werden, denen in dem Maße, wie sie sich an der Finanzierung der investiven Aufwendungen für die nachfolgende Generation beteiligen, ein Anspruch auf eine Altersrente erwächst, der durch das gebildete Humankapital gedeckt ist, basiert die Alterssicherung auf einer breiten Basis, bei der sich letztlich alle Angehörigen der aktiven Generation an den laufenden Humanvermögensinvestitionen beteiligen.

Durch eine derartige Rekonstruktion des Generationenvertrags gelingt es, die konzeptionellen Mängel des derzeitigen Systems weitestgehend zu korrigieren und ein Mehr an inter- und intragenerativer Gerechtigkeit zu erreichen.

Mit der Ableitung dieser zentralen politischen Schlußfolgerungen ist die eingangs gesteckte Zielsetzung, die Ergebnisse dieser Arbeit in praxisrelevante Schlußfolgerungen münden zu lassen, erfüllt. Damit sind alle in der Vorbemerkung formulierten Fragestellungen beantwortet, so daß diese Arbeit mit folgendem Zitat abgeschlossen werden kann:

„L'Etat: c'est la grande fiction,
à travers laquelle tout le monde s'efforce de vivre de tout le monde."

E. Bastiat (1850).[12]

---

[10] Siehe insbesondere Schreiber (1955), ders. (1964) und ders. (1966).

[11] So beispielsweise die von Lüdeke (1995) und Werding (1998), insbsd. S. 473ff. erarbeiteten Reformkonzepte.

[12] Abgedruckt in Blankart (1998), S. 509.

ANHANG

Übersicht über die empirischen Querschnittstudien zur GKV

	Sozial-versicherungs-zweig	Arten der Umverteilung	Untersuchungs-einheit	Unter-suchungs-zeitraum	Daten-grundlage	Untersuchungsmethode	Zentrale Umverteilungswirkungen
Andel (1975)	GKV	interpersonell (Individualbetrachtung)	3 spezifische Fallgruppen nach Alter: (1): alleinstehendes männl. erwerbstätiges MG. (2): erwerbstätiges männl. MG, das mit 25J. nicht-berufstätige 15-jährige heiratet, die im gl. Lebensjahr das erste und mit 25J. das zweite Kind bekommt. Beide Kinder sind männl. und bleiben bis 20J. mitversichert. (3): wie (2), nur daß Ehefrau berufstätig ist.	1971	<u>Hauptdatenquelle</u>: Kostenprofile des Verbandes der Privaten Krankenversicherer	formale differentielle Einnahmeinzidenz <u>Referenzsystem</u>: fiktives, nach Äquivalenzprinzip ausgestaltetes System: Gegenüberstellung von tatsächlichen einkommensabhängigen Beiträgen und risikoproportionalen Beiträgen	↓ Belastung [↑ Begünstigung] mit ↑ Alter. Bei gleichem Alter sind Angehörige von (2) gegenüber (1) relativ stärker begünstigt [weniger belastet]. Bei gleichem Alter sind Angehörige von (2) gegenüber (3) relativ stärker begünstigt [weniger belastet]. Jüngere Altersgruppen von (3) sind gegenüber denselben Altersgruppen in (1) stärker begünstigt [weniger belastet], während für ältere Altersgruppen der Effekt nicht eindeutig ist.
Ott (1981)	GKV	interpersonell (Gruppenbetrachtung; aggregierte Umverteilung auf gesamtgesellschaftlicher Ebene)	Haushalte nach Größe und Struktur, Alter, Geschlecht, Einkommen	1970-1976 (Jahre 1970, 1973, 1976)	<u>Hauptdatenquelle</u>: Kostenprofile des Verbandes der Privaten Krankenversicherer	formale differentielle Einnahmeinzidenz <u>Referenzsystem</u>: fiktives, nach Äquivalenzprinzip ausgestaltetes System: Gegenüberstellung von tatsächlichen einkommensabhängigen Beiträgen und risikoproportionalen Beiträgen	<u>alters-/familienspezifische Umverteilung:</u> ↑ Begünstigung [↓ Belastung] mit ↑ Familiengröße. Deutliche Niveauunterschiede zwischen Ein- und Zweiverdiener-HH bei gleichem Familientyp zu Lasten der Zweiverdiener-HH. ↑ Begünstigung [↓ Belastung] mit ↑ Alter.

							<u>einkommensspezifische Umverteilung</u>: ↑ Begünstigung [↓ Belastung] mit ↓ Einkommen. Umverteilung wird durch BBG begrenzt. Regressiver Effekt der BBG für darüber liegende Einkommen. Belastungsunterschiede für über der BBG liegende Einkommen zwischen Ein- und Zweiverdiener-HH zu Lasten der Zweiverdiener-HH.
Becker (1985a)	GKV	interpersonell (Gruppenbetrachtung)	Haushalte nach Größe, Struktur, Geschlecht, Einkommen, soziale Stellung des Haushaltsvorstandes	1981	<u>Hauptdatenquellen</u>: prozeßproduzierte Kostenprofile der AOK Ingolstadt; Individualdaten der Transferumfrage (1981)	formale differentielle Einnahmeinzidenz <u>Referenzsystem</u>: fiktives, nach Äquivalenzprinzip ausgestaltetes System: Gegenüberstellung von tatsächlichen einkommensabhängigen Beiträgen und risikoproportionalen Beiträgen	<u>einkommensspezifische Umverteilung</u>: Umverteilung zu Gunsten von unteren EKschichten <u>horizontale Einkommensumverteilung</u>: Altersstruktureffekt überlagert FLA. Begünstigung für Ehepaare o. Kinder ggü. Alleinstehenden und Ehepaaren mit bis zu zwei Kindern. Begünstigung für alleinstehende Frauen ggü. alleinstehenden Männern und in unteren EKschichten auch ggü. Ehepaaren mit 1 Kind. Bei altersunabhg. Referenzbeiträgen erhöht sich Bedeutung des FLA. <u>Umverteilung zwischen verschiedenen soz. Stellungen des HH-Vorstandes:</u> Positive Redistribution zu Gunsten der Nichterwerbstätigen-HH zu Lasten der Erwerbstätigen-HH mit Ausnahme der Einverdiener-Arbeiter-HH.

Henke/ Behrens (1989)	GKV	interpersonell (Gruppenbetrachtung; aggregierte Umverteilung auf gesamtgesellschaftlicher Ebene)	Haushalte nach Größe und Struktur, Alter, Geschlecht, Versichertenstatus	1981	Hauptdatenquellen: prozeßproduzierte Kostenprofile der AOK Lindau	formale differentielle Einnahmeinzidenz Referenzsystem: fiktives, nach Äquivalenzprinzip ausgestaltetes System: Gegenüberstellung von tatsächlichen einkommensabhängigen Beiträgen und risikoproportionalen Beiträgen	Umverteilung nach Versichertenstatus: ↑Begünstigung [↓ Belastung] von Pflichtversicherten im Vergleich zu freiwillig Versicherten. alters-/familienspezifische Umverteilung: ↑ Begünstigung [↓ Belastung] mit ↑ Familiengröße. ↑Begünstigung [↓ Belastung] mit ↑Alter. Niveauunterschiede in den Belastungen zwischen Ein-und Zweiverdiener-HH mit gleicher Kinderzahl zu Lasten der Zweiverdiener-HH. Ältere kinderlose HH sind besser gestellt als jüngere HH mit Kindern.
Wenzel (1999)	GKV/ (PKV)	interpersonell (Gesamtbetrachtung)	Haushalte nach Einkommen, Größe und Struktur und Alter	1993	Hauptdatenquellen: EVS (1993); RSA-Ausgabenprofile	formale differentielle Einnahmeinzidenz Mikrosimulationsmodell Referenzsysteme (1) fiktives, nach Äquivalenzprinzip ausgestaltetes System: Gegenüberstellung von tatsächlichen einkommensabhängigen Beiträgen und risikoproportionalen Beiträg (2) fiktives verteilungsneutrales Referenzsystem, das sich bei verteilungsneutraler Beitragserhebung rein	alters-/familien- und einkommensspezifische Umverteilung: (1) ↑Begünstigung [↓ Belastung] mit ↑Alter. ↑ Begünstigung [↓ Belastung] mit ↓ Einkommen. ↑Begünstigung [↓ Belastung] mit ↑ Kinderzahl für Familien mit Kindern. Kinderlose Einverdienerpaare sind allerdings besser gestellt als Einverdienerpaare bis zu 3 Kindern. Kinderlose Zweiverdienerpaare sind besser gestellt als alle Zweiverdiener-Paare mit Kindern. Niveauunterschiede zwischen Ein- und Zweiverdiener-HH mit gleicher Kinderzahl zu Lasten der Zweiverdiener-HH.

						proportional zum Gesamteinkommen im Ausgangszustand ergibt	(2) Änderungsgrad (ÄG)* sinkt mit ↑ Einkommen unterhalb der BBG leicht. Anstieg des ÄG mit ↑ Einkommen oberhalb der BBG wegen regressiven Effekt der BBG für darüber liegende Einkommen. ÄG steigt mit ↑Alter bis zu einem Alter von 60-70 Jahren und sinkt danach ab. Bei Alleinstehenden steigen ÄG mit ↑ Kinderzahl. Bei Einverdiener-HH steigen ÄG leicht mit ↑ Kinderzahl. Bei Zweiverdiener-HH sinkt ÄG zwischen kinderlosen Paaren und Paaren mit einem Kind und steigt danach wieder an. Hohe positive ÄG weisen Alleinstehende und Einverdienerpaare auf.

Tabelle A-1:Übersicht über die empirischen Querschnittstudien zur GKV

Legende:

* Änderungsgrad (ÄG) zeigt die Veränderung der relativen Einkommenspositionen einzelner Versichertengruppen im Vergleich zur Ausgangsverteilung an und ist definiert als absolute Änderung der Einkommensverteilung im Verhältnis zum Einkommen nach GKV-Zahlung.

Quelle: Eigene Darstellung

Übersicht über die empirischen Längsschnittstudien zur GKV

	Sozial-versiche-rungs-zweig	Arten der Umver-teilung	Untersuchungs-einheit	Unter-suchungs-zeitraum	Daten-grundlage	Untersuchungsmethode	Zentrale Umverteilungswirkungen
Ott (1981)	GKV	intertemporal interpersonell	Haushalte nach Größe und Struktur, Alter, Geschlecht, Einkommen	Basisdaten: Querschnittwerte von 1970, 1976	Hauptdatenquelle: Kostenprofile des Verbandes der Privaten Krankenversicherer	Formale differentielle Einnahmeinzidenz Referenzsystem: fiktives, nach Äquivalenzprinzip ausgestaltetes System: Gegenüberstellung von tatsächlichen einkommensabhängigen Beiträgen und risikoproportionalen Beiträgen	familienspezifische Umverteilung: Abmilderung der familienspezifischen Umverteilung im Falle eines durchschnittl. Lebenslaufes. Es ergibt sich ↑ Begünstigung [↓ Belastung] mit ↑ Kinderzahl. Niveauunterschiede in den Belastungen / Begünstigungen zwischen Ein- und Zweiverdiener-HH bei gleicher Familienstruktur zu Lasten der Zweiverdiener-HH. Kinderlose Alleinstehende (insbsd. männl.) sowie kinderlose Zweiverdiener-HH sind nettobelastet. einkommensspezifische Umverteilung: Umverteilungsprozesse bewegen sich auf geringem Niveau mit Ausnahme der hohen Begünstigungen sehr niedriger Einkommensgruppen.
Schulenburg/ Kleindorfer (1986)	GKV	intergenerativ	Geburtsjahrgänge	1900-2179	Hauptdatenquellen: offizielle Bevölkerungsstatistiken des Statist. RA/BA; Bevölkerungsmodell 1C des	formale differentielle Einnahmeinzidenz Referenzsystem: fiktives, nach Äquivalenzprinzip ausgestaltetes System: Gegenüberstellung von tatsächlichen einkommensabhängigen Beiträgen und risiko-	Begünstigte: Geburtsjahrgänge bis Ende der 70er Jahre. Belastete: Geburtsjahrgänge nach Ende der 70er Jahre. ↑ Belastungen [↓ Begünstigungen] bei Berücksichtigung der Kostenentwicklung im Gesundheitswesen. ↑ Belastungen [↓ Begünstigungen]

					Statist. BA weiterhin keine genaueren Angaben	proportionalen Beiträgen Simulationsrechnung auf Basis eines erweiterten Lebenszyklusmodells überlappender Generationen	bei ↑ Zeitpräferenzrate.
Meier-jürgen (1989)	GKV	**Längsschnitt-Betrachtung**: intertemporal interpersonell **querschnitt-bezogene Zeitverlaufsbetrachtung**: intergenerativ	**intertemporal**: Pflichtversicherte nach Altersjahrgang, Geschlecht sowie Modellfamilie in den Kohorten 1916 und 1921 als Zweiverdiener- Familien o. Kinder und Einverdiener-Familien mit bis zu 2 Kindern **intergenerativ**: »Generationen« der unter 20jährigen / 20-60jährigen / über 60jährigen	**inter-temporal**: MV(1): erwerbszyklusbezogene Modellrechnung für die Altersjahrgänge 1916-1921 im Untersuchungszeitraum 1950-1981 MV(2): lebenszyklusbezogene Modellrechnung für die Altersjahrgänge 1916 -1921 bei (a) einheitl. LE von 75J bzw. (b) durchschn. kohortenspez. LE nach Geschlecht	**Hauptdatenquellen**: querschnittbezogene prozeßproduzierte Kostenprofile der AOK Ingolstadt; prozeßproduzierte Längsschnittdaten der GRV	formale differentielle Einnahmeinzidenz formale differentielle Einnahmeinzidenz **Referenzsystem**: fiktives, nach Äquivalenzprinzip ausgestaltetes System: Gegenüberstellung von tatsächlichen einkommensabhängigen Beiträgen und risikoproportionalen Beiträgen im Lebenszyklus Querschnittbezogenes Simulationsmodell zur Quantifizierung der intergenerativen Effekte mit versch. MV der Einnahmen- und Ausgabenentwicklung	**intertemporale Umverteilungseffekte**: **personenspez. Effekte**: MV(1): LBR ist für Angeh. jüngerer Kohorten ungünstiger im Vgl. zu älteren Kohorten. Weibl. KohortenMG sind stets ggü. männl. KohortenMG begünstigt. MV(2a): ↑Niveau der LBR als in (1). Alle Alterskohorten weisen (mit Ausnahme bei einem Diskontsatz von 8%) eine LBR>1 auf, wobei in allen Altersjahrgängen die LBR der Frauen die der Männer übersteigt. MV(2b): ↑ Begünstigung von Frauen im Vergleich zu MV(2a). **familienspez. Effekte**: MV(1): Einverdiener-Familien aller Altersjahrgänge haben LBR>1, wobei ↑ LBR mit ↑Kinderzahl. Kinderlose Zweiverdiener-Familien weisen niedrigere LBR als kinderlose Einverdiener-Familien auf

				inter-generativ: Zeitverlaufsbetrachtung für 1984-2030			MV(2a): ↑Niveau der LBR. Alle Modellfamilien aller Altersjahrgänge haben LBR>1, wobei LBR von kinderlosen Einverdiener-Familien die LBR von kinderlosen Zweiverdiener-Familien übersteigen. Bei Einverdiener-Familien steigt LBR (mit Ausnahme von einem unterstellten Diskontsatz von 8%) mit ↑ Kinderzahl leicht an. »intergenerative« Umverteilungseffekte (Zeitverlaufsbetrachtung): ↑ Belastungen der 20-60jährigen im Zeitverlauf bei ↑ Begünstigungen der über 60jährigen.
Henke/ Behrens (1989)	GKV	intertemporal interpersonell	Längsschnitt: Haushalte nach Größe und Struktur, Geschlecht, die im Jahr 1981 in der GKV versichert sind	1906-2056 Quasi-Dynamisierung der Querschnittdaten (1981)	Hauptdatenquellen: prozeßproduzierte Kostenprofile der AOK Lindau	formale differentielle Einnahmeinzidenz Referenzsystem: fiktives, nach Äquivalenzprinzip ausgestaltetes System: Gegenüberstellung von tatsächlichen einkommensabhängigen Beiträgen und risikoproportionalen Beiträgen	V(1): keine Berücksichtigung der familientypabhg. Einkommensunterschiede: Belastete: männl. Alleinstehende, Zweiverdiener-HH bei ↓ Belastung mit ↑ Kinderzahl. Begünstigte: Einverdiener-HH bei ↑ Begünstigung mit ↑ Kinderzahl. V(2): Berücksichtigung der famlientypabhg. Einkommensunterschiede: ↓ Begünstigung für Einverdiener-HH und ↓ Belastung für Zweiverdiener-HH mit Kindern.
Behrens (1991)	GKV	intertemporal interpersonell sowie intergenerativ	Haushalte nach Größe und Struktur, Geschlecht und Geburtsjahrgang	1925-2030	Hauptdatenquellen: querschnittbezogene prozeßproduzierte Kostenprofile der AOK	fomale differentielle Einnahmeinzidenz im Rahmen des modifzierten Modells von Schulenburg/ Kleindorfer mit 2 MV zur Entwicklung des Erwerbsverhaltens	Intrakohortenumverteilung: höchste Verteilungsbelastung erfahren männl. Alleinstehende, gefolgt von Zweiverdiener-HH, wobei ↓ Belastung [↑ Begünstigung] mit ↑ Kinderzahl. Ausschließlich verteilungsbegünstigt sind weibl. Alleinstehende und Einverdiener-HH, wobei ↑ Be-

					Lindau; prozeßproduzierte Längsschnittdaten der GRV; offizielle Bevölkerungsstatistiken des Statist. RA/BA; Bevölkerungsmodell 1D des Statist. BA	Referenzsystem: fiktives, nach Äquivalenzprinzip ausgestaltetes System: Gegenüberstellung von tatsächlichen einkommensabhängigen Beiträgen und risikoproportionalen Beiträgen	günstigung mit ↑ Kinderzahl. Kinderlose Einverdiener-HH und alleinstehende Frauen sind gegenüber Zweiverdiener-HH – unabhängig von deren Kinderzahl – besser gestellt. Interkohortenumverteilung: I.R.d. jeweils abgegrenzten Untersuchungseinheiten ergeben sich für die Geburtsjahrgänge 1915-1950 kaum Interkohortenumverteilungen. Geburtsjahrgänge ab 1950 erfahren Verbesserung ihrer Verteilungsposition, während sich für Geburtsjahrgänge ab 1960/65 Verteilungsposition erheblich verschlechtert.

Tabelle A-2: Übersicht über die empirischen Längsschnittstudien zur GKV

Quelle: Eigene Darstellung

Übersicht über die empirischen Studien zur ALV							
	Sozialversicherungszweig	**Arten der Umverteilung**	**Untersuchungseinheit**	**Untersuchungszeitraum**	**Datengrundlage**	**Untersuchungsmethode**	**Zentrale Umverteilungswirkungen**
Mavromaras/ Rudolph (1998)	ALV	Dekadenbezogene Querschnitt-Betrachtung: interpersonell (globale Umverteilungseffekte (Mismatch))	Arbeitslosengruppen nach Altersstruktur, Wirtschaftszweig, Betriebsgrößenklasse	1980-1989	IAB-Beschäftigtenstichprobe	absolute und relative Bilanzierung von Beiträgen und Lohnersatzleistungen; Berechnung des Mismatchindikators	dauerhafte Umverteilungseffekte: -zu Gunsten von älteren Arbeitslosen zu Lasten von mittleren Jahrgängen. -zu Gunsten von Arbeitslosen aus kleineren/ mittleren Betrieben zu Lasten von Angehörigen von Großbetrieben. -zu Gunsten von Arbeitslosen aus saisonabhg. Wirtschaftszweigen zu Lasten von Angehörigen von Betrieben mit gleichmäßiger Auslastung. temporäre Umverteilungseffekte: -zu Gunsten von jungen Arbeitslosen Anfang der 80-er Jahre. -zu Gunsten von Arbeitslosen aus konjunkturell / strukturell geschwächten Wirtschaftszweigen.

Tabelle A-3: Übersicht über die empirischen Studien zur ALV

Quelle: Eigene Darstellung

Übersicht über die empirischen Querschnittstudien zur GRV							
	Sozialversicherungszweig	**Arten der Umverteilung**	**Untersuchungseinheit**	**Untersuchungszeitraum**	**Datengrundlage**	**Untersuchungsmethode**	**Zentrale Umverteilungswirkungen**
Pfeiffer (1989)	GRV (ArV, AnV)	Querschnittbetrachtung: interpersonell sowie »intergenerativ«: Umverteilung zwischen Erwerbstätigen- und Nichterwerbstätigenhaushalten	Haushalte nach Einkommen, sozialer Stellung des Haushaltsvorstandes, Alter des Haushaltsvorstandes sowie Haushaltsgröße	1983	Hauptdatenquellen: Mikrodaten der EVS (1983); Makrodaten der VGR, des Sozialbudgets und des Finanzberichts	formale Budgetinzidenz	Begünstigte: Haushalte bis zu einem HNE von 3.000 DM; Haushalte mit einem über 55jährigen Haushaltsvorstand; Nichterwerbstätigen-HH sowie Ein- und Zweipersonen-HH. Belastete: Haushalte mit einem HNE über 3.000 DM; alle Erwerbstätigen-HH inklusive Arbeitslosen-HH; Haushalte mit einem unter 55jährigen Haushaltsvorstand sowie Haushalte mit 3 oder mehr Personen.

Tabelle A-4: Übersicht über die empirischen Querschnittstudien zur GRV

Quelle: Eigene Darstellung

Übersicht über die empirischen Längsschnittstudien zur GRV							
	Sozialversicherungszweig	**Arten der Umverteilung**	**Untersuchungseinheit**	**Untersuchungszeitraum**	**Datengrundlage**	**Untersuchungsmethode**	**Zentrale Umverteilungswirkungen**
Wagner (1984)	GRV (ArV, AnV)	Intertemporal interpersonell sowie intergenerativ	intertemporal interpersonell: (personen-) und ehepaarbezogene Betrachtung nach 21 sozioökonomischen Typen intergenerativ: personenbezogene Betrachtung nach Geschlecht, Familienstand der Kohorten-MG	1980 als Ausgangspunkt der Status-quo-Simulation	Ausgangsdatenquellen: Wagner (1984), S. 131f.	formale differentielle Budgetinzidenz Referenzsystem: fiktives »versicherungsgerechtes« Alterssicherungssystem ohne Umverteilungselemente zukunftsbezogene Analyse in Form einer Status-quo-Modellrechnung mit Hilfe eines Längsschnittmikrosimulationsmodells Indikator der intertemporalen interpersonellen Umverteilung: strukturelle Beitragsäquivalenz (strukturelle ersicherungstechnische Äquivalenz sowie sozial relevante strukturelle Beitragsäquivalenz) Indikator der intergenerativen Durchhaltbarkeit: globale Beitragsäquivalenzziffer.	intertemporale interpersonelle Umverteilung für die simulierte Kohorte: Geringer Nettoredistributionseffekt, da sich viele Einzelregelungen gegenseitig kompensieren. Vom Rentenzugangsalter gehen die größten Umverteilungseffekte zu Gunsten von früherem Rentenzugangsalter aus. Geringe Umverteilungseffekte durch Hinterbliebenenrenten. Umverteilung zu Gunsten von Ledigen (insbsd. Frauen) und Umverteilung zu Gunsten der niedrigen und hohen Einkommensgruppen. Begünstigung lebenslanger Erwerbstätigkeit ggü. unterbrochener Erwerbstätigkeit → Benachteiligung von Kindererziehung. intergenerative Durchhaltbarkeit der GRV für die simulierte Kohorte: simulierte Kohorte erhält circa 30% mehr Renten als sie Beiträge gezahlt hat, so daß die GRV für eine Kohorte bei unterstellten wirtschaftl. Verhältnissen bzw. individuellen Verhaltensweisen defizitär angelegt ist, und das System nur bei wachsender Bevölkerung intergenerativ durchhaltbar ist.

Schulenburg (1989b)	GRV	intergenerativ	Geburtsjahrgänge	1900-2179	<u>Hauptdatenquellen</u>: Bevölkerungsstatistiken des Statist. RA/BA; Bevölkerungsmodell 1C des Statist. BA weiterhin keine genaueren Angaben	formale differentielle Einnahmeinzidenz <u>Referenzsystem</u>: fiktives, nach Äquivalenzprinzip ausgestaltetes System: Gegenüberstellung von tatsächlichen einkommensabhängigen Beiträgen und risikoproportionalen Beiträgen Simulationsrechnung auf Basis eines erweiterten Lebenszyklusmodells überlappender Generationen	<u>Begünstigte</u>: Geburtsjahrgänge bis Ende der 60er Jahre. <u>Belastete</u>: Geburtsjahrgänge nach Ende der 60er Jahre.
Boll (1994)	GRV	intergenerativ	Generationen	1909-2200 Basisjahr: 1989	Bevölkerungsstatistiken des Statist. RA/BA; Bevölkerungsmodell des Statist. BA	Lebenszyklusmodell überlappender Generationen: Generational Accounting-Ansatz Berechnung der intergenerativen Verteilungswirkungen für vier alternative Politikmaßnahmen: (1): konstanter Beitragssatz für lebende Generationen (2): endogener Beitragssatz mit periodischem Budgetausgleich (3): Regelungen des RRG 1992 (4): Abschnittdeckungsverfahren	<u>intergenerative Umverteilung zwischen neugeborenen und zukünftigen Generationen</u>: Weder für neugeborene noch für zukünftige Generationen ist Mitgliedschaft in GRV lohnend wegen eines Generational Accounts > 0. Szenario (1) führt zu einer enormen relativen Schlechterstellung zukünftiger Generationen, während Szenario (2) und (3) eine relative Besserstellung zukünftiger Generationen im Vergleich zu den neugeborenen Generationen bewirken, wobei die relative Besserstellung in (2) ausgeprägter als in (1) ist. Szenario (4) führt zu einer intergenerationalen Gleichverteilung der Lasten.

						<u>Annahme</u>: konstanter Realzinssatz $r = 0{,}04$ sowie konstante Lohnwachstumsrate $g = 0{,}015$.	Eine Sensitivitätsanalyse bezüglich r und g zeigt, daß sich durch die Parametervariationen nichts an den grundlegenden Ergebnissen ändert.
Eitenmüller (1996)	GRV (AnV, ArV) keine Berücksichtigung von Witwer- und Waisenrenten	»intergenerativ«	männl., verheirateter Eckrentner sowie weitere Standardfälle verschiedener Renteneintrittsjahre	Renteneintritte 2000-2060	<u>Hauptdatenquelle:</u> Prognos-Gutachten (1995) (oberes Szenario)	Berechnung der nominalen Rendite nach Barwertmethode als internen Zinsfuß einer Reihe von Ein- und Auszahlungen	<u>Entwicklung der Gesamtrendite für Eckrentner in Abhängigkeit vom Renteneintritt:</u> ↓ nominale Gesamtrendite im Zeitablauf (2000: 6,5%; 2025: 5,7%; 2060: 4,4%) <u>Entwicklung der Gesamtrendite für Standardfälle in Abhängigkeit von der Anzahl der Beitragsjahre</u>: Höhe der Gesamtrendite ist nicht in erster Linie von der Anzahl der Beitragsjahre, sondern von Beitragsdynamik und Dynamik der Rentenzahlungen abhängig. <u>Entwicklung der Gesamtrendite für Standardfälle in Abhängigkeit von der Rentenbezugsdauer:</u> ↑ Gesamtrendite mit ↑ Rentenbezugsdauer.
Glismann/ Horn (1997)	GRV (AnV, ArV)	»intergenerativ«	männl. Eckrentner nach Familienstand sowie Durchschnittsrentner nach Geschlecht, Familienstand verschiedener Renteneintrittsjahre	Renteneintritte 1975/ 1995/ 2015/ 2040	<u>Hauptdatenquelle</u>: Prognos-Gutachten (1995) (oberes Szenario)	Berechnung der realen Rendite nach Barwertmethode als internen Zinsfuß zweier Reihen von Ein- und Auszahlungen	<u>Renteneintritt 1975/1995</u>: positive reale Gesamtrendite (1975: 5,1% - 7,3% bzw. 1995: 1,7% - 3,8%) für alle Rentnerarten. <u>Renteneintritt 2015</u>: positive reale Gesamtrendite für alle Rentnerarten mit Ausnahme der männl., ledigen Eck- und Durchschnittsrentner. <u>Renteneintritt 2040</u>: negative reale Geamtrendite für alle Rentnerarten (-0,4% -2,3%).

							In allen Untersuchungsperioden erhält die Durchschnittsrentnerin eine höhere Gesamtrendite als der Durchschnittsrentner und (mit Ausnahme 1975) der Eckrentner eine höhere Gesamtrendite als der Durchschnittsrentner. In allen Untersuchungsperioden erhalten verheiratete Rentner eine höhere Gesamtrendite als ledige Rentner der gleichen Kategorie, während ledige und verheiratete Durchschnittsrentnerin die gleiche Gesamtrendite erhalten.
Ohsmann/ Stolz (1997)	GRV (AnV, ArV) ausschließliche Berücksichtigung der reinen Altersabsicherung	»intergenerativ«	Eckrentner nach Gechlecht, Familienstand, Renteneintrittsalter sowie Rentner nach Geschlecht, Familienstand mit typ. Erwerbsverläufen verschiedener Renteneintrittsjahre	Renteneintritte 1997/ 2010	Hauptdatenquelle: Prognos-Gutachten (1995)	Berechnung der nominalen Rendite nach Barwertmethode als internen Zinsfuß zweier Reihen von Ein- und Auszahlungen	Renteneintritt 1997: positive nominale Rendite (5,26% - 7,01%) für alle Typen von Eckrentnern. Höhe der Rendite variiert mit Zugangsalter/ Geschlecht/ Familienstand zu Gunsten von früherem Zugang, Frauen und Verheirateten. Renteneintritt 2010: positive nominale Rendite (3,04% - 3,81%) für alle Typen von Eckrentnern. Höhe der Rendite variiert mit Zugangsalter/ Geschlecht/ Familienstand zu Gunsten von späterem Zugang, Frauen und Verheirateten.

Glismann/ Horn (1998)	GRV (AnV, ArV)	»intergenerativ«	männl. Eckrentner nach Familienstand sowie lediger Durchschnittsrentner nach Geschlecht des Renteneintrittsjahres 2040	Renteneintritt 2040	Hauptdatenquelle: Prognos-Gutachten (1995) (oberes Szenario)	Berechnung der realen Rendite nach Barwertmethode als internen Zinsfuß in einem Zwei-Reihen-Modell (V1) und einem Ein-Reihen-Modell (V2)	Renteneintritt 2040: V1: negative reale Gesamtrendite für alle Rentnerformen (-0,4% - -2,3%). Ledige Durchschnittsrentnerin hat höhere Gesmtrendite als lediger Durchschnittsrentner und verheirateter Eckrentner hat höhere Gesamtrendite als lediger Eckrentner. V2: negative reale Gesamtrendite für männlichen ledigen Eckrentner (-0,4%).

Tabelle A-5: Übersicht über die empirischen Längsschnittstudien zur GRV

Quelle: Eigene Darstellung

Übersicht über die empirischen Studien zur GPV							
	Sozialversicherungszweig	Arten der Umverteilung	Untersuchungseinheit	Untersuchungszeitraum	Datengrundlage	Untersuchungsmethode	Zentrale Umverteilungswirkungen
Kriegl-meier (1996)	GPV Wirkungen des PflegeVG auf personelle EKVT	Querschnittbetrachtung: interpersonell Längsschnittbetrachtung: intergenerativ (ausschl. für Einführungsgenerationen)	Querschnitt: Haushalt nach Einkommen, Geschlecht, Familiengröße und -struktur Längsschnitt: Altersjahrgänge	Querschnittbetrachtung Vergleich zwischen Rechtsstand 01.07.1996 mit Rechtsstand 31.12.1994 Längsschnittbetrachtung Kohortenbetrachtung der Einführungsgenerationen	Querschnittbetrachtung keine genaueren Angaben Längsschnittbetrachtung Felderer (1992)	Vergleich zwischen Status quo und Status quo ante spezifische Leistungs- und Abgabeninzidenz differentielle Leistungs- und Abgabeninzidenz Budgetniveauinzidenz	einkommensspezifische Umverteilungseffekte im Querschnitt: Struktureffekt der Finanzierungsseite: Begünstigung: Personen mit monatl. EK > 3.600 DM. Belastung: Personen mit monatl. EK < 3.600 DM. Volumeneffekt der Leistungsseite: Budgeteffekt begünstigt insbesondere obere EK-gruppen. geschlechtsspezifische Umverteilungseffekte im Querschnitt: Umverteilung zu Gunsten von Frauen und zu Lasten von Männern. familienspezifische Umverteilungseffekte im Querschnitt: Umverteilung zu Gunsten von Einverdiener-Ehepaaren ohne Kinder mit EK > BBG. Längsschnittbetrachtung für spezifischen Einführungszeitpunkt: Im Vergleich zum KDV profitieren ältere Personen von der Einführung des UV, während jüngere Personen benachteiligt sind.

Roth-gang, Fachin-ger (1997)	GPV Wirkun-gen des PflegeVG auf per-sonelle EKVT	Querschnittbetrach-tung: interpersonell	Individuum nach EK	Vergleich zwischen Rechtsstand 01.07.1996 mit Rechtsstand 31.12.1994	keine genaueren Angaben	Vergleich zwischen Status quo und Status quo ante spezifische Leistungs- und Abgabeninzidenz differentielle Leistungs- und Abgabeninzidenz Budgetniveauinzidenz	Struktureffekt der Finanzierungs-seite: Entlastung oberer EKgruppen und Belastung unterer EKgruppen bei ↑ Begünstigung mit ↑ EK. Volumeneffekt der Leistungsseite: Besserstellung für fast alle Pflege-bedürftigen bei ↑ Begünstigung mit ↑ EK. Struktureffekt der Leistungsseite: Begünstigung oberer EKgruppen, während sich für untere EKgruppen kaum Begünstigungen [Belastungen] ergeben.

Tabelle A-6: Übersicht über die empirischen Studien zur GPV

Quelle: Eigene Darstellung

Übersicht über die empirischen Studien zu mehreren Sozialversicherungszweigen							
	Sozial-versiche-rungs-zweig	Arten der Umver-teilung	Untersuchungs-einheit	Unter-suchungs-zeitraum	Daten-grundlage	Untersuchungsmethode	Zentrale Umverteilungswirkungen
Schulen-burg (1990)	GKV/ GRV	Längsschnittbetrach-tung: intergenerativ	Geburtsjahrgänge	1900-2179	Hauptdaten-quellen: Bevölker-ungsstatis-tiken des Statist. RA/BA; Bevölker-ungsmodell 1C des Sta-tist. BA; weiterhin keine genaueren Angaben	formale differentielle Einnahmeinzidenz Referenzsystem: fiktives, nach Äquivalenz-prinzip ausgestaltetes System: Gegenüberstellung von tatsächlichen ein-kommensabhängigen Beiträgen und risiko-proportionalen Beiträgen Simulationsrechnung auf Basis eines erweiterten Lebenszyklusmodells überlappender Genera-tionen	GKV: Begünstigte: Geburtsjahrgänge bis Ende der 70er Jahre. Belastete: Geburtsjahrgänge nach Ende der 70er Jahre. GRV: Begünstigte: Geburtsjahrgänge bis Ende der 60er Jahre. Belastete: Geburtsjahrgänge nach Ende der 60er Jahre.

Tabelle A-7: Übersicht über die empirischen Studien zu mehreren Sozialversicherungszweigen

Quelle: Eigene Darstellung

Übersicht über die empirischen Studien zum Gesamtsystem der Sozialversicherung							
	Sozialversicherungszweig	Arten der Umverteilung	Untersuchungseinheit	Untersuchungszeitraum	Datengrundlage	Untersuchungsmethode	Zentrale Umverteilungswirkungen
Grüske (1978)	Gesamtsystem der SV	Querschnittbetrachtung: interpersonell	Haushalte nach EK-klassen	1969	Hauptdatenquelle: EVS (1969)	formale Budgetinzidenz	Sozialversicherungsleistungen kommen insbesondere unteren EK-klassen zugute. Sozialversicherungsbeiträge belasten insbesondere mittlere und untere EK-klassen. Die Umverteilung im Vergleich zur Redistribution im »Normalbudget« erhöht sich durch Integration des Sozialversicherungshaushaltes. Die Einkommensverteilung wird gleichmäßiger.
Loeffelholz (1979)	Gesamtsystem der SV (siehe Loeffelholz (1979), S. 12ff.	Querschnittbetrachtung: interpersonell	Haushalte nach Einkommen, sozialer Stellung des Haushaltsvorstandes, Alter des Haushaltsvorstandes, Haushaltsgröße	1973	Hauptdatenquelle: EVS (1973)	formale Budgetinzidenz	Positive Nettoredistribution (NRD) bis zu einem Haushaltsnettoeinkommen (HNE) von 1.500 DM bei ↓ NRD mit ↑ EK. Positive NRD für Nichterwerbstätigen-HH. Positive NRD für über 55jährigen HH-Vorstand bei ↑ NRD mit ↑ Alter. Positive NRD für HH bis zu 2 Personen. AN-Beiträge: einkommensdifferenzierende Wirkung. AG-Beiträge: einkommensdifferenzierende Wirkung. Leistungen: einkommensnivellierende Wirkung.

Becker (1985b)	SV-System (GKV, GRV/ ALV) inkl. Beamten-versorgung. Realtransfers werden nur für den Bereich der GKV einbezogen	»Längsschnittbetrachtung« zu einem gegebenen Zeitpunkt: intertemporal interpersonell Umverteilungseffekte werden weitgehend zur Zeit der Beitragszahlung periodisiert	Vertikale Einkommensumverteilung: Haushalte nach Wohlfahrtspositionsklassen* sowie Haushalte nach relativen Einkommenspositionen** horizontale Einkommensumverteilung: Haushalte nach Haushaltsgröße, -struktur und relativer Einkommensposition** bzw. Wohlfahrtspositionsklasse*	Zeitpunkt der Betrachtung: 1981	Hauptdatenquelle: Mikrodaten der Transferumfrage (1981); prozeßproduzierte Daten der AOK Ingolstadt	formale, differentielle, partielle Budgetinzidenz für die Haushalte der Gebietskörperschaften und der Sozialversicherungsträger Referenzsystem: fiktives nach Äquivalenzprinzip ausgestaltetes System, in der es keine »reinen« Transfers gibt	Umverteilungseffekte des gesamten Sozialversicherungs-systems***: Progressiver Umverteilungseffekt zu Gunsten von unteren EKklassen. Keine einheitliche Richtung der horizontalen Umverteilungseffekte. Begünstigung von alleinstehenden Frauen gegenüber alleinstehenden Männern. Äußerest begrenzter Familienlastenausgleich. Vor allem in den unteren EKklassen sind Ehepaare ohne Kinder gegenüber Familien mit bis zu 2 Kindern begünstigt.

							Umverteilungseffekte einzelner Sozialversicherungszweige***: GKV: Vertikale Umverteilung zu Gunsten unterer EK-klassen. Begrenzter Familienlastenausgleich nur in den oberen EKschichten. GRV: Regressive [progressive] Umverteilungstendenz der Beitragsseite [Leistungsseite]. Begrenzter Familienlastenausgleich. ALV: Progressive Umverteilungstendenz. Keine Umverteilung zu Gunsten von Haushalten mit ↑ Haushaltsgröße.

Tabelle A-8: Übersicht über die empirischen Studien zum Gesamtsystem

Legende:

* Wohlfahrtspositionsklasse: modifiziertes Bruttomarkteinkommen pro Standardperson im Verhältnis zum durchschnittlichen modifizierten Bruttomarkteinkommen pro Standardperson. Hierbei liegt der Personenstandardisierung die Äquivalenzskala der RegelsatzVO des BSHG (1981) zugrunde.

** relative Einkommensposition: modifiziertes Bruttomarkteinkommen pro Haushalt in Relation zum durchschnittlichen modifzierten Bruttomarkteinkommen pro Haushalt

*** Umverteilungsergebnisse werden nur für die Klassifizierung nach relativen Einkommenspositionen ausgewiesen.

Quelle: Eigene Darstellung

LITERATURVERZEICHNIS

AIGNER, Konrad (1993): Einkommensverteilung und Einkommensumverteilung, Frankfurt am Main.

AKERLOF, George A. (1970): »The Market for Lemons: Qualitative Uncertainty and the Market Mechanism«, in: Quarterly Journal of Economics 84, S. 488 – 500.

ALBRECHT, Peter (1992): Zur Risikotransformationstheorie der Versicherung: Grundlagen und ökonomische Konsequenzen, Karlsruhe.

ALTENDORF, Rainer (1971): Der soziale Ausgleich im System der Sozialversicherung, Köln.

ANDEL, Norbert (1975): »Verteilungswirkungen der Sozialversicherung am Beispiel der gesetzlichen Krankenversicherung in der Bundesrepublik Deutschland«, in: Wilhelmine Dreißig (Hrsg.): Öffentliche Finanzwirtschaft und Verteilung III, Schriften des Vereins für Socialpolitik, N.F., Band 75/III, Berlin, S. 39 – 82.

ANDEL, Norbert (1992): Finanzwissenschaft, 3. Aufl., Tübingen.

ANDEL, Norbert (2000): Die Harmonisierung der sozialen Sicherung – ein von den Wirtschaftswissenschaften vernachlässigtes Problem, Frankfurter Volkswirtschaftlicher Diskussionsbeitrag Nr. 100, Frankfurt.

ATKINSON, Anthony B. (1970): »On the Measurement of Inequality«, in: Journal of Economic Theory 2, S. 244 – 263.

ATKINSON, Anthony B. (1988): »Sozialversicherung und Einkommenssicherung«, in: Gabriele Rolf; Bernd Spahn; Gert Wagner (Hrsg.): Sozialvertrag und Sicherung: Zur ökonomischen Theorie staatlicher Versicherungs- und Umverteilungssysteme, Frankfurt am Main, New York, S. 221 – 240.

AZARIADIS, Costas; Joseph E. Stiglitz (1983): »Implicit Contracts and Fixed Price Equilibria«, in: Quarterly Journal of Economics 98, Supplement, S. 1 – 22.

BAMBERG, Günter; Franz Baur (1993): Statistik, 8. Aufl., München.

BARRY, Brian M. (1989): Theories of Justice, London.

BARTMANN, Hermann (1993): Allokationstheorie, 2. Aufl., St. Gallen.

BECK, Dieter (1980): »Das Verhalten von Mitgliedern privater Haushalte bei Versicherungsentscheidungen - eine Zusammenstellung und Analyse empirischer Untersuchungen«, in: ZVersWiss 69, S. 557 – 581.

BECKER, Irene (1985a): »Einkommensumverteilung im Rahmen der gesetzlichen Krankenversicherung. Eine empirische Untersuchung«, in: Winfried Schmähl (Hrsg.): Versicherungsprinzip und soziale Sicherung, Tübingen, S. 98 – 119.

BECKER, Irene (1985b): »Umverteilung durch positive und negative Transfers im Jahr 1981. Eine globale Jahresbetrachtung«, in: Richard Hauser; Bernhard Engel (Hrsg.): Soziale Sicherung und Einkommensverteilung: empirische Analysen für die Bundesrepublik Deutschland, Frankfurt am Main, S. 149 – 199.

BEHRENS, Cornelia S. (1991): Intertemporale Verteilungswirkungen in der gesetzlichen Krankenversicherung der Bundesrepublik Deutschland, Frankfurt am Main.

BERG, Hartmut; Dieter Cassel (1995): »Theorie der Wirtschaftspolitik«, in: Vahlens Kompendium der Wirtschaftstheorie und Wirtschaftspolitik, Band 2, 6. Aufl., München, S. 163 – 238.

BERTHOLD, Norbert (1988): »Marktversagen, staatliche Intervention und Organisationsformen Sozialer Sicherung«, in: Gabriele Rolf; Bernd Spahn; Gert Wagner (Hrsg.): Sozialvertrag und Sicherung: Zur ökonomischen Theorie staatlicher Versicherungs- und Umverteilungssysteme, Frankfurt am Main; New York, S. 339 – 369.

BERTHOLD, Norbert (1990): »Sozialpolitik zwischen ökonomischer und politischer Rationalität«, in: Erhard Kantzenbach; Bruno Molitor; Otto G. Mayer (Hrsg): Hamburger Jahrbuch für Wirtschafts- und Gesellschaftspolitik, 35. Jahr, Tübingen, S. 171 – 185.

BERTHOLD, Norbert (1991): »Ansätze einer ökonomischen Theorie der Sozialpolitik. Normative und positive Aspekte«, in: Jahrbuch für Sozialwissenschaft, Band 42, S. 145 - 178.

BERTHOLD, Norbert (1997): Der Sozialstaat im Zeitalter der Globalisierung, Tübingen.

BERTHOLD, Norbert; Bernhard Külp (1987): Rückwirkungen ausgewählter Systeme der Sozialen Sicherung auf die Funktionsfähigkeit der Marktwirtschaft, Berlin.

BERTHOLD, Norbert; Eric Thode (1996): »Auslagerung versicherungsfremder Leistungen – Ausweg oder Kreisverkehr«, in: Wirtschaftsdienst 76, Nr. 7, S. 351 – 358.

BERTHOLD, Norbert; Eric Thode (1998): »Globalisierung - Drohendes Unheil oder schöpferische Kraft für den Sozialstaat?«, in: Eckhard Knappe; Norbert Berthold (Hrsg): Ökonomische Theorie der Sozialpolitik: Bernhard Külp zum 65. Geburtstag, Heidelberg, S. 319 – 360.

BERUFSBILDUNGSWERK DER DEUTSCHEN VERSICHERUNGSWIRTSCHAFT (BWV) e.V. (Hrsg.) (1992): Versicherungslehre I: Individualversicherung, Karlsruhe.

BESKE, Fritz; Johannes Hübener (1996): Fremdleistungen in der gesetzlichen Krankenversicherung, Kiel.

BESKE, Fritz; Michael Thiede; Johannes F. Hallauer (1996): Belastungen der gesetzlichen Krankenversicherung durch Fremdleistungen - Analyse und Lösungsvorschläge -, Kiel.

BISKUP, Reinhold (Hrsg.) (1998): Dimensionen Europas, Bern, Stuttgart, Wien.

BITTL, Andreas; Peter Vielreicher (1994): »Individuelle Wahrnehmung und Versicherungsnachfrage. Konsequenzen für Produktgestaltung und Unternehmenskommunikation von Versicherungsunternehmen«, in: ZVersWiss 83, S. 193 – 217.

BLANKART, Charles B. (1998): Öffentliche Finanzen in der Demokratie: eine Einführung in die Finanzwissenschaft, 3. Aufl., München.

BOFINGER, Peter; Stephan Faßhauer (1999): »Probleme und Scheinprobleme der Alterssicherung in Deutschland«, in: Wirtschaftsdienst 79, Nr. 4, S. 260 – 268.

BOHLEY, Peter (1992): Statistik - Einführendes Lehrbuch für Wirtschafts- und Sozialwissenschaftler, 5. Aufl., München, Wien.

BOHNET, Armin (1999): Finanzwissenschaft: Grundlagen staatlicher Verteilungspolitik, 2. Aufl., München, Wien.

BOLL, Stephan (1994): Intergenerationale Umverteilungswirkungen der Fiskalpolitik in der Bundesrepublik Deutschland: ein Ansatz mit Hilfe des generational accounting, Frankfurt am Main.

BOSCH, Gerhard (1985): »Perspektiven der Finanzierung der Arbeitsmarktpolitik«, in: Sozialer Fortschritt 34, Nr. 8, S. 169 – 178.

BOSCH, Karl (1993): Statistik-Taschenbuch, 2. Aufl., München, Wien.

BREYER, Friedrich (1984): »Moral hazard und der optimale Krankenversicherungsvertrag. Eine Übersicht«, in: Zeitschrift für die gesamte Staatswissenschaft 140, Nr. 2, S. 288 – 307.

BREYER, Friedrich (1990a): »Das Äquivalenzprinzip in der Rentenversicherung aus wohlfahrtsökonomischer Sicht«, in: Finanzarchiv N.F., Band 48, S. 127 – 142.

BREYER, Friedrich (1990b): Ökonomische Theorie der Alterssicherung, München.

BREYER, Friedrich (1991/1992): »Verteilungswirkungen unterschiedlicher Formen der Pflegevorsorge«, in: Finanzarchiv N.F., Band 49, S. 85 – 103.

BREYER, Friedrich (1997): »„Beitragsfreie Mitversicherung“ und „Familienlastenausgleich“ in der GKV: ein populärer Irrtum«, in: Konjunkturpolitik 43, Nr. 3, S. 213 - 223.

BREYER, Friedrich; Peter Zweifel (1997): Gesundheitsökonomie, 2. Aufl., Berlin, Heidelberg, New York.

BRÜMMERHOFF, Dieter (1991): »Äquivalenzprinzip versus Solidaritätsprinzip in der Gesetzlichen Krankenversicherung«, in: Karl-Heinrich Hansmeyer (Hrsg.): Finanzierungsprobleme der sozialen Sicherung II, Berlin, S. 177 - 211.

BRÜMMERHOFF, Dieter (1996): Finanzwissenschaft, 7. Aufl., München, Wien.

BUCHANAN, James M. (1988): »Contractarian Political Economy and Constitutional Interpretation«, in: American Economic Review 78, Nr. 2, S. 135 – 139.

BUCHHOLZ, Wolfgang; Wolfgang Wiegard (1992): »Allokative Überlegungen zur Reform der Pflegevorsorge«, in: Jahrbücher für Nationalökonomie und Statistik, Band 209/5 - 6, Stuttgart, S. 441 - 457.

BUND, Dorothee (1984): Die ökonomische Theorie der Verfassung, Baden-Baden.

BUNDESANSTALT FÜR ARBEIT (Hrsg.) (1998): Geschäftsbericht 1997, Nürnberg.

BUNDESMINISTER FÜR ARBEIT UND SOZIALORDNUNG (Hrsg.) (1991): Übersicht über das Recht der Arbeit, 4. Aufl., Bonn.

BUNDESMINISTERIUM FÜR ARBEIT UND SOZIALORDNUNG (Hrsg.) (1997): Materialband zum Sozialbudget 1997, Bonn.

BUNDESMINISTERIUM FÜR ARBEIT UND SOZIALORDNUNG (Hrsg.) (1998a): Sozialbericht 1997, Bonn.

BUNDESMINISTERIUM FÜR ARBEIT UND SOZIALORDNUNG (Hrsg.) (1998b): Statistisches Taschenbuch 1998 - Arbeits- und Sozialstatistik, Bonn.

BUNDESMINISTERIUM FÜR ARBEIT UND SOZIALORDNUNG (Hrsg.) (1998c): Übersicht über das Sozialrecht, 5. Aufl., Bonn.

BÜSCHGES, Günter; Martin Abraham; Walter Funk (1995): Grundzüge der Soziologie, München, Wien.

BUTTERWEGGE, Christoph (1997): »Globalisierung der Ökonomie - Amerikanisierung des Sozialstaates? Weltmarktkonkurrenz, Gesellschaftsentwicklung und Wohlfahrt im Übergang zum 21. Jahrhundert«, in: Sozialer Fortschritt 46, Nr. 12, S. 278 - 284.

BUTTLER, Günter (1985): Wege aus dem Pflegenotstand: ordnungspolitische Prinzipien einer Reform der Pflegesicherung alter Menschen, Baden-Baden.

BUTTLER, Günter; Reinhold Stroh (1992): Einführung in die Statistik, Reinbek bei Hamburg.

CHAMPERNOWNE, David G. (1973): The Distribution of Income between Persons, Cambridge.

CLARK, Kim B.; Lawrence H. Summers (1982): »Unemployment Insurance and Labor Market Transitions«, in: Martin N. Baily (Hrsg.): Workers, Jobs and Inflation, Washington D.C., S. 279 – 323.

CULLEN, Bernard (1992): »Philosophical Theories of Justice«, in: Klaus R. Scherer (Hrsg.): Justice: interdisciplinary perspectives, Cambridge, S. 15 – 64.

DEMMER, Michael (1994): Europäische Sozialpolitik im Spannungsfeld zwischen institutionellem Wettbewerb und institutioneller Integration, Köln.

DIAMOND, Peter A. (1977): »A Framework for Social Security Analysis«, in: Journal of Public Economics 8, S. 275 – 298.

DIMMER, Klaus (1986): Die optimale Versicherungsentscheidung als risikopolitisches Problem. Eine Analyse auf der Grundlage des erweiterten Modells der einzelwirtschaftlichen Versicherungsnachfrage, Karlsruhe.

DINKEL, Reiner (1981): »Kinder- und Alterslastenausgleich bei abnehmender Bevölkerung«, in: Finanzarchiv N.F., Band 39, S. 134 – 147.

DÖRING, Diether (1998): »Leitvorstellungen der Politik der sozialen Sicherung unter besonderer Berücksichtigung der Geschichte der Rentenversicherung«, in: Siegfried Blasche; Diether Döring (Hrsg.): Sozialpolitik und Gerechtigkeit, Frankfurt am Main, New York, S. 214 – 257.

DUDEY, Stefan (1991): »Verteilungswirkungen einer Gesetzlichen Pflegeversicherung«, in: Wirtschaftsdienst 71, S. 356 – 359.

DUDEY, Stefan (1996): Verteilungswirkungen des Sozialversicherungssystems der Bundesrepublik Deutschland und Modellierung seiner zukünftigen Entwicklung, Bochum.

DÜRR, Ernst (1978): »Grundlagen der Sozialen Marktwirtschaft«, in: Das Wirtschaftsstudium 7, S. 533 – 538.

DUSCHEK, Klaus (1993): Ein sequentielles empirisches allgemeines Gleichgewichtsmodell zur Beurteilung von Steuerreformprogrammen, Heidelberg.

ECKERLE, Konrad; Michael Schlesinger; Georg Blaha (1995): Prognos-Gutachten 1995. Perspektiven der gesetzlichen Rentenversicherung für Gesamtdeutschland vor dem Hintergrund veränderter politischer und ökonomischer Rahmenbedingungen, hrsg. vom Verband Deutscher Rentenversicherungsträger, Basel.

EHLERS, Karen (1993): Philosophische Konzepte der Verteilungsgerechtigkeit, Diskussionsbeitrag Nr. 45 des Instituts für Finanzwissenschaft und Sozialpolitik der Christian-Albrechts-Universität zu Kiel, Kiel.

EICHENHOFER, Eberhard (1997): Sozialrecht, 2. Aufl., Tübingen.

EICKHOF, Norbert (1986): Marktversagen und Staatsaktivität, Volkswirtschaftlicher Beitrag Nr. 30 des Lehrstuhls für Volkswirtschaftslehre, insbesondere Wirtschaftspolitik der Universität Bamberg, Bamberg.

EILFORT, Michael (1994): Die Nichtwähler: Wahlenthaltung als Form des Wahlverhaltens, Paderborn, München, Wien, Zürich.

EISEN, Rainer (1984): »Der Organisationstyp „Private Krankenversicherung": Merkmale der Finanzierungs-, Allokations-, Produktions- und Distributionsebene«, in: Günter Neubauer (Hrsg.): Alternativen der Steuerung des Gesundheitswesens im Rahmen der Sozialen Marktwirtschaft, Gerlingen, S. 101 – 160.

EISEN, Roland (1980): »Das Äquivalenzprinzip in der Versicherung - Unterschiedliche Folgerungen aus verschiedenen Interpretationen«, in: ZVersWiss 69, S. 524 – 556.

EISEN, Roland (1988): »„Versicherungsprinzip" und Umverteilung - Einige theoretische Überlegungen zu den Grenzen des Versicherbaren«, in: Gabriele Rolf; P. Bernd Spahn; Gert Wagner (Hrsg.): Sozialvertrag und Sicherung: Zur ökonomischen Theorie staatlicher Versicherungs- und Umverteilungssysteme, Frankfurt am Main, New York, S. 117 – 127.

EISEN, Roland (1992): »Alternative Sicherungsmöglichkeiten bei Pflegebedürftigkeit«, in: Sozialer Fortschritt 41, S. 236 – 241.

EISEN, Roland; Martin Nell (1994): »Die Wirkung von Versicherungsschutz auf Drittmärkte: Das externe moralische Risiko«, in: Dieter Hesberg; Martin Nell; Winfried Schott (Hrsg.): Risiko, Versicherung, Markt: Festschrift für Walter Karten zur Vollendung des 60. Lebensjahres, Karlsruhe, S. 221 – 241.

EITENMÜLLER, Stefan (1996): »Die Rentabilität der gesetzlichen Rentenversicherung - Kapitalmarktanaloge Renditeberechnung für die nahe und die ferne Zukunft -« in: Deutsche Rentenversicherung 12/96, S. 784 – 798.

ENGIN-DENIZ, Egon (1991): Vergleich des Utilitarismus mit der Theorie der Gerechtigkeit von John Rawls, Innsbruck, Wien.

ERBE, Rainer (1986): »Familienlastenausgleich über die gesetzliche Rentenversicherung?«, in: Wirtschaftsdienst 66, Nr. 4, S. 194 – 202.

EULER, Manfred (1992): »Einkommens- und Verbrauchsstichprobe 1993«, in: Wirtschaft und Statistik 7/1992, S. 463 – 469.

FACHINGER, Uwe; Heinz Rothgang (1995): »Die Neustrukturierung der Finanzierung von Pflegeleistungen: Eine Analyse ihrer Wirkungen auf die personelle Einkommensverteilung«, in: Uwe Fachinger; Heinz Rothgang (Hrsg.): Die Wirkungen des Pflege-Versicherungsgesetzes, Berlin, S. 223 – 241.

FALTER, Jürgen W., Siegfried Schumann (1994): »Der Nichtwähler - das unbekannte Wesen«, in: Hans-Dieter Klingemann, Max Kaase (Hrsg.): Wahlen und Wähler. Analysen aus Anlaß der Bundestagswahl 1990, S. 161 - 213.

FARNY, Dieter (1995a): Die Gestaltung von Versicherungsprodukten im Marketing von Versicherungsunternehmen«, in: ZVersWiss 84, S. 79 – 102.

FARNY, Dieter (1995b): Versicherungsbetriebslehre, 2. Aufl., Karlsruhe

FEHN, Rainer (1997): Der strukturell bedingte Anstieg der Arbeitslosigkeit in Europa: Ursachen und Lösungsansätze, Baden-Baden.

FEHR, Hans; Christoph B. Rosenberg; Wolfgang Wiegard (1991): A Multi-Country Applied General Equilibrium Model for the Examination of VAT-Harmonization Proposals in the EC – Modelling, Calibration and Construction of a Microconsistent Dataset, Regensburger Diskussionsbeiträge Nr. 236, Regensburg.

FEHR, Hans; Christoph B. Rosenberg; Wolfgang Wiegard (1995): Welfare Effects of Value-Added Tax Harmonization in Europe: A Computable General Equilibrium Analysis, Berlin.

FEHR, Hans; Wolfgang Wiegard (1996): »Effizienzorientierte Steuerreform – läßt sich die Verteilungsfrage vernachlässigen?«, in: Gerold Krause-Junk (Hrsg.): Steuersysteme der Zukunft, Schriften des Vereins für Socialpolitik, N.F., Band 256, Berlin, S. 199 – 245.

FEHR, Hans; Wolfgang Wiegard (1998): Effizienz- und Verteilungswirkungen einer zinsbereinigten Einkommen- und Gewinnsteuer, Diskussionsbeitrag Nr. 124 der Wirtschaftswissenschaftlichen Fakultät der Universität Tübingen, Tübingen.

FICKEL, Norman (1995): Auswirkungen der Bevölkerungsentwicklung in der Bundesrepublik Deutschland auf die Ausgaben für Gesundheit: eine Simulationsanalyse, Frankfurt am Main.

FISCH, Heinrich (1996): Ist der Sozialstaat noch zu retten? Wenn Markt, Staat und Ethik versagen. Eine kritische Analyse gesellschaftlicher Steuerungssysteme, Freiburg.

FLECKER, Jörg (1996): »Globalisierungsprozesse und industrielle Arbeitsbeziehungen«, in: Ulrich Steger (Hrsg.): Globalisierung der Wirtschaft: Konsequenzen für Arbeit, Technik und Umwelt; Berlin, Heidelberg, New York, S. 155 – 175.

FORSTER, Edgar (1983): Ökonomische Sicherungspolitik, Berlin.

FRANKFURTER INSTITUT - Stiftung Marktwirtschaft und Politik (Hrsg.) (1998): Deutschland in der Prüfung (2). Mit Markt zu guten sozialen Verhältnissen, Argumente zu Marktwirtschaft und Politik, Nr. 56, Bad Homburg.

FRANKFURTER INSTITUT - Stiftung Marktwirtschaft und Politik (Hrsg.) (1999): Arbeitszeiten und soziale Sicherung flexibler gestalten, Schriftenreihe: Band 35, Bad Homburg.

FRANZ, Wolfgang (1982): »The Reservation Wage of unemployed Persons in the Federal Republic of Germany: Theory and Empirical Tests«, in: Zeitschrift für Wirtschafts- und Sozialwissenschaften 102, S. 29 – 51.

FREEMAN, Richard B.; Lawrence F. Katz (1994): »Rising Wage Inequality: The United States vs. Other Advanced Countries«, in: Richard B. Freeman (Hrsg.): Working Under Different Rules, New York, S. 29 – 62.

FREY, Bruno S.; Gebhard Kirchgässner (1994): Demokratische Wirtschaftspolitik: Theorie und Anwendung, 2. Aufl.; München.

FRITSCH, Michael; Thomas Wein; Hans-Jürgen Ewers (1996): Marktversagen und Wirtschaftspolitik: mikroökonomische Grundlagen staatlichen Handelns, 2. Aufl., München.

FROHWITTER, Iris (1996): Die gesetzliche Pflegeversicherung unter dem Einfluß der Altersstrukturverschiebung: Der demographische Effekt auf Ausgaben und Beitragssatz, Diskussionsbeitrag Nr. 547-96 des Instituts für Volkswirtschaftslehre und Statistik der Universität Mannheim, Mannheim.

FUEHR, Herbert (1995): »Schwierige Prognose: Unsicherheitsfaktoren der künftigen Entwicklung der Renten«, in: Nürnberger Nachrichten vom 13. 11. 1995, 51. Jg., Nr. 262, S. 2.

FUNK, Lothar; Sonja Optendrenk (1998): »Zur Frage der Integration einer Familienkomponente in die Rentenversicherung«, in: Eckhard Knappe; Norbert Berthold (Hrsg.): Ökonomische Theorie der Sozialpolitik: Bernhard Külp zum 65. Geburtstag, Heidelberg, S. 124 – 143.

GAERTNER, Wulf (1985): »Einige Theorien der Verteilungsgerechtigkeit im Vergleich«, in: Georges Enderle (Hrsg.): Ethik und Wirtschaftswissenschaft; Schriften des Vereins für Socialpolitik, N.F., Band 147, Berlin, S. 111 – 142.

GALLER, Heinz P. (1994): »Politikanalyse mit Mikrosimulationsmodellen - die Frankfurter Modelle«, in: Richard Hauser; Uwe Hochmuth; Johannes Schwarze (Hrsg.): Mikroanalytische Grundlagen der Gesellschaftspolitik: Ergebnisse aus dem gleichnamigen Sonderforschungsbereich an den Universitäten Frankfurt und Mannheim, Band 1: Ausgewählte Probleme und Lösungsansätze, Berlin, S. 113 – 135.

GALLER, Heinz P.; Notburga Ott (1994): »Das dynamische Mikrosimulationsmodell des Sonderforschungsbereichs 3«, in: Richard Hauser; Notburga Ott; Gert Wagner (Hrsg.): Mikroanalytische Grundlagen der Gesellschaftspolitik: Ergebnisse aus dem gleichnamigen Sonderforschungsbereich an den Universitäten Frankfurt und Mannheim, Band 2: Erhebungsverfahren, Analysemethoden und Mikrosimulation, Berlin, S. 399 – 427.

GELBHAAR, Siegfried (1998): »Ökonomik der Parafiski: Stand und Perspektiven«, in: Wirtschaftswissenschaftliches Studium 27, Nr. 11, S. 573 – 579.

GERLACH, Werner; Conrad Epping (1994): Die Familienversicherung, 4. Aufl., Sankt Augustin.

GERMANN, Harald; Bert Rürup; Martin Setzer (1996): »Globalisierung der Wirtschaft: Begriff, Bereiche, Indikatoren«, in: Ulrich Steger (Hrsg.): Globalisierung der Wirtschaft: Konsequenzen für Arbeit, Technik und Umwelt; Berlin, Heidelberg, New York, S. 18 – 55.

GITTER, Wolfgang (1996): »Konzepte und Kriterien einer funktionalen Abgrenzung der privaten und staatlichen Versicherung, dargestellt am Beispiel der Pflegeversicherung«, in: ZVersWiss 85, S. 267 – 280.

GLISMANN, Hans H.; Ernst-Jürgen Horn (1996): »Das staatliche Rentensystem in Deutschland«, in: Wirtschaftswissenschaftliche Studium 25, Nr. 8, S. 397 – 403.

GLISMANN, Hans H.; Ernst-Jürgen Horn (1997): Aufwand und Ertrag in der deutschen Gesetzlichen Alterssicherung (GRV), Kieler Arbeitspapier Nr. 840 des Instituts für Weltwirtschaft, Kiel.

GLISMANN, Hans H.; Ernst-Jürgen Horn (1998): »Renditen in der deutschen gesetzlichen Alterssicherung«, in: Wirtschaftsdienst 78, S. 474 – 482.

GRÜSKE, Karl-Dieter (1978): Die personale Budgetinzidenz: eine Analyse für die Bundesrepublik, Göttingen.

GRÜSKE, Karl-Dieter (1981): »Umverteilung der Einkommen nach Generationen. Eine Analyse nach Paglins verteilungstheoretischer Konzeption«, in: Jahrbücher für Nationalökonomie und Statistik, Band 196, S. 239 – 255.

GRÜSKE, Karl-Dieter (1985): Personale Verteilung und Effizienz der Umverteilung: Analyse und Synthese, Göttingen.

GRÜSKE, Karl-Dieter (1991a): »Die Laffer-Kurve«, in: DSWR - Datenverarbeitung-Steuer-Wirtschaft-Recht 6/1991, S. 137 – 138.

GRÜSKE; Karl-Dieter (1991b): »Zur Bürokratieverlagerung im Steuerwesen. Kosten der Steuern innerhalb und außerhalb der öffentlichen Administration«, in: Das öffentliche Haushaltswesen in Österreich, Zeitschrift der Gesellschaft für das öffentliche Haushaltswesen 32, Nr. 1 - 2, S. 43 – 62.

GRÜSKE, Karl-Dieter (1992): Steigende Ausgaben im Gesundheitswesen - Analyse der systemimmanenten Ursachen, Forum Finanzwissenschaft, Band 1, Nürnberg.

GRÜSKE, Karl-Dieter (1996): Distributive Implikationen des Familienlasten- und -leistungsausgleichs - Ein vorläufiger Abriß, Diskussionsbeitrag Nr. 01-96 des Lehrstuhls für Volkswirtschaftslehre, insbesondere Finanzwissenschaft der Friedrich-Alexander-Universität Erlangen-Nürnberg, Nürnberg.

GRÜSKE, Karl-Dieter (2000): »Globalisierung und Vermögensverteilung. Gilt der „U-turn" auch für Deutschland?«, Sonderdruck aus: Reinar Lüdeke, Wolfgang Scherf, Werner Steden (Hrsg.): Wirtschaftswissenschaft im Dienste der Verteilungs-, Geld- und Finanzpolitik. Festschrift für Alois Oberhauser zum 70. Geburtstag, Berlin, S. 101 – 129.

GUTTMAN, Joel M.; Naftali Hilger; Yochanan Shachmurove (1994): »Voting as Investment vs. Voting as Consumption: New Evidence«, in: Kyklos 47, Nr. 2, S. 197 - 207.

HAGEL, Joachim (1993): Effizienz und Gerechtigkeit: Ein Beitrag zur Diskussion der ethischen Aspekte in der neoklassischen Wohlfahrtstheorie, Baden-Baden.

HAHN, Franz R. (1997): »Globalisierung und Wirtschaftspolitik. Theoriegrundlagen für eine Neubewertung«, in: WIFO-Monatsbericht 2, S. 91 – 102.

HANF, Claus-Hennig (1986): Entscheidungslehre: Einführung in die Informationsbeschaffung, Planung und Entscheidung unter Unsicherheit, München, Wien.

HANUSCH, Horst (1972): Zur Theorie des öffentlichen Gutes: allokative und distributive Aspekte, Göttingen.

HARBERGER, Arnold C. (1974): Taxation and Welfare, Boston.

HARDERS, Wolfgang (1988): Folgekosten der Sozialgesetze: eine Analyse der direkten und indirekten Zusatzlasten, Göttingen.

HARSANYI, John C. (1975): »Can the Maximin Principle Serve as a Basis for Morality? A Critique of John Rawls' Theory«, in: The American Political Science Review 69, No. 2, S. 594 – 606.

HART, Thomas (1997): Neue Politische Ökonomie – Eine systematische Analyse ihrer Forschungsfelder, Forum Finanzwissenschaft, Band 10, 2. Aufl., Nürnberg.

HEADEY, Bruce; Peter Krause (1995): Rich and Poor: Stability or Change? West German Income Mobility 1984-93, DIW-Discussion-Paper No. 126, Berlin.

HEIMER, Carol A. (1985): Reactive risk and rational action: managing moral hazard in insurance contracts, Berkeley.

HELBERGER, Christof; Gert Wagner (1981): Beitragsäquivalenz oder interpersonelle Umverteilung in der gesetzlichen Rentenversicherung? - Eine Analyse auf der Grundlage von Lebenseinkommen. Beitrag zur Tagung des Sozialpolitischen Ausschusses der Gesellschaft für Wirtschafts- und Sozialwissenschaften am 25./26. Sept. 1980 in Wien, Wirtschaftswissenschafliche Dokumentation: Diskussionspapier Nr. 63 des Instituts für Wirtschaftswissenschaften, Fachbereich 18 der TU Berlin, Berlin.

HELBERGER, Christof; Gert Wagner (1994): »Die Längsschnitt-Version des Sonderforschungsbereich 3-Mikrosimulationsmodells«, in: Richard Hauser; Notburga Ott; Gert Wagner (Hrsg.): Mikroanalytische Grundlagen der Gesellschaftspolitik: Ergebnisse aus dem gleichnamigen Sonderforschungsbereich an den Universitäten Frankfurt und Mannheim, Band 2: Erhebungsverfahren, Analysemethoden und Mikrosimulation, Berlin, S. 443 – 452.

HENKE, Klaus-Dirk (1983): »Besprechung von G. Ott (1981): „Einkommensumverteilung in der gesetzlichen Krankenversicherung"«, in: Finanzarchiv N.F., Band 41, S. 155 – 158.

HENKE, Klaus-Dirk; Cornelia Behrens (1989): Umverteilungswirkungen der gesetzlichen Krankenversicherung, Bayreuth.

HERDER-DORNEICH, Philipp (1992): Vernetzte Strukturen. Das Denken in Ordnungen, Baden-Baden.

HINSCH, Wilfried (1998): »Rawls' Differenzprinzip und seine sozialpolitischen Implikationen«, in: Siegfried Blasche; Diether Döring (Hrsg.): Sozialpolitik und Gerechtigkeit, Frankfurt am Main, New York, S. 17 – 74.

HIRSCHMAN, Albert O. (1974): Abwanderung und Widerspruch: Reaktionen auf Leistungsabfall bei Unternehmungen, Organisationen und Staaten, Tübingen.

HOFMANN, Jürgen (1997): »Sozialversicherung in einer globalen Ökonomie«, in: J.-Matthias Graf von der Schulenburg; Martin Balleer; Stefan Hanekopf (Hrsg.): Allokation der Ressourcen bei Sicherheit und Unsicherheit. Festschrift für Professor Dr. Leonhard Männer, Baden-Baden, S. 245 – 262.

HOMBURG, Stefan (1997): Allgemeine Steuerlehre, München.

HÜTHER, Michael (1997): »Umbau der Sozialen Sicherungssysteme im Zeichen der Globalisieurng?«, in: Zeitschrift für Wirtschaftspolitik 46, Nr. 2, S. 193 - 214.

INSTITUT DER DEUTSCHEN WIRTSCHAFT KÖLN (Hrsg.) (1999): Zahlen zur wirtschaftlichen Entwicklung der Bundesrepublik Deutschland, Köln.

JACOBS, Klaus (1991): Einkommensbezug im Lebensverlauf - positive und normative Aspekte aus verteilungspolitischer Sicht, Frankfurt am Main.

JÄGER, Horst (1995): Einführung in die Sozialversicherung und in die sonstigen Bereiche des Sozialrechts einschließlich Pflegeversicherung -, 11. Aufl., Berlin.

JUNGKUNZ, Alexander (1995): »Entlarvte Sonntagsredner: Abgabenexplosion hätte längst gebremst werden können«, in: Nürnberger Nachrichten vom 12. 12. 1995, 51. Jg., Nr. 287, S. 2.

JUNGKUNZ, Alexander (2000): »Botschaft aus Davos: Die Politik muss die Globalisierung aktiv gestalten«, in: Nürnberger Nachrichten vom 02. 02. 2000, 56. Jg., Nr. 26, S. 2.

KARL, Helmut (1998): »Globalisierung – eine Herausforderung für die europäische und deutsche Wirtschaftspolitik«, in: Hanns-Seidel-Stiftung (Hrsg.): Europäische Integration und die Globalisierung: Wirtschafts-, währungs- und sozialpolitische Aspekte, München, S. 131 – 156.

KARTEN, Walter (1995): »Versicherungsproduktgestaltung - ökonomische Grundlagen«, in: ZVersWiss 84, S. 57 – 77.

KEYFITZ, Nathan (1984): Some Demographic Properties of Transfer Schemes: How to Achieve Equity between Generations, International Institute for Applied System Analysis, Luxemburg.

KEYNES, John M. (1967): The General Theory of Employment, Interest, and Money, London, Melbourne, Toronto.

KIRCHGÄSSNER, Gebhard (1991): Homo oeconomicus: Das ökonomische Modell individuellen Verhaltens und seine Anwendung in den Wirtschafts- und Sozialwissenschaften, Tübingen.

KIRSCH, Guy (1997): Neue Politische Ökonomie, 4. Aufl., Düsseldorf.

KIWIT, Daniel; Stefan Voigt (1998): »Grenzen des institutionellen Wettbewerbs«, in: Karl-Ernst Schenk, Dieter Schmidtchen, Manfred E. Streit, Viktor Vanberg (Hrsg.): Jahrbuch für Neue Politische Ökonomie: Globalisierung, Systemwettbewerb und nationalstaatliche Politik, Band 17, Tübingen, S. 313 – 337.

KLAMMER, Ute (1998): »Gerechtigkeit in der Gesundheitsversorgung - von der Verfehlung des Ziels zur Auflösung der Zielvorstellung?«, in: Siegfried Blasche; Diether Döring (Hrsg.): Sozialpolitik und Gerechtigkeit, Frankfurt am Main, New York, S. 258 - 313.

KLEINDORFER, Paul; J.-Matthias Graf von der Schulenburg (1986): »Intergenerational Equity and Fund Balances for Statutory Health Insurance«, in: J.-Matthias Graf von der Schulenburg (Hrsg.): Essays in Social Security Economics, Berlin, New York, S. 108 – 129.

KLODT, Henning (1998): »Globalisierung: Phänomen und empirische Relevanz«, in: Karl-Ernst Schenk, Dieter Schmidtchen, Manfred E. Streit, Viktor Vanberg (Hrsg.): Jahrbuch für Neue Politische Ökonomie: Globalisierung, Systemwettbewerb und nationalstaatliche Politik, Band 17, Tübingen, S. 7 – 34.

KNORR, Andreas (1998): »Globalisierung«, in: Wirtschaftswissenschaftliches Studium 27, Nr. 5, S. 238 – 243.

KOCH, Eckart (1998a): Internationale Wirtschaftsbeziehungen, Band 2: Internationale Währungs- und Finanzbeziehungen, 2. Aufl., München.

KOCH, Peter (1998b): Versicherungswirtschaft: ein einführender Überblick, 5. Aufl., Karlsruhe.

KOLB, Rudolph (1985): »Die Bedeutung des Versicherungsprinzips für die gesetzliche Rentenversicherung«, in: Winfried Schmähl (Hrsg.): Versicherungsprinzip und soziale Sicherung, Tübingen, S. 120 – 140.

KÖSTLER, Ursula (1994): »Allokative und verteilungspolitische Aspekte der Absicherung im Pflegefall«, in: Sozialer Fortschritt 43, Nr. 1, S. 12 – 17.

KOSTORZ, Peter (1998): Versicherungsfremde Leistungen in der Gesetzlichen Krankenversicherung, Frankfurt am Main.

KOTLIKOFF, Laurence J. (1992): Generational Accounting, Knowing Who Pays and When for What we Spend, New York.

KRÄTKE, Michael R. (1997): »Globalisierung und Standortkonkurrenz«, in: Leviathan 1, S. 202 – 232.

KRIEGLMEIER, Reiner (1996): Effizienz und Verteilungswirkungen der deutschen Pflegeversicherung: Bestandsaufnahme und Analyse, Wiesbaden.

KRUGMAN, Paul (1995): »Growing World Trade: Causes and Consequences«, in: Brookings Papers on Economic Activity 1, S. 327 – 377.

KRUPP, Hans-Jürgen (1988): »Zur Begründung und zur Praxis des Wohlfahrtsstaates«, in: Gabriele Rolf; Bernd Spahn; Gert Wagner (Hrsg.): Sozialvertrag und Sicherung: Zur ökonomischen Theorie staatlicher Versicherungs- und Umverteilungssysteme, Frankfurt am Main, New York, S. 491 – 514.

KÜLP, Berthold (1990): »Rentenfinanzierung: Gerechtigkeit zwischen den Generationen?«, in: Das Wirtschaftsstudium 19, Nr. 11, S. 608 – 610.

LAMMERS, Konrad (1999): Räumliche Wirkungen der Globalisierung in Deutschland, HWWA-Diskussionspapier Nr. 74, Hamburg.

LAMPERT, Heinz (1982): Die Wertgrundlagen der Sozialen Marktwirtschaft, Schriften der Philosophischen Fakultäten der Universität Augsburg, Band 23: Wertepluralismus und Wertewandel heute: eine interdisziplinäre Veranstaltung zur 10-Jahres-Feier der Universität Augsburg, München.

LAMPERT, Heinz (1990): »Die Bedeutung der Gerechtigkeit im Konzept der Sozialen Marktwirtschaft«, in: Erhard Kantzenbach; Bruno Molitor; Otto G. Mayer (Hrsg): Hamburger Jahrbuch für Wirtschafts- und Gesellschaftspolitik, 35. Jahr, Tübingen, S. 75 - 91.

LAMPERT, Heinz (1995): Die Wirtschafts- und Sozialordnung der Bundesrepublik Deutschland, 12. Aufl., München, Landsberg am Lech.

LAMPERT, Heinz (1998): Lehrbuch der Sozialpolitik, 5. Aufl., Berlin, Heidelberg.

LEE, Yu-Jun (1997): Die Selbstverwaltung als Organisationsprinzip in der deutschen Sozialversicherung, Baden-Baden.

LEHNER, Franz (1981): Einführung in die Neue Politische Ökonomie, Königstein.

LEIBFRIED, Stephan (1997): Der Wohlfahrtsstaat zwischen „Integration" und „Desintegration": Europäische Union, nationale Sozialpolitiken und „Globalisierung", ZeS-Arbeitspapier Nr. 15/97, Bremen.

LEPELMEIER, Dirk (1979): Soziale Sicherung und Parafiskalität: zur Einkommensumverteilungsproblematik im Bereich der Sozialversicherung, Frankfurt am Main, Bern, Cirencester.

LINDNER, Helmut (1986): Aussagefähigkeit von Einkommensverteilungsrechnungen für die Bundesrepublik Deutschland. Gutachten im Auftrag des Bundesministers für Wirtschaft, Tübingen.

LOEFFELHOLZ, Hans Dietrich von (1979): Die personale Inzidenz des Sozialhaushalts, Göttingen.

LORENZ, M.O (1905): »Methods of Measuring the Concentration of Wealth«, in: American Statistical Association, New Series 70, S. 209 – 219.

LÖSCHEL, Andreas (1998): Vom Umlage- zum Kapitaldeckungsverfahren in der Gesetzlichen Rentenversicherung - Theoretische Analyse und Simulation des Übergangs, Forum Finanzwissenschaft, Band 15, Nürnberg.

LÜDEKE, Reinar (1995): »Kinderkosten, umlagefinanzierte Rentenversicherung, Staatsverschuldung und intergenerative Einkommensverteilung. Kinderbezogene Alternativen zum heutigen gesetzlichen Alterssicherungssystem«, in: Gerhard Kleinhenz (Hg.): Soziale Ausgestaltung der Marktwirtschaft: die Vervollkommung einer „Sozialen Marktwirtschaft" als Daueraufgabe der Ordnungs- und Sozialpolitik, Festschrift zum 65. Geburtstag für Prof. Dr. Heinz Lampert, Berlin, S. 151 - 183.

LUKARSCH, Gerhard (1993): Grundprobleme des Versicherungsmarktes, Wiesbaden.

LUTZ, Heribert (1997): Harmonisierung der Umsatzsteuer in Europa - Analyse wohlfahrtsökonomischer Implikationen, Forum Finanzwissenschaft, Band 13, Nürnberg.

LUTZ, Peter F.; Ulrike Schneider (1997): Der „soziale Ausgleich" in der gesetzlichen Krankenversicherung, Diskussionspapier Nr. 200 des Instituts für Volkswirtschaftslehre an der Universität Hannover, Hannover.

MAASS, Siegfried (1996): Einführung in die deskriptive Statistik, Nürnberg.

MANETH, Matthias F. (1996): »Versicherungsschutz - eine Option - Die Korrespondenz zwischen Risiko- und Produktkonzept und die Fortführung des produktionswirtschaftlichen Produktkonzepts«, in: ZVersWiss 85, S. 401 – 441.

MARTIN, Hans-Peter; Harald Schumann (1998): Die Globalisierungsfalle. Der Angriff auf Demokratie und Wohlstand, Reinbek bei Hamburg.

MARTINS DE OLIVEIRA, Rosa-Maria (1999): Alternativen ordnungstheoretischer Gestaltung des Gesundheitssystems: Grundtypen und Möglichkeiten einer Reform der Gesetzlichen Krankenversicherung in Deutschland, in: Forum Finanzwissenschaft, Band 18, Nürnberg.

MASLOW, Abraham H. (1954): Motivation and Personality, New York.

MAVROMARAS, Kostas G. (1987): »Reservation Wages and Occupational Security: An Empirical Study«, in: Applied Economics 19, S. 155 – 166.

MAVROMARAS, Kostas G.; Helmut Rudolph (1998): »Verteilungseffekte der Arbeitslosenversicherung in Deutschland in den 80er Jahren«, Sonderdruck aus MittAB 1998/1, 31. Jg., S. 93 – 107.

MAYER, Otto G. (1995): Sozialabgaben, versicherungsfremde Leistungen und Beschäftigung, HWWA-Diskussionspapier Nr. 26, Hamburg.

MEIER, Michael (1997): Demographische Effekte auf die Ausgaben für Gesundheit – Bestandsaufnahme, Prognose, Kritik, in: Forum Finanzwissenschaft, Band 14, Nürnberg.

MEIERJÜRGEN, Rüdiger (1989): Intertemporale und intergenerationale Verteilungswirkungen der Gesetzlichen Krankenversicherung, Frankfurt am Main.

MERTEN, Detlef (1997): »Die versicherungsfremden Leistungen in der Rentenversicherung«, in: Landesversicherungsanstalt Rheinland Pfalz, Hochschule für Verwaltungswissenschaften Speyer (Hrsg.): 7. Speyerer Sozialrechtsgespräch: „Sozialversicherung im Spannungsfeld von Beitrags- und Steuerfinanzierung" am 17./18. April 1997 in Speyer, Speyer, S. 39 – 51.

MINUZ, Marco (1994): Arbeitslosenversicherung versus Allokation von Sozialleistungen bei bedürftigen Arbeitslosen, Diskussionspapier Nr. 31 des Forschungsinstituts für Arbeit und Arbeitsrecht an der Hochschule St. Gallen, St. Gallen.

MOLITOR, Bruno (1987): Soziale Sicherung, München.

MORTENSEN, Dale T. (1986): »Job Search and Labor Market Analysis«, in: Ortley Ashenfelter; Richard Layard (Hrsg.): Handbook of Labor Economics, Amsterdam, S. 849 – 919.

MOSSGRABER, Bernd C. (1996): Versicherung als Bestandteil der Risikopolitik privater Haushalte: Grundlagen der Risikopolitik - Individualversicherungsprodukte - Kreditkarten-Versicherungen, Wiesbaden.

MÜHLENKAMP, Holger (1992): »Empirische Ergebnisse zur Ausgabenbelastung der Gesetzlichen Krankenversicherung durch einzelne Mitgliedergruppen - insbesondere zur These der „Subventionierung" der freiwillig Versicherten durch die Pflichtmitglieder«, in: Jahrbuch für Nationalökonomie und Statistik 209, Nr. 3-4, S. 302 – 322.

MÜLLER, Klaus; Joachim Frick; Richard Hauser (1996): »Die hohe Arbeitslosigkeit in den neuen Bundesländern und ihre Verteilungswirkungen«, in: Hans-Jürgen Andreß (Hrsg.): Fünf Jahre danach. Zur Entwicklung von Arbeitsmarkt und Sozialstruktur im vereinten Deutschland, Berlin, New York, S. 197 – 223.

MÜLLER, Wolfgang (1994): »Informationsökonomische Grundlagen und empirische Überprüfung eines Beschreibungsmodells für Versicherungsprodukte«, in: Robert Schwebler (Hrsg.): Dieter Farny und die Versicherungswissenschaft, Karlsruhe, S. 363 – 379.

MÜLLER-REICHART, Matthias (1996): »Aspektwissenschaften des Versicherungswesens im Fokus einer interdisziplinären Risikoforschung«, in: ZVersWiss 85, S. 481 – 498.

MUSGRAVE, Richard A. (1966): Finanztheorie, Tübingen.

MUSGRAVE, Richard A.; Peggy B. Musgrave; Lore Kullmer (1993): Die öffentlichen Finanzen in Theorie und Praxis, Band 2, 5. Aufl., Tübingen.

MUSGRAVE, Richard A.; Peggy B. Musgrave; Lore Kullmer (1994): Die öffentlichen Finanzen in Theorie und Praxis, Band 1, 6. Aufl., Tübingen.

MUSSLER, Werner; Michael Wohlgemuth (1994): Institutionen im Wettbewerb – Ordnungstheoretische Anmerkungen zum Systemwettbewerb in Europa, Diskussionsbeitrag Nr. 05/94 des Max-Planck-Instituts zur Erforschung von Wirtschaftssystemen, Jena.

NELL, Martin (1990): »Die Bedeutung des Risikos als Produktionsfaktor«, in: ZVersWiss 79, S. 275 – 285.

NELL, Martin (1993): Versicherungsinduzierte Verhaltensänderungen von Versicherungsnehmern: eine Analyse der Substitutions-, Moral Hazard- und Markteffekte unter besonderer Berücksichtigung der Krankenversicherung, Karlsruhe.

NEUMANN, Manfred (1995): Theoretische Volkswirtschaftslehre II. Produktion, Nachfrage und Allokation, 4. Aufl., München.

NICKEL, Andreas (1995): »Unvollkommenheit und Unvollständigkeit der Versicherungsmärkte«, in: ZVersWiss 84, S. 205 – 228.

NUNNENKAMP, Peter (1996): Winners and losers in the global economy: recent trends in the international division of labour and policy challenges, Kieler Diskussionsbeitrag Nr. 281 des Instituts für Weltwirtschaft, Kiel.

OBERDIECK, Veit (1998): Beitragssatzexplosion in der gesetzlichen Krankenversicherung? – Demographische und medizintechnische Determinanten der Beitragssatzdynamik und ihre reformpolitischen Implikationen, Duisburg.

OGGIER, Willy (1996): Steuerungsmechanismen beim Ausgabenwachstum der Kantone. Eine Untersuchung am Beispiel des Gesundheitswesens, St. Gallen.

OHSMANN, Sabine; Ulrich Stolz (1997): »Beitragszahlungen haben sich gelohnt. Betrachtungen zur Rendite der Altersrenten in der gesetzlichen Rentenversicherung«, in: Die Angestellten-Versicherung 44, Nr. 3, S. 119 – 124.

OLSON, Mancur (1992): Die Logik des kollektiven Handelns. Kollektivgüter und die Theorie der Gruppen, 3. Aufl., Tübingen.

OTT, Günter (1981): Einkommensumverteilung in der gesetzlichen Krankenversicherung, Frankfurt am Main.

OTT, Günter (1982): »Wie sozial ist die gesetzliche Krankenversicherung?«, in: Wirtschaftsdienst 62, Nr. 12, S. 611 – 617.

o.V. (1996): »Uns steht ein Orkan bevor«, in: Der Spiegel 4/1996, S. 82 – 83.

o.V. (1999): »Schonfrist für Rot-Grün endgültig vorbei«, in: Nürnberger Nachrichten vom 15. 06. 1999, 55. Jg., Nr. 135, S. 2.

PAGENKOPF, Jürgen (1988): »Verteilungs- und Konzentrationsmaße«, in: HDWW - Handwörterbuch der Wirtschaftswissenschaften, Band 8, ungekürzte Studienausgabe, S. 333 – 340.

PAGLIN, Morton (1975): »The Measurement and Trend of Inequality: A basic Revision«, in: The American Economic Review 65, S. 598 – 605.

PEN, Jan (1971): Income Distribution, London.

PETERS, Wolfgang (1991): »Public Pensions in Transition«, in: Journal of Population Economics 4/1991, S. 155 – 175.

PETERSEN, Hans-Georg (1989): Sozialökonomik, Stuttgart, Berlin, Köln.

PETERSEN, Hans-Georg (1990): Finanzwissenschaft, 2. Aufl., Stuttgart, Berlin, Köln.

PETERSEN, Hans-Georg (1993): Ökonomik, Ethik und Demokratie: Zu einer Theorie der Effizienz und Gerechtigkeit offener Gesellschaften, Baden-Baden.

PETERSEN, Hans-Georg (1996): Effizienz, Gerechtigkeit und der Standort Deutschland, Finanzwissenschaftlicher Diskussionsbeitrag Nr. 10 des Lehrstuhls für Finanzwissenschaft der Universität Potsdam, Potsdam.

PFAFF, Anita B. (1993): »Familienhilfe – Familienlastenausgleich in der gesetzlichen Krankenversicherung«, in: Sozialer Fortschritt 42, Nr. 12, S. 302 – 308.

PFEIFFER, Doris (1989): Verteilungswirkungen der Alterssicherung: die gesetzliche Rentenversicherung in der Bundesrepublik Deutschland im Vergleich zu einem Mindestrentenmodell mit Zusatzrente, Regensburg.

PFEIFFER, Werner; Enno Weiß (1994): Lean-Management: Grundlagen der Führung und Organisation lernender Unternehmen, 2. Aufl., Berlin.

PIES, Ingo (1997): »Globalisierung und Demokratie: Chancen und Risiken aus ökonomischer Sicht«, Diskussionsbeitrag Nr. 14 des Instituts für Europäische Wirtschaft der Ruhr-Universität Bochum, Bochum.

PINNEKAMP, Heinz-Jürgen; Frank Siegmann (1993): Deskriptive Statistik, 3. Aufl., München.

PRESSE- UND INFORMATIONSAMT DER BUNDESREGIERUNG (BPA) (Hrsg.) (1998): Die Regierungserklärung von Bundeskanzler Gerhard Schröder. Bonn, den 10. November 1998, Bonn.

PRÖLLS, Erich R. (1997): Versicherungsaufsichtsgesetz (VAG), herausgegeben von Reimar Schmidt, 11. Aufl., München.

QUANDT, Willi (1992): Sozialversicherung in der Marktwirtschaft: Ordnungspolitische Aspekte staatlich organisierter Zwangsvorsorge, Münster.

RAAB, Udo H. (1995): Öffentliche Transaktionskosten und Effizienz des staatlichen Einnahmesystems, Berlin.

RAMS, Andreas; Norman Ehrentreich (1996): Arbeitslosigkeit – wie kann sie überwunden werden: eine Kritik an den herrschenden Arbeitsmarkt- umd Wachstumstheorien und ein Ansatz zu ihrer Weiterentwicklung, Lütjenburg.

RAWLS, John (1990): Eine Theorie der Gerechtigkeit, 5. Aufl., Frankfurt am Main.

RECKTENWALD, Horst C. (1980): Markt und Staat: Fundamente einer freiheitlichen Ordnung in Wirtschaft und Politik, Göttingen.

RECKTENWALD, Horst C. (1983): Lexikon der Staats- und Geldwirtschaft: ein Lehr- und Nachschlagewerk, München.

RECKTENWALD, Horst C. (1984): »Neue Analytik der Steuerwirkungen«, in: Wirtschaftswissenschaftliches Studium 13, Nr. 8, S. 393 – 400.

RESCHER, Nicholas (1982): Distributive justice, Lanham.

RIEGE, Jürgen (1990): »Das Versicherungsprodukt«, in: ZVersWiss 79, S. 403 – 470.

RICHTER, Rudolf; Eirik Furubotn (1999): Neue Institutionenökonomik: eine Einführung und kritische Würdigung, 2. Aufl., Tübingen.

RING, Alexander M. (2000): Die Verteilung der Vermögen in der Bundesrepublik Deutschland: Analyse und politische Schlußfolgerungen, Frankfurt am Main.

ROBERTS, Charles C. (1980): Verteilungstheorie und Verteilungspolitik, Köln.

RODRIK, Dani (1997): »Has Globalization Gone Too Far?«, Institute for International Economics, Washington.

ROLLE, Carsten; Ulrich van Suntum (1997): Langzeitarbeitslosigkeit und soziale Absicherung: Deutschland, Österreich, Schweiz, USA, Gütersloh.

ROSEN, Harvey S.; Rupert Windisch (1992): Finanzwissenschaft, Band 1, München, Wien.

ROSENBERG, Christoph B.; Hans Fehr (1992): Umsatzsteuerharmonisierung in der EG: eine empirische allgemeine Gleichgewichtsanalyse, Regensburg.

ROTHGANG, Heinz; Anke Vogler (1997): Die zukünftige Entwicklung der Zahl der Pflegebedürftigen bis zum Jahre 2040 und ihre Einflußgrößen, ZeS-Arbeitspapier Nr. 6/97, Bremen.

ROTHGANG, Heinz; Uwe Fachinger (1997): »Die Wirkung des Pflege-Versicherungsgesetzes auf die personelle Verteilung«, in: Heinz Rothgang (Hrsg.): Ziele und Wirkungen der Pflegeversicherung: eine ökonomische Analyse, Frankfurt am Main, S. 171 – 214.

ROTHSCHILD, Kurt W. (1995): »Volkswirtschaftslehre und Sozialpolitik«, in: Lothar F. Neumann; Frank Schulz-Nieswandt (Hrsg.): Sozialpolitik und öffentliche Wirtschaft: in memoriam Theo Thiemeyer, Berlin, S. 11 – 23.

ROTHSCHILD, Michael; Joseph E. Stiglitz (1976): »Equilibrium in Competitive Insurance Markets: An Essay on the Economics of Imperfect Information«, in: Quarterly Journal of Economics 90, S. 629 – 649.

RÜB, Friedbert W. (1998): »Versicherungsprinzip und soziale Gerechtigkeit«, in: Siegfried Blasche; Diether Döring (Hrsg.): Sozialpolitik und Gerechtigkeit, Frankfurt am Main, New York, S. 314 – 355.

RULAND, Franz (1985): »Notwendigkeit und Grenzen einer Reform der Finanzierung der Sozialversicherung«, in: Deutsche Rentenversicherung 1/1985, S. 13 – 34.

RULAND, Franz (1987): »Der Sozialversicherungsbeitrag zwischen Versicherungsprinzip und sozialem Ausgleich«, in: Sozialgerichtsbarkeit 34, S. 133 – 138.

RULAND, Franz (1995): »Versicherungsfremde Leistungen in der gesetzlichen Rentenversicherung«, in: Deutsche Rentenversicherung, 1/1995, S. 28 - 38.

RÜRUP, Bert (1986): »Die Bedeutung des Bundeszuschusses zur gesetzlichen Rentenversicherung«, in: Wirtschaftsdienst 66, Nr. 9, S. 458 – 460.

SACHVERSTÄNDIGENRAT FÜR DIE KONZERTIERTE AKTION IM GESUNDHEITSWESEN (1987): Medizinische und ökonomische Orientierung, Jahresgutachten 1987, Baden-Baden.

SACHVERSTÄNDIGENRAT ZUR BEGUTACHTUNG DER GESAMTWIRTSCHAFTLICHEN ENTWICKLUNG (1996): Reformen voranbringen, Jahresgutachten 1996/97, Stuttgart.

SALOP, Joanne; Steve Salop (1976): »Self-Selection and Turnover in the Market Labor«, in: Quarterly Journal of Economics 90, S. 619 – 627.

SANNER, Helge (1997): Arbeitslosenversicherung, Lohnniveau und Arbeitslosigkeit, Diskussionsbeitrag Nr. 17 der Universität Potsdam, Potsdam.

SCHACHTSCHNEIDER, Karl Albrecht (1974): »Das Sozialprinzip - zu seiner Stellung im Verfassungssystem des Grundgesetzes«, in: Manfred Rehbinder; Bernd Rebe (Hrsg.): Industriegesellschaft und Recht, Band 2, Bielefeld.

SCHACHTSCHNEIDER, Karl Albrecht (1994): Res publica res populi - Grundlegung einer Allgemeinen Republiklehre, Berlin.

SCHADENDORF, Felix (1998): »Trennung von Krankenversicherung und Verteilungspolitik«, in: Wirtschaftsdienst 78, Nr. 12, S. 728 – 735.

SCHÄFER, Wolf (1999): »Globalisierung: Entmonopolisierung des Nationalen?«, in: Hartmut Berg (Hrsg.): Globalisierung der Wirtschaft: Ursachen - Formen – Konsequenzen, Schriften des Vereins für Socialpolitik, N.F., Band 263, Berlin, S. 9 - 21.

SCHAPER, Klaus (1993): »Sicherung im Pflegefall und Generationenvertrag«, in: Zeitschrift für Sozialreform 39, S. 87 – 102.

SCHARPF, Fritz W. (1998): »Globalisierung als Beschränkung der Handlungsmöglichkeiten nationalstaatlicher Politik«, in: Karl-Ernst Schenk, Dieter Schmidtchen, Manfred E. Streit, Viktor Vanberg (Hrsg.): Jahrbuch für Neue Politische Ökonomie: Globalisierung, Systemwettbewerb und nationalstaatliche Politik, Band 17, Tübingen, S. 41 – 66.

SCHERL, Hermann (1993): Einführung in die Soziale Sicherung, Begleitende Literatur zur Vorlesung, Nürnberg.

SCHERL, Hermann (1997): »Herausforderungen, Leitlinien und Ansatzpunkte einer Neuordnung der Sozialen Sicherung«, in: Hans-Günther Schlotter (Hrsg.): Ordnungspolitik an der Schwelle des 21. Jahrhunderts, Baden-Baden, S. 73 – 127.

SCHERL, Hermann (1999): »Soziale Gerechtigkeit: Ein fragwürdiges Konzept«, in: Henning Kößler (Hrsg.): Gerechtigkeit: fünf Vorträge, Erlanger Forschungen: Reihe A, Geisteswissenschaften; Band 86, Erlangen, S. 61 – 76.

SCHLENGER, Michael (1998): Versicherungsfremde Leistungen in der Gesetzlichen Rentenversicherung, in: Karl-Bräuer-Institut des Bundes der Steuerzahler (Hrsg.): Heft 86, Wiesbaden.

SCHLESINGER, Harris (1994): »Zur Theorie der Versicherungsnachfrage«, in: ZVersWiss 83, S. 113 – 136.

SCHMÄHL, Winfried (1977): Alterssicherung und Einkommensverteilung: theoretische und empirische Untersuchung zur Finanzierung, Leistungsgewährung und zur Verteilung zwischen den Generationen, Tübingen.

SCHMÄHL, Winfried (1983): »Lebenseinkommensanalysen – Einige methodische und empirische Fragen im Überblick«, in: Winfried Schmähl (Hrsg.): Ansätze der Lebenseinkommensanalyse, Tübingen, S. 1 – 55.

SCHMÄHL, Winfried (1985a): »Gesetzliche Krankenversicherung: Sachleistungen, Art der Einkommensumverteilung und Wahl der Finanzierungsart - Ein ergänzender Diskussionsbeitrag«, in: Winfried Schmähl (Hrsg.): Versicherungsprinzip und soziale Sicherung, Tübingen, S. 89 – 97.

SCHMÄHL, Winfried (1985b): »Versicherungsgedanke und Sozialversicherung – Konzept und politische Bedeutung«, in: Winfried Schmähl (Hrsg.): Versicherungsprinzip und soziale Sicherung, Tübingen, S. 1 – 12.

SCHMÄHL, Winfried (1995): Migration und soziale Sicherung – Über die Notwendigkeit einer differenzierten Betrachtung: das Beispiel der gesetzlichen Kranken- und Rentenversicherung, ZeS-Arbeitspapier Nr. 5/95, Bremen.

SCHMÄHL, Winfried (1997a): »Änderung der Finanzierungsstruktur der sozialen Sicherung und insbesondere der Sozialversicherung als wichtiges Element eines „Umbaus" des deutschen Sozialstaats. Allokative, distributive und ordnungspolitische Begründungen, quantitative Dimensionen und ökonomische Wirkungen«, in: Richard Hauser (Hrsg.): Reform des Sozialstaats I: Arbeitsmarkt, soziale Sicherung und soziale Dienstleistungen, Berlin, S. 121 – 167.

SCHMÄHL, Winfried (1997b): Alterssicherung - quo vadis?, ZeS-Arbeitspapier Nr. 7/97, Bremen.

SCHMÄHL, Winfried; Uwe Fachinger (1994): »Prozeßproduzierte Daten als Grundlage für sozial- und verteilungspolitische Analysen - Erfahrungen mit Daten der Rentenversicherungsträger für Längsschnittanalysen«, in: Richard Hauser; Notburga Ott; Gert Wagner (Hrsg.): Mikroanalytische Grundlagen der Gesellschaftspolitik: Ergebnisse aus dem gleichnamigen Sonderforschungsbereich an den Universitäten Frankfurt und Mannheim, Band 2: Erhebungsverfahren, Analysemethoden und Mikrosimulation, Berlin, S. 179 - 200.

SCHMID, Günther; Bernd Reissert; Gert Bruche (1992): Unemployment insurance and active labor market policy: an international comparison of financing systems, Detroit, Michigan.

SCHMID, Hans; Eckehard F. Rosenbaum (1995): Arbeitslosigkeit und Arbeitslosenversicherung aus ökonomischer Sicht, Bern, Stuttgart, Wien.

SCHMIDT, Johannes (1991): Gerechtigkeit, Wohlfahrt und Rationalität: axiomatische und entscheidungstheoretische Fundierungen von Verteilungsprinzipien, Freiburg, München.

SCHMIDT-SALZER, Joachim (1994): »„Versicherung" als Technik bestimmter finanzieller Dienstleistungen, „Versicherungsvertrag" als Grundtypus und einzelne Arten von Versicherungsverträgen«, in: Ulrich Hübner; Elmar Helten; Peter Albrecht (Hrsg): Recht und Ökonomie der Versicherung. Festschrift für Egon Lorenz zum 60. Geburtstag, Karlsruhe, S. 587 – 630.

SCHNEIDER, Werner (1994): Der Risikostrukturausgleich in der gesetzlichen Krankenversicherung, Berlin.

SCHÖNBÄCK, Wilfried (1980): Subjektive Unsicherheit als Gegenstand staatlicher Intervention, Frankfurt am Main, New York.

SCHÖNBÄCK, Wilfried (1988): »Subjektive Unsicherheit als Gegenstand staatlicher Intervention«, in: Gabriele Rolf; Bernd Spahn; Gert Wagner (Hrsg.): Sozialvertrag und Sicherung: Zur ökonomischen Theorie staatlicher Versicherungs- und Umverteilungssysteme, Frankfurt am Main, New York, S. 45 – 63.

SCHREIBER, Wilfried (1955): »Existenzsicherheit in der industriellen Gesellschaft. Vorschläge des Bundes Katholischer Unternehmer zur Reform der Sozialversicherungen«, in: Schriftenreihe des Bundes Katholischer Unternehmer, Band 3, Köln.

SCHREIBER, Wilfried (1964): Kindergeld im sozioökonomischen Prozeß. Familienlastenausgleich als Prozeß zeitlicher Kaufkraft-Umschichtung im Individual-Bereich, Köln.

SCHREIBER, Wilfried (1966): »Zur „Reform der Rentenreform"«, in: Zeitschrift für Sozialreform 12, S. 1 – 27.

SCHULENBURG, J.-Matthias Graf von der (1987): Selbstbeteiligung: theoretische und empirische Konzepte für die Analyse ihrer Allokations- und Verteilungswirkungen, Tübingen.

SCHULENBURG, J.-Matthias Graf von der (1988): »Zur Verläßlichkeit von Versicherungsregelungen bei langen Zeiträumen - Eine ökonomische Analyse am Beispiel der Gesetzlichen Krankenversicherung«, in: Gabriele Rolf; Bernd Spahn; Gert Wagner (Hrsg.): Sozialvertrag und Sicherung: Zur ökonomischen Theorie staatlicher Versicherungs- und Umverteilungssysteme, Frankfurt am Main, New York, S. 453 – 463.

SCHULENBURG, J.-Matthias Graf von der (1989a): »Demographischer Wandel der Umverteilung via Gesetzliche Krankenversicherung«, in: Gérard Gäfgen; Peter Oberender (Hrsg.): Verteilungsziele und Verteilungswirkungen im Gesundheitswesen, Baden-Baden, S. 73 – 92.

SCHULENBURG, J.-Matthias Graf von der (1989b): »Von der Marktwirtschaft zur „sozialen" Marktwirtschaft. Eine Operationalisierung des Begriffs „sozial"«, in: Wolfram Fischer (Hrsg.): Währungsreform und Soziale Marktwirtschaft: Erfahrungen und Perspektiven nach 40 Jahren, Schriften des Vereins für Socialpolitik, N.F., Band 190, Berlin, S. 197 – 213.

SCHULENBURG, J.-Matthias Graf von der (1990): »Demographischer Wandel, intergenerationale Gerechtigkeit und die Stabilität des Generationenvertrages«, in: Bernhard Gahlen; Helmut Hesse; Hans Jürgen Ramser (Hrsg.): Theorie und Politik der Sozialversicherung, Tübingen, S. 269 – 300.

SCHULENBURG, J.-Matthias Graf von der (1993): »Marktprozeß und Marktstruktur bei unvollständigen Informationen«, in: Zeitschrift für Wirtschafts- und Sozialwissenschaften 113, S. 509 – 555.

SCHULENBURG, J.-Matthias Graf von der; Paul Kleindorfer (1985): Wie stabil ist der Generationenvertrag in der sozialen Krankenversicherung? Zum Problem der Gerechtigkeit und Akzeptanz intergenerativer Umverteilung, Diskussionspapier IIM/IP 85 – 13 des Wissenschaftszentrums Berlin, Berlin.

SCHULENBURG, J.-Matthias Graf von der; Paul Kleindorfer (1986): »Wie stabil ist der Generationenvertrag in der sozialen Krankenversicherung? Zum Problem der Gerechtigkeit und Akzeptanz intergenerativer Umverteilung«, in: Gérard Gäfgen (Hrsg.): Ökonomie des Gesundheitswesens, Schriften des Vereins für Socialpolitik, N.F., Band 159, Berlin, S. 413 – 434.

SCHULIN, Bertram (1993): Sozialrecht: ein Studienbuch, 5. Aufl., Düsseldorf.

SCHWARZ, Gerhard (1998): »Was heißt hier Globalisierung?«, in: Karl-Ernst Schenk, Dieter Schmidtchen, Manfred E. Streit, Viktor Vanberg (Hrsg.): Jahrbuch für Neue Politische Ökonomie: Globalisierung, Systemwettbewerb und nationalstaatliche Politik, Band 17, Tübingen, S. 35 – 38.

SCHWARZE, Jochen (1994): Grundlagen der Statistik, Band 1: Beschreibende Verfahren, 6. Aufl., Herne.

SEFFEN, Achim (1996): »Versicherungsfremde Leistungen«, in: iw-trends 1, S. 1 – 11.

SELIGER, Bernhard (1998): »Grundzüge einer Theorie des Systemwettbewerbs«, in: Wirtschaftswissenschaftliches Studium 27, Nr. 5, S. 263 – 266.

SEN, Amartya (1975 [1973]): Ökonomische Ungleichheit, Frankfurt am Main, New York.

SESSELMEIER, Werner (1999): Inzidenzanalyse einer Umfinanzierung des sozialen Sicherungssystems, Discussion Paper No. 1, Department of Economics and Public Finance, Darmstadt University of Technology, Darmstadt.

SHORROCKS, Anthony F. (1983): »Ranking Income Distributions«, in: Economica 50, S. 3 – 17.

SIEVERING, Oliver (1996): Pflegeversicherung: Allokative, meritorische und distributive Aspekte staatlicher Eingriffsmöglichkeiten, Frankfurt am Main.

SINN, Hans-Werner (1980): Ökonomische Entscheidungen bei Ungewißheit, Tübingen.

SINN, Hans-Werner (1989): Economic Decisions under Uncertainty, 2. Aufl., Heidelberg.

SINN, Hans-Werner (1994): Wieviel Brüssel braucht Europa? Subsidiarität, Zentralisierung und Fiskalwettbewerb im Lichte der ökonomischen Theorie, Diskussionsbeitrag Nr. 94-14 der Volkswirtschaftlichen Fakultät der Ludwig-Maximilians-Universität, München.

SINN, Hans-Werner (1995a): A Theory of the Welfare State, CES-Working Paper, München.

SINN, Hans-Werner (1995b): »Implikationen der vier Grundfreiheiten für eine nationale Fiskalpolitik«, in: Wirtschaftsdienst 75, S. 240 – 249.

SINN, Hans-Werner (1996): Social Insurance, Incentives and Risk taking, CES-Working Paper No. 102, München.

SINN, Stephan (1992): »The Taming of Leviathan – Competition Among Governments«, in: Constitutional Political Economy 3, S. 172 – 194.

SOHMEN, Egon (1992): Allokationstheorie und Wirtschaftspolitik, 2. Aufl., Tübingen.

SOMMER, Bettina (1994): »„Entwicklung der Bevölkerung bis 2040". Ergebnisse der achten koordinierten Bevölkerungsvorausberechnung«, in: Wirtschaft und Statistik 7, S. 497 – 503.

SPECKBACHER, Gerhard (1994): Alterssicherung und intergenerationale Gerechtigkeit: eine modellorientierte Analyse, Heidelberg.

SPERMANN, Alexander (1993): »Allokative und distributive Effekte aktueller Pflegeversicherungsmodelle«, in: Wirtschaftsdienst 73, S. 526 – 532.

SPREMANN, Klaus (1984): »Intergenerational Contracts and Their Decomposition«, in: Zeitschrift für Nationalökonomie 44, S. 237 – 253.

STATISTISCHES BUNDESAMT (Hrsg.) (1987): Bevölkerung und Erwerbstätigkeit, Fachserie 1, Heft 4: Wahlbeteiligung und Stimmabgabe der Männer und Frauen nach dem Alter, Wiesbaden.

STATISTISCHES BUNDESAMT (Hrsg.) (1996): Modellrechnungen zur Bevölkerungsentwicklung bis zum Jahr 2040, VIII B – 174/1-B, Dezember 1996, Berlin.

STIGLITZ, Joseph E. (1983): »Risk, Incentive and Insurance: The Pure Theory of Moral Hazard«, in: The Geneva Papers on Risk and Insurance 8, S. 4 – 33.

STOBERNACK, Michael (1991): »Der Zusammenhang von Arbeitslosenversicherung und Arbeitslosigkeit im Lichte der Empirie - Ein Literatursurvey«, in: Zeitschrift für Wirtschafts- und Sozialwissenschaften 111, Nr. 2, S. 251 – 271.

STODDART, Greg L.; Morris L. Barer (1981): »Analyses of Demand and Utilization through Episodes of Medical Service«, in: Jacques van der Gaag; Mark Perlman (Hrsg.): Health, Economics, and Health Economics. Proceedings of the World Congress on Health Economics, Leiden, The Netherlands, September 1980, Amsterdam, S. 149 – 170.

STOLZ, Irene (1983): Einkommensumverteilung in der Bundesrepublik Deutschland: eine theoretische und empirische Untersuchung, Frankfurt am Main, New York.

STRASSL, Wolfgang (1988): Externe Effekte auf Versicherungsmärkten: eine allokationstheoretische Begründung staatlicher Regulierung, Tübingen.

STRAUB, Fritz (1994): »Pflegeversicherungsgesetz«, in: Personal 46, Nr. 12, S. 610 – 612.

STRAUBHAAR, Thomas (1995): »Perspektiven der sozialen Sicherheitssysteme in Europa«, in: Friedrun Quaas; Thomas Straubhaar (Hrsg.): Perspektiven der Sozialen Marktwirtschaft, Bern, Stuttgart, Wien, S. 81 – 98.

STRAUBHAAR, Thomas (1997a): »Internationale Arbeitsteilung und Arbeitsmärkte«, in: Dietmar Kahsnitz, Günter Ropohl, Alfons Schmid (Hrsg.): Handbuch zur Arbeitslehre, München, Wien, S. 787 – 802.

STRAUBHAAR, Thomas (1997b): »Zuwanderung und Sozialstaat: Bedrohung oder Chance?«, in: Eckhard Knappe, Albrecht Winkler (Hrsg.): Sozialstaat im Umbruch: Herausforderungen an die deutsche Sozialpolitik, Frankfurt am Main, New York, S. 47 – 64.

STRAUBHAAR, Thomas (1998): »Empirische Indikatoren für den Systemwettbewerb – Moderne und historische Befunde«, in: Karl-Ernst Schenk, Dieter Schmidtchen, Manfred E. Streit, Viktor Vanberg (Hrsg.): Jahrbuch für Neue Politische Ökonomie. Globalisierung, Systemwettbewerb und nationalstaatliche Politik, Band 17, Tübingen, S. 243 - 272.

STREB, Jochen (1993): Eignet sich die von John Rawls in seiner Theorie der Gerechtigkeit vorgeschlagene vertragstheoretische Konzeption als Verfahren zur Begründung von Verteilungsnormen?, Diskussionsbeitrag Nr. 190 der Universität Heidelberg, Heidelberg.

STREB, Jochen (1994): Die Verteilungsnormen des homo oeconomicus, Diskussionsbeitrag Nr. 207 der Universität Heidelberg, Heidelberg.

STREIT, Manfred (1991): Theorie der Wirtschaftspolitik, 4. Aufl., Düsseldorf.

STRUWE, Jochen (1989): Wachstum durch Sozialpolitik: wie Sozialpolitik Wachstum und Wohlfahrt fördert, Köln.

TEGTMEIER, Werner (1997): Zur Finanzierung und Finanzierbarkeit sozialer Sicherung bei veränderten Rahmenbedingungen, ZeS-Arbeitspapier Nr. 11/97, Bremen.

THEURL, Theresia (1999): »Globalisierung als Selektionsprozeß ordnungspolitischer Paradigmen«, in: Hartmut Berg (Hrsg.): Globalisierung der Wirtschaft: Ursachen – Formen – Konsequenzen, Schriften des Vereins für Socialpolitik, N.F., Band 263, Berlin, S. 23 – 49.

TIEBEL, Christoph (1986): Überwälzte Kosten der Gesetze. Eine empirische Analyse der Folgekosten für den Markt, Göttingen.

TOEPFFER, Johannes (1997): Krankenversicherung im Spannungsfeld von Markt und Staat: das Beispiel der USA und seine Implikationen für Funktion und Gestaltung eines marktwirtschaftlich orientierten Krankenversicherungssystems, Bayreuth.

TOUMANOFF, Peter G. (1984): »A Positive Analysis of the Theory of Market Failure«, in: Kyklos 37, No. 4, S. 529 – 541.

TUCHTFELDT, Egon (1985): Marktwirtschaft als soziale Ordnung, Social Strategies-Forschungsbericht Vol. 1, No. 2, Basel.

TULLOCK, Gordon (1983): Economics of Income Redistribution, Boston, The Hague, London.

VANBERG, Viktor (1998): »Modellierung von Systemwettbewerb: Eine kritische Bestandsaufnahme«, Kommentar zu Rupert Windisch, in: Karl-Ernst Schenk, Dieter Schmidtchen, Manfred E. Streit, Viktor Vanberg (Hrsg.): Jahrbuch für Neue Politische Ökonomie: Globalisierung, Systemwettbewerb und nationalstaatliche Politik, Band 17, Tübingen, S. 155 – 166.

VERBAND DEUTSCHER RENTENVERSICHERUNGSTRÄGER (VDR) (1998): Prognos-Gutachten: Auswirkungen veränderter ökonomischer und rechtlicher Rahmenbedingungen auf die gesetzliche Rentenversicherung in Deutschland, Gutachten für den Verband Deutscher Rentenversicherungsträger, Frankfurt am Main.

VOLKERT, Jürgen (1998): Existenzsicherung in der marktwirtschaftlichen Demokratie: normativer Anspruch, ökonomische Rationalität und sozialpolitische Realität, Heidelberg.

WAGNER, Gert (1984): Umverteilung in der gesetzlichen Rentenversicherung: eine theoretische und empirische Analyse zum Versicherungsprinzip in der gesetzlichen Rentenversicherung, Frankfurt am Main, New York.

WAGNER, Gert (1985): »Interpersonelle Umverteilung in der gesetzlichen Rentenversicherung«, in: Wirtschaftsdienst 65, Nr. 4, S. 190 – 196.

WAGNER, Gert; Jürgen Schupp (1991): »Die Sozial- und Arbeitsmarktstruktur in der DDR und in Ostdeutschland«, in: Projektgruppe Panel (Hrsg.): Lebenslagen im Wandel – Basisdaten und –analysen zur Entwicklung in den Neuen Bundesländern, Frankfurt am Main, New York, S. 178 – 197.

WAGNER, Gert; Jürgen Schupp; Ulrich Rendtel (1994): »Das Sozio-oekonomische Panel (SOEP) – Methoden der Datenproduktion und –aufbereitung im Längsschnitt«, in: Richard Hauser; Notburga Ott; Gert Wagner (Hrsg.): Mikroanalytische Grundlagen der Gesellschaftspolitik: Ergebnisse aus dem gleichnamigen Sonderforschungsbereich an den Universitäten Frankfurt und Mannheim, Band 2: Erhebungsverfahren, Analysemethoden und Mikrosimulation, Berlin, S. 70 – 112.

WASEM, Jürgen (1988): »Äquivalenzprinzip und Leistungsfähigkeitsprinzip in der Sozialversicherung«, in: Manfred Groser; Axel Weber; Volker Leienbach; Lothar Feige (Hrsg.): Beiräge zur Sozialen Ordnungspolitik, Baden-Baden, S. 15 - 41.

WASEM, Jürgen (1995): »Zwischen Sozialbindung und vrsicherungstechnischer Äquivalenz - Die private Krankenversicherung und die Pflege-Pflichtversicherung«, in: Uwe Fachinger; Heinz Rothgang (Hrsg.): Die Wirkungen des Pflege-Versicherungsgesetzes, Berlin, S. 263 – 278.

WEBER, Max (1991): Schriften zur Wissenschaftslehre, Stuttgart.

WECK-HANNEMANN, Hannelore (1998): »Globalisierung: Herausforderung oder Anwendungsfall der Neuen Politischen Ökonomie«, in: Karl-Ernst Schenk, Dieter Schmidtchen, Manfred E. Streit, Viktor Vanberg (Hrsg.): Jahrbuch für Neue Politische Ökonomie: Globa-lisierung, Systemwettbewerb und nationalstaatliche Politik, Band 17, Tübingen, S. 84 – 107.

WEGNER, Gerhard (1998): »Systemwettbewerb als politisches Kommunikations- und Wahlhandlungsproblem«, in: Karl-Ernst Schenk, Dieter Schmidtchen, Manfred E. Streit, Viktor Vanberg (Hrsg.): Jahrbuch für Neue Politische Ökonomie: Globalisierung, Systemwettbewerb und nationalstaatliche Politik, Band 17, Tübingen, S. 281 – 308.

WENZEL, Dorothea (1999): Finanzierung des Gesundheitswesens und interpersonelle Umverteilung: Mikrosimulationsuntersuchung der Einkommenswirkung von Reformvorschlägen zur GKV-Finanzierung, Frankfurt am Main.

WERDING, Martin (1998): Zur Rekonstruktion des Generationenvertrages: ökonomische Zusammenhänge zwischen Kindererziehung, sozialer Alterssicherung und Familienleistungsausgleich, Tübingen.

WERNER, Thomas (1997): Handbuch für Lohnsteuer und Sozialversicherung 1997, München.

WIEGARD, Wolfgang (1985): »Empirische Allgemeine Gleichgewichtsanalyse: Von der Theorie zur Empirie«, in: List Forum 13, Nr. 3, S. 159 – 176.

WINDISCH, Rupert (1999): »Globalisierung, Systemwettbewerb und Steuerpolitik«, in: Sonderdruck aus: Norbert Andel (Hrsg.): Probleme der Besteuerung II, Berlin, S. 127 – 174.

WINGEN, Max (1995): »Drei-Generationen-Solidarität – Wunsch oder Wirklichkeit? Einige sozial- und familienpolitische Argumente«, in: Gerhard Kleinhenz (Hrsg.): Soziale Ausgestaltung der Marktwirtschaft: die Vervollkommung einer „Sozialen Marktwirtschaft“ als Daueraufgabe der Ordnungs- und Sozialpolitik; Festschrift zum 65. Geburtstag für Prof. Dr. Heinz Lampert, Berlin, S. 275 – 292.

WISSENSCHAFTLICHER BEIRAT FÜR FAMILIENFRAGEN DES BUNDESMINISTERIUMS FÜR FAMILIE, SENIOREN, FRAUEN UND JUGEND (Hrsg.): Gutachten zum Familienlasten- und Familienleistungsausgleich [erscheint demnächst].

WITTMANN, Walter (1977): Einführung in die Finanzwissenschaft, IV. Teil: Finanzpolitik, 2. Aufl., Stuttgart.

WOLF, Frauke (1997): Lorenzkurvendisparität - Neuere Entwicklungen, Erweiterungen und Anwendungen, Frankfurt am Main, Berlin.

WOLL, Artur (1992): Wirtschaftspolitik, 2. Aufl., München.

WOLTER, Achim; Thomas Straubhaar (1997): Europeanisation of Production and the Migration of the Highly Skilled, HWWA-Diskussionspapier Nr. 41, Hamburg

WOLTERS, Georg (1995): »Wettbewerb auf dem Versicherungsmarkt?«, in: ORDO - Jahrbuch für die Ordnung von Wirtschaft und Gesellschaft, Band 46, S. 345 – 359.

ZACHER, Hans F. (1987): »Das soziale Staatsziel«, in: Josef Isensee; Paul Kirchhof (Hrsg.): Handbuch des Staatsrechts, Band 1, Heidelberg, S. 1045 – 1111.

ZERCHE, Jürgen; Fritz Gründger (1996): Sozialpolitik, 2. Aufl., Düsseldorf.

ZIMMERMANN, Horst; Klaus-Dirk Henke (1994): Finanzwissenschaft: eine Einführung in die Lehre von der öffentlichen Finanzwirtschaft, 7. Aufl., München.

ZÖLLNER, Detlev (1997): Soziale Sicherung: eine systematische Einführung, München, Wien.

ZWEIFEL, Peter (1996): »Konzepte und Kriterien für eine Arbeitsteilung zwischen staatlicher und privater Versicherung«, in: ZversWiss 85, S. 245 – 266.

Kolibri 360 GmbH
Ferdinand-Jühlke-Straße 7
99095 Erfurt, Deutschland
produktsicherheit@kolibri360.de

Druck:
CPI Druckdienstleistungen GmbH
im Auftrag der
Kolibri 360 GmbH
Ferdinand-Jühlke-Str. 7
99095 Erfurt